国家出版基金项目
NATIONAL PUBLICATION FOUNDATION

U0666197

中 国 近 代
思 想 家 文 库

◎

李帆 编

刘师培卷

中国人民大学出版社
·北 京·

《中国近代思想家文库》编纂委员会名单

总　序

　　对于近代的理解，虽不见得所有人都是一致的，但总的说来，对于近代这个词所涵的基本意义，人们还是有共识的。一个国家、一个民族走入近代，就意味着以工业化为主导的经济取代了以地主经济、领主经济或自然经济为主导的中世纪的经济形态，也还意味着，它不再是孤立的或是封闭与半封闭的，而是以某种形式加入到世界总的发展进程。尤其重要的是，它以某种形式的民主制度取代君主专制或其他不同形式的专制制度。中国是个幅员广大、人口众多、历史悠久的多民族国家，由于长期历史发展是自成一体的，与外界的交往比较有限，其生产方式的代谢迟缓了一些。如果说，世界的近代是从 17 世纪开始的，那么中国的近代则是从 19 世纪中期才开始的。现在国内学界比较一致的认识，是把 1840 年到 1949 年视为中国的近代。

　　中国的近代起始的标志是 1840 年的鸦片战争。原来相对封闭的国门被拥有近代种种优势的英帝国以军舰、大炮再加上种种卑鄙的欺诈打开了。从此，中国不情愿地加入到世界秩序中，沦为半殖民地。原来独立的大一统的中央集权的君主专制国家，如今独立已经极大地被限制，大一统也逐渐残缺不全，中央集权因列强的侵夺也不完全名实相符了。后来因太平天国运动，地方军政势力崛起，形成内轻外重的形势，也使中央集权被弱化。经历第二次鸦片战争、中法战争、甲午战争、八国联军入侵的战争以及辛亥革命后的多次内外战争，直至日本全面侵略中国的战争，致使中国的经济、政治、教育、文化，都无法顺利走上近代发展的轨道。古今之间，新旧之间，中外之间，混杂、矛盾、冲突。总之，鸦片战争后的中国，既未能成为近代国家，更不能维持原有的统治秩序。而外患内忧咄咄逼人，人们都有某种程度"国将不国"的忧虑。

　　"天下兴亡，匹夫有责"，读书明理的士大夫，或今所谓知识分子，尤为敏感，在空前的危机与挑战面前，皆思有所献替。于是发生种种救亡图存的思想与主张。有的从所能见及的西方国家发展的经验中借鉴某些东西，形成自己的改革方案；有的从历史回忆中拾取某些智慧，形成某种民族复兴的设想；有的则力图把西方的和中国所固有的一些东西加以调和或结合，形成某种救亡图强的主张。这些方案、设想、主张，从世界上"最先进的"，到"最落后的"，几乎样样都有。就提出这些方案、设想、主张者的初衷而言，绝大多数都含着几分救国的意愿。其先进与落后，是否可行，能否成功，尽可充分讨论，但可不必过为诛心之论。显而易见，既然救国的问题最为紧迫，人们所心营目注者自然是种种与救国的方案直接相关的思想学说，而作为产生这些学说的更基础性的理论，及其他各种知识、思想，则关注者少。

围绕着救国、强国的大议题，知识精英们参考世界上种种思想学说，加以研究、选择，认为其中比较适用的思想学说，拿来向国人宣传，并赢得一部分人的认可。于是互相推引，互相激励，更加发挥，演而成潮。在近代中国，曾经得到比较广泛的传播的思想学说，或者够得上思潮的，主要有以下几种：

（一）进化论。近代西方思想较早被引介到中国，而又发生绝大影响的，要属进化论。中国人逐渐相信，进化是宇宙之铁则，不进化就必遭淘汰。以此思想警醒国人，颇曾有助于振作民族精神。但随后不久，社会达尔文主义伴随而来，不免发生一些负面的影响。人们对进化的了解，也存在某些片面性，有时把进化理解为一条简单的直线。辩证法思想帮助人们形成内容更丰富和更加符合实际的发展观念，减少或避免片面性的进化观念的某些负面影响。

（二）民族主义。中国古代的民族主义思想，其核心是"非我族类，其心必异"，所以最重"华夷之辨"。鸦片战争前后一段时期，中国人的民族思想，大体仍是如此。后来渐渐认识到"今之夷狄，非古之夷狄"，"西人治国有法度，不得以古旧之夷狄视之"。但当时中国正遭受西方列强的侵略和掠夺，追求民族独立是民族主义之第一义。20世纪初，中国知识精英开始有了"中华民族"的概念。于是，渐渐形成以建立近代民族国家为核心的近代民族主义。结束清朝君主专制，创立中华民国，是这一思想的初步实现。第一次世界大战爆发，中国加入"协约国"，第一次以主动的姿态参与世界事务，接着俄国十月革命爆发，这两件事对近代中国的发展历程造成绝大影响。同时也将中国人的民族主义提升到一个新的层次，即与国际主义（或世界主义）发生紧密联系。也可以说，中国人更加自觉地用世界的眼光来观察中国的问题。新生的中国共产党和改组后的国民党都是如此。民族主义成为中国的知识精英用来应对近代中国所面临的种种危机和种种挑战的一个重要的思想武器。

（三）社会主义。社会主义作为一种模糊的理想是早在古代就有的，而且不论东方和西方都曾有过。但作为近代思潮，它是于 19 世纪在批判近代资本主义的基础上产生的。起初仍带有空想的性质，直到马克思和恩格斯才创立起科学社会主义。20 世纪初期，社会主义开始传入中国。当时的传播者不太了解科学社会主义与以往的社会主义学说的本质区别。有一部分人，明显地受到无政府主义的强烈影响，更远离科学社会主义。直到五四新文化运动兴起之后，中国人始较严格地引介、宣传科学社会主义。但有一段时间，无政府主义仍是一股很大的思想潮流。中国共产党的成立，从思想上说，是战胜无政府主义的结果。中国共产党把在中国实现社会主义乃至共产主义作为自己的奋斗目标。此后，社会主义者，多次同各种非科学社会主义思想的信仰者进行论争并不断克服种种非科学社会主义思想的影响。

（四）自由主义。自由主义也是从清末就被介绍到中国来，只是信从者一直寥寥。直到五四新文化运动兴起，具有欧美教育背景的知识精英的数量渐渐多起来，自由主义始渐渐形成一股思想潮流。自由主义强调个性解放、意志自由和自己承担责任，在政治上反对一切专制主义。在中国的社会条件下，自由主义缺乏社会基础。在政治激烈动荡的时候，自由主义者很难凝聚成一股有组织的力量；在稍稍平和的时候，他们往往更多沉浸在自己的专业中。所以，在中国近代史上，自由主义不曾有，也不可能有大的作为。

（五）激进主义与保守主义。处于转型期的社会，旧的东西尚未完全退出舞台，新的东西也还未巩固地树立起来，新旧冲突往往要持续很长的时间，有时甚至达到很激烈的程度。凡助推新东西成长的，人们便视为进步的；凡帮助旧东西排斥新东西的，人们便视为保守的。其实，与保守主义对应的，应是进步主义；与顽固主义相对的则应是激进主义。不过在通常话语环境中人们不太严格加以区分。中国历史悠久，特别是君主专制制度持续两千余年，旧东西积累异常丰富，社会转型极其不易。而世界的发展却进步甚速。中国的一部分精英分子往往特别急切地想改造中国社会，总想找出最厉害的手段，选一条最捷近的路，以最快的速度实现全盘改造。这类思想、主张及其采取的行动，皆属激进主义。在中共党史上，它表现为"左"倾或极左的机会主义。从极端的激进主义到极端的顽固主义，中间有着各种程度的进步与保守的流派。社会的稳定，或社会和平改革的成功，都依赖有一个实力雄厚的中间力量。但因种种原因，中国社会的中间力量一直未能成长到足够的程度。进步主义与保守主义，以及激进主义与顽固主义，不断进行斗争，而实际所获进步不大。

（六）革命与和平改革。中国近代史上，革命运动与和平改革运动交替进行，有时又是平行发展。两者的宗旨都是为改变原有的君主专制制度而代之以某种形式的近代民主制度。有很长一个时期，有两种错误的观念，一是把革命理解为仅仅是指以暴力取得政权的行动，二是与此相关联，把暴力革命与和平改革对立起来，认为革命是推动历史进步的，而改革是维护旧有统治秩序的。这两种论调既无理论根据，也不合历史实际。凡是有助于改变君主专制制度的探索，无论暴力的或和平的改革都是应予肯定的。

中国近代揭幕之时，西方列强正在疯狂地侵略与掠夺殖民地和半殖民地，中国是它们互相争夺的最后一块、也是最大的资源地。而这时的中国，沿袭了两千年的君主专制制度已到了奄奄一息的末日，统治当局腐朽无能，对外不足以御侮，对内不足以言治，其统治的合法性和统治的能力均招致怀疑。革命运动与改革的呼声，以及自发的民变接连不断。国家、民族的命运真的到了千钧一发之际，危机极端紧迫。先觉分子救国之心切，每遇稍具新意义的思想学说便急不可待地学习引介。于是西方思想学说纷纷涌进中国，各阶层、各领域，凡能读书读报者，受其影响，各依其家庭、职业、教育之不同背景而选择自以为不错的一种，接受之，信仰之，传播之。于是西方几百年里相继风行的思想学说，在短时期内纷纷涌进中国。在清末最后的十几年里是这样，五四时期在较高的水准上重复出现这种情况。

这种情况直接造成两个重要的历史现象：一个是中国社会的实际代谢过程（亦即社会转型过程）相对迟缓，而思想的代谢过程却来得格外神速。另一个是在西方原是差不多三百年的历史中渐次出现的各种思想学说，集中在几年或十几年的时间里狂泻而来，人们不及深入研究、审慎抉择，便匆忙引介、传播，引介者、传播者、听闻者，都难免有些消化不良。其实，这种情况在清末，在五四时期，都已有人觉察。我们现在指出这些问题并非苛求前人，而是要引为教训。

同时我们也看到，中国近代思想无比的多样性与复杂性呈现出绚丽多彩的姿态，各种思想持续不断地展开论争，这又构成中国近代思想史的一个突出特点。有些论争为我们留下了非常丰富的思想资料。如兴洋务与反洋务之争，变法与反变法之争，革命与改良之争，共和与立宪之争，东西文化之争，文言与白话之争，新旧伦理之争，科学与人生观之争，中国社会性质的论争，社会史的论争，人权与约法之争，全盘西化与本位文化之争，民主与独裁之争，等等。这些争论都不同程度地关联着一直影响甚至困扰着中国人的几个核心问题，即所谓中西问题、古今问题与心物关系问题。

中国近代思想的光谱虽比较齐全，但各种思想的存在状态及其影响力是很不平衡的。有些思想信从者多，言论著作亦多，且略成系统；有些可能只有很少的人做过介绍或略加研究；有的还可能因种种原因，只存在私人载记中，当时未及面世。然这些思想，其中有很多并不因时间久远而失去其价值。因为就总的情况说，我们还没有完成社会的近代转型，所以先贤们对某些问题的思考，在今天对我们仍有参考借鉴的价值。我们编辑这套《中国近代思想家文库》，希望尽可能全面地、系统地整理出近代中国思想家的思想成果，一则借以保存这份珍贵遗产，再则为研究思想史提供方便，三则为有心于中国思想文化建设者提供参考借鉴的便利。

考虑到中国近代思想的上述诸特点，我们编辑本《文库》时，对于思想家不取太严格的界定，凡在某一学科、某一领域，有其独立思考、提出特别见解和主张者，都尽量收入。虽然其中有些主张与表述有时代和个人的局限，但为反映近代思想发展的轨迹，以供今人参考，我们亦保留其原貌。所以本《文库》实为"中国近代思想集成"。

本《文库》入选的思想家，主要是活跃在1840年至1949年之间的思想人物。但中共领袖人物，因有较为丰富的研究著述，本《文库》则未收入。

编辑如此规模的《文库》，对象范围的确定，材料的搜集，版本的比勘，体例的斟酌，在在皆非易事。限于我们的水平，容有瑕隙，敬请方家指正。

《中国近代思想家文库》编纂委员会

目　录

导　言

　　刘师培是近代中国的著名学者和政治人物。他不仅在政治舞台上有令人瞩目的表现，即在学术领域里能与章太炎并称"二叔"（章太炎字枚叔，刘师培字申叔），业已表明他在时人心目中的地位。的确，在清末民初的历史中尤其是在近代思想、学术史上，刘师培发挥了重要作用。姑不论其政治上的功过是非和宣扬民族主义、无政府主义所做的大量工作，仅就其思想与学术而言，其所达到的深广度不仅独步一时，即使今天看来，某些方面仍相当深刻，仍有汲取和借鉴的必要，值得深入探索和研究，并在价值系统上予以阐释。

一

　　刘师培，字申叔，一字鲁源，号左盦，曾改名光汉，化名金少甫，笔名光汉子、光汉人、世培、激烈派第一人、申、韦裔、豕常之裔、无畏等，清光绪十年闰五月初二（1884 年 6 月 24 日）生于江苏扬州。

　　刘师培先祖"自溧水迁扬州，世为仪征人"[1]。清代扬州府治，领二州（高邮、泰州）、六县（江都、甘泉、仪征、兴化、宝应、东台）。该地位居江淮之间，大运河纵贯南北，历史悠久，文化璀灿，向为人才辈出之所，而且学术素来发达，清代朴学大师王念孙、王引之、汪中、焦循、阮元等皆为该地学者，有"扬州学派"之称。刘师培曾祖刘文淇、祖父刘毓崧、伯父刘寿曾都以治《春秋左氏传》而闻名，亦为"扬州学派"成员，其家门前署联"红豆三传，儒林趾美；青藜四照，宝树联芳"[2]，可见其家风。

---

　　[1]　刘师培：《先府君行略》，《左盦集》卷六，见钱玄同等编：《刘申叔遗书》，1259 页，南京，江苏古籍出版社，1997。

　　[2]　李详：《李审言文集》上册，66 页，南京，江苏古籍出版社，1989。

刘师培生于这一经学世家，自幼濡染家学，8 岁学《易》，12 岁读毕四书、五经，15 岁前后治《晏子春秋》和学《毛诗》郑笺、《尔雅》、《说文解字》诸书，并大量阅读周秦典籍，打下厚实的古典学问基础，加之聪颖过人，勤奋刻苦，随着年龄增长，功力愈益深厚。"未冠即耽思著述，服膺汉学，以绍述先业，昌洋扬州学派自任。"① 时人盛赞其才："笃嗜左氏春秋，研经而外，并及子史。其答客难也，尝证穆王西征之事；其应射策也，历举苗岗种族之数。出语惊其长老，记问冠于朋从。"② 他起初科举颇顺，于光绪二十七年（1901 年）被录为生员，次年即得中举人。但在二十九年（1903 年）的会试中却失利落第，自此绝意科场。

此时，清王朝已处于风雨飘摇中，革命党人以排满兴汉为职志，正在各地开展推翻清王朝的斗争。刘师培少年时便具排满意识，心怀救国之志。科举失利后，来到上海，结交章士钊、陈独秀、章太炎、蔡元培等人，开始投身革命运动。他以激进著称，"主张攘除清廷，光复汉族，遂更名'光汉'。"③ 又自称"激烈派第一人"，陆续发表大量文章，如《攘书》《黄帝纪年说》《中国民约精义》（与林獬合撰）《中国民族志》《论激烈的好处》等。《攘书》曰："攘，《说文》云，推也，段注以为即退让之义。吾谓攘字从襄得声，辟土怀远为襄，故攘字即为攘夷之攘，今《攘书》之义取此。"④ 所谓"攘夷"，实即为"排满"。《黄帝纪年说》主张强化汉族认同，指出："凡一民族，不得不溯其起原。为吾四百兆汉种之鼻祖者，谁乎？是为黄帝轩辕氏。"⑤ 并提倡改用黄帝纪年，以唤起同胞的民族自觉。《中国民约精义》是从《周易》《诗经》《春秋》《论语》《孟子》等上古之作直到近人魏源、龚自珍等数十人的作品中辑录出与民约之义相关的议论，加以案语解说之，以此介绍和阐发以卢梭《民约论》为代表的西方民主学说。可见这些文章都是针砭时政、阐扬革命、力主排满兴汉之作。由于刘师培思想敏锐、学术功底深，文章写得有理有据，故产生很大影响，被誉为革命派中少有的学问既佳、笔锋又健的宣传家。

---

① 尹炎武：《刘师培外传》，见《刘申叔遗书》，17 页。
② 刘师颖：《刘申叔先生遗书跋》，见《刘申叔遗书》，2407 页。
③ 钱玄同：《刘申叔先生遗书总目后记》，见《刘申叔遗书》，5 页。
④ 刘师培：《攘书》，见《刘申叔遗书》，630 页。
⑤ 刘师培：《黄帝纪年说》，见李妙根编：《刘师培辛亥前文选》，3 页，北京，生活·读书·新知三联书店，1998。

　　光绪三十年（1904 年），刘师培在革命派所办《警钟日报》主笔政。同年，娶同邑何震为妻，并加入革命团体光复会。三十一年（1905 年）初，加入邓实、黄节等发起成立的国学保存会。该会宗旨是"研究国学，保存国粹"，并办有机关刊物《国粹学报》。刘师培为《国粹学报》主要撰稿人，在《国粹学报》上先后连载著作 33 种。该刊共发行 82 期，除 2 期外，皆有其诗文。不久，《警钟日报》被查封，刘师培遭通缉，被迫逃至浙江嘉兴。又应陈独秀之邀，赴安徽芜湖，在安徽公学、皖江中学任教，化名"金少甫"。他在课堂上宣传反清革命，并以当地光复会负责人的身份在学生中发展新会员，组织名为"黄氏学校"的秘密团体，从事暗杀活动。三十三年（1907 年）初，携妻何震东渡日本，面见孙中山，正式加入同盟会，成为《民报》撰稿人。

　　到达日本后，刘师培所看到的同盟会领导层的状况和日本社会的状况是令他失望的。一则同盟会内部各派的纷争和作为书生与孙中山等"行动派"人士相处的不融洽，使得他在心理上产生了挫折感；二则日本社会俯拾皆是的弊端和不如人意处①，令他对排满兴汉建立新政权（效仿西方和日本）的目标产生怀疑，信念开始动摇。这种情形之下，正逢不满现状的日本社会党"硬派"在大力宣扬无政府主义，自然也就令刘师培有了接受它的思想基础。因无政府主义所欲达到的目标既避免了现存社会包括西方（日本）民主社会的弊端，又超越了中国革命党人排满兴汉所要达到的目的——建立类似西方民主政权的汉人政权，这两方面都恰适合他此时的心境与要求。加之好友、同样不满孙中山的章太炎、张继也倾向无政府主义，并为他引见结识幸德秋水等日本无政府主义者，更促使他倒向无政府主义。另外，就像一些人所指出的，他个性上的弱点，如"务名"、"厥性无恒，好异矜奇"② 等，亦使他善变和易于趋向更激烈的事物，而无政府主义思想恰是比革命党人之排满兴汉主张更激进的学说，在对革命目标失望的情形下采纳此一学说，在他那里是又"激烈"了一次，符合其性格逻辑。

―――――――――

　　① 刘师培曾观察到，"欧美日本，世人徒震其外观之文明，然按其实际，则平民之苦，有远甚中国者"，"欲穷文明国之实际，则曷向日本东京本所区，一观日本贫民之况乎！"见申叔（刘师培）：《论新政为病民之根》，载《天义》第 8、9、10 卷合册，1907 年 10 月 30 日。

　　② 陶成章说："光汉之性务名"；刘师培之叔刘富曾也曾感叹："侄得名太早，厥性无恒，好异矜奇，惝急近利。"见陶成章：《浙案纪略》，中国近代史资料丛刊《辛亥革命》（三），48 页，上海，上海人民出版社，1957；刘富曾：《亡侄师培墓志铭》，见《刘申叔遗书》，16 页。

在日期间，思想上转向无政府主义的刘师培，与张继一同组织了无政府主义团体"社会主义讲习会"，并通过何震创办《天义报》，宣扬无政府主义思想，发表《废兵废财论》《人类均力说》《无政府主义之平等观》《论种族革命与无政府革命之得失》《欧洲社会主义与无政府主义异同考》等文。与此同时，刘师培也未完全放弃排满兴汉之革命宣传，他在《民报》及临时增刊《天讨》上发表《普告汉人》《辩满人非中国之臣民》等文章，揭露清廷种种暴政，号召人们起来"讨满"，并驳斥了保皇派的一些论调。这些文章颇受好评，尤其是《辩满人非中国之臣民》一文得到章太炎、胡汉民、汪精卫等人的激赏①，在当时发挥了较大作用。刘师培所以能在信奉无政府主义的同时继续以往的革命宣传，是因起初与无政府主义学说接触时日不长，尚处在理解消化阶段，出于思想惯性，还不能一下子舍弃原有理念，加之身为革命党人，在同盟会机关报《民报》上发表文章，自然要宣传革命派的主张。与之相对应，他有关无政府主义的文章则皆在《天义报》发表，恰好表明他心目中两报的分工。他曾说："实行无政府，则种族政治经济诸革命均该于其中，若徒言种族革命，决不足以该革命之全，此无政府革命优于种族革命者也。"② 可见在他眼里，无政府革命是超越性的革命，种族革命远远不能及。

刘师培的激进若仅限于以无政府主义越过民族主义，从而在思想上独树一帜倒也罢了，问题在于他并没有就此止步，而是在思想认识上一步步涉入泥潭，直至投向清廷。刘师培出自经学世家，古学功力深厚，谙熟中国历史，所以他思考问题往往会从这一基点出发，对无政府主义的认识也是如此。通过研读无政府主义的文献，他对幻想中的无政府社会的特征有了一定认识，相较之下，觉中国社会和欧洲、日本不同，国情特殊，与无政府社会最为接近，即"中国自三代以后，名曰专制政体，实则与无政府略同"，所以如此，是因为"中国一切之政治，均生于学术，而中国数千载之学术，悉探源于儒道二家。儒家虽崇礼教，然仅以德礼化民，不欲以政刑齐民，醉心于无讼去杀之风，一任人民之自化，此固主张非干涉者也。道家若老庄诸子，则又欲废灭一切之人治，

① 章太炎说："申叔此作，虽康圣人亦不敢著一词，况梁卓如、徐佛苏辈乎！"见万易：《刘师培》，载《仪征文史资料》，1984（1）；胡汉民回忆道："刘素长掌故考据之学，文亦雅，余与精卫甚倾赏之，杨度更不能反驳。……光汉文出，遂无复言汉满同源以惑众者。"见《胡汉民自传》，载《近代史资料》，1981（2）。
② 震（何震）、申叔（刘师培）：《论种族革命与无政府革命之得失》，载《天义》第6、7卷，1907年9月1、15日。

一任天行之自然，制度典则，弃若弁髦，则亦主张非干涉者也。夫中国之学术既以非干涉为宗旨，故中国数千年之政治亦偏于放任，视人治为甚轻。……自东汉末年，以迄于今，悉为放任之时代。……举国之中，无一有权之人，亦无一奉法之人，政治之放任，至此而达于极端。……故中国现今之政俗，最与无政府相近。"① 从这段话来看，阐发最激进学说的言辞已含有最保守的义蕴，刘师培日后的投向清廷，于此可见端倪。即按照他的逻辑，无政府革命是比民族革命更激进的革命，要实行无政府主义，自然没必要搞民族革命；而中国社会却又最接近无政府社会，固然它亦存弊端，欲矫之，"惟有实行无政府"，但此非一朝一夕之事，"若于政府尚存之日，则维新不如守旧，立宪不如专制"② 。与这样的政府合作，促其从接近无政府的状态走向完全的无政府，方为上策。所以，在他那里，投向清廷并非从"激进"剧变为"保守"，而是为实现无政府"理想"又激烈了一次。或者可以说，他心目中的"激进"已与众人心目中的"保守"画了等号。

光绪三十三年（1907 年）底，刘师培暗中向清两江总督端方自首，作《与端方书》，提出十条"弭乱之策"以镇压革命党人。③ 三十四年（1908 年）《天义报》停刊，刘师培再创《衡报》，继续宣传无政府主义。但因与章太炎关系破裂以及《衡报》被封，无法在日本立足，遂于年底携妻归国，放弃无政府主义。随后至南京，公开投靠端方，出任两江督辕文案兼三江师范学堂教习，为端方考释金石。

宣统元年（1909 年）起，刘师培的政治、学术生涯进入一个新阶段。先是和出任直隶总督的端方一同北上天津，任直隶督辕文案、学部谘议。不久端方被革职，刘师培仍留其幕中，考订金石外，利用端方府多藏善本的便利条件，治学不辍。宣统三年（1911 年）秋，端方被起用为川汉、粤汉铁路督办大臣，由湖北率新军一标前去四川镇压保路运动，刘师培随行。途经四川资州时，端方被哗变的湖北新军杀死，刘师培亦被四川军政府资州军政分府拘留。

1912 年初，中华民国刚一建立，章太炎、蔡元培、陈独秀等先后伸出援手，希望释放刘师培。刘师培获释后，应老友谢无量之请去成都

---

① 震、申叔：《论种族革命与无政府革命之得失》，载《天义》第 6、7 卷，1907 年 9 月 1、15 日。

② 申叔：《论新政为病民之根》，载《天义》第 8、9、10 卷合册，1907 年 10 月 30 日。

③ 《刘师培与端方书》，见《洪业论学集》，130～133 页，北京，中华书局，1981。

任教于四川国学院。在国学院期间,与经学大师廖平共事。潜心教学之余,二人在学术上多有商讨,刘师培的学术主张也因而发生一些变化。1913 年秋,刘师培离开四川,北上至山西太原阎锡山处,出任阎锡山都督府顾问。不久在阎推荐下,到北京投靠袁世凯,得袁世凯任为公府谘议。1915 年刘师培加入"筹安会",成为筹安会"六君子"之一,发表《君政复古论》等文,为袁世凯复辟帝制张目,被袁封为上大夫。1916 年 6 月袁死后,刘虽未被追究,但亦无法在北京立足,被迫移居天津,贫病交加。

1917 年初,蔡元培出长北京大学,随即援引陈独秀任北大文科学长。陈独秀就职不久,即向蔡元培推荐刘师培来北大任教,以"兼容并包"为办校宗旨的蔡元培欣然同意。刘师培进入北大后,出任中国文学门教授,兼任文科研究所指导教师,并为国史编纂处纂辑员。在北大的几年里,刘师培学术上所做影响最为深远和取得成就最大的事情,是"中国文学""文学史"课程的讲授与《中国中古文学史讲义》的出版。《中国中古文学史讲义》展现出中古文学绚丽夺目、异彩纷呈的风貌,既倡"文笔论",又不为之所拘,整体上把握了中古文学的时代特色,在文学史编撰上有开创之功。鲁迅曾说,中国文学史一类"我看过已刊的书,无一册好。只有刘申叔的《中古文学史》,倒要算好的"①。1919 年初,"以昌明中国固有之学术为宗旨"的《国故》月刊社在北大成立,刘师培与黄侃出任《国故》总编辑,这是刘最后一次承担文化学术之责。

1919 年 11 月 20 日,刘师培因病去世,享年 36 岁。他一生著述宏富,主要论著收入钱玄同等所编《刘申叔先生遗书》② 中,计著作 74 种,其中论群经及小学者 22 种、论学术及文辞者 13 种、群书校释 24 种、诗文集 4 种、读书记 5 种、学校教本 6 种。今人又搜集整理钱氏所编《遗书》之未收者,成《刘申叔遗书补遗》③。

二

在刘师培短短 36 年的人生中,政治风暴对其冲击甚大。有学者认

---

① 鲁迅:《致台静农》,见《鲁迅全集》第 11 卷,609~610 页,北京,人民文学出版社,1981。
② 钱玄同等编《刘申叔先生遗书》,民国二十五年(1936年)宁武南氏排印,江苏古籍出版社 1997 年重印。按该书初版时,题民国二十五年排印,实则编竣印行在此之后。
③ 万仕国辑校《刘申叔遗书补遗》,广陵书社 2008 年出版。

为，刘氏一生中，政治上的特色是"善变"，学术上的特色是"不变"。① 政治上的"善变"，使得刘师培在政治斗争关键时刻的表现不时为人诟病，也使得其政治思想与主张呈现多姿多彩的面貌。而学术上所谓"不变"的说法，则值得斟酌。因就人物定位而言，刘师培终究是个学者，学术乃其一生的追求和根本建树所在，若说始终问学不辍，即谓"不变"，当然是妥当的；若说学术立场、取向甚至观点主张都不变，则未免不准确。

刘师培幼承家学，为"扬州学派"殿军，其著述所及，涉猎甚广，方面甚多，但最能体现其研究成就的，当为小学、经学和校勘学。这些领域的成就，皆是继承扬州先贤和家学而来，体现出"扬州学派"长于会通、兼容并包的特色。但刘氏学术并非只有这些，他还有现实关怀层面上的新学问，其重要性不亚于甚至高于他的古典学术研究，这种"预流"学问才是他超越包括先祖在内的扬州先贤之所在。

从1903年到1919年去世，是刘师培从事学术研究的17年。钱玄同认为，刘师培之学"因前后见解之不同，可别为二期：癸卯至戊申（1903—1908）凡六年为前期，己酉至己未（1909—1919）凡十一年为后期。嫥较言之，前期以实事求是为鹄，近于戴学，后期以竺信古义为鹄，近于惠学；又前期趋于革新，后期趋于循旧。"② 综观刘之著述，确有钱说之特征，钱之分期应属不易之论。

小学系语言文字之学，清人将其视为研究经学的基础，故经学家大都精通小学，不过他们多集中精力专治一二部书，如研究训诂者，以《尔雅》为主；研究文字者，以《说文》为主；研究声韵者，以《广韵》为主。刘师培的小学研究则不像前人这样狭窄，他强调："训诂者，研究字义之学也；文字者，研究字形之学也；声韵者，研究字音之学也。必三者俱备，然后可以言小学。"③ 可见他从事小学研究是主张汇合义、形、声三者来探讨的。他前期的小学成就，钱玄同曾归纳为三个方面："一、就字音推求字义，其说出于黄扶孟、王石臞伯申父子、焦里堂、阮伯元、黄春谷诸先生而益加恢廓"；"二、用中国文字证明社会学者所

---

①　参见朱维铮：《〈刘师培论学论政〉序》，见李妙根编：《刘师培论学论政》，1页，上海，复旦大学出版社，1990。
②　钱玄同：《刘申叔先生遗书序》，见《刘申叔遗书》，28页。
③　刘师培：《正名隅论》，《左盦外集》卷六，见《刘申叔遗书》，1417页。

阐发古代社会之状况"；"三、用古语明今言，亦用今言通古语"①。这一概括相当准确。其《正名隅论》《小学发微补》《中国文学教科书》第一册、《物名溯源》及《续补》《论前儒误解物类之原因》《骈词无定字释例》《尔雅虫名今释》等著述都阐发了音义相关的道理。如在《小学发微补》中他认为："惟有字义，乃有字音；惟有字音，乃有字形。""字音源于字义，既为此声，即为此义。凡彼字右旁之声，同于此字右旁之声者，其义象亦必相同。"②《论小学与社会学之关系》《论中土文字有益于世界》等文是刘师培用中国文字证明社会学者所阐发古代社会之状况的代表作，他在这些文章里以大量例证考古史、古事。《新方言序》则是他主张取古语以明今言、亦用今言以通古语的代表作，他曾依此主张作札记三十余条，被章太炎收入所纂《新方言》中。他后期的小学主张与前期大多相反，且明显后退，如对于《说文》，主张墨守，毋少违畔，与前期文中时见的驳《说文》之语正相矛盾；对于同音通用之字，主张于《说文》中寻找本字，反对前期的音近义通之说；对于新增事物，主张于《说文》中取义训相当之古字名之，反对添造新字新词。总之是要一切以《说文解字》为本，不得超越《说文》。这在《古本字考》《答四川国学学校诸生问说文书》《答江炎书》等篇中都强调过，尽管他这方面的学术实践并不多。

刘师培的经学研究前后期也差别较大。前期以实事求是之精神解经，阐发经中粹言，故虽偏重古文，偏重汉儒经说，但不专以此自限。刘氏世传《左传》，自然以古文经为宗，刘师培也不例外，但他并非那种一味拘泥固守的经师，而是倡为"通儒之学"。他曾说过："仅通一经，确守家法者，小儒之学也；旁通诸经，兼取其长者，通儒之学也。"而且认为："汉初经学，初无今古文之争也，只有齐学、鲁学之别耳。凡数经之同属鲁学者，其师说必同；凡数经之同属齐学者，其大义亦必同。故西汉经师，多数经并治。诚以非通群经，即不能通一经也。盖齐学详于典章，而鲁学则详于故训。故齐学多属于今文，而鲁学多属于古文。观《白虎通》所采，以齐学为根基；《五经异义》所陈，则奉鲁学为圭臬。曷尝有仅治一经而不复参考他经之说哉？后世儒学式微，学者始拘执一经之言，昧于旁推交通之义，其于古人治经之初法，去之远

———————
① 钱玄同：《刘申叔先生遗书序》，见《刘申叔遗书》，29页。
② 刘师培：《小学发微补》，见《刘申叔遗书》，429、430页。

矣。"① 基于此，他在治经时虽偏重古文，实亦左右采获，不抱残守缺，尤其不屏斥今文，在《中国民约精义》第一篇、《攘书·夷裔篇》以及《周末学术史序》的部分篇章中都援引了《公羊》学说以发挥己见。不过需指出的是，他不排斥今文经说，仅只限于经说本身，认为可与古文经说并行不悖，而对今文家视古文经为伪造以及孔子托古改制之说则持反对立场。他曾撰《汉代古文学辨诬》《论孔子无改制之事》等文，批驳廖平之《今古学考》和康有为之《新学伪经考》《孔子改制考》。除了兼采今文说外，他对宋元明人之经说也不一笔抹杀，能看到它们的长处，认为"宋明说经之书，喜言空理，不遵古训，或以史事说经，或以义理说经，虽武断穿凿，亦多自得之言"②，"或义乖经旨，而立说至精"③。可见他虽不赞成宋明人说经之书，但重视其中的创造性见解。他自身也力求有所创造，治经有新义，如认为六经本系官书，而孔门将其编订为教科书④；汉以前经无今古文之分，今古文经的差异是文字差异，"今文古文为汉儒之恒言，犹今日所谓旧板书新板书也。……汉代之所谓古文经，乃秦代之时未易古文为秦文者也，其故本至汉犹存。""所谓今古文者，以其由古文易今文有先后之殊，非以其义例亦有不同也。"⑤ 在左氏学方面，他的《读左札记》《司马迁左传义序例》等文超越了今古文经的争论，主张对《左传》进行实事求是的研究，并认为"今观左氏一书，其待后儒之讨论者约有三端：一曰礼，二曰例，三曰事。"⑥ 实为《左传》研究辟了一条蹊径，与墨守汉师家法者绝异。

刘师培后期的经学研究与前期相较颇有不同，基本特点是转向笃信汉儒经说。在《中庸说》《中庸问答》《春秋原名》等文中此种倾向已很明显，他的专著如《礼经旧说》《西汉周官师说考》《周礼古注集疏》《春秋古经笺》《春秋左氏传时月日古例考》《春秋左氏传例略》等更是充分体现了这一特点。他曾言及惠栋之学是"确宗汉诂，所学以掇拾为主，扶植微学，笃信而不疑"⑦。这句话恰可概括其后期的经学著述。在这些著述中，《左传》和《周礼》之研究是重点。《左传》研究自是秉

① 刘师培：《群经大义相通论》，见《刘申叔遗书》，361、348 页。
② 刘师培：《经学教科书》第一册《序例》，见《刘申叔遗书》，2073 页。
③ 刘师培：《汉宋学术异同论》，见《刘申叔遗书》，542 页。
④ 参见刘师培：《国学发微》，见《刘申叔遗书》，477 页。
⑤ 刘师培：《汉代古文学辨诬》，《左盦外集》卷四，见《刘申叔遗书》，1378、1377 页。
⑥ 刘师培：《读左札记》，见《刘申叔遗书》，299 页。
⑦ 刘师培：《近儒学术统系论》，《左盦外集》卷九，见《刘申叔遗书》，1533 页。

承家学，但他并未继父祖之业去完成《左传旧注疏证》，而是转而研究自身所曾提倡过的一个课题——《左传》之"例"，撰成《春秋左氏传时月日古例考》《春秋左氏传古例诠微》《春秋左氏传传例解略》《春秋左氏传例略》等一系列专著，把家学向前推进了一步。他之看重《周礼》，除因《周礼》与《左传》相关且在古文经上极其重要外，还因在四川讲学时受到廖平一些影响，如蒙文通所言："礼制者，廖师（廖平）所持以权衡家法，辨析汉师同异者也。左盦（刘师培）于时亦专以《五经异义》《白虎通义》为教学之规，出蜀后成书皆《周官》《礼经》之属。左盦之渐渍于廖师，此其明验。"[①] 另外，由于与廖平往还较多，他对"今文师说多宽假之辞"，认为廖平之学"未易可轻也"[②]。

刘师培之校勘学前后没什么变化，以后期为主。他校书的范围较广泛，遍及四部，但以校订诸子为最多，这些古书主要有《管子》《晏子春秋》《老子》《庄子》《墨子》《荀子》《韩非子》《贾子新书》《春秋繁露》《法言》《白虎通义》《周书》《穆天子传》《楚辞》等。他所校订各书，或名《补释》，或名《斠补》，大致前期所校名《补释》，后期所校名《斠补》，部分《斠补》是在《补释》基础上修改而成。他校书的方法基本同于先贤，即根据古人用字属辞的一般规律，结合自身的小学功力（如运用由字音推求字义原则）来进行。他也试图发展前人总结出的某些规律性的东西，曾写出《古书疑义举例补》，对俞樾的《古书疑义举例》有所补充，以此方便其他校勘学者。

从上述刘师培的学术成就可以看出，其贡献是在古典学术的几个方面，非专攻一经或一学的所谓经学家或小学家可比，称其为"国学大师"或"扬州学派"殿军似不为过。但与其先贤比照，其学术范围大体未出"扬州学派"，仅个别方面如用中国文字证明社会学者所阐发古代社会状况，因具时代特色而越扬州先贤；在学术主张上，他也"终不越乎扬州"[③]。1912 年 7 月，他曾给吴虞开过一个小学经学书目，其中把汪中《述学》、阮元《揅经室初集》、钱大昕《潜研堂集》、戴震《东原集》列为"近人文集之最资实用者"[④]，可见扬州学者在他心目中的地

---

① 蒙文通：《廖季平先生与清代汉学》，见廖幼平编：《廖季平年谱》，152 页，成都，巴蜀书社，1985。
② 南桂馨：《刘申叔先生遗书序》，见《刘申叔遗书》，32 页。
③ 南桂馨：《刘申叔先生遗书序》，见《刘申叔遗书》，33 页。
④ 《吴虞日记》上册，45 页，成都，四川人民出版社，1984。

位及他所受到的影响。

可以说，在古典学术领域，刘师培确实成就巨大。不过刘氏学术并非只有这些，他还有现实关怀层面上的新学问，其重要性不亚于甚至高于他的古典学术研究，而这方面的成就又得益于他进入学坛时已成潮流的新学术趋向。

综观清末学界实况，最具影响力并对学术有根本导向作用的潮流当为中西学术交融和经史地位的转换（"新史学"兴起、史学地位上升而经学渐趋边缘）。刘师培走上学术舞台，应该从1903年正式发表论著算起，此时也正是上述两大潮流方兴之际。刘氏一进入学界，立即为此潮流所吸引，几乎将其早慧的学术生命都投入与此相关的学术著述中，1903至1908数年内陆续写出《小学发微》《中国民约精义》《中国民族志》《攘书》《新史篇》《论小学与社会学之关系》《国学发微》《周末学术史序》《论文杂记》《南北学派不同论》《古政原始论》《汉宋学术异同论》《两汉学术发微论》《中国哲学起原考》《伦理教科书》《经学教科书》《中国历史教科书》《中国地理教科书》《近儒学术统系论》《清儒得失论》《近代汉学变迁论》《论中土文字有益于世界》等论著，尽管这些论著不少带有政治色彩，是学术与政论的结合，有的以政论为主，但绝大多数仍是学术的，而且是学术"预流"之作。① 具体言之，《小学发微》《中国民约精义》《攘书》《论小学与社会学之关系》《论文杂记》《古政原始论》《论中土文字有益于世界》等更多地体现出中西交融的特色，而《国学发微》《周末学术史序》《南北学派不同论》《汉宋学术异同论》《两汉学术发微论》《近儒学术统系论》《清儒得失论》《近代汉学变迁论》等学术史论著，更多地体现出新史学色彩和与之相关的学术史反思意识。实际上二者很难分得十分清楚，因两大潮流是相辅相成、相激相荡的，没有中西交融，便不会出现新史学，没有新史学，中西交融也落不到实处，故而对刘师培著述的这种划分只是相对的，仅就其中哪种特色较明显而言。

综观并分析刘师培具有中西交融色彩的论著，可以看出，这些论著所涉及的西学知识，大体涵盖社会学、历史学、哲学、政治学、经济学、文学等领域，且以社会学、历史学、哲学为主。可以说，社会学、

① 陈寅恪先生在《陈垣〈敦煌劫余录〉序》中说："一时代之学术，必有其新材料与新问题。取用此材料，以研求问题，则为此时代学术之新潮流。治学之士，得预于此潮流者，谓之预流。"今借用此义。

历史学、哲学是刘师培新学结构的主干，而将这三者联结起来的纽带则为进化论和中国传统的小学。进化论基本是一种社会学说，故社会学是刘氏吸纳西学的核心。至于小学成为纽带，则反映了刘氏交融中西的出发点是在中国古典学术，意在借西学阐释中学。与严复相较，刘师培对西学的理解自然是浅薄的，未能逃离"好依傍"的"痼疾"，但自有其意义所在，即在中国古典学术逐步与西学融合从而迈向现代形态的过程中，刘之简单、肤浅的中西学比附因具有代表性和较易为人接受的特质，可能恰恰发挥了更重要的作用。在这方面，他的"援西入经"和从小学入手接纳西学的方式，能促使经学分化瓦解，有助于近代学术转型。

就学术史研究而言，刘师培是近代中国最早从事学术史研究的学者之一，他的中国学术史研究构成清末民初学术史勃兴现象的重要内容。学术史之所以在此时勃兴，是由救亡必先救学的时代主题和西学大举进入引发人们反思中国学术的潮流所致。刘师培的学术史研究以全面系统著称，从先秦迄于清代，皆被他纳入视野，但其中也有侧重，除通论外，论先秦学术、论两汉学术及汉宋学术流变、论清代学术是重点所在，而且尤以论清代学术为重中之重。这些论述在当时和今天看来皆有举足轻重的地位和独具一格的特色，如以西学为参照系，通过中西学类比，评估中国古典学术之得失；在总结先秦、汉宋学术时，提出诸子出于史官论和不能仅以考据、义理截然分离汉宋两学，宋学义理源于汉学等独到见解；在对清代学术富有个人体验的论述中，认为清学承宋明理学门户以外的考证学者之学而来，尤其明儒经学对清学有开启作用，清学有四个阶段，整体而言呈向下发展的态势，清代学者中戴震最值得推崇，等等。这些做法和看法充分显示出刘师培的学术史研究已达到相当高的水准与境界。

在世人心目中，一般皆认刘师培为"国学大师"、"扬州学派"殿军，实则 1903 至 1908 年间刘氏的学术精力更多用在上述体现时代关怀的学问上，而于古典学术研究用力较少，1908 年后才是他专意于古典学术的时期。今天看来，他具时代关怀的"预流"学问更值得注意，也更重要，因为这才是他超越包括先祖在内的"扬州学派"先贤之所在，尽管他在古典学术方面也对先贤有所发展，但那毕竟是在已有"范式"内的前进，非此超越可比。或者说，面对先贤在经学、小学、校勘学等方面的巨大成就，如果没有观念和方法的更新，刘师培即便在他们的基础上前进了一步，也很难说是超越，更何况刘在这些领域中仍基本遵循先人治学遗规，没什么突破。进一步说，刘师培的经学、小学、校勘学成就既适于乾嘉之时，又适于清末，时代性不强，刘氏如仅有这方面的成就，便与先祖没什么本质上的差别。刘的特色恰恰在于他生逢学术转型时代，可以走与处在经学中心时代的先人不同的路，而且他在这条新路上走得非常好，起到了别人不能起的作用。故而今天评价他的学术，应更多地关注他的具有现实关怀意味的那些成果，才算抓住了问题的关键，也才更有助于我们全面理解这一复杂、多变的历史人物。

总体而言，刘师培的学术经历表明，他是处在中西、新旧学术的交叉点和转折点上的人物，既承旧学统绪，又开新学天地，承前启后。这是他以及同代杰出学者的最大特色，也是今天最需要探索的特色，非常值得进行深层次的学理讨论。

三

刘师培一生笔耕不辍，论著众多，虽仅在世 36 载，却留下多达四五百万字的诗文。本书力图通过选择刘氏一生最具代表性的思想、学术论著，反映其思想、学术的基本面貌和变化历程。遴选原则大体如下：

1. 依据人物定位和《中国近代思想家文库》的宗旨，选取最能代表刘师培思想、学术建树的论著编入，限于篇幅和体例，其经学、小学、校勘学方面的纯学术论著较少入选；除极个别篇幅过长的论著稍作节选外，皆以论著全文状态呈现，以期为读者提供一个较为完善的读本；由于篇幅所限，一些重要专书无法全文入选，则将书序之类的文字编入，以反映该书基本面貌。

2. 选取刘师培论著的原刊本或原始整理本作为底本，即以钱玄同等编《刘申叔先生遗书》以及《苏报》《警钟日报》《国粹学报》《民报》《天义报》《衡报》《国故》等报刊为底本，参考其他选本，重新予以整理。

3. 注意选取新发现或以往为人忽视的刘师培重要论著。感谢复旦大学历史学系张仲民老师提供《〈ESPERANTO 词例通释〉总序》《劝告中国人士宜速习世界新语》这两篇以往选本中皆无的重要文章。

4. 所收论著，以原貌为准，凡缺字或原件难以辨识者，用□标出；凡原文有误植情况者，用〔〕标出；有脱字情况者，用〈〉标出；不确定处，出注说明。

论留学生之非叛逆 *
（1903）

今之论留学生及各省学堂学生者当曰叛逆叛逆。所谓叛逆者，叛同种之谓也，叛祖国之谓也。今当道诸公无一非叛同种叛祖国之人，故遇一不叛同种不叛祖国者即称之曰叛。呜呼□矣。

同种者即吾汉族是也。祖国者何？即吾中国是也。学生□，欲排异种而保同种者也，于此而谓之叛，则希腊之离土，亦将以叛目之乎？意人之排奥，亦将以叛目之乎？诸君！诸君！直未知顺逆之理耳，吾何责焉。

且所谓叛逆者，如汉之中行说，宋之张元、吴昊、刘豫，明之洪承畴、吴三桂是也。助异种以锄同种，此罪之所以不容已于诛也。若今之以叛逆目学生者，非助满清即助俄法，孰非蹈中行说诸人之故智者乎？于此而不自知，可谓无廉耻无羞恶之人矣。孟子谓无是非之心非人，由今观之，何无是非之心者之多耶！

吾观近今学生之□倡者，不过排俄排法二端耳。学生倡□，□政府禁之，是政府即为学生之公敌。抚我则活，虐我则仇，今政府甘为公敌而不辞，于学生乎何尤？

吾今以一语告诸公曰：中国者，汉族之中国也。叛汉族之人即□叛中国之人，保汉族之人即为存中国之人。诸公其愿为存中国之人耶，亦〔抑〕愿为叛汉族之人耶？惟诸公自探之可耳。惟以保汉族为叛逆，则大悖于公理，故特辨之。

---

* 原载《苏报》，1903 年 6 月 22 日，署名申叔。

黄帝纪年论[*]

（1903）

民族者，国民特立之性质也。凡一民族，不得不溯其起原。为吾四百兆汉种之鼻祖者谁乎？是为黄帝轩辕氏。是则黄帝者，乃制造文明之第一人，而开四千年之化者也。故欲继黄帝之业，当自用黄帝降生为纪年始。

吾观泰西各国，莫不用耶稣降世纪年；回教各国，亦以摩哈麦特纪年；而吾中国之纪年，则全用君主之年号。近世以降，若康梁辈，渐知中国纪年之非，思以孔子纪年代之。吾谓不然。盖彼等借保教为口实，故用孔子降生为纪年；吾辈以保种为宗旨，故用黄帝降生为纪年。夫用黄帝纪年，其善有三。黄帝以前，历史之事实少，孔子以前，历史之事实多，故以黄帝纪年，则纪事一归于简便，而无由后溯前之难，其善一。日本立国，以神武天皇纪年，所以溯立国之始也。中国帝王，虽屡易姓，与日本万世不易之君统不同。然由古迄今，凡汉族之主中国者，孰非黄帝之苗裔乎？故中国之有黄帝，犹日本之有神武天皇也。取法日本，择善而从，其善二。中国政体，达于专制极点，皆由于以天下为君主私有也。今纪年用黄帝，则君主年号，徒属空文，当王者贵之说，将不击而自破矣，其善三。

呜呼！北敌蹈隙，入主中华，谓非古今来一大变迁耶？故当汉族不

＊ 原载《国民日日报》，题名《黄帝纪年论》，署名无畏，见《国民日日报汇编》第一集；据文末署"黄帝降生四千六百一十四年闰五月十七日书"推算，乃作于 1903 年 7 月 11 日；又刊于 1903 年底印行的《黄帝魂》篇首，作《黄帝纪年说》（附大事表）；收入钱玄同等编《刘申叔先生遗书》之《左盦外集》卷十四，仍题名《黄帝纪年说》，民国二十五年宁武南氏排印。

绝如线之秋，欲保汉族之生存，必以尊黄帝为急。黄帝者，汉族之黄帝也。以之纪年，可以发汉族民族之感觉。伟哉，黄帝之功！美哉，汉族之民！

黄帝降生四千六百一十四年闰五月十七日书

中国文字流弊论[*]
（1903）

　　《汉书·艺文志》以六书为象形、象事、象意、象声、转注、假借，而古今之言六书者悉莫能外。其说殆即《周礼·保氏》所谓教以"六书"与《尔雅》之释。字义也，以义为主，故"释诂"、"释言"、"释训"三篇，大抵不外乎转注，所谓互训也。然"释训"一篇，颇有合主词所谓词缀、系词而成句者。如凡曲者为罶，鬼之为言归也，是"释宫"以下用此法者尤多。大抵"释诂"以下皆用归纳法，所谓数字一义也。"释宫"以下皆用缀系法，所谓一物一名也。由前之法观之，所谓有涵之名词也；由后之法观之，所谓立名词以为物之徽识也。《尔雅》之例盖如此。

　　若夫《说文》之例则异是。许君之立说也，推古人造字之由，先有字义，继有字声，乃造字形，故其说字义也，必与形声相比附。诚以字之有形声义也，犹人之有形影神也。形神相离不能为人形，声义相离不能成字。然以《说文》之分部观之，似专以字形为主。盖以义有歧训，声无定音，惟字形则今古不易耳，此许君不得已之计也。郑渔仲《通志》之言曰：独体为文，合体为字。故文统象形、指事二体；字者孳乳而浸多也，合数字而成一字者皆是，即会意、形声二体也；四者为经，造字之本也。转注、假借为纬，用字之法也。是说也，果足以该中国之文字耶？曰东西各国之文字，独体者为声，即字母也。中文之独体者为

---

　　* 原载钱玄同等编《刘申叔先生遗书》之《左盦外集》卷六，民国二十五年宁武南氏排印。钱玄同在《刘申叔先生遗书》总目后记中言及刘师培《国文典问答》一书，谓"此书编于民元前九年癸卯，为小学校之课本，上海开明书店出版，内容颇多错误，盖不经意之作，故不印。惟附录之《中国文字流弊论》及《国文杂记》两篇，陈义甚新，今收入《左盦外集》卷六及卷十三"。从"编于民元前九年癸卯"一语，知此文作于 1903 年。

象形、指事，则亦中国之字母也。以象形、指事为中文之字母，以会意、形声为中文之孳乳，其识殆非许君所及矣。虽然中国之文字，岂能历久无弊哉，吾试即其最著者言之。

一、字形递变而旧意不可考也。如日字之篆文作⊙，所以象日之形也，至易为日字，则象形之义失矣。月字之篆文作☽，所以象月之形也，至易为月字，则象形之义又失矣。考殷代红崖石刻之文字，皆象物形，与埃及之古碑同，而后世之字形，则无有得其仿佛者。又如由山字变为山字，则无以象其洞穴之形；由水字变为水字，则无以象其长流之形。古人造字主于象形，字形递更而所象之形不改，其弊一也。

二、一字数义而丐词生也。中国之文字，有虚实之用不同而其字形则同者，同一好字而或读为好恶之好，或读为美好之好。同一知字而或读为知识之知，或读为知愚之知。同一恶字而或读为好恶之恶，或读为美恶之恶；上意属他动词，下意属形容词中之静词，在西文早分为二字，而中文则以一字兼之，所谓一字数义也。然此仍以读音之不同别之也。若夫《大学》"在明明德"，两明字之形声无一区别，而义有虚用实用之分，则非通字学者不能解矣。然此犹曰仅虚实之用不同耳。若夫称物之轻重者为权，而较事之轻重者亦为权；量物之长短者为度，而法之有定者亦曰度，此则不可解矣。又如同一翦字，而《尔雅》一训为勤，一训为伐，浅学者将何从分别乎？且风者，大块噫气也，因其速而朝廷之化亦称为风化，复由风化之化引伸之而诗亦称为风诗矣，字则犹是而义之相去已远矣，此非丐词之失乎？其弊二也。

三、假借多而本意失也。如初字本训为始裁衣，假借而训为始，用之既久，裁衣之义尽失，而初字之从衣仍如故。又如《说文》一书以形为主，苟恒见之解与字形不合者，反以罕见之意解之。如焉字用为助词，自周已然，而《说文》仍释为鸟，非所谓以罕见之义解字者乎？然造字之古义已久失传，必欲举而著之，此许君泥古之失。其弊三也。

四、由数字一义也。西人之释文字者，皆用界说。界说者，所以限一字所涵之义也。凡公名玄名皆有涵者也，专名察名多无涵者也。而界说之中有数字归一类者，是为归纳法。有一类演为数字者，是为演绎法。若中国之造字也，以意为主者多用归纳法，如《尔雅》"释诂"三篇是也；以形为主者多用演绎法，如《说文》之立部首是也。然数字一义之弊，皆生于转注之多，一则义易淆，难于辨别，二则造字益众，重复愈多。其弊四也。

五、由点画之繁也。日本之片假名，每字未有逾四画者，若中文为部首之字，如馬如鳥，有多至十余画者，则记忆也难，而识字作字者皆鲜矣。其弊五也。

有此五弊，此中国文字所以难通也。盖言语与文字合则识字者多，言语与文字离则识字者少。西人之文字有古文及本国文之分，古者希腊、拉丁文也，修古学者始习之，而本国文则无人不习，此识字者所由多也。若中国所习之文，以典雅为主，而世俗之语，直以浅陋斥之，此中国文字致弊之第一原因也。今欲革此弊，厥有二策：

一曰宜用俗语也。西儒培达尼耶氏之言曰：修古文学者至十五六年而毫无实用，及归其古乡，只夸其善拉丁、希腊语而已。以此语而论中国之文士，则孰非蹈此弊者乎？致弊之原因，由于崇拜古人。凡古人之事，无不以为胜于今人，即言语文字亦然。而评文者每以行文之雅俗定文词之工拙，此固中国数千年积习使然而不可骤革者也。欲救此弊，宜仿《杭州白话报》之例，词取达意而止，使文体平易近人，智愚悉解。其策一也。

二曰造新字也。自武后刘俨造新字以来，久为世儒所诟病，不知此无足病也。古人之造字，仅就古人所见之物为之，若古人所未见之物，而今人见之，其不能不别创新名也明矣。中国则不然，物日增而字不增，故所名之物无一确者。今者中外大通，泰西之物，多吾中国所本无，而中国乃以本有之字借名之，丐词之生从此始矣。此侯官严氏所以谓中国名新物无一不误也。今欲矫此弊，莫若于中国文字之外，别创新字以名之，循名责实，使丐词之弊不生。其策二也。

此二策者，固吾中国学者所大倡反对者也。然新理日明，中国必有行此二策之一日，此吾之所敢豫言者也。此二策行，庶中国文字可改良矣，非筹教育普及之第一策哉！

国文杂记[*]
（1903）

　　凡儿童识字时先名词后动词，后形容词，后代词、副词、助动词，而以介词、连词、助词终焉。凡授字时以反复讲解为主，故授名词时当以儿童所已知之物书字授之，则事半功倍，如牙之于齿，眼之于目，其义虽一而字有雅俗之分。然授字之初，遽授以目齿诸字，儿童不知其义也，不知其字之义即不能知其字之形，知其不知而授之，非诬而何？故授字之法莫若先授以牙字眼字诸俗字，使之即字义而知字形，然后举齿字目字授之，且告以即所授牙字眼字之义，则儿童未有不解者矣。故授字之初有三戒：一曰不经用之字宜戒，二曰过深之字宜戒，三曰点画繁之字宜戒；一言以蔽之曰：授字有秩序而已。凡国文一科可寓于各科之中，故地舆、历史、伦理诸科皆可以寓国文，如讲地球、韵言、普通新历史时，可将某字属某类，某句属某文法详示生徒，或令生徒复讲以验其知国文与否；即初作文时亦以演话为主，凡伦理、地舆、历史诸课本，或令其演一句为二句，或令其合二句为一句，或令其先后移置，或令其随文解释，既可以通文法之阶梯，且可以助伦理诸科之记忆力，非一举而两得乎？

　　中国旧无文典，《康熙字典》于不经见之字十居四五，其不适用于教课甚明。儿童初识字时可先举蒙学课本授之，虽不合于用者甚多，然尚有一定之规则。中国人之于文法也，知其所当然，不知其所以然，于

---

　　* 原载钱玄同等编《刘申叔先生遗书》之《左盦外集》卷十三，民国二十五年宁武南氏排印。钱玄同在《刘申叔先生遗书》总目后记中言及刘师培《国文典问答》一书，谓"此书编于民元前九年癸卯，为小学校之课本，上海开明书店出版，内容颇多错误，盖不经意之作，故不印。惟附录之《中国文字流弊论》及《国文杂记》两篇，陈义甚新，今收入《左盦外集》卷六及卷十三"。从"编于民元前九年癸卯"一语，知此文作于 1903 年。

字类之分析、文辞之缀系，有白首不能得其要领者，无他，无课本之故也。中国人动言中国文词非他国所及，然岂知西人之于文字也，皆有一定之规则，不可稍违，而中国之所谓文法者，仅曰效周秦诸子效八家已耳，即儿童之初学作文也，亦仅授以唐宋文数十篇使之诵习，便以为文法可通，此诚孔子所谓贼夫人之子者矣。故欲授国文，先自罢诵古文始，而《东莱博议》《古文观止》诸书尤宜深戒。

中国人之言及编国文课本者，不曰浅陋则曰迂拘。其目为浅陋者，大抵谓中国自有韩柳欧苏之文在，何用另编文典。其目为迂拘者，大抵谓韩柳欧苏诸名家曷尝受此教法，何以文亦能工。不知此皆谬说也。教授之法无不由浅而深，何独于国文而不然？且中国国文之弊正坐雅俗之分太严，今之编国文课本也，正所以革其弊耳。如目为拘，则中国之文向无一定之法，其通也非由于师之教也，直由看书多而能会意耳。自作文有一定法程之后，则教者受者全无枉费之工夫，以视无法作文者果孰迂而孰非迂耶？持此论者，殆侯官严氏所谓年长者难与商进化者欤？

儿童于作文，入手之时可先习作句法，而作句之法有三：一拼字，二填字，三排句。所谓拼字者，如出一物字人字而令儿童加一字于其上，如植物、动物、贤人、愚人是也，积时既久可以知名词与动词、形容词联络法，此作句之第一法也。何谓填字？填字者如出人物二字而令儿童于二字之中填一字，如人与物，人非物是也。又如出花开二字，而令儿童于二字之中填一字，如花未开、花还开、花已开是也，积时既久，可以知助动词、介词、副词之用，此作句之第二法也。所谓排字者，如将可字、读字、书字分写而令儿童将三字合一句，如曰可读书、书可读是也，以为通文法之张本，此作句之第三法也。行此三策而犹患儿童不能作句者，未之有也。

中国旧时之教法，其教儿童也，先使之属对，继使之作时文破题，亦所以使儿童明作句之法耳。惟无秩序，无课本，无条理，则虽有文法犹之无也，故今欲改良教法，一为解字之法，一为作句之法，而讲明文理全基于此。

儿童解作句之法后当使明作文缀系法，缀系法有二：一为造句，一为演事。造句法者，如出一地字令儿童作一句，如地为圆体，地球绕日诸句是也。出一人字，令儿童作为长句，如人为万物之灵，人为动物之一诸句是也。逐渐加多，可以一字演为三四句则文法渐通矣。演事法者，如今日讲历史秦始皇事，即令儿童将此事演成数句，而演事之词又以用白话为最便，如演秦始皇焚书事，则云秦始皇听李斯的话，说书是无用的，遂将世上的书烧去了，如是云云，在生徒既易于领悟，在教者亦易于引掖，由俗语翻成文理直易事耳。盖学者之作文与其文理不通而托为艰深，何如文理既通而出之浅易，而世人每以浅易为作文之大戒，此诚大惑不解者矣。吾愿世之有课徒之责者以造句演事二法授儿童，正《学记》所谓师逸功倍者也，其益可胜言哉！依此法行，生徒当十四五岁时当无有不能作小论者也。至作论之法，务使文理明通，不必侈言高古。西人之议中国文字者谓每因字句声调致令事实倒转，诚切中中国文字之弊矣。儿童初学作文时宜急除此弊，即师之改生徒文字也，于已所删者当告以何故而删，所增者当告以何故而增，使之去词句牵强之弊而悉以明顺通达出之，则国文可以大成矣。

中国于国文最有妨碍者以背书之弊为最甚。背书之法至于有音无字，故世有背诵如流之幼童而一句不能默写者，其妨碍国文不亦甚乎！夫授书之法不重讲解而重记忆，愚矣；因重记忆而令其背诵，愚之又愚者矣。以至愚之法而欲其广开民智，不亦难哉。故背书之法者，学校之地狱也，不至误尽青年不止，此吾所以革除背诵为通国文之第一法也。

编国文课本当参酌东西文之法以为之，西文无副词、助动词，而分静词与状词为二；东文有副词、助动词而以形容词括静状二词，复纳介词于助词之中。今中国国文介词与助词其用有别，而副词、助动词亦为中文不可不立之类，惟静状二词无大区别，不妨统名为形容词耳。

中国国文所以无规则者，由于不明论理学故也，论理学之用始于正名，终于推定，盖于字类之分析，文辞之缀系，非此不能明也。吾中国之儒但有兴论理学之思想，未有用论理学之实际，观孔子言必也正名，又言名不正则言不顺，盖知论理学之益矣。而董仲舒亦曰名生之真，非其真弗以为名，则亦知正名为要务矣。而《荀子·正名篇》则又能解明论理学之用及用论理学之规则，然中国上古之著其能用论理学之规则者有几人哉！若夫我国古时之名家在公孙龙、尹文之流亦多合于论理，然近于希腊诡辩学派，非穆勒氏所谓求诚之学也，而儒家又多屏弃之，此论理学所以消亡也。今欲正中国国文，宜先修中国固有之论理学而以西国之论理学参益之，亦循名责实之一道也。

中国论文法之书无一佳者，其稍有可观者其《文谱》乎。其中于隐显奇偶诸法析之甚详，然此仅可供修古文者之取法耳，至于为学国文者之阶梯则殊不然。今中国之人动曰文法文法，夫以字句未清之人则虽托名班、马、韩、苏犹无用也，于此而犹曰高古典雅，将谁欺乎？

虽然中国国文之最宜讲明者在于字与字相配成句之义，此法不明必不可先使之作文，而中国腐儒动言神而明之存乎其人，又曰不可以言传，斯言也，非误尽天下青年不止。《孟子》"离娄之明，公输子之巧，不以规矩不能成方圆；师旷之聪，不以六律不能正五音"，则规矩果可废与？不言规矩而言神韵，此皆浅儒借此言以藏其拙者也。中国于万事万物皆知其所当然不知其所以然，以为古人之文如此，吾之文亦可如此，而于古人之文所以如此者茫然不解也。呜呼！中国人之知国文也非真知也，直觉性已耳，故谓中国无一人知国文亦无不可。

然中国当上古之时，于国文一科未尝无一定之程式也，《学记》谓比年入学，中年考校，一年视离经辨志。《通考》引为辨句，盖离经者即分析经理也，辨句者即辨别句读也，此皆古人小学校之法，可知国文一科为古人小学之入手。故《易》曰言有序，《诗》曰出言有章，非古人重视国文之征乎？惜后人不能师古人之意耳。

作文以明句法为主，固矣，然所谓句者字相配而辞意已完之谓也，有起词有语词有止词。起词者，言所谓之事物者也。语词者，言起词所有之动静者也。止词者，后乎起词而毕达词意者也。如《论语》"吾从众"，吾字为起词，从字为语词，众字即为止词。又如《论语》"尔爱其羊，我爱其礼"，尔我二字起词也，爱语词也，其羊其礼止词也。又如有起词语词而无止词者，如《论语》"佛肸召，子欲往"，佛肸为起词，召为语词，子为起词，欲往为语词，其无止词者，则以言"佛肸召"三字，犹之言"佛肸召孔子"也，"子欲往"三字犹言"子欲往佛肸处"也，故虽无止词已有止词之意在言外矣。夫作句之时有不用语词止词而用表词者，则表词即语词，所以承上字之起词也。如《论语》言"柴也愚，参也鲁，师也辟，由也喭"，愚、鲁、辟、喭四字所以表诸贤之质也，故为表词，余可类推。《文心雕龙》云"置言有位，位言曰句"，所谓位言者即缀字有次序之谓也，故起词、语词、止词、表词之用明，则一切句法皆可不言而喻矣。名代诸词之位于句读者有孰先孰后之序，是名曰次，凡名代诸字为句读之起词者，其所处位曰主次；凡名代诸字为止词者，其所处位曰宾次；其曰主次宾次者取对待之义，亦犹起词止词之义耳。主次宾次之外又有所谓正次偏次者，凡数名连用而意有偏正者，则正意位后谓之正次，偏者居先谓之偏次，如《论语》"道千乘之国"，正意在国而国字位后，则谓之正次矣，千乘二字系乎国者而千乘二字居先，则谓之偏次矣，余可类推。达意之词以起词语词为最要，止词者不过续语词者也，起词下系表词者，则静字其常而名代中亦可用，至句读中之介字，所以足起词语词之意者也。凡起词语词不备者不得谓之句，故句法之成至少须以两字，《文心雕龙》云位言为句，岂不然哉？

中国分析字类之书，以确山刘南泉《助字辨略》为最古，嘉兴钱泰吉称为引据该洽，为小学创例。然其书所列者仅助字一门，于连词介词副词悉以助字该之，至有以助动词而入助词者，且征引该博以之存古训则有余，以之启后学则不足。王氏《经传释词》较《助字辨略》尤为精确，其所举者亦以虚字为主，但所举之字有以助动词为助字者，甚有以代词为虚字者，此则中国字类无界说使然，非可尽责王氏也，且王氏创始之功亦岂能没哉？

中国无文典，此中文之一大缺点也。今欲教育普及，当以编文典为第一义。予尝谓文典与法典并重，无法典之国必为无政治之国，无文典之国即为无教育之国，中国并此二者而无之，此其所以上无政下无学也。如以编文典为别例，则日本之初亦曷尝有文典哉？是在随时变通耳。

攘 书[*]
（1904）

目 录

攘，《说文》云：推也。段注以为即退让之义。吾谓攘字从襄得声，辟土怀远为襄，故攘字即为攘夷之攘，今《攘书》之义取此。

豕韦之系，世秉麟经，我生不辰，建虏横行。鉴于前言，扶植人极，炎黄有灵，实凭实式。黄帝降生四千六百十四年十二月，刘光汉识。

华夏篇

乾坤定位，万汇蕃滋，风土异宜，戎夏殊性，而人种区别，遂各不同。汉族初兴，肇基西土，而昆仑峨峨，昆仑即帕米尔高原，玄奘《西游记》作波谜罗川，即今喀什噶耳河。《唐书·高仙芝传》作播密川，亦一声之转。实为巴科民族所发迹，西书称中国民族为巴科族，即盘古一音之转。古盘字读若般，如公输般或作盘之类，巴、般之音尤近。吾观《山海经》一书，知古

---

* 《攘书》于1904年1月撰成，1904年1月31日至2月12日的《俄事警闻》连续刊登广告："空前杰著，《攘书》上卷，共十六篇，月内出世，刘光汉撰。"可见该书撰成后迅即出版。按《攘书》全书共十六篇，并无下卷。收入钱玄同等编《刘申叔先生遗书》，民国二十五年宁武南氏排印。

代神圣所居，大抵在昆仑附近。《山海经》之昆仑有二，有海内之昆仑，即《海内西经》之昆仑也；有海外之昆仑，即《大荒西经》之昆仑也。窃疑海内昆仑即碣石，海外昆仑即帕米尔高原。如轩辕之国，地近穷山，《海外西经》云：轩辕之国在此穷山之际，其不寿者八百岁。《大荒西经》亦云：有轩辕之国，不寿者乃八百岁。轩辕之台，地滨沃野，《大荒西经》云：沃野有三青鸟，黑目，一名曰大鸷，一名少鸷，一名青鸟。有轩辕之台，射人不敢西向射，畏轩辕之台。据此则黄帝初兴，实邻西土，而后稷、《大荒西经》云：有西周之国，姬姓，食谷，有人方耕，名曰叔均。帝俊生后稷，稷降以百谷，稷之弟曰台玺，生叔均，叔均代其父及稷播百谷，始作耕。祝融、《大荒西经》云：西北海之外，赤水之西，有芒山，有桂山，有榣山，其上有人，号曰太子长琴。颛顼生老童，老童生祝融，祝融生太子长琴。是处榣山，始作乐风。重黎，《大荒西经》曰：颛顼生老童，老童生重及黎。帝令重献上天，令黎卭下地。下地是生噎，处于西极，以行日月星辰之行次。皆由西方迁入。证以《路史》遗文，则无外无热之陵，即系昆仑之故址矣。《路史》"天皇本纪"云：被迹无外无热之陵。《路史》注曰：《遁甲开山图》云：天皇出于柱州，即无外山也。郑康成云：无外之山在昆仑东南万二千里。《水经注》云：或言即昆仑。荣氏云：五龙及天皇皆在其中。《路史》之说虽难尽凭，然观于此言，可知汉族初兴实在帕米尔附近。近者亚欧错壤，载籍东来，谓华夏旧名起于花国。西书谓华字起源在未辟以前，中国开基祖东渐时途经昆仑，山下有雄大之邦曰花国，心醉其隆盛，因记于脑以传其子孙，及后人继始祖之志，遂称为华。按《列子》称黄帝梦华胥之国，华胥即花国也。又言西方有化人，花、化音亦近。吾谓花国之称即大夏一音之转，大夏之名早见于中土书籍，《山海经·海内东经》云：国在流沙外者，大夏、居繇、月支之国。《佚周书·王会篇》云：大夏兹白牛。又伊尹《四方令》云：正北大夏。今西人称为巴克特里亚，地在阿母河东南葱岭之西。而诸夏之名，当由大夏转被，由诸夏转为诸华，即文物声名之意。致支那、震旦之称皆由此起，案宋云①《翻译名义集》以支那为光华之称。而要之皆西方所传入也。故颛顼、炎黄之裔散处西陲，《大荒西经》云：有互人之国，炎帝之孙名曰灵恝，生互人，是能上下于天。又云：有白犬之国，黄帝之孙曰始均，始白狄。又云：西北海之外有国名曰淑士，颛顼之子，皆汉族散居西方之证。而穆满西游直税驾昆仑之麓，见《穆天子传》及《列子·化人篇》。披图按迹，往事非诬，而后儒以诸夏之名始于大禹。阮伯元持此说最力。不亦舛与。噫，汉土民人，数典忘祖，制盘古创世之说，《五运历年记》云：盘古垂死化身，气成风云，声为雷霆，左眼为日，右眼为月，四肢为四极，五体为五岳，血液为江河。《述异记》略同。此皆盘古创世说也，与印度婆罗门教所云八明神造世之说同。以溯汉族之起原。而外域所流传，或概以蒙古之名，西人称亚东诸国如日本、朝鲜、中国，皆曰蒙古种。彼当中国宋末时震于蒙古西征之威，遂以蒙古之称被东方民族，犹之中国明代以大西洋之名概欧洲也。然蒙古当宋代以前或称蒙兀，或称蒙古，斯仅鄂难河源一隅地，并突厥、匈奴之不若，安能以此称概东方之民哉。或锡以契丹之号，今俄人有称中国为契丹者，亦沿宋代之旧称。《长春真人西游记》称中国人为桃花石，桃花石即契丹姓大贺二字之转，故西方各国即以契丹为中国之称，然要之皆不足信也。遗书莫考，旧迹谁稽？西望昆仑，知汉民惓怀故土之思，汉族当初迁中土时，文字未兴，载籍未具，发源之迹，仅凭言语流传，历时既久，渐失本源。然汉族人民，犹以西方为本土之想象，故《楚词》一书切慕昆仑尤切，即《十州记》《神异经》所列，公孙卿、徐福所言，莫不托言昆仑，称为仙境，足证昆仑之名为汉土人民所共识矣。其湮灭也久矣。后圣有作，祀夏配天，不失旧物，斥赫连之僭伪，复神禹之宅居，其唯以大夏名国，中国无国号，所谓国号者乃一代之号，亦即一姓之号也，故随时递变，无一定之称。中国而欲自强，非以大夏名国不可。以自别于四夷乎？《说文》夏字下云：中国之人也。注云：所以别于北方狄、东北貉、南方闽蛮、西方羌、西南僬侥、东方夷也。

夷裔篇

自孔子言裔不谋夏，夷不乱华，而华夷之防，百世垂为定则。及读《春秋公羊传》，其曰"进夷狄于中国"，又何以称焉？

刘光汉曰，公羊之言，美中国用夏变夷也。孔子之言，虑后世之用夷变夏也。吾观《春秋》一书，于所传闻世，内其国而外诸夏；于所闻世，内诸夏而外夷狄；于所见世，内外远近若一。故公羊家言，有所谓大一统者，有所谓王者无外者。夫孔子岂不知内外之别哉？特以声名文物，非一国所得私，文明愈进，则野蛮种族愈不能常保其生存。孔子知世界递迁必有文明普暨之一日，《春秋》无达诂，从变而移。《春秋》言中国、夷狄，犹西人之言野蛮、文明耳。故中国、夷狄之分，视其进化之程度。即遐方殊俗，亦不必以榛狉终，箕子化韩，太伯适吴，文翁导蜀，非其验与？观西人东渐以后，南洋各岛悉被文明之化而岛民愈稀。其曰用夏变夷者，所以使无礼义者化为有礼义耳。刘申受《论语述何》云：中国、夷狄以有礼义无礼义而分，非处九州之处者皆夷狄也。潞子之为善，宣十五年。楚庄之书爵，宣十二年。大同之旨，其在兹乎！吾谓大同之旨在于化行蛮貊一端，《论语》："子

欲居九夷，或曰陋，如之何？子曰：君子居之，何陋之有？"樊迟问仁，子曰："居
处恭，执事敬，与人忠，虽之夷狄，不可弃也！"子张问行，子曰："言忠信，行笃
敬，虽蛮貊之邦行矣。"皆《春秋》内外远近若一之旨，言当以礼义化夷狄，不当
舍礼义从夷狄也。孟子之论陈良亦与此义相合。然据此以荡华夷之界则殊不
然。案近世儒者自庄、刘以来，皆主大同之说，而定盦龚氏并欲荡华夏之防。《五
经大义终始答问第七》云："宋明山林偏僻士多言夷夏之防，比附《春秋》，不知
《春秋》者也。《春秋》至所见世，吴楚进矣，伐我不言鄙我无外矣。《诗》曰：'无
此疆尔界，陈常于时夏'，圣无外，天亦无外者也。然则何以三科之文，内外有异？
答据乱则然，升平则然，太平则不然。"此说最有流弊，援饰经文，献谀建虏，吾
不能为定盦讳也。夫《春秋》进夷狄之文非蛮族所能托，观于戎伐凡伯，
《春秋》刺之，何休注云："不使无礼义制治有礼义"。此可证文明可以统治野蛮，
不可使野蛮压服文明。则历朝之戎祸不得谓非蛮夷猾夏之变局矣。煽榛狂
之俗，灭礼义之风，率犷悍之群，抑神明之胄，华夏之称未改而华夏之
实已非。炎黄有灵，吾知其不享此土矣。吾观《春秋》之文，杞因用夷
而贬爵，晋因挑战而称夷，使麟经而作于今，吾恐笔削之文必曰"中国
亦新夷狄"。《繁露·竹林篇》云："《春秋》之常词也，不与夷狄而与中国为礼，
至邲之战偏然反之，何也？曰《春秋》无通词，从变而移。今晋变而为夷狄，楚变
而为君子，故移其辞以从其事。"《左传·僖廿七年》传云："杞子来朝，用夷礼，
故曰子。"是中国固不能常保其为中国也，苟所为而不合于礼义，亦将贱而轻之矣。
可不悲哉！

夷种篇

　　船山王先生有言，"夷狄之于中国，厥类均也，中国不自畛绝夷，
则地维裂矣。"《黄书·原极篇》。大哉言乎！可谓识华夷之别矣。
　　夫天地犷悍之气，钟于殊俗，肖形禀气与中土殊，譬如草木，区以
别矣。吾观洨长《说文》区夷裔之种为六：南方蛮闽从虫，又《说文》蛮
字下云：南蛮蛇种，从虫䜌声。闽字下云：东南越蛇种，从虫门声。北方狄从
犬，又《说文》狄字下云：赤狄本犬种，狄之为言淫辟也，从犬亦省声。东方貉
从豸，又《说文》貉字下云：北方豸种，从豸各声。孔子曰，貉之为言恶也，莫
白切。西方羌从羊，又《说文》羌字下云：西戎牧羊人也，从人从羊，羊亦声。
而字之从人者仅僰人、僬侥、东夷而已。以上皆见《说文》羌字注。其言
曰，西南僰人、僬侥从人，盖在坤地，颇有顺理之性。唯东夷从大，大人也。夷俗
仁，仁者寿，有君子不死之国。吾谓西南之地当今之蜀，黄帝之时即降昌意于若

水，故民俗稍驯，观于文翁立学，尹珍施教，而知西南之民易化矣。若朝鲜之地被以箕子之教，而日本大和民族亦与蛮族不同。夷字从人，殆以此夫。试即许氏之义扩之，而从虫之字曰蜑，《说文》蜑字下云：南方夷也，从虫延声。《隋书·南蛮传序》云：与华人杂处，曰蜑曰俚。《华阳国志》云：汉发县有盐井，诸县北有獠蜑。韩文公《房公墓志》云：林蛮洞蜑。是蜑亦蛮族之一也。曰巴，《说文》巴字下云：虫也，或曰象形。凡巴之属皆从巴。按巴又为国名，即《左传》所谓"巴濮楚邓，吾南土也"是矣，盖亦南蛮所立之国也。从犬之字曰猃狁，《诗》云"猃狁孔炽"，又云"薄伐猃狁，至于太原"。曰獯粥，见《孟子》《史记》作"荤粥"，又案《史记·匈奴传》言西伯昌伐畎夷，畎夷即杀幽王之犬戎，亦即《山海经》所谓有人面兽身，名犬夷也。据此益证狄字从犬之确。又《隋书》言南蛮种族曰獠曰獽，字虽从犬，而与狄种不同。从豸之字曰貆，狄貆戎，见《史记·匈奴传》，音丸。又《后汉书·东夷传》言句骊亦名貊耳，貊与貉二字古通用。从羊之字曰羯，即石勒之部名，亦为匈奴之支派。又羯为上党地名，别一义。夷裔之称，历历可记，循名责实，事岂无征？

盖炎黄之裔，厥惟汉族，九州而外，皆属遐荒。高山深林，东胡所宅，毛衣肉食，射猎为生，辫发胡装，迭雄边塞，是为通古斯族。即豸种。逐草随畜，散处北陲，风驰鸟赴，鸣镝扬尘，去来朔漠之乡，窥扰障塞之际，是为土耳其族。即犬种。氐羌孽余，跨有河湟，地广兵全，擅雄塞表，弃城郭而不居，以麦熟为岁首，是为西藏族。即羊种。椎结左衽，凭深阻峭，散居溪谷，部族实蕃，山川阻深，道里辽远，是为交趾支那族。即蛇种。此数族者，居不毛之乡，生无知之俗，殊名诡号，种别类区，圣王禽兽畜之，殆有以也。

试溯厥由来，则槃瓠之裔，赤髀横裾，《后汉书·南蛮传》云：昔高辛氏有犬戎之寇，帝募能致犬戎吴将军首者，妻以少女。帝有畜犬曰槃瓠，下令之后，遂衔吴将军首造阙下，帝乃以少女配槃瓠。厥后滋蔓。号曰蛮夷。干宝《晋记》云：武陵长沙庐江郡人，槃瓠之后也，杂处五溪之内。槃瓠凭山阻险，每每常为害，糅杂鱼肉，叩嘈而号，以祭槃瓠，俗称赤体横裙即其子孙。又《后汉书》谓巴郡南郡蛮出于廪君，廪君出于白虎。《晋书》谓李特即廪君之裔，亦异闻。契丹之先，戴猪服豕，《契丹国志》云：后有一主号曰迺呵，此主持一髑髅，在穹庐中覆之以毡，人不得见，国有大事则杀白马灰牛以祭，始变人形出，视事已，即入穹庐复为髑髅。因国人窃视之，失其所在。复有一主号曰喝呵，戴野猪头，披猪皮，居穹庐中，有事则出，退复隐入穹庐如故。后因其妻窃其猪皮，遂失其夫，莫知其所如。异矣哉！毡中枯骨化形治事，戴猪服豕罔测所终。以及匈奴兽心，《汉书》载武帝封燕王册云獯鬻氏虐老兽心。吐蕃犬种，《旧唐书·突厥传》云：

小杀谓唐使袁振曰，吐蕃狗种，唐国与之为昏。又案《王会篇》云：正西昆仑狗国。《易林》云：穿胸狗邦。《淮南·坠形训》亦有狗国，疑即周时之犬戎，若唐时之吐蕃，殆犬戎之裔与？而蒙古之初，出自狼鹿，载之《秘史》，《元朝秘史》卷一云：当初元朝人的祖是天生一个苍色的狼与一个惨白色的鹿，相配了同渡过腾吉思名字的水，来到于斡难名字的河源头、不罕儿名字的山前住着，产了一个人，名字唤作巴塔赤罕。往籍可稽，又《隋书·突厥传》云：突厥之先，盖匈奴之别种，或云其国先于西海之上，为邻国所灭，男女无少长尽杀之，有一儿年十岁，弃于大泽中，有牝狼每衔肉至，因以不死，其后遂与狼交，生十男。《通典》云：高车，或云其先匈奴之人也。匈奴单于生二女，姿容甚美。单于曰，此女安可配人？将以与天。乃于国北无人之地以高台置二女，乃有一老狼昼夜守台嗥呼，经时不去。其小女曰，吾父以我与天，而今狼来，或是天处我。乃下，为狼妻而产子孙，遂滋繁成国。皆夷狄为兽种之证。虽史书所载不无诋毁之词。《后汉书·西羌传》云：或为牦牛种，越隽羌是也；或为白马种，广羌是也；或为参狼种，武都羌是也，《北史·外域传》云：党项羌者，三苗之后也。其种有宕昌、白狼，自称猕猴种。又王圻《稗史汇编》云：匈奴之国，其种有五：一种黄毛者，乃山鬼与黄犊牛所生；一种短项矮胖，乃玃猨与野猪所生；一种黑发白身者，乃唐李靖兵遗种也；一种名突厥，其先乃射摩舍利海神女与金角白鹿交感而生，射摩因手斩阿玲首领，至今以人祭蠢；一种乃塔巴赤罕之种。据此三书观之，则夷狄无一人种矣。以视羊腓字稷，乩降生商，渺乎异矣。然上古之初，由动物衍为人类，达尔文《物种由来》谓地球之初，由定质流质而生植物，由植物而生动物，而生人。西儒考地质者，分地质为十二级，人类初生实在动物之后。人类者，动物之所衍也。故中土帝王亦有龙身蛇躯之幻，伏羲龙身，女娲蛇躯，见王延寿《鲁灵光殿赋》，非妄诞不经之说也。试观《山海经》一书，有言人面兽身者，有言兽面人身者，而武梁祠画像状态尤奇，即格致家由动物衍为人类之证也。观西国古书，多禁人兽相交，而中国古书亦多言人禽之界。董子亦曰，人当知自贵于万物，则古代人与物相去非远矣。此《山海经》所由可信也。但夷狄殊俗，进化尤迟，草昧榛莽，终古鸿荒，世界递迁，仍守榛狉之俗，大约人类愈野蛮则愈与物近，愈文明则愈与物远，观日本岸本能武太《社会学》，以直立之发见为人类进化之第一阶级，又以原人之身体与非人动物之身体多同：一曰颚齿强大，二曰下肢软弱，三曰胸胃肥盛，四曰躯干短小。而斯宾塞所著《社会学原理》亦载弗细曼《人容貌类猿论》一篇，则人与物近明矣。吾观四川番民生毛，台湾生番有尾，非洲黑人近于猴类，而知古代之民族亦犹是矣。日本之虾夷，楚粤之猺民，犹其进化者也。以视中土之文物声名，瞠乎后矣。《周书·外域传》云："雨露所会，风教所通，九川为纪，五狱为镇，此之为诸夏，生其地者则仁义出焉。昧谷嵎夷，孤竹北户，限以丹徼紫塞，隔以沧海交河，此之谓荒裔，感其气者则凶德成焉。"其言华夷夷之不同最为明析。《礼记》有言，今人而无礼，虽能言，不亦禽兽之心乎？今以无礼义之人斥为异类，不亦宜乎！所南《心史》云："臣行君事，夷狄行中国事，古今天下之不祥莫大于是。夷狄行中国事非夷狄之福，实夷狄之祸，譬如牛马，一旦忽解人语，衣其毛尾，裳其四蹄，三尺童子见之，但曰牛马之妖，不敢称之曰人，实大怪也。"

后世中原不竞，鞑虏凭陵，鸟迹兽蹄交于中国，神州赤县莽为牧场，人禽之界荡然泯矣，此长林丰草，禽兽居之，龚仁和所由兴叹也。

苗黎篇

昔希腊区国人为三级，《古教汇参》谓斯巴达人立国后，将本国中人分为三等，上等者肄武，次等者务农，下等者充奴仆，而伊所带来之人尽属上等。印度别国人为四类，《古教汇参》引印度《费大》诸书云：人分四类，不容转移，且其出也，亦各不同。自巴马头顶出者最尊贵，名婆罗门，世世献祭，世世读书，如中国之儒家等。自巴马股臂出者次之，名刹帝利，或为君，或为臣，或为兵将，祖武孙绳，父作子述，昭世职焉。自巴马大股出者又其次也，名吠奢，懋迁有无，恪守家风，所谓商人之子恒为商，贾人之子恒为贾也。其自巴马脚底出者名戍陀罗，手胼足胝，罔敢休息，春耕夏耘，莫敢或遑，所谓出苦力者是，则品斯下矣。又《印度史览要》区印度之民为二，一为亚利安民族，一为非亚利安民族。而震旦上古之初，亦各以种类区贵贱。试观《尧典》一书，有所谓"亲九族"者，有所谓"平章百姓"者，有所谓"黎民于变时雍"者。百姓黎民，何以区之为二级？

刘光汉曰：百姓者，汉族之民，乃贵族及公民也。九族即皇族。黎民者，异族之民，乃贱民及奴隶也。盖支那地势，东南片壤，僻近海隅，洪荒之初，地沦水国，惟昆仑峻岭，号为高原，为人类发生之所。故震旦众生，悉由西方迁入。观中国三代以前有洪水之祸，而西人之讲地质学者，分古代为三期。第一期之时，亚洲东陲仅洪水与烈火，惟昆仑一岭渐露于海面；第二期之时，秦岭以南渐为高地，南部支那仍没于海底；至第三期之时，支那南部始为陆地。此说甚确。而苗族东迁先于汉族，《古教汇参》谓，该隐子孙渐离故土，一支东迁为蚩尤及三苗之祖。又言挪亚之后，由北而东居于中国。则汉族与苗族为二族明矣。以黑种之民蔓延支那南北部，及汉族东徙，经营力征，拓土恢疆，与苗酋杂处。当汉族殖居黄河两岸时，犹西人初入南洋群岛时，殖民于海岸也。故支那本部仍属苗民。厥后战胜蚩尤，《书经》马注云：蚩尤，九黎君名。肃清河朔，苗族遗民沦为奴隶，而黎民之称遂与苗民区别，大抵未归化者谓之苗，既归化者谓之黎。据周汉遗文，悉以九黎为三苗之祖，《书·吕刑篇》郑注云："苗民，谓九黎之君也。九黎之君于少昊氏衰而弃善道，上效蚩尤，重刑必变。九黎言苗民者，有苗九黎之后。颛顼代少昊，诛九黎，分流其子孙。居于西裔者为三苗，至高辛氏衰。又复九黎之君，恶。尧兴，又诛之。尧末又在朝，舜臣尧，又窜之。后禹摄位，又在洞庭逆命，禹又诛之。"《国语·楚语》云："少昊之衰也，九黎乱德。"又云："其后三苗复九黎之德"，则黎为三苗之祖，而支那本部之旧族矣。故少昊以来日思恢复故土，此汉苗所由竞争也。然黎鬵古通，于训为黑。《广雅·释器》云："鬵，黑也，或本作黎。"此黎鬵二字古通之证。古人亦有训黎为黑者。《史记·魏将军传》注云："黎，黑也"，此其确证。上古之初，以种色而区阶级，与印度同，日本高田氏《国家学原理》言印度当上古时，亚里安白种征服西达拉黑人，夺其土地，奴隶其人民，庸使西达拉人永沦贱役，所以因人色之黑白而分贵贱也。西人称门地字义为法原那，法原那者，肤色也。亦《国家学原理》说。中土称劣等民族为黎民。黎民者，亦因肤色而区异也。言黎民犹之言黑人。汉族以优胜之群御劣败之族，以黎民之贱称示族类之区别。试观《书经》一书，言"黎民于变时雍"，犹言异域之归化。言"黎民阻饥"，钱塘夏穗卿语余云：上古时为游牧时代，民皆食肉衣皮，至尧舜时始为耕稼时代，然上级之民仍肉食，下级之民始粒食。故《书》言"黎民阻饥"。言"黎民怀之"，言"万邦黎献，共为帝臣"，犹言万国来王。皆指蛮族之向化者言也。言"苗民逆命"，言"窜三苗于三危"，言"苗蛮弗即功"，言"苗民弗用灵"，大抵黄帝以后，汉族日扩势力于南方，苗族之民退居溪谷，故尧时之地直达南交。及北地罹洪水之灾，汉族人民遂罢经营南方之业，故三苗之族复炽于南，即吴起所谓"三苗之居，左彭蠡，右洞庭，汶水在南，衡山在北也"。及舜窜三苗于三危，而苗族始归汉族统治，故舜之疆域直达苍梧。然苗族之民卒未能屈服于汉族，故有苗民逆命之举，及禹平水土，三危既宅。三苗丕叙，而苗族始衰。皆指蛮族之背命者言也。

由是言之，苗为南部之民，乃负固不服者也；黎为北部之民，乃柔顺服从者也。观北方之地，上党有黎国，即西伯戡黎之地也。黎阳又有黎国，即狄人追逐黎侯之地也。窃疑皆黎民所处之故土。黎民之称，起于黄帝以前，三代以来，而黎民遂与贱民同意。《泰誓》言"以能保我子孙黎民"，《诗》言"周余黎民"，此与《尧典》之黎民异义，言黎民犹言贱民耳。秦人沿之，以黔首为卑微下贱之称。然溯其起原，悉出于古代黎民之意。《史记·秦始皇本纪》"更名民曰黔首"，应劭云"黔，黎黑也"。案秦人黔首之名非无所本，盖原于古人黎民之称。汉儒以黎民为众民，《尚书》注。毋乃舛与。观今湖贵边陲有黎族杂居之地，见魏源《圣武记》。与苗民同，于此益信黎民为异族之民。稽田氏之《黔书》，唐樊绰又有《蛮书》。溯参军之蛮语，上古遗民之迹，夫岂历久无征哉？又案《通志·氏族略》云"黎氏，子姓，侯爵，商时诸侯"。《风俗通》云"九黎之后"。是黎姓亦苗黎遗裔。光汉又识。

胡史篇

昔在春秋之际，荆吴徐越割土称王，而孔子作《春秋》则黜之为子。其在《礼》曰"东夷北狄西戎南蛮，虽大曰子"。又曰，《春秋》不称楚越之王丧，所以斥僭伪之萌而立中外之防也。马、班以降，四裔之传附于史册之末，使蛮夷大长不复与中土抗列，《春秋》贬绝之义赖此不坠。《汉书·扬雄传赞》言："雄非圣人而拟经，与吴楚僭王号者同，盖诛绝之罪也。"何居乎后世乃有南北史之称乎？前乎此者，吾闻有引弓之民盗有中国之半矣，未闻与羲农并著也；后乎此者，吾闻有哥特蛮民奄有罗马之宇矣，未闻与法、奥抗衡也。自五胡构乱，中原板荡，元魏嗣兴，蚕食北土，齐周继之，高洋为渤海人，宇文觉为鲜卑人，皆通古斯族也。奄有淮汉，炎黄余裔，不绝如线，惟江南一隅，保存文物。史臣无识，南北并书，则是齐宗周于荆越，而等蜀汉于魏吴矣，岂不舛哉！夫蛮夷猾夏，是为伪朝，延寿操笔削之权，固当继崔浩之志，崔浩以修史被杀，见《魏史》。王船山云：浩仕于魏而为《魏史》，然能存拓拔氏之所由来，详著其不可为君师之实，与其乘间以入中国之祸始，俾后之王者鉴而知惧，以制之于早，后世之士民知愧，而不屑戴之为君，则浩之为功于人极者亦伟矣。以光直笔于天壤，使秽德彰闻，终古不泯，顾乃等夷于华，隐恶扬善，甚至效颦索虏，以斥南土为岛夷，《春秋》之义荡然泯矣。

善乎所南郑先生之《正统辨》也，谓《北史》之名宜降为"胡史"以黜之，又谓宜修改其书，夺其僭用天子制度等语。《南史》之名宜褒为正史以崇之。大哉言乎，吐词为经矣！惟隋唐二朝斥为虏族，所南之论隋代也，谓普六茹坚，小字那罗延，夺伪周宇文辟之土而并僭陈之天下，本夷狄也。又云李唐为凉武昭王李暠七世孙，实夷狄之裔。予案杨坚本杨震之裔，幼仕于周，以汉族入通古斯族籍，犹今日八旗之有汉军耳，乃能不动声色，举异族割据之疆悉反之汉族之手，其功固与郭威等矣，岂可斥之为夷狄。若李暠为陇西成纪人，汉李广之后，载之《晋史》，夫岂无征？所南之言未为当也。按之史册，未免深文。

嗟乎！史义不明，非一日矣。存勖、敬瑭，沙陀之余孽也，乃与梁周并衡，辽金蒙古，漠北之贱族也，乃与宋明并列。其兴也，则文致虏酋为神圣，而蹈德咏仁；其亡也，若惜其大运之已乖，而留连凭吊。欧阳修、宋濂之罪岂可逭乎？脱脱以夷人而修史，不足责也。夫唐明宗之祝天，自谓臣本胡人，愿生圣主。杨维桢生蒙古之世，于中华正统不数辽金，维桢所作《正统辨》，见陶宗仪《辍耕录》卷三所引。夷不代夏，有断然者。吾独惜夫宋丙子之后无正统者几百年，明甲申之后无正统者又三百年，其所谓史者，乃胡史而非华史，长夜漫漫，待旦无期，史臣不察，谬以正统归之，杨维桢《正统辨》已以正统归胡元，谓元承宋统，而建虏所修之史，并福、唐、鲁、桂诸藩之事斥为僭伪，吏〔史〕臣之罪上通于天矣，岂可不加重修乎？其识更出韩史下矣。周家禄《朝鲜记载汇编》云：史臣记载指斥本朝，词多悖慢。又云：彼中记载于前明赠谥，则称皇朝赠谥某某，于本朝则但冠本国之徽称，不著中朝之谥法，此亦近于不臣矣。吴英之世，一则曰纂《尊周汇编》，再则曰奉《皇明实录》，而于本朝则或称曰唐，或称曰燕，或直称曰清人。是朝鲜不帝索虏之证。

　　孔子有言，夷狄有君，不如诸夏之亡。孔子此言，言夷狄之君不可代主中夏，与其以夷代夏，宁使诸夏无君。旧注非是。值此诸夏无君之日，宜仿西国纪年之例，以黄帝降生为纪年，予另有《黄帝纪年说》。使异俗殊方，晓然于统系有归而不容干渎，则夷承华统之祸潜灭于无形矣。君子曰：此《春秋》之志也。

溯姓篇

　　昔黄帝听《云门大卷》之乐，以办〔辨〕别族类，《周礼·大司乐》注云：黄帝曰《云门大卷》，黄帝能成名万物，以明民共财，言其德如云之所出，民得以有族类，即后世吹律辨族姓之祖。而《汩作》①《九共》诸篇，于别生分类之说尤三致意，按：别生即别姓，古者因生以赐姓，故生姓二字古通。知类族辨物，古圣重之久矣。

　　吾观西人社会学，于家族起原言之甚析，由近亲之婚姻，进而至于同族之婚姻；由同族之婚姻，进而至于异族之婚姻，而野蛮之世有一妻数夫之制，此即西人所谓妇女共有之制也，《社会学原理》引森拉波克氏说，谓最初之民族，以所有土地为共有物，即其妇女亦其共有物也，不得私有其妇女。又按柏拉图以家族为公共之物，亦此意。有一夫数妻之制，吾观一妻数夫制与一夫数妻制，大抵视男女比较之多寡以区别，此《周礼·职方氏》于九州之户口所由重男女比较之统计也。又一夫数妻之制大抵行于男权最盛之时。故蛮族人民悉承认女统之血系。《社会学原理》云：盖杂婚之事大行，子分明共认其父者实占少数，而母子之关系最密，故欲认父子之血缘宁认母子之血缘。又云：如恩达门民族，与小儿方离乳，男女之结合即解，故忘却父子之关系，独于母子之关系历久犹能记忆。案，女绕血系亦名女统亲族制度。震旦之初当亦如是。

观于上古人民知有母不知有父，见《白虎通》。而苍颉制书，女生为姓，后儒解姓字者，或据因生赐姓之文，《说文》姓字下云：人所生也。古之神圣，母感天而生子，故称天子。从女从生，生亦声。《春秋传》曰，天子因生以赐姓。或据姓为女坊之说，郑渔仲《通志》云：女子称姓，所以别婚姻。顾亭林云：姓也者，所以为女坊也。其说信美矣。及观《晋语》胥臣之言，始知黄帝之时仍行一夫多妻之制，《晋语》胥臣曰：同姓为兄弟。黄帝之子二十五人，其同姓者二人而已，唯青阳与夷鼓皆为己姓。青阳，方雷氏之甥也；夷鼓，彤鱼氏之甥也。其同生而异姓者，四母之子别为十二姓。凡黄帝之子二十五，宗其得姓者十四人为十二姓，姬、酉、祁、己、滕、箴、任、荀、僖、姞、儇、依是也。据胥臣之言观之，则所谓同姓者，指同母而言，非指同父言也，故以母族为姓。则所谓同姓者乃同一女统之血系者也，与突厥以母族为姓者，《通典》云：突厥泥都娶二妻而生四男，其大儿讷都六设众奉为主，都六所生子皆以母族为姓。若合符节。彼秦赵之初以母族而祖颛顼，《史记·秦本纪》云：秦之先帝，颛顼之苗裔孙曰女脩，女脩织，玄鸟陨卵，女脩吞之，生子大业。索隐云：女脩，颛顼之裔女，吞鳦子而生大业，其父不著。而秦赵以母族而祖颛顼，非生人之义也。亦此制与。试即古姓之字考之，姜姓出自神农，春秋时齐、许、申皆姜姓。姬姓出自黄帝，《说文》谓黄帝居姬水以为姓。姚姓出自帝舜，据《左传正义》引《世本》之文。姒姓出自夏禹，《春秋》以杞鄫为姒姓。嬴姓出自伯益。《说文》谓嬴从女，嬴省声。妘姓出会人，鄅国、夷国及偪阳皆妘姓之国也。又《潜夫论·志氏姓篇》云：妘姓封鄢。推之邓优嫚姓，白狄婼姓，亦见《潜夫论》。姞姓起于轩辕，《世本》云：姞姓黄帝轩辕氏后，而黄帝之后复有嬉姓、嫘姓，亦从女之字也。妫姓源于虞帝，亦见《世本》，与姚姓别。而旧籍所载，有所谓姺姓、㜣姓、敀姓者，见《说文》女部。有所谓姓氏、妠氏、嫽氏者，见《通志·氏族略》"以姓为氏"条。何一非从女之字乎。此姓字所由从女。古人受姓于母，此其征矣。

盖草昧之初，婚姻之制未备，有一夫数妻之制，如《礼记》所言，天子有后，有夫人，有世妇，有嫔，有妻，有妾是也。今中国人民蓄妾仍守此风。有一妻数夫之制，如今西藏一妇数夫是也。昔越王勾践听民淫泆，秦皇禁之，故会稽刻石之文，"有子而嫁，倍死不贞，夫为寄豭，杀之无罪"等语，所以禁一妻数夫之制也。又《左传》时夏姬事三夫，公孙黑欲夺子南妻，皆仍守野蛮风俗。故贵为帝王犹守同族婚姻之俗。观炎黄异德，兄弟婚媾，见贾谊《新书》及《国语》。尧女厘降，不避近属，则同父而不同母者皆可通婚。此为文明渐进之制，观日本帝女称内亲王，与兄弟结婚，而福泽谕吉力破同姓不婚之说，则此为东方之旧俗矣。及世运日新，知男女同姓，其生不蕃，此理甚精。西人由植物通种之理而知同姓之不可结婚，惟与异族结婚者其种日进。而同族不婚垂为定则。《礼记·大传》云："四世而缌服之穷也，五世袒免，杀同姓也，六世亲属竭矣。其庶姓别于上，而戚单于下，昏姻可以通乎？系之以姓而弗别，缀之以食而弗殊，虽百世而昏姻不通者，周道然也。"是为禁同姓结婚之始。观卖姜必卜，内官不及同姓，而鲁昭娶于吴，晋平纳四姬，君子皆讥其失礼，则男女辨姓为周礼明矣。自斯以降，由女统之血系进而认男统之血系，异族婚姻之制行，则婚姻之道渐备，而男女之结合，一与之齐终身不改。故父子之关系亦由此而生矣。其所谓姓者，始专属之男统。如夏王称姒王，周公称姬旦之属，皆以姓属之男子。然姬姜之属犹为妇女之称，如伯姬、季姬、孟姜、女姜是。则仍沿古代之旧语矣。殷周以来，知同姓婚姻之失礼，于是创为履敏感生之说，如《生民》《玄鸟》诸诗是。以托之神奇，此《史记》及《五经异义》所以言圣王无父而生，又据《帝王世纪》知伏羲有母无父，神农、黄帝亦母感精气而生。名为尊祖，实则讳其恶也。

　　后儒昧于族制之源，以氏为姓，而姓字之精义湮没不彰，古者氏与姓别，姓由于血统，氏由于徽识。郑渔仲谓姓可呼为氏，氏不可呼为姓，氏同姓不同者婚姻可通，姓同氏不同者婚姻不可通。顾亭林谓，氏一再传而可变，姓千万年而不变。则氏出于姓明矣。后世以氏为姓，姓氏混而为一，而古姓亡矣。后圣有作，正本清源，辨族之法，近采东隅，大约日本之民分华族、士族、平民三级。以姓之著于《世本》者跻为华族，观《世本》一书，即知古人重谱牒之学，此《周礼·小史》所由奠系世，而史公作《史记》所由本周代谱牒也。秦汉之姓次之，夷裔之姓又次之，观晋宋时代最重门第，但区别门第不尽以古代谱牒为凭。庶谱牒之学复盛于今，而数典忘祖之讥，吾知免矣。

渎姓篇

　　尝读《世本》《山海经》，至苗民出自颛顼，《大荒北经》云：颛顼生骥头，骥头生苗民。苗民厘姓。路氏出自神农，《姓纂》引《世本》云：路氏，炎帝之后，黄帝封其支子于路氏，春秋时路子婴儿是也。翟氏出自黄帝，《姓纂》引《世本》云：翟氏，黄帝之后，代居翟地，为晋所灭氏焉。白民出自帝俊，《大荒西经》云：销姓出自帝俊，有白民。又云：姜姓出自帝俊，有黑齿；姚姓出自帝俊，有三身之国。载民出自帝舜，《大荒西经》① 云：盼姓出自帝舜，有载民。氐羌出自伯夸，《海内经》云：乞姓出自伯夸，有氐羌。窃意荒远之区非古代殖民之地，中国古代之殖民，如黄帝居昌意于若水，少康封少子于越东，太伯适荆蛮，箕子居朝鲜，汉族所至之地辄能用夏变夷。若《世本》《山海经》所载诸国，无论其非圣王后也，即使其为圣王之后，亦已见化于夷，汉族亦不能承认其为同族矣，旧籍所载，殆失之诬。及考历代史官所记载，则夏后之裔降为匈奴，《史记·匈奴传》云：匈奴其先祖夏后氏之苗裔也，曰淳维乐彦。《括地谱》亦以匈奴为禹后。昌意之孙传为北魏，《魏书·序纪》：昌意少子受封北土，国有大鲜卑山，因以为号。苻秦溯源于有扈，《晋书·国传》云：有扈氏之裔世为武都氏，又云：禹封舜少子于西戎，是为羌姚氏云。又云：吕光，略阳氏也。其先有文和者，本沛人。皆附会之说。东胡溯姓于高辛，明何乔远《名山藏》云：兀良哈，古东胡地，高辛氏之裔。昔高辛氏游海滨，过棘成，阚遇颛顼之墟，乐之，封其子厌越居焉，邑于紫蒙之野，号曰东胡。即沙陀小夷，亦自谓出于中土，《北梦琐言》：河东李克用，其先回纥部人，世为蕃中大酋，赤心以功赐姓，名为李国昌。懿宗问其先世所出，云：本陇西金城人，依寓吐番。乃窃叹史臣之无识，至朔漠贱姓渎我诸华，辨族类物之大经，至此斩矣。

虽然，此亦无足异也。震旦立国，首严华夏之防，非我族类，仇敌视之，而异域文明，又远出神州之下，非讳其旧族，即无以宅域于汉南。然以夷乱华，以贱渎贵，罄东海之波，不足以流其恶矣。所南郑先生知其然，故《心史》一编，于外夷冒姓，力斥其诬，《心史·古今正统大论》云：或曰拓拔氏及今极北部落皆黄帝后，姑假之亦可，曰譬如公卿大夫之子孙，弃堕诗礼，或悦为皂隶，或流为盗贼，岂可复语先世之事而列于君子等耶？况四裔之外素有一种孽气，生为夷狄，如毛人国、猩猩国、狗国、女人国等，其类极异，决非中国人之种类。开辟以后即有之，谓黄帝之后、夏后氏之后则非也。垂攘狄之经，褫逆胡之魄，大义昭垂，争光日月，铁钺之诛，凛曰乎其不可犯矣。

呜呼，神不歆非类，民不祀非族，又《左传》言鬼神非其族类不歆其祀。今以毡裘引弓之民扰我王服，非唯窃其土疆也，且并窃其系牒，非鬼而祭，其如鬼神不歆其祀何哉。秦汉以来，贱族之民多有攀援贵族者，以张汤而祖留侯，以崇韬而祖汾阳，史书所载，历历可征。夷狄冒姓，亦犹是耳。珠申丑类，僻在东陲，而骑射冠裳，自谓肇基于肃慎，建房为女直后，证以《建州女直考》诸书，确不可易。而《满州源流考》据《淮南子》"东方多君子

---

① 编者按：应为《大荒南经》。

国"一言，遂以珠申厚德敦庞，超轶前古，不知此指朝鲜言也。然民俗犷励，文物未修，如欲援《春秋》之文以进夷狄于中国，则是舆台贱鬼可以配昊天上帝也，故君子谓之不知礼。

辨姓篇

自谱牒失传而姓氏之学废，崔浩生索虏之朝，独晓然于姓氏之宜辨，虽议为虏廷所格，未克施行，然大唐继兴，高、士廉。岑文本。诸君即有《姓氏谱》之纂录。唐太宗时以地望明贵贱，士廉等所作《姓氏谱》，先列天家，后列后族及宰相，凡长孙、宇文皆登贵姓，于古人得姓受氏之源则茫乎未之考也。降及赵宋，此学未泯，观名世、邓名世。伯厚王伯厚。所著书，大约本《元和姓纂》《唐书宰相表》二书。虽舛误杂出，然分北虏汉，明晰辨章，稽古之功，顾可没与？

善乎！郑渔仲之修《通志》也，谓夷狄复姓不与华同，其言曰：夷狄有复姓者，侈词也，一言不能具一义，必假数言而后一义具焉。其于氏也，则有二字氏，有三字氏，有四字氏。故其叙氏族也，有代北复姓，如长孙、万俟、宇文、慕容诸氏是，大抵皆通古斯族及土耳其族。有关西复姓，如钳耳、莫折诸氏是，大抵皆西藏族。有诸方复姓，如夫余、黑齿诸氏是，大抵皆朝鲜人、西域人。有代北三字姓，如侯莫陈、破六韩是，大抵亦通古斯、土耳其族。有代北四字姓。如目死独膊氏、井疆六斤氏是。自此说兴，而毡裘贱种不复与神明贵胄相淆，小史奠系之精义，其在斯乎！

嗟乎，夷裔干渎天纪非一日矣。自由余用秦，《风俗通》云：由氏西戎，由余相秦。肥义仕赵，《姓纂》引《世本》云：肥氏，北狄国名，赵有肥义。异族窥夏，此启其端。晋室不振，刘、石跳梁，殊方贱姓，杂我中土。据《世本》，刘氏本士会后，石氏本卫靖伯孙石碏后。自渊勒兴而中土之姓不可考矣。元魏肇基朔漠，入宅幽并，七姓十二族并跻高显。孝文宅洛，用夏变夷，改从汉俗，咸改单姓。魏太和十九年谓：代人诸胄，先无姓族，无族官，则不入姓族。今欲定姓族，皆具列由来，直拟姓族以呈，朕当决姓族之首末。是魏太和时已有辨别姓族之举，惟至迁洛后始改为单字姓耳。《通志》析元魏所改姓为二类：曰二字变夷，三字变夷。而虏汉之淆，如稊稗之杂于五谷矣。试即《魏书》所列考之，知虏姓与汉姓同者甚众。如：胡氏出于胡子，而纥骨氏亦改为胡氏。周氏出于后稷，而普氏亦改为周氏。奚氏出于奚仲，而达奚氏亦改为奚氏。伊氏出于帝尧伊耆氏，而伊娄氏亦改为伊氏。丘氏出于齐太公，而丘敦氏亦改为丘氏。亥氏，晋有隐者亥，而侯氏亦改为亥氏。叔孙氏出于鲁叔牙，而乙旃氏亦改为叔孙氏。车氏出于汉田千秋，而车焜氏亦改为车氏。穆氏出于宋穆公，而丘穆陵氏亦改为穆氏。陆氏出于田敬仲，而步六孤氏亦改为陆氏。贺氏为齐庆氏所改，而贺赖氏及贺兰氏并为贺氏。刘氏出于士会，而独孤氏亦改为刘氏。楼氏出于杞东楼公，而贺楼氏亦改为楼氏。于氏出于武王子邘叔，而勿忸于氏亦改为于氏。连氏出于齐大夫连称，而是连氏亦改为连氏。僕氏为《周礼》僕人后，而僕兰氏亦改为僕氏。荀氏出于黄帝子荀实，而若干氏亦改为荀氏。梁氏出于秦仲，而拔列氏亦改为梁氏。略氏，吴有略统，而拨略氏亦改为略氏。寇氏出于卫康叔，而若口引氏亦改为寇氏。罗氏出于祝融，而叱罗氏亦改为罗氏。葛氏出于夏葛伯，而贺葛氏亦改为葛氏。封氏出于黄帝后封钜，而是贲氏亦改为封氏。阿氏出于商伊尹，而阿伏于氏亦改为阿氏。延氏出于吴延陵季子，而可地延氏亦改为延氏。鹿氏出于赵大夫，而阿鹿桓氏亦改为鹿氏。骆氏出于齐公子骆，而佗骆拔氏亦改为骆氏。薄氏，周有薄疑，而薄奚氏亦改为薄氏。桓氏出于齐桓公，而乌丸氏亦改为桓氏。侯氏出于晋侯缓，而胡古口引氏亦改为侯氏。浑氏出于郑浑罕，又出于卫浑良夫，而谷浑氏亦改为浑氏。娄氏出于陆终，而匹娄氏亦改为娄氏。鲍氏出于鲍叔，而俟力伐氏亦改为鲍氏。卢氏出于齐高傒，而吐伏卢氏亦改为卢氏。云氏为郑国之后，而牒云氏亦改为云氏。是氏出于齐大夫，而是云氏亦改为是氏。利氏，汉有利迁，而叱利氏亦改为利氏。如氏，汉有如子礼，而如罗氏亦改为如氏。扶氏，汉有扶嘉，而乞扶氏亦改为扶氏。单氏出于周成王少子臻，而阿单氏、渴单氏并为单氏。几氏出于宋仲几，而俟几氏亦改为几氏。兒氏，周有兒良，汉有兒宽，而贺兒氏亦改为兒氏。古氏出于古公亶父，而吐奚氏氏亦改为古氏。毕氏出于毕公高，而出连氏亦改为毕氏。庚氏出尧掌庚大夫，而庚氏依旧庚氏。何氏出于韩王安，而贺拔氏亦改为何氏。吕氏出于禹裔太岳，而叱吕氏亦改为吕氏。莫氏出于楚莫敖，而莫那娄氏亦改为莫氏。韩氏出于晋穆侯少子，而出大汗氏亦改为韩氏。路氏出于路子，而没路真氏亦改为路氏。扈氏出于夏诸侯，而扈地于氏亦改为扈氏。舆氏出周大夫伯舆，而莫舆氏亦改为舆氏。干氏出宋大夫干犨氏，而纥干氏亦改为干氏。伏氏出于伏羲，而俟伏斤氏亦改为伏氏。高氏出于齐公子高，而是楼氏亦改为高氏。屈氏出于楚屈瑕，而尸突氏亦改为屈氏。石氏出于卫石碏，而嗢石兰氏亦改为石氏。解氏出于晋解狐，而解枇氏亦改为解氏。奇氏出于鲁公子伯奇，而奇斤氏亦改为奇氏。卜氏出于周礼卜人，而须卜氏亦改为卜氏。林氏出平王庶子林开，而丘林氏亦改为林氏。绵氏出晋大夫，而尔绵氏亦改为绵氏。盖氏，汉有盖公，而盖楼氏亦改为盖氏。黎氏为九黎之后，而素黎氏亦改为黎氏。明氏出于秦孟明，而壹斗眷氏亦改为明氏。门氏出周之门子，而叱门氏亦改为门氏。宿氏出于大皞，而宿六斤氏亦改为宿氏。山氏出于烈山氏之裔，而土难氏亦改为山氏。房氏出于丹朱，而屋引氏亦改为房氏。树氏望出河东，而树洛于氏亦改为树氏。乙氏出于殷汤，而乙弗氏亦改为乙氏。窦氏为夏少康后，而纥豆陵氏亦改为窦氏。陈氏出于舜后，而侯莫陈氏亦改为陈氏。狄氏出周文王少子，而库狄氏亦改为狄氏。稽氏，秦有稽黄，而太洛稽氏亦改为稽氏。柯氏出吴公子柯芦，而柯拔氏亦改为柯氏。尉字出于尉止，而尉迟氏亦改为尉氏。潘氏出楚潘崇，而破多罗氏亦改为潘氏。薛氏出颛顼少子阳，而叱干氏亦改为薛氏。俟氏，周有俟子，而俟奴氏亦改为俟氏。展氏出于鲁公子展，而辗迟氏亦改为展氏。费氏出于季文子，而费连氏亦改为费氏。綦氏，汉有綦隽，而其连氏亦改为綦氏。艾氏出于宋公族，而去斤氏亦改为艾氏。祝氏，秦有祝权，而叱卢氏亦改为祝氏。温氏出于晋郤至，而嗢盆氏亦改为温氏。褒氏出于姒姓，乃大禹之后，而达勃氏亦改为褒氏。杜氏为刘累之裔，而独孤浑氏亦改为杜氏。甄氏出于虞舜，而郁都甄氏亦改为甄氏。嵇氏出夏少康子季抒，而纥奚氏亦改为嵇氏。库氏，汉有库钧，而库褥官氏亦改为库氏。羽氏出郑子羽，而羽弗氏亦改为羽氏。其所改之姓，皆与汉族固有之姓相淆。《通志·氏族略》知别族之法，于姓之同名异实者析为数类，惜乎其未能详备耳。大抵元魏所改之姓亦有为汉族所无者，如拓拔氏改为长孙氏，普陋茹氏改为茹氏，素和氏改为和氏，副吕氏改为副氏，奚斗卢氏改为索卢氏，莫芦氏改为芦氏。沓卢氏改为沓氏，大莫干氏改为郃氏。秘邦氏改为邦氏。茂眷氏改为茂氏。宥连氏改为云氏。步鹿根氏改为步氏。渴侯氏改为缑氏。和稽氏改为缓氏。宛赖氏改为就氏。越勒氏改为越氏。叱奴氏改为狼氏。渴浊浑氏改为味氏。乌洛兰氏改为兰氏。一那蒌氏改为蒌氏是也。其仍虏姓而未改者又有吐谷浑、贺若及那氏诸姓，此北魏氏族之大略也。厥后新起之夷相仍相踵，隋唐以降，胥为中国之民。虏族嗣兴，致旧氏消亡于不觉。读《河南官氏志》一书，观近人《南北世系表》，以虏姓与汉姓并列，而《风俗通》《广韵》溯氏姓之源，至有举虏遗汉者，可胜浩叹。未尝不叹崔浩之不作也。唐代边功超越前昔，军旅之权操于蕃将，而赐姓之典史册炳然。自金日磾降汉为胡人赐姓之始，唐代以来如李怀仙、朱耶赤心、拓跋思恭，皆以蕃将赐国姓。若夫乌石兰改姓为石，琙珲改姓为珲，侯莫陈改姓为侯，阿氏那改姓为史，皆唐代虏姓变为汉姓者。虏姓代汉，至此始矣。胡元猾夏，汉族式微，蒙古、色目，并居中土，吾观钱竹汀《元史·氏族表》，大约哈喇鲁雍古耳为蒙古族，钦察康里乃蛮为土耳其族，剌乞反为通古斯族，唐兀为西藏族，阿连为阿兰族，乞失迷儿为阿利安族。明祖起义，兴复河山，革彼虏姓，俾就汉族，洪武元年禁不得胡姓，三年四月诏曰：蒙古、色目人皆吾赤子，果有材能，一体擢用。比闻入仕之后或多更姓名，朕虑岁久其子孙相传，昧其本源，非先王致谨氏族之道。中书省其告谕云：如已更赐者听其改正。则太祖未尝全革虏姓也。顾亭林谓禁不得胡姓者，乃禁中国之更为胡姓，岂不然哉。惟于中国固有之复姓悉去其一字，则为氏族紊乱之本矣。使天地之纪，一乱而不可复理，洪武九年改火你赤姓名为霍庄，十六年赐观音保姓名为李观，三十一年赐尹间姓名为李贤。永乐元年，上谓兵部尚书刘儁曰：各卫鞑靼人多同名，宜赐姓以别之。于是兵部请如洪武中故事，编置勘令，给赐姓氏。从之。三年，赐把都帖木儿名吴允诚，伦都儿灰名柴秉诚，保住名杨效诚。自此遂为定例。盖至此中国无一虏姓矣，即丘濬《大学衍义补》所谓：更名冒姓杂处民间也。然虏姓改从中国，不仅明代然也。观古里易姓为吴，术虎改姓为术，旧籍所载，更仆难终矣。明曾秉正言："蒙古色目多改汉姓，宜令复姓"，度可辨识，指此言也。虽据进夷于华之文，亦何益哉。

吾观谱牒之掌，古有专官，故司马迁以《五帝系谍》《尚书》集世纪为《三代世表》。瞽矇诵诗，并诵世系，《国语》所谓教之世而为之昭明德者也。所以抒怀旧之念，发思古之情，以尊祖敬宗之忱，为捍卫同族之本，使民无向外之心，而国以永保。后世汉虏杂处，种族淆异，梼杌穷奇，荐居上国。历时既久，民习于夷，改姓易氏，献媚虏酋，始于北周。如阎庆为大野氏，辛威为普屯氏，韩襄为侯吕邻氏，李弼为徒何氏，田弘为纥干氏，王雄为可频氏，王熊为柘王氏，蔡氏为大利稽氏，阴氏为丘目陵氏，张氏为叱罗氏，周氏为车非氏，南氏为宇文氏。盖北周欲以己种为贵种，故姓氏一遵夷虏。盛于胡元，如贾塔尔珲本冀州人，张巴图本平昌人。刘哈喇布哈本江西人，杨朵尔济及万里古思皆宁夏人是也。而元初又有赐姓之典，如张荣赐名兀速赤，刘敏赐名玉出千，刘思敬赐名哈八儿都，王买喇赐名实赐巴图是也。盖当时汉人颇以蒙古之赐名为荣。及建州宅燕，右虏下汉，当金世宗时已禁女直人毋得混为汉姓，降及建州遂俨然列己族于汉族之前，观《皇朝通志》可见。并翼贱民至以隶籍虏军为幸，民之廉耻斫伤尽矣。嗟乎，革虏就汉，其罪为僭，弃夏就夷，其罪为叛，君子观于此，未尝不叹夷祸之日深也。虽然六朝而降，谱牒多存，如杜预《世族谱》、挚虞《昭穆记》、王俭《诸州谱》、王僧孺《十八州谱》《元和姓纂》是也，故刘子玄谓族谱之书久宜入史。欲别华夷，先正氏族，远案虞廷分别之文，近征亭林赐姓之说，案顾亭林《日知录》云：使举籍蕃人之来归者，赐以汉姓所无，不妨如拓拔、宇文之类二字为姓，则既不混于古先帝王氏族神明之胄，而又使百世之下知昭代远服四裔，其得姓于朝者凡若干族，岂非旷代之盛举哉。推言族望，必志本源，即塞北杂夷，亦溯其本族所自出。大抵塞北之夷，各以蕃落起姓，所谓舍夷狄而未能合中国也。于革虏就汉者，姑援《春秋》进潞子之例，俾得与汉族比肩。于弃夏就夷者亦援《春秋》绝杞子之文，使不得与齐民□列。荡涤瑕秽，归于清明，庶类聚群分，合于《大易》之道矣。

变夏篇

吾尝循梁豫之郊，眺大河南北，以税驾幽冀之野，见夫文化凌夷，风俗犷悍，稚钝骜戾，等于殊俗，盖不胜今昔之感矣。夫江淮以北，古圣宅居，文物声名，洋溢中土，而江汉以南，古称荒服，湘粤滇黔，苗蛮窟宅，贽币言语，不与华同。曾几何时，吴楚之间，浸向礼义，为文教薮，迄于南海不衰。而冀州尧舜余民，则混沌若太古，岂地运今古之不同耶？何南北之殊辙也？曰：是为夷祸之故。

夫春秋之季，异族凭陵，戎、如山戎、北戎、骊戎、犬戎、茅戎、卢戎、姜戎。狄、如赤狄、白狄、伊洛诸戎是，夷狄是。夷、如平莱夷、介根是。蛮，如百濮群蛮是。交侵上国，虏汉杂处，此启其端。降及西汉，县道犹分。西汉之时，凡蛮夷居边境者，皆设道以别之，与内地之县有异，亦犹后世设土司与州县杂治之义耳。即《班书·地理志》观之，则陕甘川湖皆为华夷杂处之地。而东汉时复有属国之设，与西汉之县道同。又王船山以后世流民山寇皆古戎狄之遗，泽、路以东，井陉之南，夹乎太行王屋，赤白狄也；夹淮之薮，淮夷也；商、雒、析、邓、房、均，戎蛮陆浑也；夔、巫、施、黔，濮人也；汉川、秦、巩，姜戎也；潜、霍、英、六、光、黄、随、均，群舒也；宣、歙、严、处，岛夷也。虽不尽然，亦足为汉虏杂居之证。汉魏徙戎于塞内，空朔漠以延羌胡，如马援徙降羌于关中，曹操徙乌桓于山东是也。而南单于之众，又入居塞内、西河，五胡之乱此启其基，江统《徙戎论》言之详矣。托归化之美名以纷饰治迹，卒之五胡肇乱，魏周继兴，社稷丘墟，生民涂炭。降及宋代，辽夏跳梁，金元继之，而天地分建之极丧矣，又何惑乎建州宅国之久哉。

吾现东周之世，戎蛮礼俗渐与华同，春秋之时，诸侯多与夷裔交通，故夷裔各国，亦染汉族之文明，观鲁隐公会戎于潜，公子遂盟伊雒之戎于暴，晋成会狄于欑函，则异族且进而列于诸侯之一矣，故中国诸侯亦多承认其独立。盖戎狄初入中国时，犹日耳曼之初侵罗马也，既入中国之后，犹日耳曼人见化于罗马也。通种说行，春秋之时通种之说已盛行，观周襄王娶狄女为后，晋献公以骊女为姬，而赵襄之姊适代，戎王之女遗秦，非异族与汉族通种之证哉？故异族之民亦多与汉族相合。虏汉交粹，卫效越言，杞用夷礼，厌华风而趋毡俗，自古然矣。魏晋以降，虏众既迁，如唐灭突厥，徙其余众于中原；肃代之时，回纥有战功者得居西京；武宗时，回纥赴幽州，降者三万人，皆散隶诸道。皆虏众之内迁。若夫汉民罹虏祸而北徙者，尤不可胜记。一由于归化，一由于俘虏，而吾族之民遂受制于异族下矣。胡军深入，自秦有楼烦，汉有胡粤骑。降及唐代，因用番将之故而并用胡兵。金人创屯田军，自燕南至淮陇，而北有明安穆昆，与民杂处，凡数万人。胡元继兴，而蒙古军色目军悉入居中土。满洲驻防仍守此制，所以防汉族之怀异志也。渎中土之神皋，冒中邦之氏族。即北魏改氏族等事也。见《辨姓》《渎姓》二篇。婚宦相舛，习久相安，而陷身虏域者，大抵弃礼义之乡，入无知之俗，故老消谢，如宋吴楼、王权等属。民习于夷，即李陵所谓令先君之嗣更成夷狄之族也。廉耻道消，《金史》云：燕人最卑贱，宋人来则从宋，金人来则从金，辽人来则从辽。右虏下汉，《儒林公议》云：始石晋时，关南山后初蒞房，民既不乐附，又为房所侵辱，日久企思中国声教，常若偷息苟生。周世宗止平关南，功不克就。岁月既久，汉民宿齿尽逝，新少者渐便习不怪，然居常右房下汉。甚至割弃山河，恬奉异类，假之羽翼，授以神州，观匈奴之寇汉由于中行说，夏之寇宋由张元、吴昊，满清入关由于洪承畴、吴三桂。而屠城攻邑之最虐者，亦莫如汉人李成栋、朱国治，其最著也。即近世之荡平洪杨者，亦汉族而非满族，此可知华民之无耻矣。戴酋豪为元后，弃故国如敝屣，北方之强果安在乎？此张骏所由思悲，张骏云：先老消谢，后生不识，慕恋之心日远日忘。而表圣所由兴叹也。《后村诗话》云：唐失河湟未久，而司空图诗云："汉人尽作胡儿语，争向城头骂汉人。"

嗟乎！燕赵之地，古称多感慨悲歌之士，而衣冠文物萃于中州，函关以西，又天府膏腴甲天下。居今思古，何风流歇绝亦至于此极？盖胡房煽乱中原，甲姓避乱南迁。故冠带之民，萃居江表，流风所被，暨于楚粤。回顾中州，惟有荒荒大陆，人兽杂居而已，不亦重可叹哉！

大抵秦汉之世，华夷之分在长城；魏晋以来，华夷之分在大河；女直以降，华夷之分在江淮。此古代文物所由北胜于南，近代文物所由南胜于北也。使神州之民，仍偷息苟生，日与夷族相杂处，吾恐百年之后，必陵灭至于无文而蔑不夷矣。千年以降，将生理殄绝，反之太古之初而蔑不兽矣。用船山《思问录外篇》说。汉唐区宇，黄炎子孙，倦言顾之，潸然出涕矣。

鬻道篇

嗟乎！夷狄之入我中国也，据其土地山河，窃其子女玉帛，久假不归，乌知非有，已可悲矣。其尤甚者至并窃先王之至道，观于石勒立学、王船山之论石勒起明堂辟雍灵台也，谓古人明堂辟雍灵台皆无当于王者之治教，汉儒师公玉带之邪说，乃为奇零四出，曲径崇高，怪异不经之说以神之，此固与盗贼夷狄妖妄之情合，而升猱冠猴者，鬻之以希荣利，固其宜矣。元魏习仪，观拓拔宏所行之政，如作明堂，正祀典，定郊庙，祀圜丘，迎春东郊，定次五德，朝日养老，修舜禹周孔之祀，耕籍田，行三载考绩之典，祀阙里，求遗书，立国子大学四门小学，定族姓国老庶老，听群臣终三年之丧，皆拓拔宏所行之伪学也。北周之取法《周官》，此皆苏绰所定之法，以李弼、赵贵、独孤信、于谨、侯莫、陈崇为六官。女直之亲祀阙里，金世宗大定时事，昧圣学之大经，徒饰笺注谶纬之言，为索房愚民之术。以毡裘之房自拟中国之圣王，非唯窃其治统也，且并窃数千年之道术，不亦大可悲耶？

　　虽然，此皆汉土士大夫之咎也。中国贱儒昧于中外之防，作夷狄戎蛮之羽翼，不惜窃圣贤之道，以文致虏酋为圣贤。如许衡之流是。虏酋利其然也，益得饰治定功成之名，以恣其妖妄，沐猴而冠，俳优而戏，其诬讕圣言不亦甚耶？故许衡、魏象枢之罪，上通于天者也。古人以鬻地与夷者谓之卖国，今以数千年道学之传，视为徼利希荣之具，丧心失志，罪不容于死矣！

　　吾观两晋耆儒，耻为虏屈，避地河西，以存儒教之一脉，晋世之儒大抵随张氏西迁。及天锡降秦，河西诸儒未有随张氏东迁以求荣羌族者。及吕光以降，河西析为数国，沮渠秃发乞伏诸朝未有施残害于诸儒者。王船山曰，此非草窃一隅之寇能尊道也，乃儒者自立于纲维而莫能乱耳。魏虏宅夏，诸儒始东。阚骃、刘昞、索敞、熊安生屈身从狄，高尚之节从此替矣。夫陈栎应举虏廷，季野且讥其失节，万季野《群书疑辨·书元史陈栎传后》云：南土既附，科目未设，一时士人无升进之路，相率而就有司之辟召，或庠序学官，或州县冗秩，亦屈身为之。如戴表元、牟应龙、熊朋来、马端临之属，以文学名儒或俯首而丐升斗之禄，而生平之名节不顾矣。所可惜者休宁陈栎，穷经讲学，当时号名儒。及科举一开，以六十余龄之人争先赴之，虽侥幸一举，所得几何？乃举平生之学问而尽弃之。今安溪、平湖诸公，固祖河南而祧考亭者也，顾乃文饰遗经，献媚虏族。以二曲、桴亭较之，判然天壤矣。

　　呜呼！夷裔礼教与中土殊，制礼作乐，实为衰弱之源，如拓拔、宇文诸虏，弃固有之礼俗，有同化于汉族之民，精悍之气消，朴固之风斫，縻天下于无实之文，以自托升平之象，而国势凌夷之兆实起于此时。船山《读通鉴论》、所南《古今正统大论》言之甚详。其舍夷从夏者，岂真知圣道之尊哉？不过以汉土之法还治汉土耳。满清以儒教治中土，犹以黄教治唐古特。其入关之初，知中国之儒未易服也，于是托宗仰孔教之名，为怀柔汉族之本。儒者不察，以保圣教之名归之，以为斯道之荣。呜呼！其愚更出索虏下矣。于此而托名卫道，则吾谁欺？

帝洪篇

　　刘光汉曰：中国之亡也久矣，一亡于癸亥台湾之沦，再亡于甲子金陵之覆。吾民何辜，竟困厄至于此极耶？

　　吾观魏晋以降，中原沉沦，草泽遗民，耻臣虏族，铤而走险，以冀侥幸于万一，魏太和十四年，沙门司马御惠自称圣主，破平原；永平二年，沙门刘惠汪反；三年，秦州沙门刘光秀谋反；延昌三年，幽州沙门刘僧绍反；四年，沙门法度反。大抵皆义民欲谋光复者也，其必托身沙门者，盖恶索虏衣冠之不同而削发为僧耳。又金世宗大定六年，秦州民合住谋反；十一年，归德府民藏安而谋反伏诛；十二年，北京曹资等及鄜州民李方、同州民屈立、冀州民王琼，皆以谋反伏诛；十八年，献州人殷小二谋反伏诛；二十一年，辽州民宋忠等乱言伏诛，赵翼以有道之世多乱民为疑。呜呼，岂知金民排外之志哉！功虽不成，其所树立，亦足表见于天下。珠申入宅，义旅频兴。王伦之师，林清之军，文成三槐之甲，虽出师未捷，身死虏廷，然螳臂当车，精禽填海，舍逆取顺，夫固章章有功矣。

及虏焰既衰，洪王崛起，以匹夫之力为天下倡，张挞伐于殷武，振大汉之威声，义旗所指，力扫胡尘，江淮以南，复为净土，虽所经郡邑，多出灰烬之余，洪军所得之地亦多残暴，固不足为讳，然以满清较之，而彼桀纣，而此尧舜，神州之民固出水火登衽席矣。观金陵奠都，而后虽通情满军者亦止杀戮数人。见《金陵癸甲摭谈》。而吾扬州所罹之祸，亦较满洲之役为轻。然改正朔，洪王所用之历与欧美日本同。《金陵癸甲摭谈》谓洪军所用历，单月三十一日，双月三十日，不知用国法。可以知其与西法合矣。易服色，洪军所至之处，令民蓄发，凡剪发者罪无赦，所以复上国衣冠也。又《金陵癸甲摭谈》谓洪军所用服饰帽袍及靴皆有定制。兴言扬之科，洪氏所定制，废制义，行策论，凡奏疏听民自由。布鬻庙之令，废僧道，籍寺宇，见东王杨秀清之示。蠲繁除苛，与天下相更始。观于檄虏之文，洪王有《檄满洲文》，刻入《浙江潮》第八期。而石达开之檄，世亦有传其文者，惟《数满洲十大罪》文则湮没无传矣。谕民之判，杨秀清谕民之语，大抵谓以官降者复其官，及令小民备军饷耳。又相传洪王所用对联有"虎贲三千直扫幽燕之境，龙飞九五重开大明之天"，语用元季义师之陈言也。百世之下犹凛然有生人气。胡焰既张，南都倾覆，湘粤遗民至湛族殒身而不悔，相传湘军破金陵，洪军数十万人无一降者，即曾国藩奏议亦言之，以为古今来未有之悍贼。则其志亦足多矣。

嗟乎！粤西兴甲与濠泗同，天国开基讵逊明室？乃史官秉笔，清议流传，一则崇之如帝天，一则目之为僭窃，致崛起之真王，不得与萧梁赵宋诸朝同列于正统，不亦大可悲耶？吾观波兰遗黎，惓怀故国，力抗俄室，终始不渝，邻邦且然，况在蛮族！予尝谓取故有之土于邻邦谓之光复，取固有之土于蛮族谓之攘夷，故攘夷与光复有别。湘楚诸臣，弃顺就逆，湘军诸公于满族则为功臣，于汉族则为逆党。作胡虏之干城，坠中兴之大业，致光复奇功，终成画饼，读而农、晚村之书，能无愧欤？

虽然，往者已矣，夫复何言？嗟我遗民，来日大难，辫发胡装，虏骑若织，呻吟虐政之中，屈服毡腥之下，夷德未厌，国仇莫恤。过新田之故墟，亦有闻风兴起者乎？

罪纲篇

《易》言有夫妇然后有父子，有父子然后有君臣，此语甚确。盖上古之初，皆家族政治，推年长者为家长，而君主之基遂始于此。故埃及称君主曰"法老"，而《曲礼》亦言，蛮夷之君于外自称曰"王老"，盖仍沿古代家族政体之称也，故曰"有父子然后有君臣"。中土人伦肇端于此。

盖伦也者，必合两人而后见者也，无人则伦不见，只一人则伦亦不见，吾观《说文》云："仁从人二"。郑康成云：人读如相人偶之人。阮伯元引《大戴礼》"人非人不济"之说以证之。盖人非人不济者，即合两人而仁乃见之义也。人伦之生始于人道，故仁合两人而后见，伦亦合两人而后见。人与人接，伦理以生。西人以个人对于公众者为伦理，中国以个人对于个人为伦理。《尧典》言"克明俊德，以亲九族"，由个人之伦理推而至于家族之伦理。及契敷五教，则又由家族之伦理推而至于社会、国家之伦理。然儒家所言之伦理，私恩为重，公德为轻，以对社会、国家之伦理皆由家族而推，故与西人之学不同。故契敷五教，言伦而不言纲。五伦者，乃对待之名词，非为君者、为父者、为夫者当立于绝对之地位也。故晏子对齐侯，谓君仁臣忠，父慈子孝，夫和妻柔，为礼之善物。孔子对景公，亦曰"君君、臣臣、父父、子子"。《大学》曰："为人君止于仁，为人臣止于敬，为人子止于孝，为人父止于慈"，非为不仁之君仍当责臣以不敬，不慈之父仍当责子以不孝也。父子有亲，君臣有义，夫妇有别，化偏为中，所谓"允执其中"，用其中于民也。由近及远，人伦之明，其在兹乎。观于君之言群，《白虎通》《韩诗外传》皆训"君"为"群"，即《左传·闵二年》所谓"天子曰兆民"也。又林烝二字，古籍皆训为"众"，而《尔雅·释诂》复训为君，可知古人之称君与国家团体同义，君为民立，彰彰明矣。子之言滋，《说文》"子"字下云：十一月阳气动，万物滋，人以为称，象形。是则子也者，万物方滋荄之象也，引伸之而为幼稚之称，非卑屈之称也，故又为子男之子，为男子之尊称。妻之言齐，《礼记·祭统》云："妻之为言齐也，一与之齐，终身不改。"平等精诣，赖此不坠，观于三代之礼，臣拜君亦答拜，则君与臣平等矣。即冠之后，见于母，母拜之，则亲与子平等矣。婚礼共牢而食，同尊卑也，则妻与夫平等矣。此平等之精诣。何居乎后世乃有三纲之说乎？

夫三纲之说本于纬书，三纲之说始见于《繁露》，盖《繁露》所言多近于谶纬，故有此三纲之说，而马融遂以"君为臣纲、父为子纲、夫为妻纲"释《论语》矣。《说文》训"纲"为"维紘绳"，故言纲则有压制束缚之义。附会支离，莫可究诘。故秦汉以前未闻此语。试观《春秋》一书，于弑君称君者，则曰"人君无道"，此《左传》义也，《公羊》亦曰举国以弑者众弑君之词。于杀世子母弟者则书"君以甚之"，此《公羊》义也，汪氏克宽曰：《春秋》书晋侯杀申生，宋公杀痤，天王杀佞夫，不称国，不称人，而直称君，以为独其君之罪也。于宣夫人之来归则曰"夫人与公一体"。亦《公羊》之义。麟经笔削深切著明，北斗可移，南山可堕，此义不可易矣。故观于黄氏《待访录》则君为臣纲之说破矣，《原君篇》云：古者以天下为主，君为客。凡君之毕世而经营者为天下也。今也以君为主，天下为客，凡天下之无地而得安宁者，为君也。又云：小儒规规焉，以君臣之义无所逃于天地之间，至桀纣之暴，犹谓汤武不当诛之，而妄传伯夷、叔齐无稽之事。乃兆人万姓崩溃之血肉，曾不异于腐鼠，岂天下之大，于万民之中，独私其一人一姓乎？《原臣》《原法》篇义同。观于班氏《白虎通》则父为子纲之说破矣，《白虎通》谓人皆上天所生，故父杀其子当诛，晋献公罪弃市，以杀其太子申生故也。观于唐子《潜书》则夫为妻纲之说破矣。《潜书·内伦篇》云：夫不下于妻，是为夫亢；夫亢则门内不和，则家道不成。《夫妇篇》云：且恕者，君子善世之大经也，五伦百姓非恕不成。行之自妻始。无如三代以降，舍理论势，以势为理，自三纲之说兴，而为君者、为父者、为夫者只有权利无义务，为臣者、为子者、为妇者有义务而无权利，所谓论势不论理也。有权势者能论理，无权势者即不能论理。吕坤云：天地间惟理与势最尊，理又尊之尊也。此语最足矫陋儒之失。舍是非而论顺逆，即吕东莱所谓犯分即犯理也。致名分之说，深中民心，强弱相凌，所谓强者凌弱，众者暴寡也。日以空理□诘责，钳锢民心，束缚才智，宋儒之失，岂可宥乎？宋时儒者之最谬者，如吕坤"父虽不慈，子不可以不孝；君虽不仁，臣不可以不忠"。程子言"饿死事小，失节事大"是也。果如其说，则是汤武革命为逆臣矣，曾子大杖则逃为不孝矣，子思之妻再嫁为失节矣。真理不明，莫此为甚！观于孔子言"君使臣以礼，臣事君以忠"，又言"父为子隐，子为父隐"，又言"古者明王之政必敬其妻子以道"，皆与后儒之说不同。

嗟乎，同此椭颠方趾之伦，何容轩轾于其间而高下之殊若此！此东原所由斥空理之祸而以为罪浮申韩也。《孟子字义疏证》云：古今之治人者，视古贤圣体民之情，遂民之欲，多出于鄙细隐曲，不措诸意，不足为怪，而及其责以理也，不难举旷世高节著于义而罪之，尊者以理责卑，长者以理责幼，贵者以理责贱，虽失谓之顺；卑者幼者贱者以理争之，虽得谓之逆。于是下之人不复以天下之同情，天下所同欲，达之于上；上以理责其下，而在下之罪，人人不胜指数。人死于法，犹有怜之者，死于理，其谁怜之？呜呼，杂于老释之言以为言，其祸甚于申韩如此也。

占毕小儒至谓三纲乃天所为，非人所设。《礼记·大传》云："亲亲也，尊尊也，男女有别，此其不可与民变革者也。"然但言不可变革，未尝言三纲也。荀子亦曰："若君臣之义，父子之亲，夫妇之别，日切磋而不舍也。"亦无三纲之说，足证宋儒之非。呜呼，岂知西儒社会之理哉！上古之初，牝牡相逐，肆意为生，知有母不知有父，见《白虎通》诸书。君民之约未成，上下之序未立，见《吕览》《潜夫论》及柳子厚《封建论》。天然之世，并伦且无，何有于纲？贱儒扶强锄弱，饰邪说而文奸言，岂足信与！

今欲情得其平，莫若本墨家兼爱之仁，而行以儒家之恕。自船山谓"天理即在人欲之中"，戴东原谓"情得其平，是为好恶有节，是谓依乎天理"，焦里堂亦云："与人相接，以我之所欲所恶推之于彼，彼亦以所欲所恶推之于我，各行其恕，自相让而不相争，相爱而不相害，平天下所以在絜矩之道也。"此言甚确，盖恕于平等最近，故儒家之言君臣父子也，只言报施。报施者，即西人所谓权利义务之关系也。故恕道行则三纲之说废，且中国之民溺于三纲之说已近千年，非参以墨子兼爱之说不能矫枉者，而归之正也，岂可援杨氏无君、墨氏无父之言以废其说而弗道哉！

史职篇

印度当上古之世，学术之权悉为婆罗门所握，罗马解纽，欧西学术亦赖宗教保存。及反求之中土，知三代之初，最崇祀典，天事人事，相为表里，而天人之学，史实司之。盖称天而治，自古已然，故司天之史，或史祝并称，即《周礼》太祝以下诸官是也，观于卫侯出师，史华掌祭，虢公请命，史嚚享神，而晋之初封，亦以卜史与祝宗并赐，可以知史与祝无别矣。又晋侯有疾，卜人云实沈台骀为祟，史莫之知。齐侯有疾，欲诛史嚚，晏弘为周史而试射狸首之术，则史掌祈祷神祇之事矣。又《班志》谓墨学出于清庙之守，而史佚为墨家之祖，史角为墨子之师，则史与祝无别明矣。见汪氏《述学》。或史卜并列，观晋献嫁伯姬占诸史苏，赵鞅占梦于史墨，晋人占救宋于史龟，皆史掌卜筮之证。又史之掌术数者，厥有二派，一曰占验之史，一曰司历之史。占验之史，周官眠褐诸官之遗也。春秋之时，如史赵蜚兴叔福皆知此学，即阴阳家出于羲和，亦占验出于史之证也。司历之史《周礼》冯相氏保章氏诸官之遗也。《史记》言史失其纪，畴人分散，而汉初天文之事掌于史官，孰非史官司历之证乎？而要之皆史卜之支派也。掌祭祀而辨昭穆，太史掌祭祀，小史辨昭穆，见《周礼》。诚哉，非史莫由矣。

虽然，学术者杂于宗教者也，法典者原于学术者也。震旦古初最重先例，重先例故重法仪；法仪见《墨子》。重法仪故重职守，载之文字，谓之法，谓之书，谓之礼，其事谓之史职，以其法载之文字而宣之士民者，谓之太史，谓之卿大夫。龚定盦说。有官斯有法，故法具于官；有法斯有书，故官守其书，章实斋说。是则史也者，掌一代之学者也。一代之学即一代政教之本，而一代王者之所开也。故六艺之道凭史而存，如韩宣子观书太史，见《易》《春秋》《书》掌于外史，《诗》采于輶轩，老聃、苌弘以周史而存《礼》《乐》，皆六艺出于史之证。龚定盦以六经为周史之大宗，岂不然哉。九流之名，离史而立。龚定盦以诸子为支孽小宗。任照之史道家祖也，任天之史农家祖也，任约剂之史法家祖也，任名之史名家祖也，任文之史杂家祖也，任讳恶之史阴阳家祖也，任喻之史纵横家祖也，任本之史墨家祖也，任教之史小说家祖也，则出于史官者不仅道家一派矣。术数方术之学由史而生，《班志》以术数皆明堂羲和史卜之职，又曰，史官之废久矣，其书既不能具，虽有其书而无其人，则术数方技之学出于史矣。综师儒之长，明道统者谓之师，明六艺者谓之儒，总师儒之学者谓之史。达政教之本。龚仁和谓周史之外无文字语言，并无人伦品目，讵不然哉。西周之世学术专制达于极点，致学界无自由之望。

嗟乎！西周之初，本宗教而为学术，与印度古代同。致所学定于一尊，学术之权为史官所特有。古代上级有学，下级无学。观春秋之时，学术浸盛，而多才艺娴文学者，大抵仍属之卿士大夫，则学术不能普及于平民明矣。官学既兴，私学未立，此官守师儒所由合一也。欲学旧典必以史氏为师，观孔子之明六艺，必先问礼于老聃，问乐于苌弘，得百二国宝书于周史，则舍史官而外无传播学术之人矣。凡学术稍与史官异者，悉斥为私说，观《王制》言："行伪而坚，言伪而辨，学非而博，顺非而泽，以疑众杀。"《管子·任法篇》谓官无私论，士无私议，民无私说，则当世之学术悉以史官为准则矣。而所谓史者以世袭之职官，观籍谈司典籍而其后为籍氏，倚相为左史而其后为左氏，皆史为世官之证。又史墨云："官宿其业，一日失职则死及之"，可以知史官之为世袭也。位特殊之阶级，吾尝谓上古之史与印度婆罗门同，其职甚尊，故史佚列为四辅，而汉时之太史公位列诸侯王上，则史官特为一级。非通天人之奥者，孰克胜此任哉？使无史官，吾恐文献无征，不待秦灰之烬矣。《庄子》言孔子欲藏书周室，子路谓周室守藏史老聃可以与谋，则书之余存赖有史官明矣，故夏虽亡，而夏之学术不与俱亡者，太史终古保存之功。殷虽亡，而殷之学术不与俱亡者，太史辛甲保存之功也。周虽亡，而周之学术不与俱亡者，史聃保存之功也。推之秦之图籍藏于长安，汉之图书存于秘府，皆史官之功也。不亦更可悲耶？

周易篇

昔印度以地风水火为四大，《四十二章经》云：佛言当念身中四大，各自有名。解云：身中坚者为地，阔者为水，煖者为火，动者为风。是人为原质合成之说，佛书已先西人言之。希腊以地气水火为四行。即所谓元素也，至近日始析为六十四元质。震旦立国起于昆仑以西，即巴比伦诸地。与西方合一，神农以上有大九州，《帝王世纪》云：自神农以上有大九州，柱州、迎州、神州之等，足证神农之时疆域广远，与西方合为一国。埃帝古名符于大皥，《古教汇参》云：又有名法大者，为努与赛底之子，埃及谓其造成天地万物，"法大"字音于中国古皇伏羲字相近，恐或为一。故上古之教亦四行而非五行。奚以明其然也？曰征于《大易》而知之。

夫伏羲作《易》首重八卦，而八卦之象出于楔文，见《支那文明史》引西人说。楔文者，巴比伦之文也。故八卦之中有正位之卦，有孳生之卦，乾坤离坎，卦之列于本位者也，是谓母卦。震巽兑艮，卦之出于孳生者也是谓子卦。山传于地，泽附于水，雷生于火，雷与电本一物，雷为电之声，电为雷之形，故离为火又为电。若天之与风又皆空气之所积者也，《庄子》言大块噫气，其名为风，而西人亦以为天即蒙气。由是言之，则八卦出于四行有明征矣。《易·系辞》言两仪生四象，四象生八卦。四象殆即四行与。旧注以四象为四时，恐不足为据。

及轩辕御宇，德不及远，与西方分立。《帝王世纪》言黄帝以来德不及远，惟于神州之内分为九州，黄帝受命，风后受图，割地布九州，置十二国。盖当黄帝之时，中国始自为国，与西方分离。而四行之中，屏气弗列，观《周易》一书言"变动不居，周流六虚"，言"天地纲缊，万物化醇"，曰"一阴一阳之谓道"，阴阳即气之代表也。自《周易》之学不明而气之用废，故格致之学因以不明。以金之可以耀武也，于是乎贵金，《拾遗记》言黄帝采金于昆吾山下，以作兵器，而《论语摘辅录〔象〕》亦言黄帝七辅，风后受金法。兵以耀武，有明征矣。以木之可以备物也，备物致用，见《系辞》。于是乎贵木，案《易经》言，神农斫木为耜，揉木为耒，黄帝刳木为舟，剡木为楫，断木为杵，弦木为弧，剡木为矢，皆制木为器用者也。推之宫室之用栋宇，丧葬之用棺椁，防暴之用击柝，皆取资于木。此上古之时备物利用，所以非木莫由也，然皆在伏羲之后。由是五行之名成，四行之名灭。《史记》言黄帝建立五行，《历书》言黄帝建立五行，起消息。所以明黄帝以前未尝立五行之目也。

黄帝以降，代立五行之官，《左氏传·昭二十九年》史墨言，古者五行之官是为五族，木正曰句芒，火正曰祝融，金正曰蓐收，土正曰后土，水正曰玄冥。夏禹继兴，遂创天锡五行之说，以托为神奇，《洪范》云：箕子曰："我闻在昔鲧堙洪水，汨陈其五行，帝乃震怒，不畀洪范九畴，彝伦攸斁。鲧则殛死，禹乃嗣兴。天乃锡禹洪范九畴，彝伦攸叙，初一曰五行。"帝启嗣立，因争教之故败扈于甘，章枚叔云：五行者，禹之乱教也，有扈替蓐收以为牧圉，威侮其官，启承禹志征之。仲尼序《甘誓》，大争教也。自是以还，五行之说遂杂于儒书，《礼记》云：播五行于四时和而后月生也，是儒书有五行之说。又《文子·微明篇》引中黄子曰："天有五方，地有五行"，"人有五位"，是道家亦不废五行。言明堂月令者本之，自《礼记·月令》以五行为盛德所在，而郑康成《五经异义》云：周人明堂五室，是帝各有一室也，合于五行之数，是为明堂月令学。近世姚配中《周易姚氏学》言之最详。言灾异祯祥者本之，如《春秋繁露》《尚书大传》《汉书·五行志》诸书，皆以五行说灾异。黄漳浦《洪范明义》亦言天人相与之学。甚至声味容色，无不求合于五行，至谓五行有神，见于《诗纬》各书。而四行之说，遂仅赖《周易》而保存矣。

无如两汉诸儒不明此旨，京、焦、马、郑以五行之义释《大易》之文，如京房《周易传》及康成纳甲爻辰之说，皆杂以五行家言。而姚氏《周易学》遂悉以五行释《周易》矣，可胜浩叹。附会支离，莫可究诘，则《易》义之微，岂仅九师之罪哉。见《文中子》。暤祀不存，见《左传·僖二十年》。经义湮没，缅怀太古之初，不禁废书三叹矣。

孔老篇

《史记·孔子世家》谓孔子适周问礼，盖见老子云。而《老庄申韩列传》亦言孔子适周，将问礼老子。孔出于老，有明征矣。盖周室既东，典籍旧闻掌于史氏，老聃以知礼宗为柱下史，《史记》云：老子周守藏室之史也。明于成败存亡之理，知陈迹不可以拘墟，于是与时迁移，应物变化，见司马谈论六家之旨。大约老子之初亦泥于礼仪典制之学，及见理日深，乃以礼为乱首，其学以本为精，以物为粗，以有积为不足，澹然独与神明居，故从其学者以自然为主，以谦逊为宗，遗弃尘世，渺视万物，合乎《周易》变动不居之旨。司马谈所言最得老子之旨。著书五千言，以为道家祖。孔学之初亦出于史，《庄子·天下篇》云：其明而在数度者，旧法世传之史尚多有之，其在于诗书礼乐者，邹鲁之士缙绅先生多能明之。是六艺出于史矣。龚定盦云：史无孔虽美何待，孔无史虽圣曷庸，则孔学出于史官明矣。故重文献崇典制，与周初史官所掌之学同。故以老氏为师。盖孔子未见老聃以前本以典制为学，观《庄子·天运篇》载孔子问老聃曰："丘治《诗》《书》《礼》《乐》《易》《春秋》六经，自以为久矣，孰知其故矣。以奸者七十二君，论先王之道而明周召之迹，一君无所钩用。"又云："吾求之度数，五年而未得"，"求之阴阳，十二年而未得"。则孔学以典制为本明矣。故老聃谓孔子曰："夫六经，先王之陈迹也，岂其所以迹哉？"又曰："子所言者，其人与骨皆已朽矣，独其言在耳。"所以斥孔学师古之弊也。观于《庄子》所记，则孔老之学同出一源。《德充符篇》云：无趾语老聃曰："孔丘之于至人，其未耶？彼何宾宾以学子为？彼且薪以諔诡幻怪之名闻，不知至人之以是为己桎梏耶？"此孔子从学于老子之证。又《天运篇》记孔子闻老子之言，三月不出，复见老聃曰："丘得之矣。乌鹊孺，鱼傅沫，细腰者化，有弟而兄啼。久矣夫丘不与化为人。不与化为人，安能化人？"老子曰："可，丘得之矣。"此孔子奉老学之证。故《天运篇》又云："孔子见老聃，归，三日不谈。弟子问曰：'夫子见老聃，亦将何规哉？'孔子曰：'吾乃今于是乎见龙，龙合而成体，散而成章，乘乎云气而养乎阴阳，予口张而不能嗋，予又何规老聃哉？'"此即《史记》"老子犹龙"之说。老子变动不居之学，孔子非不信矣。其缮十二经以说老聃者，特初见老子时之事耳。观《田子方篇》言孔子见老聃，出谓颜渊曰："丘之于道也，其犹醯鸡与微夫，子之发吾覆也，吾不知天地之大全也。"则孔子舍己学而从老学明矣。故仲尼之答门人，亦多溯源于道德，如《人间世篇》，夫子谓颜回云："无听之以耳，而听之以心；无听之以心，而听之以气。听止于耳，心止于符。气也者，虚而待物者也，唯道集虚，虚者心斋也。"《大宗师篇》，夫子谓子贡云："鱼相忘乎江湖，人相忘乎道术。"《达生篇》，孔子谓弟子曰："用志不分乃凝于神。"《田子方篇》，孔子论温伯雪子曰："若夫人者，目击而道存矣，亦不可以容声矣。"又孔子论公叔敖曰：古有真人，"知者不得说，美人不得滥〔滥〕，盗人不得劫，伏羲黄帝不得友"。死生亦大矣，而无礼义乎，已况爵禄乎。此皆孔子之言近于道家者。盖斯时孔子犹未变教也。及源流渐别，树帜自高，乃托祖述宪章之名，见《中庸》及《班志》。以求自别于老氏，是则老子之学由经验而反玄虚，乃超乎万物之表者也；老子视一切而空之，故不泥于陈迹。孔子之学，由玄虚而归经验，孔学本由经验入，特见老子后而见化于老子耳，即《庄子·知北游篇》所谓以至道问老聃也。乃泥乎万物之迹者也。孔子之学游于方之内，老子之学游于方之外。此老子、孔子不同之证。见《庄子·大宗师篇》。虽然儒教之兴，孔子之变教也，教旨既殊，不得不讳其所自出，故《论语》一书削孔老问答之言，仅"窃比于我老彭"一语系指老聃彭祖言，然以"述而不作，信而好古"取老聃，则仍重经验而不重玄虚也。于言之稍近道家者，辄屏弃弗录，如"民可使由之，不可使知之"、"无为而治者，其舜也与"数章，仍近于道家之旨。而著书之旨悉与老氏悬殊，如《论语》言"道之以德，齐之以礼"，即矫老子"失德而后仁，失仁而后义，失义而后礼"之说也；言举直错枉，即辟老子"不尚贤，使民不争"之说也；言"逝者如斯，不舍昼夜"，即斥老子"天地不能长久，而况于人"之说也；言"以直报怨"，即斥老子"大小多少，报怨以德"之说也。推之以老安少怀之说，矫老子之贵私，以周监二代之说斥老子之贵朴；因微生高以辟老子之贵曲恶直；因孟公绰以正老子之清净无为。故弟子传其学者亦多斥老氏之说，如有子言以礼节和，与老子和光同尘相背；仲弓言居敬行简，与老子荡弃礼法相殊。盖孔子所言无不与老子相敌也。于老氏之徒悉加排斥，如以"幼不孙弟，长而无述，老而不死"斥原壤，原壤即老氏之流。"幼不孙弟"即弃礼也，"长而无述"即屏陈迹也，"老而不死"即道家长生之术也，故孔子斥之。推之诛少正卯、斥微生亩，皆孔学排异学之证。所谓"攻乎异端，斯害也已"也。故治道家言者亦各执己说以排孔教，如《论语》所记楚狂沮溺丈人，皆奉老子之教者，故出言讥孔子。而《庄子》所载，有汉阴丈人讥子贡之言，有盗跖渔父讥孔子语，盖庄子守老子之言，故寓言以讥孔子。儒道之分自此始矣。如孟子斥杨朱，荀子斥田骈、慎到，皆以儒家斥道家。迨孔教既张，由于弟子之居列国，见《仲尼弟子列传》。横行东夏，为老子者不得不度关适秦，以存绝学于岐雍之境矣，秦当春秋之季为儒教不行之地，故老聃适秦。而老学传于孔者，犹赖《曾子问》而仅存，案《礼记·曾子问篇》于孔子答曾子之问者引老聃之言凡四，大抵皆古礼之文，则老子非不重典制矣。探澜讨源固不爽也。汪容甫《老子考异》以孔子问礼者为老聃，著书五千言者为老儋，与老莱子为三人。吾谓三人实一人也，不过老子之学有变迁耳，而《班志》以老莱子为楚人，与《史记》以老子为楚国人者合，而《庄子·外物篇》记老莱子谓孔子"去汝躬矜，与汝容知"，亦与《史记》载老子谓孔子去子骄气态色同，则老莱子即老子矣。汪说非也。大约周秦诸子所言于时人之年龄，多舛误杂出，未能画一，不足异也。观田子方受业子夏，而其学流为庄周，殊途同归，儒道复合，后儒崇儒书之言，至斥道家为曲说，毋亦数典忘祖与？

正名篇

荀子曰："刑名从商，爵名从周，文名从礼，散名之加于万物者，则从诸夏之成俗曲期。"以吾观之，刑名从商者，即董子用名以明罚饬法之说也，《繁露·深察名号篇》云：古之法家用名以明罚饬法，为大理之首章，此法家称刑名之本，故孔子推名不正之弊至于刑罚不中也。尹文子之徒由道而至名，由名而至法，是法与名家近也。爵名从周者，即《左氏传》名位不同之说也，观黄帝正名百物以百官以治，公羊疏：名不正则讥之贬之，国氏人名字子，此爵名从周之确证。又《繁露·深察名号篇》谓王号之大意有五科，君号之大意有五科，亦爵名也。文名从礼者即《班志》名家出于礼官之说也，古者名位不同，礼亦异数，故惟器与名不可以假人。又《曲礼》言："夫礼者，所以定亲疏，决嫌疑，别同异，明是非。"《坊记》言："夫礼者，所以章疑别微，以为民坊者也。使贵贱有等，衣服有别，朝廷有位"，何一非礼之本之正名者与？惟散名加于万物者则为类至淆。古人名起于言，见邵子《观物内篇》，又穆勒《名学》引郝伯斯曰："名者，用以起吾心旧用之意于己，即于定吾心今有之意于人者也。即名起于言之意。"发志为言，发言为名，见《大戴礼·四代篇》。"名者，命也"，见《说文》《礼记》亦曰，黄帝正名百物以明命。故古曰名，今曰字。见《论语》"必也正名"注及《周礼》"掌达书名于四方"注。盖上古之时有语言而无文字，造字之初象形为首，象形之初起于图画。中国洪岩石刻、西人埃及古碑皆此体也。及象形不能括两开之事物，于是以指事表之，若会意形声皆其后起者也。郑渔仲之言曰：独体为文，合体为字，故文统象形指事二体。字者孳乳而浸多也，合数字而成一意者皆是。即会意形声二体也，四者为经，造字之本也，转注假借为纬，用字之法也。吾观东西各国之文字，独体为声即字母也，中国各种名词以一音成一字，虽与西文不同，然独体者为象形指事，则亦中国之字母也。以象形指事为中文之字母，以会意形声为中文之孳乳，此中国文字之本也。若夫戴、段、江、桂之释六书，皆不若郑氏之确。形以定名，名以定事，事以验名。见《尹文子》。中儒之言曰："名生于真，非其真弗以为名。《繁露》曰："名生于真，非其真弗以为名。名者，圣人之所以为真物也。名之为言真也。"西儒之言曰，名学者非论思之学，乃求诚之学。见穆勒《名学》首卷。故古之圣人有作名以辨物者，黄帝名百物，见《礼记》。又《聘礼》云：百物以上。《国语·楚语》云：陈百物以献〈善〉败于寡君。大禹名山川见《书·吕刑》及《尔雅·释水》。是也。古之知人有述名以指实者，周公作《尔雅》是也。正名之用有二：一曰诘其名实，二曰观其离合。见《繁露·深察名号篇》，此《繁露》最精之语。诘其名实者，出于古人之询事考言，所以标义之有涵而立名，以为界说也，询事考言即询名责实，所谓名为实宾也。西儒以界说为解析名义之词，所以标一名所涵之意也，盖公名必有所涵，如人为万物之灵，地为圆体是也。名与实符则名正，名与实违则名不正。知此义者惟董子，观《深察名号篇》之言王号君号之大意也，谓王号之科有五，君号之科亦有五，如行事与名相违，则与此五科不合，所以用循名责实之法也。后世知此义者鲜矣。观其离合者出于古人之类族辨物，《中庸》之言曰，文理密察足以有别，而西人之文字区为八类，即名物、动作、区别、形况、代名、缀句、缀名、嗟叹也。而穆勒《名学》亦以名有公专玄察正负之分。所以示义之有别，而标名以为徽识也，据《荀子·正名篇》则名有大共有小共，有大别有小别，同则同之，异则异之，单足以喻则单，单不足以喻则兼。盖天地间有象可名者统名之为物，乾阳物，坤阴物，本乎天者亲上，本乎地者亲下，各从其类，即《繁露》所谓天地为名号之大义也。因其共而别之，峙者共山也，而山之名别；流者共水也，而水之名别；植者、飞者、走者共草木鸟兽也，而草木鸟兽之名别。因其群而分之则鸟共一雉也，而雉之名别；兽共一马也，而马之名别。所以别立一名以为物之徽识也，即亚氏所谓五旌矣。

随物因形，如鹰为鸠，雀为蛤、蚕为蛾之类。即名思义，而圣人正名之道具于斯矣。孟子曰"我知言"，知言即辩名也。嗟乎，春秋以降，名之不正也久矣！惟《荀子·正名》一篇，由命物之初，推而至于心体之感觉，《正名篇》云："然则何缘而以同异？曰：缘天官。凡同类同情者，其天官之意物也同，故比方之疑似而通，是所以共其约名以相期也。"又曰："心有征知。征知，则缘耳而知声可也，缘目而知形可也，然而征知必将待天官之当簿其类然后可也。五官簿之而不知，心征之而无说，则人莫不然谓之不知，此所缘而以同异也。然后随而命之，同则同之，异则异之。与穆勒《名学》合。名理精诣，赖此仅存。而儒家之外有墨家之辨名，墨之经上下篇多论理学，《庄子》言南方之墨者，以坚白同异之辩相訾，即指经上下言也。又案《晋书·鲁胜传》云：胜注《墨辩》，存其序曰：墨子著书作辩经以立名本，惠施、公孙龙祖述其学，以正刑名显于世。孟子非墨子，其辩言正辞则与墨同。荀卿、庄周等皆非毁名家而不能易其论也，皆墨家辨名之证。有道家法家之辨名。如《尹文子》是。盖名家原于道家者，《提要》谓其指陈治道，欲自处于虚静而万事万物则一一综核其实。其说甚确，然其弊由名而至法，故其言曰：名正则法顺。《庄子》指名家之弊，以为言杀盗贼非杀人，盖深疾其酷烈也。而名家者流，如邓析子、公孙龙、惠施、告子是。则又操两可之说，设无穷之辞，邓析子事。察而不惠，辩而无用，见《荀子·非十二子篇》，盖指"山渊平，齐秦袭"，"天地比"，"入乎耳，出乎口"，"勾有须，卵有毛"，"臧有三耳"，"白马非马"诸说言也。以是为非，杨倞《荀子注》云："施、龙之徒，乱名改作，以是为非。"钩钘析乱，见《班志》。盖坚白异同之流亚也，于解字析词之旨旷乎未闻。其足裨《考文》之用者，则《尔雅》之例主于义，《尔雅》之称字也，以义为主，故《释诂》三篇大抵不外乎转注，所谓互训也。然《释训》一篇有兼主词所谓词缀系词而有之者，如凡曲者为罾，鬼之为言归是也，《释宫》以下用此法者尤多，大抵《释诂》以下皆用归纳法，所谓数字一义也。《释宫》以下皆用缀系法，所谓一物一名也。由前之义观之，所以标义之有涵也，由后之义观之，所以示义之有别也。《广雅》释名之例大抵与《尔雅》同。《说文》之例主于形，许君之立说也，谓古人造字之由，先有字义，继有字声，乃造字形，故其说义也，必与形声相比附，诚以字之有形声义也，犹人之有形影神也。形影神相离不能为人，故形声义相离亦不能成字。然以《说文》之分部观之，似特以字形为主，盖以义有歧训，声无定音，惟形则今古不易耳，此许君不得已之计也。《广韵》之例主于音。《集韵》诸书并同，皆起于四声既立之后，所以依韵而分部也。降及后世，文字渐淆，互训浸繁，互训之烦由于数字同一义。西人之释文字者皆用界说。界说者，一字所涵之义也。凡公名玄名皆有涵者也，察名专名皆无涵者也，而界说之中有数字归一义者，是为归纳法，有一类演为数字者，是为演绎法。中国之造字也，以义为主者多演绎法，如《说文》之立部首是也。故互训之弊必至于字异义同，而中国之字愈众矣。**丐词日出**，丐词之生由于一字数义。中国之文字有虚实之用不同而字形同者，如善恶之恶读为好恶之恶是也。然此犹读音不同别之也。若夫《大学》言"在明明德"，同一明字而有虚用实用之分。又如称物之轻重者为"权"，而度事之轻重亦曰"权"；量物之长短为"度"，而法之有定者亦曰"度"，则非深通字学者不能辨矣。其最不可解者，如"风"为大块噫气，因其速而朝廷风化亦称为"风"，后由风化之风引伸之，而风诗之风亦称"风"矣。字则犹是，而义之相去已远，非丐词之失乎？**字形变而旧意湮**，古人造字主于象形，乃字形递更，而所象之形不改，如"日"字篆文因像日之形作"☉"，至易为"日"字而象形之义失矣。"月"字篆文因像月之形作"☽"，至易为"月"字而象形之义失矣。推之，由"山"变为"山"字，无以像山洞穴之形；由"水"变为"水"字，无以像水长流之形，皆此弊也。**假借多而本意失**，如"初"字训为"始裁衣"，由假借而训为始，用之既久而裁衣之意失。然裁衣之意虽失，字之从衣者仍如故。又如《说文》一书，以形为主，凡恒见之义与字形不合者，必以罕见之义解之，此盖许君不知达变故也。**点画之用日挐**，日本假名每字未有逾四笔者，若中国为部首之字如"馬"，如"鳥"，其点画多至十余，则记忆也不易，而识字作字者皆鲜矣。**虚实之分未析**，如同一"好"字而或读为"好恶"之"好"，或读为"美好"之"好"，下一意属实，上一意属虚；同一"知"字或读为"知愚"之"知"，或读为"知识"之"知"，上一意属实，下一意属虚。在西文必为两字矣。**加以有持论而无驳诘**，王充《论衡·问孔篇》以孔子弟子不知问难，致圣业不明，吾谓此由于论理思想之缺乏，故辨诘之法无闻，而理论是非亦无从而辨别，以视西人持论圆满精微固不同矣。**托恢诞而饰诡词**，如杨〔扬〕子《法言》称公孙龙诡词数万，荀卿称惠施治怪说玩琦辞是也。盖周末之名家最与西人诡辩之学近，若夫王充《论衡》及应劭《风俗通》"正失"、"过誉"二篇，皆有持论而并有驳诘，不得以诡辩讥之。**通俗之文不修**，西国古学之复兴，由于达太氏以本国语言为学，使言文合一。中国周末之时诸侯各邦亦各以方言造文字，观《说文序》云：诸侯力政，分为七国，言语异声，文字异形，则秦政以前各国皆特创文字矣，本方言以造文字，故文字日趋于简而治学者日多。后世以降，斥俗语为不雅训，而言文不能一致，此治学者所由鲜矣。**训诂之义歧出**，如宋儒训天为理、心即理之类，而近儒之解字穿凿者犹不可胜数。**以视印土之因明**，因明之学属于相宗而其中分二部，一举类标宗，二随标别称，见于《因明论疏》中，而《三支比量义释》一书亦多名学之理。盖佛家之现量比量即西人之元知推知也，同品异品即西人之公名专名也，惟佛书之旨在于能破能离，其说更出西儒之上。**欧儒之论理**，论理学即名学，西人视为求真理之要法，所谓科学之科学也，而其法有二：一为归纳法，即由万殊求一本之法也，一为演绎法，即由一本赅万殊之法也。其书之传入中土者，有《名理探》《辨学启蒙》诸书，而以穆勒《名学》为最要。瞠乎后矣。吾观同文之世，首重雅言，《论语》言子所雅言，刘端临《论语骈枝》谓雅言犹今官话，阮伯元《与郝兰皋书》云：《尔雅》一书皆引古今天下之异言以近于正言者，夫曰近者明乎其有异也，正言者犹今官话也，近正者各省土音之近于官话者也，盖《荀子》"从诸夏之成俗曲期"即孔子用雅言之义也，又《荀子》言君子肄夏，夏即雅言也。**故谕言语谕书名，见《周礼·大行人》。远方殊俗因是为通。**秦汉以降，胡汉音别，叶韵以兴，如俞理初《癸巳类稿》"等还音义"、"天字音说"、"四夷乐古名义"、"乌孙朱耶还音义"数篇深明此理，其"天字音说"云：此自闻之者有异，在言之者止一音也。其说尤确。以遐方之语成汉地之言，如《史记》称匈奴有左右贤王、僮仆都尉，此为译义者也。可汗、单于，此为译音者也，《隋书》言译经文遗突厥，以中华之语成异域之音，夫固自古有之矣。及梵音东被，译以华言，使西土法音显于中土，佛经谓世间名字，或有因缘或无因缘，即名学所谓有涵无涵也，宋法云有《翻译名义集》一书，大抵以华语解梵语其用在佛《尔雅》上。**言各有义，夫固有条不紊矣。**近者海隅通市，西籍东来，达志通欲，舍译奚由？然苍颉、佉卢同源异出，佉卢为西人造字之祖，见佛典。文字之用此竭彼盈，英人文字六万余，皆一字一义，而中国适用之字不越三四千，文字多寡判然不同矣。以固有之名标新增之物，中国三代以降，物日增而事不增，今当中外大通之后，异方之物多震旦所本无，而中土乃以固有之字名之，辗转假借而丐词以生，其译音者，如电话译为"德律风"是也。其译义者，如轮船、铁路是也，大抵皆察其外延，遗其内容，此严又陵所以谓中国之名新物无一不误矣。**译事之穷，此其源矣。故后圣有作，循旧名，**中国旧名有当循者，有当改者。当循者如《说文》训"电"为阴阳激燿，与今西人论电之说合，此可循者也。其当改者，如日为地球所绕，而《说文》以"旭"字为日旦出貌，阳字为日出，则与地球绕日之说背矣。天为蒙气所积，而《说文》云天垂象，见吉凶，所以示人也，则与天为蒙气之说背矣。地为圆体，而《说文》云天气初分，轻清阳为天，重浊阴为地，则与地为八星之一之说背矣。此皆旧名之当易者也。又如《说文》训"汽"为水涸，今以汽为汽柢之汽矣；训"鉮"为朝鲜之釜，今以鉮为银鉮之鉮矣；古人以炭为烧木所余，今以炭与金刚石同质；古人以磷为鬼火，今以磷为与养气化合之光，其不同如此，其惟援《说文》假借之例以新义代旧义矣。而造新名，自武后刘俨造字以来，久为世儒所诟病，不知此无足病也，古人造字仅就古人所见之物以名之，若夫古人未见之物而今人见之者，则不能无字以名之明矣。又如化学家所用之钙，光学家所用之镁，财政家所用之镑，重学家所用之吨，皆古籍所不数见之字也，而近世科学之书则层见叠出，孰谓新字不宜用乎？今欲循名责实，其惟于中土文字之外别创新字乎。必待文典纂修之后。无政典之国谓之无政，无文典之国谓之无学。中国欲修文典，先解字后析词。解字之法分虚实二门，其解实字也，略仿《释名》之例，其解虚字也，略仿《经传释词》《助字辨略》之例，而分析字类则用《马氏文通》之例而稍变之，于言各成义者作界说以明之，以一字数义者亦必辨其本义假义之别，是解字之法也。若析词之法略仿古人论文之体，如包氏《文谱》之类，然以适于教科为主。此二法行，庶中土之文典成矣。

与端方书[*]
（1904）

　　端帅鉴：孔子有言，裔不谋夏，夷不乱华。而华夷之防，百世垂为定则，想亦尔之所悉闻也。自满洲扰乱，中原陆沉；衣冠化为涂炭，群邑荡为邱墟；呻吟虐政之中，屈服毡腥之壤，盖二百六十年于兹矣。而玄烨、弘历诸酋尤为失德，诛亡之惨，淫暴之祸，诚所谓折南山之竹书罪无穷，罄东海之波流恶难尽矣。光汉幼治《春秋》，即严夷夏之辨，垂髫以后，日读姜斋、亭林书，于中外大防尤三致意。

　　窃念天下兴亡，匹夫有责；《春秋》大义，九世复仇。值此诸夏无君之时，仿言论自由之例，故近年以来，撰《黄帝纪年说》、撰《中国民族志》、撰《攘书》，垂攘狄之经，寓保种之义，排满之志，夫固非伊朝夕矣。今者俄日战争，宣布中立，瓜分惨祸，悬于眉睫，汉族光复，此其时矣。观于广西会党，蔓延西南；浦东盐匪起义；江浙汉族之民又孰不兴我义族，以恢复神州之土哉？俟光复功成，固当援冉闵戮胡之例，歼尔贱夷，稗无遗育。尔等当此之时，幸则为王保保之窜边陲；不幸则为台哈布哈之战毙，欲求一日之安宁，岂可得哉？故为尔辈计，莫若举西〔两〕湖之疆，归顺汉族。我汉族之民，亦可援明封火保赤之例，赦尔前愆，任职授官，封圻坐拥，岂不善哉？夫尔既伺身虏族，奚屑与尔交言？其所以致书与尔者，将欲尔之舍逆从顺耳。时哉，时哉，不可失矣，尔其图之。

刘光汉白

---

　　* 原件存中国第一历史档案馆藏"端方全宗档案"中，作于 1904 年 2 月 28 日，署名刘光汉。

论激烈的好处 *
（1904）

现在有一种的人，天天说平和，天天说待时，说天下的事情，都要慢慢的一步一步做起来，断不可不顾事情的成败，只晓得乱闹。唉呀！这话便说错了。现在说这话的人，他心里有几种想头：一种是看见康有为变法，唐才常勤王，都是因做事匆促失败大事的，所以遇见这激烈的人，就引起康有为、唐才常的几桩旧事来，说你们断断乱闹不得，就是乱闹断断是无济于事的。一种是看见现在平和党的人，有的开学堂，有的兴实业，到也觉得有几分效验；说他们宗旨虽不好，还能办两件实实在在的事情，你们除乱闹以外，就没有一桩事情能办了，可不是和平的好处么！这两种人由我看起来，都说他是趋利避害。因为什么原故呢？天下惟这种平和党的人，又获名，又获利，又能保全身家妻子。这维新的人既说他开通，那守旧的人又不说他悖逆。他既能在守旧的面前讨好，又要在维新的面前做名，所以他所做的事业都是平稳不过的。人看见他做事情平稳，就大家都要学他的法子，所以从前激烈不过的人，到现在都变成平和一派，再过两年，我恐怕这一种激烈的人，一个都没有了。可不是平和党的为害，也共洪水猛兽夷狄一样的么？你们既晓得平和的坏处，我就把激烈的好处，一桩一桩的讲出来。

第一桩是无所顾忌。中国的人做事，是最迟缓不过的。这种人有三种心：一种是恐怖心，一种是挂碍心，一种是希恋心。所以一桩事情到面前，先想他能做不能做，又想他成功不成功，瞻前顾后，把心里乱的了不得，到了做事情的时候，便没有一桩能做了。这激烈党的一派人便共他不同，遇着一桩事情，不问他能做不能做，也不问他成功不成功，

---

* 原载《中国白话报》第 6 期，1904 年 3 月 1 日，署名激烈派第一人。

就不顾性命去做了。他就是不成功，也是于世上有影响的，所以外国人说道，"失败者成功之母"，没有失败的事情，那里有成功的事情呢？你看中国古时候的英雄，如陈涉、项羽一般人，大抵都是亡命之徒，到了没有法子想的时候，出来闹一闹，遇着机会，他就可以成功了。大约天下的人，最难的是不怕死，到了不怕死，无论什么事件，都可以做出来。所以古时候的大刺客、大游侠、大盗、大奸，都是出来拼命做事情的，但是这一种人，都是激烈派，不是平和派。你们说这康有为、唐才常做事太骤，由我看起来，他们两个人的宗旨，固然是看不起他的，但是他们敢作敢为、勇往直前的气概，也是你们比不上他的。他们做事虽不成功，还能做两件不成功的事，若依这种平和的宗旨，恐怕再等几十年，这种变法、勤王的事情还没有呢！大凡机会两个字，都是我们做出来的，只要无所顾忌，自然天下没有难事了。以上是激烈派的好处第一桩。

第二桩是实行破坏。天下的事情，没有破坏，就没有建设。这平和党的人各事都要保全，这激烈派的人各事都要破坏。我明晓得这破坏的人断断不能建设，但是中国到了现在，国里头的政府既坏得不堪，十八省的山河都被异族人占了去，中国的人民不实行革命，断断不能立国，就是"破坏"两字，也是断断不能免的了。你看日本的吉田松阴，意国的马志尼，岂不是破坏的人？法国的巴黎革命，奥国的马加分立，那一个不是破坏的事？况且中国的事情，没有一桩不该破坏的，家族上的压抑，政体上的专制，风俗、社会上的束缚，没有人出来破坏，是永远变不好的。虽破坏的时候，各事扰乱，中国的百姓都要吃亏，但不吃这种小亏，是断断不能享福的。所以由我看起来，无论甚么暴动的事情都可以出来做，就是把天下闹得落花流水，也不失为好汉。但是这一种没用的人，虽天天嘴里说破坏，都不能实行。到了他们激烈派的人，就能实实在在的做去了。所以中国秦末的时候，有项羽、汉高祖的一般破坏家，隋末的时候，有李密、杨玄感一般破坏家，元末的时候，有刘福通、陈友谅的一般破坏家。由这样看起来，中国实行破坏的英雄，可不是共欧洲一样的么？没有这种激烈派的人，就不能做空前绝后惊天动地的大事业。以上是激烈派的好处第二桩。

第三桩是鼓动人民。由前两桩比起来，说空话的人比不上做实事的，但这一种的人，于现在的中国也很有益。从前法国有两个文豪，一个叫做卢梭，一个叫做孟德斯鸠，他说的话都是激烈不过的，那巴黎的革命，就是被他鼓动起来的。又日本有两个志士，一个叫高山正之，一个叫做蒲生秀实，他说的话也是激烈不过的，那日本的"尊王攘夷"，也是被他鼓动起来的。所以这一种著书、出版、演说的人，宗旨也要激烈。你看爱国学社创办的时候，上海创《苏报》，东京创义勇队，这几种事情的宗旨，都是激烈不过的，虽说内地没有大影响，但东南各省的人，被他们感动的也很不少，就是现在倡排满革命的人，也大半是受他们影响的，就是激烈派的效验了。他们政府里头，看见这一种激烈的人，不说他是妖言惑众，就说他是丧心病狂，极力的要共他们为难，可不是政府也狠恐怕激烈的么！况且现在的人，宗旨既然激烈，就是做一部书，说一句话也都是达于极点的议论，共那一种平和人不同。我看见新书上说过，要著书莫要怕杀头，这种激烈派的人，就都是不怕杀头的了。以上是激烈派的好处第三桩。

以上三桩，都是激烈派的好处，那种平和的人，是断断没有的。大约中国亡国的原因，都误在"平和"两字；这平和原因，又误在"待时"两字。那晓得现在还有一种治新学的人，看了几部《群学肄言》等书，便满嘴的说平和的好处，看见这激烈的人，不说他不晓得进化的层次，就说他不晓得办事的条理。现在的人惑于这等议论的，也狠不少。我恐怕再过几年，连一个做事情的人都没有了，可不是把中国弄得灭亡么！所以我把几桩的好处，一层一层的说出来，教中国的人民都快快的出来办事，不要有迟疑，中国的事情，就可以一天一天的好起来了。

论白话报与中国前途之关系*
（1904）

　　近岁以来，中国之热心教育者，渐知言文不合一之弊，乃创为白话报之体，以启发愚蒙。自吾观之，白话报者，文明普及之本也。白话报推行既广，则中国文明之进步固可推矣；中国文明愈进步，则白话报前途之发达，又可推矣。试伸论之：

　　上古之初，有语言而无文字，未造字形，先有字声。凡字义皆起于声不起于形，旧作《小学释例》言之最详。然方土不同，各取其声之相近，故有同一义而所言不同者，复有所言同而音之出于喉舌间不同者。如《释名》之释天及俞理初释朱耶数篇皆知此义。及社会进化以来，乃各本方言造文字，故一字数义一物数名者，其类甚蕃。然字形虽殊，而细审其音，则皆不甚差异。故凡两字音近而义亦同者，在未有文字前皆为一字，见旧作《小学发微》。降及周代，又有雅言及方言之分。雅言者，犹今官话也，此阮云台说，谓雅与夏通，夏为中国人之称，故雅言即为中国人之言者。《尔雅》者，方言之近于官话者也；亦阮氏说。方言者，犹今俗语也。《说文·序》谓："秦代以前，诸侯各邦，文各异形，言各异声。"是三代以前，各邦之中，皆有特别之文字矣。故《公羊》多齐言，《离骚》多楚语，些字之类，而六经之言，亦有出于方言者。见《六经奥论》，而诸子之书，亦各以本国语言入文字。秦汉书籍，俗语犹存，如《陈涉传》之夥涉是，郑君注经，方音未革，见《三礼注》。即子云之著《方言》也，于一物数名者，亦各系以本土之称，则方言俗语，非不可以入文字矣，特后儒以浅俗斥之耳。

　　又观于文字进化之理矣。昔罗马文学之发达也，盖韵文完备而后有

---

　　* 连载于《警钟日报》1904 年 4 月 25、26 日，未署名，但文中提到的旧作《小学释例》《小学发微》均系刘师培作品，可知本文为其所作。

散文，史诗工善而后有戏曲，见涩江保《罗马文学史》。及按之中国之文学，亦与罗马相同。上古之初，学术之受授，多凭口耳之流传，故古人之著书也，必杂以俪语韵文，以便记忆。见阮云台《文言说》。降及东周，文字渐繁，至六朝而文与笔分，有韵及骈俪者为文，散文为笔。见阮氏《文笔考》。至唐宋而诗与词分，诗由四言而有五言，由五言而有七言，由七言而有长短句，皆文字进化之公理也。宋代以下，文词益浅，而儒家之语录以兴；元代以来，复盛行词典，此皆语言文字合一之渐也。故小说之体即由是而兴，今观于《水浒传》《三国演义》诸书，非即白话报历史传记之先导欤？陋儒不察，以此为文字之日下也，然事物之理，莫不由简而趋繁，何独于文字而不然。故世之讨论古今文字者，以为有文质深浅之殊，而岂知此正进化之公理哉。斯宾塞言世界愈进化则文字愈退化，所谓退化者，乃由文而质，由深而浅耳。故就文字进化之公理言，则中国自近代以还，必经白话盛行之一阶级，此又可预测者也。

欧洲当十六世纪以前，学校之教科，仅诵古人之书籍，而本国之言卒未见用于文学，自达泰氏以本国语著书，而国民精神因之畅达，见《泰西教育史》。此固西人言文合一之证也。盖语言与文字合，则识字者多；语言与文字分，则识字者少。中国自古代以来，言文不能合一，与欧洲十六世纪以前同，欲救其弊非用白话未由，故白话报之创兴，乃中国言文合一之渐也。吾非谓中国古文之可废，特以西人之教科，国文、古文，区分为二种，而中国通行之文字，则偏重古文，此识字者所由日少也。吾试即白话报之善言之：

一曰救文字之穷也。中国自近岁以来，所创之报日增，而阅报之人，仅占国民之一小部分，岂国民之不嗜报欤？则以中国发行之报，皆用文言，仅适于学士大夫之目，而不适于农工隶卒之目也。且中国之民，号四百兆，而农工隶卒之数，倍于学士大夫。今聚四百兆之民，而受报界之影响者，仅及于上流社会，何其与文明普及之旨相背欤？吾观乡里愚民，无不嗜阅小说，而白话报体，适与小说相符，则其受国民之欢迎，又可知矣。昔李定国阅《三国演义》而爱国思想油然而生，此则俗语感人之效也，何独于白话报而不然？其善一。

二曰救演说之穷也。昔释迦传经，首崇说法。而中国当三代之时，有所谓纵横家者，亦以言词代文字；降及宋代，语录一门，已开演说之渐，此固讲学家所恃以传道者也。中国自近世以来，演说之风，虽渐发达，然各省方言参差不一，方隅既隔，解语实难。且演说之设，仅可收效于一乡，难以推行于极远，是演说之用，有时而穷。若白话报之设，虽与演说差殊，然收效则一。以通俗之文，助觉民之用，上至卿士下至齐民，凡世之稍识字者皆可以家置一编，而觉世之力愈广矣。昔周史有声音之谕，见《周礼》。楚臣有土风之操，以古方今，足证俗话之非陋矣。其善二。

就此二者观之，可以知白话报之效矣，然而说者犹有二疑：

一曰方言不应也。白话诸报多用官音通于省会，而窒于僻县，故论者疑其不足为普及教育之利器。然全国语言杂糅，本于国民相互之爱力大有障碍，各省官话虽亦不无小异，而大致相同，合各省通用之官话，以与各省岐出之方言相较，亦可谓占大多数矣。欲统一全国语言，不能不对各省方言岐出之人，而悉进以官话。欲悉进以官话，不可无教科书，今即以白话报为教科书，而以省会之人为教师，求材甚易，责效不难，因以统一一省之语言，而后又进而去其各省会微异之音，以驯致全国语言之统一，岂非大得其益而不足为病者欤？此不必疑者一。

二曰用字太繁也。凡文言一句，演为白话，必在三句以上，故论者每病其词繁而旨俭。然此非白话之咎，而论者锢于文言之过也。今之文言，本袭古体，天演之例由简而繁。古书竹帛，篇卷繁重，不能不力求简质，故有浑浑噩噩之状。今印术发明，日出万纸，复何所吝，而必则古昔。且持文言之书而讲解之，必补入无数语言，始易了解，事同翻译，故非尽人可能演为白话，则识字者皆能之矣。曲之于词，小说之于古文，孰为适用，可推而知也。此不必疑者二。

取二善，去二疑，则白话报之有益于文化可知矣。溯白话报之出现，始于常州，未久而辍，及《杭州白话报》出，大受欢迎，而继出者遂多。若安徽、若绍兴，皆有所谓白话报。而江西有《新白话报》，上海有《中国白话报》，又若天津之《大公报》，香港之《中国日报》，亦时参用白话。此皆白话之势力与中国文化相随而发达之证也。然我国二万万方里，以此数种白话报所流行之区域比例之，殆尚不及万分之一。吾愿白话报之势力，日渐膨胀，以渐输灌文化于各区域，而卒达教育普及之目的。吾是以为此论。

论孔教与中国政治无涉*
（1904）

近世忧时之士，鉴于中国政治之弊，以为中国之政治，皆受孔教之影响也，而革教之问题以起。自吾观之，孔子者，中国之学术家也，非中国之宗教家也。何则？上古之时本有宗教，而宗教之源起于神教，因祀先而祀人鬼，教字从孝。《孝经》曰："夫孝，教之所由生也。"此古教起于祖先教之证。因禘礼而祀天神，因祀祖而并推祖之所自出，以托之于天，故禘为祀远祖之祭，又为祀天之祭。因祭社而祀地祇，如社为土地之神，而二十五家亦为社，是古代团体之结合，由于奉神，同奉一神即同居一地。今中国各村落，虽民户数十，必有一祀土神之所，此其征矣。又因祀人鬼以推之，而崇德报功之典著，见《祭法》。因祀天神以推之，而日月星辰之祀立，风雨水旱之祭亦然。因祀地祇以推之，而山陵川谷之祀兴。《山海经》所言皆地祇也。是则中国古代之宗教可分为三：一曰多神，一曰拜物，上古原人不明万物运行之理，以为皆有神以凭之，故多神、拜物二教，皆生于神物一体说。一曰祀先，习尚相沿，至今未革，祀先、多神二教，固为今日所通行，即拜物教亦然。观中国所祀金龙大王、五通神，以及拜草木，拜禽兽之风，皆与埃及拜物无异。一言以蔽之曰神教而已。又可谓之巫教。此皆孔子以前之教也。汉魏以降，老释二家继兴，中国陋儒以昔之崇奉多神、拜物各教者，参入老释二家之说，道教亦非宗教，中国古代之神教，其末流为燕齐方士；西汉之时，以其说参入儒道两家，一为谶纬，一为符箓，而符箓遂为道教矣。又佛教本祀一神，而中国之僧则大抵仍奉多神，乃以神教参入佛教者也。故草野愚民崇奉张

---

* 连载于《警钟日报》1904 年 5 月 4、5 日，未署名。考刘师培《甲辰年自述诗》中有自注"著《孔教与中国政治无涉论》"，故知此文乃其作品；《东方杂志》1904 年第 3 期和《萃新报》1904 年第 4 期转录；收入钱玄同等编《刘申叔先生遗书》之《左盦外集》卷九，民国二十五年宁武南氏排印。

道陵、袁了凡者，道陵固为符箓派，了凡亦沿中国福善祸淫之说而又缘饰佛教者也，亦不得以佛教目之。大抵占国民之多数，此中国古今宗教之大略也，与孔教果何涉乎？

若孔子所立六经，则皆周史所藏旧典，孔子得《易》于鲁史，得百二国宝书于周史，问礼乐于苌弘、老子，而诗又为孔子远祖太师正考父所传。而孔门之教科书也。《易》为哲学讲义，《诗》、《书》为唱歌、国文课本，《春秋》为本国近世史课本，《礼》为伦理、心理讲义，《乐》为唱歌、体操课本。至《论语》、《孝经》，又为孔门之学案，则孔学之在当时，不过列九流中儒家之一耳。观《汉艺文志》可见。观孔门所言之教，皆指教育言，非指宗教言，案《中庸》云：修道之谓教。又云：自明诚谓之教。郑注皆以礼义释之。《说文》云：教，上所施，下所效也。则古代所谓教者，皆指教育、教化而言，故王制言七教，荀子言十教也。孔子诲不倦，即教字之确诂。即有改制之文，公羊家说。亦与宗教无涉。改制者，革政也，非革教也，与耶稣、摩哈麦特另创教者不同。若祀神之言，如非其鬼而祭之，祭神如神在，诸语皆孔子信神教之证，若据公孟子无鬼神一言，似不足为信。又大抵沿中国古籍之语。其所以受学士崇信者，不过以著述浩繁，为诸子百家冠。弟子众多，凡三千人，有势力者亦众。而又获帝王之表章耳，于传教亦无涉也。至牟融始言儒道，牟子以儒道与佛道并称。而顾欢、张融之辈，见《夷夏论》及《齐书》传赞。遂有儒、道、佛三教之称。是则孔教之名，由与老、释相形而立，故唐宋以降，多以孔教与老、释并衡。如以日月星比儒、释、道三教是。至韩愈信儒辟老、释，李贽又谓三教同源，而孔教遂俨然为宗教之一矣。

近世以来，西教侵入中国，学者又欲树孔教之帜以与彼争，而孔教之名词愈起，岂知孔教二字乃最不合论理者哉。孔子为古代学派之一，如以孔子为宗教，则凡老庄管墨申韩，皆可以某教称之，岂理也哉。知孔教二字不合论理，即知孔子之非宗教家矣；知孔子之非宗教家，即知孔教与政治无涉矣。盖世之谓孔学影响政治者，仅有三端：一则区等级而判尊卑，如君子以辨上下、定民志，亲亲之杀、尊贤之等，礼所生也是。一则薄事功而尚迂阔，如孟子侈口陈正义，而董子又言正义不谋利，明道不计功，皆孔学末流之失也。一则重家族而轻国家。如奖励孝慈笃敬，大抵皆指对于个人之私德言，非指公德言也。然皆神权时代之思想，《洪范》"惟辟作福"，《北山》"莫非王臣"，即判尊卑也。干羽格苗，《旅獒》陈戒，即尚迂阔也。尧亲九族，契教五伦，即重家族也。此皆孔学所本。而孔子沿用其说耳。降及后世，习俗相仍，以士民之崇信孔学也，于是缘饰古经，附会政治，此则后世之利用孔学，非果政治之原于孔教也。否则商君著书，亦严等级；如尊君抑臣诸说是。老庄立说，亦薄事功；主消极而不主积极。管子治民，亦明族制。如管子治齐，首重六亲和睦是。舍孔学而外，彼法家、道家之书，亦得为中国政治之左验，孔学之影响政治者，乃诸子所同，非孔子特创之说。何得以是罪孔子哉。吾观晋帝、梁宗，皈依佛法，见《晋书·康帝本纪》、《梁书·武帝本纪》。而崇孔子如故，元魏、李唐施行道教，见《魏·释老志》、《唐玄宗纪》。而宗孔子仍如故，若王羲之、谢灵运之流，则又信二氏，而并崇孔子。是则奉孔子者，本无迷信之心，而使人立誓不背矣，与西教强人必从之旨大相背驰，孔教无祈祷，无入教之仪式，皆孔子非宗教家之确证。其得以宗教家称之哉。居今日而欲导民，宜革中国之神教，民智愈启，则神教日衰。而归孔学于九流之一耳，仿周秦之例，称为儒家。奚必创高远难行之论哉。

论中国阶级制度[*]
（1904）

　　昔印度当上古之时，区国民为四级，而希腊罗马各邦，亦有贵族平民之别，是阶级制度固野蛮社会必经之级也。中国古代，贵有常尊，贱有等威，而阶级制度亦与西国差同。昔汉族东迁，战胜苗族，以种色而区阶级，至称苗族为黎民，言黎民犹之言黑人。与西人法原那之称，西人称门地字义为法原那，法原那者，肤色也。若出一辙。此固因种族而区贵贱者也。若汉族之民，则大抵盛行宗法，而宗有常尊。见《荀子》。周诗之言曰：君之宗之。是则天子者，即王室之宗子也。观殷人称天子为太宗、中宗，而后世帝王之谥必称某祖某宗，皆天子即宗子之确证，故有世袭之权。天子有推恩之典，封其同姓者为诸侯，即小宗之制度也。诸侯有推恩之典，封其同姓者为大夫，即群宗之制度也。而大夫之家，又各分子弟以采邑，则又群宗之支孽也。故尊卑之位，缘是而区。降及平民，亦守宗法。见龚定盦《农宗》。而宗子之对同族也，有特别之权利，三代之制，宗子统族人于外，主妇统族妇于内，死虽殇也必丧以成人，齿虽七十也，主妇不可阙居，虽在异邦，正祭不可举他人，而同族之贵显者不敢以车徒入其门。见《礼记》。此皆宗法之可考者也。若用赋之制，则大抵举天下之田归之天子，而天子按亩授民，以行画井分疆之法，与欧洲十五世纪之田制即农仆制度大约相符，是则君臣之关系，皆宗法之制度也，君民之关系，皆农仆之制度也。然卑贱之士，亦得进身于朝，如乡举里选诸法是，《公羊注》谓古者王公之子孙不能属于礼义则归诸庶人，庶人之子孙能积文学正身行则加诸上位，此确证也。则又古制之胜于欧洲者矣。

　　若奴隶之起原，其故有二。一为刑法上之关系。虞夏之时，凡身婴

---

　　* 原载《警钟日报》1904 年 5 月 11、12 日，署名申；《东方杂志》1904 年第 6 期转录。

重罪者，大抵行孥戮之典。降及周代，刑法稍宽，而身伏上刑者，悉藉家族为奴，见《周礼》，男子入于罪隶，女子入于舂槀。犯轻刑者亦以为奴而赎罪，俞正燮谓，《左传》舆臣隶，隶僚，僚臣仆，仆臣台，皆入罪隶而任劳者，故互相役使。吾谓《左传》栾却胥原，胡续庆伯降为皂隶，亦因灭族而没为奴隶也。故僮仆奴隶之名，皆由罪人而立。《说文》云，童男有罪为奴即僮字也。《左传》曰，斐豹，隶也，著于册书。郑司农注《周礼》，亦曰，今之奴婢即古之罪人也。又汉代之奴必髡钳以自别，见汪容甫《释童》。至东周之世，争战频兴，邻国之民，因为俘虏，如孟子言，齐人伐燕，系累其弟。此其确证。又季平子以费人为囚俘，亦见《左传》，盖视敌人如罪囚，故亦用为奴隶。而操贱役者众矣。一为财政上之关系。战国以后，生计愈艰，而民之以身偿值者屡见于史册。《汉书》如淳注，释赘子云，卖身为奴名曰赘子，三年不得赎，遂为奴婢。又颜师古释赘婿云，家贫无聘财以家为质，盖以物质钱者为赘，以身偿值者为赘，犹之雅各娶妇而为佣偿值也。观匈奴名奴婢为赀，见《三国志》注引《魏略》，而《南齐书·河南传》亦言虏名奴婢为赀，赀训为财，见《苍颉篇》。则野蛮各邦，财产奴隶，语无区别，是犹欧洲上古视奴隶为财产之一也。见那特硁《政治学》书。故鬻身为奴者，至秦汉之时，犹未尽绝，如贯高托言赵王家奴，而季节鬻身鲁朱家，及《货殖传》所言，蓄僮指千，皆其证。此皆中国古代之贱民也，孰谓中国无阶级制度哉。

至孔子倡讥世卿之说，以等贵族于平民。孔子此旨乃抑臣权伸君权，非抑臣权伸民权也，臣民平等则君权益伸。降及秦汉，封建变而宗法湮，六国君臣既降为士庶，即秦之公族子姓亦为黔首，而汉祖所封之将，则皆起自平民。井田更而农仆废，井田废而为民者始自有其田，然贫富不能如三代之均，故鬻身为奴者较三代时为众，此真废井田之弊。则三代阶级制度，虽谓废于秦汉可也。然秦皇之时贱视赘婿、贾人，西汉之初，贱视司空、城旦，则舍奴隶而外，固别有所谓贱民矣。汉文帝虽有免奴婢之令，然未能革尽。东汉以来渐崇门第，如东汉之袁、陈氏，是吾谓此起于清流浊流之大别。而九品中正之制兴，寒门贵族，荣悴殊观，所谓上品无寒门，下品无白屋也。元帝渡江，王、谢、顾、贺，参预清选，而过江稍晚者，便以伧荒见隔，致白面少年，动以阀阅自矜，杜坦抱为隐忧，杨佺期因之切齿，加以袁邓申好，觇其异图，见《南史》。王满联姻，亦骇物听。足证当世之平民不得与贵族通婚嫁。降及唐代，习俗相仍，朝廷不能折其衰宗，见《公卿表》。天子且自援为士族，见《公主传》。不可谓非贵族之一大阶级矣。然贵族制度，溯源实难，将谓因氏族区别，则长孙、尉迟，亦得以异族而跻贵姓，将谓因官职区分，则王道隆位极人臣，蔡兴宗不与抗礼，见《南史》。赵邕权倾中外，而卢氏耻与结姻，抑又何耶？是则门第之分，不过因积俗之相沿已耳。当时贱姓亦得居高位而贵族或无权柄，与欧洲之贵族不同。至唐代尚科第，而门荫之制以衰，今之荫生尚沿此制。然此实中国之一特别阶级也，故备论之。

自异族入主中夏，而阶级之分愈密。昔周隋平定江南，清门士女，骈为赏口，观子山《哀江南赋》可见。及契丹金元，屠毒中夏，其贱视汉族者无论矣。如元人置南人汉人于色目人之下。即诸将南征，亦多掠汉民为私户，如辽天禄元年，以崇德宫户分赐翼戴功臣及北南院大王，统和四年，以伐宋人口分赐皇族。元世祖十九年，拨信州民四百人户隶诸王，二十年赐驸马阿秃江南民千户，盖征讨所得，无不赐臣下也。而逃民降民，无不据为己有。见赵氏《廿二史札记·元初诸将多掠人为私户》条。自是以降，奴隶愈繁，然溯其原起，复有二端。一则异族宅夏，役视汉民，而汉民之殷实者亦互相效尤，以行蓄奴之制。一则强占民田，横征暴敛，民穷财尽，非以身偿值，即无以保旦夕之生存，观金太祖二年禁民凌虐典雇良人及倍赎直者，太宗时诏权势之家毋置贫民为奴，元中统二年李德辉为山西宣慰使，凡权势之家籍民为奴者咸按而免之，五十五年诏官民无得抑良为奴，足证金元之时蓄奴之风甚炽。此蓄奴之制所由视古代为尤甚也。明代继兴，此制未革。如明太祖令各处抄札人口家财就解本处分成丁子同妻小，收充军役，其余人口给军官为奴，此则沾胡元之恶俗者也。中叶以降而投献田产之例兴，明贫民有田产者往往为奸民所籍没，献诸权势之家，见《明史》《李棠传》及《原杰传》。致权势之家欺凌佃役，如邓茂七之乱即由田主家欺凌佃人所致，见《明史·丁瑄传》。惨祸频仍，不可谓非吾民之巨厄矣。吾观西人之言社会学者，谓等级制度之进化，大抵由家奴而田仆，由田仆而雇工。而中国之阶级制度也，则又由雇工而田仆，由田仆而家奴，如秦汉之时大抵皆雇工之农人也，故无田仆家奴之制。若今日之中国，则大抵家奴田仆雇工无甚区别。与社会进化之公例相背而驰，此诚吾中国不可思议之一事矣，能勿叹哉。

虽然，此皆历史之注〔往〕事耳。试观近二百六十年之中，其以民族区贵贱者，姑不必言，即吾民之遭劫略者，亦不复论，然中国民人犹有因阶级区别，不获为自由之民者约有二端：

一、凡应科举者，必身家清白者，乃克应选，若倡优隶卒之家，无应试之权利。

一、凡执贱役者，固多行雇工之制，但鬻身于人而终身为仆役者，亦占国民之一分子。

由以上二者观之，则前之所言，大抵沿魏晋门第之制者也；后之所言，大抵沿元明奴仆之制者也。然释迦说法，以众生平等为归，同此圆颅方趾之伦，何容轩轾于其间，而高下之殊若此，此不得不归咎于立法之失矣。今欲情得其平，莫若泯主仆之称，使世之乏资财者，悉行作工自由之制，作工自由即雇工之制也。以争存于社会之中，即昔之身列贱民者，亦使之与齐民一体，以同享平等之权，则阶级制度消灭无存，吾谓中国阶级制度仍有当改革者，如重士而贱商，重文而轻武，亦不平等之制也。而近人所称之名词，有所谓上流社会、下流社会者，亦不平等之名词，今宜改革。而中国之民，悉享自由之幸福矣，岂不善哉。

《中国民约精义》序 *
（1904）

　　吾国学子，知有"民约"二字者，三年耳。大率据杨氏廷栋所译和本卢骚《民约论》以为言。顾卢氏《民约论》，于前世纪欧洲政界为有力之著作，吾国得此，乃仅仅于学界增一新名词，他者无有。而竺旧顽老，且以邪说目之，若以为吾国圣贤从未有倡斯义者。暑天多暇，因搜国籍，得前圣曩哲言民约者若干篇，篇加后案，证以卢说，考其得失。阅月书成，都三卷，起上古，迄近世，凡五万余言。癸卯十月，以稿付镜今主人；主人以今月付梓，来索序。仲尼有言：述而不作。兹编之意，盖窃取焉。叙《中国民约精义》。甲辰四月下浣。

---

　　* 《中国民约精义》作于 1903 年夏，该序所署日期则为甲辰四月，即 1904 年 5 月；1904 年上海镜今书局刊印，署名仪征刘光汉、侯官林獬；收入钱玄同等编《刘申叔先生遗书》，民国二十五年宁武南氏排印。

新史篇*
（1904）

书契以降，君权史权互为消长。周室初兴，诗篇陈于太史。然吾即三百篇之词观之，外陈刑政之苛，内陈宫闱之隐，事涉君亲，词无回匿，殆所谓言者无罪闻者足戒者耶。及迹熄诗亡，《春秋》继作，而南史、董狐，仗义直书，不避强御，遗芳余烈，彪炳古今。

秦汉以降，史职多亏。然马迁著史，力述武帝之非；班固修书，不讳元后之恶。吾意当此之时，史官之权，犹足与君权相埒，视后世献媚工谀者，固有间矣。观干宝《晋书》力陈晋失，使此书成于近代，必将诛其人而毁其书矣。

魏晋以还，五胡宅夏，又虑史臣之议其后也，于是假君权之焰以摧抑史权。观史彧修史于前赵，而刘聪焚其书；赵渊秉笔于前秦，而符坚去其籍。降及胡魏，文网益严；而崔浩诸公，至以史臣受戮，而魏收秽史遂以流传。史臣曲笔，自此始矣。呜呼！魏晋以上，史臣操监督政府之权；魏晋以下，政府操监督史臣之权。然史权消灭之原因，悉由于胡羌之肇乱，则甚矣，夷祸之可慖也。

隋唐以降，监修史书之权，操于勋臣外戚，而史臣无识，曲笔阿时。其所为佚闻琐记者，乃转出于私家之撰述。观于白传讽诗，如《长恨歌》之类。玉溪咏事，如"薛王沉醉寿王醒"诸语。宫廷秽迹，据事直陈，上之可补实录之遗，下之犹备宫词之采，是则官史虽诬，而私史未泯。故易姓而后，文献未沦。

宋明以下，史禁日严。及建虏入关，乃日以监谤为务。事之前于入

---

* 原载《警钟日报》1904 年 8 月 2 日，署名无畏，与所撰《陈去病清秘史序》系同文，仅个别字句有异；《陈去病清秘史序》收入钱玄同等编《刘申叔先生遗书》之《左盦外集》卷十七，民国二十五年宁武南氏排印。

关者，则明季遗臣之书刊禁目者以千数。彼族初起之事，惟据《皇明经世文编》所载奏疏，若侯先春《安辽议》，冯元成《纪边事》以及薛三才、王象乾、魏时亮、熊廷弼之文，皆可得其大略。事之后于入关者，则庄氏之史，吴、潘之书，中藻之诗，南山之集，莫不诛连宗亲，戮其枯骨，而所谓一代之事实，遂湮没不传。即其一二流传者，亦大抵出于佞臣之手，以委曲失真。嗟呼！中国之所谓历史者，大约记一家一姓之事耳。若彼族所存之史，则并其所谓一家一姓之事者，亦且文过饰非，隐恶扬善，而逢君之恶。如纪昀复摭《史通》鳞爪之文，以为隐饰君亲，亦臣子之大义，见《史通·曲笔》篇评语。此论一兴，直道不存，清议浸息，颠倒是非，紊乱白黑。邪臣之罪，岂可宥乎！虽然，当彼修史之时，亦自谓掩耳盗铃，可以助愚民之用。然遐方记载，如日本人所著《明清战记》诸书是，又西书亦有记其事者。故老传闻，事有不同，言多征实，非所谓来者难诬，欲盖弥彰者耶？

今见有妫遗裔所著一书，仿古人别史之体，虽掇拾遗文，间多未备，然彼族秘事，赖以彰闻，则世之奉虏酋为神圣者，观此亦可自反矣。顾吾犹有感者，龚仁和有言：灭人之国，坠人之枋，绝人之材，湮人之教，败人之纲纪，夷人之祖宗，必先去其史。见《古史钩沉论》。今中国之史，阨于建祸，几三百年，傥能仿所南修《北史》之例，见《心史·古今正统论》。而参以野史之现闻，则信史之成，必有计日可待者。是在著者勉之耳。

近儒学案序
（1904）

昔在明季，士大夫抱艰贞大节，不事二姓，以讲学为己任，故东林之学振绪三吴，蕺山之徒潜踪两浙，而余姚黄黎洲先生又集王学之大成，明儒绪论赖以不坠。当此之时，南方大儒接踵兴起，亭林以闽学为依归，姜斋奉关学为标准，一洗王学空疏之习。厥后，朱学大兴，讲学诸家日趋于平实，桴亭、杨园其最著者也；又临安之地有应㧑谦、沈昀，于是有仁和学派；江、赣之间有谢文洊、彭任，于是有南丰学派；淮南之滨有朱泽沄，于是有宝应学派；黄山之隅有汪佑诸人，于是有徽州学派。兹数公者虽笃守朱学，然大抵由陆、王而入程、朱，惟晚村先生兴于浙东，痗口焦思、倡明朱学。此皆南方之儒也。至北方大儒，亦多讲学授徒，为后学所矜式。夏峰、二曲调和朱、陆，不尚空谈，而齐、鲁并晋之间，耆儒辈出，宗考亭而祧阳明，盖与孙、李之旨稍殊矣。此皆北方之儒也。自此以还，中外大僚思获朝廷之际遇，乃托名朱学以博老成循谨之名，如朱轼、张伯行、陈宏谋是。惟安溪李氏拾漳浦象数之绪余，桐城方氏精熟三礼，著述斐然，与伪儒之学稍异，然皆无足重也。又明季之时，颜、李之学振于北方，以实用为归，力矫宋学空疏之陋，而西河毛氏亦排斥考亭，作《圣门释非录》诸书，为汉学家之首倡。厥后，汉学振兴，东吴之学掇拾丛残，高邮之学研覃诂故，皆无学派之可言，惟东原先生倡导实学，以汉学之性理易宋学之空言，推扫廓清，厥功甚茂，与长州学派之流入禅宗者迥然不合。东原既殁，汉学者

* 原载《警钟日报》1904年12月13、14、17日，题为《近儒学案序目》，署名仪征刘天〔光〕汉；又见1904年12月21日出版的《政艺通报》甲辰第21号，标题中无"目"字，署名刘光汉；收入钱玄同等编《刘申叔先生遗书》之《左盦外集》卷十七，题名《近儒学案序》，民国二十五年宁武南氏排印。

笃信其书，及常州学派兴，以微言大义之学为天下倡，而学术益归涣散矣。道、咸以来，治学之儒多以汉学为破碎，于是调停汉、宋，不名一家，其有立志远大者，则又推理学以为世用，如山阳学派是也。近世以来，诸学之风顿息，惟常州学派尚延一线之存，然亦渐失本旨矣。不亦重可叹哉！

　　光汉研究国学粗有心得，拟仿黄氏《明儒学案》之例，为《近儒学案》一书，昔宝应成先生孺、南海朱先生次琦皆有撰述，惜未成书，光汉此著非必竞胜前儒，不过欲使三百年学术稍有辙迹之可循耳。知言君子或亦有取于斯乎。

目　　录

《桴亭学案》

马负图　陆世仪　陈瑚　盛敬　张士龙

《仁和学案》

应扬谦　沈昀　姚宏任　秦云爽

别出陆寅

《南丰学案》

谢文洊　彭任　宋之盛　甘京　黄采

别出魏祥

《山西学案》

章福元　李生光　党成　陶世徵

别出范镐鼎

《山东学案》

阎循观　韩梦周　滕纲

《杨园学案》

张履祥　何汝霖

《晚村学案》

吕留良　曾静　张熙

《徽州学案》

汪佑　汪知默　吴慎　朱弘　施璜

《习斋学案》

颜元　李塨　王源　程廷祚　戴望

别出潘天成

《安溪学案》

李光地　蔡世远　雷鋐　伊朝栋　李光坡　蔡新

别出张鹏翼　童能灵　孟超然

《长洲学案》

潘恬如　邓元昌　彭启丰　彭绍升　汪缙

别出钱民

《西河学案》

毛奇龄　陆邦烈

《东原学案》

戴震　阮元　焦循　凌廷堪　程瑶田　洪榜

别出惠栋　钱大昕　汪中　江藩　王念孙　王祖

《宝应学案》

朱泽沄　王懋竑　刘台拱

《桐城学案》

方苞　姚鼐　方东树　方宗诚

别出陈大受　陆耀

《山阳学案》

潘四农　丁晏　高均儒　吴昆田

别出曾国藩

《常州学案》

庄存与　刘逢禄　宋翔凤　王闿运

别出魏源　龚自珍

《诸儒学案上》（伪儒）

陆陇其　朱轼　张英　陈弘谋　魏裔介　魏象枢　熊赐履　胡煦

张伯行　孙嘉淦　沈近思　杜受田　翁心存　潘其思

《诸儒学案中》（新派）

胡不庄　刘守庄　洪真吉　领澄之　阎若璩　潘诏　吴询　姚学俄

谢泽〔济〕世

《诸儒学案下》（调和汉宋者）

张履　黄式三　陈澧　朱次琦　朱一新

周末学术史序（节选）*
（1905）

总　序

昔欧西各邦，学校操于教会。及十五世纪以降，教会寝衰，学术之权始移于民庶。及证之中邦典籍，则有周一代，学权操于史官。迨周室东迁，王纲不振，民间才智之士，各本其性之所近，以自成一家言，虽纯驳不同，要皆各是其所是，则学兴于下之效也。当此之时，由官学变为私学。孔子有弟子三千，墨子有巨子十数，许行亦有弟子数十人。即段干木、颜涿父以大盗大驵皆从圣贤问学。盖当时教育之家，以教学普及为己任。而诸侯卿士亦知重学。国君分庭抗礼，卿相拥彗迎门，即阶级之制度亦因之而改革矣。仁和龚氏不云乎："师儒之替也，源一而流百焉，其书又百其流焉，其言又百其书焉。各尊所闻，各欲措之当代之君民，则政教之末失也。虽然，亦皆出于本朝之先王。"吾观《庄子·天下篇》，历叙诸子之源流，皆以为出古道术。据《庄子·天下篇》所言，则墨禽与宋尹二派皆为墨家。彭田慎及关老、庄周三派皆为道家。此出于古人道术者也。惠施一派则为名家，乃离乎古人道术而特创之学也。故不言出古道术。古道术者，即古代所谓官学也。《庄子·天下篇》云："神何由降，明何由出？圣有所生，王有所成，皆原于一。"此即《易经》"天下同归而殊途"之说也。又曰："天下大乱，贤圣不明，道德不一，天下多得一察焉而自好。"此即《周易》一致而百虑之说也。

及孟坚作《汉·艺文志》，承歆、向《七略》绪余，于官师儒合一之旨深契其微。其云某官之掌，即法具于官、官守其书之义也。其云流

---

　　* 原载《国粹学报》第 1 至第 5 期，1905 年 2 月 23 日至 6 月 23 日出版，署名刘光汉；收入钱玄同等编《刘申叔先生遗书》，民国二十五年宁武南氏排印。

为某家之学,即官师失职、师弟传业之义也。此会稽章氏之说。是则私学之源出于官学,官学之派主于合,私学之派主于分。官学主合,即西人所谓归纳学也。私学贵分,即古人所谓演绎派也。立言有当,夫岂强同。又《班志》以前,有荀卿、司马谈二家,皆诠明古学,虽去取互殊,用舍不同,然寻绎周末学派,则舍此末由。特《班志》所言,先取诸子之所长,复著诸家之所短,得失互见,持论差平。若史谈《六家要旨》,先言所短,后著所长;荀卿《非十二子篇》,则舍长著短,立说稍偏,荀卿偏于儒家,马谈偏于道家,皆一偏之见。未足为定论矣。后世以降,诸子家言屏诸经史之外,故治之者鲜。近世巨儒稍稍治诸子书,大抵甄明诂故,掇拾丛残,乃诸子之考证学,而非诸子之义理学也。如毕秋帆之校《墨子》《吕氏春秋》,孙渊如之校《孙子》《吴子》《司马法》《尸子》,秦敦父之校《鬼谷子》,王益吾之注《荀子》以及俞曲园《诸子平议》诸书,皆考证诸子者也。

予束发受书,喜读周秦典籍,于学派源流反复论次,拟著一书,颜曰《周末学术史》,采集诸家之言,依类排列,较前儒学案之例稍有别矣。学案之体,以人为主,兹书之体拟以学为主。义主分析,故稍变前人著作之体也。今将序目列于后。

心理学史序

吾尝观泰西学术史矣。泰西古国以十计,以希腊为最著。希腊古初有爱阿尼学派,立论皆基于物理。以形而下为主。及伊大利学派兴,立说始基于心理。以形而上为主。此学术变迁之秩序也。见西人《学术沿革史》及日本人《哲学大观》《哲学要领》诸书。盖上古之民,狉榛未启,故观心之念未生,观心二字见佛典。惟人生本静,感物而动,物至自知,弗假思索,故观物之念,昔已萌芽。中古之民,新知渐沦,知物由意觉,觉由心生,由是远取诸物,亦近取诸身,而观察身心之想油然起矣。

吾观炎黄之时,学术渐备,然趋重实际,崇尚实行,殆与爱阿尼学派相近。见后《格致学史序》。夏商以还,学者始言心理,《商书·汤诰》之言曰:"惟皇上帝,降衷于下民,若有恒性。"此即天命为性之说。是为孟子"性善"说之祖。《商书·仲虺之诰》曰:"天生民有欲,无主乃乱,惟天生聪明使义。"盖谓生民之初,其性不必皆善。善者由于圣人之教化所致也。是为荀卿"性恶"说之祖。《仲虺诰》又言"以义制事,以礼制心。"后世克己正心之说,全基于此。则《仲虺》乃中国心性学发明之初祖也。殷周之交，性学渐明。见阮云台先生《性命古训》。东周学者，言性各殊，惟孔子"性近习远"之旨，立说最精。盖孔子之意为以人生有性，大抵差同，因习染而生差别。此意最合于佛家无差别论。予读《大乘无差别论》，其曰"无差别"者，即"性相近"也。又言为外物所蔽，即"习相远"也。荀、孟二家皆治孔氏之言，然一倡性善，一言性恶。《大学》曰："大学之道，在明明德。"子思继之，作《中庸》一书，首言"天命之谓性，率性之谓道"。即本于《大学》"明明德"之说。亦即卢梭《民约论》"天赋人权"之说也。其后遂为孟子性善说之一派。由性善之说而倡良知、良能。又以本性虽善，不加扩充，即流于恶，故又有扩充之说。然皆以性善为主。荀子反之，倡性恶说。立说之由，盖目击世人之多欲，必待圣王之教学然后能归于善。故其言曰："人性皆恶，其善者伪也。""伪"与"为"同。言性善由于人为耳。厥后儒多言性善，力斥荀子之说。儒家立说，自昔已歧，然其论皆稍偏矣。孟子指既进化之后言，故言性善；荀子指未进化以前言，故言性恶。盖人生之性，皆由恶而日进于善。孟子以为本性皆善，则立说似非。荀子以为本性皆恶，亦未足该进化以后之民。近儒皆主孟子性善说，殆习而不察其非耳。

告子治名家言，以食色为性，颇近荀卿。又言"生之为性"，言"性无善无不善"，则立说不背于孔子。"生之为性"，"性无善无不善"，即孔子"性相近"之说也。盖告子此说指体言，非指用言。故明代余姚巨儒隐窃斯旨，仁和龚氏最取告子"无善无不善"之说，以为合于佛家天台宗。予按王阳明言"无善无恶性之体，有善有恶性之用"，最得告子之旨。又《乐记》云："人生而静，天之性也。""静"训为"空"，言无善恶可见也。言人生而静，不言人生而善，其故可长思矣。孟子斥之非知言也。

至道家者流，以善即恶，谓恶即善。善恶之界，荡然泯矣。如《老子》云："天下皆知美之为美，斯恶矣；天下皆知善之为善，斯不善矣。"又言："唯之与阿，相去几何？善之与恶，相去何若？"庄、列继之，以为天下无真是非、无真善恶，盖怀疑学派也。惟管、墨论性，于"性近习远"之旨大抵相符。《管子·心术篇》云："无以德乱官，勿以官乱心。此之为内德。"盖以心本无恶，恶由感觉而生。而《墨子·修染篇》言"物欲陷溺"，亦近于孔子习远之说。以此知孔门论性立言曲当，足为性学之宗矣。

伦理学史序

中国之道，以仁术为总归。仁从"二人"，故仁道之大，必合两人而后见。近儒仪征阮氏引曾子"人非人不济"之言，以证汉儒"相人偶为仁"之义，作《论语论仁论》《孟子论仁论》，发明此义甚详晰。人与人接，伦理以生。伦理二字，大约皆指有秩序而言。戴东原《孟子字义疏证》以条理二字解理字，吾谓五伦皆对待之名词也。唐虞之时，伦理之说已渐萌芽。《尧典》言"克明峻德，以亲九族"，由修身之道，推及齐家。修身者，即西人所谓个人伦理也。齐家者，即西人所谓家族伦理也。然齐家由修身而推。及契作司徒，敬敷五教，即《孟子》所言"使父子有亲，君臣有义，夫妇有别，长幼有序，朋友有信"是也。则又由齐家之道推及社会国家。西人讲伦理学，于家族伦理后有社会伦理学，复有国家伦理学，所以明个人对社会国家之义务也。此伦理学发明之秩序也。

顾古代君臣言伦理者以十数，然总其指归，不外以中矫偏，观《舜典》言"直而温，宽而栗，刚而无虐，简而无傲"。《皋陶谟》言"宽而栗，柔而立，愿而恭，乱而敬，扰而毅，直而温，简而廉，刚而塞，强而义"。大抵皆不外化偏为中。《舜典》云"允执厥中"。孔子言"舜执其两端，用其中于民"。唐虞时代之伦理，此数语已尽宣之矣。易莠为良。至于东周，言伦理学者必盛推孔子。

吾观孔子之道，大抵以仁为归，推己及人之谓也。以忠恕为极则。如《论语》言"己欲立而立人，己欲达而达人"，"己所不欲，勿施于人"。此孔学最精之说也。近儒焦氏理堂作《论语通释》，言之最详。厥后曾子明止善，《大学》曰："在止于至善"。此即古代易莠为良之义也。子思述中庸，即古代以中矫偏之义也。孟子以仁、义、礼、智为四端，则又谓伦理基于心理。虽立说差殊，然孔门绪论，不外修齐。孔子告曾子曰："立身行道，以显父母。"而《中庸》则曰："君子不可以不修身，思修身不可以不事亲。"《孟子》亦曰："事孰为大？事亲为大。守孰为大？守身为大。"守身者，即《大学》所谓"修身"也。事亲者，即《大学》所谓"齐家"也。是曾子、思、孟之学皆以修齐为本。以社会、国家之伦理，皆由家族而推。故《大学》言修身、齐家而后及治国、平天下。《孟子》曰："人人亲其亲、长其长，而天下平。"然孔、曾、思、孟所言，亦颇及友朋交际及臣民之义务。由亲及疏，由近及远。《荀子》亦有《修身篇》。又其言曰："如君臣之义，父子之亲，夫妇之别，日切磋而不舍也。"亦以五伦为极要之道。重私恩而轻公谊。如《礼记》言"父母在，不许友以死"。《论语》言"父母在，不远游"。而专诸刺吴王，亦以母老子弱为虑。故事之于家族有害者，皆退避不复敢撄。此公益所由不能兼顾也。盖仍宗法制度之遗则也。中国古代最重宗法。见《礼记》及周末各书中。

墨子倡兼爱之说，以集矢于儒书。揆其意旨，欲人人兼爱交利，"兼相爱，交相利。"见《兼爱篇》。爱人犹己，与《吕览》《贵公》《去私》二篇相近。争竞不生。与《公羊》内外远近若一，《礼运》不独亲其亲、子其子，较为相近。儒家斥之，以为失亲疏之别，未为当也。老聃之徒，贱视道德。《老子》以道德为不道德之由，故其言曰："大道废，有仁义。智慧出，有大伪。""失德而后仁，失仁而后义，失义而后礼。""绝圣去智，民利百倍。""绝义则民复于孝慈，绝巧弃利则盗贼无有。"盖以周代伦理为束缚人民之具，使伪儒得所依托，故欲并道德而去之。庄、列继之，由无为而明自然，以虚静恬淡为主。由自然而趋放达，杨朱"为我"之言所由起也。杨朱之意，在于人人不损一毫，人人不利天下。盖欲人人各保其自由，而以他人之自由为限。故其言曰："智之所贵，存我为贵；力之所贱，侵物为贱。"重个人之权利而不以权力加入，此杨朱之伦理也。商、韩贱视道德，与道家同。商、韩诸子，皆以道德为不足言。如《商君书》言："国有善、有修、有孝、有弟、有廉、有辩，必至亡削。"而《韩非子》亦以仁、义、慈、惠四者为亡国之法。史公谓刑名原于黄老，殆为此与？惟《管子》重视四维，稍近儒术。《管子》曰："礼义廉耻，谓之四维。四维不张，国乃灭亡。"此以道德为立国之本矣。又《管子》言："少相居，长相游，祭祀相福，死丧相恤，居处相乐，为使人亲睦之本。"盖以人人交相亲爱，以保人群之幸福。是为伦理之极则也。故《管子》颇杂儒书。此则立言不同，未可以一端论也。

汉魏以降，学者侈言伦理，奉孔、孟为依归，斥诸家为曲说，致诸子学术湮没不彰，亦可慨矣！

论理学史序 即名学

尝考《说文》一书，训"名"为"命"。《说文》"名"字下云："名，自命也。从口，从夕。夕者，冥也。冥不相见，故以口自名。"又《礼记》云："黄帝正名百物以明命。"而刘熙《释名》亦曰：《释言篇》。"名，明也。名实使分明。"是则名也者，人治之大者也。人不可别，别之以名字，所以别万物万事也，故亦谓之名。古人名起于言，见邵子《观物外篇》。发志为言，发言为名，见《大戴礼·四代篇》。故《左氏传》曰："名以制义。"《庄子》曰："名者，实之宾也。"名附于实，而即以见义。六书之例，首重指事、象形。形者，统乎物者也。事物不可辨，则即物穷理，指以定名，而复缘名以造文。故《尹文子》曰："形以定名，名以定事，事以验名。"此言事物之不可无别也。盖就其别者言之曰文，就其所以别者言之则曰名。名与文相辅而行，而统之者为书。马融《论语注》云："古曰名，今曰字。"《周礼·外史》言"达书名"，《中庸》言"书同文"，其义一也。《论语》言"多识鸟兽草木之名",则"名"又统训诂"言"。

近世泰西巨儒,倡明名学,析为二派,一曰归纳,一曰演绎。荀子著书,殆明斯意。归纳者,即荀子所谓"大共"也。《荀子·正名篇》云:"物也者,大共名也。推而共之,至于无共,而后止。"共即公名。故立名以为界。西儒以界说为解析名义之词,所以标一名所涵之义也。凡公名必有所涵。演绎者,即荀子所谓"大别"也。《正名篇》云:"鸟兽者,大别名也。推而别之,至于无别,然后止。"别即专名。故立名以为标。即亚氏所谓五种乃标名,以为徽识者也。立名为界,则易于询事考言;一名有一名之实义,书一名之实义而考之,名与实符,则其名正;名与实不符,则其名不正。立名为标,则便于辨族类物。《春秋繁露·深察名号篇》序正名之用,一为察其名实,一为观其离合,则询事考言、辨族类物二派也。是则责实由于循名,辨名基于析字。古人以字定名。用之法例,则曰刑名;《荀子》云:"刑名从商。"《繁露》云:"古之法家用民,以明罚饬法。"尹文子之徒亦由名而至法。用之敕命,则曰爵名;《荀子》曰:"爵名从周"。《左传》曰:"名位不同",又曰:"惟名与器不可以假人"。用之典制,则曰文名;《荀子》曰:"文名从礼。故名家出于礼官。"加于万物,则曰散名。《荀子》曰:"散名之加于万物,则从诸夏之成俗曲期。"窃疑古代刑名、爵名、文名皆特别之名词,犹之西人科学名词、哲学名词也。然斯时未闻特立学术也。春秋以降,名理之学日沦,故孔子首倡正名。荀子踵之,作《正名篇》,谓后圣有作,正名之道,在于循旧造新。其言曰:"有循乎旧名,有造乎新名。"又由命物之初,推阐心体之感觉。其言曰:"然则何缘而有同异?曰:'缘天官'。凡同类同情者,其天官之意物也同。故比方之疑似而通,是所以共其约名以相期也。"又曰:"心有征知,则缘耳而知声可也,缘目而知形可也。然而征知必难得天官之当簿其类,然后可也。五官簿之而不知,心征之而无说,则人莫不然谓之不知,此所缘而有同异也。然后随而命之,同则同之,异则异之。"证以西儒之学,夫岂殊哉!而名家者流,则自成一家言。前有惠施、见《庄子》。邓析,邓析操两可之说,设无穷之词。后有尹文、今其书尚传于世。公孙龙,见《孔丛子》。钩钣析乱,见《班志》。以诡辩相高。如"山渊平"、"齐秦袭"、"天地比"、"入乎耳,出乎口"、"钩子有须"、"卵有毛"、"臧有三耳"、"白马非马"之说是也。近于希腊诡辩学派。荀子讥之,以为"察而不慧,辨而无用"。见《非十二子篇》,杨倞注亦曰:"施、龙之徒,乱名改作,以是为非。"非过论也。名家而外,若墨家《墨子经上下篇》多论理学。《庄子》言:"南方学者以坚白异同之论相訾",即指《经上下篇》言也。又按《晋书·鲁胜传》云:胜注《墨辩》,存其序曰:"墨子著书作辩,轻以立名。惠施、公孙龙祖其学,以正形名显于世。"孟子非墨,其辩言正词则与墨同。荀卿、庄周等皆非毁名家，而不能易其误也。皆墨家辨名之证。法家，如尹文子是。故其言曰："名正则法顺。"盛言名理，殆亦名家之支派欤？独惜当时巨儒，耻言名学，偶有持论，而驳诘之法无闻。如王充《论衡·问孔篇》所讥是。盖由论理思想之缺乏也。而《孟子》不合论理处尤多。若名家者流，则有托恢诞以饰诡词，不明解字析词之用，遂使因明之书流于天竺，论理之学彰于大秦，而中邦名学历久失传，亦可慨矣！

今欲诠明论理，其惟研覃小学，解字析词，以求古圣正名之旨，庶名理精谊，赖以维持。若小学不明，骤治西儒之名学，吾未见其可也。

社会学史序

中国社会学见于《大易》《春秋》。吾观《周易》各卦，首列《彖》《象》，继列《爻词》。"彖"训为"材"，《周易·系辞》传曰："彖者材也。"材者即材料之谓也。即事物也；阮氏云台以古时"彖"字训"蠡"，"蠡"训为"分"，乃指事物之有秩序者也。"象"训为"像"，即现象也；"爻"训为"效"，即条理也。六爻皆有次序，即条理之意也。今西儒社会学，必搜集人世之现象，发见人群之秩序，以求事物之总归。美人葛通哥斯有言："社会所始，在同类意识。"傲扰于差别觉，制胜于模效性。"彖"训为"分"，是为差别；"爻"训为"仿"，是为模效。故社会家言，其旨近于《大易》，而《大易》之道，不外藏往察来，《系辞》曰："藏往而察来。"又曰："往来不察之谓通。"又曰："神以察来，智以藏往。"焦氏理堂《易话》曰："学《易》者必先知伏羲未作八卦之前是何世界。"此《易》为社会学之确证。探赜索隐。《易·系辞》又言："极深研几，钩深致远"，即索隐之意。藏往基于探赜，以事为主，西人谓之动社会学。察来基于索隐，以理为主，西人谓之静社会学。藏往之用，在于聚类分群，《易·系辞》曰："方以类聚，物以群分。"焦氏理堂《易话》申其义，由人民相生相养之理，以及易事通功，推至刑政之大，皆自人民之群性而生。其说甚精。又西人称社会学为群学，即物以群分之义。援始要终，拟形容而象物宜，《易》曰："拟诸形容，象其物宜。"以推记古今之迁变。《易》曰："为道屡迁。"又曰："一阖一辟之为变。"盖此即《周易》所谓"其上难知，其下易知也"。是为探赜之学。知来之用，在于无思无为，《易》曰："夫易无思也，无为也。寂然不动，感而遂通天下之故。"洗心藏密，《易》曰："君子以此洗心，退藏于密。"证消息盈虚之理，以逆数而知来，《易》曰："遂知来物。"又曰："知者观其《彖辞》，则思过半矣。"所谓执定数以逆未来也。是为索隐之学。此《易》学通于社会学者也。

至《春秋》大义见于《公羊》。《公羊》三科，一曰存三统，二曰通三世。三世者，一曰乱世，一曰升平世，一曰太平世，以验人群进化之迹。近儒以通三世之义遍证群经，以《诗》《书》为最多。盖人群虽有变迁，然事迹秩如，必循当然之阶级。《春秋》立三世之文，遵往轨而知来辙，如孔子之告子张，言"百世可知，亦执定数而逆来来也"。殆即此义也。夫近儒以《公羊》证《礼运》，予谓《礼运》一书，历举饮食、宫室之微，于圣王既作之后，返溯圣王未作之先，以证事物浩繁，各有递变，而《春秋》大义，实与相符，此《春秋》通于社会学者也。史公有言："《易》由隐而之显，《春秋》推见至隐。"盖《易》主理言，而《春秋》则主事言，此其所以不同与！

东周以降，知社会学者有道德、阴阳二家。斯二家者，其源出古史官，《汉书·艺文志》曰："道家者流，盖出于史官。""阴阳家者流，出于古羲和之官。"羲和亦祝史之流亚也。《班志》又曰："数术皆古明堂羲和史卜所职。"而其理则基于《周易》。王弼《周易注》以《老子》解《周易》，此道德家基于《周易》之证。又会稽辛氏云："阴阳家者流，其源盖出于周。"此阴阳家基于《周易》之证也。《班志》有言："道家者流，历记存亡祸福、古今之道，然后知秉要执本，清虚自守。"案《中庸》云："惟天下至诚，为能尽其性，能尽其性，则能尽人性、物性。"诚即秉要执本之义，则儒家亦言社会学。盖道德家言由经验而反玄虚，以心体为主观，以万物为逆旅，以本为精，以物为粗，以有积为不足，而与时为迁移，乃社会学之归纳派也。尹文子虽系名家，而实源于道德。《提要》谓其书"指陈治道，欲自处于虚静，而万事万物则一一综核其实"。是尹文子亦明社会学之精理也。

今西儒斯宾塞尔作《社会学原理》，以心理为主，美人葛通哥氏亦然。考察万物，由静观而得其真，谓人类举止悉在因果律之范围，引其端于至真之原，究其极于不遁之效，旁及国种盛衰之故，民心醇驳之源，莫不挥斥旁推，精深微眇。而道家之说适与相符。阴阳学之书今多失传，惟《史记·孟荀列传》谓邹衍深观阴阳消息，作《终始》《封禅书》云："自齐威、宣之时，邹子之徒论著终始五德之运。"又云："邹衍以阴阳主运显于诸侯。"如淳犹见其书。盖推五德终始，言虽不经，实亦《周易》援始要终之意也。《大圣》之篇，其持论也，必先验小事小物以至于无限。如先言中国九州，旁及瀛海九洲。今西人言社会学，非合世界全体研究之，则其说不成。盖阴阳家言执一理以推万事，推显而阐幽，由近而及远，即小以该大，乃社会学之分析派也。分析即演绎。而西国社会学萌芽伊始，亦以物理证明。故英儒甄克思《社会通诠》亦胪陈事物实迹，凡论一事、持一说必根据理极，旁征博采，以证宇宙所同然。此即社会学之统计法也。若达尔文诸家，复杂引动物、植物学，眇虑穷思，求其会通之理，以证迁化之无穷。而阴阳家言亦与相合。盖阴阳家言，即"由隐至显"，道家之言，即"推见至隐"。惟一从心理学入，一从物理学入，故立说稍有不同耳。特道德家言，多舍物而言理，阴阳家言，复舍理而信数。如邹衍之言多流于术数方技。此其所以逊西儒也。后世此学失传，惟史学家言，侈陈往迹，历溯古初，稍近斯学。然治化进退之由来，民体合离之端委，征之史册，缺焉末闻。此则史官不明社会学之故也。可不叹哉！

宗教学史序

中国古初，以宗法立国，即以人鬼立教。《孝经》有言："夫孝，德之本也，教之所由生也。"《礼记》有言："教之本在孝。"而仓颉造书，孝文为教。此汉民最古之宗教也。厥后由人鬼教而推之，并及天神、地祇。古代圣王，以始祖配天，用行禘礼，是为祀天之典。由同族之神而祀同社之神，同奉一神即同居一地。二十五家为社，故同祀社神。是为祭地之仪。故天神、地祇，其始皆基于人鬼。特皇古之初，天鬼并祀。唐虞以降，特重祀天，以天为万有之本原。《礼》曰："万物本于天。"凡世人善恶，天悉操监视之权。《诗》曰："明明在下，赫赫在上。"又曰："明明上天，照临下土。"又曰："无曰高高在上，日监在兹。"盖以世人作事，皆在上天洞鉴之中。所谓"相在尔室，不愧屋漏"也。因监视而生赏罚，《书》曰："皇天震怒，命我文考，肃将天威。"又曰："天道福善祸淫。"又曰："皇天无亲，惟德是辅。"又曰："惟天降灾祥，在德是明。"明以赏罚之权归之冥冥矣。因赏罚而降灾祥。《诗》曰："我生不辰，逢天僤怒。"又曰："旻天疾威，敷于下土。"又曰："昊天不佣，降此鞠凶。"又曰："天之方虐。"此言天能降灾祥也。故人君之作事，尝自言受命于天。故启伐扈，汤放桀，武王伐纣，皆自命受命于天。其所谓天者，即昊天上帝是也。古人以上帝为凭天用权之人。郑康成云："帝，天也。"吾谓古人称帝、称天稍有区别。天者，譬言国家也。上帝者，譬言君主也。君主为一国用权之人，上帝即为昊天用权之人。《诗》曰："皇矣上帝，临下有赫。"又曰："古帝命武、汤。"又曰："帝谓文王。"又曰："上帝不宁，不康禋祀。"又曰："上帝不二。"《书》曰："予畏上帝，不敢不正。"又曰："惟皇上帝降衷于下民。"《易》曰："圣人烹以享上帝。"《周礼·宗伯职》曰："以禋祀昊天上帝。"《易传》云："以主宰为之帝，犹言神也。"其解释上帝最为确当。与西教基督之说固甚相符。惟西教仅祀一神，中国杂以多神耳。且分帝为五，以色区分，皆纬书说也。是则古代之政治，神权之政治也。故君称天以治民。古代之学术，天人表里之学术也。如《洪范》一书发于大禹，皆言天人相与之学，因《大禹谟》"天之历数在汝躬"一言而生谶纬之学，因《易经》之卜筮而生占验之学，皆天人表里之说也。而政学起原，皆基于宗教。是上古之时，舍敬天明鬼而外，彼固无所为教也。又炎黄以前，苗民立国于汉土，所奉之教杂糅人鬼，旁及诅盟。近人钱塘夏氏引《吕刑》《楚语》《吕览》以证苗民为多神教。中土圣王排斥苗教，目为巫风。见《商书·伊训篇》。是巫风为当时所禁。然根株未净，延蔓匪难，故汉土遗黎复崇拜物多神之教。此亦古教之别派也。苗民后退处南方，故荆楚之地巫风甚炽。读屈子《楚词》可见。荀子以"楚巫""粤机"并称。粤亦南方之地也。

降及东周，天人并称。故百家诸子，咸杂宗教家言。一为孔墨派。孔墨二家，敬天明鬼。孔子以敬天畏天为最要。又信天能保护己身，故其言曰："天生德于予，桓魋其如予何？"又以天为道德之主宰，曰："获罪于天，无所祷也。"又以天操人世赏罚，曰："故大德者必受命。"而《礼记》四十九篇载孔子所论祭礼甚多，是孔子非不敬天明鬼也。或据《墨子》"儒家无鬼神"一言，然此或儒家之一派耳。至谓孔子本无迷信，作《春秋》言灾异不过用以儆人君，则《春秋》之时，科学并未发明，孔子何从而破迷信哉？若《墨子》一书有《敬天》《明鬼》二篇，又《法仪篇》云："然则以何为法？曰：'则天而已'。"又曰："上利天，中利鬼神"。则又别天于鬼神之外。立说大旨，以神于世界万物外，别为一体，操持人世，威德无垠。乃沿袭古代之宗教，而非特倡之宗教也。近人多以中国为孔教，而南海康氏有保教之说，钱塘夏氏有攻教之说。不知孔子非特倡一教，乃沿袭古教者也。

一为老庄派。道家者流，以世界万物之外，别有真宰真空。真宰、真空者，无对待之可言者也，犹之佛家之言"真如"，儒家之言"太极"耳。立说始于老聃。如老子言："道可道，非常道。"又曰："玄牝之门，是为天地根。"大抵破除一切智见，以溯天地未有前之景象，自外形骸而犹贵其真宰。故其言曰"道生一"、"有生于无"。庄、列诸家，《庄子》曰："若有真宰，而特不得其朕。"而庄、列又言太始、太素、太初。沿承其说，乃宗教而兼哲学，非纯全之宗教家也。当东周时，与此派相近者，复有神物一体说。以为有一物即有一神，神即在世界万物之中。如关尹子亦道家，言一事一物莫不皆有天，即西人神物一体之说也。一为阴阳、术数派。上古之初，阴阳、五行分为二派。章氏《訄书·争教篇》言之最详。而阴阳、术数之学，皆掌于史官。阴阳家言，倡五德终始之说，以推帝王受命之源，谶纬之学，其流亚也。术数家言，杂五行占卜之学，以证史臣占验之工，灾异之事，其别派也。汉儒以灾异之术证之六经，乃以术数与经学相参者也。而秦雍之民，旁杂苗俗，兼信神巫，如《封禅书》所言祀陈仓事。遂开后世符箓之始。然以人证天，三说相符，皆言天事与人事有关。乃古教之支派，而非古教之真源也。当此之时，惟申包胥言"人定胜天"，合于天演进化之理。子产亦曰："天道远，人道迩。"而《荀子》亦曰："天道有常，不为尧存，不为桀亡。""治乱于世，非天、非地，又非时。"又云："天者，非关系于人，人之所以可行者，非天之道，非地之道，乃所以为人之道也。若上政平，则何畏焉？"以人治胜天行，力破荒渺不经之说，诚伟论也。秦汉而降，无识愚民以拜物多神之教参入老、释二家，旁引儒道，鼎峙为三，而中国之教旨涽矣。此皙种人民所由称为无教之国也。

政法学史序

上古之时，众生芸芸，无所谓君主也，亦无所谓臣民也。其推为一群之长者，则能以饮食饷民者也，仁和龚氏《五经大义终始论》曰："民之耳目，不能皆肖天。肖天者，聪明之大者也，帝者之始也。聪明孰为大？能始饮食民者也。"案《说文》"尊"字下云："酒，器也。"而后世以为帝王之称，又为崇高之称。盖上古之时于能发明制酒之术者，必报本反始以尊之，而君道以立。故龚氏以能饮食民为帝者之始也。又如"酋长"之"酋"，为酒官之假借，亦此义也。能以兵力服民者也，如《易》言"武人为于大君"，而"酋豪"之"豪"，为勇健有力者之称是也。并能以神鬼愚民者也。故祭天之礼属于君主，而帝王自称天子。又当此之时，君主即民庶中之一人，故"君""群"互训。《韩诗外传》《白虎通》皆训"君"为群，即《左氏传·闵二年》所谓"天子曰兆民也"。又"林""焱"二字，古籍皆训为"众"，而《尔雅》独训为"君"。以此知古人之称君字也，与称国家、团体无异。且所谓君主者，并无世袭之制度。于何征之？于封禅征之也。据《管子》所言，则古代封禅之君主，计七十有二家。然古者封禅必于泰山，泰山曰岱，"岱"训为"代"，古帝王告代之处也。《后汉书》注云："泰山者，王者告代之处也。为五岳之宗，故曰岱宗。"告代者，即受命易姓之谓也。盖草昧之初，君主之任，位有定年，与皙种共和政体同。君位既盈，必另举贤者以代之。封禅者，即取禅让之意者也。是为揖逊之天下。

及图腾社会易为宗法社会，遂为王者专制之先驱。《社会通诠》曰："宗法社会者，王者专制之先驱也。"《说文》"宗"字下云："尊祖庙也。从宀从示。"盖宗为一家所祀之神，宀为交覆突屋，有家室之意。大宗者操祭神之权者也，古者宗子主祭，故有统治一族之权。故亦称为宗子。又宗有常尊，见《荀子》。故王室之宗子，即为帝王。故"宗"字与"尊"字互训。《诗》"公尸来燕来宗"，毛传云："宗，尊也。君之宗子"，郑笺云："凡言大宗、小宗者，皆谓同所出之元弟所尊也。"其说甚确。后世以降宗为祖庙之称，又为帝王之称。如殷高宗、太宗、中宗之类是也。可知专制政体即由宗法社会而扩张。是为帝王世袭之始。又天子有推恩之典，封其同姓者为诸侯。即小宗之制度。诸侯有推恩之典，封其同姓者为大夫。则群宗之制度。而大夫之家，又各分子弟以采邑。则又群宗之支孽也。故尊卑之位，缘是而区。又黄帝之时，战胜苗族，抑为黎民。因种族而区贵族，此阶级制度所由兴也。阶级制度既兴，由是为君者握统治之权，为民者尽服从之责。试征之古代政治学，在舜之告禹曰："臣作朕股肱耳目，予欲左右有民，汝翼；予欲宣力四方，汝为。"是臣僚者，君主之属吏也。而禹之告舜亦曰："万邦黎献，共为帝臣。"是民庶者，君主之私产也。君主政治昔已萌芽。惟当此之时，以人君当谋人民之利益，人民应受人君之保护。故禹之言曰："政在养民。"皋陶曰："在知人，在安民。"而汤之求雨也，亦曰："所以求雨者，毕竟为民也。"是君主亦对人民负义务。降及殷周，相沿未革。

战国学者，持论各殊。儒家以德礼为本，以政刑为末，孔子曰："道之以政，齐之以刑，民免而无耻。道之以德，齐之以礼，有耻且格。"《孟子》亦曰"省刑罚"，皆以政刑为末务也。视法律为至轻。故《孟子》曰："徒法不可以自行。"按道德与法律本有关系。《孟子》曰："是非之心，人皆有之。"是道德即人心所具之法律。特道德本于人心，法律著于成宪。道德为无形之裁制，法律为有形之裁制。处叔季之世，断无舍法律可以治民之理。儒家之言非。其立说之初，非不欲破阶级之制度，故孔子作《春秋》讥世卿，又曰："有教无类"，皆此义。惟囿于名分尊卑之说，如《周易》曰"君子以辨上下，定民志"是。不欲尽去其等差，如孔子言："亲亲之杀，尊贤之等，礼所生也。贵贱有等，衣服有别，朝廷有位，则民有所让。"是即定名分，别尊卑之说，已开法家之先声。特欲使为君者与臣民一体耳。如孔子曰："君君臣臣。"又曰："君使臣以礼，臣事君以忠。"又曰："为君难，为臣不易。"皆以君与臣对言，是孔子不欲人君轻视其臣也。孟子曰："与民同乐"，又曰："民为贵"，"得乎邱民而为天子"。是孟子知人民为立国之本也，故欲使为君者与臣民一体，以治其国家。君与臣民一体，必能采众议，故孟子曰："国人皆曰贤，然后用之；国人皆曰不可，然后去之。"《大学》亦曰："民之所好，好之；民之所恶，恶之。"而戢淫威。儒家最恶君主之虐民。故《春秋》曰："凡弑君称君，君无道也。"《孟子》曰："残贼之人谓之一夫 。"《荀子》亦曰："故桀纣无天下，而汤武不弑君。"夫人君操统治之权，无法律以为之限，而徒欲责其爱民，如《孟子》言"保民而王"，以君有保护人民之责。

《荀子》言"圣王兴礼义"，以君有干涉人民之责。孟、荀二家说亦不同。是犹授刃与盗而欲其不杀人也，有是理哉？故儒家所言政法，不圆满之政法学也。不合论理。

墨家不重阶级，如《尚贤上篇》之旨，在于进贤、退不肖，故其言曰："以德就列，以官服事，以劳殿赏，量功而分禄。故官无常贵，民无常贱，有能则举之，无能则下之。举公义，避私怨。"最合功食相准之义。而中篇之旨，又在于立贤无方，而终归于称天制君，故谓："富贵者皆贤，则君得其赏；富贵者皆不肖，则君受其罚；亲而不贤，君不得而宥之；疏而果贤，君不得而遏之。"诚以贵族世卿之制，足以遏进化之萌。《墨子》此言，所以破古代人有十等之弊也。以众生平等为归，如《兼爱》三篇是。上篇谓："乱之初生，由于人之不相爱，苟能相爱，则乱不生。"中篇之旨，亦欲人之"兼相爱，交相利"。下篇之旨，则并欲去彼我对待之辞，大抵谓君与民皆受制于天，故其言曰："人无幼长贵贱，皆天之臣。"以为生民有欲，无主则乱，见《尚同上篇》。大抵与《荀子·礼论篇》"人生而有欲"相类。惟墨子之意，以立君亦出于人民耳。由里长、乡长、国君，以上同于天子。《尚同中篇》谓："里长率其民，以上同于乡长；乡长率其民，以上同于国君；国君率其民以上，同于天子。"与柳子《封建论》所谓"有里胥而后有县大夫，有县大夫而后有诸侯，有诸侯然后有天子"意正相同。盖以里长、乡长、国君为一里、一乡、一国之代表，而上陈民意于天子者也。非言天子当专制天下，国君当专制一国，乡长、里长当专制一乡、一里也。而为天子者，又当公好恶，如《法仪篇》之旨，在于谓立法之初，当以多数之人所定者为法，不当以少数之人所定者为法。即西国以议员为国民代表之意也。以达下情。如《尚同中篇》曰："是故上下情请为通，上有隐事遗利，下得而利之；下有蓄怨积害，上得而除之。"则墨子以通民情为此篇之主矣。又《尚同下篇》，以谓为君者当依人民多数之意，以兴利除弊，分职而治，所用之人，悉察民情之可否而用之，使民间之利害、臣下之善恶，悉举以上闻，乃成太平之治。复虑天子之不能践其言也，由是倡敬天明鬼之说，以儆惕其心。如《天志上篇》之旨，谓民之所善，即天之所善；民之所恶，即天之所恶。故其言曰："顺天意则得赏，反天意则得罚。"顺天即爱人之谓，反天即不爱人之谓。而下篇之旨，谓天以爱民为主，其爱民也，无所不用其爱。人君承天意以治民，亦当无所不用其爱，即古人称天治君之意也。《明鬼下篇》之旨，亦大抵相同，盖处民智未开之世，不得不用此说以戒君耳。是墨子者，以君权为有限者也，较之儒家，其说进矣。

道家立说，又与儒墨迥殊。道家以消极为主义，与儒、墨以积极为主义者不同。欲以在宥治天下，《庄子》曰："闻在宥天下，不闻治天下也。"而悉废上下之等差。如《庄子·齐物论篇》是。《庄子》首篇为《逍遥游》，言无入而不自得，即自由之义。次篇为《齐物论》，言物无彼此之差，即平等之义。盖老聃倡论，力斥君主之尊严，如《老子》曰："圣人无常心，以百姓心为心。善者吾善之，不善者吾亦不善之。"又曰："贵以贱为本，高以下为基。是以侯王自称'孤''寡''不穀'，此以贱为本也。"又曰："天下多忌讳而民弥贫。"皆力斥君主之尊严也。至谓"天地不仁，以万物为刍狗"，则亦深斥君主之贱视人民也，并非欲人君贱视其民。庄周述之，斥君位为盗窃，《则阳篇》云："古之君人者，以得为在民，以失为在己。以正为在民，以枉为在己。故一形有失其形，退而自责。今则不然。匿为物而愚不识，大为难而罪不敢，重为任而罚不胜，远其涂而诛不至，民知力竭，则以伪继之，日出多伪，士民安取不伪！夫力不足则伪，知不足则欺，财不足则盗。盗窃之行，于谁责而可乎！"是庄子斥君为盗窃也。视君位为危途。《让王篇》言："尧以天下让许由，而许由不受；以天下让于子州支父，而子州支父不受。舜以天下让善卷，而善卷不受；以天下让百户之农，而百户之农不受。"以见人君不以国伤身。所以力言为君之难，以弭世人盗窃神器之谋也。列子继之，明君位之无常，《老子》言"暴雨不崇朝，飘风不终日。""天地且不能久，而况于人乎？"已主富贵无常之说，而列子言尹氏趋役者，梦为国君之乐，醒则复役，于证人君位之无常，使人人生轻视君位之观念。其理至为精深。视人君如无物，并以政法为致乱之源。惟政刑不作，乃足以语郅隆。如列子言华胥国、终北国是也。杨氏"为我"之论，许行"并耕"之词，其遗派也。《楚词》屡言遗尘世而求乐土，亦此类也。平等是其所长，而无为亦其所短。

管子以法家而兼儒家。以德为本，而不以法为末；以法为重，而不以德为轻。合管子之意观之，则正德利用者，政治之本源也；《霸言篇》云："以天下之财，利天下之人。"以法治国者，政治之作用也。《任法篇》云："君臣上下贵贱皆从法，此之谓大治。"《明志篇》云："以法治国，则举错而已。"是"法治国"三字早见于管子之书，惜乎人未之考耳。举君臣上下，同受制于法律之中，虽以主权归君，《七臣七主篇》云："权势者，人主之所独守也；法令者，君臣之所共立也。"《版法篇》云："今人君所以尊安者，为其威立而令行也。其所以能立威行令者，为其威利之操莫不在君也。若使威利之操不专在君而有所分散，则君日益轻而威利日衰，侵暴之道也。"故管子以主权为不可分。然亦不偏于专制。《枢言篇》云："贱固事贵，不肖固事贤。贵之所以成其贵者，以其贵而事贱也。贤之所以能成其贤者，以其贤而事不肖也。"此即《老子》"高以下为基"之义。《形势篇》云："人主之所以禁则行、令则止者。必令于民之所好，而禁于民之所恶也。"又云："人主出言，合乎理，顺乎民情，则民受其词。"《君臣篇》云："先王善与民为一体，则是以国守国，而民守民也。"《小匡篇》云："政之所兴，在顺民心；政之所废，在逆民心。"又《大匡篇》言："庶人欲通吏，而吏不为之通者，治之以罪。"又言"令晏子进贵人之子"，即贵族之选举。"高子进工贾"，即富商之选举。足证管子立法，民权甚伸，故桓公问欲胜民而管子危之也。**特法制森严**，如《法禁篇》《明法解篇》所言是也。以法律为一国所共守耳。如《管子》云："正月之朔，百官在朝，君乃出令，布宪于国。宪既布，有不行宪者，罪死不赦。"考宪而有不合于太府之籍者，侈曰专制，不足曰亏令。是管子以立宪为政，不以专制为政矣。

商鞅著书，亦知以法治国之意。如"法者，所以爱民"，"法者，君臣之所共操也"是也。此以法治国之义。重国家而轻民庶，商君之意，以为人人皆有服役国家之责任。公役为重，私役为轻。故悉以农战为主，而不重教育。以君位为主，以君为客。《修权篇》云："权者，君之所独治也。"又曰："尧舜之治天下也，非私天下之利也。为天下位天下也。"此商君以君位为主，以君为客之证。然立法不泥古，如言"苟可以利国，不法其古"，"前世不同教，何古之法"是也。此其所长。夫商君言："论至德者不和于俗，成大功者不谋于众。"虽偏于专制，然当商君之时，秦民甚愚，非朝廷有坚固之力，则人民必百出而阻挠。所谓"非常之源，黎民所惧也"。证以俄国大彼德之事可以知矣。韩非亦然，如守株待兔诸喻是。复以峻法严刑，如"刑者，爱之首也；法之道，前苦而后利"是也。助其令行禁止。知"君不能禁下，自禁者曰劫"是也。而治吏之刑，较治民为尤重。如"圣王治吏而不治民，吏治则民治"是也。盖纯以法律为政治之本者也。

派别各歧，大约墨家、儒家之论政法，持世界主义者也。法家之论政法，持国家主义者也。道家之论政法，持个人主义者也。故立说各殊。折衷非易。又周末各书论政法者，又有《吕览·长利篇》，其言曰："群之可聚也，相与利之也。利之出于群也，君道立也。故君道立而利出于群。"又曰："置君非以阿君也，置天子非以阿天子也，置官长非以阿官长也。"为黄氏《明夷待访录·原君》所本。及暴秦削平六国，易王为帝，采法家之说，而饰以儒书，愚锢人民，束缚言论，相沿至今，莫之或革。此则中土之隐忧也。

计学史序

昔黄帝正名百物，以明民共财。见《祭法》。共财者，即均贫富之谓也。盖皇古之初，以农立国。由于得黄河之流溉，便利农业也。举天下之田，归之天子。天子按亩授民，以行画井分疆之法。如夏代之制，一夫授田五十亩。殷代之制，一夫授田七十亩。周代之制，一夫授田百亩，而余夫亦有田五十亩，故人人有田。故人人有一定之产，而贫富不甚悬殊。吾睹中国文字，"穷"字从"穴"，"富"字从"田"。盖"穴"处者身必贫，力

"田"者身必富。穷由于惰，富由于勤，此古代造字之微意也。秦州陈竞全亦主此说。至赋税之输，亦有定额。如夏代一夫授田五十亩，每夫计五亩所入以为贡。商代以六百三十亩之地划为九区，中为公田，外八家各授一区为私田。八家合耕公田，而私田无税。周代每夫授田百亩，十一分而取具〔其〕一。是赋税之额古代甚轻，故民不至有饥寒之虑。故古代之民，家给人足，无仰事俯蓄之忧，则井地均平之效也。特西国计学家之言财政也，约析为三：一曰君主之私财，一曰国家之公财，一曰人民之私财。若三代之世，则误认朝廷为国家，使君主之财遂无限制。惟《周官》之制，财用计于太宰，而帝王之财亦有会计，则分君主私财与国家公财为二。试观古籍所记载，不曰"普天之下，莫非王土"，则曰"奄有四海，为天下君"，致世之为君主者，视国家为私产，不图一国之公益，独谋一己之私藏。凡声色宴游之费，无一不取之于民，而国家公财遂与君主私财无异。君民贫富遂成一相反之比例矣。

故古代之言计学者，主藏富于民之说，力斥财聚于上之非。以财聚于上，即不能复散于民，而民财将日尽矣。故《周易》一书，以利民为重。如"能以美利利天下""立成器以为天下利"是。而儒家所言，亦大抵以生财为本。如孔子言"足食"，又言"先富后教"。《大学》言"生财有大道：生之者众，食之者寡，为之者疾，用之者舒。""生之者众"，指生利之人言也。"食之者寡"，指分利之人言也。以一国所用之财，与一国所生之财相较，最合于计学之言。"为之者疾，用之者舒"，亦即开源节流之意。而孟子之对梁王也，以谷与鱼鳖不可胜食，材木不可胜用，使民得养生丧死无憾，为王道之始。又言："古明君制民之产，必使之足以养父母、畜妻子，然后驱之为善。"荀子亦曰："养民之求，给民之欲"，则咸以生财为富国之第一义也。对君主言，则曰"损上而益下"，如《大学》言"财聚则民散，财散则民聚"。"仁者以财发身，不仁者以身发财"。有若之告鲁哀公曰："百姓足，君孰与不足；百姓不足，君孰与足。"而孟子亦以"充府库者为民贼"。盖以君主日富，即下民日贫。故以暴敛横征为虐政之首也。对个人言，则曰"损己而利人"。如孔子言"君子喻于义，小人喻于利"。以利与义为相反，盖利于人者为义，利于己者为利。义者，宜也，所谓因民所利而利之也。故喻义、喻利即以利人、利己而分。若孟子言"何必曰利"，亦大抵斥个人之营利耳。盖中代古字自营曰私，背私为公，私字与利字义同。利字隐含自私之义。故儒家以利与义不两立，而董子即有"正义不谋利"之语。至宋儒继兴，以"天理""人欲"判义利，至并利字而勿言，由是以利己为非，并以兴公利为不然矣。此前人解利物之谬误也。然大利所存，必有两益。此则儒家所未知也。盖人生之初，只有自营自私之念，无公共之观念。及社会进化，知利物之正为利己，于是损一己之私益，图一群之公益，是利物之心正由利己之心而推也。而儒家则欲禁人民之言利，非强人民以所难乎！

墨子作《节用篇》，与《尚书》"不作无益害有益"义同。《节用上篇》之旨，在于去无益之费，作有益之事。而《节葬》《非乐》二篇之旨，亦由节用而推。按《墨子》之言节葬也，以为"人所以生财，财所以富民，今丧葬不节，则人之因服丧而废事者必多。事废则生财愈乏矣。况厚葬则厚于送死，薄于养生。耗财之用愈多，则民愈贫"。此《墨子》所由以厚葬为国家贫、人民寡、刑政乱之本也。至《非乐》之旨，亦以乐为无益之费，国家取民财而为无益之用，非私一己之乐乎！此墨子《非乐》《节葬》之本旨也。节人君之私用，为一国之公财。《节用上篇》曰："去大人之好聚珠玉、鸟兽、犬马，以益衣裳、宫室、甲盾、五兵之数。"诚以珠玉等物，君主一人之私好也，甲盾、五兵、车舟，一国之公益也。盖墨子知国家公财与君主私财为二，故节人君之私用，以为一国之公益也。又《节用中篇》云："凡足以奉给民用者，则止；诸加费不加于民利者，圣王不为。"盖墨子之意，以为凡事之利于国家、民人者，不妨取民财以为之，若事与国家人民无益，虽丝毫不能取于民也。其理甚精，非节俭之谓也。以务本去末为主，非矜矜于节俭也。

若道家之贵俭，如老子以俭为三宝之一。又曰："不贵难得之货"，无非贵俭之言。即庄、列亦不言兴利也。又与墨家之节用不同。墨家主于节冗费，道家主于不兴利。时非皇古，孰能行之而无弊乎？

管子持国家主义，亦以利民为先，如言"治国之道，必先富其民"，则亦以利民为治国之本。以正德之本在于利用厚生。如言"仓廪实而知礼节，衣食足而知荣辱"，"民富则易治，民贫则难治"是也。故觇国家之贫富，必以人民之勤惰为凭。观其言曰："行其田野，裕其耕耘，则饥饱之国可知。观其山泽，计六畜之产，则贫富之国可知。"故富贵之法，约有三端：一曰改圜法，如《乘马》诸篇所言是。故齐之圜法与周代圜法不同。二曰兴盐铁，如《海王篇》所言者是。三曰谋蓄积。如《国蓄篇》所言者是。又《事语篇》云："非有积蓄，不足以用人；非有积蓄，则无以劝下。"亦其证也。而理财之法，亦与列国迥殊。有所谓贷国债者矣，《管子·轻重丁篇》："桓公曰：'峥邱之战，民多称贷负子息以给上之急，度上之求。'"是齐国早募国债。有所谓税矿山者矣，《山国轨篇》"国立三等之租于山"，即西人税矿山之制度。又有所谓选举富商者矣，《大匡篇》言"高子进工贾"，即选举富商之证。然《八观篇》又云"以金玉货财商贾之人，不论志行而有爵禄也，则上令轻，法制隳"。是管子虽选举富商，而亦有所以限之之策也。与晳种所行之政大约相符。又以财货轻重之权采于君主，如《国蓄篇》云："故人君挟其食，守其用，据有余而制不足。"又曰："以重射轻，以贱泄平。"即李悝籴谷说。盖管子利民多用干涉主义，与儒家言君主代民兴产者稍同。而力禁君主之削民，如《山至数篇》云："民富君无贫，民贫君无富。"《版法解》云"与天下同利者，天下持之；擅天下之利者，天下谋之"是也。盖以富民与富国并重者也。

顾列国之时，治商学者甚鲜。管子而外，卫有子贡，越有范蠡，周有计然。皆见《史记·货殖传》。大抵明货殖之术，拥富厚之资。然当时之学者，则又重农而抑商。儒家以利农为本，以经商足以妨农业也，由是斥商贾为贱夫。如《孟子》言"古之为市，有司者治之。有贱丈夫罔市利，始行征商"是也。

法家者流，亦以商业与农业不两立。至欲废商而重农。《商子·垦令篇》云："重关市之赋，则农恶商，商有疑惰之心。"《外内篇》云："末事不禁，则伎巧之人利。市租太重，则民不得无田。食贵，籴食不利，而又加重征，则民不得无去其商贾、伎巧而事地利矣。"是商君以征商为抑末也。

夫中国虽以农立国，然商贾亦列四民之一，不得斥为贱民。如《易》称"先王通商贾"，《书》言"懋迁有无化居"。《礼·月令》言"来商贾，纳货贿"。而《周礼》太宰"九职"亦言"商贾阜通货贿"。是古人未闻有废商之说也。而战国诸儒，独斥商贾为末业者，则以列国兵争，士无恒产，疾贫妒富，肆为愤激之言。故加怒于富人。又以兵祸频仍，非财不继，欲重征商贾，又苦无名，由是托抑末之名，以行征商之实。后儒不察，以为商业足以病农，岂通论哉！至重农之说，百家诸子说亦各殊。孟子主薄赋之策，如言"薄税敛耕者，助而不税"是也。乃坚守井田之制者也；商君、李悝主垦田之策，乃坚持兴利之说者也；商君《垦草篇》皆言开阡陌为田，而李悝亦为魏文侯尽地力。又白圭轻税，如言"欲二十而取一"是。其意主于便民；然赋税轻则不能兴利除弊。许行"并耕"，其说出于共财。许行之言曰："贤者与民并耕而食"。是许行之意，以君主不当有私财，特昧于分功之说。夫人生食色之欲莫不取于相资，若许行之说，是欲驱天下之人民，悉从事于力农，则是分工未起时之言耳，非文明时代之制也。立说虽歧，要皆各是其所是，儒家斥之，如孟子辟白圭、陈相，并以辟草莱任土地者当服次刑，皆此意也。未为当也。秦汉以降，儒家者流大抵主重农之论，而以加赋为讳言，亦由于君主以民财为一姓私产之故。而兴利之臣则力主征商之说，如孔传①、桑弘羊是。二说纷争，迄无定论。读桓宽《盐铁论》之书，可以知其故矣。

兵学史序

中国皇古之初，以尚武立国。然争端迭起，战祸频仍，人民之殉身

---

① 编者注：疑为孔仅，西汉大司农。

疆场者以百万计。一二仁人贤士，惕然忧伤，以用兵足以害民，由是尚武之风易为轻武。试观古籍所言，不曰"尚德不尚力"，则曰"耀德不观兵"。黩武穷兵，垂为大戒。东周以降，井田渐废，入兵籍者大抵皆出于召募，军士与国家之关系，犹雇工之于资本家耳。而养兵之事悉出于朝廷一己之私。战争既作，征调频繁，驱不教之民而使之干城捍国，兵锋所及，千里为墟。由是儒家者流以用兵为诟病。孔子虽主去兵，孔子所谓"去兵"者，非言兵之必可废也。故先言"足兵"，特以不得已之故而始去兵耳。又卫灵公问阵，孔子不答，亦以灵公不知用兵之原理耳，非真恶兵也。然不以教兵为可废。如孔子率师堕成，而弟子冉求、子路诸人咸知用兵。又曰："善人教民七年，亦可以即戎。"又曰："我战则克。"是孔子未尝不以兵事为重也。孟、荀生战国之时，目击战场之惨祸。故孟子论兵以人和为主，至谓"制挺可以挞秦楚"而最嫉用兵。如言"善战者服上刑"，"'我能为君约与国，战必克'，今之所谓良臣，古之所谓民贼"，"不教民而用之，谓之殃民"是。荀子论兵亦称仁义，以壹民为主，见《论兵篇》与临武君问答语。与孟子同。虽足矫乱世殃民之弊，然竞争既烈，犹欲以德服人，是犹诵《孝经》以退羌胡，执《春秋》以惧乱贼也。儒效迂阔，此其一端。儒家而外，若道家以用兵为不祥。《老子》曰："夫佳兵者不祥之器。"又曰："大兵所过，荆棘生焉。"墨家以非攻为重务，墨子著《非攻篇》，然不废尚武。以安境息民之旨，戢弭争端，亦救时之良法也。

　而兵家者流则不然，以为处纷争之世，非用兵则国不存。由是论兵之书，各成派别。在《班志》之叙兵家也，析为四类：以阴阳为最乏实用。一曰阴阳，此用兵之贵天时者也。二曰形势，此用兵之贵地利者也。三曰权谋，此用兵之贵人为者也。四曰技艺，此用兵之贵物巧者也。分别部居，有条不紊。诚哉，其该备矣！然自吾观之，则师旷之流，兼用阴阳者也；如言"南风不竞，楚必无功"是。又卜偃言："丙子旦必克虢"，亦阴阳家流之言兵者。而春秋之时，以卜筮测用兵之胜败者甚多。孙武之流，兼明形势者也；如孙子《九地》诸篇是。管子之流，兼操权谋者也；管子之用兵，大抵言欲知天下之兵谋，而不欲天下知己之兵谋。故《地图篇》曰："遍知天下兵主之势。"墨子之流，兼尚技艺者也；如《备城门》诸篇是。而孙、吴、司马诸家，并能推空言为实用，以著武功。惜三家而外，书不尽传。按《吕氏春秋》："王廖贵先，倪良贵后"，疑此亦指用兵言。《左传》引《兵法》曰："先人有夺人之心，后人有待其衰。"即贵先贵后之确证。此兵家遗法之仅存者也。使汉宋诸儒坚守儒家之说，至以用兵为讳言，如宋儒不主用兵，并以勇德为克己，致国势日衰。惟博野颜先生以尚武为国本，力辟宋儒之谬说，厥功甚大。非参考古代兵家之学，大约战国之兵学，可以兵法学及战法学该之。兵法学者，兵家之原理及兵之权谋也；战法学者，用兵之法及攻守之方也。何以奠国家于磐石之安哉！

哲理学史序

战国之时，诸子百家以学相竞，仰观俯察，研精覃思，以期自成其学术。上者深造自得，卓然成家。即有怪奇驳杂出乎其间，亦足以考思想之迁变，辨古学之源流。识大识小，虽判浅深，然推显阐幽，足与白民争耀。可不谓学术之昌与！惜空言垂布，辩学未兴，辩学即论理学也。致前哲立言，难期精确，试略陈之。

夫唯心之论，发于孟子者也。《孟子》之言曰："尽其心者，知其性也。"王一庵云："孟子言'尽其心者，知其性也'，盖天下凡职分所当为者，皆其性分内之固有，故人必知天地万物，无一不备于吾性之中，然后能以宇宙内事为己分内事，必竭尽心思以担当自任。"又曰："万物皆备于我。"朱注亦以"当然之理，无一不具于性分内"释之。其说近于佛陀。佛书言大地山河皆起灭于性海。又西儒柏拉图亦言："吾人知识事物，凡推测与雷同，皆为俗见。"而近人笛卡儿亦极主张唯心之论者也。然意物之际，常隔一尘地。英赫胥黎氏之说。虽事物当前，不假思索。故《易经》言"何思何虑"。然惟具此物，乃动此知，并物且无，知何由起，故以官接物，官即耳目鼻口及四体也。感觉乃生，西儒康德哲学分感觉、推理、良知为三，谓感觉必生推理，推理必因良知。此亦主张唯心说者，然较孟子说为圆满。由感生智，由智生断，谓心能知物可也，谓物由意造不可也。此即佛家之说。安得谓物备于我，而我外遂无物乎？心物相符之说，最为的当。非物则心无所感，非心则物不可知。此心性学之谬误者也。

又无极之论，发于列子者也。老子之言曰："无生有"，大抵谓先有无极，后有太极。宋儒无极而太极之说已原于此。列子之言曰："无极之外，更无无极；无尽之外，更无无尽。"夫太极之外，皆为无极。盖有形之外，莫非无形之物。有形之外，有界域者也，有起讫者也。无形之物，无界域者也，无起讫者也。且有内而无外者也。无形与有形相为对待，非有形即无形，非无形即有形。有形者有尽也，无形者无尽者也。无尽故为无极，有极故为太极。此有极与无极之分也。有极无极，乃互相对待之词。既曰无极，则非有极明矣。既曰无尽，则非有尽明矣。若如列子所言，则无极之外无无极，则无极即有极矣；无尽之外无无尽，则无尽即有尽矣。物既有极，何云无极？理既有尽，何云无尽？谓非互相矛盾乎？天地元始，造化真宰，虽智者不能尽穷。如空气布濩六合，果为有尽，抑为无尽，实难决之问题。故天竺哲人以"无量"二字该之。如佛经言"世界无量，众生无量，浩劫无量"是也。又以理之不可竟穷也，于是以不可思议之说，不可思议者，既非不能思议，亦非不屑思议，乃理之穷者也。以表事物之精深，岂若列子无根之说乎！此虚灵学之谬误者也。宋儒之论无极、太极也，大抵以动、静二字该之，观周子《太极图》可见。然以动、静二字该太极、无极，不若以有界、无界四字该无极、太极也。此宋儒立说之误也。

略举数端，足证我国诸子之言哲理者，大抵皆瑜不掩瑕矣。孟子、列子皆主张一元论者也，非二元论。惟《大易》《中庸》发明效实储能之理。斯宾塞尔《群学肄言》曰："一群之中，有一事之效实，即有一事之储能。方其效实储能以消，而是效实者又为后日之储能。"其理甚精。盖储能即翕以合质之说，效实即辟以出力之说也。近世侯官严氏谓："《易·系词〔辞〕》言：'夫乾，其静也专，其动也直。'即辟以出力之意。又言：'夫坤，其静也翕，其动也辟。'即翕以合质之意。"其说固然。然吾观《周易·系辞》之言曰："夫易，无思也，无为也，寂然不动，感而遂通天下之故。""寂而不动"即储能之义，所谓翕以合质也。"感而遂通"即效实之义，所谓辟以出力也。又如"推显阐幽"，"推显"即"效实"，"阐幽"即"储能"。"何思何虑"即"储能"。"一致百虑"即效实。是效实储能之理，《大易》早发明之。又《中庸》云："喜怒哀乐之未发谓之中，发而皆中节谓之和。"未发之中即储能也，故曰"天下之大本"。发而中节即效实也，故曰"天下之达道"。《中庸》又云："君子之道费而隐。"郑注以无道则隐之义称之，非也。朱注云："费，用之广也；隐，体之微也。"用广则近于效实，体微则近于储能。宋儒言学分体用为二，其理亦精。盖《中庸》与《大易》本互相表里，观邵阳魏氏《易庸通义》可见。若老子之说，亦颇明储能之理。惟效实之说，老子未及言之耳。中邦哲理，赖此仅存。

又吾即周末之学派考之，知擅长之学，略有三端：一曰天演学派。天演学派以进化论为始基。欧洲言进化学者，以达尔文为最著。于动植物繁殖之故，悟物类之变迁，创为天择物竞之说。以推古今万国之盛衰，至谓人类造生，必经天然淘汰之作用。儒家立说，虽斥强权，《乐记篇》云："是故强者胁弱，众者暴寡，智者诈愚，勇者苦怯，疾病不养，老幼孤独不得其所，此大乱之道也。"是儒家深斥强权也。然天择物竞之理，窥之甚明。盖宇宙万物，莫不有强弱之差。强与弱相待，而优胜劣败之理自著矣。观《论语》之论岁寒，《论语》云："岁寒，然后知松柏之后凋也。"此二语实天择物竞之精理。物竞者，物争自存也。以一物而与众物争，或胜或败，或存或亡，则其效归于天择。天择者，物争而独存者也。斯宾塞尔曰："天择者，存其最宜。"盖松柏之后凋，即存其最宜之证。非惟得天独厚，亦由松柏具傲岁寒之能力耳。此天择物竞之说也。《中庸》之论生物，《中庸》曰："故天之生物，必因其材而笃焉。故栽者培之，倾者覆之。"因材而笃，即天择之义。其理与《论语》"岁寒"章相同，皆天演学之精言也。因庶物之繁滋，而明天然淘汰之作用，孰非孔门之粹言乎！以上二义皆孔子之言也。盖儒家富于经验，故能执公例以定必然。此例证之《山海经》而益明。西人考生物之次第也，谓由植物而生动物，由动物而生人。人类者，动物之所衍也。故动植庶品，率皆递有变迁。其始也，陆草与水草争。其继也，动物与植物争。又其继也，则人类与动物争。观《山海经》一书，有言人面兽身者，有言鸟面人身者，而所列鸟兽草木多为后世所无。盖地球初成，为大鸟大木之时代，继也为野番酋长之时代。观汉时武梁祠画像，其画古代帝王亦多人首蛇身、人面兽身之怪状。足证《山海经》确实可凭，即西人由动物衍为人类之说也。《山海经》成书之时，乃中国由野蛮进为邦国之时代，故人类、动物之争仍未尽灭。《孟子》言"尧时兽蹄鸟迹交于中国"，《左传》言"禹铸九鼎，使民知神奸，不逢不若"，则当时人物竞争未息。厥后人类日繁，而奇禽怪兽相灭于无形，即优胜劣败之说也。故《山海经》一书，足以证明天演学之说。周末儒者大抵皆考察此书，故经验事物而发明天择物竞之妙理也。儒家而外，若《墨子·非命篇》，亦主人定胜天之说。《墨子·非命篇》之旨，在于以人定胜天，而天不可独任。盖中国古代多任天为治，以为国祚之盛衰，人寿之休短皆有一定之数。而《墨子·非命篇》则近于赫胥黎之天演说，以为天不可独任，要在以人胜天，斯为天所存，否则为天所灭，乃天演学最精之义也。以为天不可独任，要贵以人胜天，与申包胥之说互相发明。申包胥之言曰："人定胜天，天定者亦能胜人。"盖"人与天争"一语，为中国儒者所骇闻。惟唐代刘禹锡之作《天论》，则主张"人定胜天"之旨。盖儒家之论，近于达氏。即物由天择之说也。墨家之论，近于赫氏。即人与天争之说也。惟语焉未详，未能自成一家言耳。此由实验学尚未大明之故耳。

一曰乐利学派。西儒乐利学派以求乐避苦为宗。希腊人伊壁鸠鲁之言曰："利者何？快乐是也。恶者何？痛苦是也。"与宗教家去乐就苦之说大相背驰。及英人边沁之说兴，以为人世之善恶，悉由苦乐而区分。凡世之所谓善不善者，仅以利不利分之而已。名曰乐利派。孟子斥杨朱为"为我"。《孟子》曰："杨氏为我，是无君也。"又曰："杨子为我，拔一毛而利天下，不为也。"而杨朱之说载于《列子》者特详。《列子》有《杨朱篇》。其立言大旨，不外趋利、避害二端。杨朱既以乐利为宗旨，故以趋利避害为宗。以为人之贵贱贤愚，其生虽异，其死则同。人生之寿无过百年，百年之中欢乐有几？故等尧舜于桀纣，以伯夷、展季为非，以子贡为是。身后之荣辱非所知，身前之荣辱非所计。以好名足以困苦己身也，故首斥好名。推其意旨，殆乐生逸身而外，别无利己之可言。而人生行乐，不过美厚与声色二端。观杨朱所引管子、晏子之言，可以知其用意之所在矣。以为好逸恶劳为人生之本性。杨朱之义，以为以忧困导民，违民之性者也，以佚乐导民，顺民之性者也。违民之性则民不亲，顺民之性则民易使。使顺其性而导之，则民庶易从，故其说盈于天下。无高远难行之弊。又以孔墨之徒，去乐就苦，故矫枉过正，在杨朱之倡乐利也，盖见当时之诸侯强弱相侵，而孔墨之徒故劳困其身，以求行其说。故力矫此弊，以与孔墨之说相背而驰。观杨朱首斥周、孔，而孟子亦首斥杨朱，致等诸禽兽。而《墨子》书中，亦多与杨朱反对，屡言兼士与别士之不同。别士指杨朱学派言，而兼士则指墨子学派言也。以冀己说之易行，以存我为贵，以侵物为贱。杨朱之言曰："智之所贵，存我为贵。力之所贱，侵物为贱。""存我为贵"者，即保持一己权利之谓也。"侵物为贱"者，即不以权力加人之谓也。盖杨朱之意，欲人人尽个人之资格，故其言又曰："损一毫利天下不与也，悉天下奉一身不取也。人人不损一毫，人人不利天下，则天下治矣。"推其意旨，盖谓人人当保其权限，不能越己之权限而侵人，亦不能听人之越权限而侵我。所谓人人当保其自由而以他人之自由为限也。足证杨朱立言，重权利而不重权力，与边沁稍殊。于权利、权力之界，区划昭明。若如边沁之说，则天下有利即有害。有所利于此，必有所不利于彼。此之利日益增，则彼之利日益减。故扩张一己之自由，必自侵犯他人之自由始。此乐利派所以为强权之先导也。若杨朱之言，则仅以保存一己之自由为限，决不犯及他人之自由，此其与边沁之说大相歧异者也。惟利己之念虽萌，而利物之心未溥。边沁以个人之幸福为小，以一群之幸福为大。故由个人之幸福进而谋一群之幸福。不以个人之苦乐为苦乐，而以一群之苦乐为苦乐。以为利物即以利己也。若杨朱之言，只知以利个人为乐利，不知以利一群为乐利，知利己之所以利己，而不知利物之亦为利己。故主独善而不主兼爱，与边氏不同。较之边沁所言，盖有逊矣。《墨子·大取篇》亦纯乎边沁之说者也。当时学者，以杨朱纵欲近于恣睢。《荀子·非十二子篇》以纵情性安恣睢为它嚣、魏牟，盖此二人者皆崇奉杨朱为我之学派者也。然乐天安遇，清净节适，观杨朱之言曰："不逆命，何羡寿？不务贵，何羡名？不要势，何羡位？不贪富，何羡货？"是杨朱立品，固当时隐侠之流，曷尝有纵欲之事也？与魏晋名士之放旷者不同。故陈兰甫《东塾读书记》亦称杨朱人品甚高也。岂若清谈家之放旷哉！故杨氏之言盈于天下。吾观《论语》载子贡之问孔子曰："我不欲人之加诸我，我亦欲无加诸人。""不欲人加诸我"，即杨朱"利之所贵，存我为贵"之说也。"我亦欲无加诸人"，即杨朱"力之所贱，侵物为贱"之说也。而杨朱所言复盛称子贡。窃疑杨朱当时本窃闻子贡之绪论，则杨朱学派或亦出于儒家，惜今日无可考耳。

　　一曰大同学派。大同学派指所谓世界主义也。儒家之道，以贵公为本，《吕氏春秋》曰："孔子贵公。"以一贯为归。《论语》载孔子告曾子之言曰："吾道一以贯之。"告子贡之言曰："予一以贯之。"贯训为通。**贵公者，即持平之意也**。孔子之贵公有二证：一曰中，一曰恕。《中庸》曰："中者，天下之大本。"又曰："夫焉有所倚。"又曰："君子而时中。"《论语》曰："不得中行而与之，必也狂狷乎！"《孟子》曰："中道而立能者从之。"又曰："孔子岂不欲得中道哉？不可必得，故思其次也。"此皆孔门贵中之征。盖中焉者，即不偏不倚之谓也。《中庸》为赞圣论，故首章即发明此旨。又《论语》曰："夫仁者，己欲立而立人，己欲达而达人。""曾子曰：'夫子之道，忠恕而已矣。'""子贡问：'有一言而可以终身行之者乎？'"子曰：'其恕乎，己所不欲勿施于人。'"《中庸》曰："忠恕违道不远，施诸己而不愿，亦勿施于人。"此皆孔门贵恕之征。盖恕也者，推己及人之谓也。故"恕"字从心从如，所谓"如心为恕"也。至于推己及人，而私之界悉泯，故《大学》论平治天下终归之于絜矩之道也。近儒著书多发明此旨，如戴氏东原《孟子字义疏证》、焦氏理堂《论语通释》、阮氏芸台《论语论仁》，皆发明孔门贵恕之精义者也。盖孔门之贵中，即佛家所谓不落两边也，孔门之贵恕，即佛家所谓方便也。此贵公之精理也。**一贯者，即通达之谓也**。观《论语》言"无意、无必、无固、无我"、"无适无莫"、"可立可权"、"从心欲而不逾矩"，何一非通达之意乎？故公羊家言有反经行权之说。试即儒家之言"通"者析之。有所谓内外通者，内外通者，此《春秋公羊传》之义。公羊家之解《春秋》也，谓《春秋》于所传闻世，内其国而外诸夏；于所闻世，内诸夏而外夷狄；于太平世，则进夷狄于中国，所谓内外远近若一也。故于庄王之灭陈，则许夷狄之内讨，于潞子之为善，则进夷狄而书爵，是乱世、升平世有内外之界限。至于太平世即无内外之界限矣。仁和龚氏复引《周颂》"无此疆尔界"之言，以附会公羊家大一统之义。而武进刘氏复言"有政教则夷狄可进于中国"。近世治《公羊》说者，益牵合其说，以之泯内外之防，荡华夷之界，立言颇多流弊。惟《公羊》师法甚古，则此亦儒家相传之旧意耳。有所谓上下通者，此为《周易》之义。《易经·谦卦》之言曰："天道下济而光明，地道卑而上行。"《咸卦》之言曰："君子以虚受人。"而《泰卦》以"天地交而万物通"、"上下交而其志同"为内君子而外小人。《否卦》以"天地不交而万物不通"、"上下不交而天下无邦"为内小人而外君子。则《周易》非不言上下之通矣。此义也，《公羊传》亦有之。故《公羊·隐三年传》言"《春秋》讥世卿"，其意以为世族居上位则贫民无进身之阶，故于尹氏卒则书之，崔氏出奔则书之，以废门第阶级之制。而《孟子》一书亦屡言上下相通之旨，故其言曰"民为贵"。又曰"与民同乐"。而其对齐王用人之问也，则言贤否当卜于国人而后定其用舍。盖欲持此说而实行于政界上矣。又有所谓人我通者。人我通者，《礼运》之义也。《礼运》曰："大道之行也，天下为公。选贤与能，讲信修睦，故人不独亲其亲，不独子其子，使老有所终，壮有所用，幼有所长。鳏寡孤独废疾者，皆有所养。男有分，女有归。货恶其弃于地也，不必藏于己。力恶其不出于身也，不必为己。"以之为大同之世。然孟子之对齐王也，仅言推恩之说，又曰："人人亲其亲，长其长，而天下平。"未尝若《礼运》所云去人我之界也。则《礼运》所云为孔子一时之理想，非定持此以为主义也。惟《吕氏春秋》载孔子之论荆人遗弓也，曰："去其荆也，可矣，去其人也，可矣。"则隐含人我通之义，与《礼运》合。宋儒张横渠作《西铭》曰："民吾同胞，物吾同与。"亦参用《礼运》之说者也。特儒家之意，以为世界递迁，必有大同之一日。而大同之世，又非旦夕所可期。故悬一必然之例，而出以想象之词。犹列子之言华胥国，佛家之言净土，耶教之言天国耳。岂可躐等而跻乎！小康之世不可言大同，犹之乱世不可言升平世也。所谓井蛙不可语海，夏虫不可语冰也。以今日而欲行大同之法，非愚则诬。近儒所言，未足识儒家立言之旨也。近人多欲以大同之法施行于今日。墨家立说，亦主大同。墨子亦持世界主义。《尚同》三篇，非即内外相通之义乎！墨家之言尚同，与儒家之言内外通者稍异。儒家之言内外通，言当泯华夷之界也。墨子之言尚同，则言全国当合为一也。故《尚同中篇》谓："里长率其民以上同于乡长，乡长率其民以上同于国君，国君率其民以上同于天子"，即孟子"定于一"之说也。盖欲一国之中，地方团体与中央政府相通，其义较儒家所言稍为狭隘。《尚贤》三篇，非即上下相通之义乎！《尚贤上篇》之旨，及于以有能、无能定贵贱，故其言曰"官无常贵，民无常贱"。而《中庸》之旨亦主立贤无方之说，与《公羊传》之破阶级相同。盖上下不通，由于阶级制度。使破阶级制度，则上下无不相通矣。此《墨子》之旨也。又《尚同中篇》亦云："是故上下情请为通，上有隐事遗利，下得而利之；下有蓄怨积害，上得而除之。"观"上下情请为通"一言，则《墨子》贵上下相通明矣。《兼爱》三篇，非即人我相通之义乎！《墨子·兼爱上篇》以兼爱为仁道之本，欲使君臣、父子、兄弟、夫妇无不以爱相加，与《礼运》所论"不独亲其亲，不独子其子"者大约相符。而中篇之言曰："视人之国若视其国。视人之家若视其家。视人之身若视其身。"视人国若己国，即《礼运》"天下为公"义。视人家若己家，即《礼运》"不独亲其亲、子其子之义"。视人身若己身，即《礼运》"货不必藏于己、力不必为己"之义。此《墨子》"兼相爱，交相利"之说也。而下篇之旨，亦在于去彼我对待之词。其言曰："为其友之身若为其身。为其友之亲若为其亲。为人之都若为其都。"与中篇所言相合。虽耶教之视人如己不是过。特其说非大同之世不能行耳。汪容甫谓墨子言兼爱，意欲使国家慎守其封，而无虐邻之人民、畜产。此犹兼爱之狭意也。儒、墨所言，若合符节矣。如韩昌黎言"儒墨相为用"也。

道家者流，亦发明人我相通之义者也。观庄子作《齐物论篇》，废彼我对待之词。《庄子·齐物论篇》云："物无非彼，物无非是。"盖庄子之意，以为自我视彼，则我为我而彼为彼。自彼视我，则又我为彼而彼为我。所以明彼我之非定称也。《齐物论》又曰："彼出于是，是亦因彼。"盖庄子之意，以为人我之名皆由对待而生，无人则无我，即佛经所谓见人相、我相即是无人无我也。至于泯人我之界，则一切之是非俱泯矣。故庄子又言"彼亦一是非，此亦一是非"也。而视万物为一体，《齐物论篇》又云："天下莫大于秋毫之末，而泰山为小；莫寿于殇子，而彭祖为夭。天地与我并生，而万物与我一体。"此即佛教无彼此之旨。至物无彼此，则无大无小，无寿无夭，而对待之名词可去矣。盖《齐物论》欲齐一切之物论也，非以"齐物"二字名篇，而论字称为论说之论也。又《庄子·马蹄篇》亦多平等之精义，惜郭象未能发明之，而使精义归于湮没耳。与佛陀众生平等之旨，大抵相符。《法界无差别论》云："法界众生，中本无差别。"《相发菩提心论》云："菩萨大慈，无量无边，是故发心无有齐界、等众生界，譬如虚名，无不覆者。菩萨立心，亦复如此。"此即众生平等之征。众生平等，则无彼此之见存。故佛经又言：无人相，无我相，无众生相，无寿者相也。佛经又云：世人执彼物是彼物，执此物是此物。执性重者，彼此竟不能稍通。惟道人三藏轮空物无彼此。盖物无彼此则彼此若一矣。彼此合一，即《庄子》所谓"相忘为上"也。且佛家最精之义，在于不言无而言空。无为消极之词，则必有积极词为对待。空之为义，并无且无，何有于有？此犹代数之法正负相消也。正等于负则消，彼等于此则空。空则万法皆平等矣。此佛教所由泯公私之界也。考佛教之义，故近于庄、列。此由思想之同，东西一辙。非为佛书者袭庄、列之说也。道家而外，倡"山渊平"、"齐秦袭"者，厥有名家；"山渊平"、"齐秦袭"，此《庄子·天下篇》论惠施学派之言也。足证名家者流亦彼我之对待。倡贵公去私之论者，厥有杂家；《吕氏春秋》有《贵公》《去私》二篇，其理甚精。而《汉书·艺文志》列《吕氏春秋》于"杂家类"。倡"并耕"之说者，厥有农家，即许行之说是也。其说近于西人无政府主义。故力主共财之说。因共财而主"并耕"，此其说之近于平等者也。特昧于分功之义，致流入野蛮之自由。此孟子所由力斥其说也。皆发明大同学派者也。惟法家、纵横家排斥大同之说耳。法家、纵横家皆持国家主义、君权主义，故与世界主义相背而驰。

即此三端，足证周末鸿儒，竞言新理，耻袭前言。又周末学派有主张消极之论者，如老子是也，故其言"不尚贤，使民不争"；有倡为厌世之说者，如屈平是也，其词意具见于《离骚经》中。特前哲立言，发端引绪，发挥光大，责在后儒。而秦汉以降，学术出于一途。此由秦皇汉武之过。学士大夫，逞拘墟之见，类斥诸子为支离，致哲理之书，年湮代远，浸失其传。此岂周末诸子之罪哉？殆亦后儒之过矣！宋儒之罪尤甚。

文字学史序

近世鸿儒研覃小学、解析六书之义者，计数十家。而以江氏艮庭之说为最当。江氏之言曰："象形、指事、形声，文字之纲也；会意、转注、假借，由象形、指事、谐声而生者也。"其义见江氏《六书说》，文繁不具引。又江氏说转注，以五百四十部为建类之首，以凡某之属皆从某为同义相授。已开邵阳魏氏转注之说。其说与戴、段不同，段氏《说文注》云："六书者，文字、声音、义理之总汇也。有指事、象形、形声、会意，而字形尽于此矣。字各有音，而声音尽于此矣。有转注、假借，而字义尽于此矣。异字同义曰转注，异义同字曰假借，有转注而百字可一义矣，有假借而一字可数义也。"戴先生曰："指事、象形、形声、会意四者，字之体也。转注、假借二者，字之用也。"近世学者多信之，然其说不及江氏。若郑渔仲诸人之说亦非。为近世学者所排斥。岂知江氏之说，实足溯古人造字之源。

于何征之？于埃及、墨西哥之古文征之也。美人威尔巽之言曰，"埃及古文与他国殊，一为图解，二为符号，三为音声模拟。由图解易为符号，由符号易为音声。"见威氏所著《历史哲学》。其言曰："埃及之象形文字，非如他国排列代表音声之假名字而组织语者。其文字有三种特异：一图解上，二符号上，三音声模拟。"又曰："埃及国语盖如墨西古语，全借图解。由图解一变而为记号上，再变而为音声上，遂生今日三种特别文字矣。"中国文化与埃及同出于亚西。皆起于昆仑西坡，故埃及古帝之称号，其音亦近于伏羲者。故古代文字亦同出一源。观今埃及古碑全用篆形文字，与洪崖石刻同。象形者，即图解之谓也；指事者，即符号之谓也；形声者，即音声模拟之谓也。上古之时，未有字形，先有图画。观《世本》言"黄帝之世，史皇作图"。则中国图画甚古。又顾氏《日知录》云："古人图画皆指事为之。"故许君以"画成其物，随体诘屈"为象形。《说文·序》云："象形者，画成其物，随体诘屈，日月是也。"又中国文字出于巴比伦锲文。亦西儒说。见《支那文明史》。锲、契古通，如"锲刀"亦作"契刀"是。故文字古称书契。《易经》云："上古结绳而治，后世圣人易之以书契。"名曰书契，即出于锲文之谓。且八卦为锲文之鼻祖，而八卦之中，以乾、坤、坎、离为母卦。乾、坤、坎、离为母卦，而震、艮、巽、兑皆为子卦。见旧著《周易编》。乾、坤、坎、离之卦形，即天地水火之字形也，乾为天，其象为☰，与"天字"草书作"三"者同。坤为地，其象为☷，而《易经》坤字或为巛，即☷形之纵书者也。坎为水，其象为☵，而水字篆文作"𣱲"，即☵形之纵书者也。离为火，其象为☲，沈氏涛以为近古火字。其详见旧作《小学与社会学关系》篇。是为象形文字之祖，在日月山水之前。观殷高宗洪崖石刻文字皆象形。牛作牛形，马作马形，是象形之字至殷犹存。今此碑在贵州永宁州。若指事之体，虽以上下为权舆，《说文·序》云："指事者，视而可识，察而见意，上下是也。"然立形标物，与埃及符号相同。埃及符号以半月显日数，以椰树叶显年数。亦见《历史哲学》，谓埃及定日月由于太阳，复以椰树每年生枝也。而中国日月之月，复为年月之月，即以半月显日数之义也。"年"字从禾，以禾熟为一年，虞代名年曰载。"载"字从"车"，以巡狩每年一次也。商代名年曰祀，"祀"字训"祭"，以祭祀每年一次也。即以椰叶显年之义也。且据许氏《说文》之序观之，如画卦始于伏羲，结绳始于神农，造字始于黄帝。其言曰："古者庖牺氏之王天下，仰则观象于天，俯则观法于地。观鸟兽之文与地之宜，近取诸身，远取诸物，于是始作《易》八卦，以垂宪象。及神农氏结绳为治而统其事，庶业其繁，饰伪萌生。黄帝之史仓颉，见鸟兽蹄迹之形，知分理之可相异别也，初造书契。"盖物生有象，见僖十五年《左氏传》。表象始于画卦。知画卦即知象形。象而有滋，滋而有数，亦见僖十五年《左氏传》。记数始于结绳。知结绳即知指事。所谓"察而见意"也。故仓颉造书，以依类依类即指事也。象形者为文。是则六书起源，不外指事、象形二体。即埃及之图解、符号也。形声者，指物形以定字音者也。《说文·序》以"以事为名"为谐声。事也者，即事物之形也。名也者，名起于言，所以名一切事物也。言出于口，而音声以成。古代声起于形，即象形以定字音者也，如"日"字训"实"，"实""日"二字古字通。日形圆实，故即以"实"呼之。因"实"音而转为"日"。"月"训为"阙"，"月""阙"二字古字同，月形缺多圆少，故即以"缺"呼之，因"缺"音而转为"月"。又"山"字篆形为屾，象三峰矗立之形，故人即以"三"字呼之。"三""山"二字音近，故由"三"音转为"山"，则以古无定字之故也。若"水"字之声，亦因水声渐渐，其音近于"水"，"水"音读式轨切，即取水流之声，此义幽深，可为智者道，难与俗人言也。《历史哲学》亦曰："埃及象形文字中，以音声上为其固有之文字，亦从往古图解上之意义变化而成。"予谓中国文字亦复如此。凡每字之声无不象每字之形，所谓声起于形也。复起于义。定指事以即字音者也。故同义之字声必相近，如仪征阮氏《释门》数篇所发明之义是也。他证甚多，不具引。或以字音象物音，如"羊"字之音近于羊鸣，"雀"字之音近于雀鸣，"鹰"字之音近于鹰鸣，"鸦"字之音近于鸦鸣是也。见旧作《小学发微》。惟先具此物，乃锡此名。有名即有音。故形声次于指事，即许君所谓"形声相益谓之字"也。段氏谓形声指形声、会意二体言，然许君明言"形声相益谓之字"，则此专就形声一体言矣。有指事、象形者谓之文，有形声始谓之字，故指事、象形、形声为文字之纲。若会意、转注、假借三体，则象形为会意之纲，指事为转注之纲，形声为假借之纲。象有穷然后形会意，指事穷而后有转注，形声穷而后有假借。两形并列者为会意，《历史哲学》云："埃及国语第二之特异，为其名称附加于物体上之音声，若名称不显，以物体之图示之是也。假如谓舞蹈之人，则人为名称，舞蹈为动词。画人之图而附加舞蹈图。"予按此即中国会意之字也。中国有"僎"字，从"人"从"舞"，即画人而加以舞蹈形者也。又如"人""言"为

"信"，在上古时必画一人作欲语之形；若"位"字从"人"从"立"，必画一人直立之形；"伐"字从"人"从"戈"，必画一人荷戈之形。《说文·序》以"比类合谊"为会意。"比类合谊"者，即两形并列之谓也。又如"集"字从"鸟"从"木"，即鸟在木上之图也。"牢"字从"宀"从"牛"，即牛在屋下之图也。皆会意之出于图画者也。两字同意者为转注，《说文·序》以"察而见意"为指事。是指事以字意为主。而转注者则"建类一首，同意相受"之谓也。二字一意者为转注。而段氏又以转注为互训，盖质而言之，凡数字共指一事者，其意必同。意同之字，必可互相训释。如《尔雅·释诂》三篇是也。如江氏之说，则转注即部首，凡偏旁同者即为转注之字。不知古代之字，凡偏旁之字相近者，皆由字义相通。江说不如段说也。一音两用者为假借。《说文·序》以"本无其字，依声托事"者为假借。盖古代字少，故假借之始，始于本无其义，如以"号令"之"令"读为"县令"之"令"，"长远"之"长"读为"长正"之"长"，是也。厥后各有本义，取同声之字相通用，与假借稍殊。然二字通用之由，则以同声之字义必相同，故自有假借而同形、同声之字由本字假为借字矣。故曰一音二用也。指事、象形、形声者，文字之本原也。会意、转注、假借者，文字之作用也。六书之例，备于此矣。

　　特洪荒之世，民智初萌，故观察事物，知具体不知抽象，而言词单简，亦与后世迥殊。西儒告尔敦曰："达马拉人举数，以左手撮右手之指计之，故其数至五而止。"见日本岸本能武太《社会学》所引用。予观中国文字：五字以下，咸有古文，六字以上，咸无古文，是古人以五为止数也。其证见旧作《小学与社会学之关系》。又如中国之言数也，率多至五而止，如五声、五色、五味、五行之类，亦其证也。此由于古人不能离实物而言数。日本岸氏《社会学》曰："文明幼童与野蛮近，欲言赤色则言金鱼，欲言黑色则言薪炭。"予观中邦古籍，五色之字咸有代名。曰铁、曰墨，如《月令》驾铁骊，即黑色之马也。又如墨缁、墨儿犹言黑缁黑儿也。皆黑字之代名也；曰金、曰华，见王氏《春秋名字解诂》"晋羊舌赤字伯华"条。皆黄字之代名也。他如校字、騩字为青色之代名。駁、骊、騢、瑕、缜、璊六字为赤色之代名，权字、蠸字为黄色之代名，翰、骆各字为白色之代名，纯阴各字为黑色之代名，咸见王氏《经义述闻》"五色之名"条。是古人不知离物言象之确证。岸氏《社会学》又云："小儿言一狗一狸，其近于抽象者，曰'吾家之黄者'，曰'邻家之白者'云耳。"予按李太白诗有云："小时不识月，呼作白玉盘。"亦不能舍物言象之证也。且即古代之文字言之，自父而上之皆曰祖，如《书·微子之命》言"乃祖成汤"是也。是古人不知区世系远近而别称以名。自子而下之皆曰孙，如《诗》"后稷之孙，实惟太王"，"周公之孙，庄公之子"是也。狩猎耕稼咸称为田，如田猎、田畴之类是。见旧作《小学与社会学之关系》。**市府国家咸称为邑**，亦见旧作《小学与社会学之关系》。则以草昧之初，民群暗昧，如凡女皆称为妇，凡有职者皆称为君，亦此类也。余不具引。**事物虽殊，名词未别。**岸氏《社会学》又云："原人观念范围限于五官所触。"予观《说文》"尺"字下云："人手却十分动脉为寸口，十寸为尺。"又曰："周制：寸、尺、咫、寻、常、仞，诸度量，皆以人之体为法。"是观念范围限于五官之确证也。与英人《俄属游记》所载布哈耳用尺法相同。故言文单纯，非若后世之字各一义也。

要而论之：言文未具之前，两间事物必审形而知其义，审义而锡以名，所谓形先而音后也。言文既具之后，则必即名以穷其义，即义而求其形，所谓音先而义后也。故三皇之世无文，见《孝经纬援神契》。行封禅者七十君，铭功勒石，亦大抵苗族之言文。钱塘夏氏以封禅七十二家，苗族必居大半，其名字非吾族方言所固有。及仓颉造书，后世称为古文，《说文》所引古文皆仓颉所造之字。然五帝三皇之世，已改易殊体。见许氏《说文·序》。又以古代之民，方言各殊。及文字既兴，各本方言造文字，见《文章原始》。言文之淆，自此始矣。

成周初兴，保氏以六书为教。《周礼》："保氏教国子六艺，五曰六书。"而《内则》亦曰"十岁学书计"。而《尔雅》一书，诠释字义，以类相属，由综合而知归纳，《尔雅》一书，以字义为主。故《释训》《释言》《释诂》三篇，大抵不外乎转注所为互训也。然《释训》一篇，有合主词所谓词缀系词而成句者，如"反曲者为罶"，"鬼之为言归也"是也。《释宫》以下用此法者尤多。大抵《释诂》以下皆用归纳法，所谓数字一义也；《释宫》以下皆用缀系法，所谓一物一名也。故观于《尔雅》一书，知周代之时，观察事物不独明抽象之法，抑且明综合之法。可以知当时人民之进化矣。故周公以为诏民，史佚以之教子。及宣王之时，史籀易古文为大篆，而字体以更。《说文·序》云："及宣王太史籀著大篆十五篇，与古文式异。"复著书十五篇，分别部居，有条不紊，实启后世史篇之祖。《史籀》十五篇至汉犹存，见《艺文志》。其体式大约同后世之史篇，以物类立子目，每篇之中，句各有韵，每句之中，有一定之字数，每章之中，有一定之句数，与《仓颉篇》相同。故小学昌明，而卿士大夫咸能式于古训。《诗》言"古训是式"，指仲山甫言也。钱氏竹汀指为古人通小学之证。

东周以降，虽故训式微，然公卿民庶咸尚考文。如《左传》所载楚庄王言"于文止戈为武"，伯宗言"故文反正为乏"，秦医言"皿虫为蛊"，师服言"嘉耦曰妃，怨耦曰仇"，是当时之人咸明造字之义。足证六书之学，春秋之时尚未尽沦。**著之简策者谓之文。**如《论语》言"史阙文"、《中庸》言"书同文"之类。顾亭林曰："三代以上，言文不言字。"**宣之语言者谓之名。**见《论理学史序》。特当此之时，诸侯各邦，文各异形，致言文未能画一。此意得证甚多。同义同声之字，形各不同，如"委蛇"或作"委佗"，或作"逶迤"，或作"逶夷"，或作"威移"。又如"佑"、"祐"、"右"三字一也。在《书》为"佑"，在《易》为"祐"，在《诗》为"右"。"惟"、"维"、"唯"三字一也。在《书》为"惟"，在《诗》为"维"，在《易》为"唯"。推之四家之诗，字各不同。《春秋》三传，其经字各自不同。其证一。周代钟鼎之存于今者，约载于阮氏《钟鼎款识》。而钟鼎之中，往往同用一字，而字之形象则此器与彼器不同，是各国有各国文字。其证二。"师"、"燔"二字，为楚国方言，而见于《左传》；"登"、"都"等字为齐国方言，而见于《公羊》；"央"字为关中方言，故见于《秦诗》《周诗》；"些"字为南方方言，故见于屈宋《楚词》。此皆以方言入文字者也。其证三。盖言文各殊之由，一因五帝三王之世改易字体，一因诸侯各邦各本其方言造文字，故各国之中皆有特别之文字也。洪容斋《五笔》以春秋所载，各人名字不以何国，大抵皆同，得证数十条，以证三代之世书皆同文，似未足尽信也。儒家者流，想象同文之盛，故《中庸》言"书同文"也。既以雅言宣之口，《论语》："子所雅言，《诗》《书》、执礼，皆雅言也。"仪征阮氏、宝应刘氏咸以雅言为今官话，《尔雅》者，音之近于雅音者也，其说最确。盖儒家者流，皆用雅言垂教。故荀子亦曰"楚人肄楚，君子肄夏。"夏亦雅言也。复以古文笔之书，《说文·序》云："至孔子书《六经》，左丘明述《春秋传》，皆以古文。"是孔子之著书咸用仓颉之古文也。汉初藏于鲁壁之经书皆古文也。诚以非雅言不能读古文也。《大戴礼记》孔子告哀公曰："尔雅以观于古，足以辩言矣。"《尔雅》者，方言之近于官话者也。《尔雅》以观于古"即以雅言读古文也。故《汉·艺文志》曰："古文读应尔雅。"即此义也。且孔子之考文也，说字形，如一贯三为王。推十合一为士。八象人胻之形，故诘屈。酉可为酒，从禾入水。牛羊之字，以形举视。犬之字如画狗。皆孔子之说字形者。而穷字音，如"乌，盱呼也，取其助气，故以为乌呼"，"狗，叩也，叩气吠以守。"粟之为言续也。貉之为言恶也。皆孔子之说字声者也。小学家言奉为圭臬。儒家而外，若老子之释"希""夷"，《老子》曰："视之不见，名曰夷。听之不闻，名曰希。搏之不得，名曰微。"乃道家之解字也；韩非之解"公""私"，《韩子》曰："自营曰私，背私为公。"《说文》亦引之。乃法家之释字也。李斯作《仓颉篇》亦法家明小学之证。推之墨家、名家，盛言名理，而解字析词之用，亦隐寓其中。见《论理学史序》。是则遵修旧文，贯通字学，实为诸子之所同矣。及秦定天下，采儒家同文之说，罢黜天下之异文，《史记》始皇二十六年："书同文字"。《说文·序》亦曰："秦兼天下，李斯奏罢其不与秦文合者。"而小篆、隶书之体，亦至此而兴。

秦汉以降，小学日沦。惟许君《说文》，据形系联，条牵理贯，使古代六书之精义赖以仅存。此近代说经诸儒所由以《说文》为小学津筏也。

文章学史序

言以足志，文以足言。文章者，所以抒己意所欲言而宣之于外者也。草昧之初，天事人事，相为表里。故上古之文，其用有二：一曰抒己意以示人；有由上命下之词，则为诏令；有由下告上之词，则为奏疏；有同辈相告之词，则为书启尺牍。一曰宣己意以达神。以人告神，则为祝文、谏辞；其人已死，以文记人，则为墓铭、行状、碑志，其类甚多。则周末得文章正传者，仅墨家、纵横家二家而已。何则？墨家出于清庙之守，《汉志》云："墨家者流，盖出于清庙之守。"又曰："宗祀严父，是以右鬼。"则工于祷祈；纵横家出于行人之官，《汉志》云："纵横者流，盖出于行人之官。"又曰："当权事制宜，受命而不受词，此其所长也。"则工于辞令。

吾观成周之制，宗伯掌邦礼，于宗庙鬼神之典，叙述尤详；而礼官协辅宗伯者，于祭祀之典，咸有专司，如巫、史、祝、卜是也。试观《周礼》，太祝掌六祈以司鬼神，一曰类，二曰造，三曰禬，四曰禜，五曰攻，六曰说。攻、说者，即冥氏所谓"以攻、说禬之也"，盖亦古人祀神告神之文。故六词之中，其五曰祷。即后世祭文之祖也。如汉昭烈《祭告天地文》、董仲舒《祀日食文》、傅毅《祈高阙文》是也。又考《礼》所载"土反其宅"四语，即古代之祝文。太祝掌六祝之词，一曰顺祝。郑云："顺祝，顺记丰年也。"此即古人祈谷之文也。殷史辛甲作《虞箴》以箴王缺，见《左传》襄四年。即后世官箴之祖也。又太祝所掌六词，命居其次，谏殿其终。命也者，后世哀册之祖也；惠氏《礼说》引《春秋》"王锡桓公命"、"追命卫襄公"，以证太祝之命即今哀册，其说是也。谏也者，后世行状、谏文之祖也。《说文》"谏，谥也。"累列生时行迹读之，以作"谥"者。《论语》皇疏云："谏，今之行状也。"又《太史职》云："遣之日，读谏。"是太祝掌作谏，太史则掌读谏也。颂列六义之一，"以成功告于神明"，见《诗大序》，故三《颂》多祭祀之诗。屈平《九歌》其遗制也。《九歌》为楚国祀神之乐章。铭为勒器之词，以称扬先祖功烈，见《礼·祭统》。汉魏墓铭，其变体也。古代鼎铭，表章祖德，称美不称恶，与后世墓铭同，且同为韵文，故知墓铭出于鼎铭。且古重卜筮，咸有繇词，见《左传》者数十事。遂启《易林》《太玄》之体；古重盟诅，咸有誓诰，遂开《绝秦》《诅楚》之先。况古代祝宗之官，类能辨姓氏之源，以率遵旧典，见《国语·楚语》观射父对昭王言，论巫祝宗三官之职最详。由是后世有传志、以文传人。叙记以文记事。之文；德刑礼义记于史官，见《左传》僖七年，余见《周礼》《太史》《小史》。由是后世有典志之文。以文记故制旧典。

文章流别，夫岂无征？又考太祝掌六词，三曰诰，四曰会。王伯厚谓诰即典诰，王伯申读会为话，即告戒下民之词。又太史：凡命诸侯及孤卿大夫，则策命之。是古代诰令、册文，亦掌于祝史。又师旷云"史陈书"，即奏疏之祖也。抑又考之成周之世，礼官之职最崇；殷代礼官之职尤重。册祝告神者，史官之职也；见《尚书·金縢篇》。御王册者，太史之职也。见《尚书·顾命篇》。而巫祝之官，亦大抵工于词令。楚观射父论巫觋曰："其智能上下鬼神。"黄氏以周曰："谓巫祝善词令，能比上下以荐信于鬼神也。"此巫必善词之证也。又观《易·序卦》传"兑为口舌，复为巫、为少女。"盖为巫者，能以口舌擅长，而为巫者多少女，故并取象于兑也。《说文》云："兑，说也。从人，合声。"虞翻注《周易·大有卦》曰："口助者，祝之职也。"上文云《大有》上卦为兑，兑为口，口助称祐。此祝必工文之证也。《说文》"祝"字下云："祭主赞词者。从示，从人口，一曰从兑，省声，兑为口为巫。"此亦祝必工文之确证。又《说文》"词"字下云："多文词也。"亦祭祀崇尚文词之确证也。东周以降，祭礼未沦，故陈信鬼神无愧词者，随会之祝史也。《左传》昭二十年。能上下说乎鬼神者，"说"，读为"游说"之"说"。楚王之左史也。《国语·楚语下》。推之范文虞灾，则祝宗为之祈死；《左传》成十七年。随侯失德，则祝史兼用矫词。《左传》桓六年。盖周代司祭之官，多娴文学，郑氏注《周礼》凡有"神仕"者云："男巫有学问才智者也。"此祭官多娴文学之证。与印度婆罗门同，故修词之术，克擅厥长。墨家之学，远宗史佚，见《汉·艺文志》。复私淑史角所传。见《吕氏春秋·当染篇》中。史为宗伯之属官，与巫卜、祝宗并列。试观墨翟所为书，于巫卜、祝宗之职，记载甚详，《明鬼篇》云："必择国之父兄慈孝贞良者，以为祝宗。"《迎敌祠篇》云："灵巫或祷也，给牺牲，必敬神之，巫卜、祝史乃告于四望山川社稷，祝史舍于社，社史宗人告社。"余详《号令篇》。盖既溯礼官之职守，必征礼典之仪文，于哀诔则溯其源，《鲁问篇》云："诔者，道死人之志也。"于宪典则明其用，《非命上篇》云："先王之书，所以出国家、以布施于百姓者，宪也。"又引成汤告天之词，《兼爱下篇》引汤说之词，即"唯小子履"一节，复释之曰："汤不惮以身为牺牲，以词说于上帝鬼神。"而《吕氏春秋》复引此文，以为汤祷桑林之文，伪《汤誓》用之。以证古帝祀神之恪。是则墨家之学，敬天明鬼之学也；墨家之文，亦敬天明鬼之文也。故书中多言及鬼神宗庙。且《经术》诸篇，正名析词，不愧名家之祖，故墨家之徒，以坚白、异同相訾。余详《晋书·鲁胜传》中。持论必加驳诘，如非杨朱、非儒术是。立说必主至坚，《贵义篇》：曰"以其言非吾言者，是犹以卵投石也。"辩言正词，远迈儒书之上，而谨严简直，不尚侈靡。尤近《商书》。如《盘庚》《微子之命》诸篇，皆墨子文体所出。此周末文体之一大派也。

　　若纵横之学,《班志》谓其"出于行人",今考《周礼·秋官》,凡奉使典谒之职,主于大小行人。司仪、象胥诸官,皆典谒四方之宾客者也;又有环人、掌客、掌讶诸官。行夫掌交诸官,皆奉使四方之地者也。纵横即东西南北之义,故奉使四方者曰纵横。然协词命者属行人,读誓禁者属讶士,则使臣之职,首重修辞。且小行人之官,周悉万民利害,勒之书册,以反命天王,见《周礼·小行人》之职。乃文之施于敷奏者也。后世表、章、笺、启、本之。凡文之由下而达于上者,皆属此类。掌交之官,巡邦国诸侯,以及万民之聚,谕以天王之德义,以亲睦四方,见《周礼·掌交》之职。乃文之施于谕令者也。又掌交"达万民之说",则又施于敷奏之文,犹《王制》所言"太师陈诗,观民风,命市纳价,以观民之所好恶"也。后世诰、敕、诏、命本之。凡文之由朝而宣于野者,皆属此类。象胥之官,掌传王言于夷使,使之谕说和亲,入宾之岁,则协礼以传词。见《周礼·掌胥》及《礼记·王制》。此文之施于通译者也。后世国书、封册本之。凡文之由内而播于外者,皆属此类。况当此之时,王惠诸侯,使车旁迮,赙补有辞,赒委有辞,犒襘有辞,庆贺有辞,哀吊有辞。《小行人》云:"若国札丧,则令赙补之;使国内凶荒,则令赒委之;若国师设,则令犒襘之,若国有福事,则令庆贺之;若国有祸灾,则令哀吊之;若臣既出,则必致辞于列国矣。而诸侯各邦,咸行朝觐、聘问之礼,由是有劳使之辞。《司仪》曰:"问君,客再拜对。"又曰:"君劳客,客再拜稽首。"郑玄亦云:"劳者东不致命于乡宾。"有致殡之词,贾公彦曰:"致馆有束帛,致殡空以词,致君命无束帛。"有交摈之词。见《聘礼》。故《聘礼》言辞达,《聘礼》云:"辞多则史,少则不达。"《论语》亦言辞达,乃行人应对之词也。《左传》言为辞,襄三十一年。《论语》则言为命,乃行人简牍之辞也。若诸侯不供王职,则王使责言,由是有文告之辞,有威让之令,见《国语·周语》。羽书,军檄,此其滥觞。若诸侯乃心王室,则王使下临,由是有赏功之典,有赐祚之仪,如命宰孔赐齐祚,命叔兴赐晋霸是。册文玺书,此其嚆矢。东周以还,行人承命,咸以辞令相高,见于《左传》《国语》者凡数百十事。惟娴习文辞,斯克受行人之寄,所谓"非文词不为功"也。若行人失辞,斯为辱国。故言语之才,于斯为盛。复因行人之奉使四方也,由是习行人之言者,即以纵横名其学。载于《汉志》者十二家,今皆莫存,其所存者,惟《鬼谷子》一书。试究其指归,或以《捭阖》《转丸》为名,《捭阖篇》云:"捭之者,开也,言也,阳也。阖之者,闭也,默也,阴也。"《转丸篇》久亡。《本经阴符七术》篇屡言"转圆"。孙渊如曰:"疑即'转丸'。《文心雕龙·论说篇》云:

'转丸以逞其巧词'。"或以摩意、揣情为说，《揣篇》《摩篇》，《御览》引作《揣情篇》《摩意篇》。《史记·索隐》亦引王邵之说，以《揣情》《摩意》为《鬼谷》之二章。非惟应变之良谋，抑亦修辞之要指。如老泉之文出于《捭阖》，东坡之文近于《转丸》，柳文、韩诗则皆有得于《揣》《摩》。虽抵巇飞钳，《鬼谷子》有《抵巇篇》，复有《飞钳篇》。说邻险谲，然立说之意，首重论文。如《揣摩篇》，此揣情饰言成文章而后论之也。《权篇》云："繁称文词者，博也。"此《鬼谷子》论文之确证。故苏秦、张仪得其绪论，见《史记·苏秦张仪列传》。而《汉志》纵横家亦首列苏秦书，继列张仪书。并为纵横之雄，苏秦之简练揣摩，即诵文笃志之证也；刺股书掌，即苦心习文之证也。而战国之文，犹得古代行人之遗意。如《战国策》所载是也。西汉初兴，若蒯通、邹阳、主父偃之伦，咸习纵横之术；《汉志》纵横家中有《蒯子》五篇，《邹阳》七篇，《主父偃》二十八篇，又有《徐乐》一篇，《庄安》一篇。虽遗文莫考，然列传所载文笔，犹可想见其大凡。蒯通之语见《韩信传》及《田儋传》，邹阳《上梁王书》、主父偃《谏伐匈奴书》，咸列于本传；而徐乐、庄安《言世务书》亦附载焉。此纵横家必工文词之证也。盖周秦以前，应对最繁，而简牍亦具；《文心雕龙·书记篇》云："三代政暇，文翰颇疏；春秋聘繁，书介尤盛。"又："行人挈辞，多被翰墨。"汉魏以后，应对较省，而简牍益增。《史通·言语篇》云："逮汉、魏以降，周、隋而往，世皆尚文，时无专对。运筹画策，自具于章表；献可替否，总归于笔札。"推论由言论转为文词甚确。故工文之士，学术或近于纵横；如房玄龄深识机宜，马周长于机变，魏徵少学纵横。然房长于书檄，马长于敷奏，魏长于谏议。奉使之臣，词翰见珍于绝域。如陆贾之流，以辩士使绝域。而六朝以降，凡奉使通好之臣，皆以文才相高，即将命于外夷者，亦以文学为重。见《北史·李谐传》及《旧唐书·新罗传》。即北宋使契丹之臣，亦以文学优长者充其选。雍容华国，不愧德音。然应对简牍之词，莫不导源于周末，则纵横之学亦周末文体之一大派矣。词赋诗歌亦出于行人之官，厥证甚多。予别有文以论之。

　　要而论之，墨家之文尚质，纵横家之文尚华；墨家之文以理为主，纵横之文以词为主。故春秋战国之文，凡以明道阐理为主者，如《荀子》《吕氏春秋》是。皆文之近于墨家者也；以论事聘辞为主者，如《国语》《国策》《左传》及《孟子》之类是。皆文之近于纵横者也。若阴阳、儒、道、名、法，其学术咸出史官，见《古学出于史官篇》。[1] 与墨家同归殊途，虽文体各自成家，然悉奉史官为矩矱。后世文章之士，亦取法各殊，然溯文体之起源，则皆墨家、纵横家之派别也。故论其大旨著于篇。

---

　　[1]　原载《国粹学报》第一期。

南北学派不同论[*]
（1905）

总　论

　　中国群山发源葱岭，蜿蜒而东趋，黄河以北为北干，江河之间为中干，大江以南为南干。盖两山之间必有川，则两川之间亦必有山。中国古代，舟车之利甫兴而交通未广，故人民轻去其乡，狉狉榛榛，或老死不相往来。《礼记·王制篇》有云，广谷大川，民生其间者异俗。盖五方地气有寒暑燥湿之不齐，故民群之习尚悉随其风土为转移。观《史记·货殖传》《汉书·地理志》以及王船山《黄书·宰制篇》可见。俗字从人，由于在下者之嗜欲也。《王制》曰：中国戎蛮五方之民皆有性也，不可推移。即俗字的解。又俗字从谷，欲字亦从谷，则以广谷大川民生其间者异制之故也。风字训教，《诗大序》云：风，讽也，教也。此其证。由于在上者之教化也。《诗大序》云：上以风化下。而古代大师有陈诗观风之典。

　　汉族初兴，肇基西土，沿黄河以达北方，故古帝宅居悉在黄河南北。厥后战胜苗族，启辟南方，秦汉以还，闽越之疆始为汉土。故三代之时，学术兴于北方，而大江以南无学。魏晋以后，南方之地学术日昌，致北方学者反瞠乎其后。其故何哉？盖并青雍豫古称中原，文物声名洋溢蛮貊，而江淮以南则为苗蛮之窟宅。及五胡构乱，元魏凭陵，戎马南来，胡氛暗天，河北关中沦为左衽，积时既久，民习于夷，而中原甲姓避乱南迁，冠带之民萃居江表，流风所被，文化日滋，其故一也。又古代之时，北方之地水利普兴，殷富之区多沿河水，故交通日启，文

　　* 原刊《国粹学报》第 2、6、7、9 期，1905 年 3 月 25 日至 10 月 18 日出版，署名刘光汉；收入钱玄同等编《刘申叔先生遗书》，民国二十五年宁武南氏排印。

学易输。水道交通有数益焉，输入外邦之文学，士之益也；本国物产输入外邦，商之益也；船舶交通朝发夕至，行旅之益也；膏腴之壤资为灌溉，农之益也。故越南澜沧江、印度恒河、印度河、埃及尼罗河、美国米希失必河，皆为古今来商业发达之地。后世以降，北方水道淤为民田，如河南山东古代各水道今皆不存，惟有故道耳。而荆吴楚蜀之间，得长江之灌输，人文蔚起，迄于南海不衰，其故二也。故就近代之学术观之，则北逊于南，而就古代之学术观之，则南逊于北，盖北方之地乃学术发源之区也。试即南北学派之不同者考之。

南北诸子学不同论

东周以降，学术日昌，然南北学者立术各殊，南方学派起于长江附近者也，而北方学派则起于黄河附近者也。以江河为界划，而学术所被复以山国泽国为区分。山国泽国四字，见《周礼·掌节》。山国之地，地土硗瘠，阻于交通，故民之生其间者，崇尚实际，修身力行，有坚忍不拔之风。泽国之地，土壤膏腴，便于交通，故民之生其间者崇尚虚无，活泼进取，有遗世特立之风。此说本之那特硁《政治学》诸书。故学术互异，悉由民习之不同。如齐国背山临海，与大秦同，即罗马国。故管子、田骈之学以法家之实际而参以道家之虚无，田骈、慎到皆法家而尚清净，管子亦为法家而著《白心》诸篇。若邹衍之谈瀛海，则又活泼进取之证也。由于齐地近地有海舶之交通，故邹衍得闻此说。西秦三晋之地，山岳环列，其民任侠为奸，雕悍少虑，见《汉书·地理志》。故法家者流起源于此，如申不害。韩非子。商君是也。申不害、韩非皆韩人，商君为卫人，而李悝亦为魏人，尸子为商君师。盖国多奸民，非法不足以示威，峻法严刑岂得已乎。鲁秉周公之典则，习于缛礼繁文，苏子由《商论》已有此说。故儒家亲亲尊尊之说得而中之。宋承殷人事鬼之俗，民习于愚，故庄子言野人负昕，梦蕉得鹿，制不龟之药，皆曰宋人。而孟子之言揠苗也，亦言宋人，盖宋人当战国时，其民最愚，故诸子以宋人为愚人之代表也。故墨子尊天明鬼之说得而中之。又按《汉书·地理志》，言宋地重厚好蓄藏，即墨子节葬节用说所出。俞理初有《墨学论》以墨学为宋学。盖山国之民，修身力行则近于儒，坚忍不拔则近墨，此北方之学所由发源于山国之地也。

楚国之壤，北有江汉，南有潇湘，地为泽国，故老子之学起于其间。从其说者大抵遗弃尘世，渺视宇宙，如庄、列是也。以自然为主，以谦逊为宗，《中庸》曰：宽柔以教，不报无道，南方之强也。如接舆、沮溺之避世，许行之并耕，此即由老子"归真反朴"而生者。宋玉、屈平之厌世，《楚词》言"远游"，言"指西海以为期"，言"登阆风而绁马"，虽为寓言，然足证荆楚民俗之活泼进取矣。溯其起源，悉为老聃之支派，此南方之学所由发源于泽国之地也。由是言之，学术因地而殊，益可见矣。

厥后交通频繁，北学由北而输南，南学由南而输北。孔学起源于东鲁，自子夏设教西河，而儒学渐被于河朔，故魏文重其书，荀卿赵人。传其学，三晋之士盖彬彬矣。然秦关以西为儒术未行之地，则以民群朴质，与儒家崇尚礼文者不同。又当此之时，子羽居楚，子游适吴，儒教渐被于南，然流传未普，观陈良北学中国，得孔子之传，而其徒陈相卒倡并耕之说，非孔学不宜于泽国之证哉？法学起于三晋，及商君、韩非入秦，其学遂行于雍土，则以关中民俗与三晋同，非法不克治国也。墨学虽起于宋，然北至晋秦，如《吕览》言墨子、钜子事秦王犯罪是。南至郑楚，故庄子言南方之墨者。皆为墨学所流行，即孟子所谓其言遍天下也。老学起源荆楚，然学派所行，仅及宋郑，庄子宋人，列子郑人。偶行于北，辄与北学相融，故韩非、慎到之流合黄老刑名为一派，非老学不宜于山国之证哉？乃后儒考诸子学术者，只知征子书之派别，不识溯诸子之源流。此诸子之道所由日晦也，惜夫！

南北经学不同论

经术萌芽于西汉，诸儒各守遗经，用则施世，舍则传徒，一经有一经之家法。家法者，即师说之谓也。至于东汉，士习其学，各守师承，而集其大成者实为郑康成氏。特当此之时，经生崛起于河北，江淮以南治经者鲜。三国之时，经师林立，而南人之说经者有虞翻、包咸、韦昭，然师法相承仍沿北派。又当此之时，有杜预、王肃、王弼诸人，亦大抵北人。以义理说经，与汉儒训诂章句学不同。魏晋以降，义疏之体起，而所宗之说，南北不同。北儒学崇实际，喜以训诂章句说经。南人学尚夸夸，喜以义理说经。《魏书·儒林传》之言曰：汉代郑玄并为众经注，服虔、何休各有所说，玄《易》《书》《礼》《论语》《孝经》，虔《左氏春秋》，休《公羊传》，盛行于河北，王弼《易》亦间行焉。旧作王肃注。由是言之，北方经术乃守东汉经师之家法者也。又《隋书·儒林传》叙云，南北所治章句，好尚互有不同，江左《周易》则王辅嗣，《尚书》则孔安国，《左传》则杜元凯，河洛《左传》则服子慎，《尚书》

《周易》则郑康成，《诗》则并主于毛公，《礼》则同遵乎郑氏，惟不言何休《公羊》。南人约简得其精华，北学深芜穷其支叶。河洛即北方，江左即南方。是南方经术乃沿魏晋经师之新义者也。盖北方大儒抱残守阙，不尚空言，耻谈新理，自徐遵明倡明郑学，以《周易》《尚书》教授，《北齐书·儒林传叙》云，经学诸生出自魏末大儒徐遵明门下，遵明讲郑康成所注《周易》以传卢景裕及崔瑾。又云《尚书》之业徐遵明兼通之，授李周仁等，并郑康成所注，非古文也。旁及服氏《春秋》。《北齐·儒林传叙》云：河北诸儒能通《春秋》者并服子慎所述，亦出徐生之门。徐氏而外，习《毛诗》者有王基，见《诗疏》所引。习"三礼"者有熊安生，见《周书》。莫不抑王而伸郑，此北方郑学所由大行也。

江左自永嘉构祸，古学消亡，见《经典释文》，魏、隋《儒林传》叙文中。故说经之徒喜言新理。厥后王弼《易》学行于青、豫，《北齐书》云，河南及青徐之间儒生多讲王辅嗣《周易》，师训盖寡。费甝《书疏》传入北方，《北齐书》云：北方诸生略不见孔氏注解，自刘光伯、刘士元得费甝疏，乃留意焉。而南学由南输北矣。崔灵恩著《左氏条义》，伸服难杜，《梁书·崔灵恩传》：先习《左传》服解，不为江东所行，乃改说杜义，常申服难杜，著《左氏条解》以明之。陆澄议置《易》国学，王郑并崇，《南齐书·陆澄传》云，国学议置郑王《易》，澄谓，王弼玄学所宗，郑亦不可废。推之戚衮授书元绍，授北方《仪礼》《礼记》疏于刘元绍，见《陈书》。严植之私淑康成，治郑氏《礼》《周易》《毛诗》，见《梁书》。而北学由北输南矣。观李业兴使梁辩论经义，分析南北，见《魏书·李业兴传》，如答箫衍问儒玄，答朱异问南郊，皆辟玄伸儒，辟王伸郑。非南北经学不同之确征哉？及贞观定五经义疏，南学盛行而北学遂湮没不彰矣。如《周易》用王弼注，《尚书》用伪孔传，《左传》用杜预注，皆南学而非北学也。悲夫！

南北理学不同论

自周末以来，道家学术起于南方，迨及东晋六朝，南方学者崇尚虚无，祖述庄老以大畅玄风。又南方之疆与赤道近，稽其轨道与天竺同，中国南方之地在赤道北二十度至三十度之间，印度北部亦然，故学术相近。自达摩入中国，以明心见性立教，不立文字，别立禅宗，大江以南有昭明太子、刘灵预、陆法和咸崇其说，由唐至宋流风不衰，北宋之初有杨亿、杨杰、张平叔，皆信禅宗。故南方之学术皆老释之别派也。

北宋以来，南北名儒竞以理学相标尚，然开其先者实惟濂溪周子。

濂溪崛起湘粤，道州人。受学陈抟，著《太极图说》，并著《通书》四十篇，以易简为宗，《通书》第六篇曰：天地岂不易简，岂为难知。以自然为主，如《通书》第十篇①言"顺化"，三十五篇言"拟议"及二十三篇称"颜子"是。以无言垂教，见《圣蕴》《精蕴》两篇。以主静为归，如《通书》《圣学》《慎动》两篇是，又《圣学》篇曰，一为要，即老氏抱一之旨。虽缘饰《中庸》《大易》，然溯厥渊源，咸为道家之绪论。故知几通神，见《通书》《诚几德篇》、《圣蕴篇》、《思篇》、《动静篇》、《乾损益篇》。即老氏赞玄之说也，存诚周子之言诚，即言静也，见《诚上》《诚下》两篇中。窒欲，《圣学篇》曰无欲则静。即庄生复性之说也。是为南方学派之正宗。及河南二程受业濂溪，复性之说也。是为南方学派之正宗。及河南二程受业濂溪，复参考王通、韩愈、孙复之言，故南学北学两派相融。今观二程遗书以格物为始基，如明道言"论学必要明理"，伊川言"今人杂信鬼怪只是不烛理"，言"凡一物须先穷致其理"，言"一草一木有理可格"是。以仁道为总归，如二程以仁统礼义智，而明道《识仁说》、《伊川语录》答论仁数条亦言之。涵养必先主敬，如伊川言"人道莫如敬"，言"敬是涵养"，言"主一之谓敬"是。进学必在致知。如明道言"学以知为本"，而伊川亦言"学先于致知"。即言诚言静亦稍异于濂溪，如明道言诚必兼言敬，伊川亦言不可把虚静唤做敬。而持躬严谨尤近儒家。然以天理为绝对之词，明道言天理二字由己体贴出来，而《语录》"寂然不动"条、"尽心知性"条、"视听思虑"条以及《伊川语录》"性即理"条、"心有善恶"条，皆以天理为绝对之词，此即道家太空之说。致涵养之弊流为观心，如明道言洗心藏密，言洒扫应对便是形上，言悟则句句皆是为理，伊川言心是贯澈上下看，言只有所向便是欲是也。盖二程植躬整齐严肃，故提撕收敛，至以静坐为工夫，其弊则流为观心，此闭邪窒欲太过之故也。进学之余易为废学，如明道言恍然神悟不是智力，以谢上蔡读书为玩物丧志，伊川言理会文意者滞泥不通，言作文害道，已启陆王学派之先。而乐天知命，如明道言茂叔使之寻孔颜乐事，以及伊川答鲜于侁之问皆是。知化穷神，如明道言默而识之，伊川论屈伸往来是。尤与濂溪学术相合。盖南学渐杂北学矣。故程门弟子立说，多近于禅宗。如游酢、杨时、吕微仲、邢和叔入于禅，皆见二程语录，而程伊川至涪，归叹曰，学者皆流入异端矣。盖二程学术虚实兼尚，故弟子多学其虚空一派，渐与禅学相融。横渠崛起关中，由二程而私淑濂溪。故书中多称濂溪。然关中之民敦厚崇礼，故横渠施教亦以礼乐为归，如《正蒙》三十篇，《王禘篇》之言礼，《乐器篇》之言乐是也。旁澈象纬律历之术，如《参两篇》、《天道篇》

---

① 编者注：应为"第十一篇"。

是。于名数质力之学，咸契其微，《正蒙》一书多几何之理，如言"两不灭则一不可见"诸条是也。且知地球之说。与阴阳家相近。其学多出邹衍。此皆北学之菁英也。然立说之旨，不外知性知天穷鬼神之术，见《天道篇》。明生死之源，见《天道篇》。"动物"，出于庄列。上溯太极太虚之始，见《天道篇》、《神化篇》，其说亦出于《列子》中。此知天之学也。居敬穷理，见《大心篇》中。由诚入明，见《诚明篇》。以求至正大中之极，见《中正篇》。此知性之学也。极深研几，间符《大易》，惟存心至公，流为无欲，如张子言，无所为而为之，谓之人欲。观化之极，自诩通微，如《参两篇》《天道篇》屡蹈此失。则又老释之绪余，程子、张子皆从老释入手。濂溪之遗教也。此亦南学北行之证。康节之学舍理言数，其学以阴阳五行为主，由阴阳五行而生世运之说，由世运之说而生王霸之分。然观物察理咸能推显阐幽，如《观物外篇》曰：象起于形，教起于质，名起于言，意起于用。其理最精。与汉儒京翼之言相似，乃北学之别标一帜者也。其子伯温始稍杂周程之说。

及女真构祸，北学式微，而程门弟子传道南归，其最著者厥惟龟山、杨时。上蔡。谢良佐。上蔡之学虽杂禅宗，如言"常惺惺"，复言"用心于内"。然殚见洽闻为程门弟子之冠。故程子讥其玩物丧志。康侯从上蔡游，胡安国也。其子五峰传其学，胡弘。皆以博学著书著闻。如康侯注《春秋》，五峰作《知言》。南轩张氏受业五峰，以下学立教，如南轩言"非下学之外别有上达"，又言"致知力行，皆是下学"。以致知力行为归。龟山夷犹淡旷，见蔡世远文。以慎独主静为宗，如言静中看喜怒哀乐未发时气象。一传而为豫章，罗仲素。再传而为延平，李侗。其学以默坐澄心为本，守程子体认天理之传，以为心体洞然即可反身自得，见延平答问。盖南轩近北学，而延平则为南学也。考亭早年泛滥于佛老之学，见朱子《答汪尚书书》《答孙近甫书》《答江元适书》，复有《读道书》《斋中读经》二诗。及从延平问道，讲明性情之德，皆从发端处施功，乃渐悟佛老之非。见《朱子年谱》及《延平行状》庚辰、壬午、癸卯、丁丑、戊寅、己卯与延平书、与刘平南〔甫〕书、答许顺之书、答程钦国书中。由中和旧说一变而悟未发之真，皆以涵养为宗旨。虽为学稍趋平实，而默坐澄观仍属蹈虚之学。见《太极说》《养观说》《易寂感说》《仁说》，答许顺之书、刘平甫书诸篇是也。朱子之初于延平之说亦不甚信，及延平殁，乃深信其言，见陆陇其与某君书。朱子晚年复以延平澄心静坐为不然，见廖德明录。及从南轩于湘南，丁亥、戊子两年。而治学之方，始易以察识为先，以涵养为后，见戊子与程允夫书，答裴夫书，答何叔京书，与石子重书，乙酉答罗参议书。由蹈虚之学加以征实之功。迨及晚年，力守二程之说，以为涵养莫如敬，进学在致知。以南轩之说为不然，见己丑答张钦夫书，庚寅答张敬夫书，己丑答林择之书，答胡广仲书、吴晦叔书，己丑答程允夫书。若夫答游诚之书及陈淳所录"择善固执"一节，皆力主程子此二语。故施教之方，必立志以定其本，知性以明其要，如答陈超宗书，林德久书以及与陈器之论"太极是性"书是。主敬以持其志，如《敬斋箴》，答陈允夫书论可欲之说，答何叔京书论持敬之说，答潘昌叔书，周舜弼书论敬字，答吕子约书，余正叔书论日用工夫，答杨子德书论太极，以及《语类》卷十一以读书体认天理为敬，卷十二言主一为敬，复言主一不可泥，复言心无不敬。卷四十四言敬以直内，卷九十一言主一无适，皆主敬之说也。穷理以致其知，如《论书之要》《沧洲精舍谕学者》《读唐志》《读大纪王氏续说》《福州经史阁记》，答王子合、张元德、孙敬甫诸书，以及《语类》卷十五论"穷理格物"数条，卷十八论"穷理务实"数条是也。而《大学补传》及《或问》一篇言之尤详，皆穷理之说也。力行以践其实，如王梅溪文集、李丞相奏议后序，以及答曾景建书、答韩尚书书、陈睿仲书，《语类》卷八论"正心诚意"，卷十一论"仁义礼智"，四十三论"恭敬忠"是也。教人也周，用力也渐，朱子教人最恶躐等，以逐次渐进为宗，如癸巳答王季和书，答陈师德书，丙午答刘季随书，庚戌答周南仲书，甲寅后答林退思书，乙卯答曾景建书，丙辰答孙敬甫书，戊午答林正卿书，以及陈淳所录语录是也。盖力主平易，不主高远虚空之说。于涵养主静之说亦有微词。如壬寅后答陈睿仲书，戊申后答方宾王书，皆疑涵养之说。丙辰答张元德书，己未答熊梦北书，皆斥主静。故王白田言：朱子不言主静。而讲学之余不废作述，如《四书集注》、《诗》《易》传、《纲目》、《家礼》、《小学》之类。于典章、如《禘祫议》《郊坛说》《明堂说》诸篇是。声律、如答吴士元、廖子晦书是。音韵如答杨元范书是。之学，咸能观其会通，博观约取，盖纯然北学之支派矣。己未以还，益崇下学，如教陈北溪"下学穷理"是。惟虞流入于虚灵。王阳明《朱子晚年定论》多误会。然涵养之说未尽涤除，朱止泉与王尔缉书，与王子中书，以及《朱子语类》论之甚详。故收藏敛密用心于内，如答王子合书论"心犹明镜"，答刘季章书论"简约明白"是。提撕省察以察事物之本原，如言浑然之中万理毕具，已近陆王"观心"之说矣。或反观内省自诩贯通，如《大学补传》"而一旦豁然贯通"，已主觉悟之说。又如答黄子耕书言脱离事物名字，答李叔文言放心不须注解，答吕子约言心在腔子里，言就本原理会，皆近于佛学者也。虽由实入空与陆王异，朱子晚年盖以疲精神于书册，故渐生厌薄之心，故其诗曰："书册埋头无了日，不如抛却去寻春"。然观心之说，仍无异于延平，如言精义入神，是其说颇近于道家。故解析经文犹杂禅宗之说。如注《论语》"曾子省身"章，引蔡氏用心于内之论。注《大学》首章言虚灵不昧明善复初之说。注《论语》"子在川上"章言形容道体，而注"子欲无言"章，亦颇杂佛书之说，故杨震、顾亭林、戴东原、钱竹汀诸儒皆力斥之。盖朱子虽崇实学，然宅居南土，渐摩濡染，易与虚学相融，故立学流入玄虚，如言"洒然证悟"是。与佛老之言相近，较周程之学大抵相符。皆虚实参用之学也。

当此之时，与朱子并行者，厥惟金溪陆氏，即陆子静、陆子寿也。讲学鹅湖，与考亭之言迥异，如陆氏以"先后天"非作《易》之旨，以"无极主静"为老子之学，以程子"主静知行合一"非孔孟之言，朱子屡作书辨之，而子寿则始从程学，后改从子静之说，而子静亦深斥朱学。重涵养而轻省察，象山曰：涵养是主翁，省察是奴仆。乐简易象山少年读"有子"章，即疑其言支离。而极高明，废讲学而崇践履，见朱子答南轩书，故朱学为道问学，而陆学则为尊德性。以诠心为主，以乐道为宗，直捷径情，象山之学恶支离而好直捷，厌烦碎而乐径省，故反约而遗博学。颖悟超卓，李光地曰：陆子穷理必深思力索，以造于昭然而不可昧，确然而不可移。甚至以六经为注脚，以章句为俗学，稍及读书格物，则谓之破碎支离。见象山与孙季和书、胥必先书、傅克明书，致孙濬书以及论曹立之、胡季随皆是。虽束书不观易流虚渺，陆子之尚虚非真尚虚也，如言：实理苟明自有实行实事，吾生平学问非他，只是一实。则陆子非不崇实。然陆学擅长之处亦有三端，一曰立志高超，如象山教人以扩充四端为先，以人人皆可为尧舜，又言先立乎大则小者不能夺，又言人不可沈埋卑陋凡下处，又言即不识一字亦须还我堂堂的做个人。其立志如此。二曰学求自得，如象山言语之学问只是在我，又言自立自重不可随人脚根学人言语，又言听人议论必求其实乃已。三曰不立成心，如言此道与溺于意见之人言确难，又言荆公变法不可非。综斯三美，感发齐民，顽廉懦立，信乎百世之师矣。盖考亭之学近于曾子、子思，后儒以陆学近于曾子，恐非。律以佛学，则宗门中渐悟之派也。荆溪之学近于曾晳、琴张，律以佛学，则宗门中顿悟之派也。非南学殊于北学之征与？荆溪弟子有杨敬仲、袁和叔、沈叔晦、舒元质，讲学四明，东南人士闻风兴起，若魏益之、黄仲山、徐子宜、陈叔向，见《叶水心文集》，不具引。咸以颖悟自矜，与荆溪之言默相印证，盖皆禅学之绪余也。当此之时，两浙之间有金华学派，有永嘉学派，渊源悉出于程门。吕荣公从二程游，而子孙世传其学以至于东莱。永嘉之学出于周恭叔，恭叔为程门弟子，再传则为陈、叶。金华学派以东莱为大师，永嘉学派以止斋、水心为巨擘。然东莱之学斥穷理而尚良知，如言知之者良知也，忽然识之是为格物。又言闻见未澈当以悟为则，且斥伊川"物各付物"之说。水心之文表禅宗而穷悟本，水心作《宗记序》，虽以悟道即畔道为非，又言予病学者徒守一悟而不知悟本。故朱子以水心、荆川读佛书为非。推其意旨，近陆远朱。惟永嘉学派崇尚事功，侈言用世，复与永康学派相同，其故何哉？盖南方学者咸负聪明博辩之才，或宅心高远思建奇勋，及世莫予知，则溺志清虚以释其郁勃不平之气，如东坡由纵横入黄老，以及近世汪罗之徒皆因壮志未酬，遁入佛学。或崇尚心宗，证观有得，以为物我齐观死生齐等，故济民救世矢志不渝。如明颜山农之游侠，金正希等之殉节是。此心性事功之学所由咸起于南方也。

及南宋末叶，陆学渐衰，而为朱子之学者，或解遗经，如蔡沈、王柏是。或崇典制，如真西山。或尚躬行，如黄勉斋。各择性之所近以一节自鸣。然斯时朱学尚未北行也，及姚枢、许衡得朱氏遗书，是为北人知朱学之始，见孙夏峰《元儒江汉先生太极书院记》。然尺步绳趋，偏执固滞以自锢其心思，此则倡主敬涵养者末流之失也。

由元迄明，数百年间专主考亭一家之说。绳〔渑〕池、曹月川。河东，薛敬轩。椎轮伊始，泾野、吕仲木。三原，王右渠。风教渐广，大抵恪守考亭家法，躬行礼教，言规行矩，然自得之学旷然未闻，此明代北学之嚆矢也。及康斋受业河东，始有吴学，吴与弼。敬斋受业康斋，因有胡学，胡居仁。咸执守河东绪言，是为北学南行之始。白沙之学亦出康斋，然以虚为本，以静为基，以怀疑为进德之门，见与张廷实书，又语录云，疑者进道之萌芽。以无欲为养心之要，养端倪于静中，以陈编为糟粕，以何思何虑为极则，黄梨洲言，白沙之学以未尝致力而应用不遗为实得。以勿忘勿助为本，然不为外物所撄，以求合自然之则，盖远希曾点近慕濂溪，与康斋之恪守北学者迥然异矣。白沙弟子遍两粤，惟甘泉湛氏以体认天理为宗，谓人心之用贯彻万物而不遗，亦惟心之说也。惟排斥主静，见答余督学书及语录。不废诵读之功，见答仲鹮书。较之白沙，稍为近实。阳明崛起浙东，用禅宗之说而饰以儒书，以为圣人之道，吾性自足不假外求，如言物理不外于吾心是。以知觉为性，以知觉之发动者为心，以心为湛然虚明之物，故周彻洞贯之余即可任情自发，感寂无两机，显微无二致，即心是理，即知是行，舍实验而尚怀疑，如不主钻研考索。存天理而排人欲，故以扞格外物为格物。然立义至单，弗克自圆其说。厥后东廓主戒惧，双江主归寂，念庵主无欲，咸祖述良知之学，而稍易其词。然阳明既殁，吴越楚蜀之间讲坛林立，余姚学派风靡东南，龙溪、心斋流风尤远。从其学者大抵摭拾语录，缘释入儒，以率性为宗，以操持为伪，以变动不居为至道，以荡弃礼法为自然，甚至土苴六籍，刍狗圣贤，以为章句不足守，文字不足求，典训不足用，义理不足穷，如何心隐、李卓吾、陶石篑是。与晋人旷达之风相似。然流俗昏迷，至理谁察，得讲学大师随机立教，直指本心，推离还源，如寐得觉，故奋发兴起感及齐氓。如泰州学派中农工商之兴起者甚众，咸自命为圣人云。此虽阳明讲学之功，然二王龙溪、心斋。化民成俗之勋岂可殁与？此皆明代南方之学也。当此之时，淮汉以南咸归心王学，惟整庵罗氏、作《困知记》，以主敬穷理为主，不尚顿悟，主循序之说。东莞陈氏作《学蔀通辨》，排陆尊朱，排陆学正所以排王学。守程朱之矩矱，遏王学之横流，复有闽人蔡虚齐亦排王说。然以寡敌众与以卵投石相同，非北学不适于南方之证哉？惟北方巨儒谨守河东三原之学，若后渠、崔铣，河南人，以程朱为宗，力辨程学之非虚，作《士翼》及《松窗寝言》。柏斋、何塘，河南人，力斥理出于心之说，作《儒学管见》《阴阳管见》及语录。心吾，吕坤，亦河南人，亦主张程朱之说，作《呻吟语》诸书。咸砥砺廉隅，敬义夹持，不杂余姚之说。复有平阳曹子汴、河南吕维祺亦主北学。王门弟子仅玄庵、穆孔晖，山东人。季美尤时熙，河南人。数人，复有张后觉、孟秋宇，皆山东人，孟化鲤、杨东明，皆河南人。然大抵尊闻行知，未能反躬自得。黄氏《明儒学案》曰：北方为王学者独少，玄庵既无问答受业阳明，阳明言其无求益之心，其后趋向果异。即有贤者亦不过迹象闻见之学，自得者鲜矣。湛门弟子仅少墟冯氏一人，冯从吾，字仲好，号少墟，陕西人，甘泉之再传弟子。然躬行实践，排斥虚无，如《疑思录》言格物即是讲学，不可谈玄谈空，而《论学书》亦言重工夫重省察。易与北学相淆，非复甘泉之旨，非南学不适于北方之证哉？

明代末叶，南方学者若伯玉、金炫，武进人，多杂佛学。鱼山、熊开元，嘉鱼人，亦喜佛学，后为僧人。正希、金声，徽州人，作《诠心应事》篇。懋德、蔡维立，昆山人。震青，朱天麟，昆山人。咸皈依佛法，复以忠义垂名。黄陶庵诸人亦然。而高、顾诸儒讲学东林，力矫王学末流之失，以王学近于禅，故以"无善无恶心之体"为非。弘毅笃实，取法程朱，然立说著书虽缘饰闽洛之言，实隐袭余姚之旨。如梁溪先生言心无一事之谓敬，而与管登之书复曰，以觉包理而理乃在外，而《静坐说》一篇亦指吾心为性体。陆陇其言梁溪一派看得性仅明白，却不认得性中条目，此语近之。又忠宪解格物，以反求诸身为主，又言人心明即是天理，与毛氏之旨有何异乎？蕺山之学出自东林，以诚意为宗，以慎独为主，以改过为归，而良知之说益臻平实，不杂玄虚，然改过之说出于阳明之格非，今读蕺山《人谱》已与袁氏《功过格》无异，特人弗知耳。慎独之言出于东廓之戒惧，而诚意之旨亦与念庵无欲相同，惟守身严肃足矫明儒旷放之风，故从其学者或主考亭，如张考夫、沈昀〔昀〕、应扸谦是。或主阳明，如沈求、黄梨洲是。两派分歧，纷纭各执。时北方学者有孙夏峰、李二曲。夏峰讲学百泉，持朱陆之平，不废阳明之说，故《理学宗传》于宋儒兼崇朱陆，于明儒兼崇薛王罗顾，而《岁寒集》有曰：朱陆不同岂可相非，又伸阳明无善无恶之旨，盖亦唯心学派也。从其学者多躬行实践之士，然仲诚、孔伯仍主陆王，仲诚之学多言存心，故唐氏《学案识小》列之心宗，孔伯上夏峰书亦主二曲之学，言晚年则囿于习俗改从程朱，耿介亦主心宗。至颜李巨儒以实学为天下倡，而幽豫之士无复以空言相尚矣。二曲讲学关中，指心立教，不涉见闻，如《二曲语录》言读经取其正大简易直截，又言道理从闻见入者足障灵源，又言周程朱薛乃孔门曾卜学派，惟陆陈吴王及龙溪心斋近溪海门乃邹孟学派。其为学也，不靠见闻，反己自认，又作《消极说》以静坐遏欲为宗，又有答门人论学书，亦盛称知觉。近于龙溪、心斋之学。然关中之地有王尔缉、李天生，皆敦崇实学，王尔缉为二曲弟子，然崇紫阳之学。见与张伯行论朱子之学书，天生亦崇实学，观天生与孙少宰书可见。克己复礼，有横渠讲学之遗风，是南学由南输北，辄与北学相融。自是以还，昆石、云一刘原渌及姜国霖。标帜齐东，彪西、闇章范镐鼎及李闇章。授徒汾晋，咸尊朱辟陆，以居敬穷理为宗，齐晋之间遂为北学盛行之地矣。南方之儒嫉王学之遗实学也，亦排斥余姚若放淫词，然舍亭林、道威、晚村外，时吴中有王寅旭，越中有张考夫，湘中有王船山，赣中有谢秋水，皆排斥王学以程朱为指归者。若陆陇其、李光地、杨名时，咸缘饰朱学，炫宠弋荣，与朱明讲学诸儒异趣。而东林子弟如高愈、高世泰、顾培之属是也。讲学锡山，吴中学者多应之，如朱用纯、张夏、彭珑是也。大抵近宗高顾远法程朱，然重涵养而轻致知，尊德性而道问学，近于龟山、延平之旨，观朱柏庐答徐昭法书以及张氏《小学瀹注》诸书可见。与北方学派不同。至此以还，淮南徽、歙之间，咸私淑东林之学，淮南学者以朱止泉为最著，然治心之说与吴中同。朱止泉治朱学，纯取朱学之虚处。惟徽、歙处万山之间，异于东南之泽国，故闻东林之绪论者，咸敦崇礼教，如施璜、吴慎是。或致知格物，研精殚思，如双池、慎修是，二公皆治朱学者。与空谈心性者迥别。当此之时，吴越之民虽崇桐乡张氏之学，从蕺山入程朱者。然证人学会、姚江书院启于越东，讲学之旨大抵宗蕺山而祧阳明，倡其说者有钱、德洪。沈、国谟，字求如。曾、宗圣。史孝成，字子虚。诸子，沈氏弟子有韩仁父、名孔当，学稍趋实。邵子唯、名曾可。劳麟书，名史，近于王心斋之化民。邵氏世传家学，至念鲁廷采。而集其大成，谓人心之伪，伏于孔孟程朱，又言束书一切不观，余说甚多。以觉悟为宗，与海门、近溪之言相近。若向璇等则为考夫之别派。又吴中之地前有钱氏，见钱竹汀所作行状。后有尺木，其学杂糅儒佛，与大绅、汪缙。台山罗有高。相切磋，而大江以南习陆王之学者以数十计，如唐甄、黄宗羲、全榭山主王学，李穆堂主陆学，其最著者也。复有程云庄等亦信王学。岂非南方之地民习浮夸好腾口说，固与北人之身体力行者殊哉？晚近以来伪学日昌，南北讲学之风尽辍，而名节亦日衰矣。

南北考证学不同论

　　近代之儒所长者固不仅考证之学，然戴东原有云：有义理之学，有词章之学，有考证之学。则训诂典章之学皆可以考证一字该之。袁子才分著作与考据为二，孙渊如作书辨之，谓著作必原于考据。则亦以考据该近代之学也。若目为经学，则近儒兼治子史者多矣，故不若考证二字之该括也。

　　宋元以降，士学空疏，其寻究古义者，宋有王伯厚，明有杨慎修、焦弱侯。皆南人而非北人。伯厚博极群书，撷拾丛残，实为清学之鼻祖。《玉海》一书特备应词科之用，《困学纪闻》稍精，然语无裁断，特足备博闻之助耳。慎修、弱侯咸排斥宋儒，慎修通文字、地舆、谱碟之学，惟语多复杂，谊匪专门。弱侯观书多卓识，与郑渔仲相类。惟穿凿不足观。殆及明季，黄宗羲崛起浙东，稍治实学，通历算乐律之学，著书甚多。其弟子万斯大推究礼经，作《学礼质疑》《仪礼商》及《礼记偶笺》。以辩论擅长，然武断无家法。时萧山毛氏黜宋崇汉，于五经咸有撰述，作《仲氏易》《推易始末》《春秋占筮书》《易小帖》四书以说《易》，作《古文尚书冤词》以说《尚书》，作《毛诗写官记》《诗札》以说《毛诗》，作《春秋传》《春秋简书刊误》《春秋属词比事记》以说《春秋》，于《礼经》撰述尤多。牵合附会，务求词胜。德清胡渭作《禹贡锥指》《洪范正论》，精于象数胡氏不信汉儒"灾异"，亦不信宋儒"先天后天图"。舆图之学，惟采掇未精。吴越之民闻风兴起，治《礼经》者有蔡德晋、作《礼经礼传本义》及《通礼》。盛世佐、作《仪礼集编》。任启运，作《礼经章句》。治《毛诗》者有朱鹤龄、作《毛诗通义》，博采汉宋之说，博而不纯。陈启源，作《毛诗稽古》篇，亦无家法，惟详于名物典章。治易学者有吴鼎、作《易例举要》《易象集说》。陈亦韩，多论《易》之文。治《春秋》者有俞汝言、作《春秋平义》《四传纠正》二书。顾栋高，作《春秋大事表》，虽多善言，然体例未严，无家法可称。咸杂糅众说，不主一家，言涉雅俗，瑜不掩瑕，譬若乡曲陋儒冥行索途，未足与于经生之目，此南学之一派也。若当涂徐文靖以及桐城说经之士，皆此派之支流。又东南人士喜为沈博之文，明季之时，文人墨客多以记诵擅长，或摘别群书广张条目，以供獭祭之需。秀水朱彝尊尤以博学著闻，虽学综四部，然讨史研经尚无途辙。浙人承其学者，自杭世骏、于两《汉书》《文选》皆有撰择，亦稍治二礼，惟语无心得。厉鹗、作《辽史拾遗》《南宋杂事诗》，淹博而不通经术，全祖望，学术出于黄梨洲，编《宋元学案》，尤熟于明末史事，而《经史问答》亦精。咸熟于琐闻佚事，博学多闻，未能探颐索隐，惟祖望学有归宿，余咸无伦次。口耳剽窃，多与说部相符，然皆以考古标其帜。

及经学稍昌，江南学者即本斯意以治经，由是有摭拾之学，复有校勘之学。摭拾之学掇次已佚之书，依类排列，单词碎义，博采旁搜。出于王伯厚之《辑诗考》《郑氏易》。校勘之学考订异文，改易殊体，评量于字句之间，以折衷古本。先是武进臧琳当康熙时。作《经义杂记》，以为后儒注经疏于校雠，多讹文脱字，致失圣人之本经，阎百诗《经义杂记序》。于旧文之殊于今本者，必珍如秘笈，以正俗字之讹；于古义之殊于俗训者，必曲为傅合，以证古训之精。虽陈义渊雅，然迂僻固滞，适用者稀。东吴惠氏亦三世传经，周惕、士奇虽宗汉诂，然间以空言周惕作《诗说》《易传》，士奇作《易说》《春秋说》，说多空衍而采掇亦未纯。说经。惠栋作《周易述》，并作《左传补注》，执注说经，随文演释，当于引伸，寡于裁断，此指《周易述》言。而扶植微学亦有补苴罅漏之功。此指《左传补注》言。栋于说经之暇，复补注《后汉书》，兼为《精华录》《感应篇》作注，所撰笔记尤多。博览众说，融会群言，所学与朱、杭相近，而《九经古义》甄明佚诂，亦符臧氏之书。弟子余萧客辑《古经解钩沉》，网罗放失，掇次古谊，惟笃于信古，语鲜折衷，无一词之赞。若钱大昕、王鸣盛之流，虽标汉学之帜，然杂治史乘，钱作《廿二史考异》并拟补辑《元史》，王亦作《十七史商榷》，采掇旧闻，稽析异同，近于摭拾。校勘之学，惟大昕深于音韵、历算，学多心得，如论反切七音，皆甚精卓。一洗雷同剿说之谈。钱大昕亦治摭拾之学，所辑古书甚多。惟塘坫之学稍精绝，塘精天算，坫精地舆，侀绎以下无足观矣。鸣盛亦作《尚书后案》，排摘伪孔，扶翼马郑，裁成损益，征引博烦，惟胶执古训，守一家之言，而不能自出其性灵。江声受业惠栋，作《尚书集注音疏》，其体例略同《后案》。王昶亦以经学鸣，略涉藩篱，未窥堂奥，惟金石之学稍深。作《金石萃编》，集金石学之大成，然亦摭拾校勘之学。若孙星衍、洪亮吉，咸以文士治经学，鲜根柢，惟记诵渊雅。星衍杂治诸子，精于校勘。曾刊刻

《孙子》《吴子》《司马法》《六韬》《穆天子传》《抱朴子》诸书，又为毕沅校《墨子》《吕氏春秋》《山海经》，明于古训，解释多精。亮吉旁治地舆，勤于搜拾。曾补辑《三国疆域志》，晋齐梁《疆域志》即所辑，亦搜拾之学也。亮吉作《左传诂》，星衍作《尚书古今文注疏》，精校详释，皆有扶微捃佚之功。继起之儒咸为群经作疏，《尔稚》疏于邵晋涵，《国语》疏于董增禄，龚丽正亦为《国语》作疏。《毛诗》疏于陈奂，《左传》古注辑于李贻德，大抵汇集古义，鲜下己见，义尚墨守，例不破注，遇有舛互，曲为弥缝，惟取精用弘，咸出旧疏之上，殆所谓述而不作、信而好古者与！与搜拾校勘之学殊涂同归。搜拾之学集古说成一书，而为义疏者亦引群书证一说，校勘之学校正文字之异同，为义疏者亦分析众说之同义，特有拓充不拓充之殊耳。而东南治校勘之学者，前有何焯、齐召南，皆文士也。后有卢文弨、顾千里、卢校诸子，顾校《毛诗》《仪礼》最精，所校群书不下十余种。钱泰吉，所校《汉书》最精。虽别白精审，然执古改今，义多短拙。观方氏《汉学商兑》所举数条可见。治搜拾之学者，以臧庸、辑《孝经考异》《月令杂说》《乐记注》《子夏易传》《诗考异》《韩诗异说》《尔雅古注》《说文古音考》《卢植礼记解诂》《蔡邕明堂月令章句》《王肃礼记注》《圣证论》《帝王世纪》《尸子》诸书。洪颐煊孙星衍之书多其手辑，余所辑甚多。为最著，虽抱残守缺，然细大不捐，未能探悉其本义，或疲精殚思以应富贵有力者之求而资以糊口。如顾、臧、洪皆是也。斯时吴中学者有沈彤、褚寅亮、纽树玉，所著之书咸短促不能具大体。越中学者有丁杰、孙志祖、梁履绳，以一得自矜，支离破碎，然咸有存古之功。若袁枚、赵翼之流，不习经典，惟寻章摘句，自诩淹通，远出孙洪之下。此南学之又一派也。及惠、洪、顾、赵友教扬州，而南学渐输于江北。如江藩为余氏弟子，汪中与孙洪友善，而贾稻孙、李惇之流咸与汪氏学派相近。

时皖南学者亦以经学鸣于时，皖南多山，失交通之益，与江南殊，故所学亦与江南迥异。先是宣城梅文鼎精推步之学，著书百余万言，足裨治历明时之用。婺源汪绂兼治汉学宋学，又作《物诠》一书，善于即物穷理，故士学益趋于实用。江永崛起穷陬，深思独造于声律、音韵、历数、典礼之学，咸观其会通，长于比勘，弟子十余人以休宁戴震为最著。戴氏之学，先立科条，以慎思明辨为归，凡治一学立一说，必参互考验，曲证旁通，以辨物正名为基，以同条共贯为纬。论历算则淹贯中西，初治西法，后复考究古算经，通《九章》之学，所著以《勾股割圜记》为最精。论音韵则精穷声纽，作《转语》二十章，近于字母之学，而解字亦以声为本。论地舆则考订山川，戴氏考地舆皆以山川定城邑，见《水地记》。咸为前人所未发。而研求古籍复能提要钩玄，心知其意，凡古学之湮没者，必发挥光大，使绝学复明；如校古算经之类是也。凡古义之钩棘者，必反复研寻，使疑文冰释；如《春秋即位改元考》诸篇是。凡俗学之误民者，必排击防闲，使卮言日绝。如《孟子字义疏证》是。且辨彰名物，以类相求，则近于归纳；如《学礼》篇考古代礼制，各自为篇是也。会通古说，匡违补缺，如《尔雅》《说文》诸书，皆不墨守。则异于拘墟；辨名析词，以参为验，则殊于棱模；实事求是，以适用为归，观《与是仲明书》可见，又作《璇玑玉衡图》《地舆图》皆合于准望。则异于迂阔；而说经之书简直明显，尤近汉儒。戴氏既殁，皖南学者各得其性之所近，治数学者有汪莱，作《衡斋算学》。治韵学者有洪榜，作《示儿切语》，厥后有诰尤深韵学。治三礼者有金榜、作《礼》笺。胡匡衷，作《仪礼释官》。以凌廷堪、作《礼经释例》。胡培翚作《仪礼正义》。为最深，歙人程瑶田亦深于三礼之学，作《宗法小记》诸书。作《考工创物小记》《磬折古义》，以证工学必原数学，复作《水地小记》，多祖述上海徐氏之书，明于测量之法，而释谷、作《九谷考》。释虫尤足裨博物之用，可谓通儒之学矣。

　　戴氏弟子舍金坛段氏外，段氏治《说文》精锐明畅，于古本多所改易，则仍戴氏校定《毛诗》《春秋经》之例也。《六书音韵表》亦由心得。以扬州为最盛。高邮王氏传其形声训故之学，兴化任氏传其典章制度之学。王氏作《广雅疏证》，其子引之申其义，作《经传释辞》《经义述闻》，发明词气之学，于古书文义诎诘者，各从条例明析辨章，无所凝滞，于汉魏故训多所审更。任氏长于三礼，知全经浩博难罄，因依类稽求，博征其材，约守其例，以释名物之纠纷，所著《深衣释例》《释缯》诸篇，皆博综群书，衷以己意，咸与戴氏学派相符。仪征阮氏友于王氏、任氏，复从凌氏、廷堪。程氏瑶田。问故，得其师说。阮氏之学主于表微，偶得一义，初若创获，然持之有故，言之成理，贯纂群言，昭若发蒙，异于恇饤猥琐之学。甘泉焦氏与阮氏切磋，其论学之旨，谓不可以注为经，不可以疏为注，于近儒执一之弊排斥尤严，观理堂家训，以摭拾之学为拾骨学，以校勘之学为本子学，排斥甚力，又以执一之学足以塞性灵，文集中斥之屡矣。所著《周易通释》掇剌卦爻之文，以字类相属，通以六书九数之义，复作《易图略》《易诂》，惟《易章句》体例仿虞注，无甚精义。发明大义，条理深密，虽立说间邻穿凿，然时出新说，秩然可观，亦戴学之嫡派也。焦氏《论语通释》出于戴氏《孟子字义疏证》。

自阮氏以学古跻显位，风声所树，专门并兴，扬州以经学鸣者凡七八家，是为江氏之再传。黄承吉研治小学，以声为纲，其精微之说与高邮王氏相符。凌曙治《董子春秋》《郑氏礼》，以礼为标，缕析条分，亦与任氏之书相近。时宝应刘台拱治学亦洁静精微，先曾祖孟瞻先生受经凌氏，与宝应刘宝楠切劘至深，淮东有二刘之目，治《左氏春秋》，而宝应刘氏亦作《论语疏证》。并世治经者又五六家，是为江氏之三传。盖乾嘉道咸之朝，扬州经学之盛，自苏常外，东南郡邑莫之与京〔竞〕焉，遂集北学之大成。

江淮以北，当康雍之交有山阳阎若璩，阎氏虽籍太原，实寄居山阳。灼见古书之伪，开惠、江、王、孙之先。别有济阳张尔岐，作《仪礼郑注句读》，依经为训，章别句从。邹平马骕作《左传事纬》《绎史》，博引古籍，惟考订多疏。自是厥后，治算学者有淄川薛凤祚，其精密略逊梅氏。治小学、金石学者有山阳吴玉搢、作《金石存》《说文引经考》及《别雅》。莱阳赵曾、深于金石。偃师武亿，作有《经读考异义证》《偃师金石考》。咸有发疑正读之功。曲阜孔氏得戴氏之传，治《公羊春秋》严于择别，于何氏解诂时有微词，与株守之学不同。时山东学者有周昌年、孔继涵、李文藻，不若巽轩之精。而曲阜桂氏、栖霞郝氏咸守仪征阮氏之传，探究《尔雅》、郝氏作《尔雅正义》。《说文》，桂氏作《说文义疏》。解释物类，咸以得之目验者为凭，桂氏治《说文》往往引现今物类以解之，于山东、云南之草木鸟兽征引尤多，可谓博物之学矣。郝氏《尔雅》亦引今证古，得之目验，与剿袭陈言旧说者不同也。桂氏诠释许书，虽稍凝滞，而郝氏潜心雅学，注有回穴，辄为理董，与孔氏治《公羊春秋》相同。郝氏又治《山海经》。又大名崔述长于考辨，订正古史，辨析精微，善于怀疑，而言皆有物，咸与江北学派相似，而齐鲁幽豫之间遂为北学盛行之地矣。

要而论之，吴中学派传播越中，于纬书咸加崇信，惠栋治《易》杂引纬书。且信纳甲爻辰之说，其证一也。张惠言治"虞氏易"，亦信纬学，其证二也，王昶《孔庙礼器碑跋》谓纬书足以证经，其证三也。孙星衍作《岁阴岁阳考》诸篇，杂引纬书，其证四也。王鸣盛引纬书以申郑学，其证五也。嘉兴沈涛以五纬配五经，且多引纬书证经，其证六也。余证甚多。而北方学者鲜信纬书。惟旌德姚配中作《周易姚氏学》，颇信谶纬，余未有信纬书者，江北学者亦然。徽州学派传播扬州，于礼学咸有专书，如江永作《礼经纲目》《周礼疑义举要》《礼记训义择言》《释宫补》，戴震作《考工记图》，而金、胡、程、凌于《礼经》咸有著述，此徽州学者通三礼之证也。任大椿作《释缯》《弁服释例》，阮元作《车制考》，朱彬作《礼记训纂》，此江北学者通三礼之证也，而孔广森亦作《大戴礼补注》。而南方学者鲜精礼学。如惠栋《明堂大道录》《禘说》，皆信纬书，惠士奇《礼说》亦多空论，若沈彤《仪礼小疏》、褚寅亮《仪礼管见》、齐召南《周官禄田考》、王鸣盛《周礼军赋说》，咸择言短促，秦蕙田《五礼通考》亦多江戴之绪言，惟张惠言《仪礼图》颇精，然张氏之学亦受金榜之传，仍徽州学派也。北人重经术而略文辞，徽州学派无一工文之人，江北学者亦然，与江南殊。南人饰文词以辅经术，如孙、洪皆文士，钱、王亦文人，卢、顾亦精于文辞，此其证也。此则南北学派之不同者也。昔《隋书·儒林传》之论南北学也，谓南人简约得其菁英，北人深芜穷其支叶。今观于近儒之学派，则吴越之儒功在考古，精于校雠，以博闻为主，乃深芜而穷其支叶者也；徽扬之儒功在知新，精于考核，以穷理为归，乃简约而得其菁英者也。南北学派与昔迥殊，此固彰彰可考者矣。

自是以后，江北、皖南虽多缀学方闻之彦，皖南学者，如俞正燮之淹博，贯穿群言，包世荣之精纯，研治诗礼，皆颇可观。江北学者，如汪喜荀之学近于焦、阮，薛传钧深明小学，沈龄作《方言疏》，陈逢衡治《佚周书》《竹书纪年》《山海经》，梅毓治《穀梁》，薛寿治《说文》《文选》，亦足与前儒竞长。若夫丹徒汪芷治"郑氏诗"，丹徒柳兴宗治"范氏穀梁"，句容陈立治"何氏公羊"，山阳丁晏遍治群经，海州许桂林通历算，为甘泉罗士林之师，然皆得江北经儒之传授者也。然精华既竭，泄发无余，鲜深识玄解，未能竞胜前儒。江淮以北治小学者，有安丘王筠、著《说文释例》《说文句读》。河间苗夔、精声韵学。日照许瀚、商城杨铎，治小学金石学。治地学者有大兴徐松、作《汉书西域传补注》诸书。平定张穆，作《蒙古游牧记》诸书。咸沈潜笃实，所著之书亦大抵条举贯系，剖析毫芒，惟朴僿蹇冗，质略无文。江南学者仍守摭拾校勘之学，揭《说文》以为标，攘袂掉臂，以为说经之正宗。如湖州姚文田、严章甫、严徐卿、姚谌、程庆余，上虞朱芹、仁和邵友莲，咸治小学，若赵一清之流，亦精校勘之学，惟张履治三礼，汪曰桢治历法，而朱骏声治《说文》，皆有心得，稍有可观。然违于别择，昧厥源流，务于物名，详于器械，考于诂训，摘其章句，不能统其大义之所极，用《中论》语。虽依傍门户，有搜亡补佚之功，然辗转稗贩，语无归宿，甚至轻易古书，因讹袭谬，而颠倒减省离析合并一凭臆断，且累言数百，易蹈辞费之讥，碎细卑狭，文采黯然，承学之士渐事鄙夷。由是有常州今文之学。

先是，常州之地有孙、洪。黄、仲则。赵味辛。诸子，工于诗词骈俪之文，而李兆洛、张琦复侈言经世之术，又虑择术之不高也，乃杂治西汉今文学，以与惠、戴竞长。武进庄存与喜治公羊春秋，作《春秋正

辞》，于六艺咸有撰述。有《易说》《八卦观象系辞传论》《尚书既见》《毛诗说》
《周官记》《周官说》《乐说》，以《周官记》为最精深。大抵依经立谊，旁推交
通，间引史事说经，一洗章句训诂之习。深美闳约，雅近淮南，则工于
立言；重言申明，引古匡今，如《春秋正辞》"楚杀郤宛"一条是。则近于
致用。故常州学者咸便之。然存与杂治古文，如治《毛诗》《周官经》是。
不执守今文之说，如"卫辄"一条则斥公羊。其兄子庄述祖亦遍治群经，作
有《尚书古今文考证》《毛诗口义》《诗记长编》《乐记广义》《左传补注》《五经疑
义》《论语别记》。发明夏时、《归藏》之义，作《小正经传考释》以发明改元
郊禘之义。以为《说文》"始一终亥"即古《归藏》，为六书条例所从出。
复杂引古籀遗文，分别部居，作《古文甲子篇》《说文古籀疏证》。以蔓衍炫
俗。故常州学者说经必宗西汉，解字必宗籀文，摧拉旧说，以微言大义
相矜。庄氏之甥有武进刘逢禄，长州宋翔凤，咸传庄氏之学。刘氏作
《公羊何氏释例》，并作《解诂笺》及《答难》。觕理完密，又推原左氏、穀
梁之得失，难郑申何，复作《论语述何》《夏时经传笺》《中庸崇礼论》，
议礼决狱，皆比傅公羊之义，由董生春秋以窥六经家法。又谓《虞易》
罙通大义，作有《虞氏变动表演》《六爻发挥旁通表》《卦象阴阳大义》《虞氏易
言补》，皆申明虞注，则以虞注为全书也。《毛诗》颇略微言，初尚毛学，后改
治三家诗。马、郑注书颇多讹谬，作《尚书古今集解》，颇匡马、郑。《左传》
别行，不传《春秋》，作《左氏春秋考证》。别作《纬略》一书稍邻恢诡。
宋氏之学与何氏略同，作《拟汉博士答刘歆书》，又作《汉学今文古文
考》，谓《毛诗》《周官》《左氏传》咸非西汉博士所传，而杜、贾、马、
郑、许、服诸儒皆治古文，与博士师承迥别，而今文古文之派别至此大
明。又以"公羊"义说群经，如《论语发微》之类是。以古籀证群籍，以
为微言之存，非一事可该，大义所著，非一端足竟，会通众家，自辟蹊
径，且崇信谶纬，兼治子书，发为绵渺之文，以虚声相煽，东南文士多
便之。别有邵阳魏源、仁和龚自珍皆私淑庄氏之学，从刘逢禄问故。源
作《两汉经师今古文家法考》，其大旨与宋氏同，谓西汉之学胜于东汉，东
汉之学兴而西汉博士之家法亡矣。谓西汉微言大义之学隳于东京，且排斥许
郑，并作《董子春秋发微》，复有《诗古微》，说《书》宗《史记》《大
传》，上溯西汉今文家言，以马郑之学出于杜林《漆书》，并疑《漆书》
为伪作，虽排击马、郑，亦时有善言，说《诗》恪宗三家，特斥《毛
诗》，然择术至淆，以穿穴擅长，凌杂无序，易蹈截趾适履之讥。如《书
古微》以言《禹贡》数篇为最精，至于信黄石斋之《洪范》，改易经文，于《梓材》

增入"伯禽",增妄说也。《诗古微》不知韩、齐、鲁师说各自不同,并举齐观,此其大失。邹汉勋与源同里,治经亦时出新义。惟不恪信公羊,《韵论》《历考》最精,余亦朴实敦确,惜多缺佚。湘潭王闿运亦治《公羊春秋》,复以公羊义说五经,长于《诗》《书》,绌于《易》《礼》。其弟子以资州廖平为最著,亦著书数十种,其学输入岭南而今文学派大昌,此一派也。自珍亦治《公羊》,笃信"张三世"之例,作《五经大义终始论》,杂引《洪范》《礼运》《周诗》,咸通以三世之义。又作《五经大义答问》以主"张三世"之义。说诗颇信魏说,非毛非郑,并斥序文,又有陈乔枞作《三家诗遗说》《齐诗翼氏说疏证》。又喜治《尚书》,作《太誓答问》,以今文《太誓》为伪书,虽解说乖违,然博辩不穷,济以才藻,殊足名家,而《左传》《周官》亦以己意抉真伪。其子龚澄复重订《诗经》,排黜《书序》,并改订各字书,尤点窜无伦绪。仁和邵懿辰初治桐城古文,继作《礼经通论》,以《礼经》十七篇为完书,以《佚礼》为伪作,又作《尚书大意》,以马、郑所传逸书为伪撰,转信伪古文为真书,可谓颠倒是非者矣。惟德清戴望受业宋氏之门,祖述刘、宋二家之意,以《公羊》证《论语》,作《论语注》二十卷,欲以《论语》统群经,精诣深造,与不纯师法者不同,此别一派也。别有仁和曹籀、谭献等皆笃信龚氏学。

当此之时,江北学者亦见异思迁,泾县包慎言慎言生居扬州。作《公羊历谱》,又以《中庸》为《春秋》纲领,欲以"公羊"义疏证《中庸》,未有成书。宝应刘恭冕初治《论语》,宝楠作《义疏》未成,恭冕续成之。继作《何休注论语述》,掇剌解诂引《论语》者以解释《公羊》,复作《春秋说》一书,亦颇信三科之义。丹徒庄棫棫亦生长扬州。作《大圜通义》,组合《周易》《公羊》之义,汇为一编,体例略师《繁露》,自矜通悟,然诞妄愚诬,于说经之书为最劣,拾常州学派之唾余,以趋时俗之好尚,此南方学派输入江北者也。而江北之学亦有输入南方者,一曰闽中学派,一曰浙中学派。闽中士学疏陋,自陈寿祺得阮氏之传,殚深三礼疏证、五经异义,条鬯朴纯,里人陈金城、陈庆镛、王捷南传其学,后起之士有林鉴堂、作《孔子世家补订》《孟子列传纂》诸书,刻有《竹柏堂丛书》。刘端,端于礼学为尤精,是为闽中之正传。浙中自阮氏提倡,后有临海金鹗,作《求古斋礼说》,其精审亚于江、戴。定海黄式三遍治群经,作《论语后案》,其子以周亦作《经训比义》,虽时杂宋儒之说,然解释义理多与戴、阮相符。与陈澧稍别。以周又作《礼书通故》,集三礼之大成。瑞安孙贻〔诒〕让深于训诂典章之学,作《周官正义》，亦集周官学之大成。别有德清俞樾以小学为纲，疏理群籍，恪宗高邮二王之学，援顺经文之词气，曲为理绎，喜更易传注，间以臆见改本经，精者略与王氏符，虽说多凿空，然言必有验，迥异浮谈。即钱唐诸可宝、黄岩王棻，解经亦宗古训，不惑于今文流言，是为浙学之别派。此皆江北学派输入南方者也。

然岭南、黔中仍沿掫拾校勘之学，岭南之士列阮氏门籍者，虽有侯康、曾钊、林伯桐，然以番禺陈澧为最著。澧学钩通汉宋，以为汉儒不废义理，宋儒兼精考证，惟掇引类似之言，曲加附合，究其意旨，仍与掫拾之学相同，然抉择至精，便于学童。若桂林龙翰臣、以韵学为最精。朱琦，南海朱次琦，咸学兼汉宋，与澧差同。而陈澧、朱次琦各以其学授乡里弟子咸数十人，至今未绝。此岭南学派之大略也。黔中之学始于遵义，郑珍校定汗简诸书，复作《说文新附考》《说文逸字》，长于校勘，亦兼治仪礼。其子小尹亦长小学，独山莫犹人精六书形声之学，其子友芝善鉴别宋本古籍，作《唐说文木部笺异》，以考二徐未改之书，章疏句栉，有补掇之功。遵义黎庶昌近承郑氏、莫氏之学，曾乘轺日本，搜讨秘籍，刻《古佚丛书》，使亡书复显。贵阳陈矩亦于日本得古书多种，刊以行世。此黔中学派之大略也。

要而论之，南方学派析为三，炫博骋词者为一派，如万斯大、毛奇龄之类是。掫拾校勘者为一派，昌微言大义者为一派。北方学派析为二，辨物正名者为一派，格物穷理格物者，格物类也。穷理者，穷实理也。与宋明虚言格物穷理者不同。者为一派。惟徽州之儒于正名辨物外，兼能格物穷理，若江北及北方之儒，则大抵仅能正名辨物而已。然咸精当。虽学术交通，北学或由北而输南，南学亦由南而输北，然学派起源夫固彰彰可证者也。黄、惠、江、庄，谓非儒术之导师欤？且南北学派虽殊，然研覃古训，咸为有功于群经。惟阴阳灾异之学最为无稽，掫拾校勘之学虽无伤于大道，然亦废时玩日之一端也。此近儒考据之精所由，非汉魏以下所能及也，惟有私学无官学，有家学无国学。岂不盛哉！

南北文学不同论

夫声律之始，本乎声音。发喉引声，和言中宫，危言中商，疾言中角，微言中徵羽，商角响高，宫羽声下，高下既区，清浊旋别。善乎《吕览》之溯声音也，谓涂山歌于候人，始为南音，有娀谣乎飞燕，始为北声。则南声之始，起于淮汉之间，北声之始，起于河渭之间。故神州语言虽随境而区，而考厥指归，则析分南北为二种。大抵北方语言，河西为一种，则陕甘是也。河北为一种，则山西，直隶以及山东、河南之北境是也。河南为一种，则山东、河南及江苏、安徽北境是也。界乎南北之间者，则淮南为一种，则江苏、安徽之中部及湖北东境是也。汉南为一种，则湖北中部、西部及四川东部是也。南方语言则分五种，金陵以东为一种，则江苏南境、浙江东北境是也。金陵以西为一种，则安徽南部及江西北部是也。湘赣之间为一种，则湖南全省及江西南境是也。推之闽广各为一种，广西、云贵为一种。然论其大旨，则南音北音二种其大纲也。陆法言有言：吴楚之音时伤清浅，燕赵之音多伤重浊。此则言分南北之确证也。大抵时愈古则音愈浊，时愈后则音愈清，地愈北则音愈重，地愈南则音亦愈轻。声能成章者谓之言，言之成章者谓之文。古代音分南北，如《说苑·修文》篇言：舜以南风，纣以北鄙之音，互相不同。又《家语》言：子路鼓瑟，有北鄙杀伐之声。而《左传》又言：楚钟仪鼓琴操南音。亦古代音分南北之证。河济之间古称中夏，故北音谓之夏声，《左传》襄二十九年。又谓之雅言。《论语》言：子所雅言，雅即夏也。江汉之间古称荆楚，故南音谓之楚声，或斥为南蛮鴃舌。《孟子》。荀子有言，君子居楚而楚，居夏而夏。夏为北音，楚为南音，音分南北，此为明征。余杭章氏谓夏音即楚音，不知夏音乃华夏之音，汉族由西方入中国，以黄河附近为根据，故称北方曰华夏，而南方之地则古为荒服，安得被以华夏之称，不得以楚为夏水，而夏楚音近，遂以夏音即楚音也。章说非是。

声音既殊，故南方之文亦与北方迥别，大抵北方之地土厚水深，民生其间，多尚实际。南方之地水势浩洋，民生其际，多尚虚无。民崇实际，故所著之文不外记事析理二端。民尚虚无，故所作之文或为言志抒情之体。中国古籍以六艺为最先，而《尚书》《春秋》记动记言，谨严简直；《礼》《乐》二经例严辞约，平易不诬，记事之文此其嚆矢。《大易》一书索远钩深，精义曲隐，析理之作，此其权舆。若夫兵农标目，医历垂书，炎黄以降，著述浩繁，如兵家始于黄帝鬼容区，农家始于神农，医家始于神农、黄帝及岐伯诸人，历学亦始于容成，皆见于《汉志》，实为上古之书。然绳以著书之律，则记事析理实兼二长，此皆古代北方之文也。因古帝皆都北方，而南方则为苗族之地。惟《诗》篇三百则区判北南，雅颂之诗起于岐丰，而国风十五太师所采，亦得之河济之间，故讽咏遗篇，大抵治世之诗从容揄扬，如《周颂》及《大雅》《小雅》前半及《鲁颂》《商颂》是。衰世之诗悲哀刚劲，如《小雅》中《出车》《采芑》《六日》以及《秦风》篇皆刚劲之诗也，而《小雅》《大雅》之后半则为悲哀之诗。记事之什雅近典

谟，如《七月篇》历叙风土人情而笃，《公刘》诸篇皆不愧诗史。北方之文莫之
或先矣。惟周召之地在南阳、南郡之间，此韩诗说，予案《周南》言汉广，
言汝坟，则周南之地当在南阳南部之东，《召南》言汝沱，则召南之地当在南阳南
部之西，盖文王兼牧荆、梁二州，故《国风》始于周召。故二南之诗感物兴怀，
引辞表旨，譬物连类，比兴二体厥制益繁，构造虚词不标实迹，与二雅
迥殊。至于哀窈窕而思贤才，咏汉广而思游女，屈宋之作，于此起源。
《鼓钟篇》曰：以雅以南，非诗分南北之证欤？毛传云：言为雅为南也，舞
四夷之乐，大德广所及，又言南夷之乐曰"任"，盖以雅为中国之乐，以南为四夷
之乐也。不知北方之诗谓之雅，雅者北方之音也。南方之诗谓之南，南者南方之音
也。此音分南北之证，非以南夷之乐该四夷之乐也。

春秋以降，诸子并兴，然荀卿、吕不韦之书最为平实，刚志决理，
辄断以为纪，其原出于古礼经，孔孟之言亦最平易近人。则秦赵之文也，
故河北关西无复纵横之士。韩、魏、陈、宋地界南北之间，故苏张之横
放，苏秦为东周人，张仪为魏人。韩非之宕跌，非为韩人。起于其间。惟荆
楚之地僻处南方，故老子之书其说杳冥而深远，老子为楚国苦县人。及
庄、列之徒承之，庄为宋人，列为郑人，皆地近荆楚者也。其旨远，其义隐，
其为文也纵，而后反寓实于虚，肆以荒唐谲怪之词，渊乎其有思，茫乎
其不可测矣。屈平之文音涉哀思，矢耿介，慕灵修，芳草美人，托词喻
物，志洁行芳，符于二南之比兴，观《离骚经》《九章》诸篇皆以虚词喻实
义，与二雅殊。而叙事纪游遗尘超物荒唐谲怪，复与庄、列相同。故《史
记》之论《楚辞》也，谓：蝉蜕秽浊之中，浮游尘埃之外，皭然涅而不污，推此志
也，虽与日月争光可也。南方之文此其选矣。又纵横之文亦起于南，如陈
轸、黄歇之流是也。故士生其间，喜腾口说，其至操两可之说，设无穷之
词，以诡辩相高。故南方墨者以坚白异同之论相訾，见《庄子》。虽其学
失传，然浅察以炫词，纤巧以弄思，习为背实击虚之法，与庄、列、
屈、宋之荒唐谲怪者，殆亦殊途而同归乎？观班固之志艺文也，分析诗
赋，屈原赋以下二十五家为一种，陆贾赋以下二十一家为一种，荀卿赋
以下二十五家为一种，盖屈原、陆贾籍隶荆南，贾亦楚人。所作之赋一
主抒情，一主骋辞，皆为南人之作。荀卿生长赵土，所作之赋偏于析
理，则为北方之文。兰台史册固可按也。

西汉之时，文人辈出，贾谊之文刚健笃实，出于韩非；晁错之文辨
析疏通，出于《吕览》；而董仲舒、刘向之文咸平敞通洞，章约句制，
出于荀卿。盖西汉北方之文实分三体，或镕式经诰褒德显容，其源出于
《雅》《颂》，颂赞之体本之；或探事献说重言申明，其源出于《尚书》，

书疏之体本之；或文朴语饰不断而节，其源出于《礼经》，古赋之体本之。如孔臧、司马迁、韩安国之赋是。又淮南之旨虽近庄、列，然衡其文体，仍在荀、吕之间，亦非南方之文也。惟小山《招隐士》篇出于屈宋。若夫史迁之作，排奡雄奇，书为记事，文则骈词。而枚乘、司马相如咸以词赋垂名，然恢廓声势开拓窔突，殆纵横之流欤？如枚乘《七发》、相如《子虚》《上林赋》是也。至于写物附意，触兴致情，如相如《长门赋》《思大人》、枚乘《菟园赋》是也。则导源楚骚，语多虚设。子云继作，亦兼二长，如《羽猎赋》《河东赋》出于纵横家者也，若《反离骚》诸作则出于楚骚者也。例以文体，远北近南。东京文士，彪炳史编，然章奏书牍之文，咸通畅明达，虽属词枝繁，然铨贯有序，论辨之文亦然。如班彪《王命论》、朱穆《崇厚论》是。若词赋一体，则孟坚之作虽近扬马，然征材聚事，取精用弘，《吕览》类辑之义也，蔡邕之作似之。平子之作，杰格拮捄佹俛可观，荀卿《成相》之遗也，王延寿之作似之。即有自成一家言者，亦辞直义畅，雅懿深醇，如荀悦《申鉴》、王符《潜夫论》是。盖东汉文人咸生北土，且当此之时，士崇儒术，纵横之学屏绝不观，骚经之文治者亦鲜，故所作之文偏于记事析理，如《幽通》《思玄》各赋以及《申鉴》《潜夫论》之文，皆析理之文也。若夫《两都》《鲁灵光》各赋则记事之文。而骈辞抒情之作，嗣响无人，惟王逸之文取法骚经，王为南郡人。而应劭、王充，南方之彦，邵为汝南人，充为会稽人。故《风俗通》《论衡》二书近于诡辩，殆南方墨者之支派欤？于两汉之文别为一体。盖三代之时，文与语分，排偶为文，直言为语。东汉北方之文，词多并俪，句严语重，乃古代之文也；南方之文多属单行，语词浅显，乃古代之语也。建安之初，诗尚五言，七子之作虽多酬酢之章，然慷慨任气，磊落使才，造怀指事不求纤密，隐义蓄含余味曲包，而悲哀刚劲洵乎北土之音。气度渊雅逊东汉，而魄力则过之，孔融、曹操之诗尤为悲壮。

魏晋之际，文体变迁，而北方之士侈效南文。曹植词赋，涂泽律切，忧远思深，其旨开于宋玉；及其弊也，则采摘艳辞，纤冶伤雅。嵇、阮诗歌，飘忽峻侠，言无端涯，其旨开于庄周；及其弊也，则宅心虚阔，失所旨归。左思诗赋，广博沉雄，慨慷卓越，其旨开于苏、张；及其弊也，则浮嚣粗犷，昧厥修辞。北方文体至此始消。又建安以还，文崇偶体，西晋以降，由简趋繁。凡晋人奏议之文、论述之文皆日趋于偶，日趋于繁，与东汉殊。然晋初之文羹元尚存，雕几未极。如杜预、荀勖、傅玄咸吐词简直，若张华、潘岳、挚虞始渐尚铺张，三张二陆文虽遒劲，亦稍入轻绮矣。诗歌亦然。故力柔于建安，句工于正始，此亦文体由北趋南之渐也。江左诗文溺于玄风，辞谢彫采，旨寄玄虚，以平淡之词寓精微之理，故孙、孙绰。许、许珣。二王，王羲之、王献之。语咸平典，由嵇阮而上溯庄周，此南文之别一派也。惟刘琨之作，善为凄戾之音而出以清刚，孙楚、卢谌之作亦然。郭璞之作，佐以彪炳之词而出以挺拔，北方之文赖以不堕。晋宋以降，文体复更，渊明之诗仍沿晋派，至若慧业文人，咸崇文藻，镂雕云风，模范山水。自颜、谢诗文舍奇用偶，鬼斧默运，奇情毕呈，句争一字之奇，文采片言之贵，情必极貌以写物，辞必穷力以追新。谢元晖亦然。齐梁以降，益尚艳辞，以情为里，以物为表，赋始于谢庄，诗昉于梁武。简文及元帝之诗亦然。阴、何、吴、柳，阴铿、何逊、吴均、柳恽。厥制益工，研炼则隐师颜、谢，妍丽则近则齐、梁。子山继作，掩抑沉怨，出以哀艳之词，由曹植而上师宋玉，此又南文之一派也。惟范云、任昉文诗渊懿，江总、沈约亦无轻靡之辞，乃齐梁文士之杰出者。鲍照诗文，义尚光大，工于骋势，然语乏清刚，哀而不壮，大抵由左思而上效苏、张，此亦南文之一派也。梁陈以降，文体日靡，至陈后主而极矣，即刘孝标、刘彦和、陆佐文之文，亦多清新之句。惟北朝文人舍文尚质。崔浩、高允之文，咸硗确自雄，温子升长于碑版，叙事简直，得张、蔡之遗规。卢思道长于歌词，发音刚劲，嗣建安之佚响。如《蓟北歌词》诸作是也。子才、伯起，邢邵、魏收。亦工记事之文，岂非北方文体固与南方文体不同哉？自子山、总持江总。身旅北方，而南方轻绮之文渐为北人所崇尚。又初明、沈炯。子渊王褒。身居北土，耻操南音，诗歌劲直，习为北鄙之声。而六朝文体亦自是而稍更矣。

隋炀诗文远宗潘陆，一洗浮荡之言，惟隶事研词尚近南方之体。杨、薛之作间符隋炀，吐音近北，摛藻师南，故隋唐文体力刚于颜、谢，采缛于潘、张，折衷南体北体之间而别成一派。唐初诗文与隋代同，制句切响，言务纤密，虽雅法六朝，然卑靡之音于焉尽革。四杰继兴，文体益恢，诗音益谐。自是以降，虽文有工拙，然俳四俪六，益趋浅弱。惟李、杜古赋，词句质素，张、陆奏章，析理通明。唐代文人瞠乎后矣。昌黎崛起北陲，易偶为奇，语重句奇，闳中肆外，其魄力之雄，直追秦汉，虽模拟之习未除，然起衰之功不可没也。习之、持正、可之咸奉韩文为圭臬，古质浑雄，唐代罕伦。子厚与昌黎齐名，然栖身湘粤，偶有所作，咸则庄骚，谓非土地使然欤？若贞观以后，诗律日严，然宋、沈之诗以严凝之骨饰流丽之词，颂扬休明，渊乎盛世之音。

中唐以降，诗分南北，少陵、昌黎体峻词雄，有黄钟大吕之音。若夫高、适。常、建。崔、颢。李、颀。诗带边音，粗厉猛起。张、籍。孟、郊。贾、岛。卢、仝。思苦语奇，缒幽鉴险，皆北方之诗也。太白之诗才思横溢，旨近苏、张。"乐府"则出《楚辞》。温、李之诗缘情托兴，谊符楚骚。储、孟之诗清言霏屑，源出道家。皆南方之诗也。晚唐以还，诗趋纤巧，拾六代之唾余，自郐以下无足观矣。

宋代文人，饰老苏之作间近昌黎，欧、曾之文虽沉详整静，茂美渊懿，训词深厚，然平弱之讥，曷云克免？岂非昌黎之文固非南人所能效哉？小苏之文愈伤平弱，介甫文虽挺拔，然浑厚之气亦逊昌黎。若东坡之文出入苏、张、庄、老间，亦为南体，苏门四子更无论矣。北宋诗体初重西昆，派沿温、李，苏诗精言名理有东晋之风。此出于道家，若欧、王之诗于北宋亦为特出。西江一体虽遒峭坚凝，一洗凡艳，然雄厚之气远逊杜、韩，岂非杜、韩之诗亦非南人所克效欤？南宋诗文多沿古制，惟同甫、水心文体纵横，放翁、石湖诗词淡雅。一近张、苏，一近庄、列。然咸属南人，若真、魏之文，缜密端悫，诚哉中流之砥柱矣！若夫东莱之文、稼轩之词亦近纵横，朱子之文雅近真、魏。

金元宅夏，文藻黯然。惟遗山之诗则法少陵，存中州之正声。子昂卑卑，非其匹也。自元以降，惟剧曲一端区分南北，若诗文诸体咸依草附木未能自辟涂辙，故无派别之可言。大抵北人之文，猥琐铺叙以为平通，故朴而不文；南人之文，诘屈雕琢以为奇丽，故华而不实。当明代中叶，七子之诗雄而不沉，归、茅之文密而不茂。至于明季，几社、复社之英发为文章，咸感愤淋漓，悲壮苍凉，伤时念乱，音哀于子山，气刚于同甫。虽间失豪放，然南人之文兼擅苏、张、屈、宋之长者，自此始也。明社既墟，遗民佚士睠怀故都，或发绵渺之文，如吴梅村之诗、毛西河之文是。或效轶荡之体，如侯、魏之文，阎、万之诗是。咸有可观。大抵黎洲之文冗长，惟亭林诗文为最佳。船山之文则又明文之杰出者矣。清代中叶，北方之士咸朴僿塞冗，质略无文，南方文人则区骈散为二体。治散文者，工于离合激射之法，以神韵为主，则便于空疏，以子居、皋闻为差胜。此所谓桐城派也，余咸薄弱。治骈文者，一以摘句寻章为主，以蔓衍炫俗，或流为诙谐，以稚威、容甫为最精。稚威之文以力胜，容甫之文以韵胜，非若王、袁之矜小慧也。若夫诗歌一体，或崇声律，如赵执信及后世扬州诗派是。或尚修词，如宋琬之流是。或矜风调，前有施、王，后有袁枚，皆宗此派。派别迥殊，然雄健之作概乎其未闻也。故观乎人文亦可以察时变矣。

古政原始论*
（1905）

总　叙

　　杨朱有言，太古之事灭矣，孰志之哉。见《列子·杨朱篇》。而屈平亦曰，邃古之初，谁传道之。见《天问》。夫二子生当周季，已悲稽古之难，矧生于千载以后者乎！然木必探本，水必穷源，况于人事。盖欲考古政，厥有三端。一曰书籍。五帝以前，文字未兴，史官未立，而三坟今之《三坟》乃伪书也。五典复历久无征。间有记载之书，又以语失雅驯，为搢绅先生所弗道。见《史记·五帝本纪赞》。惟《世本》诸编去古未远，如《列子》《左传》《国语》所引古史，以及《淮南子》《白虎通》《帝王世纪》诸书，咸可考证三古之事迹，惟不可尽凭。虽记事各殊，如言三皇五帝，已各殊其人，其他可知。然片语单词，皆足证古初之事迹。其可考者一也。二曰文字。造字之初，始于苍颉。然文字之繁简，足窥治化之浅深。中国形声各字，观其偏旁，可以知古代人群之情况，予旧著《小学与社会学之关系》，即本此义者也。此可考者二也。三曰器物。木刀石斧今虽失传，中国书所载雷斧即石斧也。然刀币鼎钟，观近代金石书可见。考古家珍如拱璧。此可考者三也。惜中国不知掘地之学，使仿西人之法行之，必能得古初之遗物。况近代以来社会之学大明，察来彰往皆有定例之可循，则考迹皇古岂迂诞之辞所能拟哉！此《古政原始》所由作也。

---

　　* 原载《国粹学报》第 4、6、8、11、12 期，1905 年 5 月 23 日至 1906 年 1 月 14 日出版，署名刘光汉；收入钱玄同等编《刘申叔先生遗书》，民国二十五年宁武南氏排印。

国土原始论第一

神州民族兴于迦克底亚。《史记·封禅书》曰：泰帝兴神鼎一。《淮南子》曰：泰古二皇得道之柄。泰帝泰古者，即迦克底之转音也。颜注以泰帝为太昊，非也。古世字无定形，惟取其声近者相借用。厥后逾越昆仑，经过大夏见旧作《华夏篇》及《思祖国篇》，故不再录。自西徂东，以卜宅神州之沃壤，皙种人民称为巴枯逊族。巴枯逊者，盘古之转音，其详见《华夏篇》。亦即百姓之转音也。百姓为巴枯逊之合音。今葱岭回部以伯克为贵族之称，而中邦古代亦以百姓为贵族之称，《书》"平章百姓"，百姓即汉族之贵者也。伯克、百姓其音一也。吾观古迹所纪载，知伏羲生于成纪，见《帝王世纪》。神农产于华阳，见《春秋元命苞》。是中代声教所被，首及雍梁。又当此之时，中邦疆域广延与西方合一，其证见于《山海经》《穆传》诸书，旧作《思祖国篇》已详言之。故《帝王世纪》有言，神农以上有大九州。《春秋命历序》亦曰，神农始立地形，东西九十万里。则兼举西方之土而言可知。而贾谊《新书》之序事迹也，亦言黄帝登昆仑然后还归中国。《新书》曰：黄帝经东海入江内，取绿图以济积石，涉流沙登于昆仑，于是还归中国，以平天下。此亦黄帝至西方之证。则黄帝肇兴，实以昆仑为祖国。然黄帝以前，中邦疆壤仅占西土一隅，自黄帝削平蚩尤，与蚩尤战于涿鹿即今涿州，是幽州为蚩尤故地。降居昌意，《史记》言，黄帝于青阳降居江水，昌意降居若水，昌意娶蜀山氏女，生高阳。盖当此之时川蜀始入版图，故封皇子以守之。而禹生石纽，亦今四川之边境也。幽、蓟、川、蜀始入版图。自舜窜三苗，礼教始行于湘楚。神农之时虽至南郡，唐尧之世虽宅南交，然不过羁縻其地，而为之主者仍苗民也。见旧作《苗黎篇》。故《檀弓篇》曰：舜葬于苍梧之野。自禹盟会稽，德泽始加于吴越。故《墨子》书曰：禹东教乎九夷。此则古圣开疆之次第也。古人皆用殖民政策故能以客族而胜主民，又神农以前，人民从事畜牧，迁徙往来，民无定居，与近今之胡族相同。故君曰伏牺，臣曰力牧，黄帝臣名。国中称为域中，国字古字作或作域，即无一定疆界之证也。九围称为九有，亦古代无一定疆界之证。足证此疆尔界区画未严。及火化之说诠明，观中国古代有燧人氏，有祝融氏，皆发明用火之术者也。及神农发明耕稼，始知伐林启壤以垦辟田畴，故烈山泽，伐林木，此神农氏所由，亦称烈山氏也。始易牧地为田畴，而行国之民易为居国。即城郭宫室之制亦起于是时。故《汉书》载神农之教，有"石城千仞"之语。然市府国都语无区别，见旧作《小学与社会学之关系篇》，今弗具引。游牧旧制亦未尽沦，故诸侯之长仍沿九牧之称。如《书》言咨十有二牧，《左传》言禹时贡金九牧是也。盖古代以牧地分诸侯，各国有一定之牧地，与今蒙古之各有牧地者相同，故后世以牧为伯长之称，《周书》言宅乃牧，亦沿此语者也。又游牧之民以旗区壤，而族字从旗。《尧典》言以亲九族，犹言以亲九牧耳。汉儒以亲族之族解之非也。观《禹贡》言莱夷作牧，王引之云：言莱夷水退始作牧也。则大禹之时，九壤之中仍有牧场之地，盖游牧耕稼相杂之制度也。惟当此之时以帝都之所在定为国号之称，神农作都曲阜，地邻齐鲁，故以齐州为中国之称。《尔雅》牧地曰：距齐州以南，犹言距中国以南也。黄帝、尧、舜作都河北，地属冀州，涿鹿在九州中亦为冀州之地，故《山海经》言黄帝令应龙攻蚩尤于冀州之野也。《史记》亦曰：蓟，冀州之人也。故以冀北为中国之称。观《穀梁传》及《楚辞》可见。惟划土区疆之法则历代不同，故或为十二州或为九州。然封建之制实以皇古为滥觞，孰谓考古者之无征哉？作国土原始论第一。

氏族原始论第二

尝考中国古籍，其溯人类之肇生也，立说多近于西教，有所谓创世之说者，如《五运周甲纪》《述异记》之记盘古氏是。又有所谓造人之说者，如《风俗通》女娲抟黄土为人是。咸荒诞不足信。盖上古之民从事游牧，以旗帜而区牧地，而部落以分。特古代之所谓部落者，不称国而称氏，古《孝经纬》有言，古之所谓氏者，氏即国也。吾即此语而推阐之，知古帝所标之氏指国言，非指号言。如盘古氏即盘古国也，燧人氏、大庭氏、有巢氏、祝融氏、女娲氏，犹言燧人国、大庭国、有巢国、祝融国也。伏羲氏、神农氏、有熊氏、金天氏、高阳氏，即指太昊、炎帝、黄帝、少昊、颛顼之国言也。又陶唐为帝尧之国，故称陶唐氏。有虞为帝舜之国，故曰有虞氏。夏为大禹之国，故曰夏后氏。又子思子所言东户氏，《亢仓子》所言凡蓬氏，庄氏所称冉相氏，均即国也。若夫共工氏、防风氏，则又指诸侯之有国者言也。足证古代之所谓氏者，犹言国也，无国则无氏。《左传》曰，胙之土而命之氏。此氏字最古之义，是古时之氏大抵从土得名，无土则无氏矣。《禹贡》曰锡土姓，土即氏也。后世以邑为氏，以官为氏，以字为氏，皆氏字后起之义，与古代以国为氏之义迥别。郑渔仲、顾亭林之论姓氏也，知氏专属于男子，由姓而分，又谓古时人人有氏，惟姓必待帝王之赐锡。岂知上古之时有土斯有氏，亦岂能人人而有氏乎。《左传》言堕姓亡氏，是无国则无氏矣。又氏字古文作是，《说文》氏字下云，巴蜀名山岸胁之自旁箸欲落堕者之名。与氏姓之说无涉。段注云，姓氏之字亦当作是，假借氏字书之耳。是字从日从𤴓，日为君象，所以表一国之有君长也，𤴓象足形，所以表土地为人民所托足也。《说文》以是为直，似非本义，段注云，姓统于上，氏统于下，是者，分别之词也。亦非是字之本义。盖一国之中必有君长，土疆始能成立，观于是字之从日从𤴓，益信氏字之义通于国字矣。

至中国姓字，从女从生，观古代之姓多从女旁。其详见旧作《溯姓篇》。盖上古之时婚姻未备，盛行一夫多妻之制，而一妻多夫之制亦未尽沦，故古代帝王大抵皆从母得姓。《亢仓子》曰，凡蓬氏之有天下也，天下之人但知有母，不知有父。《白虎通》亦曰，古之时未有三纲六纪，民人惟知其母不知其父。伪《三坟》亦曰，太古之人皆寿盈易始，三男三女冬聚夏散，食虫、鱼、兽、草木之实，而男女构精以女生为姓，始三头，谓之合雄纪。其书虽伪，然此语足窥古代社会之情况。非古人从母得姓之征乎？稽之古籍，得六证焉。神农、黄帝同为少典之后裔，而神农姓姜，黄帝姓姬，则以母姓不同之故耳，神农之母名任姒，黄帝之母名附宝，见《帝王世纪》。其证一。伏羲之姓为风，而女蜗之姓亦为风，见《帝王世纪》。则以女娲先姒与伏羲之母同出一源，其证二。《国语》：黄帝二十五子，其同姓者仅二人。同母者仅二人，故曰同姓者仅二人也。则以黄帝妃后甚多，子之生也，各随母姓，其证三。《大戴礼》言，陆终氏有子六人，安为曹姓，曹姓者邾氏也，季连为芈姓。季连者，楚氏也，足证同父异母得姓即殊，且可知古代氏与族有分。其证四。《史记·秦世家》述伯益得姓之始，举女修而不举少昊，秦之祖为少昊氏，而女修为颛顼之女孙，特其母家。《史记》举其母氏而不举其祖，亦古人从母得姓之证，其详见旧作《溯姓篇》。其证五。四〔西〕汉皇子多系母姓，如武帝立子据为太子，以母卫氏遂称卫太子，太子之子进为史良娣所生，遂称史皇孙，皆从母得姓之证也。仍沿古代从母得姓之风，又按《夏侯婴传》言，婴曾孙颇尚主，主随外家姓，号孙公主，故滕公子孙更姓孙氏，是公主既随母姓，而所生之子复从母姓也。其证六。得此六证，此六证外，余证甚多，如尧为帝喾之子，帝喾为姬姓，而尧为伊祁氏，则以母姓伊之故也。故《帝王世纪》曰，尧或从母姓伊氏。舜为颛顼之后，颛顼亦姓姬，而舜独姓姚者，亦以舜母姓姚之故。禹亦为颛顼后，而禹独姓姒者，《帝王世纪》谓因禹母吞薏苡生禹之故，则亦以母事而得姓矣。推之殷为子姓亦同此义。则古代所谓同姓不婚者，乃指母族之姓而言，非指父族之姓言矣。如尧舜同为黄帝之后，而尧之二女嫁舜为妃，不为渎伦。又伯益亦为黄帝之后，而伯益之祖大业其母为女修，即颛顼之后，亦父族之为婚者也。

夏殷以降，由女统易为男统，而所谓同姓不婚者，始指父族而言。以古帝之近于渎伦也，乃托为无父而生之说。《说文》姓字下云：古之神圣母感天而生子，故曰天子。予案：古史之言太昊也，只言其母感巨迹而生，不言其父何人。神农以降，古史虽详其父名，亦必言其母感天而生，如《帝王世纪》言：神农母任姒以龙首感生神农，黄帝母附宝以大电感生黄帝。而纬书之言少昊、高阳、高辛、尧、禹也，皆言其母感天气而生。余如契母感玄鸟而生契，稷母感巨人而生稷，皆载在《诗经》。汉代今文学以圣人为无父而生，而古文学以圣人无父有生，盖以其父不明，故托为感天生子之说，以示神奇也。又以先祖所自出不明，因知有母不知有父之故，乃举行禘礼以祖配天，其详见旧作《溯姓篇》。此姓字从女生之微意也。惟古帝世系，书缺有间，征考实难。古帝世系多不可考，窃疑古书所云某帝为某子者，子即指子孙而言，犹言后裔也，非必定其所生也，如神农传九世始为黄帝所灭，则黄帝非即少典之子、神农之弟明矣。盖黄帝亦少典后裔而神农之同族耳，而《帝王世纪》误为少典之子。《左传》言自幕至于瞽瞍无违命。是舜之祖为幕。《左传》又言陈颛顼之后，则幕之祖为颛顼。《史记》言颛顼生穷蝉，而《吕梁碑》则言幕生穷蝉，是穷蝉乃颛顼之后，非即颛顼之子也。又《汉书》言，黄帝子清阳。其子名挚，以金德王，挚即少昊，是少昊乃黄帝之后，非其子。《国语》言，少昊氏之衰，颛顼受之。则少昊氏为一代之通称，足证颛顼去黄帝甚远，乃昌意之后，非必昌意之子也。故《山海经》言昌意生韩流，韩流生颛顼也。《春秋元命苞》言黄帝传十世，少昊传八世，颛顼传二十世，帝喾传十世，虽不足尽信，然足证颛顼非黄帝之曾孙。《汉书》帝系言颛顼五世而生鲧，则鲧非颛顼之子而颛顼之后矣。《左传》称高阳、高辛各有才子八人，高阳之子必不至若此之长寿，则所谓才子者乃指其后裔之贤者言。此皆子即后裔之证。特当时之种系不闻异族之杂糅，至黄帝迁蚩尤之民于邹、屠，为异族新居之始。见《拾遗记》，其言曰，其先以地名族，后始分为邹氏屠氏，氏即国也。三代以降，蛮夷入代，姓氏以淆，此岂古圣别生分类之旨哉。作氏族原始论第二。

君长原始论第三

《商书》有言，生民有欲，无主则乱。《仲虺之诰篇》。而扬子《法言》亦曰，一哄之市，必立之平。《学行篇》。意者，君长之制固始于洪荒之世乎？特英甄克斯《社会通诠》有言，图腾社会有巫无酋。引吉楼斯本钞二氏说。吾观中国古籍之称君长也，或称为皇，或称为帝，或称为天子、天王。皇者，天也，《白虎通》云：皇者何也，亦号也，皇，君也，美也，大也，天之总美大称也，时质故总之也，号之为皇者，煌煌人莫违也。《风俗通》云：

皇者天，天不言，四时行也，百物生焉，三皇垂拱，无为设言，而民不违，道德玄泊，有似皇天，故称曰皇。《管子》亦曰：明一者皇。明一者即知天之谓。即圣人与天合德之义也。帝者昊天，上帝之谓也。郑康成云：帝，天也。古代以祖配天，用行禘礼，禘从帝声，故称君为帝。《春秋繁露》云，德备天地者称皇帝。《淮南子》云，帝者体太一。体太一者，犹言法天也。《尚书·刑德考》云，帝者天号也，《乐稽耀嘉》曰德象天地为帝。《独断》云，帝者谛，能行天道事天审禘。皆其证也。天子者，其称亦起于禘礼，《说文》姓字下云，古之神圣人母感天而生，故曰天子。其说出于《繁露》。《繁露》曰，天佑而子之号称天子。《独断》曰，天子，夷狄之所称父天母地，故称天子也。吾观《尔雅·释诂》天亦训君，此君长所由称天子也。若王字之义，《说文》引《繁露》说，谓古之造文者三画而连其中谓之王。三者，天、地、人也，而参通之者为王。吾观《尸子》有言，尧问于舜曰何事，曰事天，问何任，曰任地，问何务，曰务人。此君长参通天、地、人之证。《尚书大传》亦曰，天地人道备而三五之运兴矣。

盖上古之时，君主即为教主，君权兼握神权。故《荀子》之言曰，学以帝王为师。《乐论》。董子亦曰，无王教则民质不能善。《性善篇》。足证上古之世君主兼握政教之权。试观伏羲画八卦得河图洛书之祥，即以符箓惑民之术也。神农发明医药，而《说文》则谓巫彭初作医，是洪荒之世医属于巫。故古书多以巫、医并言也。而《尸子》之称神农也，亦谓万物咸利，故谓之神。《白虎通》云，神农教民农作，神而化之，使民宜之，故谓之神农。《礼含文嘉》云，浓厚如神，故为神农。此君主兼握神权之证。即黄帝之征蚩尤，亦崇神术，如《史记》言黄帝教熊罴、貔貅、貙虎以与炎帝战，而《龙鱼河图》复言黄帝授天女神符是。推之合符釜山，《史记》云，黄帝北逐荤粥，合符釜山。坠弓鼎湖，见《史记·封禅书》。亦神道设教之征，黄帝大臣如鬼容区之流，大抵亦巫祝之流，所谓僧侣之政治也。是洪荒之政治皆神权之政治也。观蚩尤为苗族之君而有使役鬼神之术。《史记》之称帝尧也，亦曰畏之如天仰之如神。而启之伐有扈、汤之伐桀、武王之伐纣，亦自言受命于天，此古代信神权之确证。酋出于巫，此其验矣。

及洪荒以降，易巫为酋。酋之本训为绎酒，《说文》酋字下云：酋，绎酒也，从酉，水半于上。礼有大酋，掌酒官也。酋长之酋即由酒官假借。《月令》云乃命大酋，注云，酒官也。酋也者，即能以酒食饷民者也。其详见《政法学史序》，又案：《说文》醫字下云，治病工也，从殹，从酉。殹，恶姿也，醫之性然，得酒而使，故从酉，王育说。一曰殹病声，酒所以治病也。周礼有医酒。是医学亦始于造酒，故造酒之人为人民所信仰，神农种谷明医，殆古代酋长之圣人乎。又酉字从西，《博雅》谓气生于西，《博雅》云，太初，气之始也，生于西。酉有首字之义，宋王逵《蠡海集》云，西者，酉也，阴之首也，是以夷狄之帅为酋。说虽附会，亦有至理。故酋长即为首领之称。且尊训为君，尊之本义为酒器，从酋从廾，与酋字由酒官假借者同。而其字从酋，亦酋长即君主之确证。又如輶轩使者扬雄《答刘歆书》云，尝闻先代輶轩之使，奏籍之官，皆蔵于天子之室。为后世采风之官。輶轩或作遒人，《左传》遒人以木铎徇于路，刘歆与扬雄书作遒人，卤亦酒器与酋义同。又《说文》遒字下云，古之遒人以木铎记诗言。輶遒从酋得音，盖古代帝王皆有巡方之典，及君主深居简出，乃以巡方之职属行人，輶轩者犹言钦使、王使耳。乃酋长时代之遗言。且奠为祭名，而其字从酋从丌，《说文》云，奠置祭也，从酋，酋，酒也，丌其下也。礼有奠祭，非奠字本义。足证古代祭祀之权操于酋长。抑又考之，古代字无定形，多取同音之字相假。古有九头氏，《始学篇》云人皇兄弟九头，古代有九头纪。九头氏者乃酋长九人之分立者也。苗族君长曰蚩尤，蚩尤者乃酋长之无道者也。蚩尤犹言昏君，蚩为无知之貌。郑康成等训尤为过，非也。又古代酋豪并言，而后世以酋豪为夷长之称。《尚书序》：西旅贡獒。马融训獒为豪，即西旅之君长也。春秋之时，荆楚僻，近蛮夷，其君长之不终于位者，皆称为敖，而官名复有莫敖。敖与豪同，莫敖犹言大长，《小尔雅》：莫，大也。《庄子》"广莫之野"，犹言广大之野也。与赵佗自称蛮夷大长者同义。此亦酋长时代之遗语也。

自是以降，君长之制渐成，然称号各殊。就行政而言则称为尹。尹字从右从丿，义训为治，与握事同。《说文》尹字下云，治也，从又丿，握事者也。又有□字，下云古文尹。而君字从尹从口，君字从尹，象持杖之形。父字训巨，为家长率教之称，从又举杖，是君长制度由家长制度而推。又殳字训为以杖殊人，是杖亦古人之兵器，故尹字、君字、父字皆象持杖之形。尹字即君字之古文。如《春秋》君氏卒，亦作尹氏卒是。古代之时，君主握有行政之权，后世以降，凡操握行政之权者皆称为尹。为君臣之通称。商伊挚，伊尹名挚。称为伊尹，《说文》云：伊，殷圣人阿衡也，尹治天下者，从人尹。尹即贵职之称。又尹训为正，故周代之初长官称正，正与尹同。王伯申《经义述闻》云：《尔雅》曰，正，长也，故官之长皆称正，如《尚书》"凡厥正人""惟厥正人""越厥小臣外正""庶士有正""越惟有胥伯小大多正""惟正是乂""有正有事兹乃允惟""王正事之臣"，正字皆训为长官，即《立政篇》之政字，亦指立长官言。其说甚当。而春秋之际，荆楚陈宋诸邦仍称官为尹，如楚有令尹、左尹、右尹、箴尹、连尹、寝尹、工尹、卜尹、芉尹、蓝尹、沈尹、清尹、陵尹、郊尹、乐尹、宫厩尹、监马尹、杨豚尹、武城尹，皆为治事之官。又春秋之时，宋有门尹，陈有芋尹，盖皆见《左氏传》。而秦官复有名庶长者，亦沿酋长长字之称。余杭章氏又以《楚词》"灵修"即令长，修训为长，因避淮南王讳改长为修，灵、令二字亦古通。予案：《离骚经》"骞吾法乎前修"，前修即上文"前王踵武"之"前王"，修亦长也。尊卑虽异，同为治事之称。此可考者一也。就立法而言，则训为后，后字从口，《说文》后字下云，继体君也，象天之形，从口。《易》曰，后以施命诰四方。案，后夔等皆非继体之君，则开创之君亦可称后。故《易》言后以施命诰四方。《说文》：命，使也，从口令。段氏云，令者，发号也，君之事也。而韩昌黎亦曰，君者，出令者也。此后字之确诂。故大禹以夏后名朝，而三代以前天子有元后之称，《尚书》。诸侯亦通称群后。如《尚书·舜典》言"肆觐东后""群后四朝"，《禹谟》言"禹乃会群后誓于师"，《伊训》言"先王侯甸群后咸在"，《武成》言"呜呼群后"，《毕命》言"三后协心"，皆诸侯也。而后夔、后稷、后羿、后寒之类，皆诸侯之称后者也。盖诸侯与天子尊卑未严也。则以天子当施令天下，即诸侯亦得施令于域中，故《尔雅》训后为君。此可考者二也。就司法而言，则称为辟。《说文》辟字下云：辟，法也。案：《诗·小雅》"辟言不信"，《大雅》"无自立辟"。《传》云：辟，法也。而《周礼·乡师》注、《戎右》注、《小司寇》注，皆训辟为法。从卩辛，节制其罪，案：辛字从一辛，罪也。见《说文》。故从辛之字皆有法字之义，罪字古文亦作辠。从口，用法者也，凡辟之属皆从辟。《说文》辟字下云：法也，从辟。《井周书》曰：我能弗辟，辟下云：治也，从辟，义声。《虞书》曰：有能俾辟。而《尔稚》复训辟为君，后世称贤君为令辟。足证古代之时，法律之权操于君主，故君主之名词隐含法律之义。此可考者三也。

合立法、行政之权言之，始称曰君，故君字从尹从口，《说文》君字下云：从尹口，口以发号。君训为尊，《说文》云：君尊也。君为天下所归往，《白虎通》云：王者往也，天下所归往。则称为群，故君群互训，而群字从君得声。王伯申《经义述闻》云：《尔雅》君字有二义，一为君上之君，天帝皇王后辟公侯是，一为群聚之群，林烝是也。古者君与群同声，故《韩诗外传》云君者群也。案：王氏之说稍误，林烝训群，复训为君，则以古代称君与国家团体无异。王氏未及知耳。《吕览·长利篇》云，群之可聚也，相与利之也，利之出于群也，君道立也，故君道立则利出于群。案柳子厚《封建论》亦云：人之初与万物皆生，不能自奉自卫，假物则争，争而不己，必求其能断曲直者以听命也，其智而明者，所服必众，告之以直而不改，必痛之而后畏，然后君长刑政生焉。斯言也，殆草昧时代立君之嚆矢乎。盖草昧之世，君由民立，世袭之制未兴，故五帝官天下与三王家天下不同，汉盖宽饶奏封事引《韩氏易》云：五帝官天下，三王家天下，官以传贤，家以传子，若四时之运成功者去。而盖氏坐指意欲求禅赐死。今世《韩氏易》失传，而诸家注释《汉书》者亦无一语及之，惟《说苑·至公篇》云：秦始皇既吞天下，召群臣议五帝禅贤三王世继孰是，博士鲍令之对曰，天下官则选贤是也，天下家则世继是也，故五帝以天下为官，三王以天下为家。始皇帝叹曰：吾德出于五帝，吾将官天下，谁可使代我者与？《韩氏易》说同，而蒋济《万机论》亦有官天下家天下语。而君字亦为君臣之统称。周时人臣亦称为君，见顾氏《日知录》卷二十四君字条。自黄帝置太监之官以监万国，见《史记》。禹合诸侯于会稽，戮防风氏，而诸侯各国始知天子之尊，酋长之制遂易为封建之制矣。此中国君主制度之滥觞也。东周之时诸侯称王，而秦始皇遂兼称皇帝，至今未革，不知皇帝二字义甚相近。《书·吕刑》言皇帝，犹《诗·大雅》言皇王耳。合二字为天子之称，非复而何？作君长原始论第三。

宗法原始论第四

《易·序卦传》有言，有天地然后有夫妇，有夫妇然后有君臣。而《礼记·中庸篇》亦曰，君子之道造端乎夫妇。此语何谓哉？盖上古之时婚姻之礼未备，血胤相续，咸以女而不以男，见《氏族原始篇》。必女子终于一夫而父子之伦始定，古代之时，由一妻多夫之制易为一夫多妻之制，故视女子为甚卑。有剽掠妇女之风，《礼》言阳侯杀穆侯窃其夫人，其遗风也。有买卖妇女之俗，《诗》言申人之女因夫家礼物不具，持义不往，其遗俗也。盖当此之时，自庶人以上皆行一夫多妻之制，位愈贵者妻愈多，盖当时所重者，在男子之血统，故一夫多妻所生之子悉从男子之姓。而女子之血系易为男子之血系矣。所谓有夫妇然后有父子也。自女统易为男统，则一族之中，不得不统于所尊，而父权以立。故古代以父为严君。《易》曰，家人有严君焉，父母之谓也。《礼记》曰，父之于子也，尊而不亲。而英国西卫族旧律，谓民不及十四者食于父案下，以父为君，约束刑罚惟其父，不得名一钱。凡所有皆父主之，与中国旧制相同。《说文》父字下云，家长，率教者，从又举杖。与君、尹字形相似，尹字即古君字，而尹字从又，亦象持杖之形。足证洪荒之世父权与君权相同。所谓有父子然后有君臣也。父处于君位，子处于臣位，此家族所由为国家之始基也。盖父子之伦既立，而宗法以成。特宗法成立析为二期。一为种人之宗法，乃游牧时代之制度也。一为族人之宗法，乃耕稼时代之制度也。见《社会通诠》。种人宗法以神灵首出之一人为一种人民之祖，谓人民咸出于一源，其所谓同出一源者，不必信而有征。不过用此以系联其宗，使种人之心有所附属耳。非必果出于一源也。征之古籍得二证焉。一为五帝三王咸祖黄帝。证之《世本》，则各姓出于黄帝者占十之八。盖黄帝之时，其民皆从黄帝之姓，犹之今安徽等省大族所役之仆，亦从主人之姓也。《万机论》谓黄帝言，主失其国，其臣再嫁。盖当时以君姓为姓，故故国既亡，又从新君之姓为姓也。一为婚姻之礼娶女异邦。观当时之帝王无一娶本国之女为后也，如神农母为有蟜氏，颛顼母为蜀山氏是也。盖古人不娶同姓，以同种之人皆为同姓，故必聘后于异邦。及人口滋蕃，而谱系之学亦日显，由是种人之中各推其祖之所自出，而氏族以分，各族以旗区别，故族字从㫃，致种人之宗法易为族人之宗法。社会学有二说，一谓有族人而后有种人，谓人类由分而合，一谓有种人而后有族人，谓人类由合而分。后说为当。犹之蒙古豪酋咸以成吉斯为鼻祖，而每旗之中复各自祀其始祖也。《尚书·汩①作》《九共篇》言别生分类，别生犹言别姓，古生字与姓字通用。乃由种人析为族人耳，《易·同人卦》曰，君子以类族辨物，《周易》述以族为姓是也，王伯申以族为类，谓善恶各以类。不足信也。而"六二"则曰同人于宗，盖分别族姓实为宗法之滥觞。

特宗法起源起于祭祀。皇古之时，有一境所祀之神，有一族所祀之神。一境所祀之神即地祇之祭是也，其名曰社。全谢山云：古人之祭也，必有配，故社之配也以句龙，降而国社、乡社、里社。则以其有功于斯土者配之。今世之社无配而别出为城隍，又歧为府主，是皆古国社之配也。又降而一都一鄙皆有境神，是即古乡社、里社之配。其解社祭甚确当。一族所祀之神，即人鬼之祭是也，中国之鬼起于人鬼。其名曰宗。《说文》宗字下云：尊祖庙也，从宀从示。宀为交覆突屋有家室之形，宗字从宀，所以明宗为一家之祀神也。盖古人之祭祖也，近者亲而远者疏，故祭祀之礼悉以远近为等差，《大传》有言，有百世不迁之宗，有五世则迁之宗，始祖享百世之祭者也，故不迁，始祖以下皆得各享其四世之祭，故历五世而后迁，即班固四宗之说也。班固曰：宗其为高祖后者为高祖宗，其为曾祖后者为曾祖宗，其为祖后者为祖宗，其为父后者为父宗，盖高祖既祧，则高祖之子又为高祖，此四宗之说也。《大传》又曰，同姓从宗合族属。又曰，四世而缌服之穷也，五世祖，免杀同姓也。六世亲属竭矣，其庶姓别于上而戚单于下，昏姻可以通乎，系之以姓而弗别，缀之以食而弗殊，虽百世而昏姻有不通者，周道然也，盖四世以内为亲属，五世以外谓之族属，所谓同姓从宗者，谓虽庶姓别于上而本姓未沦，仍为同宗也，此古代宗法之大略也。复以尊卑为区别。如天子有禘祭，有郊祭，又有祖宗之祭。如祭法所言，有虞氏禘黄帝而郊喾，祖颛顼而宗尧是也。故其位愈尊则所祀之祖愈远，《王制》言，天子七庙，

①　编者注：原文为"汨"，应为"汩"。《尚书》有《汩作》篇。

诸侯五庙，大夫三庙，士一庙，庶人祭于寝，亦祭祀因位区别之证也。然五世之祭则为上下之所共者也。宗为祖庙之名，故主祭之人亦为宗，主祭之人称宗子。帝王为一国主祭之人，故帝王亦称为宗。如殷高宗、太宗、中宗之类是也。大抵帝王即王室之宗子，故宗字又训为尊，《诗》公尸来燕来宗，靡神不宗，《毛传》释之云：宗，尊也。此其确证。又由宗法之义引伸之，凡族人为主祭之人统辖者，亦莫不称之为宗，如小宗、群宗、宗人之类是，此宗法之名所由立也。若《舜典》"禋于六宗"，则宗字当作禜，六宗见于祭法，而郑注《祭法》云宗皆当作禜，是六宗之宗与祖宗之宗不同。

宗法者，世袭制度之起原也，亦阶级制度之权舆也，故贵族平民尊卑互异，贵族者，百姓也，汉族之民也，百姓世袭其职，故唐虞之时亦建官惟百，一姓即有一官。《诗》言群黎百姓，百姓即指百官言。见顾氏《日知录》。平民者黎民也，苗族之旧民也，《书》言万邦黎献共为帝臣，乃平民贤者之升为官职者也。《大诰》言民献有十夫。民献犹言黎献也。而同族之中亦有贵贱之殊。试即三代之宗法考之。一为帝王之宗。天子为王室之宗子，天子之立太子也，以长不以贤，以嫡不以庶，太子既殁，必立太孙，而立次子、庶子者，皆为背理。此古籍之旧说。盖为天子者必为大宗，即《周易》所谓主器者莫若长子也。天子封子姓为诸侯，如周代封同姓之国四十人是也，由大宗分为小宗。诸侯用子姓为大夫，如春秋之时以同姓为世卿是也。于诸侯为小宗，于天子则为群宗。大夫以子姓为家臣，于大夫为小宗，于诸侯为群宗，于天子则为族属。以服制之远近判爵位之崇卑。天子兼操宗子之权，故《公刘》之诗曰君之宗之。且当此之时，视父犹君，视君亦犹父，观帝尧之殂落也，百姓如丧考妣。而后世以降，人民亦为天子服丧，足证君主政治悉由家长政治而推。埃及称君主曰法老。而《曲礼》之言蛮夷君长也，亦曰于外自称曰王老，此皆酋长即家长之证。又《大学》言治国必先齐家，而《孟子》亦言国之本在家，亦可证国家起原于家族。小宗屈服于大宗，故臣民即受制于天子。诸侯以降，凡庶子有禄位者，亦得为别出之宗。《大传》言，别子为祖继别为宗。盖庶子起为大夫，而得命氏受族者亦得别为一宗，而享其不祧之祭，故谓之别祖。始祖之宗，宗之大同者也，别子之宗，宗之别于大同者也。又别子之宗外又有公子之宗。《大传》又曰，有小宗而无大宗者，有大宗而无小宗者，有无宗亦莫之宗者，公子是也。公子有宗道，公子之公为其士大夫之庶者，宗其士大夫之适者，公子之宗道也。盖别于世为大夫而后有宗，公子不必为大夫而亦有宗，此其所以与别子不同也。特受氏虽殊，异其氏不异其姓。仍为大宗所统辖，即晋师服所谓天子建国、诸侯立家、卿置侧室、大夫有贰宗见桓公三年《左氏传》。也。又《礼记·礼运篇》：天子有田以处其子孙，诸侯有国以处其子孙，大夫有采以处其子孙。亦此义也。一为庶人之宗。古代之时，天子按亩授田，行画井分疆之法，故每夫授田百亩。夏五十亩，殷七十亩，周百亩。辖农民者为主伯，务农事者为亚旅，故亚旅统于主伯。《诗·周颂》曰：侯主侯伯侯亚侯旅。亚旅长子世承父业，即大宗之制度也。亚旅之次子为余夫，《孟子》云，余夫二十五亩，此余夫之制也。侯壮而有室，即授以百亩之田矣。即小宗之制度也。余夫长子世承父业，而次子亦为余夫，即群宗之制度也。父必传子，子必绍父，余子必尊其兄，龚定庵云，百亩之田，有男子二，甲为大宗，乙为小宗。小宗者帝王之上藩，实农之余夫，有小宗之余夫，有群宗之余夫。小宗有男子二，甲为小宗，乙为群宗。群宗者，帝王之群藩也。余夫之长子为余夫大宗，有子三四人若五人，丙丁为群宗，戊闲民。小宗余夫有子三人，丙闲民。群宗余夫有子二人，乙闲民，闲民使为佃。闲民之为佃，帝王宗室群臣也。上溯农宗甚为精确。而农宗以立。《管子》云，农之子恒为农，不见异物而迁，即农夫世守其业之确证也。即晋师服所谓士有隶子弟。杜注云，士卑，自以其子弟为仆隶。案：此即《论语》所谓有事，弟子服其劳。庶人工商各有分亲，皆有等衰也。孟子告滕文公，言世禄井田之法。世禄者，所以复乡大夫之宗法也，井田者，所以复庶人之宗法也。

盖当世之民，上使之统于君，下使之统于宗，故宗有常尊。见《荀子》。以宗子为保家之主，故有统治一族之权。试即宗子之特权言之。宗子虽在异邦，正祭不可举他人，见《礼记·曾子问篇》。一也。同族之贵显者不敢以车徒入其门，《礼记·内则篇》云，嫡子庶子，只事宗子宗妇，虽贵富，不敢以贵富入宗子之家，虽众车徒，舍于外，以寡约人。又云，子弟有归器、衣服、裘衾、车马，则必献其上而后敢服用其次也，若非所献，则不敢以入于宗子之门。若富，则具二牲，献其贤者于宗子，夫妇皆斋而宗敬焉，终事而后敢私祭。二也。宗子殇而死必丧以成人，见《曾子问篇》中。三也。大宗无后必为之置后，小宗则否，子夏《丧服传》云，为人后者孰后，后大宗也。曷为后大宗，大宗者，宗之统也。而何休《公羊解诂》云，小宗无后当绝。即《曾子问篇》所谓无后者祭于宗子之家也。四也。宗子死，则族人为之服齐衰三月，其母、妻死亦然，见《丧服传》。《丧服传》又云，宗妇死，则夫虽母在为之禫。宗子之长子死，亦为之斩衰三年。五也。宗子齿虽七十，主妇不可阙居，见《内则篇》。六也。是则族人者统于宗子者也，族妇者统于主妇者也。即《内则》所谓嫡子庶子只事宗子宗妇也。更即宗子之对于同族者言之。一为财产上之特权，古者族人异宫而同财，有余则归之宗，不足则资之宗，见《期服传》。故吉凶有通财之义。《诗》曰：泂酌彼行潦，挹彼注兹，可以馈饎。此之谓也。六行重睦恤之条，即《大传》所谓庶民安故财用足也。其详见《日知录》"庶民安故财用足"条。一为刑法上之特权。宗子之对同族又有直接裁判之权,当此之时,国家之法仅及家长,家长以下,则家长有统治之权。使不善之萌自化于闺门之内,即《大传》所谓爱百姓故刑罚中也。其详见《日知录》"爱百姓故刑罚中"条。一为禄位上之特权。三代之时,仕者世禄,而卿大夫之支孽罕得仕于公朝,春秋之时,卿大夫之庶子皆为家臣,如公弥之为公左宰,赵同、赵括之为公族大夫,皆当时特别之制度也。即卿大夫之卒,亦立长不立庶,故公仪仲子舍嫡孙立子,仲尼以为非。即《内则》所谓嫡子庶子只事宗子也。以后世之制观之,则宗法之规固邻于压抑,然三代之时亦未尝不收宗法之效。古代哲王以尊祖敬宗之说维系天下之民心,使卿士大夫报本反始,守祭祀以保庙祧,《孝经》云,保其社稷,诸侯之孝也;守其宗庙,大夫之孝也;保其禄位守其祭祀,士之孝也。则夙兴夜寐以期无忝所生,而越礼败度之愆可以稍弭。观中国之言婚礼者,必曰上以奉宗庙,言育子者,必曰用以求嗣续,皆家族之思想也。即乡里之间,亦以宗法相维系,《孟子》言死徙无出乡,乡田同井,出入相友,守望相助,疾病相扶持,则百姓亲睦。是当时之民皆土著。使远近相统,大小相维,即《周礼·大司徒》所谓比相保,闾相受,族相葬,党相救,州相赒也。捍卫同族以成地方自治之规。周代之时,凡车徒马牛甲兵之属,皆民之所自出,故民知自卫,无待君上之卫民。

观《周礼·太宰》"以九两系邦国","五曰宗,以族得民",则宗法之效,夫固昭然著明矣。故周代之制,王室有王室之宗,即《周礼》"大宗伯""小宗伯"是也。《国语》云,使名姓之后能知上下之神祇氏姓之所出者,为之宗。故古代宗有专官。一国有一国之宗,观《左传》言周公康叔之封皆以祝宗,而晋之衰也,翼九宗五正逆晋侯于随,此一国有宗之证也。一都一邑有一都一邑之宗。《周礼》有"都宗人",而《左传》之记晋执戎蛮子也,乃为之置邑立宗,以诱其余民,皆其确证也。一家一族有一家一族之宗,《周礼》有"家宗人",而《左传》又载,范文子使祝宗祈死,士会治晋,祝史无愧词是也。是每族咸有宗人之官。又女官之中有内宗、女宗,见《周礼》。所以定婚姻之制也。后世之官有宗正宗人府,所以司谱谍之文也。宗法为先王所重,故聚民由于宗,如立宗诱戎蛮遗民是也。立君亦出于宗。如翼九宗逆晋侯是也。周之盛也,则召公合宗族于成周,见僖公二十四年《左氏传》。及其衰也,则《角弓》之刺闻。《葛藟》之咏作,而散无友纪赋于周诗矣。即春秋之世,诸侯各邦亦以公族为世臣。如鲁三桓、郑七穆、宋六卿是也,及封建井田之制废而宗法渐湮,然秦汉之交郡邑犹多大族。如汉高祖徙诸大姓齐田楚景之族于关中,而郅都守济南,灭济南瞷氏之族数百家是。而魏晋六朝渐崇门第，如东汉袁、陈各氏已渐崇门第，晋元渡江以后而门第之习愈深，致不通婚姻，不同几席矣。致寒门贵族荣悴殊观。此则宗法制度相沿莫革者也。后世如义田、义庄之法亦睦宗族之一端也。作宗法原始论第四。

田制原始论第五

昔神农御宇，树谷淇山之阳，《管子》：神农作树五谷淇山之阳，九州之民乃知谷食而天下化之。盖淇山即淇水附近之山，在今卫辉彰德地，盖耕稼始于黄河流域也。与民并耕，《尸子》云：神农并耕而王，所以劝民耕。以耒耜之利教天下，见《周易》。民服其畴，由游牧易为耕稼。见《白虎通》《淮南子》中。特上古之时，膏腴之地草木丛生，故野字古文从林从土。欲启田畴必焚林木，故楚启山林，而益亦烈山泽而焚草木也。故神农亦名烈山。见《礼记·祭法》，其详见江都汪氏《述学》。而焚训烧田，《说文》焚字下云：焚，烧田也，从火林，字亦从焚作棥。㹠训烧种，《说文》㹠字下云：烧种也，从田㹠声。《汉律》曰：㹠田保草。段注云：田不耕，火种也。谓焚其草木而下种。盖治山田之法则然。俶载亦作炽菑，《诗》"俶载南亩"，郑笺云：俶载应读炽菑，菑为杀，草炽菑即用火杀草之义，故菑灾古字相通。是太古农术首重火耕。《史记·货殖传》言：江西火耕水耨。盖江西地偏，秦汉以来仍用火耕之法。杜诗亦云：绕畲度地偏。故伐林启壤嘉种诞生，然粪溉之术未明，致地力易竭，及田不生谷，于是绝意旧畴、更辟新土，是为畅耕制度。《说文》畅字下云：不生也，畅字本从田，《说文》云：从田易声。场字下云：祭神道也，一曰山田不耕者，一曰治谷田也。盖场、畅古通，场为谷田，及荒芜不耕废为坛墠，《周礼·场人》注云：场筑地为墠，季秋除圃中为之，是场本田间之隙地也。故字含三义，而后人复以牧地为牧场。见《元史·耶律楚材传》。且当此之时，旧畴既芜，草木复殖，故民知畅耕即知休田作牧。观《周礼·遂人》田莱并言，《遂人》云：辨其野之土上地、中地、下地，以颁田里。上地，夫一廛，田百亩，莱五十亩。中地，夫一廛，田百亩，莱百亩。下地，夫一廛，田百亩，莱二百亩。此田莱并言之证。是田以播谷，莱以牧牲。盖当此之时，游牧耕稼并行。观《禹贡》言莱夷作牧，盖莱夷为多林之地，故以之牧牲。周诗《无羊篇》亦游牧时代遗。故孟子言：五亩之宅，鸡豚狗彘之畜，无失其时。是每户皆有牲畜也，且不耕之田莱即丛生，故《诗·小雅》曰田卒污莱。降及成周，遗制犹存，乃新畴力竭，复辟旧畴，而休田之制易为爰田。考周代之制，区上田中田下田为三等，《汉书·食货志》云：民受田，上田夫百亩，中田夫二百亩，下田夫三百亩，岁耕种者为不易，上田休一岁者为一易，中田休二岁者为再易，下田三岁更耕，自爰其处。《公羊》何注云：司空谨别田之高下美恶分为三品，上田一岁一垦，中田二岁一垦，下田三岁一垦，肥硗①不能独乐，墝埆不能独苦，故三年一换主易，财均力平，皆其确证也。不易之地是为上田，一易之地是为中田，再易之地是为下田。《周礼·大司徒》云：不易之地家百亩，一易之地家二百亩，再易之地家三百亩。郑注云：不易之地岁种之，地美，故家百亩。一易之地休一岁复种，地薄，故家二百亩。再易之地休二岁乃易，故家三百亩。盖不易之地，即《遂人》所谓田百亩莱五十亩也。一易之地即《遂人》所谓田百亩莱百亩也，再易之地即《遂人》所谓田百亩莱二百亩为也。故郑注亦云，莱谓休不耕者。《左传》载舆人之诵曰：爰田每每，舍其旧而新是谋。即爰土易居之义。见《汉书》孟康注。爰赴古通。故《说文》训赴为易居。《说文》赴字下云：赴，田易居也，从走亘声。又祥〔详〕征雅诂。《尔雅》云：一岁曰菑，二岁曰新田，三岁曰畬。而段玉裁谓，当作二岁曰畬，三岁曰新田，似非。则上古之田岁耕稼者谓之畬，《说文》云：畬，三岁治田也，盖畬训为舒，即地方渐舒之义，地力既舒，即能每岁耕种。间岁一耕者谓之新田，即取新旧相错之义，亦取每岁更新之义。三岁更耕者谓之菑，《说文》云：菑，不耕田也。段注改不为反，而《韩诗》及《尔雅》郑注常训为菑反草。盖此弃新畴复垦旧畴之义也，旧畴既芜，故只能三岁一耕，地力始苏。亦休田易为爰田之确证。盖古代之田，合三岁而计之，一岁曰菑，即言三岁之中仅有一岁可耕也。二岁曰新田，即言三岁之中仅有二岁可耕也，三岁曰畬，即言三岁之中每岁皆可耕也。旧注似非。厥后商君治秦，立爰田之法，《汉书·地理志》秦孝公用商君制辕田。孟康注云：三年爰易居，古制也，末世浸废，商鞅相秦，复立爰田，上田不易，中田一易，下田再易，爰自在其田不复易居也。案：孟说甚确，辕爰古通，辕田即爰田也，盖商鞅之田分上中下，得上田者每夫百亩，得中田者每夫二百亩，得下田者每夫三百亩。得中田二百亩者，每年耕百亩，二年而遍得。下田三百亩者，亦每年耕百亩，三年而遍其制。与《周礼·司徒》言者相合。赵过辅汉，立代田之规，《汉书·食货志》云：过能为代田，一亩三甽岁代处。故曰代田，古法也，此亦易土而耕之义，易土而耕亦与爰田之义相合。故曰古法也。是爰田遗制历久未沦，《齐民要术》云：谷田必须岁易。又云：每年一易是爰田遗制，至六朝之时，人民犹有行之者。与西国二田三田之法大约相符。见《社会通诠》，惟西国三田之法，岁休其一，耕其二，所耕二田其种名异，与中国三岁一耕之田不同也。此则古代田制变迁之秩序也。

至古代分田之法，唐虞之前渺不可稽。及洪水为灾，田庐荡然，禹平水土，咸则三壤，以天下皆无田之民也。经洪水后民产俱沦。由是以天

---

① 编者注：根据上下文意，"肥硗"疑为"肥饶"。

下之田归之天子，天子按亩授民，以行成赋中邦之法故井地之规，前儒谓井田始于商，实则不然。《诗·信南山篇》：信彼南山，维禹甸之，畇畇原隰，曾孙田之，我疆我理，南东其亩。是周之疆理，犹禹之遗法也，故知井地之制始于大禹平水土也。沟洫之制，《书》曰，浚畎浍距川。《论语》亦曰，禹尽力乎沟洫，此其证。丘甸之法，《周礼·小司徒》注言，夏少康有田一成，有众一旅，则井牧之法先古然矣。《诗·信南山》孔疏据此，谓丘甸之法禹之所为也。什一之税，《孟子》以夏后氏五十而贡亦什一之法。悉以夏代为滥觞。殷代遵禹成迹，而井田之制始成。画地为九区，中为公田，外八家各受一区，所谓助法也。周代田制，虽乡遂都鄙亩法稍殊，见《孟子》及《周礼》"遂人""匠人"郑注，《毛诗》孔疏以及近儒钱氏《养新录》，今不具引矣。然画野分疆无异。夏殷二代，特税法不同，夏用贡法，殷用助法，周用彻法，三代税法不同，而亩制亦有广狭之殊耳。夏时一夫授田五十亩，因当时土旷民稀，故田亩广大。殷民稍密，故析五十亩为七十亩。周民愈蕃，故又析七十亩为百亩。顾氏以为此特丈尺之不同，此说诚然，非大改田法也。若阡陌沟洫之制，阡陌者，田间径道也。沟洫者，田间水道也。古代田分畔域，颇成整密之观。见《周礼》"遂人""匠人"及朱子《阡陌考》，不具引。亦与西国"坂克制"符，《社会通铨〔诠〕》云：古代之田恒留不耕之场堮，名曰坂克，以为疆界。吾英田有樊圩，成整密之观。亦此古制之可征者也。《说文》田字从口，十象阡陌之制，畴字从田寿，象田沟诘诎，而畔字、界字亦从田，则古代疆界之分始于田亩明矣。町字、畸字亦然。盖井田之制既兴，则通力合作计亩均收，人民无贫富之差，田亩鲜畸零之制。此井田之利。及生齿日蕃，地力养人者不给，则废井田开阡陌固势之所必趋也。开阡陌为田，则田骤增，故辟草莱任土地者，皆富国之上策也，岂得以慢经界议之乎。阡陌既开，限田之规悉废，秦开阡陌任民所耕，不限多少，以尽地力，见杜氏《通典》。则易公田为民田，亦势之所必至也。古代井田受之于公，无得鬻卖，故王制曰：田里不粥，则三代以上田产非庶人所得私。秦废井田，始捐田产以予民，为民者始自有其田，卖买兼并任所欲为。无识陋儒乐道前王之田制，毋亦未之深考矣。宋儒侈言复井田，不知由井田易为阡陌，乃田制必经之阶级，□□进化之公理也。作田制原始论第五。中国古代以农立国，故宗法阶级之制、历数之学悉起于农，而《洪范》八政亦以食货为首也。

阶级原始论第六

昔印度当上古时区国民为四级，则阶级制度为皇古时代所必经。中国古代虽君臣之分未严，世袭之基末定，然为君者咸由贵族，黄帝以后，若少昊、颛顼、唐尧，皆王族也。虞舜虽侧微在下，然远祖虞幕本属诸侯，而瞽瞍者，亦有虞之国君，唐廷之乐官也。是舜起于贵族非起于平民。禹为鲧子，亦当时之高官也。为臣者咸属世官，如重黎之类是。《左传》曰官宿其业，此其确证。盖古代之职官无一非由世袭，与三代之制稍异。阅时既久，遂为阶级制度之滥觞。然阶级区分其故有三。一以种色区阶级。汉民东迁，排斥苗族，至称苗族为黎民，黎民犹言黑人，黎训与黑字同。使世沦异役，百姓为贵族，黎民为贱族，故舜之命契曰：百姓不亲，五品不逊，汝作司徒，敬敷五教在宽。此优待同种人民之词也。又曰：后稷，黎民阻饥，汝后稷播时百谷。此轻视异族人民之词也。而百姓人民之区别见《国语·周语中》。余见旧作《苗黎篇》，不具引。与西人"法原那"之称西人称门第字义为法原那，法原那者，肤色也。若出一辙。一以宗法区阶级。上古之时，以王室宗子为帝王，而尊卑定位悉原血统之亲疏，降及平民，亦守宗法。致宗有常尊，而宗子之对同族亦有统辖之特权。此制虽盛于周时，然实起源于上古。一以名分区阶级。井田制立，田为王田，服畴之民咸为农仆，农仆者，田非已有，为人力作，特分田有定制。与雇工之法稍殊耳。致民居贱位而礼仪制度亦加区别于其间。《戴礼·曲礼篇》云，礼不下庶人，刑不上大夫。观周代之制，命夫命妇不躬坐狱讼，王族有罪不即市，皆贵族之特权。而为庶人者不得立庙，不得行冠礼，葬亲不为雨止，是古人轻视庶民，设种种之限制。又《尔雅》云，士特舟，庶人乘泭。则古代之视庶人其身命为至轻，非仅于礼仪制度加以区限也，余证尚多，今不具引。约举三端，则阶级制度实起源于中古之前矣。农仆制度，禹平洪水后即有之，亦非始于周代。且上古以前，等位区分咸由职业，居上位者祭礼隆，居下位者祭礼杀，其证一，尊为酒器，古代奉以祭神者也，引伸之为尊卑之尊，是上古之时，惟尊者能握祭祀之权也。故惟天子能祭天。而诸侯仅立五祀，大夫仅立三祀，士立二祀，庶人仅立一祀，则古代品制之尊卑咸以祭祀之隆杀定之矣，不可移易。居上位者握兵符，居下位者失兵柄。其证二。观君字、父字皆象持杖之形，则古代之时，凡操握兵权之人在尊位。居上位者富于财，居下位者绌于财。其证三。此义也，观于贵贱二字而知之，贵字从贝，贱字亦从贝，是古代富音必贵，穷者必贱。居上位者丰于学，居下位者啬于学。其证四。上古之时，居上位者有学，居下位者无学，故娴文艺富学术者皆出于学士大夫。而汉儒之释民字也，或训为冥，为瞑，以民为无知之称，则庶民皆不学无术之人，故曰愚民。观此四证，则阶级制度之起原可以深思而得其故矣。大约古代居上位之人，祭司最尊，武人次之，富民次之，而祭司必有学，如印度之有婆罗门是也。特当此之时，虽贵有常尊，然贵介之伦不耻伺身于贱役；如舜耕于历山，陶于河滨，渔于雷泽，作什器于寿丘。殷王小乙使其子旧劳于外，知小人之可依。推之，伊尹不耻躬耕，傅说不耻版筑，孔子不耻鄙事，是古代之时阶级有贵贱之分，职业无贵贱之分也。虽贱有等威，贵有常尊，贱有等威，见《左传》宣十二年。贵有常尊，即世袭之制度也，贱有等威，即阶级之制度也，等威犹言等级也。然卑贱之民亦得筮仕于王朝。古代之民虽有农、工、商，然以农民占多数，《说文》：甿，田民也，氓民也。甿、氓古通。《诗》"氓之蚩蚩"或作"甿之蚩蚩"。又男字从田，《说文》云，从田力，言男子力于田也，是古代之民悉以农夫该之，而农民二字意无区别矣。农之秀者，或由乡里之选举，或由学校之超升，咸得居官任职，见于《王制》《周官》。然此固千百中仅有一二者也。董仲舒《春秋繁露·五行相生篇》谓，有农斯有士。盖农之秀者为士，非农之外别有士也。为士者必为官。故何休《公羊》注云，古者王公之子孙不能属于礼义则归之庶人，庶人之子孙能积文学正身行则加诸上位。盖官虽世禄而袭职不恒，故王公子孙亦有无位者，民虽至贱，然进身有阶。故庶民之子亦有居上位者。此则古制之迈于天竺者也。天竺即印度，印度民分四等，皆世袭而无迁移。中国古代则稍破阶级制度，又三代帝王皆具破阶级制度之思想。汤立贤无方，武王举佚民，又言虽有周亲不如仁人，皆与阶级制度相反，特贵族制度行之已久，未能一旦废弃之耳。

至奴隶起原，其故有三。一缘兵争。洪荒之世争战日繁，种与种竞，国与国争，俘虏之民取以供食。观元太祖北征篾尔乞等族，以鼎镬烹人，见《元史译文证补》，则食人之俗固野蛮时代所必有也。观中国周秦之时犹有鼎镬之刑，用以烹人，即其余俗也。即汉时盗贼犹有取人以为食者，见《后汉书·江革传》。及生事稍疏，民知肉食而系累之众不服鼎镬之诛，使之躬操贱役以从事于生财。《社会通诠》云，夫奴虏非他种人，战胜之余所不杀而系累之，俘获也。蛮夷以食少而出于战，战而人相食者有之，及生事稍疏无所取于相食，而斯时之力役为最亟，则系累而奴隶之足矣。男子为虏，虏字从男，故知虏为男子也。后世以敌人为虏，以夷狄为虏，皆取卑贱之义，与俘虏义同。女子为奴，奴字从女，故知奴为女子也。古代妇女多由劫夺，故女子称妾，妾也者，亦妇女为人劫夺之称也。观民字古文作𰀀，《说文》云：民，众萌也，从古文之象，𰀀古文民。其说甚精。象械足之形，钱唐夏氏有此说。是太古之世民即俘囚。又黄帝有云，主失其国，其臣再嫁，然则亡国之民降为臣妾，益可征矣。《万机论》云，黄帝之初，四帝各以方色称号，黄帝叹曰，主失其国，其臣再嫁。乃兴师灭四帝。向令黄帝不龙骧虎变，则其臣民亦嫁于四帝矣。观于此文，则其臣再嫁者即为他国臣妾之义也。故成周之世，夷隶列于周官，又有蛮隶、闽隶，皆古代征服蛮族所获之民也。降及东周，仍以敌民为俘虏。如《左传》言吴子获越俘以为阍，此以俘虏为奴之证。又季平子以费人为俘囚。《孟子》言齐王伐燕系累其子弟，盖视敌人如罪囚，故亦用之为奴隶也。此可考者一也。一缘刑法。虞夏之民躬婴重罪，悉行孥戮之诛。见《甘誓篇》中。及刑法稍宽，渐废族诛之典，然身罹重辟，并籍家族为奴。《周礼·秋官》云为奴，男子入于罪隶，女子入于舂稿，惟有爵与年七十者不为奴。此其证也。又宋明之律，罪人家族多有辱身于女闾者；清律，凡犯重罪者其家族给披甲为奴，亦其遗法。又皇古刑律，民罹薄罪，金作赎刑，见《舜典》及《吕刑篇》。若罚锾之数未盈，亦得为奴以赎罪，《社会通诠》云，凡种人有罪无力自赎，则没为奴婢。故舆僚台仆咸为婴罪之人。《左传》记申无宇之言谓，舆臣隶，隶臣僚，僚臣仆，仆臣台。俞正燮《癸巳类稿》有"仆臣台义"，谓舆隶僚仆台皆入罪隶而任劳者，故互相役使。其说甚确，与周礼男子入于罪隶之说合，故咸为婴罪之人。而僮仆奴隶之名咸由罪人而言。《说文》：童，男有罪为奴，童即僮字。其详见江都汪氏《述学》释童。汉儒解周礼亦曰，今之奴婢即古之罪人。此郑司农说。予按：《左传》言栾郤、胥原、胡续、庆伯降为皂隶，此因灭族而没为奴隶也。又言，裴豹隶也，著于丹书。此因犯罪而没为奴隶也。又汉代之时，必髡钳以自别，见《季布田叔传》。髡钳者，亦治罪人之刑也。童之本义为山无草木，引伸之而民无发者亦童。故僮仆必髡钳。此可考者二也。一缘财政。昔匈奴名奴婢曰赀，见《三国注》引《魏略》，而《南齐书·河南传》亦言虏名奴婢为资，资训为财，见《苍颉篇》中。财产奴隶语无区别，中国古代亦然。失所之民生计日艰，鬻身为奴以投身于贵族。张考夫曰：先王分土授田，一夫无失其所。凡有劳事，只使子弟为之，未尝有仆役也。观《论语》弟子服其劳，冉有仆，可见。方望溪曰：古无奴牌，事父兄者，子弟也，事舅姑者，子妇也，事长官者，吏人也。予按：二说亦未尽然。大约三代之时，中人以下不畜奴婢，若中人以上则皆有奴婢。观《周礼·质人》"掌民人之质剂"，此古代鬻奴之确证。《周礼》臣妾聚敛疏财即奴仆。又观《戴记·曲礼篇》，谓问大夫之富，曰有宰食力，宰即家臣，宰字本义为罪人，在屋下执事者之称，从宀从辛，辛，罪也。见许君《说文》。是宰与奴同，而庖宰之职亦为贱役，故膳宰亦为宰，又因执事之义引伸之故，凡握有事权者，亦谓之宰，如太宰、小宰是也。周代大夫之家臣亦称为宰，而治大夫采地者亦为宰。则三代之时视奴隶亦为财产之一矣。周时，大夫之御家臣，操生杀之权，故申无宇执阍于王宫，而祁盈杀家臣祁胜也。然家臣握权者亦多，如阳虎之属是也。秦汉以还，相沿未革。至战国之时，民以身偿值者甚多，如赘子赘婿是也。西汉之初蓄奴之风益甚，如贯高托言赵王家奴季布鬻于鲁朱家是也。而卓王孙诸家皆蓄僮指千，见《货殖传》。此可考者三也。由是观之，足证古代贱民之众矣。古代贱民犹有二种，一曰雇仆，如申鲜虞仆赁于野以丧齐庄公是也，此与后世雇工之役同，虽有主仆之分，然去留咸得自由。一曰优伶，如秦有优旃，楚有优孟是也。伶官虽为古代乐官，然战国之优伶则出迹微贱，犹之后世之弄臣也，如《史记·嬖幸传》所记是也。况两周之世，尊君抑民，以为率土之滨莫非王臣，四民之制既严，如《管子》言：农之子恒为农。士之子恒为士，工之子恒为工，商之子恒为商，则当时之民咸世守其业，等级区分莫之能易矣。十等之名复立，见《左传》申无宇之言，此古代区分等级之确证也。平民贵族荣悴殊观。及孔子讥世卿，孔子讥世卿乃抑臣权伸君权，非抑君权伸民权也。故臣民平等则君权益伸。墨子明尚贤，墨子作《尚贤》三篇，言官无常贵而民无常贱。而将相王侯咸知养士，战国之士最贵。所谓士贵而王者不贵也，故诸侯拥彗迎门望风拜揖。草野人民易跻卿相，如苏秦、虞卿之类皆是也。此阶级制度所由日废也。至于秦代，废封建井田，而平民贵族之制尽废矣，然实则始于战国时。作阶级制度原始论第六。

职官原始论第七

黄帝以前，书缺有间，官制弗可考。然燧人、伏羲、共工、神农咸有辅弼，《论语》摘辅象言，燧人四佐，伏羲六佐。而《春秋传》郯子曰，炎帝氏以火纪，故以火师而火名，共工氏以水纪，故以水师而水名，太皞氏以龙纪，故以龙师而龙名，服注以为即春官、夏官、秋官、冬官、中官五官。予按：黄帝以前未有五行之说，服氏以黄帝五官之制测上古，似不可信。伏羲六佐之说稍确，周制本之。《史记》《国语》言黄帝立五行，由是有天地神祇物类之官，是为五官，各司其序。而《管子·五行篇》亦曰，黄帝立五行以正天时，立五官以正人位，《吕氏春秋》亦有此语。是五官之立始于轩辕。特轩辕之时，民神异业，亦见《国语》。由是有司天之官，有治民之官。案：黄帝置左右史，见《世本》注，而《史记·封禅书》中复言黄帝臣鬼容区之神术，盖皆司天之官也。若大挠作甲子，容成作历。隶首作数，亦属司天之官。若《管子》所言，六相则大抵司民之官，惟六相之说是以周制说黄帝之制。盖蚩尤明天道，乃司天之官，太常以下五官，乃治民之官也。故民神异业。少昊承轩辕之制，凤鸟氏以下五官皆司天之官也，《左传》郯子曰：我高祖少皞挚之立也，凤鸟适至，故纪于鸟，为鸟师而鸟名，凤鸟氏历正者也，玄鸟氏司分者也，伯赵氏司至者也，青鸟氏司启者也，丹鸟氏司闭者也。杜注云，上四官皆历正之属，盖此五官在五行之外，五鸠之官皆治民之官也，《左传》剡子曰：祝鸠氏司徒也，睢鸠氏司马也，鸤鸠氏司空也，爽鸠氏司寇也，鹘鸠氏司事也，五鸠，鸠民者也。案：鸠民犹言聚民，是为五行之官。案，司徒木正也，司马火正也，司空水正也，司寇金正也，司事土正也。司事《曲礼》作司士，盖殷制也。周代亦有司士之官。掌群臣之版，岁登其损益之数，周知郡国都鄙之事。殷周官制虽不同，然官方之职掌大约相同，则司士为稽核土地民人之官矣。以殷制上例少皞之制，则司事为土正明矣。古代士事通用，《白虎通》云，士者事也。而五官之外，复有工正农正诸官，《左传》

郯子云：五雉为五工正，利器用，正量度，夷民者也。九扈为九农正，扈民无淫者也，皆少皞官制。则又备物利用之官也。古代官与工同，故《孟子》"工不信度"即"官不信度"。而颛顼、高辛之世亦设立五官，职掌五行之事。《左传》蔡墨曰：五行之官是为五官，木正曰句芒，火正曰祝融，金正曰蓐收，水正曰玄冥，土正曰后土。又曰：少皞氏有四叔，曰重，曰该，曰修，曰熙，实能金木及水。使重为句芒，该为蓐收，修及熙为玄冥，颛顼氏之子曰黎为祝融，共工氏之子曰勾龙为后土。又考《楚语》，观射父对昭王曰：少皞之衰也，九黎乱德，颛顼受之，乃命南正重司天以属神，北正黎司地以属民。是蔡墨所言乃颛顼时之制矣。重司天以属神，即司天之官也，犹之少皞时之五鸟，余皆治民之官，犹之少昊氏之五鸠。又《郑语》史伯云：黎为高辛氏，火正曰祝融是也。是高辛氏之时亦设五官矣。特少皞以上，百官之号以其征，颛顼以来，百官之号以其事。见《左传》服氏注。服注又云：春官为木正，夏官为火正，秋官为金正，冬官为水正，中官为土正，其说甚确。足补古史之缺。然设官分职之大纲，夫固轩辕之成法也。

　　唐虞之世，官与昔同，羲和为司天之官，《尧典》言：乃命羲和，钦若昊天，历象日月星辰，敬授人时。又言：命羲仲宅嵎夷，命羲叔宅南交，命和仲宅西，命和叔宅朔方。盖上古之时为僧侣政治，《左传》曰天子有日官，又曰日官居卿以底日。羲和即尧之日官也。古代史官兼掌天文，则羲和亦掌史卜之职矣。至于命羲和曰子于四方，即少昊时司分、司至、司启、司闭之职也。虽为观察天文，实则兼宣布政教之职，犹之巴比伦各国之设教师于各境之地耳。犹少皞之有五鸟诸官也。秩宗、司徒、士、司空、后稷为治民之五官，金鹗《礼说》云：唐虞五官，秩宗为木官，司徒为火官，士为金官，司空为水官，后稷为土官。《吕刑》言：伯夷、禹、稷三后，成功士教祗德。伯夷秩宗也，禹司空也，弃后稷也，皋陶士也，惟不及契与司徒。而《尧典》名官以司徒维稷，则司徒必在五官之中矣，引据浩博，其说甚确。而马郑伪孔牵合羲和与五官为一，又以周制之六官说唐虞官制，不足信也。犹少昊之有五鸠诸官也。此即五行之官。《论语》曰舜有臣五人而天下治。五人者，即五行之官。注疏：数伯益而不及伯夷，非也。特伯夷为兼司天事，故《大戴》称为虞史。尧命共工舜登后垂，使为共工。犹少皞之有五雉诸官也。马郑以司空即共工，非也，盖唐虞之时以后稷列五行之官，而九扈之官遂废，此与少昊时之制稍异，然大体实相同。是唐虞官制与少皞符，特唐虞之时，司马与司寇合一，统名曰士，复以后稷代司事，而增设秩宗，然司徒、司空则与少皞时相同。特唐虞之制，于五官之中复用三人为三公，以参国政，案：伏生《大传》云。唐虞夏之制，三公九卿即司马天公，司空地公，司徒人公也。《韩诗外传》亦同。盖虞廷之制，司徒兼为司徒公，士兼为司马公，司空兼为司空公，三公之职即以五官中之三人兼之，所以象天地人也。其制始于黄帝时。《帝王世纪》云：黄帝以风后配上台，天老配中台，五圣配下台，谓之三公，此其证也。且司徒、司空、士既兼三公，则共工、朕虞、典乐、纳言合以五官中之秩宗、后稷，必为六卿，特其制不可考耳。犹之近世各部长官即今六部尚书。兼参枢秘，即入军机处。而三公之中复以一人为首辅，唐曰大麓，麓与录同，犹后世之录尚书事也，虞曰百揆，亦首相也。犹之西方各国于内阁之际特设太政大臣也。若百姓、千品、万官、亿丑、兆民，则又阶级制度之确征也。《国语·楚语》云：百姓、千品、万官、亿丑、兆民，经入畡数以奉之。《郑语》曰：先王合十数以训百体，出千品具万方。百姓者，当时之贵族也。十数者，贾注谓自王以下人有十等。盖用《左传》申无宇说，大约五行家言多奉明夷之说，明夷，日也，日之数十，故有十时以当十位，以十相乘故有百姓、千品、万官、亿丑、兆民，此则当日之阶级制度也。与当日官制无涉，章氏《訄书》稍误。

夏代官制近则唐虞，《书序》云，羲和湎淫，而《吕氏春秋》复言夏太史终古，是夏有司天之官也。《通典》言：契，玄孙之子，微为夏司徒。冥为夏司空。《佚周书》言：我先王世后稷以服事虞夏。《诗》疏引王肃注云：相土为夏司马，《月令》注云：夏之士曰大理。是夏之五官，一曰司徒，二曰司马，三曰司空，四曰后稷，五曰大理，而以秩宗为司天之官。观《洪范》言八政，司寇与师分列，此夏廷兼设大理、司马之确证，与虞制合。司马于大理者不同。又《国语》注云：冥为水官。此亦夏代以五行名官之证，若《甘誓》言，乃召六卿，此指六军之将而言，郑君《尚书注》以六官释之，不足信也。殷代官制具载于《戴记·曲礼篇》，首言天子建天官，先六太，为治天事之官，按《曲礼》云：天子建六官，先六太，太宰、太宗、太史、太祝、太士、太卜，典司六典。盖敬天明鬼为殷人立国之俗，《王制》亦言殷制，其言曰，冢宰斋戒受质，则殷太宰亦事神之官矣。而《佚周书·商誓解》有太史比小史者，而复有《殷祝解》一篇，则史、祝皆殷代之高官矣。故墨子尊殷制，屡言祝史卜宗诸官。若太士疑即太师，士与师二字音近，故《周礼》有太师之官。与郯子首述五鸟历正之官相似。次言天子之五官，为治民事之官，《曲礼》云：天子之五官曰司徒、司马、司空、司冠、司士，典司五众。盖此全用少皞之制也，其易后稷为司士者，则以夏代中叶后稷失官之故，故以司士代之。与郯子继述五鸠鸠民之官相符。复有六府六工，以阜民财利器用，《曲礼》又云：天子之六府曰司土、司木、司水、司草、司器、司货，典司六职，天子之六工曰土工、金工、石工、木工、兽工、草工，典制六材。与郯子卒述五工九农相同。是殷代官制与周制殊。郑君注《曲礼》亦云，此殷制也。《郑志》崇精问焦氏曰：郑云三王同六卿，此云五官何也，焦氏答云，殷立天官，与五行其取象异耳，是司徒以下法五行，立太宰即为六官。案，焦氏言司徒以下法五行是也，谓合太宰成六官则非也。特夏殷二朝皆以三公参五事，见《说苑》引伊尹言。案：《书·立政》言夏室大竞曰宅乃事、宅乃牧、宅乃准。宅乃事即司空也，宅乃牧即司徒也，宅乃准即司马也，是夏代以司空、司徒、司马为三公之确证。殷制本之，故《立政篇》又言成汤用三有宅也。又《王制篇》言大司徒、大司马、大司空斋戒受质，百官以其成质于三官，大司徒、大司马、大司空以百官之成质于天子。《王制》所言亦殷制三官，即三公也，若《孟子》言禹荐益于天，《尚书》言伊尹为阿衡，则夏殷之世亦设首相矣。自公以下官制，咸以三数相乘，有九卿以参三公，有大夫以参九卿，有列士以参大夫，故大夫之数二十有七，列士之数八十有一。《说苑·君道篇》汤问伊尹曰，三公九卿二十七大夫，知之有道乎。《臣术篇》引伊尹曰，三公所以参五事也，九卿所以参三公也，大夫所以参九卿也，列士所以参大夫也。其语最明。其所以定为夏殷之制者。《月令正义》云，书传，三公领九卿，此夏制也。伏生《尚书大传》云，古者天子三公，每一公三卿佐之，每一卿三大夫佐之，每一大夫元士佐之。许君《五经异义》云，今尚书夏侯欧阳说，天子三公九卿二十七大夫八十一元士凡百二十，是三公九卿二十七大夫八十一元士今文家皆以为古制也。郑君亦云《昏义》言，天子立三公九卿二十七大夫八十一元士者，盖谓夏制。注《王制》亦同。故知此制为夏、殷二代之制也。又汉儒说《公羊》者，多举殷制，董子《春秋繁露》曰，三臣而成一慎，故八十一元士为二十七慎，以持二十七大夫，二十七大夫为九慎，以持九卿，九卿为三慎，以持三公，三公为一慎，以持天子。《白虎通义》亦云，一公置三卿，故九卿也，一公三卿佐之，一卿三大夫佐之，一大夫三元士佐之，则此制为夏殷之制明矣。章氏《馗书》以此为周制，其说稍误。而夏代职官百有二十，《明堂位》言夏后氏官百盖举成数言之也。殷代下士之数倍于上士，八十一元士倍其数则为一百六十一人，合公卿大夫之数则为二百零一人矣。故殷代职官其数二百。《明堂位》曰殷二百。周人以下士参上士，董子《春秋繁露》云，八十一元士，二百四十三下士，又曰天子分左右五等三百六十三人。此盖周制。故周代官数三百六十。《佚周书·度邑解》曰，厥登名民三百六十。《明堂位》曰，周三百，亦举成数言之也。特周代以前皆以五官法五行，先王以土与金木水火杂成百物，见《国语·郑语》。物有其官，故董子《繁露》有云，五行者五官也。特《繁露·五行相生篇》谓，司马法火，司营法土，司徒法金，司寇法水，司农法木。其说似误。《佚周书》言，黄帝命少昊正五帝之官，《尝麦解》。此以五行名官之始也。殷人之后为宋，墨子为宋大夫，而《墨子》一书复言五行、《经下篇》云五行无常胜。五官，《节葬篇》云五官六府。是五行名官之说至周犹存。周代初兴，亦采五官之制，《佚周书·大明武解》云，顺天行五官，官侯厥政，此周初亦设五官之确证。又《成周解》云，在昔文考躬修五典，又云五典，一言父，典祭祀昭天，百姓若敬，二显父，证德德降为则，则信民宁，三正父，登过过慎于武，设备无盈，四机父。登失修□□，官无不敬，五口父，□□制哀节用。政治民怀。案，言父即秩宗之官也，显父即司徒之官也，正父即司寇之官也，机父即圻父，乃司马之官也，所缺一官盖即司空，此文王五官之可考者也。厥后废五行而崇阴阳，以文王传《易》之故也。阴阳家言起于河图，著于《周易》，其立说之旨，以为天秉阳而地秉阴，见《礼记·礼运篇》。由阴阳而变四时，《礼运篇》又云，夫礼必本于太一，分而为天地，转而为阴阳，变而为四时其降，曰命其官于天也。由两仪而生四象，见《周易》。又虞注云，四象，四时也。周人法《周易》以立官，于是废五官之名立六官之制。《易·系辞》云，仰则观象于天，俯则观法于地。《周官序》引《文纬钩》云，伏羲立易名官。而《论语谶》复言，伏羲六佐。是六官之制起于伏羲，周代之官盖法伏羲之制。然三公九卿仍沿夏殷之成法，《立政篇》言文武立政以任人、准夫、牧作三事，任人司空也，准夫司马也，牧司徒也。此周用三公之确证。《佚周书·酆保解》云，三公九卿百姓之人，亦其证也。惟敬天明鬼之风殊于殷代，《佚周书·命训解》曰，祸莫大于淫祭。故六太之官降为微职，使之受辖于六官，周变古制此其征矣。惟《荀子·正论篇》言，古者天子千官，诸侯百官，《大戴礼·千乘篇》言古代四官与虞夏商周官制均殊，今不可考矣。若畿外之官，则唐虞之时，有四岳以居于内，乃诸侯监督天子之官也，《国语·周语》称，共工从孙四岳佐禹祚，四岳国命为侯伯，赐姓曰姜氏，曰有吕。贾注云，四岳官名太岳也。《左传》云，许，太岳之后也，而许、齐同为姜姓，则太岳即四岳，乃神农之后，实一人而非四人矣。《书大传》言鲧为八伯，盖八伯与四岳同皆诸侯公举之官，使之居京师，以监督天子者也。观《虞书》记立君命官必先询于四岳，则四岳殆犹德国之选帝侯欤。有牧长以居于外，乃天子监督诸侯之官也。其制始于黄帝之设监，盖中央之权渐大，故设官以制诸侯。虞分十二州，州曰十二牧，或曰十二师，盖就治民而言则谓之牧，就教民而言则谓之师，牧与师一也。而外薄四海咸建五长。亦见《汉书》，盖主五方之诸侯而兼辖夷狄者，在十二牧外。夏复九州，则曰九牧，《左传》曰贡金九牧，九牧者即九州之牧也。殷承虞制，九州之长曰牧，见《曲礼》，此亦殷制也，殷亦九州。见《尔雅·释地》。五官之长曰伯，亦见《曲礼》，五官之长即尚书之五长也。周承殷制，故设五侯九伯，以统辖内外之诸侯。《左传》曰：五侯九伯汝实征之。五侯即五长所以辖五方之夷狄，犹之后世之都护也。《诗》言韩侯主北貊，此其证也。九伯即九牧，以辖九州之诸侯犹之后世之都督也。此先王居中驭外之良法也。作职官原始论第七。

刑法原始论第八

法律之初隐含二义，一曰保护利权，一曰限制权力，观《春秋元命苞》释刑字曰，刑字从刀，从井，井以饮人，人入井争水陷于泉，以刀守之，割其情欲，欲人畏慎以全命也。《初学记》引《说文》曰：刀，守井也。饮之人入井陷之，以刀守之，割其情也。是《说文》古本与《元命苞》合，今本《说文》系改本也。斯言也，非古代制刑之原始欤？盖《元命苞》之说以泉比律法，以刀喻刑，以争水喻民人欲扩张一己之权利，因生民有欲，有欲则争，不可不设刑以防之也。且法训为平，《说文》灋字下云：刑也，平之如水，从水廌，所以触不直者去之。法字下云：今文省。廌字下，解廌，兽也，古者决讼令触不直者。是古人立法不外衡曲直以判正邪。特五帝以前未设肉刑，纬书云三皇无刑。仅有罚锾之律。《社会通诠》谓游牧种人有血锾之法，罚杀人者之家以酬血斗之值，一计死者之贵贱，二计其害所加之广狭。《说文》则字下云：等画物也，从刀从贝。贝，古之物货也。夫则字从贝从刀引伸之，则为法律之义，《左传》曰毁则为贼，则即法律也，足证刑罚起源始于罚贝，则字有等差之义，由于古人用贝，其用品有高下之殊。《汉书·食货志》云：大贝四寸八分以下二枚为一朋，直二百一十六，壮贝三寸六分以上二枚为一朋，直五十，幺贝二寸四分以上二枚为一朋，直三十，小贝寸二分以上二枚为一朋，直十，不盈寸二分漏度不得为朋，率枚值五三。是为贝货五品。盖贝品有高下之殊，而古代之罚锾亦有多寡之殊，故则字从贝，复含等差之义，其偏旁从刀者，刀即法律之义也。即晳种所谓财产之刑也。若身体之刑，则三皇之世仅有鞭朴二刑。何则？草昧之民未知铸铜冶铁，而石刀木斧其锋不足以刃人，惟竹器木器之用发明稍先，竹以制鞭，木以制梃，而棰挞之刑遂为古代肉刑之嚆矢。若五刑之制始于苗民，《尚书·吕刑篇》曰，若古有训，蚩尤惟始作乱，延及于平民。罔不寇贼鸱义，奸轨夺攘矫虔，苗民弗用灵，制以刑，惟作五虐之刑，曰法，杀戮无罪，爰肆其为劓、刵、椓、黥。此五刑之制始于苗民之证。盖苗民地僻南方，首知冶铁，观《山海经》言蚩尤作甲兵，而《河鱼龙图》复言蚩尤铜头铁额，此蚩尤作铁之证。故斧钺刀锯之制兴。及黄帝削平蚩尤，采用苗民之刑法，而劓、刵、椓、黥之罚遂肇始于轩辕。降及唐虞，相沿莫革。吾观《虞书》有言五服三就，邹汉勋谓服古通伏，即大刑服斧钺，宫刑服刀，刵刑服锯，劓刑服钻，墨刑服筈也。五服三就者，服斧钺者就市，服刀者就宫，服锯与钻筈者就朝也。其说近是，惟与《国语》稍不合。而《鲁语》臧文仲申其义，释为五刑三次。一曰甲兵，则征服诸侯之刑也。二曰斧钺，则大辟之刑也。三曰刀锯，则劓刑、刵刑、宫刑也。四曰钻筈，则墨刑也。五曰鞭朴，则棰挞之刑也。此即《虞书》五刑之证，盖《吕刑》墨、劓、刖、宫、大辟称为五刑，而《国语》所言之五刑，亦称五刑。特《虞书》所言之五刑即《国语》之五刑，非《吕刑》之五刑也。足证唐虞之制不废肉刑，后儒不察，据《尚书》象以典刑之文，援《纬书》三王肉刑之说，遂谓唐虞之世有象刑而无肉刑，不亦误与？伏生《书传》云，唐虞之象刑，上刑赭衣不纯，中刑杂屦，下刑墨幪，犯墨者蒙帛，犯劓者赭其衣，犯膑者以墨蒙膑处而画之，犯大辟者布衣无领。荀子云，世俗之说以为治古无肉刑，有象刑。墨，黥；溿，婴；共，艾毕，菲，对屦；杀，赭衣而不纯。是不然矣。以为治古则人皆莫触罪耶？岂独无肉刑，亦不待象刑矣。以为人莫触罪矣，而直轻其刑，是杀人不死伤人者不刑也。罪至重刑至轻，民无所畏。乱莫大焉。案：荀子之说为古文家之祖，伏生之说为今文学之祖，而伏生之说本于慎子。慎子云：有虞氏之诛，以蒙巾当墨，以草缨当劓，以菲履当刖，以艾绲当宫，以布衣无领当大辟，此即荀子所谓世俗之说也。郑君注书宗古文说，谓正刑为五，加以流宥鞭朴赎，此之谓九刑，而马融注书则言但有其象无其刑，又言墨劓剕宫大辟五刑，其意画象与五正刑并用，盖用伏生今文家之说。《汉书·刑法志》引《书》"天讨有罪"云，因天讨而作五刑，大刑用甲兵，其次用斧钺，中刑用刀锯，其次用钻凿，薄刑用鞭朴。既用古文家之说，又因荀子所引俗说而论之，曰禹承尧舜之后，自以德衰而作肉刑，参用纬书三皇无文五帝画象三王肉刑之说，一似肉刑之制起于夏初，此大谬也。惟孙氏渊如信其说，而毛西河《尚书广听录》、俞正燮《癸巳类稿》皆斥其非，其说甚确。盖象以典刑者，即悬刑政之法于象纬也，象以典刑即公布法律之义。所谓使人共睹也。画象而民不犯者，犹言法律设而民不犯耳。流宥五刑者，即虞舜初立，行大赦之典。怙终贼刑者，言罪重之人不在赦宥之列。《左传》昭公十四年，叔向云，己恶而掠美为昏，贪以败官为墨，杀人不忌为贼。《夏书》曰：昏墨贼杀，皋陶之刑也。足证皋陶制刑，亦刑大辟之法，则唐虞之世非仅用象刑明矣。伏生所言，盖由象以典刑一语而误会之耳。**特肉刑之外复有流宥赎刑。**《尚书》云，流宥五刑，马注云，流，放也。又曰，五流有宅，五宅三居。皆古代有流刑之证也。又曰，金作赎刑，此古代有赎刑之证也。特流刑为古代之重刑，《社会通诠》云，西卫古律有族屏之刑，族屏者，为其众所屏逐。如欧州近世之出律，使其种所居滨海，往往置编筏之上，使随流而任所之，若在山林则窜之丛莽深箐之中，其事盖相合也。与《王制》所言屏之远方终身不齿，《左传》所言投之四裔以御魑魅相类。则《尚书》所言，流共工于幽州，放驩兜于崇山，窜三苗于三危，殛鲧于羽山者，正古代所谓极重之刑矣。与后世以流刑为轻刑者不同。若赎刑之法，则古代用贝，及钱币既行，乃易贝以金，盖轻刑也。**此则古代刑制之可考者也，且古代之刑酷于后世**，如《夏书·甘誓》云：不用命戮于社，予则孥戮汝。是夏代之时皆行孥戮之典。至于周代，则罪人不孥，而父不慈，子不祗，兄不友，弟不恭，皆不相及。即犯重罪者，即不过殁家族为奴而已，此周刑轻于夏刑之证。《殷书·盘庚》云：我乃劓殄灭之，无遗育，无俾易种于兹新邑。是殷代之时用刑甚重，而周之于殷代顽民也仅迁之洛邑，不复加诛，此周刑轻于殷刑之证也。至穆王改肉刑为赎刑，其刑又较周初为轻。而后世之律密于古初。如皋陶之律今多失传，而郑君注《吕刑》云：夏刑大辟二百，膑刑三百，宫辟五百，劓墨各千。而《吕刑篇》则言墨罚千，劓罚千，剕罚五百，宫罚五百，大辟二百，立法较夏时为轻，而定律亦较夏时为密矣。又《左传》云，夏有乱政而作禹刑，商有乱民而作汤刑，盖禹刑汤刑者，皆增订法律公布天下以使人民共睹也，即西人所谓成文法典。若周代法令则益加密，观《周礼·秋官》可见。刑律异同，三王不相沿袭，惜夏殷刑律失传，不若周制之彰明矣。作刑法原始论第八。古代兵刑合一，故皋陶以司寇兼司马之职。《虞书》所言蛮夷猾夏，寇贼奸宄，汝作士是也。夏则士官与司马为二，观《洪范》可见，此兵刑所由分为二也。

学校原始论第九

上古之时未有宫室，及黄帝继兴，始制为栋宇以避风雨。《易·系辞下》。然古人宫室无多，凡祭礼、军礼、学礼以及望气、治历、养老、习射、尊贤之典，咸行于明堂，而明堂、太庙、太学、灵台咸为一地，就事殊名，惠氏《明堂大道录》曰：明堂为天子太庙，禘祭、宗祀、朝觐、耕藉、养老、尊贤、飨射、献俘、治历、望气、告朔、行政皆行于其中。其说明堂甚确。故明堂为大教之宫。蔡邕说。又案：《祭义》云，祀乎明堂，所以教诸侯之孝也，食三老五更于太学，所以教诸侯之弟也，祀先贤于西学，所以教诸侯之德也，耕藉所以教诸侯之养也，朝觐所以教诸侯之臣也。五者天下之大教也。实为蔡氏之说所自出。且明堂既为布教之地，教原于学，则一切教民之法咸备于明堂。明堂之制始于黄、炎，恒〔桓〕谭《新论》曰，神农氏祀明堂。而《素问》亦言黄帝坐明堂，此其证。则学校之制亦创于五帝之前，故"五帝记"为论学制之书。见《白虎通》。然古代学校咸统于明堂，故戴德以明堂、辟雍为一物，《通典》引。许慎谓明堂立于辟雍中，《五经异义》。卢植谓明堂环之以水则曰辟雍，《礼记》注。案，明堂环以水，犹今村居者之有沟以绕宅耳。辟雍者即大学也。古代只有太学在明堂之中，而明堂之外无学，及有虞氏设上庠下庠，夏后氏设东序西序，殷设右学左学，周设东胶虞庠，《王制》。而殷周于太学之外咸设四学。《祭义》曰天子设四学，蔡邕引《易传·太初篇》曰，天子旦入东学，昼入南学，暮入西学。《大戴礼》引《学礼记》，帝入东学，帝入南学，帝入西学，帝入北学，帝入中学。复言此殷周所以长有道也。据此则四学之制始于殷周，固彰彰明矣。四学在明堂四门之外，又称郊学，皇侃谓四郊皆有虞庠。即《文王世子》所谓凡语于郊也。是为学校与明堂分立之始，此郑君所由谓庙学异处也。郑君之说指三代之制言，若孔晁、颖容、贾逵、服虔、高诱、王肃谓明堂与学校为一，同实异名，则就太古之制而言之也。然庙学虽云异处，而太学仍在明堂，故魏文侯《孝经传》曰：大学者，中学明堂之位也。逸《大戴礼·政穆篇》曰：大学者，明堂之东序也。亦蔡邕引。东序即《王制》之东胶，郑注云，东胶郊太学在国中。亦名东宫。《尸子》。而养老释奠之大典，见《文王世子篇》及《乐记篇》中，干戈羽籥之教民，见《文王世子篇》。以及天子之乞言司成之论说，同上。咸行于东序之中。是殷周虽设四学，而布教之地仍以明堂为至要之区。盖大学在明堂之东，故对明堂言则称东序，又其地在四学之中，故对四学言则为中学。此上古学制之大端也。若古代教育之法，则有虞之学名曰成均。郑君引董仲舒说，谓五帝名大学曰成均。孔颖达曰，虞庠为舜学，则成均为五帝学。案：成均为五帝之学，有虞之学袭用其名，非舜学只名虞庠不名成均也。均字即韵字之古文，古代教民口耳相传，故重声教，故《禹贡》言声教迄于四海，而以声感人莫善于乐。观舜使后夔典乐，复命后夔教胄子，则乐师即属教师。凡《虞书》所谓诗言志，歌永言，声依永，律和声者，皆古代教育之遗法也。又案：《皋陶谟篇》言，予欲闻六律五声八音，在治忽，在治忽或作七始训，皆就音乐之道言也。又言，箫韶九成，凤凰来仪，则乐教为虞代所重彰彰明矣。此其所以以乐教民也。又商代之大学曰瞽宗，而周代则以瞽宗祀乐祖，盖瞽以诵诗，《左传》襄十四年。诗以入乐，故瞽蒙皆列乐官，《周礼·春官》。学名瞽宗亦古代以乐教民之证。周名大学为辟雍，雍训为和，郑君说。隐寓和声之义，而和声必用乐章，观《周礼》大司乐掌成均之法以教合国之子弟，并以乐德乐舞乐语教国子，《周礼》。而春诵夏弦诏于太师，《文王世子篇》。四术四教掌于乐正，《王制篇》。则周代学制亦以乐师为教师，固仍沿有虞之成法也。又案：《文王世子篇》云，春夏教干戈，秋冬教羽籥，皆于东序。则三代学校之中非唯重乐歌，亦且重乐舞矣。又《内则》所言，十有三年，学乐诵诗舞勺成童舞象。是古人入学咸习乐舞并习乐歌，观此可证。

古人以礼为教民之本，列于六艺之首。岂知上古教民，六艺之中乐为最崇，固以乐教为教民之本哉！又案：孟子之叙乡学也，谓夏曰校，殷曰序，周曰庠，庠者养也，校者教也，序者射也。盖教字隐含二义，一为教育，一为宗教。夏代用黄帝五行之教，益以九畴，称为天锡，《书·洪范》。咸以五行概人事，与伏羲阴阳之教相争。故禹攻曹魏、屈骜、有扈以行教，《吕氏春秋·召类篇》。启以有扈威侮五行，剿灭其国，《书·甘誓》。以教诬民莫此为甚。校训为教，所以明夏代之教民威以宗教为主也。重宗教故崇鬼神，崇鬼神故隆祭祀，教字从孝，由于祀人鬼。既崇祭祀则一切术数之学由是而生，夫明堂为古代之庙坛，且为望氛之地，而祭祀望氛之典咸近于宗教，则校训为教，所以存古代明堂行祭望氛之遗法也。又案：成伯玙《礼记外传》云，夏后氏明堂五室，象地载五行。亦夏代明堂五行之证。明堂既法五行，则学校之源出于明堂，亦必以五行为教。此学校出于明堂之证一也。乡学虽在明堂之外，然实由明堂中之太学而分。至序训为射，则古代辟雍本为习射之地，故辟雍谓之射宫，《礼记·射义》。环之以水，地名泽宫，而天子将祭必先习射于泽，以射择士。同上。盖古代以射教民，故射列六艺之一。古代选举行于学校之中，故射于泽宫以择士。商代之初，以武立国，如《诗》言武王载旆，如火烈烈，又言挞彼殷武，奋伐荆楚。《书》言伐夏伐三朡，皆商代尚武之确证。故后世亦以武立国，与周不同。故习射之典为尤崇。习射之典既崇，故乡学之教民亦以射，此序所由训射也。且上古习射必于明堂，惠氏《明堂大道录》。则习射于学，所以存古代明堂习射之遗法也。此学校出于明堂之证二也。若庠之言养，义取养老，则以古代明堂兼为养老教民之地。《佚周书·大匡篇》谓，明堂所以明道，明道惟法，法人惟重老，重老惟宝。又《内则》云五帝宪，郑注云，宪，法也。与《佚周书》合。盖法训为师，《周书》孔注说。而明道所以教民。古代之所以养老者，以齿德兼尊之人可以为民之师耳。故养老与教民同地。夫养老之典始于神农，《周礼·伊耆氏》郑注以为，古代始为蜡以息老物之王，而惠氏《明堂大道录》云，伊耆氏，先儒以为神农也，神农建明堂，即制养老之礼。其说诚确不可易。而有虞氏之时，养国老于上庠，养庶老于下庠。夏养国老于东序，养庶老于西序。殷养国老于右学，养庶老于左学。周养国老于东胶，养庶老于虞庠。《王制》。夫东序、东胶皆太学之异名，其地列明堂之中，见前。则《文王世子》所谓适东序释奠先老者，先老即学校之先师也，复言设三老五更群老席位者，三老五更群老又即学校之教师也。《白虎通义》谓三老明天地人之道，五更明五行之道。《乐记》郑注云，三老五更皆老人知三德五事者也。是古代所养之老，皆明于学术之人。故养老即以尊师，而尊师即以重学，故养老亦为天下之大教。《乐记》。而《文王世子篇》复曰，反养老幼于东序，老即学校教民之师，而幼即死政之孤，受业子学者也。然三老五更皆年老致仕之人，《礼记》郑注。大夫七十而致仕，《曲礼》。所谓七十养于学也。若周代之制，则学校普设于国中，由是舍养老太学外，而州里之间亦设乡学，以齿德兼尊者为教师，兼行养老之典。《尚书大传》云，大夫七十而致仕，老于乡里，名曰父师，士曰少师，以致乡人子弟于门塾之基，教之以学。郑注云，所谓里庶尹也，古者仕焉而已者，皆归教于闾里。又云，上老平明坐右塾，庶老坐左塾，余子毕出，然后皆归，夕亦如之。案：上老即上文之父师，庶老即上文之少师也。则周代年老致仕之人咸负教民之职。盖古代乡学未设，故以年老致仕者为国学之师，及乡学既设，复以年老致仕者为乡学之师，而乡学之间亦沿太学养老之典，如《乡饮酒篇》所言皆乡学养老之典也。故乡学之名即取养老之义，名之为庠。然养老既与教民同地，则仍沿古代明堂之成法也。《王制》言五十养于乡，即为乡学之师也，言六十养于国，即为国学之师也，复言七十养于学，即为太学之师也，养老者所以使之施教也。此学校出于明堂之证三也。故观于学校出于明堂，则知明堂所行之典，咸为学校之所该，故古代政教之权咸出于学校。至于周代，学制日备而学术亦日昌，此则古人重学校之效也。作学校原始论第九。余见惠氏《明堂大道录》。

礼俗原始论第十

《说文》禮字下云，履也，所以事神致福也，从示从豊，豊亦声。案：履字下云，足所依也，从尸，服履者也，从彳又从舟，象履形。是履礼二字本义不同。《说文》训礼为履者，则以履字有践行之义，而礼亦为人所践行耳。故《周易》"履霜"，郑注读履为礼也。案：《说文》示字下云，天垂象所以示人也，从二三，垂日月星也，观乎天文以察时变，示神事也。盖二字即上字之古文，而小字即象日月星之形，示字古文作兀，一即天也，昔迦尔底亚宗教以日月星为最贵之神，以上帝为诸神之极则。西人拉克伯里氏说。迦尔底亚为中邦祖国，同上。故所奉宗教仍沿迦尔底亚之遗风。礼字从示足证古代礼制悉该于祭礼之中，舍祭礼而外，固无所谓礼制也。若礼字从豊，亦含祭礼之义，《说文》豊字下云，行礼之器也。盖古代之祭天日月星也，未制礼器，仅以手持肉而已，故祭字从夕从又，夕，肉也，又，手也。即捧肉以祀天日月星之义也。及民知制器而祭器之品日增，《说文》曲字下云，象器曲受物之形也。盖曲字篆文作凵，而《说文》复立匚部，训为受物之器，又谓籀文匚字作㠯，即曲字篆文之倒形。盖匚曲同为受物之器，匚象侧视之形，凵象正视之形，而筐、《说文》云，饭器也。筐、竹器。匬、《说文》云，小杯也。匜《说文》云，可以注酒之属字，咸从匚，又为食器之名，与鼎俎同为祭神之物。若豊字从豆，则《诗》言于豆于登，复言上帝居歆，足证豆器为祀天之物。盖荐饮食以飨神为古代祭礼之大纲，故《礼运》言，凡礼之初，始于饮食也。《说文》训豊为行礼之器，犹言行祭之器耳。观于禮字之从示从豊，益足证上古五礼中仅有祭礼，若冠礼、昏礼、丧礼，咸为祭礼所该。观古人行冠礼者，必行于庙门之中，《仪礼·士冠礼篇》云，筮于庙门。又曰，为期于庙门之外。又曰，至于庙门揖入三揖，皆其确证也。古人言昏礼者，必曰上以奉宗庙，《礼记·昏义》。而丧礼尤与祭礼相关，故周代宗伯为礼官，而所掌之礼，则皆祀天神人鬼地祇之礼也。即五礼之中，亦以吉礼事神为首。亦见大宗伯之职，盖五礼虽分于周，实则虞言五典五礼即吉凶军宾嘉，五礼之始也。又刘子有云，国之大事在祀与戎，《左传》成公十三年。而《礼记·祭义篇》亦曰，礼有五经，莫重于祭。此亦古代重祭礼之征。观《礼记》四十九篇，言祭之书最多。然《礼记·王制篇》又以冠、昏、丧、祭、乡、相见为六礼。乡饮礼、相见礼之起原，今不可征，试先溯冠、昏、丧、祭之起原，以见上古之礼俗焉。

一事，上古之时尚齿，齿之长者为大人。如《孟子》大人者不失其赤子之心是。而大人又为居尊位之称。如《易》大人虎变，《孟子》说大人是。齿之幼者为赤子，《孟子》赵注云，赤子，婴儿也。而赤子又以喻愚贱之民，如《康诰》言如保赤子，上句即言惟民其毕弃咎，是以赤子喻愚贱之民人也。长幼之长又为令长之长，《说文》。是年长之人即操治民之权也。儿童之童又为童仆之童，童之本义为山不生木，而儿童之童发未全成，童仆为古代罪人，皆系髡发之民，故皆象山不生木之形。是年幼之人皆伺贱民之列也。试观欧西各国，人人咸有公民之权，即选举权及被选举权是。然限以年龄，即国政在民，亦必年逾二十始列籍公民。观于此义，而中国冠礼之起原可以知其故矣。古制冠礼，详于《仪礼·士冠礼篇》，郑君《三礼目录》解士冠礼云，童子职任居士位，年二十而冠。盖士字有二义，一指爵位言，即上士、中士、下士也，一指年龄言，乃由少而壮之人也。古代称年幼者为孺子，年稍长者为士，年已长者为君子，《管子·小问篇》云，苗之生也，眴眴然似孺子，其壮，庄庄然似士，其成也，似君子。是孺子为人初生者之称，士为年甫壮者之称，君子则为已成人之称也。俞正燮云，士者，古人年少未冠娶之通名，引《诗》求我庶士，士如归妻，毂我士女，士曰归止，无与士耽，有依其士，厘尔女士。《夏小正》绥多士女，《孟子》绥厥士女，《荀子》妇人莫不愿得以为士为证，谓士为男子未娶之称，犹女为女子未嫁之称也。其说甚确。故士又为年稍长者之总称。凡天子诸侯大夫之子，咸得被以士名，即未命之士谓之居士，亦曰都邑之士。入于学者，则曰选士、俊士、造士，是士又为将仕未仕之称，故仕字从人从士，所以明在位之人皆年逾弱冠之人也。又《仪礼·士冠礼》《礼记·郊特牲篇》云，天子之元子，士也，天下无生而贵者也。《白虎通义》申其义云，王太子亦称士，何也？举从下升以为人无生得贵者，莫不由士起。此义稍误。天子之元子为士，所以明天子之子其年稍长者，亦名士也。盖冠礼既行，始区贵贱，若冠礼未行，则天子之子固与诸侯卿大夫士之子无异也。即《仪礼》以"士冠礼"名篇，士亦指年龄而言，犹言冠礼为年甫弱冠者所通行，非谓此礼定属于上士、中士、下士也。即士昏礼亦指年龄而言，若士相见礼，即少仪。古代庶人最贱，无入仕之权，以庶人为苗族之民，非汉族之民，故无公民权。礼不下庶人，《曲礼》。而庶人亦无冠礼，党正虽掌六乡之冠礼，而《文王世子》亦言，公族虽为庶人冠必告，则六乡冠礼疑亦指在野之士言之，公族之有冠礼，亦特别之制。则以冠礼为入仕之阶。凡行冠礼之人皆可以入仕之人也。古代入仕咸有层迹，由贱爵而升贵爵，年少之人资望素浅，其爵必贱，年长之人资望必隆，故居贵爵，士为年甫二十之人，故入仕之初亦必居贱爵，若上士、中士、下士，亦为贱爵，则固由此义而引伸之者也。许氏《五经异义》云，夏殷天子皆十二而冠，而《士冠礼》记及《郊特牲篇》皆云诸侯之有冠礼，夏之末造也，造，作也。是夏殷天子诸侯皆行冠礼。盖既行冠礼，始克居位临民，若未行冠礼，即不克居位临民，故夏殷二代无年幼在位之君，观夏殷二代君主咸传位于弟，或传兄子，则以己子未行冠礼不能胜人君之任也。亦无年幼在位之官也。虞夏尚齿较殷周为尤崇，故古者五十而后爵，无大夫冠礼。《郊特牲》。《荀子·大略篇》亦曰，古者匹夫五十而士，足证士为始仕之人。及殷代以降，官人之方，不复限之以年格，故二十即行冠礼。《礼记·冠义篇》言适子冠于阼，以着代也。盖古代官人，以世而袭父位者为大宗，着代者，犹言既冠以后即可世袭父位耳。又言已冠而字之，成人之道。冠而字之者，即尊者不名之义，成人之道者，犹言有公民之资格也。有公民之资格，即可有入仕之权，故《冠义篇》又言奠贽于君，言可以为人而后可以治人，见君者为臣之始也。治人者又即居官之义也。故既冠之后，即可任职居官，此古代行冠礼之微意也。其必以冠为名者，则冠字本义为冠服之冠。古代以冠服别贵贱，凡行冠礼，必服朝服玄冠，朝服玄冠者，入仕者之冠服也。故冠礼为进身之阶。而冠礼之冠，即由玄冠之冠引伸，此亦古代以冠服别贵贱之证也。后世以降，童子佩鑴刺于《卫诗》，任叔之子刺于《春秋》，盖冠礼之义既沦，凡居君位居臣位者，始不以年龄为限，而年幼之人即居重位，此国政所由日乱也。反是以思，益证古人之行冠礼其立法至为深远矣。以上冠礼。

　　二事。昔《亢仓子》有言，凡蓬氏之有天下也，天下之人惟知有母不知有父。《白虎通义》亦同。其故何哉？盖太古之民，婚姻之礼未备，以女子为一国所公有,《社会通诠》注云,蛮夷男子于所昏图腾之男子同妻行者皆其妻也,女子于所嫁图腾之男子同夫行者皆其夫也,凡妻之子女皆夫之子女也,其同图腾同辈行,则兄弟姊妹也,与其母同图腾同辈行,则诸父诸母也。母重于父,视母而得其相承之宗。故中国妇字既为己妻之称,如《诗》"思媚其妇"是。又为普通女子之称。如《左传》"妇人也",则妇为女子普通之称。夫字既为夫妻之夫,又为普通男子之称。如丈夫、匹夫、猛夫是也,夫字义与民同,如《书·大诰》"民献有十夫"是也。此即男子以女子同妻行者皆其妻,女子以同夫行者皆其夫之证。且柏修门人无夫妇妃耦之言,妇人处子,语亦弗区。而中国女字既为未嫁之称,如处女、贞女是也。若《左传》言"女而不妇",则以女字专属未嫁之称,此则三代以来所定之名也。又为已嫁之称,如《诗》言"女心悲止,征夫归止",又言"女曰鸡鸣,士曰昧旦",则已嫁者亦称为女,固彰彰可考矣。古无婚礼此其证也。故血胤相续咸以女而不以男,而姓字从女从生,即上古帝王亦大抵从母得姓。盖男子既行一夫多妻之制,则为女子者亦行一妻多夫之制。且古代人民视女子为甚卑,其所谓婚礼者,有剽掠妇女之风,有买卖妇女之俗。西人《社会通诠》谓蛮夷禁令同图腾者不昏,而中国古籍亦言同姓不昏,然姓指母族之姓言,非指父族之姓言。如尧二女嫁舜,颛顼女女修为伯益之曾祖母是。其始也,以同部之人皆为同姓,故娶女必于异部之中。如神农母为有蟜氏,颛顼母为蜀山氏是。又上世之民习于战斗钞暴,战胜他族,则系累弱女以备嫔嫱。观奴字从女从又,而古文作𡚿,即象女子械系之形,故古代妇女与奴婢同。观妇训为服,象持帚之形,《说文》。而《曲礼》亦曰:纳女于诸侯,曰备酒浆于大夫,曰备洒扫,足证古代之时以服从为足尽女子之分。上古妇人习于一妻多夫之俗,及男子之柄愈伸,恐女子之不能从一也,而防范女子之法乃日严。故一妻多夫之制革而一夫多妻之制仍习俗相沿,位愈贵者妻愈众。据《白虎通义》,惟庶人一夫一妻,而《曲礼篇》则言天子有后,有大人,有世妇,有嫔,有妻,有妾,是庶人以上皆行一夫多妻之制度者也。又创为"一与之齐,终身不改"《礼记》。之说,使女子终事一夫,所生子女悉从男姓,而女统之血系易为男之血系矣。故《易》言有夫妇然后有父子。虽然,剽掠妇女相习成风,其始也,剽掠他族之妇女,其继也,则剽掠本族之妇女。《礼》言阳侯杀穆侯,劫其夫人,亦古代剽掠妇女之证也。及伏羲之世,知剽劫之易启争端也,乃创为俪皮之礼。盖古代以皮为货币,此即买卖妇女之始也。吾观《仪礼·士昏礼篇》,谓纳采、问名、纳吉皆奠雁,纳征之礼则用玄纁束帛俪皮,天子加谷圭,诸侯加大璋。而舅姑飨妇亦酬以束锦。此即沿俪皮为礼之遗制也。故买卖妇女之俗至周犹存。《诗》言申人之女以夫家一物不备，持义不往，亦其证也。奠雁者，古代以畜偿值之遗法也。且买妻之俗既行，由是古代之民视妇女为财产之一。帑为金币所藏，《说文》。而称妇子亦曰帑。妃字本义为币帛成匹之称，《说文》段注。而称嫔御亦曰妃，与匈奴名奴婢为赘者岂有殊哉。中国前儒以财昏为夷虏之俗，岂知古代之民亦盛行财婚之俗哉！若夫家之财不足酬妇家之值，则赁佣妇家，以身质钱，此即赘婿之制所由起也。《汉书》注释赘婿为以身质钱，其说甚确。且据《士昏礼篇》观之，则劫掠妇女之遗义至周亦存，婿行亲迎，必以从车载，从者，此古助人夺妇者也。妇入夫门，有姆有媵咸从妇行，此古助人捍贼者也。《社会通诠》曰，欧俗嫁娶，为夫傧偿相者称良士，此古助人夺妇者也。为新妇保介者曰扶娘，此古助人捍贼者也，以此制证之。《仪礼》适与相符。其行礼必以昏者，则以上古时代用火之术尚未发明，劫妇必以昏时，所以乘妇家之不备，且使之不复辨其为谁何耳。后世相沿，浸以成俗，遂以昏礼为嘉礼之一矣。然观于《礼记·昏义篇》所言，则重男轻女之俗如言成妇顺明妇顺是。历历可稽，此后儒扶阳锄阴之说所由起也，中国女权不伸，实沿古代之遗风，惟后世益加甚耳。可不叹哉！以上昏礼。

三事。上古人民于肉体之外兼信灵魂，以为人死为鬼，今日之死安知不愈于昔日之生，《列子》。故殷《盘庚篇》曰，乃祖乃父，乃告我高后，崇拜勿祥。周《大雅》云，文王陟降，在帝左右。皆迷信灵魂不死之说也。故事死如事生，事亡如事存，《礼记·中庸篇》。古籍之说类此者甚多。又《礼记·礼运篇》记太古丧仪，析知气与体魄为二，知气在上者即灵魂也，体魄则降者即肉体也。又案：《祭义篇》孔子答宰我云，气也者，神之盛也；魄也者，鬼之盛也。又曰，众生必死，死必归土，此之谓鬼，骨肉毙于下，阴为野土，其气发扬于上为昭明。焄蒿凄怆，此百物之精也，神之著也。气即灵魄，魄即肉体。又《易》言，精气为物，游魂为变。则精气又指肉体言，游乃指灵魂言。精气为物，言人死之后，其所含之元质流为植物、动物。游魂为变者，言人死之后灵魂不灭，仍能变化无方也。此皆古人析灵魂、肉体为二之证。与佛教、佛家言灵光，言轮回，言不生不灭，见于《楞严经》诸书，而婆罗门教亦然。耶教耶教言灵魂，言永生，曰生死我不死，皆迷信灵魂之说也。之说大抵相符。故中国古代之丧礼，皆由迷信灵魂之念而生。何则？上古之民既以灵魂为不灭，则灵魂必有所归，夫灵魂既有所归，安知人世之外不更有佛教所述之净土，耶教所述之天国乎？又安知彼地之制度服御，非一仿人世之制乎？试观《仪礼》《士丧礼》《士虞礼》二篇，言丧礼之仪，有言奠脯醢醴酒、奠稻米豆实者，有言设豆笾、陈三鼎者，而葬器之中复有黍

稷醢酏醴酒，此以人世之食物测鬼界之食物也；又言纳棺之物，有纯衣
爵弁夷衾，而从葬之物复有疏布缁翦、缁色之布。幕席绲茵，此以人世
之服物测鬼界之服物也；又葬器之中首崇明器，明器者，神明之器也。有
弓矢耒耜敦盘甲胄设器。杖笠燕器。之属，而将葬之时，复有荐马荐车
之礼。此以人世之服御测鬼界之服御也。盖既以死者为有知，又以死者
为莫养于下也，《檀弓》。由是有殉葬之典，以妥其灵。故知丧礼之起原，
实由迷信灵魂之一念也。虽然，古代之民非徒信灵魂之必有所归也，且
以灵魂为无所不之，故有招魂之礼，以祝魂兮之归来。《楚辞·招魂》。
《士丧礼》言，士死适室，则复者一人升东荣中屋，招以衣，三呼皋某
复。此即古时招魂之典，据《礼运》言升屋而号，号曰皋某复，为上古之礼，
则其礼起源甚古。所以信死者之可复归也。故葬礼既终，仍行祭礼，虽视
之不见听之弗闻，一若如在其上，如在其左右，《礼记·中庸篇》。即《祭
义》所谓庶或飨之，《祭统》所谓交于神明也。孔子言，因物之精，制
为之极，明命鬼神，以为黔首则。《祭义》。精即灵魂，所以明丧祭之礼
咸起于民信灵魂也。若《周易》叙丧礼之起原，以为古之葬者厚衣以薪，
葬之中野，不封不树，丧期无数，后世圣人易以棺椁。与孟子答夷之之问者
相近。不知葬礼特丧礼之一端，乃对于死者体魄所尽之礼也。古代贱体魄
而重灵魂，故古不墓祭。《礼记·檀弓》。墨家侈言明鬼，复著《节葬》之
篇，则古代丧礼贱视体魄明矣。惟儒家则视葬礼为甚崇耳。及圣王既作，
见人民丧其亲戚，咸有怵惕凄怆之心，乃导以报本反始之义。制衰麻之
服，《礼记》孔疏云，黄帝尧舜之时虽有衣裳仍未有丧服，唐虞以前丧服与吉服同，
皆以白布为之也。设哭踊之仪，而三年之丧遂为天下之达丧矣。然此非上
古人民所及行也，上古之民知有母不知有父，安知服丧之礼乎！且未有布帛，安
有丧服吉服之殊乎！后世因人之情为之节文，此丧礼所由日繁欤！以上丧礼。

四事。《周礼·春官》，大宗伯掌建邦天神人鬼地祇之礼，是三代以
前之祭礼不越天神地祇人鬼三端。又大宗伯职云，凡祀大神、享大鬼、祭大
示，诏相王之大礼。大司乐职云，若乐六变，则天神皆降，乐八变，则地祇皆出，
乐九变，则人鬼可得而礼。太祝职云，辨六号，一曰神号，二曰鬼号，三曰祇号。
凡以神社者下云，以犹鬼神祇之居，皆古人神祇鬼并言之证。然吾即上古人民
之思想推之，则先祀人鬼，继祀地示①，继祀天神，何则？古人之观念
尚属简单，见夫众生必死，又疑死者之有知或未必果死也，而人鬼之祀

---

① "示"疑为"祇"之误。

以立。斯宾塞耳有言，各宗教之起原，咸起于祖先教。中国苍颉造文亦孝文为教，又《孝经》有言，夫孝德之本也，教之所由生也。盖祀先之礼为一切宗教所由生，此祭礼所由始于人鬼也。虽然，人鬼者，一族所祀之神也，若威信著于一方，及其死也，则合一境之民以祀之，是为社神，即地祇之权舆也。《说文》社字下云，地主也，从示土。《春秋传》曰，共工之子句龙为社神。周礼二十五家为社，而许君《五经异义》则以社是上公非地祇，郑君驳之谓，周礼土祇为五土之总称，即地祇也。案，郑说胜于许说，特祀句龙为社，此夏商以降之典。若上古之时，则君神不仅一人，凡威信著于一方之人，即为社方之社神，故二十五家亦为社，则以同居一地即同奉一神，后世以句龙功在天下，故令天下同祀为社神耳。今中国各村落，虽民户数十，必有一祀土神之所，即其证也。此地祇出于人鬼之证，又上古人民知有母不知有父，及女统易为男统，以先祖所自出不明，乃托为无父而生之说，又创为感天生子之言，而天祖并崇，用行禘礼。《说文》姓字下云，古者神圣母感天而生子，故曰天子。此许君用今文家说也。《五经异义》谓今文家以圣人为无父而生，古文家以圣人为有父而生。盖有父而生其说甚确，惟知母不知有父，故托为无父而生之说，如《诗》言契母感元鸟而生契，稷母感巨人迹而生稷是也。故契稷决非高辛之子，后世以契稷为高辛之子者，非。此古人禘礼所由起也。故禘为祀远祖之祭，如《祭法》所言，有虞氏夏后氏禘黄帝。殷人周人禘帝喾是也。又为祀天之祭，《诗》叙长发，大禘也。郑笺云，大禘郊祭天也。盖古人以天为太祖，荀子曰王者天太祖，注云，以天为太祖也。故即以远祖配天，《丧服小记》曰，王者禘其祖之所自出，以其祖配之。又董子《繁露》云，天为万物之本，先祖之所出也。《周礼》贾疏云，王者祀所感帝于南郊，以感生祖配祭，盖感生之祖有姓名可考者也，即一代之始祖，如稷、契是也。若感生祖以上，则姓名不可征，故以感生祖为无父而生，感生者，即感天气而生，为上天之子之意也，故不王不禘。配天者即配上帝也。古人以上帝为上天操权之人，《孝经》曰，宗祀文王于明堂，以配上帝。而《中庸》复言配天，是配天即配上帝也。而上帝以外复有五帝，为五行精气之神，郑君注《周礼》"昊天上帝"云，天皇大帝也，注"五帝"云，青帝、赤帝、黄帝、白帝、墨帝，此五行精气之神也。古圣感天而生，即感太微五帝之精以生也。《大传》郑注。故祀天祀帝，咸因祀祖而推。此天神出于人鬼之证。自是以降，因祀上帝以推之，见夫日月星之丽于太空也，遂有祭日祭月祭星之典。示字从小，即象日月星，《祭法》云，王宫祭日也，夜明祭月，幽宗祭星也。此其确证。又见夫四时寒暑之递迁，水旱之不时，风雨雷霜之变幻，以为咸有神以司之，而天神之入祀典者愈众矣。祭时、祭水旱、祭寒暑，皆见《祭法》。祭风师、雨师，见《周礼·宗伯》。祭雷见

《五经异义》，礼霜见《易》注。因祀社神而扩之以为山陵川谷之各有神也。如《山海经》中《山经》所记泰逢熏池武罗等名是，又《尔雅·释天》有祭山祭天之典，《尧典》亦言望于山川，柴于五岳，而后世于江水、河水皆有祠。由是，土祇而外，川泽有祇，山林有祇，推之丘陵坟衍以莫不有祇，《周礼·大司乐》。即远而至于四方，四方之祭见于《曲礼·祭法》。据郑君《曲礼》注，则祭四方者，即祭五帝之神于四郊，句芒在东，祝融后土在南，蓐牧在西，玄冥在北。而《汉书·魏相传》言东方之神太皞，南方之神炎帝，西方之神少昊，北方之神颛顼。二说虽殊，然皆以人鬼为地祇，则固无异也。近而至于中溜、道路、井灶，中溜、井灶之祀见于《祭法》，若道路之祭，即《祭法》所谓祭行也。古代咸列于五祀中。亦以为神物所司，而地祇之入祀典者愈繁矣。因祀宗祖而推之，以为古代之人，有法施于民者，有以死勤事、以劳定国者，有御大灾捍方患者，《祭法》。律以崇德报功之义，咸当别立庙坛。又意公厉之能为民患也，以为鬼有所归，乃不为厉，《左传》。故公厉之祭亦列七祀之中，《祭法》。而人鬼之入祀典者愈增矣。若物魅之类，则古人之意以为神鬼必有所凭，而凭必以物，故物魅之祭悉该入天神、地祇、人鬼之中。如稷神、马神、蚕神，非祀稷、祀马、祀蚕也，乃祀种稷之人及发明乘马蓄蚕之人也。祀蜡者亦非祀蜡也，乃合万物飨之谓也。迎猫、迎虎亦以猫虎为神所凭，犹之埃及以犬鼠鱼为上帝灵魂所寄也。若冯夷为大龟海若为贝，则古代亦以为水神所凭而祭之。即《左传》所言螭魅罔两，《管子》所言涸泽之精曰庆忌，亦属于地祇之类者也。故物鬼之祭悉该入天神、地祇、人鬼三者之中。非天神、地祇、人鬼而外别有物魅之祭也。且上古之时，人鬼而外以天神为最崇，盖民有善疑之性，多以人事测天，见夫人世之有刑罚爵赏也，以为天为人民之主宰，亦宜操赏罚之权。《书》曰：天叙有德，天讨有罪。《诗》曰：皇矣上帝，临下有赫。冀赏则趋利之心生，斯祭天以祈福，《祭义》云，祭者必受其福，而《说文》福字亦从示，又禧字训为礼吉，禛字训以真受福，祯字训祥，祉字训安，褶字训祝福，祈字训求福，祷字训告事求福，禬字训会福祭，而禄字、裖字、祥字皆训福，其偏旁又咸从示，则古人祭以求福，益可证矣。畏罚则避害之心生，斯祭天以禳祸。观《说文》祸字从示，则古人以祸为天降明矣。又《说文》祓字训为除恶之祭，禜字或训为使灾不生，禳字训为祀以除厉殃，祟字训为神祸，故其字皆从示，则古人祭以禳祸益可证矣。古人以祸福定于天，故上帝而外有司中、命之神，《周礼·大宗伯》。并有司刑之神，《山海经》以蓐定为天司刑之神。咸列祀典。由是，本民意达于神者，有祝宗，秉天意以施于民者，复律君主。如道曰天道，心曰天心，汤言恭行天罚，启言天绝其命是。故君主兼操政教之权，而祭天之权亦专属于君主一人。特上古之时，祭礼最隆，舍祭祀而外无典礼，故礼字从示。亦舍祭祀而外无政事也。及颛顼之时，使民神异业，革家为巫史之风，《国语》。自是以降，祭祀之礼遂仅列于六礼之一矣。西儒谓祭礼盛衰与人民智愚相比例，岂不然哉！以上祭礼。

观此四端，足证上古之时礼源于俗，典礼变迁可以考民风之同异，故三王不袭礼。述礼俗原始论第十。

古乐原始论第十一

乐教起原甚古。乐器始于朱襄，《吕氏春秋》云，昔古朱襄之治天下也，多风而阳气蓄积，万物散解，果实不成，故士达作为五弦瑟以采阴气，以定群生。乐歌始于葛天。《吕氏春秋》又云，昔葛天氏之乐，二人操牛尾投足而歌八阕，一曰载民，二曰玄鸟，三曰遂草木，四曰奋五谷，五曰敬天常，六曰达帝功，七曰依帝德，八曰总万物之极。乐舞始于阴康。《吕氏春秋》又云，昔阴康氏之始，阴多滞伏而湛积，水道壅塞不行，其原民气郁阏而滞着，筋骨瑟缩不达，故作为舞以宣导之。而三代以来，则列乐于六艺之一，其故何哉？盖古人欲强其国，必先使全国黎庶有发扬蹈厉之风，人各有情，情动于中，斯形于声，《乐记》。无声音以感之，则情不呈，民遏其情，则忧伤沈郁而民气日隳，故古人作为乐歌，抑扬反复以感发人民之意志，庶百世之下闻者起。此古人制乐歌之微意也。《乐记》云，乐者音之所由生也，其本在人心之感于物也。又云，乐者乐也，君子乐得其道，小人乐得其欲。案：训乐为乐，其训最确。民惟勤劳日久，一闻声音则喜乐之情自动，此固自然之理也。故足以宣沈郁者，莫若乐歌，而足以发扬民气，亦莫若乐歌，故古人重之也。虽然，上古人民竞争日烈，兵器不可须臾离，然民不习劳则薾弱多疾，而服兵之役弗克胜，故古人又作为乐舞，使之屈伸俯仰升降上下，和柔其形体，以廉制其筋骨，庶步伐止齐，施之战阵而不愆。此古人重乐舞之微意也。由是言之，则古人重乐歌，所以宣民气也，与皙种重德育之旨同。古人重乐舞，所以强民力也，与皙种崇体育之旨同。故古人言乐，咸歌舞并言。如《商书》言，敢有恒舞于宫，酣歌于室。虽系伪古文，然亦见《墨子》。此古人歌舞并言之证。又如古人言前歌后舞，又言歌舞升平，亦其证也。而乐舞复备教民之用。观周代之时，象武为武舞，器用干戚，夏籥为文舞，器用羽籥，《礼记·内则》云，十三舞勺，成童舞象。二十舞大夏。注云，先学勺，后学象，文武之次。大夏，乐之文武备者也。《文王世子》云，春秋教干戈，秋冬教羽籥，皆于东序。注云，干戈万舞，象武也，羽籥文舞，象文也。《公羊传》云，万者何？干舞也。籥者何？籥舞也。是舞分文武之证，亦即以乐舞教民之证也。此固与学乐诵诗《内则》。及春诵夏弦《文王世子》。并重者也。且古人之重乐舞与乐歌，同出于诗歌以传声舞以象容，故古人歌诗以节舞。黄氏以周《礼书通故》云，《诗序》言，《维清》奏象舞，谓歌此诗以节其舞也。观孔子删诗，列周颂、鲁颂、商颂于篇末，颂即形容之容，《诗谱》云，颂之言容也。《释名》曰，颂，容也。又《汉书·儒林传》云，徐生以颂为礼官大夫。注云，颂读为容，而仪征阮氏复作《释颂篇》，颂为正字，容为借字。籀文作额，而《说文》训为儿。《说文》：颂，儿〔皃〕也，从页公声，籀文作额。又儿〔皃〕字下云，颂仪也。仪征阮氏谓诗有三颂，颂与样同，见《释颂》。岂不然哉。又《诗大序》有云，颂也者，美盛德之形容，以其成功告于神明。据此，则颂又为古代祀神之乐章，盖上古之时，最崇祀祖之典，欲尊祖敬宗，不得不追溯往迹，故《周颂》三十一篇所载之诗，上自郊社明堂，下至藉田祈谷，旁及岳渎星辰之祀，如《烈文》有"客闵予小子"诸篇，悉与祭礼相关，即《鲁颂·阂宫篇》亦为追礼先公而作。《商颂·常发》诸篇亦然。是颂即祀祖乐章之证，非惟用之于乐歌，亦且用之于乐舞，故《周礼·大司乐》有云，舞云门以祀天神，舞咸池以祀地祇，舞大磬以祀四望，舞大夏以祭山川，舞大濩以享先妣，舞大武以享先祖。又言，冬日至圜丘，奏乐六变，用云门之舞，夏日至方丘，奏乐六变，用咸池之舞，宗庙奏乐九变，用九磬之舞。皆其确证。盖古人祭祀咸用乐舞，故巫为以舞降神之人。是颂列乐舞之征。在古为夏，在周为颂。商亦有之。夏、颂字并从页，象人身首之形。夏字从夂，并象足形。夏乐有九，即《周礼》所谓王夏、肆夏、昭夏、纳夏、章夏、斋夏、族夏、祴夏、骜夏之九夏也。至周犹存，祭礼宾礼皆用之，杜子春《周礼注》云，王出入奏王夏，尸出入奏肆夏，牲出入奏昭夏，四方宾客来奏纳夏，臣有功奏章夏，夫人祭奏斋夏，族人侍奏族夏，客醉而出奏骜夏。以金奏为之节。《周礼·钟师》云，以钟鼓为之节。盖以歌节舞，复以舞节音，《左传》云，夫舞所以节八音而行八风。盖以舞节音，犹之今日戏曲以乐器与歌者舞者相应也，故仪征阮氏曰，古人非舞不称奏。而篇什所陈之往迹，即为乐舞之模型。《周颂》之诗专主形容，如《维清》之诗咏象也，《酌》《桓》《般》《赍》咏大武之舞。而象武一篇，汉儒《礼记》谓其象武王伐纣之功，则诗之有颂，所以形容古人之往迹而记之者也。颂列为舞，所以本诗歌所言之事而演之者也，犹之传奇记古人事迹而复演之为剧也。惜后人不明其故耳。是则古人之乐舞非惟振尚武之风，且欲使天下之民观古人之象以发思古之幽情，其作用较乐歌为尤巨，岂仅饰为美术之观哉！惜秦汉以降，古乐沦亡，后世只有乐歌，未兴乐舞，而古人歌舞并崇之旨遂无有识之者矣。惟朱子注《论语》"成于乐"句，谓歌咏所以养其性情，舞蹈所以养其血脉。

稍知此意。作古乐原始论第十一。乐歌之作，近人知之者多，故详于乐舞，于乐歌之起源则从略。

财政原始论第十二

上古之时，舟车未通，道路阻塞，民老死不相往来。《老子》。又无怀氏之时，民老死不相往来，见《帝王世纪》。然人必假物以为用，《荀子》。而所产之物复各不同，上古时代之物产，如羽革角骨属于动物，草木果谷属于植物，玉石铜铁属于矿物。又据《山海经》观之，则古代中国之地出铜之山计四百六十七，出铁之山计三千六百九十，而金玉、水玉、白玉、赤金、白金，沙、石、砆石、丹臒、青臒、石涅所产尤多，旁及草木鸟兽之类，随地而殊。此各地产物不同之证也，又即《禹贡》观之，则漆丝织文产于兖州，盐丝枲松石产于青州，夏翟孤桐浮磬蠙珠纤缟产于徐州，筱簜瑶琨金锡齿革羽毛织贝橘柚产于扬州，砥砺砮丹竹木缨组产于荆州，漆枲絺纻纤矿磬错产于豫州，璆铁银镂砮磬织衣产于梁州，球琳琅玕产于雍州，此九州物产不同之证也。各以所有易所无，而贸易以兴。然贸易既兴不过以物易物而已，无所谓钱币也。因铜器铁器未发明之故。嗣因以物易物，易启争端，乃以牛为易中之品，故中国物字从牛，又为一切器具之总称，则古代商业以牛计值彰彰明矣。《旧约》言犹太与他国交易，以牛易烟草。中国古代当亦若此，盖游牧时代之制也。故今蒙古及青海、西藏与他土交易，尚有以牛计值者，亦其证也。又东方近海，水族孳生，滨海之民食赢蠬而衣卉服。《淮南子》。郊野之区畜牧蕃息，上古之时，民事田猎，及野畜之性渐驯，易为家畜，如牛马羊豕是也，遂成畜牧之时代。故畜字从玄从田，言家畜乃田猎时所余之物也。居山之民食禽兽而衣羽皮。以赢蠬为食，故即以贝为财。《说文》云，古者货贝而宝龟，观财、货、宝诸字，其偏旁悉从贝，则古代之民以藏贝之多寡分别贫富彰彰明矣。故贝字为财产之代表。以羽皮为衣，故即以皮为币。观三代之时聘享用皮币，共分五等，见《周礼·春官》。又伏羲之时定婚姻之礼，俪皮为币，此即卖买妇女之俗。皮即古人之财也。又《孟子》言太王事狄人以皮币，犹之后世之纳金乞和耳。且《史记·平准书》言，汉武之时有白鹿皮币，缘以藻绘，值四十万。此即古代以皮为币之旧制也。非惟用之以通财，亦且用之以计富，故则字亦从贝。此即古代财政之滥觞也。

及黄帝之时，铜铁之用发明，乃作为刀币，黄帝之时，范金为货，作金刀五币。见《史记》诸书。高阳氏谓之金，高辛氏谓货，商谓之布，金言其质，刀象其形。货字从贝，乃沿古代用贝之称者也。布与币同，币字从巾，仍沿古代用皮之称者也。盖黄帝之时，铜铁之用既已发明，故始知铸钱。以御轻重。《易》

言，神农使日中为市，致天下之民，聚天下之货，交易而退，各得其所。盖斯时仍以物易物而已。若《书》言懋迁有无化居，盖斯时之民即用刀币以定价矣，此商业所由发达而市价所由公平也。虞夏以来，复分黄金、上币。白金、中币。赤金下币，为三等，贾逵说。以便人民之交易。然当时之民鲜以金玉为财产者，或以家畜为财产，故蓄积之蓄从畜得声。而《礼记·曲礼》亦云，问庶人之富，数畜以对。又据《孟子》，则古代之民每户皆畜鸡豚狗彘，今山东、河南各省富民牲畜多于贫民，而蒙古亦然，此即以家畜多寡计贫富之证也。盖此仍游牧时代之遗风也。或以田谷为财产，故富字从田，而私字、利字悉从禾，则古代之民舍耕耘而外固无致富之方，舍稼穑而外亦别无蓄藏之物。如《诗》言黍稷稻粱，农夫之庆是也。又蓄积之积字，亦从禾，亦其证也。盖此仍耕稼时代之故习也。《诗》又言握粟出卜，《孟子》言以粟易械，汉儒亦言贵粟，则古人非惟以谷为蓄藏，抑且以谷为交易之物矣。即用贝之风，亦未尽革，观卖买二字从贝，则知古人以贝偿值矣。观货财二字从贝，则知古人恃贝为生矣。然此皆人民之财，非国家之财也。及君长既设，职官日繁，由是，以天下之财治天下之事，不得不取财于民。且君臣助民施治，亦不得不以禄代耕，此古代人民所由有纳税纳赋之责。纳税者即纳粟也，古人称为粟米之征，《孟子》。故租税二字悉从禾。又《禹贡》言，甸服之中分为纳总、纳铚、纳秸、纳粟、纳米五种。汉儒以为禹承尧制，则古代之时皆行纳粟之制，故《禹贡》详言九州之运道，即古代运粮之道路也。

夏代以来，九州人民咸纳一定之税额，《禹贡》分九州之田为九等，每夫受田五十亩，于五十亩之中五亩所入者为贡，所纳之额，较数岁之中以为常。殷人每夫授田七十亩，复合八家以耕公田，公田所入悉以纳税，而私田则不征。见《王制》。此计田亩所纳之财也。《国语》言藉田以力而砥其远迩，即指此言。纳赋者亦纳贝也，故赋字从贝。其制不外计口算钱，如每户人口若干，即纳若干之税，至汉以下皆行此制。与后世地丁税相同。近世归丁于粮，始免此税。夏代之制，分九州之赋为九等，见《禹贡》。纳赋之多寡，悉凭井田之高下以为差，用《禹贡》郑注说。盖以井田制立，不能尽人而为兵，乃使之纳财以免役，即以人民所纳之财制为车乘兵甲，以备丘甸出军之用。其制四井为邑、四邑为丘，四丘为甸。甸出马四匹、兵车一乘、兵士百人，所谓计田赋出兵车也。此计户口所纳之财也。《国语》言赋里以入，量其有无，即指此言。税以足食，赋以足兵，故赋字又从武。集人民之公财为国家之公财。嗣因贱商垄断市利，人以为贱，就征其税，《孟子》。此即征商之始，亦即后世榷税之权舆也。然此皆国家之公财，非君主之私财。及君权益尊，而仓廪府库视为一己之私，由是人民纳贡，观《禹贡》一篇，则九州之中于田赋以外咸贡物产，盖此皆人民对天子所纳之物也。观贡字之义可见。又《左传》言，大禹之时贡金九牧。则诸侯亦纳贡天子矣。**异域输珍**，异域输珍之事大抵见于《王会篇》。然观《说文》之说賓字也，训为所敬之人，从贝宀声，盖古代以远人为宾，而远人之来皆因贡纳，而贡纳必以财宝，故其字从贝。咸为君主一人之私产。然利为上下相交征，故古代之时即以贫富区贵贱，观贵贱二字悉以贝字为偏旁，非古代富者必贵贫者必贱之证哉！观《洪范》之言五福也，言富不言贵，所以明富者之必贵也。《洪范》之言六极也，言贫不言贱，所以明贫者之必贱也。故贵即该于富之中，贱即该于贫之中。盖上古之时，在位者皆富民，而居下者皆贫民也。此虽制度不均，然上古之时，富民为众人所共服，尊以重位，其势不得不然也。是古人非不重视财政矣。至于周代理财之术日精，观《周礼》太宰、小宰诸职可以见矣。及周代以后，贫民嫉视富民，遂贱视财产，复鄙利字而不言。如《孟子》言何必曰利，董子言正其谊不谋其利是也。此则后儒之思想，实则古人不若是也。作财政原始论第十二。

兵制原始论第十三

上古之民，以狩猎为生，及生口日滋，地力养人者不足，不得不出于相争，而兵事以起。然古代兵民未分，人莫非兵。故师训为众，又训为兵。区分部属咸表以旂旗，故民之同属一旗者，即为同族，与满蒙编兵卒为八旗者相同。及井田制立，不能尽人为兵，乃计田赋出兵车。观夏少康有田一成即有众一旅。《左传》。盖井十为通，通十为成，司马法。成方十里，《左传》贾注。成三百家出革车一乘徒二十人，《司马法》。盖《司马法》所言成出革车一乘系夏代之制，又言甸出兵车，则系周代之制也。百乘为同，《考工记》。同出革车百乘，工畿之地百同，得百里之地万区，面积方千里，则出车万乘，此即相土乘马之法也。《世本》。《左传》言，有田一成，有众一旅，旅为五百人，此指居民之数言，非即军人之数言也。至军队之组织，则五人为伍，百人为卒，五百人为旅，二千五百人为师，一万二千五百人为军，天子六军，夏殷皆同，观《书·甘誓》郑注皆同。是古代之兵制皆有定额。且上古之时，非惟军有定额也，即每军之中亦有一定之长官。洪荒之世酋长即为军帅，故《易》言武人为予大君。守土之官即统兵之官，军政民政未加区画于其间。及天子无暇专征，乃别立军师，故夏代六军之制每军各有长官，亦名六卿，以统军吏即士吏，《甘誓》郑注。而中央政府又设司马以统之。盖兵与民分，故兵政亦与民政分立也。特兵民虽分，然国有大役，仍可籍农人以为兵，故寓兵于农，复行狩猎之礼，于农隙讲武事，上古之时为狩猎时代，后世帝王仍沿此制，用行田狩之礼，即春苗、秋蒐、冬狩是也，此亦军礼之一端，所以于农隙讲武事，使人人不忘武事也，其旨甚善。此固人人有服兵之责也。观三代之时，人民二十与戎事，六十还兵，《五经异义》说。《王制》有言，六十不与服戎，则年未六十，固无一人可辞戎事也。与皙种征兵之法大抵相符。故古代人尽知兵，习射之典行于学校之中，致兵学日昌，如神农黄帝力牧风后鬼容区，咸有兵书。至于商末，而吕望遂为兵学大家矣。冶铸兵器之术亦渐次发明。上古之时兵器用骨角羽皮，继用竹器木器玉器石器，至黄帝之时始知用铜铁，此兵器进化之阶级也。此五帝三王所由能排斥异族恢廓版图以振华夏之声威也。后世以降，兵民分途，而所谓兵者乃出于四民之外，士不知兵，兵不悦学，此武功所由不竞也。夫岂古人尚武之旨哉！作兵制原始论第十三。

东原学案序
（1905）

　　自宋儒高谈义、理，以为人同此心，心同此理，以心为至灵至神之物，凡性命、道德、仁义、礼智咸为同物而异名，故条分缕析，区域未明，由于知义理而不知训诂。不识正名之用。又北宋之初有孙复、作《春秋尊王发微》。欧阳修诸儒，立论刻深，辨上下以定民志，程、朱继兴，隐崇斯旨，故朱子盛称孙复、欧阳修。钳制民心，以三纲立教，三纲之说西汉时已有之，见《谷永传》，《白虎通》亦有解释，惟至于宋代说始大昌，如程子言：饿死事小，失节事大是也。而明儒吕坤亦曰：君虽不仁，臣不可以不忠；父虽不慈，子不可以不孝。而名分之说遂为人主所乐闻，立之学官，颁为功令，自元、明以来，崇尚程、朱之书，以君主利用其说以制天下也。民顺其则，不识不知，然祸中生民，盖数百年于兹矣。

　　近代以来鸿儒辈出，鄞县万氏、萧山毛氏，渐知宋学之非，或立说著书以与宋儒相诘难，毛西河《四书改错》《圣门释非录》专与宋儒为难，《四书改错·大学中庸》以《大学》推言民好民恶，《中庸》推言位天地育万物，皆即忠恕也。已开戴氏解理字之先，焦氏絜矩说亦本之。而集其成者实惟东原戴先生。

　　东原之书以《原善》《孟子字义疏证》为最著。《原善》三篇，以性为主，谓仁与礼义由性而生，显之为天，明之为命，实之为化，此说皆不足据，仍汉儒以五行解性情之遗说，且亦不能脱宋儒言性理之范围。顺之为道，循之有常，曰理合此五端，是名曰善。《大易》曰：继之者善也，成之者性也。例以戴氏所言，则此说固不诬也。复以材由性生，复以由材而生听、生视、生思，合听、视、思三端而生明。因材施教，性善乃成。戴氏说盖本

　　* 原载《国粹学报》第5期，1905年6月23日，署名刘光汉；收入钱玄同等编《刘申叔先生遗书》之《左盦外集》卷十七，民国二十五年宁武南氏排印。

《春秋繁露》。《繁露·深察名号篇》云：或曰：性有善端，心有善质，尚安非善。应之曰：非也。茧有丝而茧非丝也，卵有雏而卵非雏也，比类皆然，有何疑焉。又曰：质于禽兽之性，则万民之性善矣；质之人道之善，则民性弗及也。《实性篇》曰：性者，天性之朴也；善者，王教之化也。无其质，则王教不能化，无其王教，则质朴不能善。盖戴氏之所谓材，即董子之所谓质也。戴氏因材施教之说，亦即董子以教化质之义也。善性既成，由是得于心者为信诚，信者不渝之谓也，诚者无妄之谓也。应于世者为道德。道者共由之谓也，德者有得之谓也。**训诂彰明，慎密严瑮，陈北溪作《字义》，墨守朱子之说，不敢有出入，故讹误之语甚多，惟东原解字，其界说最为精严，虽间有武断，然疵不掩醇。**近世定海黄氏作《经训比义》，其《叙目》一篇解字亦极精确，然大半本于戴氏之说，可谓善于所择矣。**其说信美矣。**若《孟子字义疏证》一书，则瑕瑜杂见。东原之解理字也，以为理生于欲，情得其平，是为循理，戴氏曰：情得其平，是为好恶有节，是为依乎天理。是则理也者，人心之所同然者也，戴氏曰：心之所同然者，始可谓之理，谓之义，则未至于同然，存乎其人之意见，非理也、非义也。凡一人以为然，天下万世皆曰是，不可易也，此之谓同然。举理以见心能区分，举义以见心能裁断，分之各有不易之则，名曰理，如是而宜，名曰义，**其说甚精。**情欲之不爽失者也，故能戒偏私，以公好恶，《原善》三篇，首重去私。而《孟子字义疏证》谓一人之所欲，天下人之同欲也，我以所欲所恶公于彼，彼亦以所欲所恶公于我矣。舍名分而论是非，戴氏谓后世以理为意见，尊者以之责卑，长者以之责幼，虽失谓之顺，卑者、幼者以理争之，虽得谓之逆，由是下之人不复以天下之同情达于上。又谓人死于法犹有怜之者，死于理其谁怜之。又谓后人负其气，挟其势位，加以口给者理伸；力弱气慑，口不能道词者理屈。盖戴氏以理为势也。言为世则其利溥哉。西国民主政治，凡立一政行一法，咸取决于多数之民，所谓公好恶也。且倡人类平等之说，舍势论理。而戴氏所言与之相合，则戴氏之功岂减卢梭、斯鸠哉。盖东原解理为分确宗汉诂，戴氏曰：理者，察之而几微，必区以别之名也，是故谓之分理。又引《中庸》文理，《孟子》条理为证。案：郑君注理，训理为分。而《说文》亦曰知分理之可以相别异也。理可以分，故曰分理，且肌之可分者曰肌理，腠之可分者曰腠理，文之可分者曰文理，且事事物物莫不有理，故天曰天理，地曰地理，性命曰性命之理，犹之科学家之言心理学、物理学、地理学也。故古人有穷理之学，且古人之所谓理，即穆勒名学之所谓伦，皆由对待而生，故理亦必由比较分析而后见。复以理为同条共贯也，故以理字为公例，如以理为人心之所同然者是。**较宋儒以浑全解理字者，宋儒以浑全之义解理字，显与有别之义相背。任氏《翼圣》已驳之。**若朱子言天即理，性即理，夫性、天皆有条理，其说诚然，但谓性、天即理，则其说大非。**宋儒说字往往逞一己之见以斥古训，洵可惜也。迥不同矣。**至谓理在欲中，亦非宋儒所可及。

宋儒以蔽为欲,《乐记》云:感于物而动,性之欲也。是欲生于情,情生于性,情欲皆吾性中所固有,即《中庸》所谓喜怒哀乐六情也。欲生于中,习由外染,故孔子言习远蔽由习生,故佛家以蔽为大戒,如《大乘法界·无差别论》言:一曰自性净,二曰离垢净。复曰自性无染著。盖以本原之性多为垢染所蔽,非去其染著之垢,则本性之清净不可见。宋儒本之,所谓复性虚灵不昧也。阳明锢蔽之说亦由于此。特宋儒误以蔽字解欲字,遂以欲为外物,而必欲屏之矣。复误解《乐记》之文,《乐记》之文易解,其言好恶无节于内,知诱于外,不能返躬,天理灭矣。夫物之感人无穷,而人之好恶无节,则是物至而人化物也。人化物者,灭天理以穷人欲者也。盖理即公理,人人守公理,则人人自保其权利,不以权力加人。至人以权力加他人,是为穷人欲。穷人欲由于不返躬,故与公理相背,即《乐记》所谓灭天理也。故《乐记》下文有强者胁弱数语,则穷人欲指侵犯他人自由。言彰彰明矣,非谓有欲即与天理相背也。以为天理与人欲不两立,盖佛书以六欲为六贼,儒者信其说,遂以去人欲为存天理,仪征阮氏已斥之。以天理为公,以人欲为私,如朱子之解《论语》君子喻义,小人喻利也。谓义者天理之所宜,利者人情之所欲,解能近取譬也,谓胜人欲之私,存天理之公。宋儒之言多类此,至于王阳明,则以捍格外物解格物矣。惟断私克欲,宋儒以断私克欲解克己,复以断私克欲解勇字,斯真大谬。天理乃存。然宋儒之说贵公去私,四字见《吕氏春秋》。近于逆民,昔孔子以克伐怨欲不行不可以为仁,而公绰不欲,孔子称其不可为大夫。盖无欲之人即无进取之志,是古人本无无欲之说也。东原之说推私为公,近于顺民。利己为利己利物,亦所以利己。此说也中国古人言之甚鲜,惟戴氏之言恕始倡明之。

又虑民之恣情纵欲也,故复于顺欲之中,隐寓节欲之意,孟子言所欲与聚礼,言小人乐得其欲,此顺欲之说也;孟子言寡欲易,言节欲礼,言欲不可纵,此节欲之说也。孔子言从心所欲不逾矩,即顺欲与节欲并崇之证。若杨朱、魏牟,纵情性安恣睢,则不知节欲之故也。节欲犹之节性,儒家言节欲,不言无欲,犹之言节性不言灭性也。宋儒虑人民纵欲,至并欲而去之,且谓欲非性中所固有,非也。惟东原以情欲不爽失者为理,则情欲之爽失者即不得谓之理,此即欲不可纵之义,则东原何尝不言节欲,又何尝以欲为理哉?中儒之言理欲未有及戴氏者。特嗜欲、欲望之分,东原未及析之耳。西人分欲为二种:一曰嗜欲,如男女、饮食是也,是曰必得之欲;一曰欲望,如名誉、财产是也,是曰希望之欲。《礼》言饮食、男女人之大欲存焉,此嗜欲之欲,字或作慾。若《论语》言欲仁、欲立、欲达、欲善,《孟子》欲义、欲贵、欲广土众民,则皆希望之欲也。嗜欲之欲当节,而欲望之欲则人生所恃以进取者也,不当言节。惜戴氏未及知之。

至东原谓六经群籍理字不多见,自宋儒以意见当理,始以理为如有物,得于天而具于心。戴氏言六经、孔孟之言以及传记群籍理字不多见,今虽至愚之夫悖戾恣睢，其处断一事，责诘一人，莫不辄曰理也。自宋以来始相习成俗，则以理为如有物焉，得于天而具于心，因以心之意见当之也。夫宋儒以理为绝对之名，析词已误，戴氏曰：程、朱改释老之指神识者以为理。又曰：程、朱以释老之真宰真空指为理。此说诚然。盖宋儒以理为绝对之词也，故以浑全解理。然宋儒立说尤歧者，则舍理论势之说也。始也舍理论势，继也以势为理，如《春秋尊王发微》《春秋胡氏传》以及《二程语录》莫不本此。及名分说兴，以犯理即为犯分，吕东莱、朱子皆持此说，盖宋儒以理为天，复以君、父、夫亦为天，故视君、父、夫与天同为理所以出。即戴氏所谓以意见为理也。中国学术统于一尊，此以意见为理之始。然戴氏所谓意见，即指名分言也，故有尊者以之责卑数语，复言宋儒言理酷于申、韩，是戴氏之所指斥者，名分之说也。乃用意见二字，语亦稍晦。特理与势殊不得合为一物，明吕坤《语录》曰：天地间惟理与势最尊，理又尊之尊也。庙堂之上言理，则天子不能以势相屈即相夺，而理常伸于天下万世。是吕氏明分理、势为二物，理可屈势，势不能屈理，即戴氏舍势论理之所本也，其说最精。且宇宙事物莫不有理，不得讳理而不言，《易》言穷理，《孟子》言理义，是古籍非不言理字，盖古籍罕言理字者，以理之本训为治玉，故或以他字代之。《诗》言有物有则，则即理字之代字也，是古代言理与公例同。又古代本理以制礼，故理之所包者悉于礼制中见之。《礼·坊记》曰礼者，所以因人之情而为之节文者也，礼生于情，与理之生于情欲者相同。此古代所以多言礼字，罕言理字也，理与礼同，有凌次仲《复礼说》三篇言之最明。若执宋儒解理之误，至并理字为讳言，是犹嫉舞文弄法之吏，并诋国家法律为不足道也，有是理哉？戴氏之说，因噎废食之说也。且戴氏所谓理者，指在物之理言之耳。以古人言肌理、腠理、条理、文理，皆即理之在事物者言之也。夫事物之灿然毕陈者，固谓之理，理之在事物者，目可睹而指可数者也。然事物之理心能别之，心之所以能别者，独非理乎？此即所谓心理学也，西人别为一科。故在物在心，总名曰理。今东原之言曰理者，察之而几微必区以别之名。又曰知分理之可以相别异也。夫几微之区别，分理之别异，理诚在于事物，至谓之察、谓之知，岂察、知亦在事物乎？夫人心本静，感物而动，物至自知，好恶以形，《乐记》曰：人生而静，天之理也；感于物而动，性之欲也。物至自知，然后好恶形焉。此说最精。王阳明曰：无善无恶，心之体；有善有恶，性之用。盖人惟脑筋最灵，天下事物易与五官百体相触者，其事即印入脑筋，所谓感也。虽然，天下之事不仅一事，天下之物不止一物，事有善恶，物有精粗，今日感一物，明日感一事，积之既久，遂能断其是非，即由感生智，由智生断也。盖天下无一物无一事，则理不生；所感者仅一事一物，则理亦不生。故理也者，必待比较分析而后见者也。然比较分析由心而生，西儒康德之言哲学也，分感觉、推理、良智为三，谓感觉必生推理，推理必生良智，良智即孟子所言之良知。是辨别之能，本具于人心也。然无事物以感触之，则此机能不见。康德言推理必因良智，即知物由于人心之义。非物则心无所感，非心则物不可知矣。《乐记》之说，即阳明之说所本。无善无恶，由于未与物接也，故理不生；有善有恶，由于既与物接也，故理随之而生。心理、物理互相用，心理由物理而后起，物理亦因心理而后明也。夫所谓感物而动者，即在心之理也。即心观物，故事物当前不假思索。由感生智，由智生断，而事物之理灿然大明。有在心之理，然后能别辨事物之理也。此智之端所由为是非也。孟子曰：是非之心，智之端也。是非之心即心理也。故孟子又曰：是非之心，人皆有之。人有是非之心，则理具于心明矣。今东原于其可睹可数者，指之为理；于其不可睹不可数者，独不信其为理所包涵。盖以宋儒言理，多求理于空阔之中；而阳明继兴，遂以物备于我，我外无物。宋儒言理虽极浑沦，然格物之说尚有言者，如朱子言即物穷理是也。阳明之说则与西国柏拉图、笛卡儿唯心论同，又取佛家三界唯心、万法唯识之说，然谓心物相符可也，谓我外无物不可也。故力矫其偏，以理字专属事物，不杂心性之空谈。程子亦言在物为理。朱子亦言穷物理。薛敬轩亦曰理不外事，惟于事求其理。又云古者诗书礼乐，俱以事物教人，而穷理亦于事物穷究。是理字专指事物言。宋、明儒家亦有是说也。然物由心知，知物即为心理，《中庸》言：博学之，审问之，慎思之，明辨之。夫慎思明辨，所以推吾心之智以观事物者也。使心无知物之能，事物何由辨别哉。惜戴氏不知此义。东原亦未及知也。故观物之念虽明，而观心之念未启，戴氏之学术乃唯物之学，而非唯心之学也。此则东原言理之偏矣。日本井上圆了云：唯心论者由物心两象，总由一心而起。然物对心而可知，心对物而可知，二者缺一亦不能存。心能知物，物因心而被知。一称主观，一称客观。然云有心而无物，恰如云有主而无客。不知我有知物之心，而使吾心致其用者，物也。无心则物无可有之理，无物则心亦无可有之理。今云有物无心，未免过偏；其论有心有物，最为得当。若如戴氏之说，知客观而不知反求主观，未免有物无心之讥矣。

　　若东原之论性字也，以血气心知为性，戴氏曰：分于阴阳以为血气心知，品物区以别焉。举凡既生之后，所有之事、所具之能、所全之德咸以是为本。故《易》曰：成之者性也。此说本于《中庸》天命之谓性。郑注、朱子注亦以阴阳五行言性，而戴氏亦以性由阴阳而分，盖仍沿西汉阴阳家之说，未足信也。以血气为心知所自出，戴氏曰：血气、心知，性之实体也。又曰：有血气则有心知，由血气之自然而审察之，以知其必然，是之谓理义。又曰：性者，血气心知本于阴阳五行，人莫不区以别焉是也；而理义者，人之心知有思辄通，能不惑于所行也。其说甚多，不具引。以心知为理义，与宋儒论性不同。告子言人性本无仁义，而宋儒则以仁义礼智言性，以证孟子性善之说。程子有言：性即气，气即性。朱子

亦曰：天下未有无理之气，即未有无气之理，理者，具于人性者也。王阳明亦有
言：生之谓性。生字即是气字，犹言气即是性也。而朱子复分本原之性与气质之性
为二，大抵本于佛典。盖宋儒以气质之性由后起。东原则谓血气之性人得之最先。
然血气之属人物所同，而心知智愚各别，草木有生性而无觉性，禽兽有觉性
而无悟性。有觉性者，具有血气者也；有悟性者，能具心知者。告子言生之谓
性，本为古义。盖古代性字与生字同，未加心旁，指血气之性言。厥后性字从
心，乃指心知之性。言心知之性与血气之性不同，故孟子之斥告子曰：然则犬之性
犹牛之性，牛之性犹人之性与？是犬牛之性与人不同，不得谓有血气即有心知也。
不得谓有血气即有心知也。至谓心知即义理，亦与《原善》之说互歧，
《原善》谓性有教而后善，则以理义由后起，非义理即心知。夫性有心知，即能
辨别义理，然人性之初，无善无恶，告子曰：性无善无不善。王阳明曰：
无善无恶性之体。《乐记》亦曰：人生而静。人生而静，即空无一物之谓也。故无
善无恶。及日与外物相接，乃生辨别义理之能。人日与外物相接，由感而生
智，由智而生断。故必有对待，然后有比较；有比较，然后有是非。使不与外物相
接，知心之义理何由见之乎。是则理义本性中所固有，特人性有辨别义理
之端耳。此用董子性有善端之义，说见前文。故《易》言继之者善，而《礼
记·乐记篇》亦曰：应感起物而动，然后心术形焉，则心知非即义理明
矣。盖东原之所援据者，孟子性善之说也。故以人心所同然者为理义，
以未至于同然者为意见。戴氏曰：心之所同然者，始谓之理，谓之义；若夫未
至于同然，存乎其人之意见，非理也，非义也。不知五方之民种类各殊，各
以意见为善恶。善恶之区分，其故有三：一因境遇而生，善恶者不外习惯而已，
故各族习惯不同，则各族所定之善恶亦不同；一因嗜好而生，人生有欲，大约相
同，故善恶各随其欲而区别；一因舆论而生，舆论者一国人民之意向也。善恶既由
习惯而生，然积之既久，遂因舆论以定是非。或为道德、或为法律，而一国之中遂
以为公是公非矣。故各国之中，有此以为善彼以为恶者，即此故也。故人性本
同，悉因习染生区别。中国儒者言性之歧，悉由于此。《论语》言：性相近，习
相远。相近不指善言、相远亦不指恶言说最简明。《中庸》言：天命之谓性，率性
之谓道。所以因同然之性而导之也。《召诰》言节性，《王制》言节民性，所以虑民
之染于恶也。《孟子》谓人性皆可为尧舜，又言性有四端，所以明人人皆可习于善
也。然习于恶者仍多。《荀子》言善由人为，所以明人性本无善质，必习于善然后
善也。惟言之未析，一若孟言性善，则人性本善；荀言性恶，则人性本恶。不知本
性实无善恶，善恶皆由于习尚，而善恶者亦非真善真恶也。《晏子》曰：习俗移性，
此语最当。告子以义为外，亦未可非。盖性者，至无定之物。譬之镜焉，染尘则
污，拭之则明，岂有一定之性哉。不独理义之称无定，理义者，即意见也。即
性善、性恶之说亦至无凭，孟、荀之说皆偏。惜东原未见及此耳。且东原

言性，既以性善之说为宗矣，复以怀生畏死为性，戴氏曰：凡血气之属，皆知怀生畏死，因而趋利避害。虽明暗不同，不出于怀生畏死而已。是戴氏以怀生畏死为本原之性也。非袭用荀氏性恶之说乎？以怀生畏死为性，亦未可非。但既以义理为性，复以怀生畏死为性，非明明自歧其说乎？戴氏此说非惟用荀子之说，且与告子以甘食悦色为性者同。东原知立说之互歧，于是以怀生畏死为物蔽，谓无蔽者惟圣人。此说袭用佛书，惟与朱子言气质之性、阳明言性为欲蔽者稍异。盖阳明以欲为蔽，而戴氏则以意见为蔽。此何异于宋儒言性之说乎？既以怀生畏死为本原之性，与宋儒言物蔽者稍殊；复以怀生畏死为物蔽，则怀生畏死又非本原之性矣。同一书也，而立说互歧若此，此则不明论理学之过也。然近儒著书，此类甚多。是则东原立说之误也。

若夫训道为行，戴氏曰：道犹行也。气化流行，生生不息，是故谓之道。又曰：道者，人伦日用之所行者皆是。在天地，则气化流行，生生不息，是为道；是故道在人物，则凡生生所有事，亦如气化之不可已，是谓道。案：戴氏训道为行，是也。道字之义由道路之道引申，道路之道人所共由，故凡事之为人所共由者，亦谓之道。是则道也者，所以悬一当然之则，而使民共由者也。《易》言"一阴一阳之谓道"，又言"立天之道曰阴与阳"，言天气流行必由阴阳也。《易》言"立地之道曰柔与刚"，言地气流行必由刚柔也。故复言"坤道时行"，又言"地道上行"也。《易》言"立人之道曰仁与义"，言生民遵行者必在仁义也。《中庸》言"率性之谓道"，又以君臣、父子、昆弟为天下五达道。则道者乃人民率而行之者也。故《中庸》言道不可离。又言远人者不可为道。则道非指高远者而言明矣。《孟子》曰：夫道若大路然。此解最明。惟道系当然之则，系属无形。故《易》言形而上者谓之道。戴氏以气化流行解道字，仍蹈张子、朱子之说，稍近迂腐。以气化解道字，不如以道路之道解道字也。至戴氏谓人伦日用所行者皆道，则固确不可易也。训权为变，戴氏曰：权者，所从别轻重也。凡此重彼轻，千古不易者，常也。常则显然共见其非千古不易之重轻。则重者于是乎轻，轻者于是乎重，变也，变则非智之尽，能辨察事情者，不足以知之。案：权字有二义：一训为平。《书·吕刑篇》云：上刑适轻，下服；下刑适重，上服。轻重诸罚有权，此言权用罚之轻重而使之平也。陆宣公曰：权之为义，取类权衡。若重其所轻，轻其所重谓之权，不亦反乎？盖权即公平之义。理之得公平者谓之中，处事酌重轻而合于公平者谓之权。孔子言：未可与权。《孟子》言：执中无权，犹执一也。言处事当以公平为准，不可有一定之意见也。一训为变。《公羊》言：权者反乎经，《孟子》嫂溺援之以手者，权也。则指反经之权而言，与训平之义别。盖权字皆从称锤取义，事之公平者谓之权，取权物得中之义也。事之偏重者亦谓之权，即取权物稍偏之义。后儒不知训平之权，遂以权字为权变，至入于变诈一流。避其名者，复成拘墟之见，而权之真训亡矣。即戴氏之解权字，亦以变字之义解之，不知权之得中者即为常也。其说似误。立言虽当，然言辞隐曲，必假引申。唯才训为能，戴氏曰：才者，人与百物各如其性以为形质，而知能遂区别焉。孟子斥为天之降才是也。案：才之为训有二：《孟子》言：若夫为不善，非才之罪。此才质之才也；《孟子》言：有达才者。此才用之才也。训质之才，《说文》训为草木之初；训用之才当作材，即取材木不可胜用之意。才质之才，不可言有才无才。则以质具于生初，虽有刚柔、智愚之殊，然不可不谓之质。故只可言质美质恶，不得言有才无才。若才用之才，则刚者、知者为有才之人，柔者、愚者为无才之人。此《孟子》所由言才也、养不才也。然才用之才，原于才质之才，故戴氏言各如其性为形质而知能遂区也。且才必因有为而后见，有志而无所为，则才不见。故才质之刚柔、智愚，咸因才能之优绌而后见。然才能之差殊，亦视才质之优劣。故才者，本人性之优劣而见之外者也。故观人者先观其才，则其为人可知矣。戴说是也。诚训为实，戴氏曰：诚，实也。据《中庸》言之，所实者，智、仁、勇也。实之者，仁也，义也，礼也。案：诚训为实，是也。《易》言：闲邪存其诚，犹言存其实也。《易》言：修辞立其诚。言修辞以实为主也。《大学》言：物格而后知致，知致而后意诚。诚即真实无妄。无妄由于格物，故能无惑。此亦治实学之义也。《中庸》言：自诚明，自明诚。此言治学以实为本，惟实事求是，心乃大明。《中庸》言：惟至诚能尽之。即言有实学然后知心性也，言至诚如神，即言学有实验者，能测未然也。若《中庸》言不诚无物，即言天下无无实理之物也，故学当求实。若《中庸》言诚身有道，则言修身亦当有实功也。故又言至诚无息，复言诚者自成也。若《中庸》以择善固执为诚，亦即《论语》博约之义，即不蹈空虚之义也。后儒不达此义，不能真实无妄，凡事皆饰以虚矫。复以循谨老成朴陋者为诚笃，或曰诚实盖古人之诚，无妄之诚也；后世之诚，乡愿之诚也。惟戴氏所解不讹。析词明辨，远迈前儒。

若东原之解仁、义、礼、智也，以义、礼属于仁，以智该于仁、义、礼。戴氏曰：仁者，生生之德也。仁者，可以该义，使亲爱长养不协于正大之情，则义有未尽；仁可以该礼，使无亲疏上下之别，则礼失而仁亦未为得。举仁、义、礼可以该智，智也者，知此者也。不知仁以安仁，义以正己，立训迥殊，《春秋繁露》云：以仁安人，以义正我，故仁之为言人也，义之为言我也。又云：仁之法在爱人，不在爱我；义之法在正我，不在正人。此解最精。古代仁从二人，郑君训相为人偶，言仁道必合两人然后见也。《论语》言：己欲立而立人，己欲达而达人。《孟子》言"仁民"，是仁道，乃行善事，而以惠德加人之义也。《礼运》言大同，以及张子《西铭》皆言仁德，其详见仪征阮氏《论语论仁孟子论仁论》。古人训义为宜，《礼》曰：义者，天下之制也。制即限制之义。《易》言义以方外，方外即砥砺廉隅之义。故利与义对言，义则有所不为，利则无所不为也。《易》言禁民为非曰义，《礼》言去天地之害谓之义，皆使民有所不为也。是义乃持躬严正而不复侵犯他人之义也。仁义不同，而后儒以救人为义，混义于仁，故戴氏亦以仁该义、礼，然其说甚误，故特正之。而智之所及，亦非仁、义、礼所能该，古者智与仁并言，如子贡言仁且智，夫子既圣是也。《中庸》亦以仁、智、勇并言，而西国亦分智育、德育、体育为三，德育近于仁，体育亦近于勇，则智德所该甚广，虽仁、义、礼之道，必待智德而后知。然仁、义、礼之外，岂别无可知之法乎？若勇与信，皆当知者也。故《孟子》析仁、义、礼、智为四端，《易》言元、亨、利，即仁、义、礼也。《中庸》言仁、义、礼，复言有临、有容、有执、有敬，亦即智、仁、义、礼也，是仁、义、礼、智不同。古人于四端之中，虽有偏重一端而以他端互见者，然未有若戴氏之含混也。礼者，因人之情而为之节文者也。或训为理，或训为仪，亦与仁、义、智不同。东原之说，名为伸《孟子》，实则与《孟子》相戾也，岂可从乎？又东原之释阴阳太极也，以太极为气，化之阴阳。又谓：曰仪、曰象、曰卦，皆指作《易》而言。然《易》言：易有太极，是生两仪。即《老子》一生二之说也。太极为绝对之名词，若《老子》之无，《庄子》之真宰，佛家之真如，以及杨〔扬〕雄言太玄，宋儒言天理，皆绝对之名词也。太极者亦绝对名词之代表也。阴阳为相对之名词。阴阳由太极而生，即《左传》所谓物生而后有象，象而后有滋，滋而后有数也。无象则数不能滋生。则阴阳非太极明矣。戴氏以阴阳在气，化为太极，在作《易》，为两仪。然《易》名起于作《易》之后，在气化不当名为《易》。今《易》言易有太极，不别举一气化之名属之太极，则太极与两仪同为作《易》之言。阴阳为太极之质，犹之性与才也。才生于性，不得以性为才。则阴阳生于太极，亦不得以太极即阴阳。此又东原言虚灵之失也。

盖东原之时，汪大绅，名缙。彭尺木。之徒杂佛、老之说以释经，东原以其杂糅二氏也，至诋为诐淫邪遁，复以宋儒之多出佛、老也，遂集矢程、朱，申汉学以排宋学。且当此之时，学士大夫竞治考证之学，非证明古籍，则其说不尊。故东原之言性理也，悉以著于经文者为据，凡前圣所未言者，悉诋为异端曲说，即后儒立说之足申《孟子》者，亦深文周纳，以折其立说之非。此则东原择说之偏，治欲之要，当实事求是。智者千虑，岂无一失；愚者千虑，岂无一得。前人所未言者，后儒何必弗言；前说所未是者，后儒亦可改更。若戴氏之说，则门户之见极严，不知学术为天下之公器，不能平心考察，故诋误实多。甚矣，意见之有害于学也，不足为千古之定论也。

虽然，东原之学，小疵不掩大醇。义理必衷训故，则功在正名；讲学不蹈空虚，则学趋实用。凡小儒迂墟之说足以害政蠹民者，咸扫除肃清，弃如苴土。信夫圣人复起，不易斯言矣。戴氏学术最便于民。故理堂、芸台撷其菁英，焦理堂作《论语通释》《格物说》《性善说》，攻乎异端，解以申戴氏仁恕之说。阮芸台作《论语论仁孟子论仁论》《性命古训》，一贯解亦多本戴氏之说，次仲、伯初率循途辙，凌次仲作《复礼说》三篇，谓理与礼同。洪伯初有《上朱学士书》，极论戴氏言义理有功于世道。学术所及，风靡东南，若钱竹汀、孙渊如、孔巽轩、王德甫，其解释性理，咸本于戴氏之说。岂徒说经硁硁，遂足伺籍儒林之选哉！戴氏于声音、训诂、典章、制度，以及数学、地学，皆造其精微，然全书之中，仍以说性理者为最善。而桐城方氏、方东树《汉学商兑》。义乌朱氏，朱一新《无邪堂答问》。辨章学术，咸于东原有微词。以蜉蝣而撼大树，以蜩鸠而笑鹍鹏，鄙儒之说，何损于东原万一哉！予束发受书，即服膺东原之训，故掇拾精语，翦彼芜词，以俟知言君子择焉。

汉宋学术异同论[*]
（1905）

总 序

昔周末诸子辨论学术，咸有科条，故治一学辨一事，必参互考验以决从违。《礼记·中庸篇》之言曰："故君子之道本诸身，征诸庶民，考之三王而不谬，建诸天地而不倍，质诸鬼神而无疑，百世以俟圣人而不惑。"《管子·七法篇》曰："义也、名也、时也、似也、类也、比也、状也谓之象。"此即名学之精理。而《庄子·天下篇》亦曰："古之为道术者，以法为分，以名为表，以参为验，以稽为决，其数一二三四是也。"是则古人析理，必比较分析辨章明晰，使有绳墨之可循，未尝舍事而言理，亦未尝舍理而言物也。故推十合一谓之士，《说文》。不易之术谓之儒。《韩诗外传》。汉儒继兴，恪守家法，解释群经，然治学之方，必求之事类以解其纷，如《释名序》及郑康成《三礼序目》所言是也。立为条例以标其枭。如《春秋繁露》曰：知其分科条别贯所附，明其义之所审。何氏《公羊解诂序》曰：隐括使就绳墨。而贾逵、颖容治左氏，咸先作条例。或钩玄提要而立其纲，如郑康成《诗谱序说》。或远绍旁搜以觇其信。如许君《说文·序》及《郑志》说。故同条共贯切墨中绳，犹得周末子书遗意。及宋儒说经，侈言义理，求之高远精微之地，又缘词生训，鲜正名辨物之功，故创一说或先后互歧，此在程朱为最多。立一言或游移无主。宋儒言理，多有莽无归宿者。由是言之，上古之时，学必有律。汉人循律而治经，宋人舍律

＊ 原刊《国粹学报》第6、7、8期，1905年7月22日至9月18日出版，署名刘光汉；收入钱玄同等编《刘申叔先生遗书》，民国二十五年宁武南氏排印。

而论学，此则汉宋学术得失之大纲也。

近世以来，治汉学者咸斥宋儒为空疏，江郑堂曰：濂洛关闽之学不究礼乐之原，独标性命之旨。焦理堂曰：宋儒言心言理如风如影。钱竹汀曰：训诂之外，别有义理，非吾儒之学也。然近世汉学诸儒解经，多有条例，如戴东原之类是也。咸合于汉人之学派。而治宋学者，复推崇宋儒，以为接正传于孔孟。即有调停汉宋者，亦不过牵合汉宋，比附补苴，以证郑朱学派之同。如陈兰甫、黄式三之流是也，崇郑学而并崇朱学，惟不能察其异同之所在，惟取其语句之相同者为定，未必尽然也。若阮芸台《儒林传序》则分汉宋为两派。夫汉儒经说虽有师承，然胶于言词立说，或流于执一。宋儒著书虽多臆说，然恒体验于身心，或出入老释之书，如张朱二程皆从佛学入门。故心得之说亦间高出于汉儒。宋儒多有思想穿凿之失、武断之弊，虽数见不鲜，然心得之说亦属甚多。是在学者之深思自得耳。故荟萃汉宋之说，以类区别，稽析异同，讨论得失，以为研究国学者之一助焉。

汉宋义理学异同论

近世以来，治义理之学者有二派。一以汉儒言理平易通达与宋儒清净寂灭者不同，此戴、阮、焦、钱之说也。一以汉儒言理多与宋儒无异，而宋儒名言精理大抵多本于汉儒，此陈氏、王氏之说也。夫学问之道有开必先，故宋儒之说多为汉儒所已言。如太极、无极之说，濂溪所倡之说也，然秦汉以来悉以太极为绝对之词，《说文》云：惟初太始，道立于一，造分天地，化成万物。即由太极生阴阳之说。郑君注《周易》亦云极中之道，淳和未分之气也。而无极之名亦见于《毛传》，《维天之命》篇引孟仲子说。濂溪言无极而太极，即汉由无形而生有形之说耳。何休《公羊解诂》云：元者气也，无形以起，有形以分。赵岐《孟子章句》云：大道无形而生有形。本原之性、气质之性，二程所创之说也。见《二程遗书》中，不具引。大约谓本原之性无恶，气质之性则有恶。然汉儒言性亦以性寓于气中。如郑君注《礼运》"故人者天地之德"节：言人兼此气，性纯也。又注"故人者天地之心"节云：此言兼气性之效也。又《乐记注》云：气，顺性也。《春秋繁露》亦曰：凡气从心，此即朱子注《中庸》"天命之谓性"所本。惟宋儒喜言本原之性，遂谓人心之外别有道心，此则误会伪书之说矣。觉悟之说，本于《说文》诸书，《说文》云：斆，觉悟也。从教门，冖，尚曚也，学，篆文斆省。《白虎通》云：学之为言觉也，以觉悟所不知也。郑君注《礼记》云：学不心解，则忘之矣。又曰：思而得之则深。惟觉悟由于治学，非谓觉悟即学也。及宋儒重觉，遂以澄心默坐为先，此则易蹈思而不学之弊矣。案：汉儒之说最易与宋明之言心者相混。《释名》云：心纤也，所识纤微，无物不贯也。即朱子"心聚众理"说所本。《说文》云：圣，通也。《白虎通》云：圣，通也，明无所不照。此即朱子"虚灵不昧豁然贯通"说所本。赵岐《孟子章句》云：圣人亦人也，其相觉者，以心知耳。即阳明"以知觉为性"说所本。《孟子章句》云：欲使己得其原本，如性自有之性也。即朱子"明善复初"说所本。赵岐《孟子章句》云：学必根原，如性自得，物来能名，事来不惑。郑君注《乐记》云：物来则又有知。此即程子"思虑有得不假安排"之说。若夫郑君注《礼记》言人情中外相应，即程子"感寂"说所从出也。汉儒注《周易》曰：君子以明，自照其德。即延平"观心"说所从出也。特汉儒之说在于随经随释，而宋儒则以澄心默坐标宗旨耳。汉儒言理主于分析，《白虎通》曰：礼义者，有分理。而宋儒言理则以天理为浑全之物，复以天理为绝对之词，戴东原曰：宋儒言理，以为如有物焉，得于天而具于心，因以意见当之，其说是也。然朱子《答何叔京书》则言，浑然仍具秩然之理，是朱子亦以理为分析之物矣。故程朱言事事物物皆有理可格。此则宋儒解理之失矣。朱子言天即理，性即理，此用郑君之说而误者。郑君注《乐记》云：理犹性也。注《檀弓》云：命犹性也。笺《毛诗》云：命犹道也。犹为拟词，即为实训。此宋人训诂之学所由误也。又如欲生于情私生于欲，此亦宋儒之说。然汉儒说经，亦主去欲，《说文》"情"字下云：人之阴气有欲者。赵岐《孟子章句》云：情主利欲也。此即宋儒欲生于情之说。又《说文》云：欲，贪欲也。郑君注《乐记》曰：欲谓邪淫也。又曰：穷人欲，言无所不欲。又云：心不见物则无欲。又曰：善心生则寡于利欲。又笺《毛诗》曰：人少而端悫，则长大无情欲。《尚书大传》曰：御思心于有尤，郑注云：尤，过也。止思心之失者，在于去欲有所遇欲者。是汉儒不特言欲，抑且言无欲矣。特宋儒著书，遂谓天理与人欲不两立，此则宋儒释欲之非矣。若夫宋儒主静之说，虽出于淮南，然孔氏注《论语》已言之。孔安国《论语注》曰：无欲故静。又郑君《诗笺》曰：心志定，故可自得。宋儒主一之说，虽出于文子，然毛公作《诗传》已言之。《毛传》云：执义而用心固。《韩诗外传》亦曰：好一则博。又汉儒言仁，读为相人耦之仁，郑君注《中庸》云：仁，相人耦也。即曾子"人非人不济"之义也。近于恕字之义。《说文》云：仁，亲也，从人二。又云：恕，仁也，惠仁也。是汉儒言仁，皆主爱人之义，故仁必合两人而后见也。张子《西铭》本之。至程朱以断私克欲为仁，程子言：爱非仁，已与汉儒之说相背。且断私克欲可训为义，不可训之为仁。则与汉儒之言仁相背矣。惟《释名》云：克，刻也；刻物有定处，人所克，念有常心也。近于宋儒克欲之说，惟不指仁德而言。汉儒言敬皆就威仪容貌而言，《说文》云：恭，肃也。敬，肃也。忠，敬也。肃，持事振敬也，从聿在月上，战战兢兢也。《释名》云：敬，警也。郑君注《檀弓》云：礼主于敬。又注

《少仪》云：端悫所以为敬也。是敬字皆就整齐严肃言。朱子《家礼》本之，至程门以寂然不动为敬，如杨龟山、李延平、谢上蔡之类是。则与汉儒之言敬相背矣。盖宋儒言理，多求之本原之地，故舍用言体，与汉儒殊。然体用之说汉儒亦非不言也。《说文》"德"字下云：外得于人，内得于己，从直心。言德兼内外，即宋儒体用之说，又郑君笺《毛诗》云：内有其性，又可以有为德也。亦与《说文》相同。特宋儒有体无用，董子言性有善端，而赵岐亦言寻其本性。宋儒本之，遂谓仁有仁体，性有性体，道有道体，以体为本，以用为末。致遗弃事物，索之冥冥之中，而观心之弊遂生。且下学上达，汉儒亦非不言也。孔安国注《论语》云：下学人事，上知天命。郑君注《儒行》云：初时学其近者小者以从人事，自以为可则狎侮之，至于先王大道性与天命，则遂扞格不入，迷惑无闻。此其确证。特汉儒由下学入上达，而象山慈湖遂欲舍下学而言上达耳。推之，知几之说出于《说文》，《说文》云：几，微也。即周子"几善恶"、朱子"几者动之微"所本。扩充之说出于赵岐，赵岐《孟子章句》曰：人生皆有善行，但当充而用之耳。存养之说出于《繁露》，周末世硕言：性以养性为主，而《繁露》亦曰：性可养而不可改。《韩诗外传》云：中心存善而日新之。赵岐注《孟子》云：能存其心，养育其正性，是为仁人。慎独之说出于郑君，郑君注《中庸》云：慎独者，慎其闲居之所为也。则宋儒之说孰非汉儒开其先哉。即程朱言鬼神亦本郑说。乃东原诸儒于汉学之符于宋学者，绝不引援，惟据其异于宋学者，以标汉儒之帜。于宋学之本于汉学者，亦屏斥不言，惟据其异于汉儒者，以攻宋儒之瑕。是则近儒门户之见也。然宋儒之讥汉儒者，至谓汉儒不崇义理，则又宋儒忘本之失也。此学术所由日歧欤。

汉宋章句学异同论

汉儒说经，恪守家法，各有师承，或胶于章句，坚固罕通，即义有同异，亦率曲为附合，不复稍更。然去古未遥，间得周秦古义，且治经崇实，比合事类，详于名物制度，足以审因革而助多闻。宋儒说经不轨家法，土苴群籍，悉凭己意所欲出，以空理相矜，亦间出新义，或谊乖经旨而立说至精。此汉宋说经不同之证也。大抵汉代诸儒惑于神秘之说，轻信而寡疑，又谲诈之徒往往造作伪经以自售其说，如张霸伪作《百两篇》，若杜林《漆书》决非伪。刘歆增益《周官经》刘歆于《左氏传》亦稍有所增益。是也。若宋代诸儒则轻于疑经，然语无左验，与阎氏疑《古文尚书》之有左验者不同。多属想像之辞。如《易》有《十翼》，著于《汉志》，故《汉志》言：《易》十二篇。而宋儒欧阳修则疑"十翼"之名始于后世。继其说者并不信《说卦》三篇，而元人俞玉吾则并谓"序卦""杂卦"之名始于韩康伯，咸与《汉志》《隋志》不符，而"三坟"为唐人伪作，郑樵转信其书，此宋学不可解者一也。《尚书》有今文、古文，而古文则系伪书，虽吴棫、朱子、王应麟渐知古文之伪，若元人吴澄亦以古文为伪。然程张诸子并疑今文，张子谓《金縢》文不可信，而朱子亦稍疑伏生之通今文。而元儒王柏遂本其意作《书疑》，王柏举《大诰》《洛诰》咸疑其伪。近儒斥为邪说，江郑堂。曾为辨诬，此宋学不可解者二也。毛公、郑君皆谓《诗序》作于子夏，而朱子作《诗传》则屏斥《诗序》，独玩经文，南轩仁山皆守朱说，郑渔仲亦主不用《诗序》之说，惟马端临则力言《诗序》不可废。至王柏著《诗疑》，则又本朱子之意，斥郑卫之诗为淫奔，删诗三十余篇，并删《野有死麕》。此宋学不可解者三也。汉儒说《春秋经》皆凭三传，各守家法，如说《公羊》者不杂《左氏》《穀梁》，说《左氏》者不杂《公羊》是。至唐赵匡、啖助、陆淳始废传谈经，而三传束置高阁，有宋诸儒，孙、孙觉。张、张载。苏、苏轼、苏辙。刘刘敞。咸说《春秋》，支离怪诞，而泰山安国之书亦移经就己，太山尊王发微，主于定名分，胡氏《春秋传》主于别华夷。即杂糅三传复排斥三传之非，其不可解者四也。若子由、永叔、五峰咸疑《周官》，君实、李觏、冯休咸疑《孟子》，立说偏颇，殆成风习。且《孝经》经文十八章，自汉唐以来从无异议，而朱子说经，辄据汪氏、端明。何氏可久。之妄说改窜删削，指为误传。于刘炫伪造之古文，反掇拾丛残列为经文。于伪者既信其为真，于真者复疑其为伪，此诚宋儒说经之大失矣。且宋儒说经非仅疑经蔑古已也，于完善之经文且颠倒移易，以意立说，改《周易·系词〔辞〕》者有程子，改《易·系辞》"天一地二"一节于"天数五地数五"一节之上，后世读本从之。改《尚书·洪范》《康诰》者有东坡，东坡改《书·洪范》"王省惟岁"节于"五曰历数"之下，又改《康诰》"惟三月哉生魄"节于《洛诰》"周公拜手稽首"之上。改《论语·乡党》《季氏》篇者有程朱，程子改《乡党》"必有寝衣"节于"斋必有明衣布"节之下，朱子改《季氏》篇"诚不以富"二句于"民到于今称之"之下。而临川俞氏改易《周官》，妄生穿凿，著《复古篇》谓司空之属分寄五官，取五宫中四十九官以补冬官之缺。此说一倡，而元儒清源邱氏又以序官置各官之首，而临川吴氏以及明人椒邱何氏于周官皆妄有移易，几无完书。及朱子尊崇《学》《庸》，列为"四书"，复妄分章节于《大学》《孝经》，则以为有经有传，朱子分《大学》为经一章传十章，复改"《康诰》曰"节于"未之有也"下，"瞻彼淇澳"二节于"止于信"之下，于《中庸》复分为三十三章，以《孝经》首七章为经，余皆为传。王柏继之，而附会牵合无所不用其极矣。王柏作《二南相配图》《洪范经传图》，于《洪范》妄分经传，复作《重定中庸章句图》，金仁山、胡允文诸人多崇奉其妄说。盖宋儒改经，其弊有二。一曰分析经传，二曰互易篇章。虽汉儒说经非无此例，如费直以《易·十翼》释上下经，此即合传于经之例也。若夫郑君"《十月之交》四篇为刺厉王诗"，以及河间王以《考工记》补《冬官》，马氏增《月令》三篇于《小戴》，皆移易经文篇次者也。然汉儒立说皆有师承，即与古谊不同，亦实事求是，与宋儒独凭臆说者不同。自宋儒以臆说改经，而流俗昏迷不知笃信好古，认宋儒改订之本为真经，不识邹鲁遗经之旧，可谓肆无忌惮者矣。惟朱子作《易本义》，追复古本，《易》古经为王弼所乱，朱子用吕大防之说，追复古本十二篇之旧，与《汉·艺文志》合。而论次"三礼"，则以《仪礼》为本经，朱子以《仪礼》为本经，其说出郑君"《周礼》为本，《仪礼》为末"之上。皆与"班志"相合。此则宋学之得也。盖宋代之时，治经不立准绳，故解经之书竞以新学相标。又理学盛行，故注释经文亦侈言义理，疏于考核，例非汉儒之例，如程大昌谓《诗》无风体，而刘氏胡氏等复重定《春秋》之例是。说非汉儒之说，如程朱以《大学》为曾子所作，以《中庸》为孔门传心法之书，咸与汉儒之说不合，而所注各书，或以史书释经，或以义理说经。图非汉儒之图，如《易》有先后天图、《易数钩隐图》，《诗》有《二南相配图》，皆不足据，惟程大昌《禹贡地理图》、苏轼《春秋指掌图》、杨复《仪礼图》稍为完善。而传注之中复采摭俗说，武断支离，由于不精小学。易蹈缘词生训之讥，近儒斥之，诚知言也。

汉宋象数学异同论

汉儒信谶纬，宋儒信图书，谶纬亦称图书，《公羊疏》曰：问曰六艺论，言六艺者图所生也，《春秋》，言依百二十史。何答曰：王者依图书行事，史官录其行事，言出图书，岂相妨夺。俞理初曰：百二十国史仍是图书，古太史书杂处，取《易》于河图，则河图余九篇，取《洪范》于洛书，则洛书余六篇，皆图书也。此谶纬亦可称图书之证也。均属诬民之学。特谶纬、图书，其源同出于方士。上古之时天人合一，爰有史祝之官兼司天人之学。凡七政五步十二次之推测，星辰日月天象之变迁，咸掌于冯相、保章，则太史之属官也。及东周之际，官失其方，苌弘以周史而行奇术，如射狸首是。老子以史官而托游仙，史职末流流为方士。若赵襄获符、秦王祠雉以及三户兴楚之谣、五星兴汉之兆，皆开谶学之先。然卢生入海求仙归，奏亡秦之谶，则谶书出于方士明矣。至于西汉，儒道二家竞为朝廷所尊尚，由是方士之失职者，以谶纬之说杂糅六经之中，如公玉带献明堂之图，栾大进封禅之说是也。而兒宽之徒复援饰经术以自讳其本原，此谶纬原于方士之证也。若宋人图书之学出于陈抟，抟以道士居华山，从种放、李溉游，搜采道书，得九宫诸术，倡太极河洛先天后天之说，作《道学纲宗》。其学传之刘牧，牧作《易数钩隐图》，而道家之说始与《周易》相融。周茂叔从陈抟游，隐师其说，马贵舆曰："晁氏曰：朱震言：程颐之学出于周敦颐，敦颐得之穆修，亦本于陈抟。"景迁云、胡武平、周茂叔同师鹤林寺僧寿涯，其后武平传于家，茂叔则授二程，此周子学术出于陈抟之证。作《太极图说》，宋代学者皆宗之。夫太极之名、图书之数、先天后天之方位，虽见于《易传》，然抟、放之图，纵横曲直，一本己意所欲出，似与《易》旨不符。近世诸儒坚斥宋人图书之说，宋林栗以易图为后人依托，非画卦时所本有。俞琰作《易外别传》，以邵子先天图阐明丹家之旨，元吴澄、明归有光亦皆著说争辨，元延祐间天台陈应润作《爻变义蕴》，确指陈邵之图为参同炉火之说，以为道家假借《易》理以为修炼之用。厥后胡渭作《易图明辨》，黄宗炎作《图书辨惑》，毛奇龄作《图书原舛》，皆斥之甚力，此后遂成为定论矣。以陈邵图书系属方士炼修之别术，虽指斥稍坚，然宋儒图书出于方士则固彰彰可考矣。

谶纬图书既同溯源于方士，然河洛之说，汉儒亦非不言也。孔安国、扬雄以图书俱出伏羲世，为刘牧说所本，刘歆则言图出伏羲时，伏羲以之作《易》，书出禹时，禹法之以作《洪范》，与孔扬之说迥殊。又虞翻注《易传》"易有太极"节云：四象，四时也，两仪谓乾坤也。而陈邵《易图》亦谓太极分为两仪，由两而四，两数叠乘，以成六十四卦之数，由两而四，而八，而十六，而三十二，而六十四。实与古说相符，非徒方士秘传之说也。宋儒若欧阳修、有《论九经请删正义中谶纬札子》，以谶纬非圣人书。魏了翁、重定《九经正义》，尽删谶纬之言。王伯厚，讥《宋书·符瑞志》引谶纬，晁以道亦曰：使纬书皆存，犹学者所弗道，况其残缺不完，于伪之中又伪者乎？盖宋人不喜纬书殆成风习也。虽深斥纬书，然朱子注《论语》"河不出图"，注云：河图，河中龙马负图，此引纬书中之说也。注《楚词》"昆仑天阙"，注云：昆仑者，地之中也，地下有八柱，亦本纬书。亦未尝不引纬书也。

盖汉代之时，以通谶纬者为内学，惟孔安国、毛公皆不言纬，桓谭、张衡尤深嫉之。范蔚宗云：桓谭以不喜谶流亡，郑兴以逊辞仅免，贾逵能附会文字差显，世主以之论学，悲矣哉。宋代之时，以通图书者为道学。汉人言谶纬并兼言灾异五行，宋人言图书并兼言皇极经世。汉人灾异五行之说，于

《易》有孟氏、孟氏从田王孙受《易》，得易家候阴阳灾变书，梁邱氏以为非田生所传，然梁邱氏亦言灾异，惟丁宽《易》不言阴阳灾变之说。京氏，京氏之学出于焦延寿，延寿尝从孟喜问故，著《易林》。于《书》有夏侯氏、喜言"洪范五行传"，以之言灾异。刘氏，于《诗》有翼氏、后氏，皆齐诗也，称说五际六情，与《诗纬》推度灾纪历枢之说合，盖齐诗家法如此。于《春秋》有董氏、眭氏，咸以天变验人事，迄于东汉不衰。若《皇极经世书》作于邵子，其学出于阴阳家。昔邹衍之徒侈言五德，以五行之盛衰验五德之终始，邵子本之，故所作之书亦侈言世运。大抵以阴阳五行为主，由阴阳五行而生世运之说，由世运之异而生帝皇王霸之分，但彼之所言世运，仍主古盛今衰之说，与进化之公例相为反背也。又邵子于汉儒之学，最崇扬雄。邵子曰：洛下闳改《颛帝历》为《太初历》，扬子云准《太初》而作《太玄》，凡八十一首，九分共三卦，凡五隔四，四分之则，四分当一卦，卦气始于中孚，故首中卦。又云：子云既知历法又知历理。又云，子云作《太玄》，可谓知天地之心矣。又邵子诗云：若无扬子天人学，焉有庄生内外篇。此皆邵子推崇子云之证也。故程子曰：尧夫之学大抵似扬雄。盖邵子之学虽由李挺之绍陈抟之传，然师淑扬雄，则仍汉学之别派也。且邵子之说本于汉儒者，一曰卦气之说。夫卦气之说，始于焦赣京房，谓卦气始于中孚，以四正卦分主四方，以坎、离、震、兑分主四方，应二至二分之日，谓四时专主之气，春木夏火秋金冬水，每卦各值一日，以观其善恶。其余六十余爻别主一日，凡三百六十日。《易纬图》相同。子云《太玄》本之。朱子曰：《太玄》都是学焦延寿推卦气。案：京焦言卦气，以中孚为冬至之初，颐上九为大雪之末。《太玄》亦以中为阳气开端节，即以中孚为冬至初之说也。《养有》《踦赢》二赞即以颐上九为大雪之末也，以易卦气为次序而变其名，朱子之说是也。而邵子之言卦气也，亦用六日七分之说，蔡西山云：康节亦用六日七分，此其证也。此宋学之源于汉学者一也。两汉诸儒皆主六日七分之说，自扬雄、马融、郑玄、宋虞、陆范皆主其说，皆言卦气始于中孚。孔颖达从之。一曰九宫之说。夫九宫之法见于《乾凿度》，郑君注纬亦信其言，张平子力排图谶，不废九宫风角之占，而陈抟喜言九宫，邵子之书亦兼明九宫之理，毛西河以九宫始于张角，实则汉学亦有此一派。此宋学之源于汉学者二也。夫卦气之占九宫之法，语邻荒渺，说等无稽，然溯其起原，则两汉鸿儒已昌此说，安得尽引为宋儒之咎哉？且宋儒象数之学出于汉儒者，非仅卦气九宫已也。即河洛之图亦然。《易纬河图数》云：一与六共宗，二与七同道，三与八为朋，四与九为友，五与十同途。而宋儒之绘河图洛书也，实与相符。如河图之象，一六同在北，三八同在东，二七同在南，四九同在西，而五则居中。又刘歆有言河图洛书相为经纬，八卦九章相为表里，则又宋儒图书相为用之说所从出也。宋儒谓八卦之水火木金土即《洪范》之五行，图之五十有五，即九畴之子目也。又谓图书皆所以发明《易》理。虽孔安国、刘歆、关朗皆以十为图，以九为书，与刘牧之说不同，刘牧以十为书，以九为图，别为一说。然朱子作《易学启蒙》仍主汉儒孔刘之说，蔡元定亦然。则宋学亦未能越汉学范围也。又如纳甲之说，朱子所深信也，朱子曰：如纳甲法，坎纳戊，离纳己，乾之一爻属戊，坤之一爻属己，留戊就己，方成坎离，盖乾坤属大父母，坎离是小父母也。然郑君注《易》已言之。互体之说，亦朱子所深信也，朱子自言晚年从《左传》悟得互体。然虞翻注《易》已言之。惟陈邵先天互体之说实不可信。即太极阴阳之说亦为汉儒所已言，郑君注"易有太极"云：极中之道，淳和未分之气也。此即宋儒以太极为元浑之物之说也。又《说文》"一"字下云：惟初太极，道立于一，造分天地，代成万物。此即周子《太极图说》所谓太极生阴阳，由阴阳以生万物之说也。又何氏《公羊解诂》云：元者，气也，无形以起，有形以分，造起天地，天地之始也。其说亦与《易》注及《说文》相同。特宋儒以太极标道学之帜耳。又周子《太极图说》谓阳变阴合而生五行，大约宋儒于马融"四时生五行"之说排斥最深，目为曲说。此亦许郑之旧说也。郑氏《尚书大传》注曰：天变化为阴为阳，覆成五行。又《说文》曰：五，五行也，从二，阴阳在天地间交午也。皆五行生于阴阳之说也。特阴阳五行古学分为二派，汉儒宋儒均失之耳。若夫先天后天之言，汉唐以前初无是说，乃陈邵臆创之谈。邵子又谓：有已生之卦有未生之卦，而朱子申之曰，自震至坤为已生，自巽至坤为未生，则又牵说卦传，以就圆图之序，可谓穿凿附会无所不至者矣。而天根月窟之说尤属无稽，黄黎洲曰：邵子所谓天根者，性也，月窟者，命也，性命双修，老子之学。康节自诉其希夷之传，而其理与《易》无与，则亦自述其道家之学，而其说于《易》无与也。说者求之《易》而欲得其三十六宫者，可以不必也。黄氏之说最确。甚至改定新历，亦邵子事。创造新图，以圣贤自拟，此其所以招近儒之指斥也。

特汉儒之学多舍理言数，宋儒之学则理数并崇，而格物穷理亦间迈汉儒。试详举之。邵子之言曰：天依形地附气，或问尧夫曰：天何依？曰：天以气而依于地。地何附？曰：地以形而附于天。则其说又稍误，不若此语之确。又曰：其形也有涯，其气也无涯。程子曰：天气降而至于地，地中生物者，皆天之气也。又曰：凡有气莫非天，有形莫非地。张子曰：虚空即气，减得一尺地，便有一尺气。朱子曰：天无形质，但如劲风之旋，升降不息，是为天体而实非有体也。地则气之渣滓，聚成形质，但兀然浮空而不堕耳。此即岐伯大气举地之说也。见《素问》。与皙种空气之说大约相符。此宋人象数学之可取者一也。张子之言曰：地对天，不过天特地中之一物尔，所以言一而大谓之天，二而小谓之地。案：唐孔颖达云：天是太虚，本无形体。但指诸星转运以为天耳。天包地外，如卵之裹黄。其说亦确。又曰：地有升降，地虽凝聚不散之地，然二气升降其相从而不已也。阳日上地日降，而下者虚也，阳日降地日进，而上者盈也，此一岁寒暑之候也。至于一昼夜之盈虚升降，则以海水潮汐验之为信。黄瑞节注《正蒙》，谓地有升降，人处地上如在舟中，自见岸之移，不知舟之转也。又谓地乘水力与元气相为升降，气升则地沉，而海水溢上则为潮，气降则地浮，而海水缩下则为汐。其说亦精。朱子亦曰：天地四游，升降不过三万里，其说稍讹。此即郑君地有四游之说，《考灵曜》注云：地盖厚三万里，春分之时地渐渐而下，至夏至时地之上畔与天中平，夏至之后地渐渐而上，至冬至时上游，地之下畔与天中平，自冬至后渐渐向下。盖郑注误日为天。与晢种地球公转之说大抵相同，此宋人象数学之可取者二也。程子之言曰：月受日光，日不为亏，然月之光乃日之光也。朱子之言曰：月在天中，则受日光而圆，月远日则其光盈，近日则其光损。又曰月无盈缺，人看得有盈缺，晦日则日与月相叠，至初三方渐渐离开。其说是也。又曰：纬星皆受日光，此即张衡日蔽月光之说，张衡曰：火外光，水含景，月光生于日之所照，魄生于日之所蔽，当日而光盈，就日而光尽，众星被耀，因水转光，当日之冲，光常天合者，蔽于地也。是为暗虚在星，星微月过，则食，日之薄地，其明也。与晢种月假日明之说互相发明，此宋人象数学之可取者三也。邵子曰：日月之相食，数之交也，日望月则月食，月掩日则日食，是日月食不为灾异，在北宋时邵子已知之矣。然宋人象数之学精语尤多，周子言：动而生阳，动极复静，静而生阴，静极复动，又谓一动一静，互为其根。非即效实储能之说乎？案：动而生阳，即西人辟以出力之说，所谓效实也。静而生阴，即西人翕以合质之说，所谓储能也，故周子之语甚精。张子言：聚亦吾体，散亦吾体，知死生之不亡，可与言性，非即不生不灭之说乎？聚散虽不同而原质仍如故，即不生不灭之说也。又谓两不灭则一不可见，一不可见则两之用息，非即正负相抵之法乎？物有二即有对待，故佛家言三世一时，众多相容。张子此言与代数正负相等则消之法同。而邵子《观物内篇》曰：象起于形，数起于质，名起于言，意起于用，其析理尤精，远出周张之上。象起于形者，即《左传》"物生而后有象"也，物之不存，象将安附？数起于质者，即《左传》"象而后有滋，滋而后有数"是也。凡物之初，皆由一而生二，而后各数乃生。名起于言，如《尔雅》之指物皆曰谓之是也。意起于用，即古人所谓思而后行也。以穆勒名学之理证之，则象即物之德也，数即物之量也，言即析词之义也，用即由意生志、由志生为之义也。故其理甚精。又以水火土石为地体，邵子曰：太柔为水，太刚为火，少柔为土，少刚为石，水火土石交而地之体尽，张子亦曰：水火土石，地之体也。以代《洪范》之五行，此则深明地质之学。地质之学已启其萌，此则宋儒学术远迈汉儒者矣，与荒渺不经之说迥然殊途。若汉人象数之学，今多失传，然遗文犹可考。试详析之，约分三派。附《周易》者为一派。孟喜、京房、郑玄、荀爽之流注释《周易》咸杂术数家言，一曰游魂归魂之学，出于《易传》"游魂为变"一语，说最奇诞。一曰飞伏升降之说，亦孟京之学，宋衷、虞翻皆信之。一曰爻辰之学，张皋闻曰：乾坤六爻上应二十八宿，依气而应谓之爻辰。钱竹汀谓：费氏有《周易分野》一书，为郑氏爻辰之法所从出。陈兰浦曰：郑氏爻辰之说实不足信。故李鼎祚《集解》刊削之。一曰消息之学，陈兰浦曰：十二消息卦之说必出于孔门，《系辞传》云：往者屈，来者信，原始反终，通乎昼夜之道，皆必指此而言之。故郑荀虞三家注《易》皆用此说也。说经之儒皆崇此说。此一派也。附历数者为一派。刘洪作《乾象术》，大抵为谈天象之书。郑康成作《天文七政论》，并为刘氏《乾象术》作注。郑兴校《三统术》，李梵作《四分术》，推之，霍融作《漏刻经》，刘陶作《七曜论》，论日月五星。甄叔遵作《七曜本起》，张衡作《灵宪算罔论》，又作《浑天仪》一卷。虽推步之术未若后世之精，然测往推来足裨实用。张衡之说最为有用。此一派也。附杂占者为一派。何休作《风角注训》，风角者，谓候四方四隅之风以验事物之吉凶。王景作《大衍元基》，景以六经所载皆有卜筮，而众书杂涌，吉凶相反，乃参稽众家数术之书，冢宅禁忌堪舆日相之属，适于时用者，集为《大衍元基》。以及景鸾作《兴道论》，抄"风角"杂书，列其占验。徐岳作《术数纪遗》，莫不备列機祥，自矜灵秘。然说邻左道，易蹈疑众之诛。此又一派也。汉人此派之学，别有《图宅说》及《太平清领书》。《图宅说》者，以五行五姓五声定宫室之向背，王充《论衡》引之。《太平清领书》者，专以五行为主，乃道家之书也，若夫许峻《易林》、《易决》、《易杂占》诸书，亦属此派者也。

盖汉人象数之学，舍理言数，仍为五行灾异学之支流，乃近世巨儒表佚扶微，撼拾丛残标为绝学，而于宋学之近理者转加排斥，虽有存古之功，然荒诞之言岂复有资于经术。此则近儒不加别择之过也。

汉宋小学异同论

上古之时，未造字形先造字音，及言语易为文字，而每字之义咸起于右旁之声，故任举一字，闻其声即可知其义，凡同声之字，但举右旁之声，不必拘左旁之迹，皆可通用。盖造字之源，音先而义后，字音既同，则字义亦必相近，故谐声之字必兼有义，而义皆起于声，声义既同，即可相假，况字义既起于声，并有不必举右旁为声之本字，即任举同声之字，亦可用为同义。故古韵同部之字其义不甚悬殊。周代以降，汉宋诸儒解文字者各不同。汉儒重口授，故重耳学。宋儒竞心得，故重眼学。汉儒知字义寄于字音，故说字以声为本。宋儒不明古韵，惟吴才老略知古韵。昧于义起于声之例，故说字以义为本而略于字音。由今观之，则声音训诂之学固汉儒是而宋儒非也。何则？《尔雅》一书，凡同义之字声必相符。如《释诂篇》，哉、基、台三字，皆训为始，然皆与始音相近。洪、庞、旁、弘、戎五字，皆训为大，而其音咸相近。皆音同则义通之证也。而东周之世，达才通儒咸以音同之字互相训释，如孔子作《易传》云：乾，健也；坤，顺也。其证一。《论语》云：政者，正也。其证二。又言：貊之为言恶也。其证三。《尔雅》释草木鸟兽，如蒺藜为茨扁，竹为蓄，皆以切语为名，而蓄、菖、萑、萑之类，复以音近之字互释。其证四。《中庸》云：仁者，人也；义者，宜也。其证五。余证尚多。其解释会意者仅"反正为乏"、《左传》宣十五年。"止戈为武"、宣十二年。"皿虫为蛊"昭元年。数语耳。是字义寄于字音，故义由声起，声可该义，义不可该声。汉儒明于此例，观孔鲋作《小尔雅》，多以同音之字互训以证。古人义起于音，而许君作《说文》，所列之字亦以形声之字为较多，而假借一门，咸以音同相假用，即转注一门，亦大抵义由声起，如莱、莉、拈、捄、火、焜、妹、娟之类，字义既同，而其字又一声之转，盖二字互训，上古只有一字，后以方言不同造为两字，故音义全同也。犹之《尔雅》训哉、基、台三字为始也。又，《说文》于谐声之中，复析为亦声、省声二目。亦声者，会意之字，声义相兼者也。亦声之例有三：一为会意字之兼声者，亦为形声字之兼意者；一为在本部兼声与义，而在异部则其义迥别也。然以会意字之兼声者为正例。省声者，谐声之字，以意为声者也。如"茵"下云：朙省声，朙字会意而茵字兼从之得声是也。余类推。是会意之字亦与谐声之字相关。若象形、指事二体，亦多声义相兼。如龍字、能字皆系象形之字，而龍从肉，童省声，能字从肉，亦系省声，其证一。若指事之字，则尹字从君得声是也，其证二。是《说文》一书虽以字形为主，然说字实以字音为纲矣。即刘熙《释名》，区释物类，以声解字，虽间涉穿凿，然字义起于字音，则固不易之定例也。扬雄《方言》详举各地称谓事物之不同，亦多声近之字。且马郑说经明于音读，用"读为""读若"之例，以证古字之相通。然汉儒异读，咸取音近之字以改易经文，则用字之法音近义通，汉儒固及知之也。宋人治《说文》者，始于徐铉。铉虽工篆书，然校定《说文》，昧于形声相从之例，且执今音绳古音，于古音之异于今音者，则易谐声为会意。如《说文》：棘取㯱声，徐以㯱为非声，不知㯱从台声。《诗》"棘天之未阴雨"，今本作迨。亦从台声也。轘取瞏声，徐以瞏为非声，当从瞏省，不知古人读瞏如瞏。《诗》"独行瞏瞏"，《释文》本作茕茕，与瞏声相转，故多假借通用。熇取高声，徐以高为非声，当从嗃省，不知嗃亦从高，且《说文》无嗃字，徐氏新增此字，盖嗃、熇字通，不当展转取声也。赣从戆，省声，徐以戆为非声，按《诗》"坎坎鼓我"，《说文》引坎作戆，坎空音近，故赣戆二字音亦不殊。糟取糟声，读若酋，徐云：糟，侧角反，音不相近，不知糟从焦声，平、入异而声相通。郑玄谓秦人犹摇声相近，亦糟音近酋之旁证也。是古音相通之例，徐氏未及知也。

自是以降，吴淑治《说文》学，取书中有字义者千余条撰《说文互义》，《宋史·吴淑传》。舍声说义自此始矣。及荆公作《字说》，偏主会意一门，于谐声之字亦归入会意之中，牵合附会，间以俗说相杂糅；而罗愿作《尔雅翼》，陆佃作《稗雅》，咸奉《字说》为圭臬，而汉儒以声解字之例遂无复知之者矣。惟郑樵解武字，以武字非会意，当从亡从戈，亡字系谐声，亦误讹杂出，不足信也。且《说文》以比类合谊，以见指扬解会意，盖会与合同，而谊义又为通用之字，合谊即会意之正解。所以合二字之义而成一字之义也。而宋人解会意之会为会悟，此其所以涉于穿凿也。又如程伊川之解雹字也，谓雹字从雨从包，是大气所包住，所以为雹。不知雹字从包得声，乃谐声而非会意也。朱子之解忠恕也，引"中心为忠""如心为恕"之说，其说虽本孔颖达，然忠字从中得声，恕字从如得声，亦谐声而非会意也。古字义寄于声，故声义相兼，何得舍字声而徒解字义与？惟朱子注《论语》"侃侃訚訚"、注"时习"、注"非礼勿视"、注《孟子》"自艾"、注"不屑就"、注《周易》"天下之赜"、注《诗》、注"近王舅"，皆引《说文》而比字之音，亦用《群经音辨》之说，乃宋儒之稍通小学者。惟王观国以卢字田字为字母，《学林》云：卢者字母也，田者字母也。又云：凡省文者，省其所加之字也，俱用字母，则字义该矣。说甚精。王圣美治字学，演其义以为右文，《梦溪笔谈》云：王圣美治字学，演其义以为右文，又谓凡从戈之字皆以戈字为义。张世南谓文字右旁亦多以类相从，《游宦纪闻》谓：从戈之字皆有浅小之义，从青之字亦皆有精明之义。明于音同义通之例。近世巨儒如钱、钱塘欲离析《说文》系之以声。黄、黄春谷谓字义咸起于声音。姚、姚文田作《说文声系》。朱、朱骏声作《说文通训定声》，悉以字之右旁为纲。解析《说文》咸用其意。是六书造微之学，宋人犹及知之。特俗学泥于会意一门，而精微之说遂多湮没不彰耳。王船山《说文广义》全以会意解古字，特较荆公《字说》为稍优。近代以来小学大明，而声音文字之源遂历数千年而复明矣，此岂宋儒所能及哉！

六儒颂 *
（1905）

　　昔吾乡汪容甫先生，以东南经学亭林开其先，河洛图书至胡氏而绌，中西推步至梅氏而精，阎氏力辟古文，惠氏专精汉易，至东原集大成，拟作六儒颂，未成而殁。夫亭林以济世之才，抱坚贞之节，说经稽古，亦深宁东发之俦。定九殚精数学，于观象授时厥绩良多。东原好学深思，心知其意；而诠明理欲，说轶宋儒，近世经师莫之或先矣。若阎、胡、惠三家说经，虽多创获，然阎学末流穿凿疑经，胡学末流言淆雅俗，惠学末流笃信胶古，此则必当审辨者也。爰继汪先生志，作六儒颂。

昆山顾先生亭林

　　儒林节义，自古分歧。竺生伟人，乃该厥奇。南都沦亡，义旅云麾。艰贞晦明，税驾焉归。道为儒宗，安定徂徕。言为世则，水心止斋。约礼博文，至道以该。起衰济溺，继往开来。

德清胡先生东樵

　　道贯三才，古称鸿儒。图陈河洛，言天则诬。志详郡国，考地则疏。伪学横昌，孰抉其郛？东樵释经，超万轶毛。舍数言理，义经孔昭。执川穷山，禹域非淆。说经硁硁，永树厥标。

---

　　* 原载《国粹学报》第 8 期，1905 年 9 月 18 日，署名刘光汉；收入钱玄同等编《刘申叔先生遗书》之《左盦集》卷八、《左盦外集》卷二十，民国二十五年宁武南氏排印。

宣城梅先生定九

缅思古初，治历明时。玑衡测天，羲和是咨。九章绝学，保氏攸司。畴人失官，官学在夷。梅君嗣兴，洞明九数。历正麟经，功穷亥步。矩法大秦，岂曰胶固。启迪后人，椎轮筚路。

太原阎先生百诗

《尚书》百篇，典谟誓诰。孔壁残经，古文莫考。云何陋儒，向壁虚造。纷然杂淆，伪言破道。阎君英英，证同析异。扫除廓清，功比武事。摘伏发奸，智如狱吏。循轨遵途，渊如西沚。

元和惠先生定宇

汉儒不作，经训纠纷。俗儒罟夫，诡更正文。传闻异词，孰察本根。旨与昔违，故训云沦。吴门鸿儒，甄明古谊。校理秘文，改易殊体。掇拾丛残，同条共理。商歌金石，高风谁嗣。

休宁戴先生东原

宋儒末流，援儒入禅。畴匡厥非，原善一编。执己量物，去私泯偏。理寓欲中，道蕴以宣。治经之要，识字为基。正名辨物，大道乃窥。探赜索隐，广业甄微。功拟郑朱，亦儒亦师。

醒后之中国[*]
（1905）

吾远测中国之前途，逆料中国民族之未来，吾惟有乐观。

吾友某作诗一章寄余，且问其可为中国之国歌否，其词曰：

> 美哉黄帝子孙之祖国兮，可爱兮！
> 北尽黑龙，西跨天山，东南至海兮，
> 皆我历代先民之所经营拓开兮，
> 如狮子兮，奋迅震猛，雄视宇内兮，
> 诛暴君兮，除盗臣兮，彼为狮害兮，
> 自由兮，独立兮，博爱兮，书于旆兮，
> 惟此地球之广漠兮，尚有所屈兮，
> 我黄帝子孙之祖国，其大无界兮！

其音雄壮，其意简括，虽然，其克为国歌与否，吾不敢言。

吾所敢言者，则中国之在二十世纪必醒，醒必霸天下。地球终无统一之日则已耳，有之，则尽此天职者，必中国人也。

外人之论中国者，曰：有官吏而无政府，有朝廷而无国家。外人之论中国人民者，曰：有义务而无权利，有道德而无自由。其君则盗魁也，其官吏则群贼也，其朝署则割地鬻权之契约所也。夫杀一人劫十金者，罪当死。彼日杀万亿人，劫万亿金者，则从而顺从之，谓之何哉？准进化之理言之，则此属盗贼不能一日存，而不然者，目盲脑腐，奉此属盗贼而君官之，其种族亦不能一日存。

时势之所造，境地之所因，二千余年沉睡之民族，既为克虏伯格林放大炮之所震击而将醒矣。"起向高楼撞晓钟，人间昏睡正朦胧。纵令

---

[*] 原载《醒狮》第 1 期，1905 年 9 月 29 日，署名无畏。

日暮醒犹得，不信人间耳尽聋。"值廿世纪之初幕，而亲身临其舞台，自然倚柱长啸，壮怀欲飞。

举头于阿尔泰之高山，濯足于太平洋之横流，觉中国既醒后之现象，历历如在目前，今请根据事实，为国民言之。

中国醒后之版图。中国失地，每以租借之名让人。彼盗贼政府之愚，不足责矣，而国民安之，不闻有一诛大臣、覆政府之事。此皆昏睡之罪也。自今年德兵入海州，国民始有请杀周馥者。夫欲杀则一人杀之足矣，何以请为？德之据胶州湾，法之据广州湾，其为祸于将来诚不可测。乃昔日一朝丧地百万方里，而国民无一人知其事者，此最为惊愕者也。

一八四七年，俄之东部西伯利亚总督 Muravieff，始略地于黑龙江，谋开通堪察加之路，以兵船溯黑龙江，建 Nikolaievsk、Mariinsk 二城。至一八五三年，又建 Alexandrofsk、Konstantinnovsk 二城，遂尽略黑龙江以北之地。至一八五八年，盗贼政府与结 Aigun 条约，尽以其所略地让之，俄始建黑龙江省，其地广逾百万方里。

至一八六〇年，俄将军 Ignatieff 复不费一兵，尽得乌苏里至海之地，由黑龙江以至于高丽，其地之大，半于欧俄。又乘庚子之变，尽据满洲。满洲之大，实三十万二千三百十方里。皆方里。又英米日俄之战，据西藏。西藏之大，实六十五万一千五百方里。失地之速，地积之广，为古今历史之所未有，而越南、缅甸、暹罗、高丽，尚不计焉。

中国其既醒乎，则必尽复侵地，北尽西伯利亚，南尽于海。建强大之海军，以复南洋群岛中国固有之殖民地。迁都于陕西，以陆军略欧罗巴，而澳美最后亡。

中国醒后之民数。英人某有言，地球上最后之民族，乃中国种、英格鲁撒逊人种及司拉夫种也。据最近之调查，中国人数四〇九一八〇〇〇〇，其实断不止此数，俄人一四三〇〇〇〇〇，英人三八〇〇〇〇〇〇〇，乃兼所属野蛮生蕃言语风俗不同者统计之，然皆远不及中国。

中国之居海外者，统诸业计之，殆近千万，无政府之保护，犹能如是。中国既醒，则中国人殖民之地，皆属中国主权，吾族之繁殖，殆不可测也。

中国人繁殖之力莫强焉。张献忠之乱，四川省殆为所屠，今其人数复有六七一二〇〇〇矣。准此计之，中国人之宗主地球，岂不易哉，岂不易哉！

中国醒后之陆军。中国既可以陆军略欧洲，则初兴之际，海军殆不必措意。据俄国现时国防为例，平时有兵一一〇〇〇〇〇，战时有四六〇〇〇〇，即约每三十人有兵一人。以中国民数计之，战时可得兵一千三百余万人，可以战必胜攻必克矣，我国民如之何其勿兴！

中国醒后之实业。中国皆天然之农业国也，然近五十年以来，不种麦稻而种罂粟，盗贼政府不之禁，且从而奖励之，如之何其不穷！东南之地力既尽，而民不知用新法之肥料；西南一望千里，鞠为茂草；《禹贡》所谓厥田上上者，今为石田矣。中国煤铁之富，甲于地球，山西遍地皆煤，云南遍地皆铜，此人人所闻也，矿植百产不必仰给外国而自足。既醒之后，百艺具兴，科学极盛，发明日富，今世界极盛之英德美不足与比矣。

中国醒后之宗教。国民必有宗教，宗教者，进化之伴侣也。然世运日新，犹太之古箴，断不足为不变之圣典，且上帝非实有。新中国宗教者，以国家为至尊无对，以代上帝。一切教义，务归简单；且随人类之智识，经教会若干议员之允可，可得改良。既经群认为教义，则背之者为叛国家，由众罚之，以代地狱。有功于国家，若发明家、侵略家、教育家，由众赏之，以代天堂。此事甚大，吾今方发愿研究之。

中国醒后之政体。实行帝民之主义，以土地归国有，而众公享之，无私人垄断之弊，以致产出若美洲所谓钢铁王煤油王者。君官公举，数年而易，仍如法美之例。土地国有之说，倡于美人 Henny George，社会主义中之既改良而可实行者也。

呜呼！我国民其果醒矣乎，徒摭拾革命排满之空说，附和保皇立宪之谬论，自命曰志士，志士曰吾既醒矣。此等志士日多，则中国日危。所谓既醒之中国人者，能牺牲其人是也。或牺牲其身以钻研科学输入智识焉，或牺牲其身以诛杀盗贼炮弹自焚焉，或牺牲其身以尽瘁教育作成人才焉。醒之途万，报国家之途万，要须各尽其一分子之职分，殚精竭力，死而后已。彼鹦鹉才人，蝙蝠志士，畏首畏尾，聚敛骗诈，以谋自肥，于二十世纪光天化日之下，敢倡保皇邪说以误人者，其罪乃不可胜诛也。

美哉，吾测中国之前途，唯有光荣，吾料中国民之未来，唯有奋进。我国民其勿志衰，其勿气馁，其勿兴尽，吾为君等译二十世纪初幂文明最盛德意志之国歌而自歌之，歌曰：

波声渐湃，河流纵横兮，轰轰兮雷霆之震鸣兮，
是莱因兮，是日耳曼国之莱因兮谁守其境兮，
亲爱之祖国，汝勿怖兮，亲爱之祖国，汝勿怖兮，
莱因之守备其既固兮，莱因之守备其既固兮。
亿万之民气焰勃勃兮，如火之眼，其光相答兮，
日耳曼少年其来集兮，来集以卫神圣之国兮，
亲爱之祖国，汝勿怖兮，亲爱之祖国，汝勿怖兮，
莱因之守备其既固兮，莱因之守备其既固兮。
热血周身如潮喷涌兮，一手执剑一手执铳兮，
神圣兮莱因之河岸兮，不许河岸有一敌纵兮，
亲爱之祖国，汝勿怖，亲爱之祖国，汝勿怖兮，
莱因之守备其既固兮，莱因之守备其既固兮。
军旗高翻其势凌云兮，万军齐动兮誓望宣兮，
莱因兮日耳曼之莱因，吾曹誓死守其河线兮，
亲爱之祖国，汝勿怖兮，亲爱之祖国，汝勿怖兮，
莱因之守备其既固兮，莱因之守备其既固兮。

两汉学术发微论
（1905—1906）

总　序

　　自汉武采仲舒之言，用田蚡之说，尊崇六经，表扬儒术，仲舒《对贤良策》云："春秋大一统者，天地之常经，古今之通谊。今师异道，人异论，百家殊方，上无以持一统，下不知所守。臣愚以为，诸不在六艺之科者，皆绝其道，勿使并进。"《史记·魏其侯列传》谓窦婴、田蚡俱好儒术，欲设明堂以致太平。而《儒林传》亦言田蚡为丞相，绌黄老刑名百家之言，延文学儒者数百人。是儒学统一，乃董、田二人之谋也。而学士大夫悉奉六经为圭臬。卑者恃以进身，《前汉书·儒林传》赞云：自武帝立五经博士，开弟子员设科射策，劝以官禄。讫于元始百有余年，传业者寝盛，枝叶蕃滋。一经说至百余万言，大师众至千余人。盖利禄之路然也。贤者用之以讲学，如郑兴、郑玄、颍容之徒皆闭门授经。由是有今文、古文之分争，有齐学、鲁学之派别。

　　然汉人经术约分三端：或穷训诂，或究典章，或宣大义微言。而宣究大义微言者，或通经致用。如平当以《禹贡》治河，仲舒以《春秋》决狱，王式以《诗》三百篇当谏书是。盖汉人说经，迷于信古，一若六经所记载，即为公理之所存。故援引经义，折衷是非。且当此之时，儒术统一，欲抒一己所欲言，亦必饰经文之词，以寄引古匡今之意。故两汉鸿儒，思想学术悉寓于经说之中，而精理粹言，间有可采，惜后儒未能引伸耳。此《两汉学术发微论》所由作也。发微者，就汉儒精确之论而宣究其理耳。故书中所采，半属汉儒说经之书。

　　* 原载《国粹学报》第10、11、12期，1905年11月16日至1906年1月14日出版，署名刘光汉；收入钱玄同等编《刘申叔先生遗书》，民国二十五年宁武南氏排印。

两汉政治学发微论

汉承秦弊，君柄日崇，阉宦弄权，贵戚柄政，然博士仍有议政之权，西汉之时，凡国有大政大狱，必下博士等官会议。此即上议院之制度也。庶民亦得上书言事。西汉之时，庶民咸得上书言事。其言事善者，即待诏金马门。如严安、主父偃、梅福、东方朔及贾山之流是也。方正、孝廉出于公举，西汉举贤良方正及孝廉皆由一乡一邑之人民公举。如公孙弘及朱买臣等是也。啬夫、三老各治其乡。西汉之时，有三老诸官，以司乡里之教化；有啬夫诸官，以听乡里之狱讼。合于《周礼》设州长、党正之制，即西国地方自治之制度也。盖两汉政治善于暴秦，而劣于三代。故汉儒说经往往假经义以言政治。试推其立说之大纲，大约以人民为国家主体。故毛公有言"国有民得其力"。刘向有言"无民则无国"。而郑君《周礼注》亦曰："古今未有遗民而可以为治者。"《乡大夫》注。既以人民为国家主体，故以人君之立，出于人民。董子之言曰："王者民之所往，君者不失其群者也。故能使天下往之，而得天下之群者，无敌于天下。"《春秋繁露·灭国篇》。《白虎通》亦有言："王者，往也。言天下所归往。君者，群也。群下之所归心。"案训王为往，训君为群，皆六书谐声之义。而《尔雅》又训林烝为君。林烝之义与众字之义同，足证古代之君乃人民所共立，先有民而后有君，非先有君而后有民也。故《繁露·深察名号篇》亦训王为往，训君为群。是古代立君，必出于多数人民之意向，君由民立。君主者，国家之客体也。故董子又有言："天之生民，非为王也。天之立王，以为民也。"《春秋繁露·尧舜不擅移汤武不擅易篇》。又曰："五帝三王治天下，不敢有君臣之心。"刘向亦有言："天之生人，非以为君也。天之立君，亦非以为位也。"《说苑》。以君位为主，以君为客。与《商君书》所言相同。故盖宽饶又引韩氏《易》之说，谓五帝官天下，三王家天下。官以传贤、家以传子。若四时之运，成功者去。《汉书·盖宽饶传》。而《说苑·至公篇》亦引秦博士鲍令之对始皇之语，谓官天下则选贤，家天下则传子。五帝以天下为官，三皇以天下为家。是盖氏之说，于古有征。然汉儒思想亦有类此。如注《孟》据《公羊》说，使昭帝让天下是。则世袭制度固为汉儒所排斥矣。

特汉儒虽知君位世袭之非，然以君主为一国之元首，故谓一国之政权皆当操于君主。观董子训君为原，"原也者，即言一国之政由君而出也"。复训君为权，"权也者，以君主操有一国之权也"。以上见《繁露》之《深察名号篇》。又毛公《诗传》曰："王者天下之大宗。"《板》传。何休《公羊解诂》亦曰："政不由王出，不得为政。"隐元年解诂。政由君出，故君主即有表率一国国民之责任。观董子之言天子责任也，谓"当正朝廷，以正百官"。《繁露·王道篇》。刘向《说苑》亦曰："本不正者末必倚，有正君者无危国。"何休《公羊解诂》亦曰："王者当以至信先天下。"桓十四年解诂。即毛公《诗传》亦有言："上为乱政而求下之治，终不可得。"《小宛传》。则所谓表率国民者，非徒托居高临下之空名也。夫亦曰："为民理事耳。"为民理事，即君民一体之意也。赵氏《孟子章句》曰："王道先得民心。"《梁惠王章句上》。郑君《周礼注》亦曰："为政以顺民为本。"《乡大夫》。又曰："使民之心晓而正乡王。"即《毛诗笺》亦曰："人君之德当均一于下。"《鸤鸠》笺。非君民一体之证哉？

夫所谓君民一体者，一曰勤民事，二曰达民情，三曰宽民力。董子之言曰："加忧于天下之忧。"何氏《公羊解诂》曰："动而无益于民者，虽乐弗为也。"庄三十一年解诂。赵氏《孟子章句》曰："与天下之同忧者不为慢游之乐。"《梁惠王章句下》章指。又曰："君臣各勤其任，无堕其职，乃安其身。"即郑君《诗笺》亦曰："劳心者是周之所以受天命也。"此言民事之当勤也。《韩诗外传》曰："无使下民不上通。"卷三。刘向《说苑》曰："古者君始听治，大夫而一言，士而一见，庶人有谒必达，公族请问必与，四方至者勿距。可谓不壅弊矣。"郑君《尚书大传》注亦曰："一事失则逆人之心，人心逆则怨。"《续汉书·五行志》注引。又《毛诗笺》曰："民之意不获，当反责之于身，思彼所以然者而恕之。"《角弓篇》。此言民情之当察也。郑君《易经注》云："人君之道，以益下为德。"《益》卦。赵氏《孟子章句》曰："责己矜穷则斯民集矣。"《梁惠王章句上》章指。此言民力之当恤也。虽然此仍君主应尽之责耳。

至人君所行之德，一曰诚信，二曰公平。郑君《毛诗笺》曰："王道尚信。"《下武》笺。又曰："王德之道成于信。"同上。盖以信符民，则一切权驱术御之计，可以不生矣。此贵信之效也。董子讥世卿，《王道篇》。重考课。《度制篇》。刘向《说苑》亦曰："分禄必及，用刑必中。思民之利，除民之害。近臣必选，大夫不兼。执民柄者不在一族，盖存心至公，则行政不流于偏倚。"然所谓至公者，即言君主不敢有自专之心也。惟君主不敢有自专之心，故公天下于臣民。董子之言曰："圣人积众贤以自强。其所以强者，非一贤之德也。是以建治之术，贵得贤而同心。"《立元神篇》。郑君《毛诗笺》曰："王当屈体以待贤者。"《卷阿》笺。又曰："君子下其臣，故贤者归往。"《南有嘉鱼》笺。赵氏《孟子章指

〔句〕》亦曰："大圣之君，由采善于人，故计及下者无遗策，举及众者无废功。"《公孙丑章句上》章指。此言臣权之当伸也。何氏《公羊解诂》曰："听讼必师断与其师众共之。"僖二十八年解诂。郑君《礼记注》曰："为政当以己心参群臣及万民，然后可施。"此言民权之当伸也。臣民之权既伸，斯臣民与君一体。何氏《公羊解诂》曰："君敬臣则臣自重，君爱臣则臣自尽。"隐元年解诂。赵氏《孟子章句》曰："男子之道，当以义正君。"《滕文公章句上》。此言君臣之互尽其伦。汉儒之论臣僚也，未尝有尊君抑臣之论。如《白虎通》云："臣者，坚也。厉志自坚固也。"郑君《仪礼注》曰："臣道直方。"又《礼记注》曰："君臣有义则合，无义则离。"未尝言人臣当屈服君主也。惟《说文》训臣为牵象屈服之形，似不可据。毛公《诗传》曰："上与百姓同欲，则百姓乐致其死。"《无衣》传。又赵氏《孟子章句》曰："上恤其下，下赴其难。"《梁惠王章句下》。此言君民当互尽其伦也。

夫臣民与君一体，而君主独握主权者，则以君主当循一定之法，不得与法律相违。郑君《周礼注》曰："典即《礼经》，王所秉以治天下者也。"《太宰》注。又《礼记注》曰："圣人制事必有法度。"《深衣》注。《毛诗笺》曰："王无圣人之法度，管管然以心自恣。"赵氏《孟子章句》亦曰："为天理民，王法不曲。"《尽心章句上》。此即以法治国之意也。故君臣上下同受制于法律之中。君主虽有秉法之权，亦未能越法律之范围。此古人限制君权之良法也。郑君戒人君之"妄动"，《尚书注》曰："无妄动，动则扰民。"何氏戒君主之"崇奢"，《公羊解诂》曰："恶奢泰，不奉古制常法。"董子戒天子"作威作福"，《保位权篇》。亦汉儒限制君权之一端。若君主放僻自肆，则为汉儒所不与，郑君《毛诗笺》曰："人君政教一出，谁能反覆之！"《韩诗外传》曰："有社稷者，不能爱其民，而求民亲己爱己，不可得。"曰："民不亲不爱而求为己用为己死，不可得也。"董子《春秋繁露》曰："不爱民之事乃至于死亡。"又曰："夫受乱之始，动盗之本，而欲民之静，不可得也。"刘向《说苑》曰："夫为人君，行其私欲而不顾其人，是不承天意，忘其意之所有事也，如是者《春秋》不与。"是汉儒于独夫民贼未尝不明著其罪也。特于贤君令辟又未尝不表而章之耳。此西汉、东汉大儒论政治之思想也。或斥为夷狄，如刘向谓"《春秋》斥郑伯为夷狄"是也；《说苑》。或斥为匹夫，如何休谓"鲁隐争利，与匹夫无异"是也。《公羊》隐五年解诂。故君失其道，则臣民咸有抗君之权。如董子论汤武之伐桀纣是也。《尧舜不擅移汤武不擅易篇》云："君也者，掌令者也，令行而禁止也。今桀纣令天下而不行，禁天下而不止，安在其能臣天下也。果其不臣，何谓汤武弑，且天之生民，非谓王也，而天立王以为民也。故其德足以安乐民者，天子之其恶足以贼害民者，天夺之。"与

《孟子》、《荀子》之论相同。所以明君位之无常而不足自恃也。而民心所归之人，即可为天下之共主，如董子论卫宣之即位是也。《玉英篇》曰："凡即位不受之先君而自即者，《春秋》危之。吴王僚是也。虽然，苟能行善得众，《春秋》弗危，卫侯晋是也。俱不宜立而宋缪受之先君而危，卫宣弗受先君而弗危者。此见得众心之为大安也。"则汉儒论政，首在爱民。董子《竹林篇》云："秦穆恶塞叔而伤败，郑文轻众而丧师，《春秋》之敬贤重民如此。"余证尚多。非若后世倡尊君抑臣之说也。惟《白虎通》等书倡三纲之说，后儒据之，而名分尊卑之说，遂一定而不可复易矣。特汉儒处专制之朝，欲伸民权之公理，不得不称天以制君。董子之言曰："《春秋》之法，以人随君，以君随天。故屈君以伸天。"又曰："以天之端正王之政。"《二端篇》。又曰："时编于君，君编于天，天之所弃，天下弗佑。"《观德篇》。夫所谓以天统君者，即言君心当有所惮也。君心有所惮，斯不至以残虐加民。凡汉儒之言灾异者，大抵皆明于此意耳。此两汉之时，所由无残虐之君而人民有殷富之乐也。谓非汉儒之功与！

两汉种族学发微论

粤在西汉，武功卓越。征匈奴则地拓河西，灭朝鲜则师临浿水。闽越南越，扫穴犁庭。车师康居，输珍纳贡。夜郎自大，亦知纳土。先零不庭，讵敢称兵。及于东汉疆土益恢，刻石燕然，饮马长城。北虏称臣，东胡保塞，褒牢置郡，交趾戢兵。振大汉之天声，伸攘狄之大义，虽曰兵力盛强之故，然一二巨儒，抱残守缺，亦复辨别内外，区析华戎。明于非种必锄之义，使赤县人民咸知国耻。故奋发兴起，扫荡胡尘，以立开边之大功。则诸儒内夏外夷之言，岂可没与！三代之人，无人不明种族之义。盖邦国既立，必有立国之本。中国之国本何在乎？则华夷二字而已。上迄三代，下迄近今，华夷二字，深中民心，如"裔不谋夏，夷不乱华"言于孔子，"非我族类，其心必异"言于季文子，"戎狄豺狼不可厌也"言于管夷吾。故内夏外夷遂为中国立国之基。汉儒之言，亦即此意。日本倡攘夷之说，始知排外。中国倡攘夷之说，始知开边。

试即两汉之学术考之。虞翻注《易》，世守孟氏家法，以高宗为乾象，以鬼方为坤象。夫天尊地卑之说，既见于羲经。虞氏此义，非即贵华夏而贱殊族之义乎？《易·未济》卦曰："高宗伐鬼方，三年克之。小人勿用。"虞翻注云："乾为高宗，坤为鬼方。"此必孟氏之说。且即此例类求之，则《大易》一书爻分阴阳，阳爻象中国，则阴爻必象四夷。凡以阳加阴，即属居中御外。盖《周易》言军事，其有以阳爻加阴爻者，皆指中国征夷狄言也。如《谦》卦言利用行师，《离》卦言王用出征，皆指征四夷言。故《坎》卦又言"王公设险守国"。故郑君注《易》，既以阴阳区华夷，复以一君二民系中邦之制。二君一民乃夷狄之风。故有君子小人之别。《易》言："阳一君而二民，君子之道。阴二君而一民，小人之道。"郑君注云："一君二民，谓黄帝尧舜。地方万里为方千里者百。中国之民居七千里。七七四十九，方千里者四十九。夷狄之民居千里者五十一。是二民共事一君。"其立说之旨，略与虞同。又类族辨物，见于《同人》。此即类聚群分之义。孔疏以聚类释之。孔氏《正义》云："言君子法此'同人'以类以聚也。"此亦汉儒相传之义。盖同人犹言同类民，相聚则为群，能群则由分而合，不复与他族相淆。此例如日耳曼人民统为一国，则排奥人于境外。意大利人民统为一国，则亦排奥人于境外。盖同族之民不能由分而合，则异族之民亦不能由合而分也。此《易》学之精言也。王引之以善恶各以其类释"同人"，不若以华夷各以其类释"同人"也。是种族大义，通《易》学者能明之。此非惟《周易》然也，试征之于《书》。郑君注《书》，以蛮夷猾夏即为侵乱中国之阶。《尧典》注。无滋他族，实逼处此。郑君忧世之心，何其深与！又分北三苗，以析训分，以别诂北，《尧典》"分北三苗"郑君注云："三苗犹为恶。乃复分析流之。北犹别也。"案"北""别"二字音近。疏屏夷狄。此其证也。若夫训"蛮"为"缗"，以为势等羁縻。《禹贡》云："五百里荒服，三百里蛮，二百里流。"郑君注云："蛮者听从其俗，羁縻其人耳，故曰蛮；蛮之言缗也。"训"民"为"冥"，以为苗族产凶，故著此氏，《吕刑》云："苗民弗用灵。"郑君注云："穆王恶此族数生凶恶，故著其氏而谓之民。民者，冥也，言未见仁道也。"又马融注《书》，以为荒服之疆政教荒忽，蛮意同于怠慢。而"流"字训为"流行"。马融《书》注释"荒服"节云："荒，政教荒忽也。因其故俗而居之。蛮，慢也。礼简怠慢，来不距，去不禁。流，流行。无城郭及常居处。"以证游牧之民殊于土著。此即贱视夷狄之词也。又《书序》有言："帝釐下土，各设居方，别生分类。"《孔传》以别姓分类释之。《孔传》云："各设其官，居其方，别其姓族，以分其类。"《传》虽伪托，然此义则系两汉所传。盖种类淆杂，则毡裘之民，必与冠带之民齐列，故别姓分类，斯能立华夏之防。此皆《尚书》家之粹言也。

试再征之于《诗》。申公释《采薇》之旨，愤戎狄之侵华。申公《鲁诗传》之言曰："周至懿王时，王室遂衰。戎狄交侵，暴虐中国。中国被其苦疾而歌之。及其曾孙宣王命将出师征伐，诗人美之，故有《采薇》《六月》《出车》之诗。"又云："戎狄破逐周襄王，立子带为天子，侵盗暴虐中国。中国苦之，故诗人歌之曰：'薄伐玁狁，至于太原。'"《史记·匈奴传》同。魏氏《诗古微》以为本于申公《鲁诗传》。又《后汉书·马融传》曰："玁狁侵，周宣王立中兴之功。是以'赫赫南仲'载在周诗。"又《蔡邕传》云："周宣王命南仲吉甫，攘玁狁，威荆蛮。"又桓宽《盐铁论》曰："戎狄猾夏，中国不宁。周宣王命南仲吉甫式遏寇虐。"王符《潜夫论》曰："蛮夷猾夏，古今所叹。宣王中兴，南仲征边。"此亦《鲁诗》之义。或此义为三家诗之所同欤？刘向引《六月》之章，美宣王之征虏。刘向引《六月》诗："周室既衰，四夷并侵。玁狁最强，至宣王而伐之。诗人美而颂之。"夫申公、刘向皆治《鲁诗》，则种族之学，《鲁诗》非不言之矣。匡衡说《诗》引伸齐学，掇《商颂》之文，以为成汤建治，在于柔殊俗而怀鬼方。匡衡之言见《前汉书》本传。以明教被四夷，虽荒远之陬，亦可服从于中夏。则种族之学，《齐诗》亦非不言矣。《韩诗》"鬄《毛诗》作狄。彼东南"，训"鬄"为"除"，隐寓扫荡殊方之义。是种族之学，《韩诗》亦非不言也。又《盐铁论》引《泂酌篇》谓公刘处戎狄，而戎狄化之。此即用夏变夷之义。《后汉书·西羌传》释《祈父诗》言："司马不得其人，则败于夷狄。"此亦三家诗之师说也。《毛诗小序》，辨别华戎，峻发严厉，美诸夏之恢边，如《采薇》美守卫中国，《六月》美宣王北伐，《采芑》美宣王南征，《江汉》美召公平淮夷。是皆见《小序》。慨虏夷之内逼，如《卫风·载驰篇》《王风·黍离篇》，《小雅·渐渐之石》《何草不黄》《苕之华》三篇，是皆见《小序》。至谓《小雅》尽废，则四夷交侵，中国式微。杜渐防微，厥言甚伟，毛公本之。释"薄伐玁狁"，则美吉甫之逐戎。《六月》传曰："言逐出之也。"释"淮夷来求"，则嫉东国之变俗。《江汉》传云："淮夷东国在淮浦而夷行者。"推之以朔方为北狄，《六月》传。诂追貊为戎人。《韩奕》传。又《郑笺》言："其见逼东徙此。"与通古斯族迁徙之迹合。诠释殊邦，辨章明晳。及郑君笺《毛》，亦守此旨。嫉玁狁之大恣，《六月》笺云："玁狁来侵，非其所当度为之，乃至整齐而周处之。言其大恣也。"伤东夷之交侵，《苕之华》笺。谓整军所以治戎，《抑》笺云："中国微弱，故复戒将帅之臣以治军，实以治九州之外不服者。"而和众斯能却狄。《瞻卬》笺曰："释尔被甲之夷狄来侵犯中国者，乃与我为怨。"推郑君之旨，即谓中国人民当协力同心以排蛮族也。其忧深其言中。则种族之学，《毛诗》亦非不言矣。

试再征之《春秋》。左氏亲炙孔门，备闻宣尼之绪论，故《左传》一书斥杞子之从夷。僖二十三年传云："杞文公卒，书曰子杞夷也。"二十七年传云："杞伯来朝，用夷礼，故曰子。"先晋人之有信，襄二十七年。辨别华戎，大义凛然。及贾逵、服虔诠释传文，而进夏黜夷之谊，隐寓其中。天王、天子，夷夏殊称，隐元年云："天王使宰咺来归惠公仲子之赗。"贾注云："畿内称王，诸夏称天王，夷狄称天子。"成八年云："天王使召伯来赐公命。"
贾注云："诸夏称天王，畿内称王，夷狄称天子。王使荣叔归含且赗，以恩深加礼
妾母，恩同畿内，故称王。成公八年乃得赐命与夷狄同，故称天子。"《五经异义》
云："谨案《春秋左氏》云：施于夷狄称天子，施于诸夏称天王，施于京师称王。
则贾注之说固《左传》之古说也。"则华夷殊等，典礼不同，此犹英国君主于
国内称王，于印度则称帝也。故古君对苗民则称皇帝。见《吕刑》。彰彰明矣。
即外楚、外吴，亦含屏斥夷蛮之旨。僖公四年云："楚屈完来盟于师。"服注
云："言来者，外楚也。"僖二十八年云："楚杀其大夫得臣。"贾注云："不书族，
陋也。"哀公十三年传云："乃先晋人。"贾注云："《外传》曰：吴先歃，晋亚之，
先叙晋，晋有信，又以外吴。"推之记陈灾，则存陈为国。昭九年云"陈灾"，
贾服注云："闵陈不与楚，故存陈而书之。言陈尚为国也。"以证夷狄入华为《春
秋》所不与，则以夷狄本无灭中国之权也。书吴战则退吴为夷。昭二十三年云：
"吴败顿胡沈蔡之师于鸡父。"贾注云："鸡父之战夷之故不书，晦也。"非禁蛮夷
之入伐乎？又成公三年"郑伐许"，贾注云："郑小国与大国争诸侯，仍伐许。不
称将帅，夷狄之，刺无知也。所以禁中国之效夷狄也。"然攘夷大义，咸赖贾
服而仅存，《左传》一书所载排外之言甚多，以其非汉儒之言，故不复引。此
《左氏》之微言也。《公》《穀》二传，粹语尤多。特《穀梁》汉注，湮
没不存。《穀梁》成十二年晋人败狄于交刚。传云："中国与夷狄不言战，皆曰败
之，夷狄不日。"成九年"莒溃"。传云："莒虽夷狄，犹中国也。"宣十一年楚子入
陈。传云："入者，内不受也。曰入，恶入者也。何用弗受也。不使夷狄为中国
也。"定四年吴入楚。传云："何以谓之吴？狄之也。"宣十五年晋师灭赤狄潞氏。
传云："灭国有三术。中国谨日，卑国月，夷狄不日。"宣十八年楚子莒卒。传云：
"夷狄不卒，卒，少进也。"襄三十年蔡世子般弑其君固。传云："其不日，子夺父
政，是为夷之。"文元年楚世子商臣弑其君髡。传云："夷狄不言正不正。"此皆
《穀梁传》内夏外夷之大义也。惟《公羊》大义，朗若日星。董子《繁露》，
翼辅《麟经》，于晋伐鲜虞，则讥晋人之同狄。于晋败于邲，权许楚子
之称贤。又谓《春秋》常辞，不予夷狄。见《竹林篇》。则华夷大防，董
子曷尝决其藩哉？邵公《解诂》，于内外之别诠释详明，而戎伐凡伯，
排斥尤严。以中国为礼义之国，君子不使无礼义制治有礼义。隐七年传。
则文物之邦，岂可屈从于蛮貊乎？推之贬邾娄为夷狄，桓十五年传解诂。
美鲁庄之追戎。庄十八年传解诂。于吴会黄池，则嫉诸夏之事夷。哀十三
年传解诂云："时吴强而无道，大会中国，以诸夏之众、冠带之国，反背天子而事
夷狄，耻甚。不可忍言，故深为讳词。"于荆败蔡师，则愤华夷之入伐。庄十
年传解诂。驭外之心，至深且密，虽复书楚子之名，宣十八年。书吴人之

爵，然升平、太平之世，始著此文。至于秦弃周礼，则摈之若狄戎。僖十五年解诂云："秦未能用周礼，诸夏斥之，比于戎狄。"吴会钟离，则殊之于中夏。成十五年传解诂云："吴似夷狄差醇，然适见于所传闻之世，故独殊吴。"进黜之义，固百世不可易也。其所以稍进夷狄者，则以中国亦新夷狄耳。岂可据不殊其类之文，昭元年解诂云："故君子不殊其类，顺楚而病中国。"遂谓许夷狄者不一而足哉！近儒仁和龚自珍谓太平世则内外远近若一，深斥华夷之界。而刘申受则谓夷狄有礼义，即与中国无殊。不知夷狄之族与中国殊，百世不可易也。

试再征之于《礼》。《王制》一篇，多汉儒所辑，谓中国戎夷，民各有性，不可推移。以明种族之殊，定于生初。即非我族类，其心必异之谓也。又《曲礼》言："夷狄戎蛮，虽大曰子。"郑君释之以为对外之称，殊于对内。《曲礼下》注文。推之于少连之居丧，则美夷人之知礼。《杂记》此节郑注云："言生于夷狄而知礼也。"记子游之论礼，则诚风俗之变夷。郑君注《檀弓》下云"有直情而径行者，戎狄之道也，礼道则不然"三句，云："与戎狄异。"又谓王者仅用夷乐，不用夷礼。《明堂位》注文。溯其起源，出于《白虎通义》。则汉儒之治《小戴礼》者，曷尝昧种族之学哉？又郑君注《周官·职方氏》，以七闽为八蛮之别，注云："玄谓闽蛮之别也。《国语》曰：'闽芊蛮矣。'"以四海为众夷之称，又云："九夷八蛮六戎五狄谓之四海。"而秋官之属，复有蛮隶、闽隶、夷隶、貉隶诸官。郑君释之以为"征服遐方，获丑言旋，选为役员，以矜中国武功之竞"。其注行人之官也，则以"九州之外，君皆子男国，从夷礼改爵称子"。《大行人》注。则汉儒之治《周官经》者，亦侈言种族之学矣。惟《仪礼》之文多详典制，于华夷之辨言者颇稀。故汉儒注此经者，亦鲜及摈夷之意。

试再征之《论语》《孝经》。《八佾篇》："夷狄有君，不如诸夏之亡。"包咸释"诸夏"为"中国"，训"亡"为"无"。近世戴望申其义，曰："夷狄无礼义，虽有君不如诸夏之亡。"推戴望之义，即言蛮族专制国，不若中国之自立共和国耳。又《子罕篇》"子欲居九夷"，马融释九夷为东夷，谓"君子所居则化"。一斥用夷变夏，一主用夏变夷。且包咸之注《子路篇》也，以为夷狄无礼义。包氏曰："虽之夷狄无礼义之处，犹不可弃去而不行。"与邵公注经，其旨相符。马融之注《宪问篇》也，谓"世无管仲，民为夷狄"。马融曰："无管仲则君不君，臣不臣，皆为夷狄。"则"被发左衽"之风，固亦汉儒所痛斥矣。刘楚桢《论语义疏》释马注云："注言此者见夷狄入中国，必用夷变夏。中国之人既习于被发左衽之俗，必亦灭弃礼义，至于不君不臣也。"此言最得马氏注之旨。呜呼！刘氏嫉世之心深矣，惜后人不之察耳！而武进刘氏昧于《论语》攘夷之旨，遂谓"夷狄苟慕华风，即为圣人所深与"，"华夷之名，不以地限"。《论语述何》。宝应刘氏从之。夫岂汉儒释《论语》之旨哉？又孔、郑二儒训释《孝经》，莫不美王者之无外，《孝经》第十六章注。嘉夷族之向风。第二章注。即赵岐之注《孟子》，亦与古说相同。赵氏注《孟子》"吾闻用夏变夷，未闻变于夷"二句云："言当以诸夏之礼义变化蛮夷之人，未闻变化于蛮夷之人。"其言甚精，余证尤多。呜呼！两汉经师何出言之先后若一辙耶！使汉儒处用夷变夏之世，其感慨当何如乎？

试更征之小学。《白虎通义》，详释典章，兼详故训。其论夷乐舞于门也，谓夷狄无礼义不在内。又谓夷在东方，夷者蹲夷，无礼义也。又案《论语》"原壤夷俟"，马注云："夷倨也。"《荀子》杨注亦同。皆为无礼义之义。蛮在南方，蛮者，执心违邪也。陈氏疏证云："凡执心违邪者皆目为蛮，今人语犹然也。"戎在西方，戎者，强恶也。北方曰狄。"狄"训为"易"，辟易无别也。又谓北方太阴鄙吝，故少难化也。此皆名其短而为之制名。亦见《白虎通义》。夫所谓名其短者，即《春秋》不与夷狄之义也。许君《说文》立训最精，释"夏"字为华人，《说文》"夏"字下云："中国之人也。"等四夷于异类，谓羌为西戎，其种为羊。《说文》"羌"字下云："西戎，羊种也。从羊儿，羊亦声。"蛮闽居南，其种为蛇。《说文》"蛮"字下云："南蛮，蛇种。从虫，䜌声。""闽"字下云："东南越，蛇种。从虫门声。"狄居北方，其种为犬。《说文》"狄"字下云："北狄也。本犬种。狄之为言淫辟也。从犬亦省声也。"北或作赤。貉亦居北，其种为豸。《说文》云："貉，北方貉豸种也。从豸各声。孔子曰'貉之言貉貉恶也。'"又"豸"字下云："兽长脊行豸豸然，欲有所司杀象。凡豸之属皆从豸。"惟东夷佻僚，其种近人。《说文》"夷"字下云："夷俗仁，仁者寿。""僰"字下云："健为蛮夷也。""僬"字下云："南方有焦侥人，长三尺。"盖造字之初，隐含贱视殊方之义。文字偏旁，固可按也。且即此例以推之，则玁狁从犬，巴蜀从蛇，羯字从羊，貂文从豸，皆为贱族之名。非复神明之胄，岂可不限以区域乎！又应劭《风俗通》亦多精语，谓东方之人，好生万物，觗触地而出，故训"夷"为"觝"。南方之人，君臣同川而浴，极为慢简，故"蛮"训为"慢"。西方之人，斩伐杀生，不得其中，故"戎"训为"凶"。北方之人，父子嫂叔，同穴无别，故"狄"训为"辟"，其行邪辟。义以定声，声以制义。古人训字，不外叠韵双声。然应氏此言，亦四夷无礼义之证也。若李巡注《雅》，兼详殊族之名，以玄菟、乐浪、高骊、满饰、凫臾、按凫臾即《汉书》之夫余。索家、东屠、即东胡。倭人、夭鄙为九夷。《后汉书·东夷传》同。以天竺、即印度。咳首、焦侥、跂踵、穿胸、儋耳、即今琼州府。狗轵、旁春为八蛮。以侥夷、戎央、即《王会篇》之央林。老白、耆羌、鼻息、天刚为六戎。以月支、即大月氏、秽貊、今东三省。匈奴、单于、白屋为五狄。李注，见《王制》疏。惟未引东夷之文，今据《东夷传》文补入。知李注本如此也。六合之外，地志克详。使仿其法，踵行之，则种族之学，又何难汇为一书哉？若夫《广雅·释言》训"狄"为"辟"，《广雅·释诂》释"夷"为"敹"，《方言》训"戎"为"拔"。《方言》云："戎，拔也。自关而东，江淮南楚之间或曰戎。"陈氏《白虎通疏证》云："案拔与跋通。《西京赋》'睢盱跋扈'、《诗·皇矣》笺'畔援，犹拔扈也'，凶与拔扈皆强恶之议。《说文》'戓，从戈兵也'。从戈从甲兵所以御强恶。引伸之亦有强恶义也。"其语甚精。《礼》注训"蛮"为"縻"。《周礼·职方氏》"蛮服"，郑注云："蛮用事简慢。""大司马"注云："蛮，縻也。"陈氏《白虎通疏证》云："盖以其执心违邪，故直羁縻之也。"莫不以丑恶之称制四夷之名。又《白虎通》云："言蛮举远也，言貉举恶也。"训"蛮"为"远"，训"貉"为"恶"。亦属双声。以彰夷不区华之意，则种族大义，又小学家所深明矣。即史迁、班固史笔昭垂，为四夷作传，亦加丑诋之词。《史记·自序》云："自三代以来，匈奴常为中国患害。欲知强弱之时，设备征讨，作《匈奴列传》。直曲塞，广河南，破祁连，通西国，靡北胡，作《卫将军骠骑列传》。"《汉书·匈奴传》云："苟利所在，不知礼义。"赞云："夷狄之人，贪而好利。被发左衽，人面兽心，其与中国殊章服，异习俗，言语不通，饮食不同。"又《自序》云："于惟帝典，戎夷猾夏，周宣攘之，亦可列风雅。"又云："至于孝武，爱赫斯怒，王师雷起，霆击朔野。作《匈奴列传》。"此皆以美汉室之攘夷也。余证甚多，不具引。且非惟史册然也。即汉人之文亦然。"君子不近非类"，非刘安之言乎？《淮南鸿烈解》云："君子不近非类，日月不容非气。""蛮夷猾夏，古今所患"，非王符之言乎？见前。以戎狄为四方异气，杂居中国，污辱善人，非鲁恭之言乎？鲁恭之言曰："夫戎狄者，四方之异气也。蹲夷踞肆，与鸟兽无别。若杂居中国，则错乱天气，污辱善人。"见《后汉书》本传。"南夷北狄交侵，则中国不绝若线"，非刘歆之言乎？《汉书·韦贤传》引刘歆说，谓周自幽王后，南夷与北狄交侵中国，不绝若线。《春秋》纪齐桓南伐楚、北伐山戎，孔子曰："微管仲，吾其被发左衽矣！"是以弃桓之过而录其功。故观子云之书，则汉武出师，意在保民，非复穷兵黩武，扬子云《谏不受单于朝书》云："夫前世岂乐倾无量之费，役无罪之人，快心于狼望之北，以为不一劳者不永佚，不暂费者不永宁。是以忍百万之师，以摧饿虎之喙，运府库之财填庐山之壑而不悔也。"又云："北狄真中国之坚敌，三垂比之悬矣。前世重之滋甚，未易可轻也。"黄帝灭四帝之旨也。读侯应之议，则穷边之地，设戍开屯，不可一日无兵，侯应《罢边备议》云："如罢备边塞戍卒示夷狄之大利，不可一也。戎狄之情困则卑顺，强则骄逆，故古者安不忘危，不可二也。匈奴不能必其不犯约，不可三也。匈奴之人恐其思旧逃亡，不可四也。岂永持至安威制百蛮之上策哉？"夏禹奋武卫之意也。读长卿之檄，司马相如《谕巴蜀檄》云："蛮夷自擅不讨之日久矣。"又《难蜀父老》文云："夷狄殊俗之国，政教未加，流风犹微，内之则犯义侵礼于边境，外之则邪行横作放弑其上。"此言夷狄之当内属也。则八方之外，亦当兼容并包，使疏逖不闭，《春秋》大一统之遗也。阅孟坚之铭，班固《封燕然山铭》云："遂逾涿邪，跨安侯，乘燕然，蹑冒顿，亡区落，焚老上之龙庭，将上以摅高文之宿愤，光祖宗之元灵，下以安固后嗣，恢拓境宇，振大汉之天声。"又作《窦车骑北伐颂》，义与此同。若夫扬子云作《赵充国颂》，史孝山作《出师颂》，其表彰武功之盛，亦与孟坚之文相同。则戎虏不臣，大张挞伐。执讯旅归，铭功勒石，诗人歌《出车》之续也。若夫武帝封燕，爰作策文。于薰鬻氏之虐，三致意焉。其言曰："呜呼！薰鬻氏虐老，兽心以奸功边氓，朕命将率徂征厥罪。"防狄之思，形于言表。又扬子云作《益州牧箴》《雍州牧箴》《幽州牧箴》《并州牧箴》，于防狄之意言之尤详。此两汉之武烈所由，非后世所克迈也。诸儒讲学之效，岂不伟哉！两汉思想之失，在于知攘夷而戒用兵。明知夷狄不可亲，然或言以德化夷，或言不可穷兵于远。如平津侯谏伐匈奴，淮南王谏伐闽越，蔡邕谏伐鲜卑，以及《盐铁论》所言是也。不知国不用兵，则夷不可攘。

两汉伦理学发微论

汉儒之学大而能博，释训诂，明义理，无所偏尚。而伦理之学，实开宋学之先声。自《大学》一书，于伦理条目析为修身、齐家、治国、平天下四端，与西洋伦理学其秩序大约相符。修身为对于己身之伦理，齐家为对于家族之伦理，治国、平天下为对于社会及国家之伦理。故汉儒伦理学亦以修身为最详。吾观许、郑诂经，训道为导，汉儒之释道字也，共分数派：赵氏《孟子章句》曰："道谓阴阳。"此一说也。郑君《礼记注》曰："道谓仁义也。"此又一说也。又《周礼注》曰："道多才艺者。"此又一说也。惟《释名》曰："道，导也。所以通导万物也。"为道字之正解。余皆借义。训理为分，《说文》曰："理，治玉也。"《白虎通》曰："礼义者有分理。"郑君《礼记注》曰："理，分也。"此皆理字之正解。又郑君《礼记注》曰："理，义也。"又曰："理犹性也。"皆理字引伸之义。穷心性之本源。《释名》曰："心，纤也。所识纤微无物不贯也。"《白虎通》曰:"目为心视,口为心谭,耳为心听,鼻为心嗅。是为支体主也。"赵氏《孟子章句》曰:"人之有心,为精气主,思虑可否,然后行之。"又曰:"心者,人之北辰也。"《春秋繁露》亦曰:"心,气之君也。"是汉儒以心为人身之主宰也。又《说文》"性"字下云:"性之阳气。① 性,善者也。从心,生声。"《白虎通》曰:"性者生也。"又曰:"人无不含天地之气,有五常之性者。"《诗经》郑笺曰:"天之生众民,其性有物象,谓五行,仁义礼智信也。"又曰:"受性于天,不可变也。"又曰:"内有其性,乃可以有为,德也。"又赵氏《孟子章句》曰:"天之生人皆有善性。"又曰:"惟人之性与善俱生。"虽泥于性善之说,然汉儒固未尝不言性善也。至于董子"性禾善米"之喻,扬子"善恶混"之说,则较之许、郑之说尤为精卓可信。以仁义为标准,《春秋繁露》曰:"以仁安人,以义正我,故仁之为言人也,义之为言我也。仁之法在爱人,不在爱我。义之法在正我,不在正人。"《白虎通》曰:"仁者忍也,施生爱人也。义者宜也,断决得中也。"《释名》曰:"仁,忍也。好生恶杀,善含忍也。义,宜也,裁制事物,使合宜也。"《韩诗外传》曰:"爱由情出谓之仁,节爱理宜谓之义。"《说文》云:"仁,亲也;谊,仁所宜也。"皆仁义二字之的解。至郑君以"相人偶为仁。"董子谓:"宜在我者而后可以称义。"立说尤精。以去恶就善为归,《说文》曰:"善,吉也。"《释名》曰:"指,演也,演尽物理也。恶,厄也,扼困物也。"赵氏《孟子章句》曰:"从善改非,坐而待旦。"《韩诗外传》曰:"中心存善,而日新之,则独居而乐,德充而形。"郑君《礼记注》曰:"知于善深则来善物,其知于恶深则来恶物。"又曰:"知善之为善,乃能行诚。"何氏《公羊解诂》曰:"去恶就善曰进。"又曰:"善恶相除者,修身之格言也。"以克欲遏情为则。《韩诗外传》曰:"防邪禁佚,调和心志。"《释名》曰:"克,刻也。刻物有定处,人所克念,有常心也。"郑君注《尚书大传》曰:"止思心之失者,在于去欲有所过欲者。"《说文》曰:"情,人之阴气有欲者。""欲,贪欲也。"郑君《礼记注》曰:"欲为邪淫也。"又曰:"穷人欲则无所不为。"又曰:"性不见物则无欲,见物多则欲益众。"又曰"善心生则寡于利欲。"是克欲遏情之说,汉儒非不言之也。后儒以此为宋儒之说,误矣。又谓德兼内外,《说文》曰:"悳,外得于人,内得于己也。从直从心。"《释名》曰:"德,得也。得事宜也。"郑君《周礼注》曰:"德行内外之称。在心为德,施之为行。"诚判贪仁,《春秋繁露》曰:"人之诚有贪有仁。仁贪之气,两在于身。身之名取于天。天两有阴阳之施,身亦两有贪仁之性。"萧望之亦曰:"民含阴阳之性,有仁义欲利之心。"非惟有助于修身,亦且有资于治心。

至汉儒伦理之条目,约分五端:一曰中和,《说文》云:"中,内也。从口丨,上下通。"又曰:"中,正也。"郑君《周礼注》曰:"中,犹忠也。和,刚

柔适也。"又《三礼目录》曰:"名曰中庸者,所以记中和之为用也。"又《中庸注》曰:"中含喜怒哀乐,礼之所从生,政教所自始也。"又曰:"过与不及,使道不行。惟礼能为之中。"又曰:"用其中于民,贤与不肖皆能行之也。"《春秋繁露》曰:"夫德莫大于和,而道莫大于中。"所以欲人之无所偏倚也。二曰诚信,《说文》曰:"诚,信也。"《礼记·中庸》郑注曰:"德性谓性至诚者。问学,学诚者也。"又曰:"大人无诚,万物不生。小人无诚,则事不成。"赵氏《孟子章句》曰:"至诚则动金石,不诚则鸟兽不可亲狎。"《韩诗外传》曰:"忠易为礼,诚易为词。"又曰:"诈伪不可长,空虚不可守。"孔氏《论语传》曰:"凡事莫过乎实。"是汉儒训"诚"为"实"。所以欲人之真实无妄也。三曰正直,《说文》曰:"正,是也。从止,一以止。"《春秋繁露》曰:"是非之正取之逆顺。"赵氏《孟子章句》曰:"礼义人之所以折中,履其正者乃可为中。"又曰:"秉心持正,使邪不干,犹止斧斤不伐牛山。"《韩诗外传》曰:"正直者,顺道而行,顺理而言,公平无私,不为安肆志,不为危激行。"《毛诗传》曰:"正直为正,能正人之曲曰直。"郑氏《礼记注》曰:"前日之不正,不可复遵行以自伸。"皆言人行之当正直也。所以欲人之不纳于邪也。四曰恭敬,《释名》曰:"恭,拱也,自拱持也。敬,警也,恒自警肃也。"《说文》曰:"恭,肃也。"又曰:"敬,肃也。从攴苟。""苟自急敕也。从羊省,从勹口。勹口犹慎言也。从羊,羊与義美善同意。""肃,持事振敬也。从聿在꿈上,战战兢兢也。"郑氏《毛诗笺》曰:"不侮者敬也。"又《礼记注》曰:"端悫所以为敬也。"又曰:"恭在貌也,而敬又在心。"又曰:"人不溺于所敬者。"是汉儒非不言恭敬也。所以戒人身心之怠慢也。五曰谨慎,《说文》曰:"谨,慎也。"又曰:"慎,谨也。"郑氏《礼记注》曰:"慎独者慎其闲居之所为。"又曰:"慎所可亵乃不溺矣。"又《仪礼注》曰:"虽知犹问之,重慎也。"又《易注》曰:"不慎于微而以动作,则祸变必成。"又《毛诗笺》曰:"天下之事当慎其小,小时而不慎,后为祸大。"《韩诗外传》曰:"日慎一日,完如金城。"又曰:"官怠于有成,病加于小愈,祸生于懈惰,孝衰于妻子。察此四者,慎终知始。"赵氏《孟子章句》曰:"功毁几成,人在慎终。"所以戒人作事之疏虞也。即言语容貌之微,亦使之各循秩序,以省愆尤。郑氏《礼记注》曰:"有言不可以无实。"又曰:"善言而无信,人所恶也。"又曰:"以行为验,虚言无益于实也。"又《毛诗笺》曰:"大言者,言不顾其行,徒从口出,非由心也。"荀氏《易注》曰:"君子之言,必因其位。"又曰:"言出乎身,加乎民,故慎言语所以养人也。"《春秋繁露》曰:"其言寡而足,约而喻,简而达,省而具,少而不可益,多而不可损,其动中伦,其言当务,如是者谓之智。"此言言语之当慎也。《韩诗外传》曰:"容貌得则颜色齐,颜色齐则肌肤安。"《礼记注》曰:"人之坐思,貌必俨然。"又曰:"心平志安,行乃正。或低或仰,则心有异志。"又曰:"君子虽隐居,不失其君子之容德。"又《毛诗笺》曰:"人以有威仪为贵。"又注《尚书大传》曰:"止貌之失者,在于去骄忿也。"此言容貌之当慎也。推之卫身垂训,《春秋繁露》曰:

"循天之道，以养其身。"又曰："男女体其盛，鼻味取其胜，居处就其和，劳佚居其中，寒暖无失适，饥饱无过平，动静顺性命，喜怒止于中，忧惧反之正，此中和常在乎其身。"养气垂箴，《春秋繁露》曰："治身者以积精为宝。"《韩诗外传》曰："存其精神，以补其中。"赵氏《孟子章句》曰："气所以充满形体为喜怒也。志帅气而行之，度其可否也。"又曰："浩然之气，与义杂生，从内而入。人生受气，所自有者。"又曰："能养道气而行义理，常以充满五脏。"又曰："君子养正气不以入邪也。"莫不上撷儒书，下开宋学。

至于禁佚防邪之法，《韩诗外传》曰："防邪禁佚，调和心志。"惩忿窒欲之方，荀氏《易注曰》："惩忿窒欲，所以修德。"御思心于有尤，《尚书大传》曰："御思心于有尤。"昭明德于己躬，《易经》郑注曰："地虽生万物，日出于上，其功乃著。故君子法之，而以自明照其德。"又《礼记》郑注云："君子日新其德，常尽心力，不有余也。"余证尚多。存仁心以养正性，赵氏《孟子章句》曰："能存其心，养育其正性，可谓仁人。"行直道以励廉隅。《毛诗》郑笺云："内有绳则外有廉隅。"如此之流，未易悉数，可谓伦理之粹言，修身之矩法矣。故两汉鸿儒，类能以礼教植躬，以经训为法，高风劲节，砥柱颓波，则汉儒之修身，又岂仅托之空言哉？

若家族伦理，汉儒言之尤精。盖自契敷五教，即以父子、兄弟、夫妇为伦理，然皆对待之伦理。即父子、兄弟、夫妇互尽其伦理也。非若后世扶强锄弱，制为不平之伦理也。汉儒之说亦然。

汉儒之言父子一伦也，大抵谓为人父者当尽其教子之责任。观《说文》《白虎通》二书，训"父"为"矩"，《白虎通》曰："父者，矩也。言以法度教子也。"《说文》"父"字下云："矩也，家长率教者。从又举杖。"而《说文》复训"母"为"牧"。《说文》曰："母，牧也。"是则父母者，施教令于妇子，郑氏《礼记注》曰："父母者，施教令于妇子者也。"而使之作善者也。《说文》曰："育，养子使作善也。"故教子当以义方，《韩诗外传》曰："夫为人父者，必怀慈仁之爱，以畜养其子，抚循饮食，以全其身。及其有识也，必严居正言以先导之；及其束发也，授明师以成其技。"郑氏《礼记注》曰："小未有所知，常示以正物，以正教之，无诳欺。"非徒爱养之谓《文选》注引《韩诗》曰："鸱鸮所以爱养其子者，适以病之。"也。若为人子者，亦有孝亲之责。故《孝经说》训"孝"为"畜"。《孝经说》云："孝，畜也。"《释名》训"孝"为"好"。《释名》云："孝，好也。爱好父母如所悦好也。"以贾谊《新书》之说为最确。《新书》有言："子爱利亲谓之孝。"夫所谓爱利亲者，非徒顺亲之谓也。谏亲之失，使之不陷于不义，《论语》曰："事父母几谏。"《孝经》曰："父有箴子，则身不陷于不义。"亦爱亲利亲之一端也。若《礼记》郑注云："子于父母尚和顺。"又曰："不以己善驳亲之过。"其说非。又《繁露》有言："父不慈，则子不孝。"则慈、孝为父子互尽之伦。故《繁露》以爱而少严为父道。《韩诗外传》亦曰："冠子不詈，发子不笞。"所以禁为父者之寡恩也。若肆行残虐，即为贼父子之恩，为汉儒所深绝。观《白虎通》之释《公羊》也，谓晋侯杀世子申生直称君以甚之。又谓天地之性人为贵，人皆天所生也，特托父母气以生耳。父得不专，故父杀其子罪当诛。则汉儒曷尝有父尊子卑之说？又曷尝有"父虽不慈，子不可以不孝"之说哉？

其言兄弟一伦也，则《释名》训"兄"为"荒"，"荒者，大也。"训"弟"为"第"，"第者，相次第而生也。"《诗传》训"兄"为"滋"。而《说文》之释"晜""弟"二字也，其本义取于皮韦之相生，是兄弟只有长幼之分，非有尊卑之分也。又《尔雅》有言"善兄弟曰友"。《释名》伸其义曰："友，有也。相保有也。"则悌道为兄弟所共尽之伦矣。毛公有言"兄尚亲"，《陟岵》传。又曰"兄弟尚恩"，《常棣》传。曷尝有兄尊弟卑之说哉？郑氏《毛诗笺》亦曰："兄弟相求，故能立荣显之名。"若夫训"弟"为"悌"，谓弟当顺兄，《白虎通》曰："谓之兄弟何？兄者，况也，况父法也。弟者，悌也，心顺行笃也。"赵氏《孟子章句》云："悌，顺也。"仅汉儒少数之说耳。盖中国沿袭宗法制度，以为大宗嗣始祖，小宗、群宗咸不得与之齿列。又以同父异母之故，启嫡庶之纷争。惟何休《公羊解诂》曰："春秋变周之文，从殷之质。质家亲亲，明当亲厚于群公子也。"亲厚群公子者，即为兄者应尽之伦理也。此大宗不得贱视小宗之证，岂若后世据长幼以判尊卑哉？应劭《风俗通》曰："凡兄弟同居，上也通有无，次也让为下。"则应氏之论兄弟一伦，亦主平等之说。

其言夫妇一伦也，亦多主平等。许氏《说文》曰："妻，妇与夫齐者也。从女，从中，从又。又持事妻职也。"刘熙《释名》亦曰："夫妻，匹敌之义也。"与夫尊妻卑之说迥然不同。又《公羊》"诸侯不再娶"，解诂云："不再娶者，所以节人情，开媵路。盖男子之不得再娶，犹女子之不得再嫁也。"此汉儒限抑夫权之精义。若汉儒之论婚礼，亦以择昏之权得以自专。《毛传》云："言后妃有关雎之德。是幽闲贞专之善女，宜为君子之好匹。"郑氏《诗笺》亦云"深则厉"。二句以水深浅喻男女之才性贤与不肖及长幼也，各顺其人之宜为之求妃偶。何氏《公羊解诂》亦曰："嫁娶当慕贤者。"即昏礼自由之说也。惟《白虎通》则不然，训"妇"为"服"。《白虎通》曰："妇，服也。以礼屈服也。"与《释名》训妇为服不同。《释名》曰："妇，服也。服家事也。"盖一则指服劳而言，一则指服从而言。又谓妻不得去夫。

《白虎通》曰：“妻谏夫不从，不得去之者，本娶妻非谓谏正也。故一与之齐，终身不改。”此地无去夫之义。又《列女传》亦云：“终执贞一，不违妇道，以俟君命。”此亦妻不得去夫之义。犹地不可去天，以服从为女子之义务。《白虎通》曰：“女者如也。从女人也。在家从父母，既嫁从夫，夫没从子也。”由是承其说者，复倡扶阳抑阴之论，以为男先而女后，何氏《公羊解诂》曰：“礼所以必亲迎者，所以示男先女也。”以禁遏女子之自由。郑氏《毛诗笺》曰：“妇人无外事，惟以贞信为节。”又曰：“妇人无所专于家事，有非非妇人也，有善亦非妇人也。”又《易》注曰：“无攸遂言妇人无敢自遂也。”毛公《诗传》曰：“妇人无与外政。”郑氏《易》注又曰：“有顺德，子必贤。”以贞顺为妇德，其禁遏女子自由为何如乎！并主张一夫多妻之说，如《诗序》所言“能逮下”及“不妒忌”是也。而婚姻之道苦矣。然此特汉儒一偏之说耳，未可据此以斥汉儒之失也。且汉儒多崇族制，虽所立之说，仍沿宗法社会之遗风。郑氏《礼记注》云：“宗者，祖祢之正体。”《白虎通》曰：“宗者何谓也？宗者，尊也，为先祖主者，宗人之所尊也。《礼》曰宗子将有事，族人皆侍。古者所以必有宗，何也？所以长和睦也。大宗能率小宗，小宗能率群弟。通其有无以纪理族人者也。”又曰：“小宗可以绝，大宗不可绝。”此皆宗法制度之最不平等者。然以宗法为维系人群之助，《白虎通》曰：“族者何也？族者，凑也，聚也，谓恩爱相流凑。上凑高祖，下至玄孙，一家有吉，百家聚之，合而为亲。生相亲爱，死相哀痛。有会聚之道，故谓之族也。”所以亲骨肉，郑氏《毛诗笺》曰：“祭祀毕，归宾客之俎。同姓则留，与之燕。所以尊宾客，亲骨肉也。”又曰：“族人和，则得保乐其家中之大小。”又曰：“骨肉之亲，当相亲信，无相疏远。相疏远则以亲亲之望，易而生怨。”通有无，以捍卫同族。亦未始非人民亲睦之道也。若三纲之说，虽倡于汉儒，然仅今文家相承之说耳。谓之立说失中则可，若以此言该汉学，夫岂可哉？此汉儒论齐家之大略也。

至于社会伦理，汉儒所说略有二端：一曰师弟之伦。《周礼》“师以贤得民”，郑注云：“有德行以教民者。”又：“师，教人以道者之称也。”又《礼记注》曰：“听先生之言，既说又敬。”《春秋繁露》曰：“善为师者，既美其道，又慎其行，齐时蚤晚，任多少，适疾徐，造而勿趋，稽而勿苦，省其所为，而成其所湛，故力不劳而身大成。”又曰：“弟子为师服者，弟子有君臣父子朋友之道也。故生则尊敬而亲之，死则哀痛之。恩深义重，故为之隆服。”盖汉儒最重家法，故于师弟一伦言之特详。二曰朋友之伦。《毛诗传》曰：“国君友其贤臣，士大夫友其宗族之仁者。”又曰：“风雨相感，朋友相须。”郑氏《诗笺》曰：“安宁之时，以礼义相切磋，则友生急。”又曰：“大道切磋，以道相成之谓也。”又曰：“以可否相增减曰和。”又郑氏《周礼注》曰：“同师曰朋，同志曰友。”又《仪礼注》曰：“朋友虽无亲，有同道之恩。”又《礼记注》曰：“言知识之过失损友也。”此言与人相交之益也。又郑君《礼记注》曰："小人徼利,其友无常也。"《白虎通》曰："朋友之交近则谤,其言远则不相讪。一人有善,其心好之;一人有恶,其心痛之。货财通而不计,共忧患而相救,生不属,死不托。"包氏《论语章句》曰："君子疏恶而友贤,九州之人皆可以礼亲。"又曰:"友交当如子夏,泛交当如子张。"又《韩诗义》曰:"伐木废则朋友之道缺。"此言与人相交之规则,且以明友道之不可一日无也。又《韩诗外传》云:"仁者必敬其人,敬其人有道。遇贤者则爱亲而敬之,遇不肖者则畏疏而敬之。其敬一也,其情二也。"此亦交友之良法也。盖人与人接,伦理始生。故即汉儒所言者观之:一曰贵仁。"仁"训为"亲",《说文》"仁"字下云:"亲也。"《春秋繁露》曰:"仁者,所以爱人类。"其训甚精。即与人相耦之义。《礼记·中庸》注曰:"仁读如相人耦之人。谓以人道待人,能相耦也。"《仪礼·大射礼》"揖以耦"注云:"言以者,耦之事成于此,意相仁耦也。"阮云台曰:"人耦者,犹言尔我亲爱之词也。"又引曾子"人非人不济"之语为证。亦即有益于人之谓也。《礼记》郑注云:"仁有恩者也。"一曰贵恕。"恕"训为"平",《说文》训"恕"为"仁"。然"恕"与"仁"稍有区别。《礼记》注云:"以先王成法拟度人。则难中也,当以时人相比方耳。"又曰:"人有罪过,君子以仁道治之,不责以所不能。"皆恕字之精义也。即以己度人之谓也。《韩诗外传》曰:"圣人以己度人者也,以心度心、以情度情、以类度类,古今一也。"贾子《新书》亦曰:"以己量人谓之恕。"一曰贵信。"信"训为"诚",《说文》云:"信,诚也。从人从言。会意。"即推诚布公之谓也。《说文》曰:"丹青之信言象然。"《韩诗外传》曰:"口惠之人鲜信。"郑君《礼记注》曰:"诺而不与,其怨大于不许。"推之崇礼让,郑君《仪礼注》曰:"相下相尊,君子之所以相接也。"而恶乖争,子夏《易传》云:"凶者生于乖争。"《韩诗外传》曰:"君子有主善之心,而无胜人之色。"又曰:"有诤气者勿与论。"郑君《礼记注》曰:"人来往所之,当有宿渐,不可卒也。"又《毛诗笺》:"小人争知而让过。"重忠信而轻阿比。毛公《诗传》曰:"比周则党愈少。"孔氏《论语传》亦曰:"忠信为周,阿党曰比。"与《论语》不争不党之旨大约相符,则汉儒非不明合群之理矣。

　　若汉儒所言国家伦理,亦有四端:一曰守法,郑氏《礼记注》曰:"圣人制事必有法度。"《说文》曰:"寺,廷也,有法度者也。"《春秋繁露》曰:"今世弃其度制而各从其欲,欲无所从而俗得自恣。其势无极,大人病不足于上,而小民羸瘠于下,则富者愈富,贫者益贫。"又曰:"上下之伦不别,其势不能相治。"又曰:"虽有贤才美体,无其爵不敢服其服,虽有富家多资,无其禄不敢用其财。"郑氏《周礼注》曰:"民虽有富者,其服不能独异。"又曰:"权衡不得有轻重,尺丈釜钟不得有大小,所以欲民之奉法也。"以定国律。二曰达情,赵氏《孟子章句》曰:"王道先得民心。"郑氏《周礼注》曰:"王道先得民心。"《韩诗外传》注曰:"无使下情不上通。"皆此义也。以伸民权。三曰纳税,何休《公羊解诂》

曰："王畿千里，畿内之租税足以供费。"则汉儒之义固以人人有纳税之义务矣。以富国家之财。四曰服兵，《韩诗外传》曰："今有坚甲利兵，不足以施敌破虏，弓良矢调，不足射远中微，与无兵等耳。有民不足强用严敌，与无民等耳。故盘石千里，不为有地，愚民百万，不为有民。"《尚书大传》曰："战斗不可不习，故于蒐狩以闲之也。闲之者贯之也，贯之者习之也。"是汉儒之义，固以人人有服兵之责也。又《白虎通》云："传曰一人必死，十人不能当。百人必死，千人不能当。千人必死，万人莫能当。万人必死，横行天下，则兵所以保国矣。"以固国家之防。此皆国家伦理之精义。且汉儒言国家伦理，以身为国家之身，不以身为家族之身。故毛公之释《四牡》诗也，以思旧为私恩，以靡盬为公义。君子不以私害公，故不以家事辞王事。盖以国家较家族，则家族为轻，国家为重，即贾生所谓"国尔忘家，公尔忘私"也。况汉儒立说，未尝认君主为国家，以国家为君主之私产。故《释名》训"臣"为"坚"，乃厉志坚固之谓也。若《说文》训"臣"为"牵"，以为"象屈服之形"，实不可信。不若《释名》立说之确也。故尽心国事谓之忠，非服从君主亦谓之忠也。赵氏《孟子章句》曰："男子之道，当以义正君，无辅弼之义，安得为大丈夫也。"郑氏《礼记注》曰："近臣亦当规君疾忧。"《韩诗外传》亦曰："不恤乎公道之达义，偷合苟同以持禄养者，是为国贼也。"是汉儒不以服从君主为臣道也。观郑君言"君臣有义则合，无义则离"，《曲礼注》。则臣僚非君主之仆隶明矣。曷尝有"君为臣纲"之说哉？此说惟见于《白虎通》中。惟人人当尽力于国家，故其国安宁，必当为国家兴公益。赵氏《孟子章句》曰："贤者之理世务也，推己以济时物，期于益治而已矣。"郑氏《礼记注》曰："无事而居位食禄，是不义而且富且贵。"《白虎通》曰："有能，然后居其位。德加于人，然后食其禄。"薛君《韩诗章句》曰："人但有质朴而无治民之材，名曰素餐。是出仕必当图公益也。"又郑君《诗笺》曰："每人怀其私相稽留，则于事将无所及。"亦此义也。国祚危亡，复当殉己身以延国脉。郑君《礼记注》曰："竭力于其所言之事，死而不负于事。"毛公《诗传》曰："谋人之国，国危则死之，古之道也。"《春秋繁露》亦曰："君子生而辱，不如死而荣。"则汉儒非不明爱国之理矣。要而论之，汉儒之言伦理也，其最精之理约有二端：一曰立个人之人格。赵岐有言："志士之操，耿介特立。"《孟子章句》。郑君有言："君子虽困，居险能说。"《易注说》。《韩诗外传》亦有言："厄穷不悯，劳辱不苟。"此言人人之当自重自立也。又《易》荀注云："布衣之士，未得居位。独行其义，不失其正。"赵氏《孟子章句》曰："修礼守正，非招不往。枉道富贵，君子不许。"又曰："君子以守道不回为志。"又曰："守己正行，不枉道以取容。"又《易经》郑注曰："遭困之时，君子固穷。"能自重自立，斯能立贞介之操，不为流俗所囿。此对于己身之伦理也。二曰明义利之权限。《说文》训"事"为"职"。《释名》训"事"为"倳"。《释名》曰："事，倳也。倳，立也。凡所立之功也。"事者，即义务之谓也。韩婴有言："事不为不成。"《韩诗外传》。郑君有言："人虽无事，其可获安乎?"《毛诗笺》。此言人人咸有应尽之义务也。又孔安国曰："先劳于事，然后得报。"《论语注》。郑君亦曰："安有无事而取利者。"《礼记注》。盖权利义务，互相均平。身尽义务，即为享受权利之基。其所以重义轻利者，《春秋繁露》曰："故君子终日言不及利。"又曰："正其谊不谋其利。"又曰："义之养生，人大于利。"此皆贱视利字之证。所以虑人之见利忘义耳。《易》荀注曰："上以不正，侵欲无已，夺取异家。"赵氏《孟子章句》曰："以利为名，则有不利之患。"曷尝谓权利义务不当相均哉? 此对于他人之伦理也。二端而外，粹语尤多。盖汉儒之言伦理也，皆以伦理之道必合数人而后见。故《繁露》有言："王者爱及四夷，霸者爱及诸侯，安者爱及封内，危者爱及旁侧，亡者爱及独身。"盖仅一人则伦理不可见。彼洁身自好之徒，克己励行，不复有益于人群，毋亦汉儒所痛斥欤? 可不戒哉!

群经大义相通论[*]
（1905—1907）

序

六经订于孔门。《易传》商瞿五传而至田何，何为齐人，是为齐人言《易》之始。《春秋》之学传于子夏，一由子夏授公羊高，公羊氏世传其学；一由子夏授穀梁赤，再传而至申公，高为齐民，赤为鲁产，由是春秋有齐、鲁之学。若夫《尚书》藏于孔鲋，而齐人伏生亦传《尚书》。《鲁诗》出于荀卿，而齐人辕固亦传《齐诗》。即《论语》之学亦分齐、鲁二家。是曰汉初经学初无今古文之争也，只有齐学鲁学之别耳。凡数经之同属鲁学者，其师说必同，凡数经之同属齐学者，其大义亦必同。故西汉经师多数经并治，诚以非通群经即不能通一经也。盖齐学详于典章而鲁学则详于故训，故齐学多属于今文而鲁学多属于古文。观《白虎通》所采，以齐学为根基，《五经异义》所陈，则奉鲁学为圭臬，曷尝有仅治一经而不复参考他经之说哉！后世儒学式微，学者始拘执一经之言，昧于旁推交通之义，其于古人治经之初法去之远矣。今汇齐学鲁学之大义辑为一编，颜曰《群经大义相通论》，庶齐学鲁学之异同辨析昭然，亦未始非治经之一助也。

《公羊》《孟子》相通考

公羊得子夏之传，孟子得子思之传。近儒包孟开谓《中庸》多《公

* 原载《国粹学报》第 11、12、13、14、16、18、31 期，1905 年 12 月 16 日至 1907 年 7 月 29 日出版，署名刘光汉（第 31 期署名刘师培）；收入钱玄同等编《刘申叔先生遗书》，民国二十五年宁武南氏排印。

羊》之义，则子思亦通公羊学矣。子思之学传于孟子，故《公羊》之微言多散见于《孟子》之中。试略举之。

《梁惠王下篇》云：惟仁者为能以大事小，是故汤事葛，文王事昆夷。惟智者为能以小事大，故太王事獯鬻，勾践事吴，以小事大者乐天者也，以大事小者畏天者也。乐天者保天下，畏天者保其国。

案，《公羊》"纪季以酅入于齐"。《传》云：《经》云纪季者何？纪侯之弟也。何以不名？贤也，何贤乎纪季，服罪也。其服罪奈何，鲁子曰：请立五庙以存姑姊妹。即孟子以小事大之义。

《梁惠王下篇》云：凿斯池也，筑斯城也，与民守之，效死而民勿去，则是可为也。

案，《公羊》"齐侯灭莱"。《传》云：曷为不言莱君出奔？国灭君死者正也。即孟子效死勿去之义。又"梁亡"《传》云：其自亡奈何，鱼烂而亡也。言民去而国不守也，亦可与孟子之言互证。

《万章下篇》云：齐宣王问卿。孟子曰：王何卿之问也。曰：卿不同乎？曰：不同，有贵戚之卿，有异姓之卿。曰：请问贵戚之卿。曰：君有大过则谏，反复之而不听，则易位。又云：王色定，然后请问异姓之卿。曰：君有过则谏，反复之而不听，则去。

案，《公羊》"卫宁喜弑其君剽"。《传》云：曷为不言剽之立？不言剽之立者，以恶卫侯也。此即明贵戚卿有易位之权。又"曹羁出奔陈"。《传》云：曹羁者何？贤也。何贤乎曹羁？戎将侵曹，曹羁谏曰：戎众而不义，君请勿自敌也。曹伯曰不可。三谏不从，遂去之。故君子以为得君臣之义也。此即明异姓卿有去国之义。

《离娄上篇》云：天下之本在国，国之本在家。

案，《公羊传》云：春秋内其国而外诸夏，内诸夏而外四夷。又曰：王者欲一乎天下，必自近者始。即天下之本在国之义，此节可与《大学》首章参看。

《告子下篇》云：欲轻之于尧舜之道者，大貉小貉也，欲重之于尧舜之道者，大桀小桀也。

案，《公羊》"初税亩"。《传》云：古者什一而籍。古者曷为什一而籍？什一者，天下之中正也。多乎什一，大桀小桀。寡乎什一，大貉小貉。什一者天下之中正也，什一行而颂声作矣。与《孟子》同。

《离娄下篇》云：其事则齐桓晋文，其文则史，孔子曰：其义则丘窃取之矣。

案，《公羊》"齐高偃纳北燕伯于阳"。《传》云：春秋之信史也，其序则齐桓晋文，其会则主会者为之也，其词则丘有罪焉尔。与《孟子》同。

《尽心上篇》云：舜为天子，皋陶为士，瞽瞍杀人，则如之何？孟子曰：执之而已矣。然则舜不禁与？曰：夫舜恶得而禁之，夫有所受之也。

案，《公羊》"齐国夏、卫石曼姑，帅师围戚"。《传》云：此其为伯讨奈何，曼姑受命于灵公而立辄，以曼姑之义，则固可以拒之矣。又曰：然则辄之义可以立乎？曰：可。其立奈何，不以父命辞王父命。以王父命辞父命，是父之行乎子也。不以王事辞家事。以王事辞家事，是下之行乎上也。举此例以证《孟子》，则皋陶之当执瞽瞍，犹之石曼姑之当拒蒯聩也。辄之不得禁石曼姑，犹舜之不当禁皋陶也。

以上七条，皆《孟子》与《公羊》相通之义。盖战国诸子，《荀子》之义多近于《穀梁》，《孟子》之义多近于《公羊》。故荀子之学，鲁学也。孟子之学，齐学也。孟子游齐最久，故所得之学亦以齐学为最优，岂若后儒之空谈大同三世哉！

《公羊》《齐诗》相通考

《春秋》三传，《公羊》为齐学，《穀梁》为鲁学，故公羊家言多近于《齐诗》，《穀梁》家言多近于《鲁诗》。今采《齐诗》中有《公羊》义者若干条，以为《公羊》《齐诗》相通考。

四国是匡。

案，《公羊传·僖四年》，古者周公，东征则西国怨，西征则东国怨。何注云：此道黜陟之时也，《诗》曰周公东征，四国是皇，盖《齐诗》诗意。

翼奉曰：窃学《齐诗》，闻五际之要《十月之交篇》，又《春秋纬·演孔图》曰：《诗》含五际六情。《汉书·翼奉传》孟康注云：五际，卯酉午戌亥也。阴阳终始际会之岁，于此则有变改之岁也。《诗纬·泛历枢》云：午亥之际为革命，卯酉之际改正，辰在天门出入候听。卯，《天保》也，酉，《祈父》也，午，《采芑》也，亥，《大明》也。又云《大明》在亥，水始也。《四牡》在寅，木始也。《嘉鱼》在巳，火始也。《鸿雁》在申，金始也。

案，《公羊》隐元年，《传》云：元年者何？君之始年也。春者何？岁之始也。董仲舒亦曰：一者万物之所以始也。《春秋》之义即托新王于鲁之义也。与《齐诗》所言之四始同为革新之说。若五际之义尤与《繁露》改制之说同。革命改正即《公羊》拨乱反正之义也。

匡衡传："商邑翼翼，四方之极"，此成汤所以建至治，保子孙，怀异俗而柔鬼方也。

案，此即《公羊》大一统之义，所谓天下远近大小若一也，王者无外，此之谓欤。此殆公羊家所谓太平世欤。

汉《郊祀志》匡衡曰：毋曰高高在上，陟降厥士，日监在兹。言天之日监王者之处也。乃眷西顾，此维予宅。言天以文王之都为居也。

案，《公羊》隐元年，《传》云：王者孰谓？谓文王也。何注云：文王周始受命之王，天之所命，故上系天端方陈受命制正日，故假以为王法。与匡衡所言相近。

伏湛传云：文王受命而征伐五国，以必先询之同姓，然后谋之群臣。

案，此即《公羊》必自近者始之义，殆《公羊》所言升平世之象也。至谓文王受命，则为《公羊》之义益明矣。

萧望之传曰：爱及矜人，哀比鳏寡，上惠下也。雨我公田，遂及我私，下急上也。

案，《公羊·宣公十五年》"初税亩"，《传》云：什一行而颂声作也。何注所言皆上惠下、下急上之义，故于公田之制言之尤详。

翼奉传：周公犹作《诗》《书》，深戒成王，以恐失天下。其《诗》则曰：殷之未丧师，克配上帝。宜监于殷，骏命不易。

案，此即《公羊传》故宋之意。王者所以通三统也，观《公羊传》书宋灾，为王者之后记灾，书蒲社灾，为亡国之社记灾，其旨深矣。

匡衡传云：故《诗》曰：窈窕淑女，君子好逑。言能致其贞淑不贰，其操情欲之感，无介乎仪容，燕私之情，不形乎动静，夫然后可以配至尊而为宗庙主。

案，此即《公羊传》夫人与公一体之义，此《春秋》所以书纳币记来嫔也。

又云：念兹皇祖，陟降庭止。言成王常思祖考之业而鬼神佑助其治也。茕茕在疚，言成王丧毕思亲，意气未能平也。

案，此即《公羊传》所见世、所闻世、所传闻世之说也。恩有厚薄，义有浅深，春秋之世恩衰义缺，此成王之志所由可尚也。

以上九条，皆散见于前后《汉书》，盖匡衡、翼奉诸儒皆为《齐诗》之经师，《齐诗》之微言大义赖此以传，此齐学之可考者也。

《毛诗》《荀子》相通考①

昔汪容甫先生撰《荀卿子通论》，据《经典叙录》徐整说，谓《毛诗》为荀子之传。据《汉书·楚元王传》，浮丘伯，孙卿门人。《盐铁论》包丘子事荀卿，谓《鲁诗》为荀卿子之传。据《韩诗外传》屡引荀卿之说，谓《韩诗》为荀卿子之别子，今采据《荀子》之言《诗》者，得二十有二条，其说事引《诗》者则不录，然《毛诗》之谊出于《荀子》者，兹固彰彰可考矣。

《劝学篇》曰：诗者，中声之所止也。

案，《诗大序》云：情发于声，声成文谓之音。与《荀子》同。

《劝学篇》曰：诗书之博也。

案，此即孔子"多识于鸟兽草木之名"义，故《毛诗》作《诗传》，详于训诂名物，不以空言说经。

《劝学篇》曰：诗书故而不切。

案，故者，即训诂之谓也。切者，犹言切于事情也。杨注引《论语》"诵诗三百使于四方不能专对"证之。盖《诗大序》有云：达于世变，即切于事情之义也。荀子虑诵诗者不能达世变，故为此言。

《儒效篇》曰：诗言是其志也。

案，《诗大序》有云：诗者，志之所之也，在心为志，发言为诗。与《荀子》同。

《儒效篇》曰：故《风》之所以为不逐者，取是以节之也。《小雅》之所以为小雅者，取是而文之也。《大雅》之所以为大雅者，取是而光之也，《颂》之所以为至者，取是而通之也。

案，取是之文蒙前文之儒言之，《诗大序》云：变风发乎情，止乎礼义。发乎情，民之性也；止乎礼义，先王之泽也。杨注取以说此节。又《诗大序》云：颂者，美盛德之形容，以其成功告于神明者也。而杨注亦云：至谓盛德之极。亦《荀子》用《诗序》之证。

---

① 此义本先伯父恭甫先生所发，故即其义推广之以辑为此篇。——光汉记。

《大略篇》曰：善为诗者不说。

案，此即孟子"说诗者不以文害词，以意逆志"义，董子本之，亦《毛诗》义也。

《大略篇》曰：国风之好色也。《传》曰：盈其欲而不愆其止，其诚可比于金石，其声可内于宗庙。

案，《诗大序》云：《关雎》，乐得淑女以配君子，忧在进贤，不淫于色，哀窈窕思贤才而无伤善之心焉，是《关雎》之义也。杨注取以为说，则此固《毛诗》义也。《诗大序》又云：《关雎》，后妃之德也，风之始也，所以风天下而正夫妇也。故用之乡人焉，用之邦国焉。杨注又用以释《荀子》，复申其义曰：既云用之邦国，是其声可纳于宗庙者也，亦用毛义。又《汉书·匡衡传》云：衡上书曰：妃匹之际，生民之始，万福之源，孔子论《诗》以《关雎》为始，言能致其贞淑，不贰其操，情欲之感，无介于容仪，宴私之意，不形于动静，夫然后可以配至尊而为宗庙主。案，衡习《齐诗》，而此疏亦用荀义，殆此义为齐、毛二家所同欤。

《大略篇》曰：《小雅》不以于污上，自引而居下，疾今之政，以思往者，其言有文焉，其声有哀焉。

案，《诗大序》云：雅者，正也，言王政所由废兴也，居上思往，即陈古刺今之义。若其言有文，即《大序》声成文谓之音之义，而其声有哀，即《大序》乱世之音哀以怒之义也。以上《诗》总义。

《解蔽篇》云：其情之至也，不贰，《诗》云：采采卷耳，不盈顷筐，嗟我怀人，寘彼周行。顷筐，易满也，卷耳，易得也，然而不可以贰周行，故曰：心枝则无知，顷则不精，贰则疑惑。

案，此乃《荀子》引《卷耳篇》之文也。《毛传》云：顷筐，畚属，易盈之器也，即用荀义。又云：怀思，寘置行列也，思君子官贤人置周之列位。荀谓不可以贰周行，亦与传义同。

《宥坐篇》云，《诗》曰：忧心悄悄，愠于群小，小人成群，斯足忧矣。

案，此乃《荀子》引《柏舟篇》之文也。《毛传》未释群小，郑笺云：群小，众小人在君侧者。亦用荀义。

《大略篇》云：诸侯召，其臣不俟驾，颠倒衣裳而走，礼也。《诗》曰：颠之倒之，自公召之。

案，此乃《荀子》引《东方未明篇》之文也。《毛传》无解语，荀子盖举寻常君召之礼就臣下言。盖此为古代相传之礼，齐廷行之不当，故诗人刺其无节。荀子此言乃引诗以证古礼，非与《小序》刺时之义相背也。

《大略篇》云：霜降逆女，冰泮杀内。

案，此乃《荀子》用《东门之杨篇》之义也。杨注不达其旨，释此文云：此盖误耳，当为冰泮逆女，霜降杀内，故《诗》曰：士如归妻，迨冰未泮。郑云：归妻谓请妻也，冰未泮者，正月中以前二月可以成婚矣，故云冰泮逆女。其说甚误。近儒谢氏墉校《荀子》云：案《诗·陈风·东门之杨篇》，《毛传》云：言男女失时不待秋冬，孔氏《正义》引荀卿语并云。毛公亲事荀卿，故亦以秋冬为昏期。《家语》所说亦同。《匏有苦叶》所云迨冰未泮，《周官·媒氏》所言仲春会男女皆是。要其终言不过是耳。其说甚确。盖《毛传》固用《荀子》义也。杨注固非，后儒据此以证毛郑言昏期之不同，亦未尽是。

《劝学篇》曰，《诗》曰：鸤鸠在桑，其子七兮，淑人君子，其仪一兮，其仪一兮，心如结兮。故君子结于一也。

案，此乃《荀子》引《鸤鸠篇》之文也。《毛传》云：执义一，则用心固，即引伸《荀子》之义者也。

《大略篇》云：天子召诸侯，诸侯辇舆就马，礼也。《诗》曰：我出我车，于彼牧矣，自天子所，谓我来矣。

案，此乃《荀子》引《出车篇》之文也。《毛传》云：出车就马于牧地。就马二字本于《荀子》。

《大略篇》云，《诗》曰：物其指矣，唯其偕矣，不时宜、不敬交、不欢忻，虽指，非礼也。

案，此乃《荀子》引《鱼丽篇》之文也。据《荀子》此文，似合上文"物其有矣，唯其时矣"二句释之，时宜者释"维其时矣"句之时字也。敬交、欢忻皆释此句之偕字也，指、唯二字，皆异文，《毛传》无解，郑笺云：鱼既美又齐等，鱼既有又得其时，非《荀子》之义也。

《宥坐篇》云，《诗》曰：尹氏太师，惟周之氏，秉国之均，四方是维，天子是庳，卑民不迷。是以威厉而不试，刑措而不用，此之谓也。

案，此乃《荀子》引《节南山篇》之文也，氏字为误文，卑字乃义字即俾字之假借也。《毛传》仅云使民无迷惑之忧；而《荀子》则推言之。

《大略篇》云：故《春秋》善胥命，而《诗》非屡盟。

案，此乃《荀子》用《巧言篇》之义也。《巧言》曰君子屡盟。郑笺曰：屡，数也，盟之所以数者，由世衰乱多相违背。亦用荀义。

《大略篇》曰，《诗》曰：无将大车，维尘冥冥。言无与小人处也。

案，此乃《荀子》引《无将大车篇》之文也。《毛传》无解。郑笺云：冥冥者，蔽人目明，令无所见也。犹进举小人蔽伤己之功德也。亦用荀义。

《不苟篇》曰，《诗》曰：左之左之，君子宜之，右之右之，君子有之。此言君子之能以义屈伸变应也。君子，小人之反也。

案，此乃《荀子》引《裳裳者华篇》之文也。《毛传》云：左阳道，朝祀之事，右阴道，丧戎之事。此语与《荀子》以义屈伸变应之语相合，惟未释君子。郑君云：君子，斥其先人也。非《荀子》之义。盖《荀子》所言乃《毛诗》之义，而郑氏笺毛，则杂采三家诗之说也。

《儒效篇》曰，《诗》曰：平平左右，亦是率从。言上下之交不相乱也。

案，此乃《荀子》引《采菽篇》之文也。《毛传》未释，率从郑笺，云诸侯之有贤才之德，能辩治其联属之国，使得其所，则联属之国亦顺从之。与《荀子》符，殆亦用《荀子》之义。

《大略篇》曰，《诗》云：明明在下，赫赫在上。此言上明而下化也。

案，此乃《荀子》引《大明篇》之文也。《毛传》云：义王之德，明明于下，故赫赫然著见于天。郑笺云：明明，兼言文武，余与传同。咸与荀义不合。荀谓上明下化，上指君主言，下指臣民言，非指上天言也。意《荀子》此条乃《鲁诗》《韩诗》之说，与毛义殊，故附辨于此。

《大略篇》曰，《诗》曰：我言维服，勿以为笑，先民有言，询于刍荛。言博问也。

案，此乃《荀子》引《板篇》之文也。《毛传》仅释刍荛，郑笺云：匹夫匹妇或知及之，即《洪范》谋及庶人之义，所以达民情而公好恶也。亦用《荀子》之义。以上《诗》章句。

由以上所言观之，则荀义合于《毛诗》者十之八九。盖毛公受业荀卿之门，故能发明师说，与传闻不同。其不合者，即《鲁诗》《韩诗》之说。郑君笺《诗》多引之，则以鲁韩二家与《毛诗》固同出《荀子》也。故析为总义、章句二类，以证传说所从来，并以彰《荀子》传经之功焉。

《左传》《荀子》相通考

刘向《别录》叙《左传》师承也，谓左丘明授曾申，申授吴起，起授其子期，期授楚铎椒，椒作钞撮八卷授虞卿，卿著钞撮九卷授孙卿，卿授张苍。《左传正义》引。陆氏《经典释文》亦曰：左丘明作传以授曾申，申传卫人吴起，起传其子期，期传楚人铎椒，椒传赵人虞卿，虞卿传同郡郇卿，卿名况，况传武威按张苍阳武人，此云武威，系传写之讹。张苍，苍传洛阳贾谊。则《春秋》左氏学固荀子所传之学矣。故《荀子》一书于《左传》大义或明著其文，或隐诠其说。今试举之。

成公十五年，《传》曰：《春秋》之志微而显，志而晦，婉而成章，近而不污，惩恶而劝善，非君子谁能修之。

案，《荀子·劝学篇》云《春秋》之微也。杨注云：微谓褒贬沮劝，微而显、志而晦之类也，与《左传》合。此《荀子》发明《左传》大义之语也。又《劝学篇》云《春秋》约而不速。杨注云：文义隐约褒贬难明，不能使人速晓其义。据杨注观之，亦与微而显，志而晦之旨合。

庄十七年，《传》曰：古者诸侯名位不同，礼亦异数，不以礼假人。

成二年，《传》曰，孔子曰：惟器与名不可以假人，名以出信，信以守礼。

案，《荀子·劝学篇》云国家无礼则不宁。《王制篇》云：分均则不偏，执齐则不一，众齐则不使，有天有地，则上下有差，明王始立，而处国有制。又曰：先王制礼义以分之，使有贫富贵贱之等。又曰：衣服有制，宫室有度，人徒有数，丧祭械用皆有等宜。《富国篇》云：礼者，贵贱有等，长幼有差，贫富轻重，皆有称者也。《议兵篇》曰：礼者，治辨之极也。《礼论篇》曰：君子既得其养又好其别，余与《富国篇》同。又曰：礼者，以财物为用，以贵贱为文，以多少为异，以隆杀为要。《正名篇》曰：知者为之分别制名以指实，上以明贵贱，下以别同异。《大略篇》亦多此义。皆与《中庸》"亲亲之杀，尊贤之等，礼所生也"相合。亦即《左传》"名位不同，礼亦异数，惟器与名不可假人"之义也。盖左氏深于礼而荀卿亦深于礼，故由台之礼亦荀氏所传也。

宣四年，《传》云：凡弑君称君，君无道也。

案，《荀子·正论篇》云：汤武者，民之父母也。桀纣者，民之怨贼也。今世俗之为说者，以桀纣为君，而以汤武为弑，然则是诛民之父母而师民之怨贼也。又《议兵篇》曰：汤武之诛桀纣也，拱挹指麾，而强暴之国莫不趋使，诛桀纣若诛独夫，故《太誓》曰：独夫纣，此之谓也。此即"弑君称君，君无道"之义也。《荀子》之说与孟子对齐宣王之说合。又《左传》襄十四年，晋师旷曰：天之爱民甚矣，岂可使一人以纵其上，以肆其淫。亦为《荀子》之说所本，而《左传》此语，后儒集矢纷纭，抑独何欤！

隐四年，《传》云，书曰：卫人立晋众也。

案，《荀子·王制篇》云：君者，善群也。《王霸篇》云：合天下而君之。又曰：天下归之谓之王。又曰：君者，何也？曰能群也。《大略篇》曰：天之生民非为君也，天之立君以为民也。此皆君由民立之义。左氏之说与《公》《穀》二传相合，得《荀子》而证之，其说益明。盖《左传》所谓众，即《荀子》所谓群也。

成十五年，《传》云：凡君不道于其民，诸侯讨而执之，则曰某人执某侯，不然则否。

案，荀子《王霸篇》云：官人失要则死，公侯失礼则幽。失礼者即不道于其民之谓也，幽者即讨而执之之谓也。杨注云：幽，囚也。《春秋传》曰：晋人执卫侯归之于京师，置诸深室是也。案晋执卫侯，亦因卫侯不道于其民之故。

襄廿六年，《传》云：善为国者，赏不僭而刑不滥，赏僭则惧及淫人，刑滥则惧及善人。若不幸而过，宁僭无滥，与其失善，宁其利淫。

案，《荀子·致士篇》云：赏不欲僭，刑不欲滥，赏僭则利及小人，刑滥则害及君子，若不幸而过，宁僭无滥，与其害善，不若利淫。谢氏墉曰：此数语全本《左传》。案，由此数语观之，足证荀子曾见《左传》全文矣。

隐元年，《传》云：天子七日而葬，同轨毕至。诸侯五月而葬，同盟至。大夫三日，同位至。士逾日，外姻至。

案，《荀子·礼论篇》云：天子之丧动四海；诸侯之丧动通国，属大夫；大夫之丧动一国，属修士；修士之丧动一乡，属朋友；庶人之丧合族党，动州里。杨注云：属谓自托之使主丧也，通国谓通好之国也，一国谓同在朝之人也，修士谓上士也，一乡谓一乡内之姻族也。《春秋传》曰：天子七月而葬，同轨毕至。诸侯五月而葬，同盟至。大夫三月，同位至。士逾月，外姻至。案，杨注引《左传》以释《荀子》，则《荀子》之文即本于《左传》。盖此乃古代相传之礼制也。《礼记·王制篇》

亦有此文。《礼论篇》又曰：故虽备家，必逾月然后能殡，三日而成服，然后告远者出矣，备物者作矣，故殡久不过七十日，速不损五十日。杨注云：此皆据《士丧礼》首尾三月者也，损，减也。案，杨注甚确。《荀子》此文所以释《左传》"士逾月而葬"一语也。《礼论篇》又云：三月之殡何也，曰：大之也，重之也，所致隆也，所致亲也，将举措之，迁徙之，离宫室而归丘陵也，先王恐其不文也，是以由其期足之日也，故天子七月，诸侯五月，大夫三月，皆使其须足以容事，事足以容成，成足以容文，文足以容备，曲容备物之为道矣。杨注云：此殡谓葬也。案，《荀子》此文所以释《左传》"天子七月而葬""诸侯五月""大夫三月"三语也。盖《荀子》言礼固大率本于《左传》也。左氏亦深于礼。

隐元年，《传》云：赠死不及尸，吊生不及哀，豫凶事，非礼也。

案，《荀子·大略篇》云：货财曰赙，舆马曰赗，衣服曰禭，玩好曰赠，玉贝曰含，与《公》、《穀》隐元年传同。赙、赗所以佐生也，赠、禭所以送死也，送死不及柩尸，吊生不及悲哀，非礼也。杨注云：皆谓葬时。案，此亦《荀子》引《左传》之确证。《荀子·大略篇》又云：故吉行五十，奔丧百里，赗赠及事，礼之大也。杨注云：既说吊赠及事，因明奔丧亦宜行远也。据杨注观之，则《荀子》此文亦引伸《左传》之说者也。盖《荀子》言礼多本左氏，余可类推。

昭元年，《传》云：中声以降，五降之后，不容弹矣。

案，《荀子·劝学篇》云：诗者，中声之所止也。杨注云：诗谓乐章所以节声音，至乎中而止，不使流淫也。《春秋传》曰：中声以降，五降之后，不容弹矣。盖荀卿说诗即用《左传》之说。

昭三十一年，《传》云：君子曰：名之不可不慎也如是，夫有所有名而不如其已，以地畔，虽贱必书地，以名其人，终为不义，弗可灭矣。是故君子动则思礼，行则思义，不为利回，不为义疚，或求名而不得，或欲盖而弥章，惩不义也。是以《春秋》书齐豹曰盗，三畔人名以惩不义，警非礼也。

案，《荀子·修身篇》云：害良曰贼，贼与盗同。《左传》文十八年云：毁则为贼。昭十三年云：杀人不忌为贼，亦可互证。此即指齐豹等之事言也。又曰窃货曰盗，盗地犹之窃货。此即指三畔人等之事言也。又曰：保利弃义谓之至贼。盖保利弃义与不为利回、不为义疚者相背，即《左传》所谓不义之人也。故《荀子》谓之至贼。又《荣辱篇》云：先义而后利者荣，先利而后义者辱。此即不为利回、不为义疚之说。又《君子篇》云：以义制事则知所利矣。此即《左传》义为利之蕴之说也。盖义利之辨始于《论语》，丘明授业孔门，故"君子曰"以下，皆丘明所述之语也。荀子传左氏之学，故于义利之别辨之甚精，其旨略与孟子同。又《不苟篇》云：盗名不如盗货，陈仲、史鰌不如盗也。此即《左传》或求名不得之义，所谓有所有名而不如其已也。

昭二十八年，《传》云：昔武王克商，光有天下，其兄弟之国者十有五人，姬姓之国者四十人，皆举亲也。

案，《荀子·儒效篇》云：周公兼制天下，立七十一国，姬姓独居五十三人，而天下不称偏也。杨注引左氏此文，谓与此数略同。又谓，言四十人，盖举成数。案，《传》云：兄弟之国者十有五人，兄弟之国者亦姬姓之诸侯也，合以姬姓四十人则为五十五人，此云五十三人者。郝懿行曰：三当作五，其说甚确。盖《荀子》此语亦多《左传》之说也。

隐三年，《传》云：是故贱妨贵，少陵长，远间亲，新间旧，小加大，淫破义，而谓六逆也。

案，《荀子·富国篇》云：强协弱也，知惧愚也，民下违上，少陵长，不以德为政，如是则老弱有失养之忧，而壮者有分争之祸矣。案，"少陵长"一语既本《左传》，而"下违上"一语即《左传》"贱妨贵"之义也，"不以德为政"即《左传》"淫破义"之义也。此亦《荀子》用《左传》之证。

桓十五年，《传》云：诸侯不贡舆服，天子不私求财。

案，《荀子·大略篇》云：上重义则义克利，上重利则利克义，故天子不言多少，诸侯不言利害。此即天子不私求财之义。又《王霸篇》云：以非所取于民而巧，此即《左传》讥田赋丘甲之旨也。

桓三年，《传》云：凡公女嫁于敌国，姊妹则上卿送之，公子则下卿送之，于大国，虽公子亦上卿送之。

案，《荀子·富国篇》云：男女之合，夫妻之分，婚姻聘内，逆送无礼。杨注云：聘，问名也。内，纳币也。送，致女也。逆，亲迎也。又《大略篇》云：亲迎之道重始也。又曰：以男下女。考左氏凡例有逆女之例，王逆女使卿，见桓八年。君有故亦使卿逆女，见隐二年及桓三年。为君逆女则称女，见上。卿臣逆女称字。见庄二十七年及僖二十五年。此即亲迎之礼也。有送女之例，如单伯送王姬，庄元年。季孙行父如宋致女，成九年。是此即致女之礼也。有纳币之例，如公如齐纳币，庄二十二年。公子遂如齐纳币是。文二年。此即聘内之礼也。桓三年传所言，则仅致女之礼耳。

成十二年，《传》云：凡自国无出。

案，《荀子·君子篇》云：天子四海之内无客礼，告无适也。又引《诗》"普天之下，莫非王土"为证，考僖二十四年，天王出居于郑，杜注云：天子以天下为家，故天子无外。与《荀子》合。惟天子无外，故其臣出奔者，亦不书国境也。

文三年，《传》云：民逃其上曰溃。

案，《荀子·致士篇》云。国家者，士民之居也。国家失政，则士民去之。又曰：无人则土不守，即民逃其上之义。

庄三年，《传》云：过信为次。十一年，《传》云：凡师敌未阵曰败某师，覆而败之，曰取某师。二十九年《传》云：凡师，轻曰袭。

案，《荀子·议兵篇》云：不潜军，不留众。盖"过信为次"即留众也，覆败故军轻袭敌国即潜军也。故荀子戒之。

庄三十一年，《传》云：凡物不为灾，不书。

案，《荀子·天论篇》云：天地之变，阴阳之化，物之罕至者也。怪之可也，而畏之非也。夫日月之有蚀，风雨之不时，怪星之党见，是无世而不常有之。又曰：雩而雨，何也？曰：犹不雩而雨也。日月食而救之，天旱而雩，卜筮然后决大事，非以为得求也，以文之也，故君子以为文。其说最确。昔《左传》载内史叔兴之言曰：阴阳之事非吉凶所生也，吉凶由人。又子产有言，天道远，人道迩。皆与《荀子》之说相合。盖《左传》一书素无灾异五行之说，一志国灾，如雨三月以上为霖，平地尺为大雪，隐九年。凡平原出水为大水，桓元年。凡火，天火曰火，人火曰灾桓十六年。是也，此皆因有害于民而志之，若无害于民则弗志。故曰凡物不为灾不书。凡《春秋》书旱书饥，皆指有害于民也，故僖四年《传》云不书旱不为灾也。此其确证。一志典礼，如龙见而雩，桓五年。非日月之眚不鼓庄二十六年。是也。盖《左传》之例，君举必书。大雩诸礼既为君主所躬行，故亦必书之史册，以存旧史之真。此即《荀子》所谓"君子以为文"也。若《左传》记鹳鸰来巢，以"书所无"释之，此即《荀子》所谓"物之罕至者"也，故《左传》亦志之，非若《公》《穀》二传之深信灾祥也。

以上十八条，皆《荀子》立说本于《左传》者，且《王霸篇》之论齐桓、管仲，《臣道篇》之记咎犯、孙叔敖，《解蔽篇》之论宾孟，《解蔽篇》云：昔宾孟之蔽者，乱家是也。杨注云：宾孟，周景王之佞臣，欲立王子朝者。《成相篇》之溯昭明，《成相篇》云：契元王，生昭明，居于砥石，迁于商。杨注云：《左氏传》曰：汋伯居商邱，相土因之。相土，昭明子也。言契居砥石，至相土乃迁商邱地也。亦莫不本于《左传》。而论礼《礼论》曰：刑余罪人之丧，棺椁三寸。杨注引简子桐棺三寸之语为证。引诗如《正名篇》引"礼义不愆，何恤于人言"是。考乐，《礼论篇》云：故钟鼓管磬，琴瑟竽笙，韶夏护武，汋桓箾简象。杨注引贾逵《左传注》之文为证，案此类乐名见襄公二十九年传。亦半引《左传》之文，则荀卿深于《左传》学明矣。况荀卿所著之书有《春秋公子血脉谱》，王伯厚《玉海》引宋李淑《书目》云：《春秋公子血脉谱》传本曰荀卿撰，秦谱下及项灭子婴之际，非荀卿作明矣，然枝分派别如指诸掌，非殚见洽闻不能为。至宋犹存。案，公卿世系，三《传》之中，惟《左传》记之较详。则荀卿此书必据《左传》之文而参以《世本·姓氏篇》，《世本》亦丘明所作，见《颜氏家训》。在杜预《春秋世族谱》前，不可谓之非奇书也。惜其书湮没不存耳。此亦荀卿通左氏之旁证。故荀卿之学一传而为韩非、毛公，《韩非子》一书既导源左氏，见《读左札记》。而毛公作《诗传》亦多引左氏遗文，此荀卿之学所由为古文家言之祖也。且杨倞注《荀子》亦广引《左传》计十余条，如《劝学篇》注引阳虎锲其轴，引中声以降，引先王不为刑辟。《仲尼篇》引策命晋侯为侯伯。《儒效篇》引晋人败范氏于百泉。《王霸篇》引以为大戮，引晋侯执卫侯，引由质要。《议兵篇》引师之耳目在吾旗鼓。《大略篇》引一子守二子从公，引卫侯使工尹问子贡以弓。《成好篇》引宋祖帝乙。《大略篇》引叔肸卫侯之弟缚及庆郑。或曰《春秋传》。或曰《左氏传》。以证《荀子》之文本于左氏，则荀卿学术之渊源，杨倞就能识之。特荀卿虽传左氏，于《公》《穀》二传亦舍短取长，与后儒执一废百者迥异，此其所以集学术之大成也。

《穀梁》《荀子》相通考

杨士勋《穀梁疏》云：穀梁子名俶，字元始，一名赤，鲁人。受〔授〕经于子夏，为经作传，授荀卿，卿传鲁人申公，申公传瑕丘江翁。颜氏师古亦曰：穀梁授经于子夏，传荀卿。皆荀卿传《穀梁》之证。特杨疏有脱文，魏糜信注《穀梁》，以穀梁子与秦孝公同时，而汉桓谭《新论》亦曰左氏传世，遭战国寝藏，后百余年，鲁穀梁赤为《春秋》残略多所违失。则穀梁子必非亲授《春秋》于子夏矣。惟应邵《风俗通》以穀梁为子夏门人，盖古人亲授业者称弟子，转相授者称门人，则穀梁子乃子夏之再传弟子，犹之孟子之于子思也。又杨疏谓卿传申公，似亦失之，当云卿传浮丘伯，伯传申公，申公为荀卿再传弟子，其证见下文。不然《公羊》由子夏至胡毋生已经七传，而《穀梁》由子夏至江翁仅历四传，此必无之理也。据《汉书·儒林传》，谓申公少与楚元王交，俱事齐人浮丘伯，卒以《诗》《春秋》教授，而瑕丘江公尽能传之，《诗》即《鲁诗》，《春秋》即《穀梁》，则荀卿以《穀梁》传浮丘伯，而浮丘伯复以《穀梁》传申公，凡西汉穀梁之学皆荀卿所传之学也。故汉儒说《穀梁》者，若韦贤、荣广、夏侯胜、史高，皆系鲁人，则鲁学多出荀卿之证也。今观卿所著书，有引《穀梁》之文者，有用《穀梁》之说者，皆荀卿传《穀梁》之证。试述之如左。

《大略篇》云：诸侯相见，卿为介，以其教出毕行，使仁居守。

案，《穀梁》隐二年，《传》云：会者外为主焉耳，知者虑，义者行，仁者守，有此三者然后可以出会。《荀子》此文正与义者行、仁者守二语合。

《大略篇》云：亲迎之道，重始也。

案，《穀梁》隐二年，《传》云：逆女，亲者也。范注云：亲者谓自逆之也。使大夫，非正也。是《穀梁》以亲迎为礼，以不亲迎为非礼也。而《荀子》亦以亲迎之道为重始，则《荀子》亦以亲迎为礼矣。又《说苑·修文篇》亦以亲迎为古礼，且历陈诸侯亲迎礼，以补昏礼之遗。刘向传《穀梁》，此必《穀梁》之佚礼也。《公羊》亦曰：讥始不亲迎。是《荀子》之说亦与《公羊》合。

《大略篇》云：货财曰赙、舆马曰赗，衣服曰襚，玩好曰赠，玉贝曰含。

案，《穀梁》隐元年，《传》曰：赗者何也，乘马曰赗，衣衾曰襚，贝玉曰含，钱财曰赙。与《荀子》略同。盖玩好该于货财之中。又《说苑·修文篇》说赗马之数云：天子乘马六匹，诸侯四匹，大夫三匹，元士二匹，下士一匹。说襚礼之数云：天子文绣礼各一袭到地，诸侯覆跗，大夫到踝，士到骭。向传《穀梁》，则此亦《穀梁》之佚礼，足补《荀子》之缺，《公羊》之说亦与《穀梁》同。

《大略篇》云：赙，所以佐生也；赠、襚，所以送死也。

案，《穀梁》隐三年，《传》云：归死者曰赗，归生者曰赙。与《荀子》同。惟《荀子》赙、赗二字系赙、赠之讹，赠、襚二字系赗、襚之讹，斯与《穀梁》义合。盖赗训为覆，当是覆被亡人之义，乃归死之物，非归生之物，故知《荀子》有误文也。且赗、赠字形相近，故传写颠倒。又《说苑·修文篇》云：知生者赙、赗，知死者赠、禭。赠、禭所以送死也，赙、赗所以佐生也。向传《穀梁》，所记应与《穀梁》同，则《说苑》之有误文，亦与《荀子》同矣。

《大略篇》云：誓诰不及五帝，盟诅不及三王，交质子不及五霸。

案，《穀梁》隐八年，《传》云：诰誓不及五帝，盟诅不及三王，交质子不及二伯。与《荀子》同。惟《穀梁》仅指桓、文言，而《荀子》则指桓、文及秦穆、宋襄、楚庄言耳。又，《荀子》此文与《礼记·杂记篇》所载周丰语相合。

《议兵篇》云：王者有诛而无战，城守不攻，兵格不击，上下相喜则庆之。不屠城，不潜军，不留众，师不越时。

案，《穀梁》隐五年，《传》云：伐不逾时，战不逐奔，诛不填服。案，伐不逾时者，即《荀子》"不留众，师不越时"之义也。战不逐奔者，即《荀子》"城守不格，兵格不击"之义也。诛不填服者，即《荀子》"上下相喜则庆之，不屠城"之义也。又隐十年《传》云：不正其乘败人而深为利，又即《荀子》"不潜军"之义也。

《君子篇》云：以义制事，则知所利矣。《大略篇》云：义胜利者为治世，利克义者为乱世，上重义则义克利，上重利则利克义。

案，《穀梁》隐元年，《传》云：春秋贵义而不贵惠。惠即利也，盖《穀梁》区言义利已开荀、孟之先。

《王制篇》云：君者，善群也。《君道篇》云：君者，何也？曰能群也。

案，《穀梁》隐四年，《传》云：卫人者，众辞也，其称人而立之何？得众也。得众则是贤也。得众与能群义同。

《王霸篇》云：传曰：农分田而耕，贾分货而贩，百工分事而劝，士大夫分职而听。

《王制篇》云：农农、士士、工工、商商，一也。

案，《穀梁》成元年，《传》云：古者有四民，有士民，有商民，有工民，有农民。与《荀子》合。《管子》始分商贾为二，则曰五民。又《荀子·解蔽篇》云：农精于田而后可以为农师，贾精于市而后可以为贾师，工精于器而后可以为工师，亦《荀子》重视农工商之证。

《君道篇》云：请问为人君，曰：以礼分施，均遍而不偏。请问为人臣，曰：以礼待君，忠顺而不懈。请问为人父，曰：宽惠而有礼。请问为人子，曰：敬爱而致文。

案，《穀梁》庄十七年，《传》云：逃义曰逃。义谓君父之义，仲尼曰：天下有大戒二，其一命也，其一义也。子之爱亲，命也，不可解于心，臣之事君，义无适而非君也，无所逃于天地之间，是之谓大戒。

案，《穀梁》言"义无适而非君"，即《荀子》"忠顺而不懈"之义也。言"爱亲不可解于心"，即《荀子》"敬爱而致文"之义也。解读如懈，不可懈者，敬之谓也。盖《荀子》偏重纲常，故《致士篇》云：君者国之隆也，父者家之隆也，亦《荀子》君父并崇之证。

《礼论篇》云：王者天太祖，诸侯不敢坏，大夫士有常宗，所以别贵始，贵始，得之本也。

案，《穀梁》僖十五年，《传》言，天子七庙。又言，是以贵始德之本也。与《荀子》符。得德古通，杨倞注云：得当为德，言德之本在贵始。此言得之。

《君子篇》云：天子也者，势至重，形至佚，心至愉，志无所诎，形无所劳，尊无上矣。《诗》曰：普天之下，莫非王土；率土之滨，莫非王臣。

《王霸篇》云：人主者，天下之利势也。

案，《穀梁》隐三年，《传》云：天子之崩，以尊也，以其在民上，故崩之。其不名何也？大，故不名也。与《荀子》天下之尊无上语同。盖《荀子》之尊君权，固《穀梁》有以启之也。又，《穀梁》以大上为天子，范注云：居人之大，在民之上，故无所名。而《荀子·君子篇》亦曰：莫敢犯大上之禁。大上二字，即本《穀梁》，亦荀子传《穀梁》之证。杨注改大为太，其误失之。

《解蔽篇》云：昔人臣之蔽者，唐鞅、奚齐是也。唐鞅蔽于欲权而逐载子，奚齐蔽于欲国而罪申生。

案，《穀梁》僖九年，《传》云：晋里克杀其君之子奚齐。其君之子云者，国人不子也，不正其杀世子申生而立之也。杨倞注《荀子》即引《穀梁》为证，而不引《左氏》《公羊》，明《荀子》此语本于《穀梁》也。

以上十二条皆荀子传《穀梁》之证，且《穀梁》之文多引《论语》，如隐元年《传》云：成人之美，不成人之恶。僖二十二年《传》云：过而不改，是谓之过。二十三年《传》云：以不教民战，则是弃其师。皆《穀梁》引《论语》之证。据郑君《论语序》，则《论语》一书为仲弓、子夏所撰，而穀梁既师傚子夏，荀子并师傚子夏、子弓，故《穀梁》引《论语》，而荀子亦多引《论语》也。观二书之皆引《论语》，则知二家学术之相近矣。盖荀子之传《穀梁》，其善有二，一曰发《穀梁》之微言，一曰存《穀梁》之佚礼。惜《穀梁》古谊，近儒多未诠明，倘能即《荀子》以考《穀梁》，则鲁学渊源多可考见，此则后儒之责也。又《荀子·大略》引《孟子》攻齐王邪心之语，案"邪心"二字亦见《穀梁》隐元年《传》。

《公羊》《荀子》相通考

昔汪容甫先生作《荀卿子通论》，谓《荀子·大略篇》言，春秋贤穆公善胥命，以证卿为《公羊》《春秋》之学。又惠定宇《七经古谊》亦引《荀子》周公东征西征之文，以证《公羊》之说，则《荀子》一书多《公羊》之大义，彰彰明矣。吾观西汉董仲舒治《公羊》《春秋》之学，然《春秋繁露》一书多美荀卿，则卿必为公羊先师。且东汉何邵公专治公羊学，所作解诂亦多用《荀子》之文。如庄公三十一年《传》，解诂云：礼，天子外屏，诸侯内屏。而《荀子》亦曰：天子外屏，诸侯内屏，礼也。其引用《荀子》者一。定四年《传》，解诂云：礼，天子雕弓，诸侯彤弓，大夫婴弓，士卢弓。而《荀子》亦曰：天子雕弓，诸侯彤弓，大夫墨弓，礼也。其引用《荀子》者二。隐元年，解诂云：礼，年二十见正而冠。《荀子》亦曰：天子诸侯子，十九而冠，冠而职治，其教至也。义亦相近。其引用《荀子》者三。若宣十五年初税亩《传》，解诂虽多引《班志》之文，然与《荀子·王制篇》之文亦多相合。则公羊佚礼多散见于《荀子》书中，昭然无疑。故邵公多引《荀子》以释《公羊》也。今举《荀子》用《公羊》义者凡若干条，试述之如左。

《王制篇》云：虽王公士大夫之子孙，不能属于礼义，则归之庶人。虽庶人之子孙也，积文学，正身行，能属于礼义，则归之卿相士大夫。又曰：尚贤使能，则等位不遗。《君子篇》云：先祖当贤，后子孙必显。行虽如桀纣，列从必尊，此以世举贤也。以世举贤，虽欲无乱，得乎哉。

案，《公羊传》云：《春秋》讥世卿，世卿非礼也。故于尹氏卒，则讥之，于崔氏出奔，则贬之，于任叔之子来聘，则书之。皆《公羊》讥世卿之义。《荀子》所言咸与《公羊》相合。

《王制篇》云：桓公劫于鲁庄。

案，此即《公羊传》所记曹沫劫齐桓事。《左氏》《穀梁》二传均未记此事，惟《公羊》有之。故知《荀子》之说本于《公羊》。

《王制篇》云：王者之制，道不过三代，法不过后王。道过三代谓之荡，法贰后王谓之不雅。

案，道不过三代，即《公羊》存三统之说，法不过后王，近于《公羊》改制之说。

《王制篇》云：四海之内若一家。又云：北海则有走马吠犬焉，然而中国得而畜使之。南海则有羽翮齿革曽青丹干焉，然而中国得而财之。东海则有紫紶鱼盐焉，然而中国得而衣食之。北海则有皮革文旄焉，然而中国得而用之。《君子篇》云：诗曰：普天之下，莫非王土；率土之滨，莫非王臣。圣王在上，分义行乎下，则士大夫无流淫之行，百吏官人无怠慢之事，众庶百姓无奸怪之俗，无盗贼之罪，莫敢犯太上之禁。

案，此即《公羊传》大一统之义。《公羊传》之言大一统也，必推本于正朝廷，正百官，尤与《荀子》义合。

《王制篇》云：故周公南征而北国怨，曰：何独不来也？东征而西国怨，曰：何独后我也？

案，《公羊》僖四年，《传》云：古者周公东征则西国怨，西征则东国怨。注云：此道黜陟之时也。盖周公于用兵之际，兼行黜陟之事，故四方望其来。《荀子》言周公南征，足补《公羊》之缺，其事见《吕览·古乐篇》。

《王霸篇》云：以非所取于民而巧，是伤国之大灾也。

案，此即《公羊传》讥丘甲，讥税亩，讥用田赋之义。

《君道篇》云：君者何也？能群也。《大略篇》云：天之生民非为君也，天之立君以为民也。

案，此即《公羊传》"善卫人立晋"之义。

《正论篇》曰：曷为楚越独不受制也，彼王者之制也，视形势而制械用，称远迩而等贡献，岂必齐哉。又曰：故诸夏之国，同服同仪，蛮夷戎狄之国，同服不同制。封内甸服，封外侯服，侯卫宾服，蛮夷要服，戎狄荒服。甸服者祭，侯服者祀，宾服者享，要服者贡，荒服者终王。日祭月祀，岁享时贡，夫是之谓视形势而制械用，称远近而等贡献，是王者之至也。

案，《公羊传》言，春秋内其国而外诸夏，内诸夏而外夷狄。又言，王者欲一乎天下，必自近者始。《荀子》此言皆与《公羊》义合。又《王制篇》云：理道之远近而致贡，其义亦同。

《礼论篇》云：郊止于天子而社止于诸侯。

案，《公羊传》言，天子祭天，诸侯祭土。祭天者即郊天之礼也，祭土者即祭社之礼也。

《礼论篇》云：故社祭社也，稷祭稷也，郊者并百王于上天而祭祀之也。

案，《公羊传》言，天子有方望之事，无所不通。注云：方望谓郊时所望，祭四方群神、日月星辰、风伯雨师、五岳四渎及余山川凡三十六所。是郊为合祭之典。与《荀子》义近。

《礼论篇》云：三年之丧，二十五月而毕。

案，《公羊传》云：三年之丧，实以二十五月。与《荀子》同。

《大略篇》云：货财曰赙，舆马曰赗，衣服曰襚，玩好曰赠，玉贝曰含，赙赗所以佐生也，赠襚所以送死也。

案，《公羊传》云：车马曰赗，货财曰赙，衣被曰襚，与《穀梁传》相同，亦与《荀子》所言相合。

《大略篇》云：《易》之咸见夫妇，夫妇之道，不可不正也，君臣父子之本也。又曰：亲迎之，道重始也。

案，《公羊》"纪履緰来逆女"，《传》云：讥始不亲迎也。又据《五经异义》谓《春秋》《公羊》说，自天子至庶人，皆亲迎。则《公羊》亦重亲迎之礼矣。

《大略篇》云：《春秋》贤穆公，以为能变也。

案，《公羊》"秦伯使遂来聘"，《传》云：遂者何？秦大夫也。秦无大夫，此何以书贤穆公也？何贤乎穆公？以其能变也。《荀子》之说本于《公羊》，足证荀子亲见《公羊传》，且确认《公羊》为说《春秋》之书矣。

《大略篇》云：故《春秋》善胥命，而《诗》非屡盟，其心一也。

案，《春秋》，齐侯、卫侯胥命于蒲。《公羊传》云：胥命者何？相命也。何言乎相命？近正也。古者不盟，结言而退。《公羊》以胥命为近正，即以胥命为善也。故《荀子》言《春秋》善胥命，其说亦本于《公羊》。

由是观之，则《荀子》一书多述《公羊》之义，彰彰可考。故杨倞注《荀子》亦多引《公羊传》之文。如卫侯会公诸条是也。特近人之疑此说者，以为荀卿治《春秋》，为《穀梁》《左氏》二家之先师，《公羊》师说多与《穀梁》《左氏》不同，而卿复杂用其说，似与家法相违。不知仅通一经确守家法者，小儒之学也，交通诸经兼取其长者，通儒之学也。试观西汉刘向为《穀梁》之大师，兼通《左氏春秋》，其所著《说苑》一书亦多刺《公羊》之义。如《说苑》云：夫天之生人也，盖非以为君也；天之立君也，盖非以为位也。夫为人君，行其私欲而不顾其人，是不承天意，忘其意之所以宜事也。如此者，《春秋》不予能君，而夷狄之。郑伯恶一人而兼弃其师，故有夷狄不君之词。人主不以此自省，惟既以失实，心奚因知之。故曰：有国者不可以不知《春秋》，此之谓也。此非用《公羊》闵二年《传》之义乎。按闵二年《传》云：郑弃其师者何，恶其将也，郑伯恶之，高克使之，将逐而不纳，弃师之道也。《繁露·竹林篇》则曰秦穆侮蹇叔而大败，郑文轻众而丧师。《春秋》之敬贤重民如此。盖轻众二字为《春秋》贬郑伯之原因。《春秋》所以战伐必书，皆为重民命也，盖为国家谋公益而战者则褒之，为人君行私欲而战者则贬之。故孔子言，以不教民战，是为弃之。而孟子言善战者服上刑，复以"我能为君约与国，战必克"者为古之民贼也。圣人重民之旨，不从此可见乎？不然何以于齐衰复仇则美之，季子偏战则善之乎？《说苑》又云，孔子曰：君子务本，本立而道生，夫本不正者末必倚，始不盛者终必衰。《诗》云：原隰既平，泉流既清，本立而道生。《春秋》之义，有正春者无乱秋，有正君者无危国。《易》曰：建其本而万物理，失之毫厘，差以千里，是故君子重贵本而重立始。魏武侯问元年于吴子，吴子对曰：言国君必慎始也。慎始奈何？曰正之。正之奈何，曰明智。智不明，何以见正？多闻而择焉，所以明智也。是故古者君始听治，大夫而一言，士而一见，庶人有谒必达，公族请问必与，四方至者勿距，可谓不壅蔽矣。分禄必及，用刑必中，君心必仁，思民之利，除民之害，可谓不失民众矣。君身必正，近臣必选大夫不兼执民柄者，不在一族，可谓不权势矣。此非用隐元年《传》之义乎？按隐元年《传》云：元者何？君之始年也。春者何？岁之始也。愚谓先言王而后言正月，王正月也。何言乎王正月？大一统也。而《繁露·王道篇》云：春秋何贵乎元而言之元者？始也，言本正也。即《说苑》之所本。观《说苑》之说，则正天下之义，不外通公中三字。《说苑》之所谓不壅蔽，即通也。《说苑》之所谓不失民众，不权势，即公与中也。此圣人之微言而春秋之大义也。观于刘向治《穀梁》《左氏》，而兼采《公羊》，则《荀子》兼用《公羊》之说，夫何疑乎？惜近儒之治《公羊》者，以为卿治《穀梁》，为鲁学之大师，多与《公羊》

立异，故于荀子之述《公羊》者，不复一引，此则拘于《班志》之说者也，何足以测通儒之学哉。

《周官》《左氏》相通考

昔周公作《周官经》以致太平，春秋之时，贤士大夫多亲见其书，故所言礼制多与《周官经》相合。又鲁秉周礼，故《周官经》一书又为鲁史所藏。丘明为《春秋》作传，亦亲见其书，故《左氏》一书多藏《周官经》之说。西汉之时，《周官》《左氏》同为古文家言。考河间献王得《周官》，又请立《左氏》。春秋博士刘歆立《周官》于学官，复昌明左氏《春秋》之学。郑兴受《左氏》于刘歆，传至于众，众作《左氏条例章句》，马融、贾徽、贾逵皆为左氏学，而郑兴复受《周官》于杜子春，亦传至郑众，马融、贾徽、贾逵复并治《周官经》。是两汉巨儒治《周官》者，皆兼治《左氏》，则二书微言大义多相符合，可以即彼通此，彰彰明矣。又许氏作《五经异义》，所举古文家说，多《左氏》与《周官》并言，此尤二书相符之确证。故汇辑《左氏》之文若干条而证以《周官》之说。凡治古文家言者，或亦有取于斯欤！

《左传》隐七年所云礼经，即《太宰》所掌建邦之六典。

案，《太宰》，掌建邦六典。注：典，常也，经也，法也。王谓之礼经，常所秉以治天下也。邦国官府谓之礼法，常所守以为法式也。

哀三年，以象魏为旧章，即太宰所司悬法之象魏。

案，《太宰》，乃县治象之法于象魏。注：象魏，阙也。故鲁灾，季桓子御公立于象魏之外，命藏象魏，曰旧章不可忘。疏：周公谓之象魏，雉门之外，两观阙高魏魏然。孔子谓之观。《春秋左氏》定二年夏五月，雉门灾及两观是也。云观者，以其有教象可观望。又谓之阙者，阙，去也，仰视治象，阙去疑事。或解阙中通门。是以庄二十一年云，郑伯享王于阙西辟。注：阙，象魏也。

案，《公羊传》云：子家驹谓昭公云：诸侯僭天子，大夫僭诸侯云云。若然，雉门灾及两观，及《礼运》"游于观之上"，有观，亦是僭也。又云：《左传》桓、僖庙灾，天火曰灾，谓桓、僖庙为天火所烧，旧章象魏在太庙中，恐火连及，故命藏之。

僖四年，言五侯九伯，与《太宰》所言设其监之制合。

案，《太宰》，立其监。疏：周之法，使伯佐牧。即僖公四年五侯九伯，五侯是州牧，九伯是牧下之伯。

昭十七年，言出火之期，与《宫正》所掌修火禁之制合。

案，《宫正》，春秋以木铎修火禁。注：火星门以春出以秋入，因天时而以戒。疏：火星则心星也。服注：《春秋》云火出于夏为三月，于商为四月，于周为五月，故云以春出。季秋昏时伏于戌，火星入，故云以秋入。

昭十六年，言祭有受脤，与《膳夫》所言致福之礼合。

案，《膳夫》，凡祭祀之致福者，受而膳之。注：致福，谓诸臣祭祀，进其余肉，归胙于王。疏：按《春秋左氏》昭十六年，子产云，祭有受脤归脤，服注云，受脤谓君祭，以肉赐大夫，归脤谓大夫祭，归肉于公也。

昭四年，言出冰藏冰，与《凌人》所言颁冰之制合。

案，《凌人》"夏颁冰，掌事"注，《春秋传》曰：古者日在北陆而藏冰，西陆朝觌而出之。疏：昭四年传，火出而毕赋，服氏云：火出，于夏三月，于商为四月，于周为五月。古者日在北陆而藏冰，服氏云：陆，道也，北陆言在，谓十二月日在危一度，西陆朝觌不言在，则不在昴，谓二月在娄四度，谓春分时奎娄晨见东方而出冰，是公始用之。今此郑注引朝觌而出之，谓经夏颁冰，则西陆《尔雅》曰：西陆，昴也朝觌而出冰，群臣用之。若然，日体在昴在三月内，得为夏颁冰者，据三月末之节气，故证夏颁冰。此言夏，据得夏之节气。春秋言火出者，据周正。

昭二十年，晏子所言山林之木衡麓守之一节，与《大司徒》所掌分地职、奠地守之制合。

案，《大司徒》，乃分地职、奠地守。疏：案昭二十年《左氏传》，晏子云：山林之木，衡麓守之；泽之萑蒲，舟鲛守之；薮之薪蒸，虞侯守之；海之盐蜃，祈望守之。注云：衡麓、舟鲛、虞侯、祈望，皆官名也。守之令民不得取之，不共利。时景公设此守以致疾，故晏子取此，非其不与民同利。引之者以证地守之官若然。此地官唯有衡、虞，无舟鲛、祈望者，此《周礼》举其大纲，《左氏》言其细别，故详略不同。

襄二十五年，言井衍沃、牧隰皋，与《小司徒》所掌井牧田野之制合。

案，《小司徒》，而井牧其田野，注：郑司农云：井牧者，《春秋传》所谓井衍沃、牧隰皋者也。玄谓隰皋之地，九夫为牧，二牧而当一井。

今造都鄙，授民田，有不易，有一易，有再易，通率二而当一，是之谓井牧。昔夏少康在虞思，有田一成，有众一旅，一旅之众而田一成，则井牧之法先古然矣。疏：衍沃谓上地，下平曰衍，饶沃之地，九夫为一井。牧隰皋者下湿，曰湿，近皋泽之地。言有田一成，有众一旅，则地以上中下为率者，以为其成，方十里，九百夫之地，一旅五百夫，故知是通率之，通率之法正应四百五十夫，言一旅举成数也。

庄二十五年，言非日月之眚不鼓，与《鼓人》所掌救日月之礼合。

案，《鼓人》救日月，则诏王鼓。注：救日月食，王必亲击鼓者，声大异。《春秋传》曰：非日月之眚不鼓。疏：按太仆职云"军旅田从赞王鼓"。郑注云：佐击其余面，又云：救日月食，亦如之。太仆亦佐击其余面。按上解祭日月与天神同用雷鼓，则此救日月亦宜用雷鼓，八面，此救日月用鼓，惟据夏四月，阴气未足，纯阳用事，日又太阳之精，于正阳之月，被食为灾，故有救日食之法也。月似无救理。《尚书》季秋九月日食救之者，上代之礼，不与周同。诸侯用币，伐鼓于朝，近自攻责。若天子则伐鼓于社。昭十七年，昭子曰：日食，天子伐鼓于社是也。

昭二十九年，言五官之神，与《大宗伯》所言五祀之典合。

案，《大宗伯》，以血祭之社稷五祀五岳。注：玄谓此五祀者，五官之神在四郊，四时迎五行之气于四郊，而祭五德之帝，亦合此神焉。少昊氏之子曰重，为句芒，食于木；该为蓐收，食于金；修及熙为元冥，食于水；颛顼氏之子曰黎，为祝融后土，食于火、土。疏：赵商问：《春秋》昭二十九年，《左传》曰：颛顼氏之子黎为祝融，共工氏有子曰句龙，为后土。其二祀，五官之神及四郊，合为黎食后土。《祭法》曰：共工氏霸九州也，其子曰后土，能平九州，故祀以为社，社即句龙。答曰：黎为祝融，句龙为后土。《左氏》下言后土为社，谓暂作后土，无有代者。

僖元年，言"救患分灾"，与《大宗伯》所言"哀邦国之忧"合。

案，《大宗伯》"以凶礼哀邦国之忧"。注：哀谓救患分灾。疏云：此据左氏僖元年文，行之者证哀者从后往哀之。其言救患分灾讨罪者，救患即邢有不守之患，诸侯城之，是救患也；分灾，谓若宋灾，诸侯会于澶渊，谋归宋财，是分灾也。讨罪，谓诸侯无故相伐，是罪人也，霸者会诸侯共讨之，是讨罪也。案，救患分灾即宗伯所言哀邦国之礼。

庄十八年，言古者"名位不同，礼亦异数"，与《大宗伯》所言以九仪辨位合。

案，《大宗伯》"以九仪之命，正邦国之位"，注：每命异仪，贵贱之位乃正。《春秋传》曰：名位不同，礼亦异数。

僖三十三年，言烝尝禘庙，与《凶人》庙用修之制合。

案，《凶人》"庙用修"，注：玄谓庙用修者，谓始禘时。疏：谓练祭后迁庙时。以其宗庙之祭，从自始死以来无祭，今为迁庙，以新死者木主入庙，特为此祭，故云始禘时也。以三年丧毕，明年春禘为终禘，故云始也。郑知义迁庙在练时者，案，文二年《穀梁传》云：作主坏庙当时日，于练焉坏庙。坏庙之道，易檐可也，改涂可也。尔时木主新入庙，禘祭之。是以《左氏》说，凡君薨，祔而作主，特祀主于寝，毕三时之祭，期年然后烝尝禘于庙。许慎云：《左氏》说与《礼》同。郑无注，明用此《礼》同，义与《穀梁传》合，贾、服以为三年终禘，遭烝尝则行祭礼，与前解违，非郑义也。

文六年，言朝庙，与《司尊彝》所言朝享之制合。

案，《司尊彝》"凡四时之间祀，追享，朝享"。注：朝享，谓朝受政于庙。《春秋传》曰：闰月不告朔，犹朝于庙。疏：文公六年《左氏传》云：闰月不告朔，犹朝于庙。若然，天子告朔于明堂，而云受政于庙者，谓告朔自是受十二月政令，故名明堂为布政之官，以告朔讫，因即朝庙，亦谓之受政，但与明堂受朔别也。《春秋》者，彼讥废大行小。引之者见告朔与朝庙别，谓若不郊，犹三望与郊亦别也。

定四年，言祝奉以从，与《小宗伯》所言立军社之制合。

案，《小宗伯》"若大师，则帅有司而立军社，奉主车"。注：有司，太祝也。王出军，必先有事于社及迁庙，而以其主行。社主曰军社，迁主曰祖。《春秋传》曰：军行被社衅鼓，祝奉以从。社之主盖用石为之。

昭二十三年，言列国之卿当小国之君，与《典命》所言公孤之命合。

案，《典命》，公之孤四命，以皮帛视小国之君。注：视小国之君者，列于卿大夫之位而礼如子男也。郑司农云：九命上公，得置孤卿一人。《春秋传》曰：列国之卿，当小国之君，固周制也。疏：案昭二十三年《左传》云：叔孙婼为晋所执，晋人使与邾大夫坐讼。叔孙曰：列国之卿当小国之君，固周制也。寡君命介子服回在。是其事也。若然，先郑引鲁之卿以证孤者，孤亦得名卿，故《匠人》云外有九室九卿朝焉，是并六卿与三孤为九卿。亦得名卿者，以其命数同也。鲁是侯爵，非上公亦得置孤者，鲁为州牧，立孤与公同。若然，其孤则以卿为之，故叔孙婼自比于孤也。

襄十八年，言歌风，与《太师》所言执同律以听军声合。

案，《太师》执同律以听军声。注：郑司农说以师旷曰：吾骤歌北风，又歌南风，南风不竞，多死声，楚必无功。疏：案襄公十八年，注云：北风，夹钟无射以北，南风，姑洗南吕以南。律气不至，故死声多。吹律而言歌与风者，出声曰歌，以律是候气之管，气则风也，故言歌风。

桓十七年，言天子有日官，与太史所掌之事合。

案，《太史》掌建邦之六典。注：太史，日官也。《春秋传》曰：天子有日官，诸侯有日御，日官居卿以底日，礼也。日御不失日，以授百官于朝。居犹处也。言建六典以处六卿之职。疏：桓十七年，服氏注云：日官、日御，典历数者也。日也〔官〕，居卿以底日，礼也。日御不失日，以授百官于朝。服注云：是居卿者，使卿居其官以主之，重历数也。按郑注“居犹处也，言建六典以处六卿之职”，与服不同。服君之意，太史虽下大夫，使卿来居之，治太史之职，与《尧典》云“乃命羲和，钦若昊天，历象日月星辰”，是卿掌历数，明周掌历数亦是日官。郑意以五帝殊时，三王异世，文质不等，故设官不同。五帝之时使卿掌历数，至周，使下大夫为之，故云“建六典处六卿之职”以解之。

桓十七年，又言不告朔官失之也，与太史所掌颁告朔合。

案，《太史》“颁告朔于邦国”。注：天子颁朔于诸侯，诸侯藏之祖庙，至朔，朝于庙，告而受行之。郑司农云：颁读为班。班，布也。以十二月朔，有布告天下诸侯，故《春秋传》曰：不书日，官失之也。疏：《春秋》之义，天子班历于诸侯，日食书日；不班历于诸侯，则不书日。其不书日者，由天子日官失之不班历。

昭二年，言周志，与《小史》所言掌邦国之志合。

案，《小史》“掌邦国之志”。注：郑司农云：志谓记也，《春秋传》所谓《周志》，史官主书，故韩宣子聘于鲁，观书太史氏。疏：《左传》：周志有之，勇则害上。引韩宣子者，证史官掌邦国之志。此《经·小史》“掌志”，引太史证之者。太史，史官之长，共其事故也。

僖五年，言必书云物，与《保章氏》所掌之事合。

案，《保章氏》“以五云之物，辨吉凶、水旱降丰荒之于禨象”。注：物，色也。视日旁云气之色。郑司农云：以二至二分观云色，青为虫，白为丧，赤为兵荒，黑为水，黄为丰。故《春秋传》曰：凡分至启闭，必书云物，为备故也。疏云："青为虫"已下，盖据阴阳书得知。按僖五年《左氏传》"必书云物，为备故也。"注云：分，春、秋分；至，冬、夏至；启，立春、立夏；闭，立秋、立冬。据八节而言。

僖二十八年，言策命晋侯，与内史所掌之事合。

案，《内史》"凡命诸侯及孤卿大夫，则策命之"。注：郑司农说以《春秋传》曰：王命内史兴父策命晋侯为侯伯。策谓以简策书王命。其文曰：王谓叔父，敬服王命，以绥四国，纠逖王慝。晋侯三辞，从命，受策以出。疏：按《曲礼》云：大国曰伯父，州牧曰叔父。晋既大国而云叔父者，王以州牧之礼命之故也。此即以《左传》证《周礼》也。

襄十四年，言军制，与《大司马》所记之制合。

案，《大司马》王六军，大国三军，次国二军，小国一军，军将皆命卿。注：言军将皆命卿，则凡军帅不特置，选于六官、六乡之吏，自乡以下，德任者使兼官焉。郑司农云：王六军，大国三军，次国二军，小国一军，故《春秋传》有大国、次国、小国。又曰：成国不过半天子之军。周为六军；诸侯之大者三军可也。又云《春秋传》曰：王使虢公命曲沃伯以一军为晋侯。此小国一军之见于《传》也。疏：襄公十四年，晋侯舍新军礼也。成国礼不过半天子之军，周为六军，诸侯之大者，三军可也。晋虽为侯爵，以世为霸王，得置三军，故为礼也。云以一军为晋侯，庄十六年《传》文，以其新并晋国，虽为侯爵，以小国军法命之，故一军也。其说甚晰。

庄二十九年，所引侵伐例，与《大司马》所言灭国之事合。

案，《大司马》"外内乱，鸟兽行，则灭之"。疏：按《春秋》《公羊》《左氏》说，凡征战有六等，谓侵、战、伐、围、入、灭。用兵麤犉，不声钟鼓，入境而已，谓之侵。侵而不服则战之，谓两阵交刃。战而不服则伐之，谓用兵精而声钟鼓。伐而不服则围之，谓匝其四郭。围而不服则入之，谓入其四郭，取人民，不有其地。入而不服则灭之，谓取其君。

襄九年，言以出内火，与《司爟》所言出火之制合。

案，《司爟》"季春出火"。注：火所以用陶冶，民随国而为之。郑人铸刑书，火星未出而出火，后有灾。郑司农云：以三月本时昏，心星见于辰上，使民出火。九月本黄昏，心星伏于戌上，使民内火。故《春秋传》曰：以出纳火。疏：心星则大火辰星是也。三月诸星复在本位，心星本位在卯，三月本始之时昏，心星始时未必出见卯南，九月本始之黄昏，心星亦未必犹在戌上，皆据月半后而言。

成十七年，言在外为奸，在内为轨，与《司刑》所言寇贼之名合。

案，《司刑》，注：《书》传曰：降畔、寇贼、劫略、夺攘、挢虔者，其刑死。疏：按《舜典》云：寇贼奸轨。郑注云：强攘为寇，杀人为贼，由内为奸，起外为轨。案，成十七年，长鱼矫曰：臣闻乱在外为奸，在内为轨，御奸以德，御轨以刑。郑与《传》不同，郑欲见在外亦得为轨，在内亦得为奸，故反复见之。或后人传写误，当以《传》为正。《吕刑》"夺攘挢虔"，注云：有因而盗曰攘，挢虔谓挠扰。《春秋传》"虔刘我边垂"，谓劫夺人物以相挠扰也。

僖二十七年，言"用夷礼，故曰子"，与《大行人》所言"九州之外谓之蕃国"合。

案，《大行人》"九州之外谓之蕃国"。注：《曲礼》曰：其在东夷、北狄、西戎、南蛮，虽大曰子。《春秋传》曰：杞，伯也，以夷礼，故曰子。然则九州之外，其君皆子男也，无朝贡之岁，父死子立，及嗣王即位，乃一来耳。各以其所贵宝为贽，则蕃国之君无执玉瑞者，是以谓其君为小宾，臣为小客。所贵宝见传者，若犬戎献白狼、白鹿是也。

昭九年，"以殷聘为礼"，与《大行人》所言"殷相聘也"合。

案《大行人》"殷相聘也"。注"殷，中也。久无事，又于殷朝者及而相聘也"。郑司农说殷聘以《春秋传》曰：孟僖子如齐殷聘，礼也。疏：《聘义》《王制》皆云：三年一大聘，此不言三年而云殷者，欲见中间久无事，及殷朝者来及亦相聘，故云殷，不云三年也。昭九年《传》曰：孟僖子如齐殷聘，礼也。按服彼注云：殷，中也。自襄二十年叔老聘于齐，至今积二十年聘者〔齐〕，故中复盛聘焉。此中年数不相当，引之者，年虽差远，用礼则同，故引为记也。

定五年，言归粟于蔡，与《小行人》所言槁禬之制合。

案，《小行人》"若国师役，则令槁禬之"。注：师役者，国有兵寇以匮病者也。使邻国合会财货以与之。春秋定五年，夏，归粟于蔡是也。

昭十七年，郯子所言官制，与郑氏叙《周礼》之说合。

案，序云：《春秋传》又云：自颛顼以来，不能纪远，乃纪于近。是以少皞以前，天下之号象其德，百官之号象其征。颛顼以来，天下之号因其地，百官之号因其事。事即司徒、司马之类是也。昭十七年，服注"颛顼之下"云：春官为木正，夏官为火正，秋官为金正，冬官为水正，中官为土正。高辛氏因之，故《传》云：遂济穷桑。穷桑，颛顼所居。是度颛顼至高辛也。

以上所言，皆《左氏》与《周官经》相符之证也。而顾栋高《春秋大事表》则曰：考《周礼》六官所掌，凡朝觐、宗遇、会同、聘享、燕食，其期会之疏数，币赋之轻重，牢醴之薄厚，各准五等之爵，为之杀。而嫡子誓于天子，则下其君之礼一等。未誓则以皮帛继，子男是宜。天下诸侯卿大夫帅以从事，若今会典之罔敢逾尺寸。而春秋二百四十年，若子产之争承，子服景伯之却百牢，未闻据《周礼》"大行人"之职以折服强敌也。却至聘楚而金奏作于下，宋享晋侯以桑林之舞，皆逾越制度，虽恐惧失席，而不闻据周公之典以折之。他如郑成公如宋，宋公问礼于皇武子，楚子干奔晋，晋叔向使与秦公子同食，皆百人之饩，而楚灵大会诸侯，问礼于左师，与子产、左师、献公合诸侯之礼六，子产献伯子男会公之礼六，皆不言其所考据，各以当时大小强弱为之等，是皆春秋博学多闻之士，而于周公所制会盟、聘享之礼，若目未之见耳未之闻，是独何与？若周公束之高阁，未尝班行列国，则当日无为制此礼。若既行之列国矣，而周公之子孙先未有称述之者，岂果弁髦王制，不遵法守欤！不应举世皆懵然若此。且孔子尝言，吾学周礼矣。而孔子一身所称引，无及今《周官》一字者。孟子言班爵禄之制，与《周官》互异。顾氏之说大抵以《左传》不引《周官经》，遂定《周官经》为伪书。今得二经相通大义若干条，则左氏不引《周官经》之说，可不击而自破矣。

《周易》《周礼》相通考

《周易》为《周礼》之一，《左氏传》昭二年，韩宣子观书于鲁，见易象曰：周礼尽在鲁矣。又《礼记·礼运篇》云：夫礼必本于太一，转而为阴阳，变而为四时，张氏惠言据此以证《易》为《礼》象。其说最精。故郑氏、虞氏均本《礼》以说《周易》，而《易经》一书具备五礼。张氏惠言曰：易家言礼者，惟郑氏，惜残缺不尽存，若虞氏于礼已略，然揆诸郑氏，源流本末盖有同焉。试举《易经》之言《礼》者，列证如左。

郊祀之礼见于"益"。益曰：王用享于帝吉。

蔡邕《明堂论·正月卦》曰：经言"王用享于帝吉"，而庄氏中白又据《月令》"孟春乃以元日祈谷于上帝"之文，以此为祈谷之礼。非是。张氏惠言订为南郊祭感生帝之礼是也。

见于"豫"。豫曰：先王以作乐崇德，殷荐之上帝，以配祖考。

郑注引《孝经》配天配上帝之说，张氏惠言曰：此明堂之祭以祖配天之礼也。

见于"鼎"。鼎曰：圣人烹以享上帝。

张氏惠言曰：此言凡祀天之礼也。

封禅之礼见于"随"，王用享于西山。见于"升"。升曰：王用享于岐山。

惠氏栋曰：即《礼运》因名山升中于天之义。张氏惠言曰：是巡狩封禅之礼。升卦所言及文王受命封禅之礼。

宗庙之礼见于"观"。观曰：盥而不荐，有孚颙若。

虞氏以禘祭称之。张氏惠言曰：此明宗庙之祭。郑以为宾士之礼亦非。

时祭之礼见于"萃"，萃曰：孚乃利用禴。见于"升"，升曰：孚乃利用禴。见于"既济"。东邻杀牛不如西邻之禴祭，实受其福。

虞氏云：禴，夏祭也。

馈食之礼见于"损"，损曰：二簋可用享，又曰：已事遄往。见于"困"。九二、九四二爻咸言利用祭祀。

郑注损卦曰：言以簋进黍稷于神也。张氏惠言曰：此同姓之祭礼。"困"九二、九四所言，一为天子、大夫之祭礼，一则诸侯之祭礼也。

省方之礼见于"观"，观曰：先王以省方观民设教。皆吉礼也。

省方，巡守也。

宾王之礼亦见于"观"。观曰：观国之光，利用宾于王。

虞注引《诗》"来享来王"，张氏惠言曰：即《周礼》以宾礼亲邦国也。

时会之礼见于"萃"。萃云：王假有庙，利见大人，亨利贞，用大牲吉。

虞注以为孝享之事，郑氏以为嘉会之事，张氏惠言曰：此即《周礼》所谓时会以发四方之禁也。用郑义。

酬庸之礼见于"大有"。大有曰：公用享于天子。

张氏惠言曰：公为上公，《周礼》注言，上公有功德，加命为二伯。《诗·彤弓》曰：钟鼓既设，一朝飨之。享之者，盖锡命也。

朝觐之礼见于"丰"。丰曰：遇其配主，虽旬无咎，往有尚。郑氏注云：初修礼，上朝四二以匹敌，恩厚待之，虽留十日不为咎。张氏惠言曰：王者受命诸侯，修礼来朝者，恩厚待之。即聘礼之稍礼。

聘礼见于"旅"。旅曰：旅琐琐，斯其所取灾。

郑氏注云：三为聘，客初与二，其介也，介当以笃实之人为之，而用小人琐琐然。客主人为言不能辞曰非礼，不能对曰非礼，每事不能以礼行之，即其所以得罪。又张氏惠言谓下文旅即次，次即宾次，怀其资，即圭币得僮仆贞，即有司。

王臣出会之礼见于"坎"，坎曰：尊酒簋二，用缶，纳约自牖。皆宾礼也。

虞氏以此为祭礼，郑氏以为天子大臣以王命出会诸侯，主国尊酒于簋，副设玄酒而用缶。今用郑义。

田狩之礼见于"屯"，屯曰：即鹿无虞，惟入于林中。见于"师"，师曰：田有禽。见于"比"，比曰：王用三驱，失前禽。见于"大畜"，大畜曰：日闲舆卫。见于"解"，解曰：田获三狐。见于"巽"，巽曰：田获三品。此军礼也。

虞注：虞，虞人，掌禽兽者。田，田猎也。郑注以为驱禽蒐狩习兵之典。张氏惠言以闲卫亦指田猎讲武，言三品即《王制》之三田。

婚礼见于"泰"，泰曰：帝乙归妹。见于"归妹"。归妹曰：归妹愆期，迟归有时，又曰：女承筐。

张氏惠言谓"归妹九月卦"，周以春季夏初行婚礼，故以九月为衍，又谓"六五之妹"即媵女礼，"女承筐"即归祭宗庙礼。

见于"咸"，咸曰：取女吉，见于"渐"，渐曰：女归吉，利贞。此嘉礼也。

张氏惠言曰：渐卦所言为请期之礼，咸卦则言婚期之正。

丧礼见于"大过"。系辞谓古之葬者衣之以薪，葬之中野，不封不树，丧期无数。后世圣人易之以棺椁，盖取诸"大过"。

见于"益"。益曰：益之，用凶事，无咎，有孚中行，告公用圭。

惠氏栋曰：此凶事用圭之礼。

见于"萃"。萃曰：赍资涕洟。

张氏惠言曰：此天子哭赗，同姓诸侯为大臣者之礼。

见于"涣"。涣曰：王假有庙。

张氏惠言引曾子问，谓天子崩，臣下至于南郊，告谥之，告必以牲，既定谥，乃立新庙。

见于"小过"，小过曰：过其祖，遇其妣。此凶礼也。

张氏惠言曰：此即妇祔于皇姑之礼。

　　以上所举，皆《周礼》附见于《周易》者。若夫姤卦"包有鱼"为馈宾之礼，此类尤多，兹不赘引，若用张氏惠言虞氏易礼之例，汇而列之，则《周易》一书兼有裨于典章制度之学矣。且《易经》大义不外元亨利贞，孔子之释亨字也，谓嘉会足以合礼，又《系辞上》曰：圣人可以见天下之动而观其会通，以行其典礼，亦《易经》言礼之明征。昔《礼运》载孔子之言曰：吾欲观殷道，是故之宋，而不足征也。吾得坤乾焉，夫坤乾为殷代之易。孔子言，欲观殷道，即《中庸》所谓吾学殷礼。是孔子之于殷礼征之殷易之书，孔子因殷易而观殷礼，此韩宣子所由因《周易》而见《周礼》也。近儒以《易》为言礼之书，岂不然哉！

《中国历史教科书》凡例[*]
（1905—1906）

　　读中国史书有二难：上古之史多荒渺，而记事互相歧；后世之史咸浩繁，而记事多相袭。中国廿四史，既不合于教科，《通鉴》《通典》《通考》亦卷帙繁多。而近日所出各教科书，复简略而不适于用。欲治中史，非编一繁简适当之中国历史莫由。

　　西国史书多区分时代，而所作文明史复多分析事类。盖区分时代近于中史编年体；而分析事类则近于中国"三通"体也。今所编各课，咸以时代区先后，即偶涉制度文物于分类之中，亦隐寓分时之意，庶观者易于了然。

　　中国史书之叙事，详于君臣而略于人民，详于事迹而略于典制，详于后代而略于古代。今所编各课，其用意则与旧史稍殊。其注意之处约有数端，试述之如左：

　　一、历代政体之异同。
　　二、种族分合之始末。
　　三、制度改革之大纲。
　　四、社会进化之阶级。
　　五，学术进退之大势。

　　今日治史，不专赖中国典籍。西人作中国史者，详述太古事迹，颇足补中史之遗。今所编各课，于征引中国典籍外，复参考西籍兼及宗教社会之书，庶人群进化之理可以稍明。

　　所编各课，于所采各书，必详注所出。所采取书计数百种。于古代地

　　* 原载《中国历史教科书》页首，收入钱玄同等编《刘申叔先生遗书》，民国二十五年宁武南氏排印。钱玄同在《刘申叔先生遗书》总目下标"前七年、前六年"，即作于民元前七年到前六年（1905 至 1906 年）之间。

理，亦注以今名。一二私见，附以自注，以供学者之参考。

各课之后，偶附年表及帝王世系表、历代大事表，而职官、地理各表及封建、井田、学校等图亦偶列焉。

《经学教科书》序例*
（1905—1906）

治经学者当参考古训，诚以古经非古训不明也。大抵两汉之时，经学有今文古文之分，今文多属齐学，古文多属鲁学。今文家言，多以经术饰吏治，又详于礼制，喜言灾异、五行；古文家言，详于训诂，穷声音文字之源。各有偏长，不可诬也。六朝以降，说经之书分北学、南学二派。北儒学崇实际，喜以汉儒之训说经，或直质寡文。南儒学尚浮夸，多以魏晋之注说经，故新义日出。及唐人作义疏，黜北学而崇南学，故汉训多亡。宋明说经之书，喜言空理，不遵古训，或以史事说经，或以义理说经，虽武断穿凿，亦多自得之言。近儒说经崇尚汉学。吴中学派掇拾故籍，诂训昭明。徽州学派详于名物典章，复好学深思，心知其意。常州学派宣究微言大义，或推经致用。故说经之书至今日而可称大备矣。此皆研究经学者所当参考者也。大约古今说经之书，每书皆有可取处，要在以己意为折衷耳。

夫六经浩博，虽不合于教科，然观于嘉言懿行，有助于修身，考究政治典章，有资于读史。治文学者可以审文体之变迁，治地理者可以识方舆之沿革。是经学所该甚广，岂可废乎？然汉儒去古未远，说有本源，故汉学明则经诂亦明。欲明汉学，当治近儒说经之书。盖汉学者，六经之译也。近儒者，又汉儒之译也。若夫六朝隋唐之注疏，两宋元明之经说，其可供参考之资者，亦颇不乏，是在择而用之耳。

一、每册三十六课。每课字数约在四五百言之间。

---

* 原载《政艺通报》乙巳第 23 号，1906 年 1 月 9 日，署名刘光汉；又见于 1906 年 3 月 4 日出版的《广益丛报》第 98 号。《经学教科书》收入钱玄同等编《刘申叔先生遗书》，民国二十五年宁武南氏排印。钱玄同在《刘申叔先生遗书》总目下标"前七年、前六年"，即作于民元前七年到前六年（1905 至 1906 年）之间。

一、经学源流不明，则不能得治经之途辙，故前册首述源流，后册当诠大义。

一、经学派别不同，大抵两汉为一派，三国至隋唐为一派，宋元明为一派，近儒别为一派。今所编各课亦分经学为四期，而每期之中于经学之派别，必分析详明，以备参考。

一、经学派别既分为四期，而每期之中，首《易经》，次《书经》，次《诗经》，次《春秋经》，次《礼经》，次《论语》《孟子》，《学》《庸》附焉，次《孝经》，《尔雅》附焉。盖《班志》于六艺之末，复附列《论语》《孝经》，今用其例。惟《乐经》失传，后儒无专书，不能与《礼经》并列耳。

一、所引各书，必详注所出；一二私见，附以自注，以供学者之采择。

《中国地理教科书》序[*]
（1905—1906）

　　近世以来，治地学者析为天文地理、地文地理、人文地理三种。吾观苍颉有言，地日行一度，风轮扶之。岐伯亦曰：地为大气所举推之。玑衡齐政，著于虞廷；土圭测景，详于《周礼》。张衡天仪辨势审形，裴氏舆图按度计里，则天文地理固为古人所特详矣。《禹贡》一篇，地学之祖，详于导水导山之法，以山川定疆域，不以疆域定山川，并以勾股之形，定山川之高下。又《尔雅》一书，有《释地》《释丘》《释山》《释水》四篇，因义立名，区画昭然。而史公志河渠，桑钦著《水经》，穷源竟委，提要钩玄，则地文地理，亦为古人所不废矣。《洰作》《九共》，详于厘土分方之法；而伯益《山海经》，又详叙山川物产。周代之初，邦中之版，掌于司书；九州之图，藏于司险。司徒知地域广轮之数，以辨五地之物生；职方辨邦国都鄙之民，旁及财用谷畜之数，推之《史记·货殖传》《汉书·地理志》，于风俗、民情、物产，莫不明晰辨章。则人文地理亦为古人所特详矣。盖秦汉以前，舆地之书，咸崇实用；秦汉以后，舆地之学，崇尚空言。惟亭林著《郡国利病书》详于行政，景范著《方舆纪要》明于用兵，稍与空言有别。而近世巨儒，精研地学，详于考古，略于如今。以考证标其帜，一城一邑，辩及千言。故地理之书日增，而地理之学日晦。夫人民之所栖托者，大地之上也，今也于海陆之区分，山川之流峙，邦国之建设，物产之盛衰，民风文化之变迁，不自知其所以然，犹之冥行而欲索途也。吾为此惧，编《中国地

　　* 原载《政艺通报》乙巳第23号，1906年1月9日，署名刘光汉；又见于1906年5月13日出版的《广益丛报》第105号。《中国地理教科书》收入钱玄同等编《刘申叔先生遗书》，民国二十五年宁武南氏排印。钱玄同在《刘申叔先生遗书》总目下标"前七年、前六年"，即作于民元前七年到前六年（1905至1906年）之间。

理教科书》，浅明简直，以便初学，使治地学者，可以由浅而入深。古人有言：知古不知今，是为陆沈；知今不知古，是为聋瞽。学者明于此义，庶可以治地理学矣。

颜李二先生传[*]
（1906）

颜先生元，字易直，直隶保定府博野县人，生于明崇祯八年。幼喜读书，学神仙导引术，长知其妄，益折节为学。初好陆、王书，继从事程、朱，勇于改过，以圣人为必可师，乡里目为圣人。年既壮，渐悟宋、明学术之失，以尧、舜之道在六府三事，周公教士以三物，孔子以四教，莫非事也。无事，则道与治具废，故正德、利用、厚生曰事。不见诸事，非德非用非生也。德、行、艺曰物，不征诸物，非德、非行、非艺也。故先生之学，以事、物为归，不以空言立教。著《存学》《存性》《存治》《存人》四编，谓古人德行，由学习六艺而成，而六艺不外一礼，礼必习行而后见。后世以章句为儒，以读书纂注为功，非圣人重力行之旨也。又无极、太极、河洛为后天之说，皆出道家，宋儒本之说《易》，推为性与天道之正传，是为参杂二氏。又谓气质之性无恶，恶由蔽习而生，立异宋儒，不尚苟同。尝推论明制得失，著《会典大政记》，曰："如有用我，举而错之耳。"又谓："天下事，皆吾儒分内事，吾儒不任事，谁任事耶？"其自任若此。卒于康熙四十二年，年七十。

先生虽以高隐终，然身际鼎革，目击口祸，光□之念，时蓄于怀。年八岁，即从吴洞霄习剑术，兼肆骑射。长从新城王介祺学兵法，旁及技击驰射，莫不精绝。晚筑习斋，集弟子讲学，习礼、乐、射、御、书、数，兼究兵、农、水、火、工、虞。继主讲肥乡淳南书院，创立规制，设文事、武备、经史、艺能各科，从游者数十百人，远近翕然。常南游中州，张医卜肆于开封，以物色豪杰。商水李子青者，大侠也，馆

* 原载《国粹学报》第12期，1906年1月14日，署名刘光汉；收入钱玄同等编《刘申叔先生遗书》之《左盦外集》卷十八，民国二十五年宁武南氏排印。钱玄同在目录下标注"前七年"，即指民元前七年亦即1905年所作。

先生,见先生携短刀,目曰:"君善此乎?"先生谢不敏。子青固请与试,先生乃折竹为刀,舞相击,数合,中子青腕。子青大惊,拜伏地曰:"吾谓君学者耳,技止此乎!"遂深相结。又于开封市遇一少年,貌甚伟,问其姓名,曰朱超越千也。叩其志,不恒,沽酒与饮,半醉起舞,作歌告别。

先生虽好奇乎,然天性敦笃,不愧纯孝。当清兵入畿辅,父被掠去,先生依朱翁居,为朱翁义子。朱翁卒,乃寻亲辽左,誓不得亲不反。出关数年,备历险阻,有传父在沈阳者。至则父殁,寻其墓,哭奠如初丧礼,招魂奉主而归。以是知先生所力行者,诚古人所谓以躬率教者矣。

先生既殁,门人钟錂辑《言行》《辟异》二录,今不存。其所存者,惟《存学》《存性》《存治》《存人》四编。门人李塨,又为先生辑年谱。

李先生塨,字刚主,别字恕谷,直隶省蠡县人。父明性,有学行,学者称为孝悫先生。时颜先生倡明实学,孝悫命先生师事之,因从学礼。又学琴于张而素,学射御于赵锡之、郭金城,问兵法于王余佑,学书于彭通,学数于刘见田,学乐于毛奇龄。年二十余为诸生,承习斋教,以学泽躬。事亲以孝闻,尤留心经世之务,成《瘳忘编》。

以康熙三十九年举于乡。至京师,声誉竞起,诸公争延致之。然砥节励行,耻谒公卿。时冉永光、窦克勤设讲会,先生与焉。因历论古今升降得失之故,旁及太极、河洛图书之辨,礼、乐、兵、农之事,听者数百人,咸曰:"乾坤赖此不朽矣!"继鄞县万斯同讲学绍宁会馆,先生亦往。万君向众揖先生曰:"此蠡李先生,负圣学正传,非予敢望。"因将《大学辨业》之旨历历敷陈,曰:"此质之圣人而不惑者。"其见重若此。适宛平郭金汤作令桐乡,聘先生往治所,举邑以听,政教大行。及故人杨勤令富平亦敦请先生,事以师礼,事咨而后行,百废具举。关西学者,闻风麇集。逾年反里,谒选得知县,以母年高,改选通州学正,旋以疾告归。迁居博野,修葺习斋学舍,以收召学者,从游日众,公卿屡谋荐之,辞不就。以雍正十一年卒于家,年七十五。

先生解格物心性,多本习斋,惟论封建郡县,语不强同。早从毛奇龄问乐,毛尝推为盖世儒者。后以论格物不合,遂斥先生为背师,并作《大学侻讲笺》以攻颜学。桐城方苞与先生交至厚,惟固信程、朱,与先生持论抵牾,后先生殁,方为作墓志,惟载先生论学始末,且谓先生因方言改师法,何其诬先生之甚耶?先生承习斋教,以著书自见,著有

《小学编辨业》五卷、《大学辨业》四卷、《圣经学规纂》二卷、《论学》二卷、《周易传注》七卷、《筮考》一卷、《论语传注》二卷、《大学》《中庸》传注各一卷、《传注问》四卷、《经说》六卷、《学礼录》四卷、《学乐录》一卷、《郊社考》一卷、《拟太平策》一卷、《恕谷文集》十三卷，皆刊行于世，学者称为恕谷先生。

刘光汉曰：自周代以来，以道为本，以艺为末，其说倡于儒家。而一二治实学者反斥为多能鄙事，致用非所学，学非所用，其所由来非一日矣。习斋生于明末，崛起幽冀，耻托空言，于道德则尚力行，于学术则崇实用，而分科讲习，立法尤精。虽其依经立说，间失经义之真，然道艺并崇，则固岐周之典则也。刚主继之，颜学益恢，乃后儒以经师拟之。呜呼，殆亦浅视乎刚主矣！

论孔子无改制之事 [*]
（1906—1907）

　　中国自古迄今，制度不同，朝名既改，则制度亦更。然改革制度之权，均操于君主，未有以庶民而操改制之柄者。以庶民而操改制之柄，始于汉儒言孔子改制。然孔子改制之说，自汉以来，未有奉为定论者，奉汉儒之言为定论，则始于近人。

　　夫以庶民而改制，事非不美，特考之其时，度之于势，稽之于书，觉孔子改制之说，实有未可从者。《中庸》有言："非天子不议礼，不制度，不考文。"此非孔子之言乎？《王制》有言："析言破律，乱名改作，执左道以乱政，教〔杀〕。"此非先王之制乎？先王之制既如此，孔子之言又若彼，使孔子而果改制也，又奚必以制度之权仅属于天子，又何必引先王之制以自蹈乱政之诛？是则孔子者，从周制者也，从周制而兼考古制者也。见后文。谓之改古制不可，谓之改周制犹不可。然孔子改制之说亦有由来。盖六经之书所言之制，与他书不同，而六经所记之制，复此经与彼经互歧，即一经之中，亦或先后异辞，此诚考古者之所难解也。然静以察之，约有数故。

　　一由周代颁行之制，未必普行于列国，古代旧制，仍复并行。如晋启夏政，《左传》云："封唐叔于夏墟，启以夏政。"此晋启夏政之说。又晋用夏时，见于《左传》，前人言之已详。宋袭殷官，如殷用五官之制，见于《曲礼》诸书。而墨子亦曰："五官六府。"盖宋为殷后，墨子为宋人，所言亦殷制，五官取法五行，故《墨子·经下篇》亦曰："五行毋相胜。"若宋有六卿，则大抵不列太宰、宗伯，而增左师、右师，盖即殷代司天之官别于司民之官遗制。太宰、宗伯皆

---

　　[*] 原载《国粹学报》第 23、24、25 期，1906 年 12 月 5 日至 1907 年 2 月 2 日出版，署名刘光汉；又见《广益丛报》第 134 至 137 号，1907 年 5 月 21 日至 6 月 20 日出版；收入钱玄同等编《刘申叔先生遗书》之《左盦外集》卷五，民国二十五年宁武南氏排印。

司天之官，故不列六官，与周异。**鲁备四代之礼乐。**《明堂位》言："鲁备四代之礼乐，如礼则有虞氏之鸾车、夏后氏之钩车、殷之辂、周之乘辂，爵则夏之琖、殷之斝、周之爵，学制则兼备虞之米廪、夏之序、殷之瞽宗、周之泮宫，而乐亦兼备四代，如大琴、大瑟、中琴、小瑟是也。"此虽近于夸张，然足证鲁国所备之制度不仅一朝，且周公亦未曾尽废古代之制也。列国之制，有悉用古代之制者，有用周制而稍参古制者，故制度互歧，其故一。二由周代之制亦前后不同。如武王所行之政，殊于文王之治岐，而周公所定之制，又殊于武王开国之初。如周文王时用五官之制，故《佚周书·大明武解》云："顺天行五官，官候厥政。"至于开国之后，则改五官为六官。又如《孟子》言："文王治岐，关市讥而不征，泽梁无禁。"至于周公之时，则有征有禁。又封爵之制，亦周公与武王不同。盖侯国之制异于王畿，而守成之法又异于开创，是犹西汉初年之制异于孝武时代之制也。故西周末年之制，又与周初不同。又《礼》言天子不下堂而见，诸侯下堂而见，诸侯、天子之失礼也，由夷王以下是。西周末年，改周初之礼，《周礼》有太宰无卿士，而《诗》则言幽王时有卿士，此西周末年改周初之官。东周以降，更无论矣。其故二。三由列国之时多更古制。如《春秋经》所书"初税亩""作丘甲""作三军""用田赋"，是若非改古制，何以言"作"言"初"。又如晋"作州兵""作三行"，郑改军制为偏伍，郑"作丘赋"，楚用乘广，凡田赋、军旅之大政，莫不变古。略举数端，余可类推。无论政治之多纷更也，即礼制亦多纷更，如《檀弓篇》多著列国之变礼，如言："鲁妇人髽而吊，自败于狐鲐如"，"曾子曰：小功不为位，此委巷之礼"是。余可类推。故礼制未能画一。其故三。加以古代之制，或因地而殊，如乡遂用十夫有沟之法，都鄙用九夫为井之法，而地方区画，或用县遂之法，或用乡党之法是也。或因事而殊，如出军之数异于赋民之剸是也。或因时而殊。如伯禽居丧不避金革之事是。

至于孔子之时，则古经残缺，故《史记·儒林传》有言："《礼》至孔子时，其经不具。"又《孔子世家》曰："周室微而礼乐废，《诗》《书》缺。"孔子亦曰："吾犹及史之阙文。"《管子》言："封禅者七十二君，夷吾所记者十有二。"杨朱言："太古之事渺矣，孰记之哉？"则古事至东周缺者多矣。经典既残，而古代之书又著于方策，有漆书刀削之劳，学术多凭口授。孔子虽从周礼，见后。然鲁备四代礼乐，又孔子征夏礼于杞，征殷礼于宋，则孔子编订之礼，于周礼之外，间引古代礼文，亦所必然。故古礼异于周礼者，必明证某礼为某代之制，今之见于《戴礼》者是也。四代之礼不同。见于《明堂位》《檀弓》《王制》《郊特牲》《表记》者甚多，文词甚繁，兹不赘引。亦有举古代仅存之礼，而未引今礼以证其异同者。或系当时人士所共知，不必证明其因革；或系所录之文，书缺有间，未能判决其是非。由前之说，则系孔子之省辞；由后之说，则系孔子之缺疑。故孔子言："知之为小知，不知为不知。"又言："君子于所不知盖阙如。"况六经多据古册。见后文。古册所记，虽系实录，或所录仅一时之制，或所记据时人之言，或增以夸饰之辞，如《明堂位》是。或由于传闻之异，孔子因其旧而书之，故六经所言之制，与他书不同，复此经与此经互歧，而一经之中亦先后异词也。且孔子周游七十二邦，《庄子》。则所见不仅一国之制；师郯子、苌弘、师襄、老聃，则所闻不仅一人之言。多见而讹，多闻而缺疑，兼收博采，以待折衷，此史谈所由以"博而寡要"相讥也。然博采异文，附之简策，管、韩诸子皆有之，则儒家之书记载之歧奚足异乎？

及孔子既殁，其弟子所见有异同，所闻亦有详略，或所师不仅孔子一人。如今大、小戴诸书，均孔门弟子所编；而《诗》《书》《春秋》诸经，亦为孔门弟子所传，然各有所记，采掇杂糅，或所用非孔子一家之说，由是传经之派，各自不同。其详见《汉代古文学辩诬篇》。其确守孔子之说者，亦仅据孔子所录之文，未能详考其所出，亦未能判析其异同，则以载籍缺残之故。见《古文学辩诬篇》。然六经之互相牴牾者，遂无由而明其故矣。如《檀弓篇》论大功废业，所引者已具两说，而吊丧之服，子游与曾子不同。曾子为子思之师，而其论执亲之丧也，又互相驳诘。皆见《檀弓》。足证当世之论古制，均传闻异词，然皆传述之歧，非关制作之旨。此可证明孔子不改制。若如近人之说，则孔子所改之制门弟子俱奉之，何以子游与曾子不同，而子思复与曾子不同乎？加以战国之去籍，秦政之焚书，见《古文学辩诬》。古礼尽亡，所存者惟《周官经》。汉儒以之考订他经，觉制度互歧，遂臆断某书所言为殷礼，某书所言为虞夏礼，及于虞夏、殷之礼无所征，遂臆断为孔子所改之制。然孔子改制，于经典无明文；且改制必属于王者，不属于平民。汉儒因《论语》有"其或继周"之文，"或"者，疑词也。遂以为孔子承周之统，以谓孔子既承周统，则必革周之制。夫承统者必改制，大抵谓王者治定功成也，必新天下之耳目，损益质文，以应世运。然其说非出于儒家，实出于阴阳家之言五德。

考五德终始之说，大抵以君主感天而生，历代感生之帝不同，则所尚之德亦不同。感生之帝有五，即青黄赤白黑五帝也。所尚之德有五，即金木水火土五行也。此说出于黄帝所倡之五行。若周代文王、周公，均不信五行，故夏、殷之五官为六官，信《周易》而遗《洪范》。《周易》者，不言五行者也。孔子亦治《周易》，故儒家亦不言五行，凡言五行者均为背师。观《荀子》之斥子思、孟子也，谓其"按往旧造说，谓之五行，甚僻违而无类"，《非十二子篇》。则儒家不言五行，于此可见。孟喜《易注》谓："阴阳气无箕子，箕子为遵信五行之人。"阴阳为文王、周公、孔子所奉之说，"阴阳气无箕子"，固《周易》不言五行之证，亦周代不从五行，孔子不信五行之证也。儒家既不言五行，安有所谓五行之说？故《大戴礼》之载孔子论《五帝德》也，无一语涉及五德终始。非惟不言五行已也，并不遵从术数。故《荀子》深辟機祥之道，若五德终始之说，则列于术数，合历谱、五行二派而成者也。周代传其学者，谓之日者。

《班志》谓："术数，皆古明堂羲和史卜所职。"而其序阴阳家也，则以"阴阳家流，盖出于羲和之官"。是战国之时，信术数者惟阴阳一家。老、墨均不信术数。故五德终始之说，亦惟阴阳家言之。《史记》言邹衍"深观阴阳消息，而作怪迂之变，《终始》《大圣》之篇十余万言"，又言"因载其機祥度数"，又言"称引天地，开判以来，五德转移，治各有宜，而符应若兹"，又言"邹子作《主运》"，则五德终始之说为邹衍所传。至于秦代，而邹衍之说大昌。《史记》云："自齐威、宣之时，驺〔邹〕子之徒，论著五德终始之运，及秦帝而齐人奏之，故始皇采用之。而宋毋忌、正伯侨、充尚、羡门子高最后皆燕人，为方仙道，形解销化，依于鬼神之事。邹衍以阴阳主运显于诸侯，而燕齐海上之方士传其说不能通，然则怪迂阿谀苟合之徒自此兴，不可胜数也。"

盖古代之宗教，有神术、仙术二派，及战国时，而符箓之说兴。如秦伯祠陈仓而获石，赵襄祠常山而获符是。其始也，亦由于迷信鬼神，厥后则用以预言休咎。至于秦代，其说益盛，如"亡秦者胡也"，"楚虽三户，亡秦必楚"是。是为谶纬之始。然谶纬不杂于六经，神术亦不杂于仙术。至燕人依于鬼神之事为仙方，为神术杂于仙术之始。始皇使卢生入海求仙，归奏亡秦之兆，《史记·秦本纪》。为谶纬杂入仙术之始。又汉人公孙卿言，黄帝游山与神会，且战且学仙，百余年后，乃与神通。《史记·封禅书》。而始皇禅梁父，封泰山，亦采太祝祀雍之礼。《史记·秦本纪》。则以求仙必本于祀神，而祀神即所以求仙，既重祀神，不得不崇祀神之礼。而古代祀神之典，咸见于儒书，欲考祭礼，不得不用儒生。而一二为儒生者，咸因求仙而致用，亦不得不审仙术于儒书。

始皇因卢生亡去而坑诸生，则卢生亦诸生之一矣。又扶苏言"诸生皆诵法孔子"，即诸生皆奉儒家之说矣。又使博士为仙真人诗。《史记》。张苍为秦柱下史，传《左氏春秋》，而其书列于阴阳家。《汉书·艺文志》。张良从仓海公学《礼》，或以仓海公为神仙。则秦儒之诵法儒家者，咸杂神仙之说矣。儒生既杂采神仙之说，由是谶纬之杂入仙术者，亦篡入于儒书。故儒生之明《礼》者，咸因求仙而进用。汉代亦然。观公玉带献《明堂图》，倪宽草封禅仪，司马相如作封禅文，咸因汉武求仙之故。然秦皇仅重礼仪，汉武则兼言符瑞，而儒书多言受命之符，如孔子言"有大德者必受命"，推之《书·太誓》言赤乌之瑞，《诗》言文王受命之符，又稷、契感生之说，春秋家言孔子受命，及赤血之书，皆其证也。其说与邹衍之书相近。为符箓派。故儒生之言礼仪者，一变而为言符瑞。言礼仪出于祀神，言符瑞亦出于祀神。而汉儒言符瑞，即由逢迎人主之求仙。观倪宽言黄龙之瑞，非因人主之封禅而何？厥后求仙之说衰，而言符瑞者乃一变而侈言谶纬。

谶纬盖起于秦汉之间，至哀平之际而益盛，东汉以降，更无论矣。故汉代之经生，多兼明符箓、历数、仙术。明符箓者，如哀章献《金匮图》是也；明历数者，如路温舒受历数天文，以为汉厄三七之期；贺良上言赤精子之谶，谓汉家历运中衰是也。历数、符箓，二而一者也。明仙术者，如《韩诗》言郑交甫遇洛神是也。刘子政亦作《神仙传》。三者之说，同出一源，近于周秦之方士，实则古代明堂羲和卜祝之嫡传也。是为邹衍学大昌之时代。然以孔子为学者所共尊，由是托名于孔子。若董仲舒诸人，皆传此说者也。使此说而果有意理，则亦已耳，无如谶纬之说，便于君而不便于民。何则？谶纬之说，不外感生受命，以天子为天所生，即受天命以为君，此实神权时代之思想。然后世之君主，恃以护身，因之君主自居于神圣，以轻视下民，而黜民之干大宝者，亦饰此说以惑民。秦汉之间，君权益固，由是陋儒迎合其旨，以谶纬之说窜入六经，于经文之可附会者，不惜改经义以求售。故《论语》"凤鸟""河图"之文，《公羊》"孔子哭麟"之语，或亦汉儒所伪造。凭臆妄作，以诬古经，遂据邹衍，以阴阳推五德之说，以为正朔三而改，文质再而复，逐末忘本，以伪乱真，此正孟子所谓邪词也。使纬书果系孔子所作，何以战国诸子以及孔子之门人，从未一及斯言？则谶纬起于秦汉明矣。

故五德之始杂入儒书，亦始于秦汉。考《史记·十二诸侯年表序》

云："汉相张苍历谱五德，上大夫董仲舒推《春秋》义，颇著文焉。"此史公推明汉代五德说之所起也。又《三代世表序》云："余读谍记，黄帝以来皆有年数，稽其历谱谍终始五德之传，古文咸不同，乖异。"此言足证五德之说与经典之古文乖异。古文为真经，见《古文学辩诬》。又《十二诸侯年表序》云："儒者断其义"，"数家隆于神运"。以"数家"别于儒家，足证书之言五德终始者，史公均别之儒家以外。又《封禅书》云："群儒既已不能辨明封禅事，又拘牵于《诗》《书》古文，而不能骋其言。"其言"《诗》《书》古文"者，正以汉代俗传之《诗》《书》均有封禅之说，而古文之《诗》《书》无之，此即据六艺古本以证谶纬之失也。又《隋书·经籍志》曰："汉世纬书大行，言五经者皆为其学。惟孔安国、毛公、王璜之徒独非之，相承以为怪妄。故因鲁恭王、河间献王所得古文，参而考之，以成其义。"足证汉代之治古文者，均不信谶纬。其所以不信谶纬者，则以古文不言谶纬之故。此古文学所由长于今文也。今人因古文不言谶纬，于改制之说未易附会，于是以古文为伪书，殆《孟子》所谓"恶其害己，而去其籍者与"。见《古文学辩诬》。东汉尹敏言纬非圣人所作，桓谭、郑兴均持此说，足证纬非儒家所制定，在汉代早有明征。知纬书之为伪托，即知五德终始说之亦为伪托矣，今乃引之为己助，亦惑之甚者矣。

因五德终始之说兴，由是公羊家有"王鲁新周，故宋黜杞"之说，《繁露·三代改制篇》云："春秋作新王之事，变周之制，当正黑统，而殷周为王者之后，绌夏改号禹谓之帝，录其后以小国，故曰绌夏存周，以《春秋》当新王。"大抵谓孔子托王于鲁，变革周制，以殷周为王者之后。此说一昌，儒者多以为新奇可喜。然《史记·孔子世家》言："孔子据鲁，亲周，故宋。""据鲁"者，以鲁为主也，即《史表》所谓"兴于鲁而次《春秋》"也，言所记之事以鲁为主。"据"字之音义近于"主"，西汉初年，钞胥者误"主"为"王"，儒生以讹传讹，遂有"王鲁"之谬说。《公羊》何注云："惟王者，然后改元立号，《春秋》托新王，受命于鲁。"《繁露》曰：《春秋》应天作新王之事，时正黑统，王鲁尚黑。"又曰："《春秋》缘鲁以言王义。"《公羊》何注曰："《春秋》王鲁，托隐公以为始受命王。"又曰："《春秋》托王于鲁，因假以制王法。"又曰："《春秋》王鲁，以鲁为天下化首。"然如《公羊》所言，则《公羊》于"鲁作三军，鲁僭诸公"，又何以讥其僭用王礼乎？若夫亲周之说，盖以周为天子，且为鲁国之宗国，故施亲亲之谊。《公羊》宣十六年"成周宣榭灾"，《传》云："外灾不书，此何以书？新周也。"此"新"字明系"亲"字之讹。盖外灾均不书，因周与鲁最亲，故书其灾，文义至为易明。至"亲"误为"新",亦犹《大学》"亲民"之当作"新民"。汉儒不解其词,遂有"新周"之谬说。见下。若夫"故宋"之说,不过以宋为古国之后耳。"黜杞"者,以其用夷礼也,明见于《左传》。而公羊家引为黜夏之义,误之甚矣。史公盖亲见古书,故能据其文以证董生之谬,《春秋》之义所以不晦者,赖有此耳。

乃汉儒既创"新周""王鲁"之讹言,犹以为未足,更谓"孔子以《春秋》当新王",《公羊》何注曰:"孔子以《春秋》当新王,上黜杞,下新周而故宋,因天灾中兴之乐器,示周不复兴,故系宣榭于成周,使若国文黜而新之,从为王者后记灾也。"此说一昌,近人附会之者,其邪说遂日滋矣。又自变其"王鲁"之说。夫"王鲁"之说本不足信,《公羊传》引《子家子》斥昭公僭天子之礼,则公羊家不以王礼许鲁明矣,安有"王鲁"之说乎?又以"王鲁"为托词,以为"王鲁"者,乃托新王受命于鲁,实则孔子为继周之王,即为制法之王也。《春秋纬·援神契》云:"立为制法之王黑绿不代苍黄。"《春秋演孔图》曰:"丘为木铎,制天下法。"又曰:"孔胸文曰制作,定世符运。"《繁露·玉杯篇》云:"孔子立新王之道,明其贵志而反和,见其好诚而灭伪,其有继周之弊,故若此也。"盖以孔子为继周之王,即为制法之王,其说大约若此。其说均迂曲难通。今以论理学及国家学两者言之,则王为一国之元首。就中国学理言之,则王即国家。是则王也者,必有王位,有居王位之人,而后可以谓之王者也。今"以《春秋》当新王",则是以无机体之书,当有机体之人也。以孔子为王,则是以不居王位之人而妄称之为王,岂不迂曲难通乎?

然以孔子为王,于古无征,乃援纬书"素王"二字,以为孔子即"素王"。夫"素王"二字,即《孟子》"天爵"二字之义也。《庄子》以"虚静恬澹"为"元圣素王之道",此泛指有道之人言,非指孔子言。上文明言尧舜,无一字涉及孔子。而近人则因《庄子》为老学,然亦称孔子为"素王",可谓断章取义。周秦以前,无有称孔子为素王者,以孔子为素王,始于纬书,《春秋元命苞》云:"麟出周王,故立《春秋》,制素王,授当兴也。"《论语》曰:"仲尼为素王。"《孝经纬·钩命诀》曰:"孔子言:'吾作《孝经》,以素王无爵禄之赏、斧钺之诛,故称明王之道。'"而董仲舒等据之,遂谓孔子作《春秋》,见素王之文。虽大儒若郑君亦为所惑,故《六艺论》谓:"孔子既西狩获麟,自号素王,为后世受命之君,制明王之法。"而《淮南子》《中论》《论衡》《风俗通》,均袭纬书之说。《淮南子》云:"孔子专行孝道,以成素王。"《中论》云:"仲尼为匹夫而称素王。"《论衡》曰:"孔子之《春秋》,素王之业也。"《风俗通》曰:"孔子制《春秋》之义,著素王之法。"夫王必有位,故《孟子》曰:"天子一位。"《中庸》亦曰:"虽有其德,苟无其位,不敢作礼乐。"

若如纬书之说，则是无位亦可作礼乐，既背于《中庸》，而不必有位，亦可谓之王，复背正名之旨，岂可信乎？然素王犹系空文之称，且《公羊传》明言："王者孰谓？谓文王。"则以王即孔子，未免前后互歧，背于传文。

后儒知其说不足以自立，由是王愆期谓："《公羊》之文王，即指孔子。"近人以其新奇可喜，又据《论衡》"文王之文传孔子"一语，遂以《繁露》、何注及纬书之"文王"均指孔子而言。夫《春秋》所用之正，即周代所用之正，见后。公羊之"文王"，明指周代之文王而言，不必强词附会。果如其说，则是以优伶扮演古人之法施之于孔子，岂非以孔子而扮演文王乎？且《论衡》只言"文王之文传孔子"，未尝言孔子即文王。若合文王、孔子为一人，岂不大谬？今执途人而语之，谓甲即是乙，虽愚者亦察其非，王氏之说，毋乃类是。若不察其非而信之，岂非吕布舒所谓大愚乎？

乃近人既信王氏之说，并以荀孟所言之"圣王"，其言曰：《孟子》"圣王不作"，即指孔子。《荀子》"以圣王为师""圣王殁"亦指孔子。并以世子所言"圣王之道莫大于恕"亦指孔子而言。庄孟所言之"先王"，其言曰：《荀子》言"先王恶其乱，故治礼义"，《庄子》："《春秋》经世，先王之志"，《孟子》"先王有不忍人之心，斯有不忍人之政"，"守先王之道"，"遵先王之法"，均指孔子而言。引证甚多。荀卿所言之"后王"，其言曰：《荀子》"及后王之成名"，"君子审后王之道"，"彼后王者，天下之君"，"缪学杂举，不知法后王"，"法贰后王谓之不雅"，"百家之说，不及后王，则不听"，"王者之制，法不贰后王"，以及"法后王，一制度"均指孔子而言。均指孔子而言。夫《孟子》"圣王不作"，明指当时无圣君而言，前文言"尧舜"，而复言"尧舜既殁"，若此圣王指孔子言，则上言孔子，此文亦当言"孔子既殁"，方与上文相符。赵岐《章句》曰："此言孔子之后，圣人之道不兴也"，可谓得孟子之义矣。若《荀子》"以圣王为师"，此则古代君主兼为教主之制，亦非指孔子言也。至于《世子》等所言之"圣王"，更系泛指之词。

若《庄子》"以《春秋》为先王之志"，与《孟子》"以《春秋》为天子之事"同，言《春秋》据先王之法，能得先王治国之意耳。《荀子》言"先王恶其乱，故制礼义"，而上文言"人生有欲，欲不能无求，求不能无争"，则此事指上古草昧之世言。与社会学所言太古之情态合。且《荀子》又言"故先王圣人安为之立中制节"，既言"先王"，又言"圣人"，"圣人"指孔子言，则"先王"非指孔子言明矣。若《孟子》言"先王有不忍人之心"，"不行先王之道"，"遵先王之道"，言则非先王之道"，此"先王"明指前文之"尧舜"言，岂得以为孔子乎？又郑君《驳五经异义》云："《王制》是孔子之后大贤所记先王之事。"以孔子与"先王"分言，则"先王"非指孔子彰彰明矣。

若《荀子》言："孔子仁智且不蔽，故学乱术足以为先王。"此言孔子之道足以为王，非谓孔子即王也。至《荀子》所言"后王"，明系指当时之主而言。《史记·六国表序》云："传曰'法后王'，何也？以其近己而俗变相类，议卑而易行也。"按史公此文，则"后王"即近代之王明矣。若孔子之道，则墨子以为"必服古言"，马谈以为"博而寡要"，实与"后王"之道相反，今乃谓"后王"即孔子，毋亦昧于史公之文乎？况荀子之言"法后王"，其意欲使天下之民遵守当今之制度，不敢或违，此正李斯、韩非所祖述也。若谓荀子所用之制，即孔子所改之制，非荀子所谓"法贰后王"乎？盖荀卿不用孔子所改之制，孔子亦未尝改制也。

且"先王"之文，与"后王"之文相对待，果如近人之说，则是"先王""后王"均指孔子言。《荀子》既言"儒者法先王"，又言"法后王"，同为荀子所著之书，其称乃互相歧异，是曰乱名。乱名者，荀子之所痛斥也，今乃自蹈其失乎？况荀子最崇正名，于公名别名，辨之尤严，若"后王""先王"即孔子，则孔子为别名，"先王""后王"为公名，岂非混别名于公名之中乎？不惟此也，儒家素无帝王思想。《荀子·儒效篇》曰："大儒者，天子三公也。杨注云："其才堪王者之佐也。"小儒者，诸侯大夫士也。众人者，工农商贾也。"又以周公为大儒。盖儒者之志，仅以卿相三公为莫大之荣，决不敢以天子自居，故下之僭上，卑之陵尊，均为儒家所首斥。今乃以《繁露》《白虎通》之"王者"，《大戴礼》之"王言"，《史记》之"王道"，悉举而属之孔子，名为尊孔子，实则非孔子之志也。至于孔子之徒，多尊孔子为圣人，而宰予以为贤于尧舜，此系学者标榜之词，是犹宋儒以程子接洙泗之传，近儒称戴东原明德之后必有达人，孟子之功不在禹下也。何得据后儒标榜孔子之词，遂以孔子为帝王乎？

盖汉儒以王拟孔子，亦有二因：一则以孔子当正黑统。见《繁露·三代改制篇》。盖以秦为黑统，不欲汉承秦后，遂夺秦黑统而归之孔子，以为汉承孔子之统，此一说也。一则以孔子为赤统。孔子为汉制法，《论衡·佚文》曰："孔子为汉制文，传在汉也。"《后汉书·霍谞传》曰："此孔子所以垂王法，汉世所宜遵前修。"余见《公羊解诂》，不具引。《春秋》亦为汉兴而作，即何休所谓"非主假周以为汉制也"。因以孔子受命之符，即汉代受命之符，此又一说也。由前之说，由于欲汉之抑秦；由后之说，由于欲汉之尊孔。则正汉儒附会其说，欲以歆媚时君，不得已而王孔子。又以王者必受命，遂以西郊获麟、端门受书为孔子受命之符，并杂引纬书之文以为证。若明其立说之隐，则汉儒之说不难立破。故知纬书不足信，则知孔子之不称王；知孔子之不称王，即知孔子之未尝改制，无稽之说，其亦可以息喙矣。

且近人创孔子改制之说，复为二说以自辅。一曰六经为孔子所作，二曰儒教为孔子所创。故今之所欲辨明者，一当明儒教非孔子所创。夫孔子非宗教家，其证有三。一曰孔子以前，中国久有宗教。中国宗教起于祀先，故"教"字从"孝"。《孝经》曰："夫孝，德之本也，教之所由生也。"此其确证。继因祀人鬼之故，而并及天神地祇，故中国古代有祖先教，是言人死皆有灵者。有多神教、拜物教，是因不明万物运行之理，故有神物一体说。惟鬼神二字足以该括。而一切祭礼，如祈福，如禳祸，皆为宗教之确证。见于《礼记·祭法》。《尔雅》"祭名"者，则古代宗教之仪式也，是皆孔子以前之教。其证一。二曰孔子未立宗教之名。孔子所著书，偶有言及"教"字者，皆指"教化""教育"言。如《王制》言"明七教"，《荀子》言"十教"，《中庸》言"修道之谓教""自明诚谓之教"是也。君施于民者为教化，师授于徒者为教育。《说文》"教"字下云："上所施，下所受也。"此即孔门言"教"字之的解。孔子之于宗教，大抵在疑信之间，故于古代鬼神教，不敢深信其有，亦不敢力辟其无。观孔言"敬鬼神而远之"，言"未能事人，焉能事鬼"，皆在疑信之间。盖经数千年社会之迷信，而又无科学以资实验，不得不仍袭其说也。故孔子所著书，亦多沿古代鬼神之说，谓之袭用则可，谓之自创则不可。若灾异之说，亦非由孔子发明。西周之时，其说已盛，岐山崩，而虢射父谏幽王是。《春秋》所载，尤为书不胜书，此亦古代社会之一般迷信也。故孔子著《春秋》，亦仍其旧，此则据事直书之例，是由编历史者不能改易事实，选古文者不能删尽旧思想，而西哲著书，多上帝灵魂之语，何得据以宗教为孔子所创？若以孔子创宗教，何以六经及儒家之书，无一语涉及末日审判，亦无一语涉及灵魂世界乎？三曰唐宋以前，孔教之名未立。故其称孔子者，或曰儒学，或曰儒术。《史记·老子列传》云："世之学老子者则绌儒学，儒学亦绌老子。"学也者，即儒家所据之书，及所习之业也。《淮南子·齐俗训》曰："鲁人习孔子之术。"术也者，即儒家致用之方也。故刘《略》、《班志》均称为儒家，列于九流之一。

则儒家者流，固无异于法家者流、名家者流、纵横家者流也。故孔子之学，仅列周季学派之一耳。宋儒尊为道统，已为不词。若桓氏《盐铁论》，谓礼义由孔氏出，此言礼义得孔子而传耳，亦不得据为创教之证。至东汉时，牟融喜说《释典》，始以儒道与释道并称，然道字指学理言，非指迷信言也。六朝之时，释道渐盛，张融之徒始以儒学与老释并衡，创立儒教之名，与老释二教鼎峙为三。自此以来，儒教之名始著，是则孔教之名由与老释相形而立。

至韩愈信儒辟老佛，明人李贽又谓"三教同源"，而孔子俨然居教主之一矣。不知孔子受学士崇信者，不过以著述浩富，为诸子百家冠。弟子众多，弟子三千人，有势力者甚多。而又获帝王之表章耳，于传教无涉。试观晋帝、梁宗皈依佛法，见《晋书·康帝本纪》《梁书·武帝本纪》。而崇孔子如故；元魏、李唐施行道教，见《魏·释老志》《唐·玄宗纪》。而崇孔子仍如故；若王羲之、谢灵运之流，则又信二氏而并崇孔子。是则奉孔子者，本无迷信之心，而使人立誓不背矣，与西教强人必从之旨大相背驰，孔教无祷祈，无入教之仪式，皆孔子非宗教家之证据。岂得以宗教家称之哉？若后世崇奉孔学，不过由国家之功令、社会之习惯使然，非真视孔子为圣神也。则孔子之非教主确然可征。

且非惟孔子非教主也，即儒字亦非教名。《说文》云："儒，柔也，此就儒之性质言，而"儒"、"柔"亦为双声。术士之称。"案郑君《周礼注》云："儒有六艺以教民者"，又云："师儒，乡里教以道业者"，盖皆指儒者学成以后之事言，非指儒者受学之时言也。指儒者受学之时言者，惟许君之说为最确，盖许君此训，乃古代相承之旧诂也。又《风俗通》云："儒者，区也，言其区别古今。"杨〔扬〕子云云："通天地人为儒。"此又指儒之一端言，不若许君立说之能得古义也。今从许说。而《周礼·太宰》"以九两系邦国，五曰儒以道得民"，而大司徒亦言"联师儒"，是儒字之名起源甚古。近人则以《周礼》为伪书。然据《说文》之训观之，则术为邑中之道，邑中犹言国中，因古代授学之地必在都邑，故有学之士必会萃邑中，即《王制》所谓"升于司徒，升于国学之士"也。儒为术士之称，与野人为对待，犹《孟子》之以"君子"与"野人"区别也。儒也者，犹今日恒言所谓读书人，以示与齐民区别耳。

孔子之学所以称为儒家者，因孔子所教之学，即古代术士所治之学，孔子所说进身之道，即古代术士进身之道。何则？古代术士以六艺为学。如《王制》言："乐正，顺先王《诗》《书》《礼》《乐》以造士。"《文王世子》言："春诵、夏弦、秋学礼、冬读书。"其证见后。古人称六艺之书为儒书，或称为儒道，则以此书为术士所习之书，此道为术士所遵之道也。《左传》哀二十一年："齐人责稽首，因歌之曰：惟其儒书，以为二国忧。"夫稽首之制见于《礼》，而齐人以为儒书，足征周代以《礼》为儒书也。故《论衡》引古《礼》文，亦以古书为儒书。又《孟子》："夷子曰：'儒者之道，古之人若保赤子。'"夫"若保赤子"，其言皆出《周书》，而夷子以为儒者之道，足证周代以《书》为儒道也。故六艺亦名儒书，儒书不外六艺，而孔子亦以六艺为教。《史记》言："孔子弟子，身通六艺者七十二人。"既身通六艺，则所学与古术士无殊，故自称为儒。而后世亦称治六艺者为儒家，故《荀子》《孟子》之书，均以儒与诸子区别。是犹称工游说者为纵横家，称制法律者为法家也。抑又考之《韩诗外传》云："儒之谓，言无也，不易之术也，千变万举其道不穷，六经是也。"六经即六艺。《孔丛子》云："子高对平原君曰：'取包众艺兼六艺，动静不失中道，故曰儒。'"子高，孔子后。汉董仲舒曰："臣愚以为凡不在六艺之科、孔子之术者，皆绝其道勿使并进。"《史记·太史公自序》曰："夫儒以六艺为法。"又《孔子世家》曰："言六艺者，折衷于夫子，可谓至圣。"又《淮南子》云："《诗》《春秋》，学之美者也，皆衰世之造也，儒者循之，以教导于世。"《记〔氾〕论训》。由以上所言观之，则儒字之起原，由于儒者皆习六艺。六艺即儒术，亦即孔子所从之学。孔子者，仅奉六艺之学为依归者也，其所以为后世儒家所宗者，《韩非子》云："儒之所至，孔丘也。"《论衡》云："儒家之宗，孔子也。"《淮南子》云："鲁国服儒者之礼，行孔子之术。"则以儒家所奉之六艺均孔子编纂之书。战国之儒家，无一不通六艺。如孟子尤长于《诗》《书》，荀卿深于《礼》，而《战国策》刘向序曰："孟子、荀卿，儒术之士。"又即《班志》观之，若陆贾、虞卿、贾谊之书，均列儒家，则虞卿、陆贾均通《春秋》，而贾生兼通五经也。《史记》于通经之人，别列《儒林传》，诚以儒者舍通经之外，别无所谓学，而通经之人即儒。故《论衡·问孔篇》曰："使世无孔子，则七十子之徒，今之儒生。"又曰："儒生持经。"又曰："五经之儒，抱经隐匿。"此可证者一也。

又古代术士，可以入为王官。《王制》言司马辨论官材，论进士之贤者以告王，论定然后官，任定然后爵，位定然后禄，是古代平民之升进者，惟术士一途。而《荀子·王伯篇》曰："论德使能而官施之者，圣王之道也，儒之所谨守也。"此言确与《王制》合，足证儒即古代之术士，故儒家以求用为旨。《大戴·入官篇》云："枉而直之，使自得之；优而柔之，使自求之；揉而度之，使自索之，是以上下相亲而不离。"此即学古入官之法。盖古之儒者，均守此术以进身。故《盐铁论》曰："所以贵儒术者，贵其处谦推让以礼下人。"郑君《三礼目录》云："儒之言，优也，柔也，其与人交接，常能优柔。"盖优柔谦让，均儒者进身之秘术。故"儒"训为"柔"，惟其以待用为宗旨，故"儒"字又从"需"声，即《儒行篇》所谓"待聘""待问""待举""待取"也，是则儒者以入仕为志，又为具入仕资格之人，故"仕"字从"士"。《说文》亦曰："仕，学也。"学以求仕，为古代术士所奉之旨，孔子所奉之旨与古术士同，故孔子讥丈人之不仕。而学于孔子者，若子张学干禄，子路、冉求不辞邑宰，而七十二弟子均仕于诸侯。厥后叔孙通责弟子，谓"若真鄙儒，不知时变"，欧阳建言"经义苟明，取青紫如拾芥"，桓荣以明经为三公，自矜"稽古"之荣，此皆学儒术者之代表也。如荀子以大儒为天子三公也，此可证儒者实无帝王思想。若战国之置博士，正所以与儒生以升进之法也。然推其起源，则以古代术士即学古入官之人。孔子既奉其旨，故孔子之学术即蒙儒家之称。《论衡》以儒生与文吏并言，足证儒以位区，兼以业区。此可证者二也。

观此二证，则"儒"字非教名明矣。"儒"字既非教名，则孔子非创教之人，犹之战国诸子之非创教也。乃近人则谓战国诸子均各自创教，各自改制。然《庄子·天下篇》谓诸子之起源，均谓"古之道术有在于此"，某某"开其风而说之"。《淮南子·俶真训》云："百家异说，名有所出。"则诸子之说均有所本。《班志》谓某家者流，出于某官，则周末诸子均得西周官学之一体者也。故荀子之非十二子也，均谓其"持之有故"。"故"者，古也，言诸子之学均援古书也，何得谓之自创教乎？又《庄子·天下篇》以诸子为方术，谓："天下之治方术者多矣。"盖方术者，各推所学以求致用之谓也。《淮南子·氾论训》谓："百家异业，而皆务于治。"此之谓乎？故用则为管子、商君之变法；若弃置不用，则为许行、白圭之创议。如近儒黄梨洲、顾亭林、王船山，均著书以言政治之当改者，只可谓之创议，不可谓之改制。何则？制也者，颁之于民者也。若称《黄书》为王氏制，《待访录》为黄氏制，夫岂可哉？

《吕览》《尸子》言孔子贵公一节，言诸子之各有宗旨也。《淮南》言某说为某子所立，言诸子之各有所长也；又言某国之俗若何，故某子之学生，此言诸子之学随地而异，因以溯学派之起源也。若此家所持之学与彼家不同，古人谓之异端。若焦循云："《论语》：'攻乎异端，斯害也已。''攻'，犹摩也。'已'者，止也。各持一理，此以为异己也而攻之，彼以为异己也而攻之，未有不成其害者。'异端'，犹言两端，攻而摩之，以执其中而已。所谓摩，异端也。'斯害也已'，谓使不相悖也。"此皆学术之殊科，非关宗教之同异。《管子》书云："修旧法，探其善者，举而用之。"《淮南子》称管子广文武之业，则管子非创教也。《墨子》之书，屡言法夏法禹，则墨子亦非创教也。若《墨子》言"敬天""明鬼"，又出于清庙之官，其中固多宗教家言，然所言者均袭用古宗教。今但当辨其非自创教，不必辨其书之言宗教与否也。余子亦然。约举二家，则二家以外均可类推。惟阴阳家稍带宗教性质，若道家、法家则均不崇宗教。

若以诸子皆自创教，则周秦之际，宗教各殊，其派别奚止数十？且即此例以推之，则凡学术能自成一家言者，均曰宗教，则是两汉之时，刘向为一宗教，刘歆又为一宗教，郑康成为一宗教，许叔重又为一宗教，王肃之攻郑学者，亦别为一宗教。由此而下数之，则周濂溪自创一教，二程又各自创教，朱为一教，陆为一教，永嘉、永康、金华之学与朱、陆殊，亦必各自为教。下逮近世之顾、黄、颜、王均各自为教。中国古今之教，更仆难终，世界有此多教之国乎？况泰西哲士，若柏拉图、康德、赫胥黎，其学术均不尚墨守，能成一家之言，未闻称为宗教家也。盖学术固与宗教不同，知柏、康等之非创教，即知汉宋诸儒之亦非创教矣；知汉宋诸儒非创教，即知战国诸子之亦非创教矣；战国诸子皆非创教，则儒家之学与诸子并列于九流。即彼例此，则儒家之非宗教，彰彰明矣。夫宗教必定于一尊，何以孔门弟子有杂治他家之学者？何以田子方受业子夏，其后流为庄周？何以告子之徒又儒墨兼治？明于此义，则诸子之为学术非宗教，不待辨而明。此教非孔子所创，及孔子不创教之证也。

二当明六经非孔子所作。夫六经掌于专官，均见于《周礼》《左氏传》，孔子六经之学亦得之史官，如《易》与《春秋》得之鲁史，问《礼》老聃，问《乐》苌弘，传《诗》于远祖正考父，得百二十国宝书于周史，于古籍具有明征。然近人犹曰古籍亦孔门所伪托。则墨子、管子均与孔子之学殊科，乃墨子之书曰："《诗》《书》《春秋》，多太史中秘书。"管子之书亦曰："泽其四经。"注云：《诗》《书》《礼》《乐》。足证孔子之前久有六经。"经"字之义取象于治丝，引伸之则为组织之义。上古之时，学术授受，多凭口耳之流传。故六经之文，奇偶相生，声韵相叶，以便记诵，而藻缋成章，有参伍错综义，故假治丝之义，而锡以六经之名。"经"字本非六经所得专，若《道德经》《离骚经》，凡书之多用文言者，亦得称之为经。经书与群书之区别，犹近日别骈文于单行之文耳，非必以经为尊称也，故经名不必专属于孔子之书。孔子之定六经，则以六经本古代教民之具，如《王制》言："春秋教以《礼》《乐》，冬夏教以《诗》《书》。"此《诗》《书》《礼》《乐》教民之证。《国语》言楚申叔时，言"教以《春秋》"，此《春秋》教民之证。故孔子亦用之以教民。

若以六经皆孔子所作，则《史记》记孔子编订六经，其语特详。其记孔子编《尚书》也，谓"上纪唐虞之际，下至秦穆，编次其事"。则孔子之于《尚书》，仅编次其篇目而已，何得谓之作？其记孔子删《诗》正《乐》也，谓"孔子言：'吾自卫反鲁，然后乐正，《雅》《颂》各得其所。'古者，《诗》三千余篇，及至孔子，去其重，取其可施于礼义三百五篇，孔子皆弦歌之，以求合韶、武、雅、颂之音"。是孔子之于古诗，谓之有取舍则可，谓之造作则不可。譬如《文选》诸书，于一人之文有取舍，若以所选之文均选家所作，夫岂可哉！夫岂可哉！若孔子之弦歌古诗，犹之今日以琴谱歌耳，亦不得谓之作。其记孔子订《礼》也，谓"观夏殷所损益，曰：'后虽百世可知也'，'周监于二代，郁郁乎文哉！吾从周。'"是孔子所从者为周礼，而所参考者为夏殷之礼，则《礼》非孔子所作矣。其记孔子赞《易》也，谓"孔子序《易》《彖》《系》《象》《说卦》《文言》，读《易》韦编三绝"。是十翼虽孔子所作，实系释古《易》之文。若无古《易》，则安有韦编？且孔子所读者为何书？则《易》非尽孔子之作矣。其记孔子修《春秋》也，谓"孔子西观周室，论史记旧闻，兴于鲁而次《春秋》"。则《春秋》本据古史之旧闻，特将未修之《春秋》加以编次，故《公羊传》以未终之《春秋》证已修之《春秋》，则《春秋》亦非孔子所创作矣。

而近人之言六经者，则以今《诗》三百五篇，今《书》二十八篇，今《仪礼》今文十七篇，以及六代之《乐》《易经》上下二篇，《春秋》十二篇，均孔子所作。无论其说之骇人听闻也，即《易》之"象词"、"爻词"，《礼》之《经礼》《曲礼》，见于《春秋》内外传者，指不胜屈；《诗》之有序，四家所同，均言某诗为何人所作；《书》兼叙事，事各不同，明系古右史所记之言。如《禹贡》明系史臣之词，岂得称为孔子所作？明证昭垂，彰彰可按。然此犹曰后人所伪托也，则试征之于道、墨二家。

《庄子·天运篇》曰："孔子谓老聃：'丘治《诗》《书》《礼》《乐》《易》《春秋》六经，自以为久矣，孰知其故矣。以奸者七十二君，论先王之道，以明周召之迹，一君无所钩用。'老子曰：'幸哉！子之不遇盛世之君。夫六经先王之陈迹，岂其所以迹哉。'"是孔子、老子均以六经为先王成迹，则六经为古籍明矣。又《庄子·天下篇》曰：墨子"毁古之礼乐。黄帝有《咸池》，尧有《大章》，舜有《大韶》，禹有《大夏》，汤有《大濩》，文王有辟雍之乐，武王、周公作《武》。古之丧礼，贵贱有仪，上下有等，天子棺椁七重，诸侯五重，大夫三重，士再重。今墨子独生不歌，死不服，桐棺三寸而无椁，以为法式"。斯言也，多与六经所言之礼乐相同。多本于《戴礼》《表记》《乐记》《礼运》诸篇。则儒家所言之礼乐，实系古代相传之礼乐，墨子废之而不用，庄子以为毁古。若《礼》《乐》为孔子所创，何得谓之"毁"？又安得谓之"古"哉？《天下篇》又言："其在《诗》《书》《礼》《乐》者，邹鲁之士、搢绅先生多能言之。"则邹鲁之间明六经者不仅孔子一人，并可知六经非孔子所作，此道家之书可证者也。

若《墨子·尚同》引《周颂》"载来见彼王"，又引《诗》"我马维骆"二章，《明鬼篇》引《大雅》"文王在上"一章，或与今本《诗》经悉同，或字句异而义实同，则孔子所用之《诗》，即墨子所见之《诗》，此可明孔子不作《诗》。《墨子·兼爱篇》引《书》"虽有周亲"一节，又引汤用元牡告天之词，均与《论语》同，则孔子所用之《书》，即墨子所见之《书》，此可见孔子不作《书》。若夫墨子所引之《书》，谓今本所无者，若《太誓》《仲虺之诰》，均为古文，至汉而亡，否则孔子百篇所未采。若据此以证墨孔之经不同，则《左传》《国语》《孟子》所引之《书》，今之亡者多矣。《墨子·明鬼篇》云："虞夏商周三代之圣王，其始建国营都日，必择国之坛，置以为宗庙，《礼》曰："君子将营宫室，宗庙为先。"《周礼·匠人》曰："左祖右社。"必择木之修茂者，立以为丛位。"此即司徒必树其野之所宜木于社也。又曰："官府选劾，必先祭器。"《礼》曰：凡家造祭器为先。"是孔子所采之《礼》，与墨子所见者相同，此可知《礼》非孔子所臆定。近人据《墨子·非儒篇》以儒礼与墨礼并举，遂以儒家之礼系孔子所创，墨家之礼系墨子所创。不知墨子之攻儒家之礼，以其从周也，其文明见于《墨子》，曷尝以《礼》为孔子所自创哉？不得援此以为证也。《墨子·三辨篇》曰："武王胜殷杀纣，环天下而立"，"因先王之乐，又自作乐，名曰《象》。周成王因先王之乐，名曰《驺虞》。"夫《象》为乐名，见于《周颂》。《驺虞》，乐官备也，见于《戴礼·射义篇》。则孔子所订之《乐》，与墨子所见者相同，又可知《乐》非孔子所伪作，此墨家之书可证者也。

非惟庄墨二家之书可证也，即《管子》《晏子春秋》亦可援之以为证。《管子·法禁篇》引《太誓》曰："纣有臣亿万，亦有亿万之心；武王有臣三千，而一心。"是孔子以前，久有《太誓》。俞氏樾《古书疑义举例》云："《日知录》曰：'《书·太誓》：商有亿兆夷人，离心离德。予有乱臣十人，同心同德。《左传》引之则曰:《太誓》所谓商兆民离,周十人同者,众也。《淮南子》:舜钓于河滨,期年,而渔者争处湍濑,以曲隈深潭相与。《尔雅》注引之则曰:渔者不争隈。此皆略其文而用其意也。'按今《太誓》伪书,即因《左传》语而为之,不足据。然《管子·法禁篇》引《太誓》曰:'纣有臣亿万人,亦有亿万之心。武王有臣三千,而一心。'则《太誓》原文详,而传所引略,诚如顾氏说也。又按《后汉书·郅恽传》:'孟轲以强其君之所不能为忠,量其君之所不能为贼。'亦是略其文而用其意。盖古人引书,原不必规规然,求合也。"其说甚是。孙氏谓《管子》所引与《左传》殊科,非也。又《小匡篇》言蒐狩之礼,同于《周官经》。《八观篇》言国有蓄积,近于《王制》。均与《周官》《戴礼》相符,而文之同于《左氏传》者,尤不胜枚举。故观于《管子》,可以证孔子以前久有六经。《晏子春秋》之引《诗》也,一则曰"哲夫成城,哲妇倾城",再则曰"进退维谷",三则曰"既明且哲,以保其身",四则曰"侧弁之俄",均与今本所传之《诗》合。若《谏篇》下言昔"文王不敢盘于游田",即用《书·无佚》之文。而全书之中,符于《戴礼》及《左氏传》者亦不胜枚举。故观于《晏子春秋》,亦可证孔子以前早有六经。盖管、晏均先于孔子,若以彼书所引即孔子所作之经,夫岂可哉?又《子华子》之言《易》也,谓"出于一,立于两,成于三",与《系辞》所言相合,足证《易经》亦有所本。此皆孔子不作经之证。

惟今人之所据者,一为《论衡》言《尧典》系孔子所言,一为《杂记》言"孺悲学士丧礼于孔子,《士丧礼》于是乎书"。然《论衡》下文又有言"然则孔子所〔鸿〕笔之人也",又言"鸿笔之奋"。则孔子所言,犹言孔子所称道,孔子所纪载耳。且《论衡》仅称为孔子所言,未尝目为孔子之书。若《杂记》言"《士丧礼》于是乎书","书"之犹言笔也。《广雅》云:"书,纪也,著也。"《说文》序云:"著于竹帛谓之书。"则《杂记》言"《士丧礼》于是乎书",乃言《士丧礼》自此著之竹帛始有传本耳。古代用漆书竹简,传播甚艰,故《礼》《书》鲜流传于外,不得援此以《书》《礼》皆孔子所作也。

若《书》《诗》皆孔子所作,则孔子不信五行,何以自作《洪范》?孔子放郑声,何以伪撰郑诗?且孟子既尊信孔子,何以言《武成》不可信,何以又斥《云汉》之诗为不词乎?若以《礼》为孔子所作,则孔子弟子均遵孔子所作之《礼》,何以论《礼》又互相不同乎?见前文。观《淮南子》言"儒者循《诗》《春秋》以教导于世",循之者,遵其旧也。《诗》《春秋》如此,则他经亦然。若"点窜《尧典》《舜典》字,涂改《清庙》《生民》诗"。此语见于李商隐《韩碑诗》,乃文人缘饰之词,后世无稽之语。而今人反据其说以解经，谓《清庙》《生民》皆经涂改，《尧典》《舜典》仅备点窜。呜呼，何其不信汉儒而专信唐人之诗乎！亦可谓惑之甚者矣。近人之所据者，谓《尧典》之礼，同于《王制》，且多偶词。又言蛮夷猾夏，系大禹朝名，明非《虞书》之旧。不知"夏"与"华"同，乃中国古代相传之国号，其名起于昆仑山下之花国，西人言之已详。至文多偶词，则系因便于讽诵之故，此其所以为声教，此其所以称为经也。若言《礼》同于《王制》，则因《王制》考唐虞之礼而据《尧典》之文耳，近人说均非。如六经所言非古制，则西人拉克伯里氏，谓中国古今制度技艺，多与西亚古国相，所举数十条，均与《尚书》《礼经》之制相合。见日本白河氏《支那文明史》，不具引。盖中国人民由西方迁入，故制度多与西方古国合。若此制为孔子所创作，何以古经所言，又与亚西古国之制相侔乎？则经非孔子所作明矣。

或谓《诗》《书》《礼》《乐》《易》，诚非孔子所作，若孔子作《春秋》，于《孟子》诸书均有明文，不得谓非孔子所作。此说似是而实非。夫"作"字本有二义，或训为"始"，或训为"为"。"作"训为"始"，见于《说文》，"作"即创作之"作"，乃《乐记》所谓"作者之谓圣也"。若"作"字训"为"，见于《尔雅》，与"创作"之"作"不同。《书》言"汝作司徒"，言以契为司徒之官也，非司徒之官始于契。若《论语》言："乐其可知也，始作翕如。"《左传》言："金奏作于下。"则奏乐亦言作乐，与"作乐崇德"之"作"字不同也。《左传》言："召穆公思周德之不类，故纠合宗族于成周，而作诗曰：'棠棣之华，鄂不韡韡。'"则歌诗亦言作诗，《毛传》云："闻'棠棣'之言，谓今也。"近世陈奂释之曰："'棠棣'之言，即'棠棣'之诗。周公吊二叔之不咸，以作此诗，则二叔不咸为古，而周公作诗为今也。召穆公思周德之不类，以作此诗，则周公作诗为古，召公歌诗为今也。所谓作乐，为后世法也。"其说甚精。与"侍人孟子作为此诗"之"作"字不同也。盖创作谓之作，因前人之意而为之亦谓之作。如耕稼既作于神农，而《世本》又言："咎陶作耒耜。"车始于舜，而《世本》复言："奚仲作车。"皮弁起于古，而《世本》又言："鲁昭公作皮弁。"余杭章氏曰："古器厚朴，后制丽则，故有名物大同，形范改良者，一也。礼极则禠，乐极则崩，遗器坠矣，光复旧物者，二也。此既冠带，彼犹毛薪，则其闭门创造，眇与他会者，三也。三者非始作，然皆可以作者称之。左氏于开物成务之世，特为互错，或举其始，或扬其中，或述其季，所以见古今之法，言异而典殊。"此言作器虽与作书不同，然足证因前人之意为之，亦可谓之作。孟子言孔子"作《春秋》"，即言孔子因古史以为《春秋》也，故可言"其事则齐桓、晋文，其文则史"。

至于言《诗》亡，然后《春秋》作"，则"作"为托始之义，又与"作《春秋》"之"作"字不同。

且《春秋》非孔子所作，三传具有明征。说《左传》者，谓《春秋》本古史册，固确然可从。又观《公羊》昭十二年，"齐高偃率师纳北燕伯于阳"。传云："'伯于阳'者何？公子阳生也。子曰：'我乃知之矣。'在侧者曰：'子苟知之，何以不革？'曰：'如尔所不知何！《春秋》之信史也，其序则齐桓、晋文，其会则主会者为之也，其词则丘有罪焉耳。'"何氏《解诂》云："主会者虽优劣大小相越，不改更信史。"则孔子之《春秋》本于古史之文，公羊家固有此说也。又观《公羊》之义，如郑髡杀而以疾赴，经文不书"杀"。举此一端，足证《春秋》皆本旧史册之文矣。《穀梁》"梁亡"，《传》引孔子曰："我无加损焉，正名而已矣。"则孔子《春秋》不改旧史，穀梁家亦有此说也。

汉儒不信三传之文，而专信纬书。《春秋纬陈图》云："孔子作《春秋》，陈天人之制，记异考符。"《春秋元命苞》曰，"丘作《春秋》，始于元，终于麟，王道成也。"《演孔图》云："丘作《春秋》，天授《演孔图》。"由是汉儒用其说以说经，如董仲舒言"孔子作《春秋》，先正王而系万事。"《盐铁论》云：孔子退而修王道，作《春秋》，垂之万世。"《说苑》曰："于是退作《春秋》，明素王之道。"《论衡》云："至周之时，人民久薄，故孔子作《春秋》。"汉儒立说，大抵若此。然就纬书观之，则《春秋考异》犹言孔子作《春秋》，先使子贡等求周史记，得百二十国宝书，未尝以《春秋》为无所本也。无如汉儒不察其文，确指《春秋》为孔子所作，遂谓孔子称王制法之大义均见于《春秋》。而《春秋》三传之中，又偏崇《公羊》。故近人据以证孔子称王制法者，亦莫若《公羊传》一书。不知《春秋》一书，本无制法称王之说。《史记·太史公自序》云："仲尼悼礼坏乐崩，进修经术，以达王道，匡乱世反之于正，见其文辞，为天下制仪法，垂六艺之统纪于后世。"又云："孔子之时，上无明君，不得任用，故作《春秋》，垂空文以断礼义，当一王之法。"夫所谓"为天下制仪法"，"当一王之法"者，非真孔子帝制自为也，即《孟子》"有王者起，必来取法"之义。贾谊《新书·道德说》云："《春秋》者，守往事之合德之理与不有缺文。合不纪其成败，以为来世师法。"则《史记》"为天下制仪法"二节，即贾生所谓"以为来世师法"也。近人以为即董子以"《春秋》当新王"之说，岂其然乎？

又《史记·十二诸侯年表》云："孔子西观周室，论史记旧文，兴于鲁而次《春秋》，上纪隐，下至哀之获麟，约其文辞，去其烦重，以制义法，王道备，人事浃。七十子之徒受其传指，为有所刺讥褒讳挹损之文辞不可以书见也。"夫所谓"义法"者，即"刺讥褒讳挹损之文"也，亦即《公羊传》所谓"窃取之辞"，《孟子正义》。亦即《史记》所谓"贬天子，退诸侯，许〔讨〕大夫，以达王事"也。观孔子言"吾固行事，而加吾王心"，《孟子》言"《春秋》，天子之事"，庄子言"春秋经世，先王之志"，郑君《五经异义》谓"孔子作《春秋》以见志，其言少从，以为天下法"。由以上所言观之，则孔子之作《春秋》，不过以先王典礼之得，正今日典礼之失，以待后王之取法。故所谓王者，皆指先王而言，庄子言之甚明，以《春秋》能得先王制法之心也。惟所言皆先王之制，故所举之事，均用史册旧文，而加以褒贬。观《史记·儒林传》谓孔子"因史记作《春秋》"，《孔子世家》亦同，足证《春秋》一书本有所因。而何休等乃谓"《春秋》有改周受命之制"，夫《庄子》有言："《春秋》以道名分"，若果有"改周受命"之义，则是孔子自犯名分矣。又《礼记·经解篇》曰："属词比事，《春秋》教也。"《史记》论孔子作《春秋》，谓"欲载之空言，不如见之行事之深切著明"。是《春秋》一书，所重者事也。今也舍事而言义言制，非史公所谓"空言"乎？故知孔子之不作《春秋》也。

且《管子·山数篇》言"《春秋》以记成败"，《法法篇》言"《春秋》之记臣有弑其君、子有弑其父者"，盖管子虽见《春秋》旧文，则孔子所修《春秋》，记成败，诛乱贼，亦系古代《春秋》之成例。今乃以《春秋》为孔子所作，不待辨而知其非矣。若《淮南子》云："殷变夏，周变殷，春秋变周，三代之礼不同，何古之从？"此春秋指东周之世，非指孔子所编之书，言春秋之时，各国多变周制耳。《说苑》引孔子"夏道不亡，商德不作；商德不亡，周德不作；周德不亡，春秋不作"，亦与《淮南子》之例同。此春秋亦指时代言。若以春秋为书名，岂周德、商德亦为书名耶？此吾所由不信《春秋》为孔子所作也。

《春秋》非孔子所作，则五经均非孔子所作，又可知矣。且孔子明言"述而不作"，又言"盖有不知而作者，我无是也"，若如近人之说，则是孔子为作而不述之人矣，宜近人又疑《论语》此文为伪也。孔子所作书，若《周易》十翼均名曰传，不欲僭经称也。《孝经》亦系后人所名。而今人则谓孔子所作皆曰经，岂其然乎？况庄子言"孔子治六经"，《白虎通》言"孔子定六经"，张衡谓"孔子论六经"，均无孔子作六经之说。惟《论衡》言"五经之兴可谓作矣"，近于孔子作经之说，然又言

"六经之作皆有据",则未尝以六经为孔子所创也。何得据纬书为证乎？此经非孔子所作,孔子不作经之证也。教非孔子所创,经非孔子所作,则孔子之未尝改制愈可知矣。

孔子改制之说始于董子。《春秋繁露》曰："务乎《春秋》正不正之间,以明改制之义。"《符瑞篇》。又曰："《春秋》作新王之事,变周之制。"并以《春秋》为继周而作,历举《春秋》所尚之统,所垂之法,所改之制,旁及定姓改号之说。《三代改制篇》。其说杂糅无纪,出于纬书者半,出于臆说者尤多。推其起源,盖以古代制度不相沿袭。故《大传》言："立权度量,考文章,改正朔,易服色,殊徽号,异器械,别衣服,此其所得与民变革。"而《易经》亦言："穷则变,变则通。"古人不讳变法,然未有私改制度者,亦未有言孔子变制者。自董子之说一昌,近人附会其词,遂以六经所言之制,大抵皆孔子所改。试详辨之。

一曰儒服。《礼记·儒行》载孔子之言曰："丘少居鲁,衣逢掖之衣。长居宋,冠章甫之冠。"此由各国礼服或有不同,"逢掖"为鲁国之服,"章甫"为宋人之饰。故居鲁则衣鲁服,在宋则服宋冠,所谓各从其宜也。昔禹入裸国,尽弃衣冠,泰伯适吴,文身断发,谓之从俗则可,谓之创制则非。何得以衣因鲁制,冠因宋制,定为儒者所挱之服乎？若《史记》言孔子设礼诱子路,子路后儒服委质,《墨子》载：公孟子戴章甫搢笏儒服以见墨子,《新序》言田赟衣儒衣而见王,《史记》言叔孙通儒服、郦生儒冠,而《庄子》诸书所载,《春秋》之季,鲁人服儒服者尤多。见《田子方篇》。盖孔门弟子略仿古代庠校之法,凡入学者必有特别之服以异于众,犹今日各校之各有制服也。若时人之多效法,亦犹近日凡学校所在之地,其附近居民多效学徒之服耳。何得以佛法去发服袈裟相拟乎？且当此之时,林既服韦服以见齐景公,《说苑》。尹文作华山冠以自表。《庄子》。盖周季人民之服饰,可随已意所欲出,林既、尹文且然,况于孔子？且孔子之服,即古代之服。考《大戴礼·哀公篇》云："'生乎今之世,反古之道,居今之俗,服古之服,舍此而为非者,不亦鲜乎？'哀公曰：'然则章甫句屦绅带而搢笏者,此皆贤乎？'"是孔子所用之服即古代之服,亦即古术士所服之服也。又《庄子》言宋人章甫适越,足证章甫之制起于孔子之前,近人则以为孔子所制。《新序》曰："夫儒服,先王之服也。"足证儒服为先王所制定,即《孝经》所谓"非先王之法服不敢服"也。《盐铁论》云："文学褒衣博带,窃周公之服；鞠躬踧踖,窃仲尼之容。"足证褒衣博带之制起于孔子之前,而近人则以为孔子改制改教之征，其不可信者一也。若《盐铁论》云："孔子外变二三子之服"，则以诸生初入学时各授以校中之制服，无足怪也。而今人则谓当时凡入儒教者，必易其服，乃号为儒，误之甚矣。若后世儒者之服，则与周代之儒服又不同。若儒服果为宗教之服，则亦当如僧道有特别之服，不随国家之制而改变矣。

二曰亲迎。夫《诗经》言："文定厥祥，亲迎于渭。"则亲迎之礼，行于周初。此制沿古代抢夺妇女之风，盖起源甚古也。《公羊》"纪履踰来逆女"，《传》云："讥始不亲迎也。"足证古有亲迎之礼，厥后废而不行，故《公羊》以为讥。《公羊》为改制家所据，亦有此说，且甚为彰明。而今人以为孔子所托之词，何欤？而近人以为孔子以前无亲迎礼，此礼为孔子所创，其不可信者二也。

三曰立嗣。夫周平王之崩也，太子狐父先卒，其孙桓王即位。前乎此者，则有太甲嗣成汤之位。足证適子死则立適孙，亦古代通行之礼。惟舍孙而立次子者，古亦间有其制，如《檀弓篇》子服、伯子所举者是也。孔子定为立孙，不过于两说之中酌从其一耳。而近人以为立子为旧制，立孙为孔子所改之制，并以《仪礼》有承重之服，亦为孔子所制定。其不可信者三也。

四曰三年丧。夫《舜典》明云："放勋殂落，百姓如丧考妣三年。"是为考妣服丧三年，其制始于唐虞。若以此为记事之文，或为孔子所窜入，则《无佚篇》言"殷高宗谅闇，三年不言"，此系周公之语，必非孔子窜入无疑。若《左传》叔向言："王一岁而有三年之丧二焉。"《左传》系古文之书，则三年之丧在孔子之前，非孔子所制定，特因时人不守此礼，故孔子刺其非。如宰我短丧，墨子服丧三月是。而近人以古代为亲服丧，仅期年而非三年，三年之制为孔子所定，《荀子·礼论篇》明以三年丧为先王所定，而今人则以先王即孔子，然《荀子》又言"百王之所同，古今之所易"，则"百王"岂皆指孔子乎？特我国之时，此制不行耳。其不可信者四也。若《孟子·滕文公》所言："吾宗国鲁先君莫之行，吾先君亦莫之行。"此指礼坏乐崩后之制言之，若以古代本无此制，则孟子何以言"三代共之"乎。

五曰合葬。夫《诗·王风》有言："死则同穴。"《檀弓》引季武子曰："合葬非古也，自周公以来，未之有改也"，又曰"周公盖祔"。则合葬始于周公，不始于孔子。而近人谓合葬是孔子定制，然《檀弓》言："季武子成寝，杜氏之葬在西阶之下，请合葬焉。"季武子在孔子前，孔子生十余龄，季武子即卒。岂杜氏逆料孔子之改制，而先行此礼耶？其不可信者五也。

六曰大一统。夫大一统之说固见于《公羊》，此由孔子欲复古代天子之实权，即《论语》所谓："天下有道，则礼乐征伐自天子出。"故创为此议。而近人以为孔子所定削封建之制，然《墨子·尚同》之说，何以亦与相符？此不可信者六也。

七曰授时。夫三正之制，由来久矣。《佚周书·周月篇》云："夏数得天，百王所同。其在商汤，用师于夏"，"顺天革命，改正朔"，"以建丑之月为正"。"亦越我周，致代有商，改正异械，以垂三统。至于敬授民时，巡狩祭享，犹自夏也。"此语最明。而《白虎通》则谓："孔子承周之弊，行夏之时，知继十一月正者，当用十三月也。"何休《公羊解诂》亦谓："《春秋》变周之春以为冬，去周之正而行夏之时。"不知《春秋》所记，均周正而非夏正。如隐九年"三月，大雨震电"，若为夏正，则震电不为异矣。成二年"春二月，无冰"，若为夏正，则无冰亦不足异矣。盖编年纪月，均用周时，而田狩祭享，犹用夏时。如蒐苗狝狩、禴祠烝尝，均以夏时起事，而易其时与月之名，如桓四年"春，公狩于郎"，桓八年"春正月己卯，烝"是也，正与《佚周书》所言恰合。推之《周易》《周书》亦多用周正，则孔子不改周正明矣。以孔子为用夏时者，惟公羊家有此说，然何休又以"王二月""王三月"为存三统，必谓《春秋》悉用夏正，则第书"王三月"可矣，何以又书"王二月""王正月"乎？故知《公羊》多互歧之说也。且《春秋》之时，晋用夏正，观《左传》所载卜偃与绛县老人之言，彰彰可据。足证周代之时，夏正、周正，列国并用。若如公羊家之说，岂晋国预从孔子所改之制乎？盖孔子虽言行夏之时，不过托之空言，又因得夏时之书，今《夏小正》。因并考夏代授时之制，非尽据夏时而悉改周代典册之文也。而今人从《公羊》之说，以授时为孔子所改之制，其不可信者七也。即宋人夏时冠周月之说，亦不可信。

八曰井田。考《左传》哀公十一年，孔子对冉有作田赋之问，谓有"周公之典在"，《国语》亦同，并详言井田之制。使井田非古制，何以载于周公之典？借曰此系伪书，孟子诸人所言均系托古，则什一之法明载于《管子·八观篇》。且战国之时，商鞅开秦阡陌，使无井田，何以有阡陌？若谓井田系仿孔子之制，则《荀子》明言秦无儒，则孔子之制必不行于秦，盖商君所开之井田，即西周建都时所划之井也。而今人则谓井田为孔子之制，其不可信者八也。

九曰刑罚。考《墨子·尚同篇》曰："古者圣王为五刑。"是孔子言

五刑，墨子亦言五刑，足证五刑之制非孔子所伪托。而近人据《荀子》
"杀人者死，伤人者刑，是百王之所同"一言，又历引《尚书》及《荀
子》之文，以证刑罚古今不同，实为孔子托先王以明改制。不知《荀
子》言"百王所同"，仅指"杀人者死，伤人者刑"二端言也。此二端
为百王所同，则此二端以外，古今之刑罚不尽同，《荀子》之说非与
《尚书》相歧，亦非自歧其说。且《吕氏春秋》有云："墨者之法，杀人
者死，伤人者刑。"则此制实为古制，故儒墨二家均采之，并足征此制
非儒家所造。何得据此以证孔子改制乎？此不可信者九也。

十曰选举。考《墨子·尚贤篇》曰："此圣王之道，先王之书，距
年之言也。《传》曰：'求圣君哲人，以裨补而身。'汤誓曰：'聿求元
圣，与之同心戮力。'"则选举之制，墨子非不言也。《管子》言："择贤
民为里君"，又言"匹夫有善，可得而举"。则选举之制，管子亦非不言
也，足证选举为古代成法。今人据《公羊》讥世卿之说，遂以选举为孔
子所创，并以《王制》选士、造士、俊士之法，同为孔子之制，其不可
信者十也。

十一曰封建。以为封国百里，系孔子所创之制。然《管子·形势
解》云："古者武王，地方不过百里。"岂管子预师孔子之制而为此言
乎？今人以百里之国为孔子建国之规，并谓《王制》一千八百国。古代
实无此制，此不可信者十一也。且今人既以秦代废封建本于孔子大一统之制。
夫大一统之制与封建相反，孔子既创大一统之制，何以又创封国之制乎？

十二曰卿士。夫四士之法，明见于《管子》。而今人据《公羊》"古
者上卿下卿上士下士"之文，以此制为孔子所创。其不可信者十二也。

然近人证孔子所改之制，犹不止此，并以古代尚朴，凡灵台明堂之
制均系孔子所伪托。然战国之时，齐国之地，何以有明堂之址，见《孟
子》。岂孔子改制之后所建乎？又文王之灵台，在今西安省会西，故址
犹存，岂亦后人所筑之台乎？案陈奂《毛诗疏》引焦循《学图》云："僖十五
年《左传》：'秦伯舍晋侯于灵台，大夫请以入。'杜注云：'在京兆鄠县，周之故
台。'则此灵台即文王之灵台也。《三辅黄图》云：'灵囿在长安西北四十二里，灵
台在长安西北四十里。'《长安志》云：'丰水出长安县西南五十五里。'是丰邑在长
安之西也。《黄图》以汉长安县言今长安故城，在西安府西北十三里。《水经》：'渭
水会丰水后，越镇水、镐水而东，径长安城北，是长安在丰邑之东也。'《公羊》说
云：'在国之东南二十五里'，即长安西北四十里也。《地理志》：'文王作丰。'颜注
云：'今长安西北界灵台乡，丰水上。'灵台在郊，断断然矣。"据此，则文王之灵
台确有其地矣。而今人以灵台为孔子三雍之制，然明堂灵台，管、墨二家均言之，

岂得据为孔子之制？今人于明堂灵台且疑其伪，由是于古礼所言之制度器服，均疑为孔子之制。夫古代之制度固非今日所得见，然北方各省，于垦土之时，多得殷周之器，是钟鼎盘彝起于孔子之前。足证古《礼》书所言器服均非孔子所创，则佩玉舞羽诸礼，亦非孔子所创明矣。乃今人又引《说苑·建本篇》之文，以耕凿、医药、宫室出于儒者，即系出于孔子。然则孔子以前之人民，竟饥者无以得食，疾者无以为医，倦者无以为居乎？抑神农创药，黄帝作居，后稷教稼，均系子虚乌有之谈乎？且近人之所据者，一为孔子答颜子问"为邦"之词，一为孔子答子张问"十世"之词，一为《荀子·王霸》"儒者为之"之言。不知"为"训为"治"，《小尔雅》。又训为"行"，又训为"学"，皇侃《论语疏》。非必创作之义也。《荀子》言"儒者为之"，犹言儒者循此道以行也，不得据为儒家创制之证。

若孔子"其或继周"一语，"或"之者，疑辞也，非以继周为己任也。且孔子明言"殷因夏，周因殷"，又言"损益可知"，"因"非改制之谓也，不得据此为改制之证，尤不得据此为孔子改制之证。若孔子之答颜渊，乃系理论之词，所谓"垂之空言"也，是犹顾亭林于禁令则取秦法，于乡官则取汉法，于理财则取隋法也。未尝颁为定制。观《春秋》不用夏时，则孔子答颜渊之词，均系理论。且《史记·殷本纪》引孔子曰："殷路车为善，而色尚白。"则殷路尚白，又与《繁露》孔子建统之说不符，安得以此为改制之征？若据孟子"《春秋》天子之事"一语，以证孔子以天子自居，则孟子仅言天子之事，未尝言天子之制也。朱一新曰："圣人有其位，则义见于制，无其位，则义见于事。"又曰："制与事判然不同，改正朔、易服色、殊徽号、异器械，是之谓制。制者一成而不可易，非天子不制度是也。若工虞水火，若兵刑钱谷，是之谓事。事者臣工所条奏，儒生所讲求。先民有言，询于刍荛是也。制所以定民志，事所以达民情。今有人焉，作《通考》、作《罪言》，讲明其义，以备采择，苟无纰缪，圣王所弗禁也。有人焉，改《会典》，改律例，变《礼》易《乐》，非悖逆即病狂，王法所不容，《春秋》所必诛也。汉人语言简质，往往混事于制，又欲立《春秋》于学官，而故神其说。端门受命，素王改制者，盖神道设教之遗意，岂可据为事实。汉儒亦但窜之于纬，未尝敢著之于经也。"朱氏之说虽涉于迂，然以孔子为不改制，则固至确至当之论也。

若据墨子攻儒之文，以证《墨子》所攻之制，即孔子所创之制，则墨子之刺儒家也，明言其法周而不法夏。《淮南子》亦曰："墨子学儒者之业，受孔子之术，后背周道而从夏政。"足证墨子所攻之制，即儒家所用周代之制。《墨子》之攻儒，以其法周也，非以其改制也。若《淮南子·氾论训》云："夫弦歌鼓舞以为乐，盘旋揖让以为礼，厚葬文丧以送死，孔子之所立也，而墨子非之。"此"立"字非创立之义也，与《论语》"立于礼"及"不学礼无以立"之"立"字同义。"立"之为言坚信不摇也，言儒家信此制甚为坚固，而墨子则以为非耳。今人说非。

何以知儒家之法周？盖儒家偏于崇古。《孝经》曰："非先王之法服不敢服，非先王之法言不敢道。"《荀子》曰："儒者法先王，隆礼义。"《儒效篇》。《韩非子》曰："今世儒者之说，皆道上古之传，举先王之成功。"《显学篇》。又曰："世之愚学，多诵先王之言，以乱先王之制。"《奸劫弑臣篇》。《墨子·非儒篇》曰："儒者曰君子必服古言然后仁。"《盐铁论》曰："儒者称法古而言訾当世，贱所见而贵所闻。"《论诽篇》。又曰："据古人以应当世。"《相刺篇》。此皆儒家崇古之征。故《史记》载老子讥孔子曰："子所言者，其人与骨皆已朽矣，独其言犹在耳。"观老子之所讥，则儒家因崇古之故而并从古人之言，惟其崇古，故儒者贵学，见于孔子及儒家各书者指不胜屈。《论衡》曰："儒生以学问为劳。"又曰："能博学道古，谓之上儒。"昭昭明矣。然儒家既贵尊古，尤贵法周。《淮南子·要略》云："孔子修成康之道，述周公之训，以教七十子，使服其衣冠，修其篇籍，故儒者之学生焉。"此两"其"字，均指周公、成、康言，非指孔子言。言孔子以周代制度、周代学术施教也，与墨家言儒家法周相符。故《中庸》记孔子之言，两言"从周"，复言"仲尼祖述尧舜，宪章文武"。其余儒家之书，言及文武之政、文武之道、周公之学者，不胜缕举。故孔子之修《春秋》，首用周正。《左氏传》发其义曰"王周正月"，《公羊传》亦曰"王者孰谓？谓文王也"。开宗明义，即言"从周"之旨。故史公谓"《春秋》褒周室"也，且赞《易》则取《周易》，而废《连山》《归藏》；删《诗》仅存《商颂》；订《礼》不废《周官》。皆孔子从周之确证。

惟上法尧舜之道，旁考夏殷之制，则又由周制以考其所出，兼以证明其异同。故韩非谓"儒、墨皆称先王"，又谓"儒墨俱道尧舜，而取舍不同"。取舍不同，由于所见之书不同，及所持之义不同耳。是犹汉儒均尊孔子，而有今古文之不同；宋儒均尊孔子，而有朱陆之不同也。此孔子法尧舜之证。不得谓之伪托。若孔子言"殷因夏礼，夏〔周〕因殷礼"，此孔子兼考二代典礼之证。然欲观夏道，仅得《夏时》，欲观殷道，仅得《坤乾》，即《归藏》。此不过仅孔子参考之书耳。惟孔子略于言夏，详于言殷，亦有二故：一以孔子为殷后，故殷礼多得之传闻，如正考父藏《商颂》，其证也。以示不忘本源之义。一则孔子法文王，文王事殷，故所用多参殷制，即鲁国亦然。如《公羊》"周公用白牡"，注云："殷制也"。孔子择其可考者著之篇册，亦由儒家崇古之念而生。其所以无全书者，则孔子有云："夏礼吾能言之，杞不足征；殷礼吾能言之，宋不足征。"阎氏若璩《四书释地》曰："《论语》'杞宋并不足征'，《中庸》易其文，曰：'有宋存'。《孔子世家》言：'伯鱼生伋，字子思，尝困于宋。子思作《中庸》。'《中庸》既作于宋，易其文殆为宋讳乎？且尔时杞既亡，而宋独存，易之以与事实合。"按阎氏此论可谓入微，蓄疑十年，为之冰释。至宋氏翔凤附会公羊家说，黜杞而存宋，虽亦巧合，然以本文语气求之，未必然也。盖不征者均不录，所谓"信而好古"也。故知孔子所持之旨，不外"法周"及"崇古"二端。惠栋曰："夫子言'述而不作'，信哉。《乡党》一篇，半是《礼经》；《尧曰》数章，全书《训典》。论君子，虽人言不废；言恒德，则南国有征。于'善人为邦'，则曰'诚哉，是言'；于'隐居''行义'，则曰'吾闻其语'。《素绚》《唐棣》，逸诗可考；《百官》《冢宰》，逸典可稽。'出门如见大宾，使民如承大祭'，此胥臣多闻之所述也。视其所以，观其所由，察其所安，此文王官人之所记。'克己复礼为仁'，《左氏》以为古志；'己所不欲，勿施于人'，《管子》以为古语。'三分天下有其二'，《周志》之遗文也；'陈力就列，不能者止'，周任之遗言也。推此言之，圣人岂空作耶？"

　　而今人见孔子之书，多言"法周""从古"，与改制之说互歧，乃别为一说以通之。有蜀人某者，以"从周"为孔子早年之学，"改制"为孔子晚年之学。以为汉儒经学，凡古文家言均主"从周"，此孔子早年之论；今文家言均主改制，系孔子晚年之论。今且不必辩论其是非，但近人多以《中庸》说《公羊》，则《中庸》明系孔子晚年之定论，且系子思所作，何以《中庸》均言"从周"？且今人谓孔子晚年改制均在反鲁订经以后，然据《史记》诸书，颜渊少孔子三十二岁，颜渊三十二而卒，渊卒之岁孔子仅六十三龄，此时尚未反鲁，远在编订六经之前。而孔子答"为邦"之问，则又在颜子未卒之前，何以已有"行夏时，乘殷辂，服周冕"之说乎？则谓孔子早年"从周"晚年"改制"者，实属无稽之言矣！昔明季之儒，欲合阳明于朱子，于朱子之学稍与王学近者，不复考其为何岁所言，均指为朱子晚年定论，然近儒均辨其非。盖朱学偶符于王，非真符于王学也，不得据为朱子晚年定论。则孔学偶近改制，亦非言其改制也，不得据为孔子晚年定论。故孔子者，早年"从周"，即晚年亦"从周"者也。至所言或与周制不同，不过兼言古礼耳，若今古文之不同，乃文有今古之分，非制有今古之殊，见《古文学辨诬》。不得据为孔子改制之证。故从其学者，亦知此说之不可通，乃以孔子所言之古均系伪托。又据《淮南子》、《淮南子》言："为道者，必托之神农、黄帝。"然仅言托之古，未尝言伪造古事也，况此非指孔子言。纬书、《孝经纬钩命诀》云："子曰：'吾作《孝经》，以素王无爵禄之赏，斧钺之诛，故称明王之道。'"又曰："与先王以托权。"今人据此以为孔子托古改制大义。无论纬书不足信，即使可信，亦必孔子谦词。《繁露》、《符瑞篇》曰："托乎《春秋》正不正之间。"今人以此"托"字即托古之义。《公羊解诂》之文，《公羊》隐元年《解诂》云："制正月假以为王法"；哀十四年《解诂》云："我但记先人所闻，辟制作之害"；庄十五年《解诂》云："《春秋》假行事以见王法"，今人均据为孔子托古托制之证。以为六经所言，均系孔子所改之制，不过托古以行权，又以为即孟子"言不必信"之说。即孔子所言尧舜、文王，亦系孔子假托之辞。儒家法孔子，故托言法尧舜，法文王。不知公羊作传，去孔子之世已遥，另有考。故于《春秋》所言之事，不明其颠末，遂以为经文假行事以见义例，有所谓"文与而实不与"者，又所谓"行权反经"者。汉儒解此传者，鲜施征实之功，又欲自饰其空疏，乃舍事而言义，以为此圣人之微言，不过托行事以见耳。《公羊》之微言，即《史记》所谓"褒贬挹损"，舍褒贬挹损之外，无所谓微言。微言者，非伪言也。而董、何之说生，由是于经文之明显者均视为隐语，有同射覆，然惟说《公羊》者为然耳。近人乃推此义说群经，使六经之书易为庄列寓言，于典制人物之灼然可据者，均指为伪托，以真为伪，同于戏剧。不知儒家所言之"古"，固指古言，如《孟子》言："古者棺椁无度，中古棺七寸。"明系指事物之进化而言。《周易》"作结绳"一简亦然，何得谓之伪？即仅言"礼"而不言"古"，亦指古言。如《论语》"麻冕，礼也。今也纯"；"拜下，礼也。今拜乎上"。"礼"字与"今"字对言，则"礼"字即"古"字之代词也。古不可征，征之礼制，故《中庸》言"无征弗信"。若如今人之说，则是无征而欲求信也。《论衡》曰："儒者说不空生。"若如今人之说，则是儒说均空生也。且《公羊传》云："是子也，继文王之礼，守文王之法度。"若文王即孔子所托之人，则此文亦可言"继孔子之礼，守孔子之法度"矣。其如孔子非周王之祖何哉？岂孔子不妨伪为周王之祖乎？又哀十四年《公羊传》云："则未知其为是欤，其诸君子乐道尧舜之道欤？末不亦乐乎，尧舜之知君子也。"若尧舜即孔子所托之人，夫此文之"君子"既指孔子言，则尧舜非孔子明矣。若云"孔子乐道孔子之道，孔子知孔子"，岂孔子有化身之术乎？观此二证，则六经及儒书之中，凡有言及尧舜、文王者，均非伪托之词，不得视为郢书燕说。盖古非孔子所伪托，而制亦非孔子所臆改也。

乃今人又以《王制》为孔子改制之书。然郑君《五经异义》云：

"《王制》是孔子之后，大贤所记先王之事。"又《三礼目录》云："《王制》作在秦汉之际。"又《郑志·答临硕》曰："孟子盖赧王之际，《王制》之作复在其后。"而卢植之称《王制》也，则曰："汉文集博士所作。"其说似较郑君为尤确。夫"周尺""东田"明系汉制，故别古于今，且此篇义例近于《白虎通》，乃采四代典礼而成，故其中所言，杂有虞夏商周之制。时博士仅治今文，故所言多今文之说。而今人以其多今文之说也，或据之以说《公羊》，定为孔子所改之制，或谓今文家言均出于《王制》，《王制》为孔子所作，乃《春秋》之旧传，故其说同于《公羊》，尤符于《穀梁》。不知《王制》首章言"王者之制禄爵，公侯伯子男凡五等"，与公羊家制爵三等不同；朱氏曰："《王制》：'公侯田方百里，伯七十里，子男五十里。'郑注：'此殷所因夏爵三等之制也，殷有鬼侯、梅伯。《春秋》变周文，从殷质，合伯子男以为一。则殷爵三等者，公侯伯也。'案：《王制》此言本于《孟子》，《孟子》明言周制，而郑君以为殷制，显与《孟子》不合。盖郑欲讲通《周官》之说，致多胶葛。近人复因郑此言，而歧之又歧。然郑君特举此以明《王制》之兼有殷制，曷尝谓《王制》为素王改制之书?"又言"诸侯之上大夫卿、下大夫、上士、中士、下士凡五等"，与《公羊》"上卿、下卿、上士、下士"之制不同，何得以《王制》悉同于《公羊》?且《王制》言"分天下为左右，曰二伯"，郑注以为即周、召分陕之事。又言"冢宰制国用，以三十年之通制国用"。古代宰为祀神之官，至周代而始尊，而《周官经》兼以理财居太宰，则"冢宰制国用"亦周代之制，足征《王制》兼采周制，非孔子所改之制也。

惟周制与古制并举，故郑君注《王制》，必证明某制为殷礼，并证明某制为虞夏礼，在当时均有所本。而其注《周官经》也，亦兼引《王制》，正以《王制》之中亦有《周礼》，其所引者，皆《王制》所记之《周礼》也。若马、许注经不引《王制》，固因《王制》为今文家言，然亦因其为后出之书耳。使《王制》果为孔子改制之书，何以董仲舒、何休未尝一引其文，岂汉儒竟昧《王制》之所出，必待千载后始阐其幽耶?若谓《穀梁》悉合于《王制》，则《王制》言"庶人葬，不为雨止"，同于《左氏》《公羊》，异于《穀梁》，见《五经异义》。又何说以自解乎?故知《王制》之偶与《公》《穀》合者，乃《王制》本于《公》《穀》，非《公》《穀》本于《王制》。非惟本于《公》《穀》也，兼摭及四代之书、三家之《诗》，旁及《尔雅》《孟子》，此因汉文之时二书均立博士。故多言虞夏殷之礼。今人见其多采《诗》《书》也，遂疑《诗》《书》本非古籍，依《王制》而作，穿凿附会，以证为孔子改制之书。

其如立说之出犄牾何哉？

既以《王制》为孔子改制之书，并以荀孟二家均尊孔子所改之制，故以《孟子》证《公羊》。然《孟子·梁惠王篇》言："七八月之间旱。"赵注云："周七八月，夏五六月也。"《滕文公篇》言："秋阳以暴之。"赵注："周之秋，夏之五六月。"《离娄篇》言："十一月，徒杠成。十二月，舆梁成。"赵注云："周十一月，夏九月。周十二月，夏之十月也。"又言："七八月之间雨集。"赵注云："周七八月，夏五六月也。"则《孟子》所用者皆周正，曷尝舍周正而用夏正，以用孔子行夏时之制哉？且《公羊》讥世卿，善选举，今人指为孔子所改制。而孟子之称文王也，则曰"仕者世禄"，其以井田之制告滕文公也，亦以世禄为王政之本，则《孟子》不讥世卿。《公羊》言伯子男同位，合公侯为三等。今人亦指为孔子所改之制。《王制》言公侯伯子男为五等，而《孟子》则言公侯伯各为一位，子男同一位，合天子而为五等，未尝用制爵三等之制也。案：《孟子》之说本于《尚书》"列爵惟五，分土惟三"，此本《武成篇》原文。故《班志》亦引之。或系武王开国时之制，与《周官》之制不同。若强合《孟子》于《王制》，则《王制》不言天子一位，子男同一位也。故《孟子》之言不可以之合《公羊》，亦不可以之合《王制》。今人疑《孟子》为用孔子所改之制者，以为《周官经》所言分土与《孟子》不合，何以同为周制而互歧若此。不知一系周初之制，一系周公之制也。武王之时，殷代所封之国尚多，故封国仅百里、七十里、五十里。周公之时，灭殷代之国甚多，以之广诸侯之封土，故有方五百里、方四百里者。然百里实为周初之制，故《孟子》引之，非百里为孔子所改之制也。且《孟子》明云"周室班爵禄"，又言"虽周亦助"，又引文王治岐之政，则《孟子》不黜周。《孟子》不黜周，则必不用孔子所改之制。既不用孔子所改之制，则孔子改制之说不足信也明矣。

若《荀子》有《王制》一篇，所言序官之法，大致与《周官经》同。又云："田野什一，关市讥而不征，山林泽梁，以时禁发而不税。"说亦同于《孟子》。《孟子》明云"文王治岐之政"，岂得以为孔子所改之制？如曰荀子用孔子改制，何以李斯等不能行其制于秦？如封国百里、田野什一之类。且《孟子》明言"法先王"，《荀子》明言"法后王"，《孟》言"遵先王之法，而过者未之有"，《荀》言"法贰后王，谓之不雅"，而今人均诬为改制。呜乎，安得起荀孟于九原而质之乎！孔子改制之说，其不足信也。既若此，而今人所以昌其说者，亦自有故。

盖改制之说，本于谶纬。董子篡其说于《公羊》，以《公羊》有"改周之文，从殷之质"一语，遂疑孔子不从周；又见《公羊》所言礼制，与他经不同，遂疑为孔子所定新王之制；复因"张三世""存三统"之说以推之，而"新周故宋黜杞"之说生。夫"张三世"者，所以明人群之进化，"存三统"者，所以存历代之典章。授时为古政、古礼之一。若如董子之说，则《春秋》既从殷之质，何以又有"故宋"之词？既以王鲁为宗，何以又以新王即孔子？其说本捍格鲜通。惟其捍格鲜通，欲两通其词，由是以《公羊》多微言，不过托事以见义。邵公继兴，于董子之说，又变本加厉，然所说者惟《公羊》，未尝牵合《公羊》之说以证六经也。自近儒孔广森治《公羊》，始以《公羊》之说证《孟子》，然于"王鲁新周"之说，则深斥其非。若凌曙、陈立之书，亦仅由《公羊》考古礼，以证殷周礼制之殊，未尝有穿凿之说也。自常州庄氏治《公羊》，始倡大义微言之说。盖斯时考订之学盛行，儒者欲脱其范围，又欲标汉学之帜以自高，见公羊家之学说最易于蹈虚，且谶纬诸书多与《公羊》相出入，而董、何之说具有全书，其持论甚高，其著书又甚易，故刘、宋之徒均传庄氏之说，舍古文而治今文，舍训诂而求义例，并推《公羊》之义以证《论语》及《中庸》。而魏源、龚自珍袭其绪余，咸以公羊学自矜，强群经以就《公羊》，择术至淆，凌杂无序，凡群经略与《公羊》相类者，无不旁通而曲畅之，即绝不相类者，亦必锻炼而傅合之。

夫六经各有义例，见于《礼记·经解篇》。汉儒说经，最崇家法，有引此经以证彼经者，未有通群经而为一者也。盖此经同于彼经，亦有二故：一则此经出彼经之后，多用彼经之文；如《左传》用《周官经》，以及《王制》用《尚书》《公羊》《孟子》是也。一则汉人多兼治数经，故彼此互相证引。如通《公羊》者多通《韩诗》《今文尚书》，通《鲁诗》者多通《穀梁传》，通《左传》者多通《毛诗》《周官经》《佚礼》，是汉儒兼通群经者甚多。若如近儒之说，则是六经之中仅取《春秋》，而《春秋》三传又仅取《公羊》，凡六经之大义，均视为《公羊》之节目。昔公孙禄谓刘歆颠倒五经，今即近儒之学观之，真可谓颠倒五经者矣。

然斯时仍无孔子改制之说也。自变法之说盛行，主斯说者乃取公羊家改制之说，以古况今，又欲实行其保教之说，乃以儒教为孔子所创，六经为孔子所作，其有不言创教改制者，则目为伪经。夫六经皆先王旧典，欲考古代之史事，以证中国典制之起源，观人群进代之次第，不得不取资于经。今以六经所言均孔子所伪托，则古代之史失传。且既奉孔子为教主，崇尚孔子所定之制，则凡政治与孔学不合者，均将不论其利弊得失，悉屏而不行，则革新之机转塞。在创此说者，固以为此说一行，必可转移人民之视听，在创此说者，不外欲以孔子所改之制傅会新法，实则孔子自孔子，新法自新法，彼一时也，此一时也。借曰孔子为圣人，奚能预料今日之必行新法哉？而无如其立说之无根也，岂足成为确当之论乎？考《孟子》之论知言也，谓"诐辞知其所蔽，淫辞知其所陷，邪辞知其所离，遁辞知其所穷"。又言"生于其心，害于其政；作于其政，害于其事"。其今人孔子改制说之谓乎？惟推其立说之源，并考其立说之互歧，以确证其失，庶可以祛世人之惑耳。岂好辨哉，予不得已也。

汉代古文学辩诬 *
（1906）

呜乎，经学之厄，未有甚于今日者也！夫六经均先王旧典，先王用之以垂型，后儒赖之以考古，睹往轨而知来辙，舍此末由。然六经之所记者，事也，舍事则无以为经。然记事之最详者，莫若古文之经，如《周官经》《左氏传》是也。书之稍完善者，亦莫若古文之经，如《毛诗》是也。故近日欲考三代之史，书缺有间，而载于百家诸子者，又记载互歧，或言不雅驯，为搢绅先生所难言，惟见于古文之经者，则大抵近于征实。至近人创伪经之说，扶今文而抑古文，于汉代古文之经均视为刘歆之伪作，而后人人有疑经之心，于典章人物之确然可据者，亦视为郢书燕说。吾恐此说一昌，则古文之经将废，且非惟古文之经将废已也，凡三代典章人物载于古文经者，亦将因此而失传，非惟经学之厄，亦且中国史学之一大厄矣。故即今人之疑古文经者，陈其说而条辨之，以证古文经之非伪，世有君子，庶几不为謷言所夺乎！

一　辨明汉代以前经无今古文之分

孔子以前，久有六经。孔子之于六经也，述而不作，此固征之古籍而可信者也。然三代之时，文字勒书于简毕，有漆书刀削之劳，钞胥匪易，传播维艰，学术授受多凭口耳之流传。孔子之以六经教授也，大抵仅录经文以为课本，而参考之语、诠释之词，则大抵以口耳相传。而讲

＊　原载《国粹学报》第 24 至 30 期，1907 年 1 月 4 日至 6 月 30 日出版，第 24、25 期署名刘光汉，第 26 至 30 期署名刘师培；收入钱玄同等编《刘申叔先生遗书》之《左盦外集》卷四，民国二十五年宁武南氏排印。钱玄同《左盦外集》目录下标注"前六年"，即此文为民元前六年亦即 1906 年所作。

演之时，或旁征事实以广见闻，或判断是非以资尚论，或杂引他说以证异同，弟子各记所闻，故所记互有详略，或详故事，或举微言，详于此者略于彼，所记既有详略，因之而即有异同，然溯厥源流，咸为仲尼所口述，此《春秋》所由分为三，《诗经》所由分为四也。试考《春秋》分三家之源，盖因《春秋》一书有义有事，义有后儒传说之歧，事有古籍记载之歧，孔子仅以经教授，而其事其义均未及著之竹帛。又孔子《春秋》成于获麟之岁，下距孔子之卒岁仅二周，故弟子之于《春秋》所得亦浅。《史记·十二诸侯年表》云："七十子之徒，口受其传指，为有所刺讥褒讳挹损之文辞，不可以书见也。鲁君子左丘明惧弟子人人异端，各安其意，失其真，故因孔子史记具论其语，成《左氏春秋》。"《汉书·刘歆传》谓："歆以左丘明好恶与圣人同，亲见夫子，而公羊穀梁在七十子后，传闻之与亲见之，其详略不同。"《汉书·艺文志》云："丘明论本事而作传，明夫子不以空言说经也。《春秋》所贬损大人、当世君臣，有威权势力，其事实皆形于传，是以隐其书而不宣，所以免时难也。及末世口说流行，故有公羊穀梁、邹夹之传。"桓谭《新论》云："《左氏》传世后百余年，鲁穀梁赤为《春秋》，又有齐人公羊高援经作传。"由以上所言观之，则丘明之时，说《春秋》者已各自不同，此由所闻有详略，或以臆解测经。丘明作传，于孔子所讲演之事，参考百二十国宝书，以传示来世。然孔子所述之言，其有不关经旨者，则丘明多从缺如。而孔子之门人，或于丘明所记而外间有所闻，或见他书所记之辞与丘明异，亦以之互相教授，此《公》《穀》二家所由起也。故《公羊》说经，多用"盖"字以示传疑。又《公羊》多引鲁子、子沈子之说，《穀梁》多引沈子、尸子之说，则所授不仅一师，成书亦非仅一时。况《公羊传》由周至汉，始著竹帛，更阅五世，口授之语岂无损益于其间？故知三传同出于孔子，《公》《穀》二传乃《左传》之拾遗，故其义有为《左传》所有者，如五始之说，是盖因左氏未将此意笔于书，故《公羊》补其缺。有与《左传》稍异者，如《左传》讥世爵，而《公羊》则言讥世卿，是盖由所闻有同异，故采异说以存疑。是则《春秋》三传，其分歧始于汉初。汉代以前，同为说《春秋》之书，治《春秋》者，或并治其书，以同条共贯。子夏者，公羊穀梁之先师也，而《韩非子·外储说》引子夏之言曰："《春秋》之记臣杀君、子杀父者以十数矣，皆非一日之积也，有渐而至矣。凡奸者，行久而成积，积成而力多，力多而能杀，故明主早绝之。"子夏此言，即《左传》"弑君称君，君无道"之旨，言明主不能绝奸，不得为明主，不得为明主，即为无道，此与《左传》之例互相证明，足证子夏传《春秋》，未尝与丘明立异。且战国之时，荀卿兼通三传，刘向《别录》叙《左传》师承也，谓："丘明传曾申，申授吴起，起授其子期，期授楚铎椒，椒作钞撮八卷，授虞卿，卿著钞撮九卷，授荀卿，卿授张苍。"是荀卿传《左氏》之学也。故正名之旨，本于《左传》"名不可假人"。《王霸篇》言"公侯失道则幽"，本于《左传》"诸侯相执称人"之义，而《致士篇》言"赏僭刑滥"，则全引《左氏》之文，皆卿通《左传》之证。杨士勋《穀梁疏》云："穀梁赤授经于子夏，为经作传，授荀卿，卿传鲁人申公。"是荀卿又传《穀梁》之学也。故《大略篇》言"誓诰不及五帝"，言"诸侯相见，使仁居守"，均本于《穀梁》，而区分四民，说王者不坏太祖庙，均用《穀梁》之义，皆卿通《穀梁》之证。汪容甫先生作《荀卿子通论》，谓《荀子·大略篇》言《春秋》贤穆公"善胥命"，以证荀子为《公羊》之学，今观《王制篇》言桓公劫于鲁庄，又言周公述职事，悉合于《公羊》，此卿通《公羊》之证。荀卿以一人而兼通三传，足证三传之学同出一源。故《荀子·大略篇》所言"赗赙佐生"、"赠襚送死"，则三传之义均同。《君道篇》言"君者善群"，即《春秋》善卫人立晋之义，亦三传之义相同。是三传当战国之时，所记有详略，而其义不甚悬殊，故观荀卿之兼通三传，足证《春秋》先师于三传无所轩轾，非若后儒之执一废百也。是汉代以前，《春秋》无今学、古学之分。又如《诗》分四家，亦出于汉初。夫四家之说，自后世观之，似各不同，然孔子之编《诗》，未尝分为数派也。大抵孔子编《诗》，只著经文于竹帛，而说《诗》、释《诗》之词则多凭口授，故弟子所闻各不同。夫所闻所以不同者，亦自有故。魏源《诗古微》虽排斥《毛诗》，然其论四家异同之故，则确实可凭。其言曰："夫《诗》有作诗者之心，而又有采诗、编诗者之心，有说诗者之义，而又有赋诗者、引诗者之义也。即事而咏，不求致此者之所自也。讽上而作，但蕲上寤，不为他人之劝惩也。至太师采之，以贡于天子，则以作者之词而谕乎闻者之志，以即事之咏而推其致此之由，则一时赏罚黜陟兴焉。国史编之，以备矇诵，教国子，则以讽此人之诗存为讽人人之诗，又存为处此境而咏己咏人之法，而百世劝惩观感兴也。"案即魏氏之说申之，则古人之于诗，自作者谓之作，讽咏前人之诗亦谓之作，故《左传》"召穆公纠合宗族而作诗"，此作诗指赓诗言，与寺人孟子"作为此诗"之"作"字不同也。

见《政篇》。自作者谓之赋，讽咏前人之诗亦谓之赋，故《左传》"郑七子赋诗"，此赋诗亦指赓诗言，与"郑人为之赋清人"之"赋"字不同也。四家《诗序》所以记载互歧者，非互歧也，以一指作诗之人言而溯其起源，一指赓诗之人言而指其作用。如《关雎》美后妃之德，作于文王时，《毛诗》与《齐》《韩》同，《齐》义见匡衡《奏疏》，《韩》义见《韩诗外传》。而《鲁诗》复言其为毕公作，盖诗本文王时代之诗，而毕公复诵其辞耳。《商颂》为正考父作，以祀先王，见于《毛诗》及《国语》。而《韩诗》复以《那》诗为美襄公，盖诗本正考父所作，而襄公之臣复诵其辞耳。凡四家《诗序》不同之故，皆可援此例以类推。时代在先者为作，时代在后者为诵。若夫说《诗》之不同，则《左传》有云"赋《诗》断章"，孟子有言"故说诗者不以文害辞，不以辞害志"，足证古人说《诗》，均取古人之诗以寓己意，不必泥于本诗之文，亦不必泥于本诗之旨，故说《诗》之语不同。孔子以《诗》教授，大抵作诗之人与赓诗之人并举，惟口耳相传，故后儒各记所闻，互有详略，有记作诗之人而遗赓诗之人者，有记赓诗之人而遗作诗之人者，后世见其所记之不同，遂疑其立说互歧，由是四家各立派别。然吾合四家之《序》观之，若《韩诗序》以《常棣》为燕兄弟之诗，《伐木》为文王敬故之诗，《宾之初筵》为卫武悔过之诗，抑为卫武刺王室以自戒之诗，《云汉》为宣王遭乱之诗，均与《毛诗》相合。《齐诗》说《伐檀》，谓刺贤者不遇明王，见张揖《文选注》，揖习《齐诗》者也。《鲁诗》述《载驰》以为许穆夫人作，亦与《毛诗》相符，足证四家之《诗》同出一源也。窃疑子夏传《诗》，所闻最博，所传之说亦最多，凡作诗之人、赓诗之事兼收并采，今四家之《诗》虽有详略，然当子夏之时，则合而未分。观《毛诗大序》为子夏所作，而《唐书》亦载《韩诗》卜商《序》，夫以一人而序一书，无立义互歧之理，故知《大序》为四家所同也。四家之《序》既同，则知四家之说在子夏时本同列于一书。且非惟子夏之时惟然也，即荀卿之时亦然，观《经典释文·叙录》引徐整说，谓《毛诗》为荀子所传，《汉书·楚元王传》复曰"浮丘伯传《诗》于荀卿"，则《鲁诗》亦荀子所传。又据《韩诗外传》，计引荀子之说十余条，则卿又兼通《韩诗》，且荀子之说《诗》，同于毛义者固多，如说《卷耳》、说《鸤鸠》是。殊于毛义者亦多，必系三家之说。故知荀卿之时，四家之《诗》仍未分立，其所以分立者，盖由荀卿弟子所记各有所偏，复各本其所记之词互相教授，由是《诗经》乃由合而分。故四家之中有同有异，其所以异者，乃记者详此而略彼耳，非孔子删《诗》之时即分四派也。且《春秋》三传、《诗经》三家之同出一时，非惟可证之《荀子》，亦可证之于《孟子》。《孟子》一书，论什一而籍，论效死勿去，论以小事大，又以《春秋》为天子之事，其义均符于《公羊》，故近人以《公羊》微言多散见于《孟子》。然观《孟子》言"仕者世禄"，与古《左氏》"卿大夫得世禄"之义合，未尝用《公羊》讥世卿之说也。又言"伯一位，子男同一位"，未尝用《公羊》"伯子男合为一等"之说也。其对齐宣王也，谓"残贼之人，谓之一夫。闻诛一夫纣矣，未闻弑君"，此即《左氏》"弑君称君，君无道"之旨。则《孟子》曷尝执《公羊》而废《左传》哉！又《史记》载孟子受业子思之门人，郑君《诗谱》云："孟仲子，子思之弟子。"赵岐注《孟子》云："孟仲子，孟子之仲昆弟，学于孟子。"而毛公《维天之命》《閟宫》传两引孟仲子说。又《释文叙》文引徐整说，谓子夏以《诗》授高行子，高行子盖即高子。《孟子·告子篇》既记高子说《诗》之词，而《丝衣》小序、《小弁》毛传均用高子之说，则《毛诗》渊源多见于《孟子》。故《孟子》所作书，如虞舜大孝，太王迁邠，仕者世禄，以及引从事独贤，论盛德不为臣，引泄泄犹沓沓，均为《毛诗》之古义，而毛公《诗传》即用《孟子》之文，此《孟子》通《毛诗》之证。及观《韩诗外传》引高子问《载驰》之诗于孟子，孟子曰："有卫女之志则可，无卫女之志则怠。"其余引《孟子》之文者尤不胜缕数，则孟子兼通《韩诗》。若就汉儒所分今古文言之，则《毛诗》为古文，《韩诗》为今文，《左传》为古文，《公羊》为今文，使立义果歧，孟子何以兼通之乎？故知汉代以前，《春秋》《诗经》仅有一家之学，无古文、今文之分也。若夫佚《书》、佚《礼》、《周官经》，则当周代之时，无所谓佚，亦无所谓潜行于民间。佚《书》之文引于周代古籍者不下千百条，必系汉代之《古文尚书》无疑，故梅氏所呈之《尚书》可以谓之伪，而孔安国所得之《尚书》不得谓之伪。使《书经》欠二十八篇，岂周人所引之书在二十八篇之外者均伪托之辞耶？乃汉博士以《今文尚书》为备，何其陋也！《礼》之有佚篇，犹《尚书》之有佚篇也。《仪礼·公食大夫礼》曰"设洗如飨"，则古《礼经》本有《飨礼篇》，而今本无之，非佚篇而何？然在秦火以前，则佚《书》与廿九篇并存，佚《礼》与十七篇并存，无所谓存佚也，亦无所谓古文、今文也。至于《周官经》一书，则春秋之时卿大夫多见其书，故《管子》言五侯九伯，与《太宰》所言设其监合，梓慎言出火之期与《宫正》所言修火禁合，申丰言出冰藏冰，与《凌人》所言颁冰之制合，史墨言五官之神，与《大宗伯》所言五祀之典合。凡左氏所言之礼，均系《周礼》，而所用《周礼》均据《周官经》，即《管子·幼官篇》亦与《周官》之说合，足证《周官经》为周人共见之书，非若汉初之时，其书隐匿也。故诸经之分今文、古文，分于西汉而非分于东周，若据古文言之，则汉儒所谓《今文尚书》、三家《诗》、《公羊》、《穀梁》，在秦篆未兴以前，其书亦皆古文也。若据今文言之，则《左氏传》《周官经》，西汉之末，未尝不书以今文。所谓今古文者，以其由古文易今文，有先后之殊，非以其义例亦有不同也。详见下文。而今人以为古文系孔子早年之学，今文系孔子晚年之学，今文言改制，古文言从周，立说本不相同，一若今古文之分始于孔子。然观于荀孟之治经，举汉儒所谓今文、古文者兼收并采，则今文、古文当周代之时，未尝划分两派，彰彰明矣。乃今人复以今经皆孔子所作，古经多学古者润色之词，传今经者皆受业弟子，传古经者不尽受业，今学出于春秋时，古学出于战国时。呜乎，何其附会而无据欤！夫三传之中，《左氏》成书最早，而《公》《穀》二家均晚出，则古学出于春秋时，而今学转出于战国。《班志》谓齐鲁韩诗多采杂说，则古经多孔子所作，而今经转多学者润色之辞，而乃今人之说适与相反，焉得谓为持之有故乎？况佚《书》与《今文尚书》本系一书，佚《礼》与《礼经》亦本系一书，岂一书之中本寓二派？而当秦火之时，一若有造物主宰其间，使属于此派者均存，而属于彼派者均亡耶？亦可谓之附会也矣。惟明于今古文同出一源，则今人之谬说不击而自破矣。或者曰："今古文既同出一源，何以三传之经文各自不同？四家之诗其文亦不同？"曰：此义也，许君《说文序》已详之矣。《说文序》谓列国之时，诸侯各邦，文各异形，言各异章，则当时之国不惟有特别之语言，亦且有特别之文字，既有特别之文字，而经书又以口耳相传，有定音而无定字，故其著于竹帛也，字各不同，或代以方言之字。盖以上古之时，字义皆起于字音，故音同而形不同者，其义均不甚相远，故其用亦可相通。况中国文字，惟假借之用不穷，假借之字，不必本无其字，依声托事也，亦有本有其字，临文取用，或假他字代之者。《释文序》引郑康成云："其始书之也，仓卒无其字，或以音类比方假借，趣于近之而已。"盖受之者非一邦之人，人由其乡，同言异字，同字异言，于斯遂生。凡古经文字之不同，皆由于此，而后人解之者乃各望文生意，如"魏曼多"之作"魏多"，明系脱文，而《公羊》家因《春秋》

有"讥二名"之例，遂疑"曼多"之作"多"由于"讥二名"，"讥二名"本当从《左氏》说，而《公羊》家则闻其说而以诬传诬。此望文生意者一也。"君氏"作"尹氏"，由于"君""尹"古通，且系省文，而《公》《穀》因周有尹氏，遂以尹氏为周卿，此望文生意者二也。三家之《诗》亦多类此，若明于古经本同一源，凡经文此本与他本互歧者，均由传写之讹，后人缘字生训，又不见古本之文，故异说日多，然非孔子订经之时即用两说也。西汉以前，经无今古文之分，此固今日所可遥想而知者矣。

二　论今古文之分仅以文字不同之故

今人之论今古文者，以为今古文之异在于宗旨，其宗旨本两派，故立说多歧。不知独体曰文，合体曰字，古代之所谓文，犹今日所谓字也。字有今古，故《班志》所谓古今文者，均指文字而言。今文者，书之用汉代通行文字者也。古文者，书之用古代文字者也。就《汉志》观之，则经之立博士者皆今文，以其便于民间诵习也，如《易经》有施、孟、梁丘、京氏学，《尚书》有夏侯、欧阳学，《诗》有齐、鲁、韩三家，《礼》有《礼经》《礼记》及后苍、二戴之学，《春秋》有《公羊》《穀梁》二家，《班志》皆言其立于学官，则其为今文无疑。若古文则有二种，一为秘府所藏之本，一为民间私行之本。《班志》言："刘向以中古文《易经》文校施、孟、梁丘，经或脱去'无咎''悔亡'，惟费氏经与古文同。""《古文尚书》者，出孔子壁中，鲁共王坏孔子宅，欲以广其宫，而得《古文尚书》及《礼记》《论语》《孝经》凡数十篇，皆古字也。孔安国得《书》以考二十九篇，得多十六篇，安国献之，未立学官。刘向以中古文校欧阳、大小夏侯三家，脱简甚多，文字异者二百余，脱字数十。"又谓《礼古经》出于鲁淹中，《孝经》经文皆同，惟孔子壁中古文为异。又《志》中所载有《尚书古文经》四十六卷、《礼古经》五十六卷、《周官经》六篇、《论语古》二十一篇、《孝经古孔氏》一篇，其所谓古者，均指文字而言。又许君《说文序》有言，"其称《易》费旧作"孟"，误也。氏、《书》孔氏、《诗》毛氏、《礼》周官、《春秋》左氏、《论语》、《孝经》，皆古文也。"夫古文犹言古本，乃经之书以古字者也，即鲁恭王所得，张苍所献之书。若《五经异义》一书，于博士之经，加以今字以别于古文，故有今《易》京、孟说，有今《尚书》夏侯、欧阳说，有今鲁、齐、韩《诗说》，有今《春秋》《公羊》《穀梁》说，有今《戴礼》说，有今《孝经》、今《论语》说。今学而外，有古《周礼》说，有古《尚书》说，有古《毛诗》、古《左氏》、古《孝经》说，夫《异义》所言今说、古说，犹言今文说、古文说耳，不言文者，省辞也。盖今文、古文为汉儒之恒言，犹今日所谓旧板书、新板书也。《说文序》言孔子书《六经》皆以古文，则秦代以前，六经只有古文，无今文。汉代之所谓古文经，乃秦代之时未易古文为秦文者也，其故本至汉犹存。考《史记·秦本纪》云"同一文字"，《说文序》云"秦并天下，罢其不与秦文合者"，《史记·太史公自序》亦曰"秦拨去古文"，盖秦之所以拨去古文者，则以秦代书尚同文，古文之字殊于秦代之字，即所谓不与秦文相合者也，故为秦廷所罢。秦既去古文，则博士所藏之经必易古文为秦文，而汉代通行之文字即秦代通行之文字。《汉书·艺文志》云："《仓颉》七章，秦丞相李斯所作也。《爰历》六章者，车府令赵高所作也。《博学》七章者，太史令胡毋敬所作也，文字多取《史籀篇》，而篆体复颇异，所谓秦篆者也是。时始建隶书矣，起于官狱多事，苟趋省易，施之于徒隶也。汉兴，闾里书师合《仓颉》《爰历》《博学》三篇，断六十字以为一章，凡五十五章，并为《苍颉篇》。武帝时，司马相如作《凡将篇》，无复字。元帝时，黄门令史游作《急就篇》。成帝时，将作大匠李长作《元尚篇》，皆《仓颉》中正字也。《凡将》则颇有出矣。至元始中征天下通小学者以百数，各令记字于庭中。扬雄取其有用者以作《训纂篇》，顺续《仓颉》，又易《仓颉》中重复之字，八十九章。"据此文观之，则汉代通行之字，即袭用秦书之旧，故汉初之传经者若伏生、辕固、韩婴之流，均易经文为汉字，以便民间之诵习。厥后复得古文，由是以民间诵习之经别称为"今文"，以与古文区别，其所以区别之由，均以文字之殊异，故刘向以古文校今文，以证其讹文脱简，犹匠人之据宋板书籍以证坊本之讹耳。故当时之有学识者，均贵古文，系记言总之不离于古文者近是。《说文序》言合以古籀，则以古文系旧时之本，足以证今书之误也。或者曰：如今古文之殊仅以文字，何以说经者有今文、古文二派，而其说亦相悬殊乎？曰：此由所见之文不同，援文生训，遂致所解之义不同耳。昔欧洲中古之时，耶教经典皆用通行之文，及路德起，据经典古本之文以攻其谬，由是教宗分新旧二派，夫新教之别于旧教，因所据之本不同，致所解之义不同耳，非耶稣创教时即含有新旧两派之旨也，岂得以后人解释之歧，遂疑创教时本分二派乎？援此例以证今古文，则今古文立说之歧由于后儒，非孔子订经之时即含有古今两派之旨也，况今古文之说并非划分两派乎？若谓今古文宗旨本殊，岂可信欤？

三 论古经亡于秦火

古书之亡，非仅亡于秦火已也。《孟子》："北宫锜问曰：'周室颁爵禄，如之何？'孟子曰：'其详不可得闻也，诸侯恶其害己也，而皆去其籍。'"又其对滕文公也，引《诗》"雨我公田，遂及我私"，谓惟助为有公田。由此观之，虽周亦助也。夫战国之时，古籍已多残缺，故观于孟子答北宫之问，可以知说经鲜参考之资。观于孟子答滕文之问，又可知说经多揣测之辞。彼说《诗》、说《春秋》者之互歧，孰非由于鲜参考之资乎？又孰非由于多揣测之辞乎？况秦之焚经，不仅从始皇始也。《韩非子》云："商君教孝公燔诗书而行法令。"《和氏篇》。何义门云："商鞅所焚止于国中，李斯乃流毒天下。"是焚书始于商鞅，姚姬传、洪稚存皆有此说。故其言曰："民不贵学则愚，愚则无外交，国安不殆。"《垦令篇》。韩非亦云"群臣为学者可亡"。《亡征篇》。则秦之禁学有由来矣。而今人乃谓秦代焚经系刘歆之伪说。夫《史记·秦始皇本纪》云："三十四年，丞相臣斯昧死言：'臣请史官非《秦记》皆烧之，非博士官所职，天下敢有藏《诗》、《书》、百家语者，悉诣守、尉杂烧之。令下三十日不烧，黥为城旦。所不去者，医药、卜筮、种树之书。若欲有学法令，以吏为师。'制曰：'可。'"《李斯传》略同，并谓始皇可其议，收去《诗》、《书》、百家之论，以愚百姓，使天下无以古非今。据《史记》所言观之，则民间之书未焚者，仅医药、卜筮、种树之书，舍此三类，仅博士有收藏之本耳。博士所藏而外，民间之书尽为秦火所残，故《史记·儒林传》云："秦焚《诗》《书》，六艺从此缺焉。"又曰："秦焚《诗》《书》，书散亡亦多。"《六国表》云："《诗》《书》所以复见者，多藏人家。"夫六艺既从秦而缺，此《尚书》《礼经》之所由有佚篇也。书既从秦而散亡，此《太誓》所由得于河内也。书或藏于民家，此孔壁所由有古经也。若以《史记》之文为刘歆所窜，则贾生《过秦论》有云："于是废先王之道，焚百家之言，以愚黔首。"岂亦刘歆所伪作耶？且《史记·儒林传》云："孝文时，欲求能治《尚书》者，天下无有。"又云："秦焚书，伏生壁藏之。汉定，伏生求其书，亡十数篇，独得二十九篇。"此《尚书》至秦而缺之证。又曰:"《礼》固自孔子时而其经不具,及至秦时,书散亡益多,于今独有《士礼》,高堂生能言之。"此《礼经》至秦而缺之证。《六国表》云:"秦既得意,烧天下《诗》《书》,诸侯史记尤甚,为其有所刺讥也。"夫《春秋》亦诸侯史记之一,此《春秋》至秦而残之证。然今人言六经不亡于秦者,所持厥有二说:一曰秦代多儒生,二曰书籍为萧何所收。夫张苍、叔孙通均秦代之官职,秦代之《诗》《书》藏于博士,禁民间私阅,未尝禁官之私阅也。若陈余、刘交、申公、伏生、郦食其、陆贾之通儒学,或系在秦火以前。至《史记·儒林传》言:"至于始皇,儒术既绌,齐鲁之间,学者独不废。高帝围鲁,鲁儒尚讲诵习礼乐,弦歌之音不绝。"此指儒术而言,非指儒学而言。学与术不同,学载于书,术寓于器。古代之治学也,惟读书必凭典册。读书而外,礼贵讲习,诗乐皆尚弦歌,一则身体力行,一则口耳相传,均不必凭之于典册。汪中《讲学释义》曰:"讲,习也。习,肄也。肄,讲也。《国语》:'三时务农,而一时讲武',《春秋传》:'大雩,讲于梁氏',又'孟僖子病不能相礼,乃讲学之'。《月令》:'孟冬之月,天子乃命将帅讲武、肄射、御角力'是也。古之为教也以四术,书则读之,诗乐同物,诵之歌之,弦之舞之,揖让周旋,是以行礼。故其习之也,恒与人共之,'学而时习之','有朋自远方来',所谓君子以朋友讲习也。传曰'实雅肄三',又曰'臣以为肄业及之',皆谓此也。学人习之,其师则从而告之,《记》曰:'小学正学干,大胥赞之。籥师学戈,籥师丞赞之,春诵夏弦,大师诏之。瞽宗秋学礼,执礼者诏之。冬读书,典书者诏之。'曰'学'、曰'赞'、曰'诏',必皆有言,故于文皆从言,其行礼也,或谓之相,或谓之传,一也。'孔子适宋,与弟子习礼大树下','鲁诸儒讲礼乡饮大射于孔子冢',皆讲学也。礼乐不可斯须去身,故孔子忧学之不讲。后世群居终日,高谈性命,而谓讲学,吾未之前闻也。"观鲁中诸儒所讲诵,讲指习礼言,诵指弦歌言,故下文又曰:"汉兴以后,诸儒乃得讲习大射乡饮礼。"《孔子世家》云:"鲁世世相传以岁时奉祠孔子冢,而诸儒亦讲礼乡饮大射于其所。"则讲指习礼而言明矣。秦代之所焚者,书也。所未焚者,器也。书焚,故儒学亦亡。器存,故儒术亦存。观孔甲抱礼器而归陈涉,《史记》言汉兴,鲁徐生善为容,则鲁中诸儒所习者,不过用礼器而习容仪已耳。若其书则固残缺也,不得据此为秦不焚书之证。至于萧何收图籍,其说亦非。考《史记·萧何传》云:"沛公至咸阳,诸将争走金帛财物之所,何独收秦丞相御史律令图书藏之。"夫萧何所藏之图书,即《张仓传》"明习天下图书计籍"之图书也,图犹《周礼》职方氏所掌之图,书犹《周礼》小行人所献之书。《萧传》以律令与图书并言,《张传》以计籍与图书并言,则图书即有秦一代之版籍,故汉高祖得之,因以知天下阨塞,户口多少,强弱之处。见《史记》。而今人以图书即六艺,岂可信乎?夫萧何为刀笔吏,固不知《诗》《书》为何物。若高祖者,溺郦生之儒冠,憎叔孙通之儒服,又言"乃公居马上得天下,安用诗书",则六艺之籍虽藏于秦宫,必不为汉军所取,彰彰明矣。盖汉兵入关,秦博士所藏之经犹存而未亡,厥后乃亡于项羽之火。《史记》曰:"项羽引兵,西屠咸阳,烧秦宫室,火三月不灭,收其货宝妇女而东。"又曰"项羽见秦宫室皆已烧残破",夫宫室既焚,则六经之藏于其间者,亦必同归于乌有。是民间所存之经亡于秦火,而博士所存之经又亡于项羽之火也。经安得而不残?书又安得而不缺乎?若谓六艺为萧何所取,则《史记·儒林传》又云:"于是汉兴,萧何次律令,韩信申军法,张苍为章程,叔孙通定朝仪,则文学彬彬进,《诗》《书》往往间出矣。"是《诗》《书》之出,在萧何次律令之后,则六艺非献于萧何,使萧何果收六艺,则汉代应见六艺之全文,何以说《书》犹欲征伏生,问《礼》犹欲征申公乎?则萧何收典籍之说,不足信也明矣。要而论之,秦代之时,禁民间私习六艺,其藏于秘府者,亦大抵改古文为秦文。故《太史公自序》言"秦拨去古文",而汉代之时,今文之经传之者尚多,而古文之经传之者愈少,见前册。即此故也。若谓秦既焚书,何以至汉时而经复出,则试引近事以证之:昔乾隆之间,焚毁禁书计千百种,民间藏之辄干禁例,然收藏之家、好奇之士则仍藏匿其书,故至于近岁,禁书之亡者固多,而禁书之出者亦多,然皆残缺不完之帙。秦代之焚经,犹乾隆时之焚禁书也,禁书因焚毁而存,犹六艺之经秦火而存也。禁书因焚毁而残,犹六艺之经秦火而残也。由是言之,则六艺之残由于秦代之焚书,又何疑乎?

四　辨明今古文立说多同,非分两派

今人某氏,谓今古学宗旨全不相同:今学祖孔子,古学祖周公。今学以《王制》为主,古学以《周礼》为主。今学主因革,古学主从周。今学用质家,古学用文家。今学多本伊尹,古学原本周公。今学多孔子晚年之说,古学多孔子壮年之说。今经皆孔子所作,古经多学古者润色史册。又谓今为经学派,古为史学派。今学近乎王,古学师乎伯。今学意主救文弊,古学意主守时制。并以大、小《戴记》各篇,有今有古,

《王制》诸篇为今学,《玉藻》诸篇为古学,亦若今文之于古文,立意相反,犹明三朝要典之有新旧者然。呜乎,何其固也!夫战国之时,诸儒治学,杂取今古,已见前册。而西汉儒生之说经,以古文之经参以今文之说,以今文之经参以古文之说,尤更仆难终。见后册。至于东汉,郑君注《周官经》多用《王制》,笺《毛诗》多用三家之说,注《古文尚书》多用《尚书》欧阳氏说,则今文之说未尝不可注古文也。何休《公羊解诂》多本《毛诗》,而征引佚《礼》者尤多,则古文之说未尝不可注今文也。汉儒曷尝划分古今二学,若冰炭之不相容哉!且《五经异义》一书,于今文古文辨之最严,于先儒之说,必著明某说为今文家言,某说为古文家言。今就其书所引者观之,则今文之说同于古文,而古文之说同于今文者,计有九条。《五经异义》云:"爵制,今《韩诗》说,一升曰爵,二升曰觚,三升曰觯,四升曰角,五升曰散。"古《周礼》说亦与之同。夫《韩诗》之说,今文家言也,《周礼》之说,古文家言也。据《异义》之说观之,则《韩诗》之说同于古《周礼》。此古今文立说之相同者一也。又《五经异义》云:"《鲁诗》说,丞相匡衡以为殷中宗庙、周成王庙皆以时毁,《古文尚书》说,经称中宗明其庙宗而不毁。谨案《春秋公羊》御史大夫贡禹说,王者宗有德庙不毁,宗而复毁,非尊德之义。"夫《古文尚书》,古文家言也,《公羊》之说,今文家言也。据《异义》之说观之,则《公羊》之说同于《古文尚书》。此古今文立说之相同者二也。《五经异义》又云:"《公羊》说存二王之后,所以通天三统之义。《礼·郊特牲》云:'天子存二代之后,犹尊贤也,尊贤不通二代。'陈寿祺云:"案《郊特牲》正义引,无'礼郊特牲'以下二十二字,但云引此文,今依文义增。"古《春秋左氏》说,周家封夏殷二王之后以为上公,封黄帝、尧、舜之后谓之三恪。谨案治《鲁诗》丞相韦元成、治《易》施雠说引《外传》曰:'三王之乐,可得闻观乎?'知王者所封,三代而已,而与《左氏》说同。"夫《鲁诗》之说,今文家言也,《左氏》之说,古文家言也。据《异义》之说观之,则《左氏》之说同于《鲁诗》之说。此今古文立说之相同者三也。《五经异义》又云:"妾母之子为君,得尊其母为夫人不?《春秋公羊》说,妾子立为君,母得称夫人,故上堂称妾屈于嫡,下堂称夫人尊行国家,则士庶起为人君,母亦不得称夫人。孔广林云十四字当在"子不得爵命父母"下,文错在此。父母者,子之天也,子不得爵命父母,至于妾子为君爵其母者,以妾本接事尊者,有所因也。《穀梁》说,鲁僖公立妾母成风为夫人,入宗庙，是子而爵母也，以妾为妻，非礼也。古《春秋左氏》说，成风得立为夫人，母以子贵，礼也。谨按《尚书》，舜为天子，瞽瞍为士，明起于匹庶者，子不得爵父母也。至于鲁僖公，本妾子，尊母成风为小君，经无讥文，《公羊》《左氏》义是也。"夫《公羊》之说，今文家言也，《左氏》之说，古文家言也。据《异义》之说观之，则《左氏》之说同于《公羊》，而《公羊》之说转异于《榖梁》。足证今文家言亦未必悉同。此今古文立说之相同者四也。《异义》又云："今《春秋公羊》说，诸侯曰薨，案见隐三年《传》。赴于邻国亦当称薨，经书诸侯言卒者，《春秋》之文王鲁，故称卒以下鲁。古《春秋左氏》说，诸侯薨，赴于邻国称名，则书名称卒？卒者，终也，取其终身，又以尊不出其国。慎谨案，《士虞礼》云：'尸服卒者之上服'，不分则尊卑皆同言卒。卒者，终也，是终没之辞也。"案《士虞礼》之说，今文家言也，《左氏》之说，古文家言也。据《异义》之说观之，则《礼经》之说同于《左氏》，异于《公羊》。此今古文立说之相同者五也。《异义》又云："《公羊》说，臣子先死，君父犹名之，孔子云'鲤也死'，是已死而称名。《左氏》说，既殁称字而不名，桓二年宋督弑其君与夷，及其大夫孔父嘉，先君死，故称其字。《榖梁》同《左氏》说。慎谨案，《左氏》《榖梁》说，以为《论语》称'鲤也死'，时实未死，假言死耳。"案《榖梁》之说，今文家言也，《左氏》之说，古文家言也。据《异义》之说观之，则《左氏》之义同于《榖梁》，而《公羊》之说转异于《榖梁》。此今古文立说之相同者六也。《异义》又云："《公羊》说，雨不克葬，案宣八年，定十五年。谓天子诸侯也。卿大夫臣贱，不能以雨止。《榖梁》说，葬既有日，不为雨止。《左氏》说，卜葬先远日，辟不怀，言不汲汲葬其亲，不可行事，废礼不行，庶人不为雨止。慎谨案《论语》云：'死，葬之以礼'，以雨而葬，是不行礼。《榖梁》说非也，从《公羊》《左氏》之说。"案《公羊》之说，今文家言也，《左氏》之说，古文家言也。今据《异义》之说观之，则《公羊》之说同于《左氏》，异于《榖梁》。此今古文立说之相同者七也。案《论语》此说亦为今文家言，而许君引此以证《左氏》之说，则今《论语》之说亦不殊于《左氏》。《异义》又云："《今文尚书》欧阳说，肝，木也。心，火也。脾，土也。肺，金也。肾，水也。古《尚书》说，脾，木也。肺，火也。心，土也。肝，金也。肾，水也。慎案《月令》'春祭脾，夏祭肺，季夏祭心，秋祭肝，冬祭肾'，与古《尚书》同。"案《古文尚书》，古文家言也，《月令》，今文家言也。

据《异义》之说观之，则《月令》之说同于古《尚书》。此今古文立说之相同者八也。《异义》又云："《公羊》说，麟，木精。《左氏》说，麟，中央轩辕大角之兽。陈钦说，麟是西方毛虫。慎谨案，《礼运》云：'麟、凤、龟、龙，谓之四灵。'龙，东方也。虎，西方也。凤，南方也。龟，北方也。麟，中央也。"案《礼运》之说，今文家言也，《左氏》之说，古文家言也。据《异义》之说观之，则《礼运》之说同于《左氏》。此今古文立说之相同者九也。举此数端，则今古文非划分两派，彰彰明矣。今人谓今古文宗旨互歧，夫岂然哉？

五　论西汉初年学者多治古文学

今之论古文学者以为，古学所以得名，由诸经出于孔壁，写以古文，孔壁既虚，则古文亦伪。夫孔壁而外得古文者，尚有河间献王。戴震《河间献王传经考》云："今三家《诗》亡，而《毛诗》独存。昔儒论治《春秋》者，可无《公羊》《穀梁》，而不可无《左氏》。当景帝、武帝之间，六艺初出，群言未定，献王乃立《毛氏诗》《左氏春秋》博士，识固卓卓。《景十三王传》称：'献王所得书，皆古文先秦旧书，《周官》《尚书》《礼》《礼记》《孟子》《老子》之属，皆经传说记，七十子之徒所论。'陆德明《经典释文录》云：'景帝时，河间献王好古，得古《礼》献之。或曰："河间王开献书之路，时有李氏上《周官》五篇，失《冬官》一篇，乃购，千金不得，取《考工记》以补之'。"陆引"或曰"者，无明据也。然本传列献王所得书，首《周官》，汉经师未闻，以教授马融。《周官》传谓"入于秘府，五家之儒莫得见，是也。其得自献王无疑"。郑康成《六艺论》云："河间献王《古文礼》五十六篇，其十七篇与高堂生所传同，而字多异。《记》百三十一篇。"斯即本传所列之《礼》，《礼记》者，谓《古文礼》与《记》也。《周礼》六篇，郑亦系之献王，又为陆氏得一证。"司马贞以今文《孝经》为献王所得颜芝本，是书本传不列，虽颜芝河间人，不必至献王始得也。"其举献王所得书至为详晰。献王得书在景武之间，然学者之治古文学则在景武以前，足证秦汉之间，古文之学虽残佚失传，然未尝一日绝也。或谓据《汉书》及许氏《说文序》，则汉初之时，仅有北平侯献《左传》，若《周官》诸经未闻民间之讲习，何以知景武以前学者多治古文学？曰：此由学者未尝深考耳。今就汉代之书籍观之，明证昭垂，固可按也。《五经异义》云："《礼》戴说，天子亲迎。《春秋公羊》说，自天子至庶人皆亲迎。《左氏》说，天子至尊无敌，故无亲迎之礼，诸侯有故若疾病，则使上大夫迎，上卿临之。谨案高祖时，皇太子纳妃，叔孙通制礼，以为天子无亲迎，从《左氏》义也。"案汉代挟书之禁，除于孝惠之时，则北平侯献书必在高祖以后。当高祖时，不独河间之书未出也，即北平之书亦未献，而《左氏》之书已为叔孙通所称述，则西汉之初，学者非不治《左氏》也。叔孙通为秦博士而通《左氏》学，足证秦代未尝废《左氏传》之说也。毛公《诗传》成于秦汉间，而多引《周官经》，如"缟布五两"引于《行露篇》传，"邦国六闲"引于《駉》诗传，九族之制引于《常棣》传，四享之礼引于《天保》传，推之引圜土之文以释《正月》之诗，引粢盛之文以注《白华》之什。"挈壶设官"，合于《东方未明》之义，"凶荒杀礼"见于《野有死麕》之章。足证献王之前，《周官》之学未尝绝于民间。即《考工记》一篇为献王所得，然殳制见于《伯兮》之传，繘制见于《采菽》之传，镞矢王弓均见于《行苇》之传，足证《考工记》一篇亦为民间所盛行，则西汉之初学者非不见《周官》也。又贾生卒于文帝时，在河间献王以前，然《左传》《国语》《毛诗》诸书，后儒称为古文学者，贾生均亲见其书。《新书·属远篇》云："古者，天子地方千里，公侯地百里。"案《左传》襄公二十五年云："天子之地一圻，侯国一同。"此即《属远篇》之所本也。《淮难篇》云："白公成乱也，有白公之众也。"案白公之乱及白公得众，均见《左传》哀公十六年，此即贾生所本。《连语篇》云："齐恒公得管仲、隰朋，则九合诸侯；竖貂、子牙，则饿死胡宫，虫流而不得葬。"案桓公用管仲、隰朋及竖貂、易牙，均见于《左传》庄、僖二卷中，此亦贾生所本。又《礼篇》所言"父慈子孝"一节，本于晏子对齐景之言。《容经》所言"明君在上"一节，本于北宫文子论威仪之语，其词咸本于《左传》。若《耳痹篇》记伍子胥之谏吴，《礼容语下篇》记叔孙氏之聘宋，亦与《左氏》相同。而《礼容语篇》记单子论晋侯之词，则又全本于《国语》。又《等齐篇》云："孔子曰：'长民者衣服不二，从容有常，以齐其民，则民德一。'今此语见于《诗序》。《诗》云：'彼都人士，狐裘黄黄，其容不改，出言有章。'"是《都人士篇》之义旨，贾生折衷《毛诗》，足证《左传》《毛诗》之书均为贾生所亲见。又《礼篇》所言"道德仁义，非礼不成"，本于《曲礼》，"国无九年之蓄"及"不合围、不掩群"二节，本于《王制》，《容经》所言，又全出于《玉藻》《曲礼》，则贾生又明今《礼》。夫贾生《左氏》之学既得于张苍，而《毛诗》之学亦远绍荀卿之传，若谓景、武以前古文之学未兴，岂其然哉？不惟此也，刘歆《让博士书》谓："《泰誓》后传，博士集而读之。"则武帝以前本无《泰誓》，然娄敬引之于前，董仲舒引之于后，则博士不传《泰誓》之前，民间未尝无《泰誓》也。又即《毛诗》观之，《葛覃篇》"服之无致"，《天作篇》"太王荒之"，《旱麓篇》"干禄恺悌"，以及《皇华》陈六德，《新台》咏籧篨、戚施，《毛传》所释之词，多取于《左传》《国语》，则《左传》立学官以前，注经者未尝不采《左传》也。若伏生《大传》《春秋繁露》诸书，所言古礼多为十七篇所无，或即佚《礼》之文，则献王未得佚《礼》以前，民间未尝无佚《礼》。要而论之，西汉初年，古文之学未尝不与今文并行，特武帝以后，立于学官者均属于今文，由是古文之学不显，而献王所献，孔壁所获，遂以为奇书，实则景武以前，古文之学未尝一日绝也。若河间献王得书之事，不见于《史记》，近人或疑其伪，然《史记》于汉代之事所缺载者甚多，何独于此而疑之？若谓史迁不信古文，则《五帝世家赞》云："总之不离古文者近是。"《仲尼弟子传》云："则论言弟子籍，出孔氏古文近是。"抑今文而崇古文，刘歆以前，仅史迁一人而已，岂可视为伪文哉？

六　论西汉今文家不废古文

西汉之初，无今文古文之争，盖博士未立，不以经学为禄利之途，故说经者杂引今古文。及今文立于学官，然后所学定于一尊。然舍古文而专说今文者，惟末师俗儒则然耳。若今文大师则不然，其事盖有二因：一则为博士者，见闻甚陋，于古今奥义茫然不知，囿于所习，故排斥古文。一则恃博士之职为生涯，虑古文既立，则利禄之途与他人相共，故因保持利禄之故而斥古文。其二因虽殊，然一由于陋，一由于鄙，均俗儒也。于古文之说，旁收博采，所引之说不必定出于今文，是犹治古文者兼用今文之说如贾谊世传古文学，而谊孙贾嘉则兼治今文《尚书》，见《汉书·儒林传》中。也。足证西汉治今文者，并不以古文家言为伪，亦不以古文家言为可废，岂若博士之党同伐异乎？试举《汉书》以为证，如伏生《大传》云："《书》曰：'三载考绩，黜陟幽明。'"是今文读至"幽明"为句。《汉书·谷永传》：永对曰："经曰：'三载考绩，三考黜陟幽明。'"用今文说。而《汉书·李寻传》："经曰：'三载考绩，三考黜陟。'"读至"黜陟"为句，与《史记》同，《史记·五帝本纪》云："三载，一考功，三考黜陟。"《史记》此说盖从安国之说也。又《白虎通》云："诸侯所以考黜何？王者所以勉贤抑恶，重民之至也。《尚书》曰：'三载考绩，三考黜陟。'"亦用古文说。必为《尧典》古文之说。

案寻治《齐诗》，则所治为今文之学，而用《古文尚书》。《白虎通》又引《尚书》曰："三年一考，少黜以地。"其义谓一考辄黜，与《大传》以黜陟须至九年者不同，盖亦古文家之说。匡衡治《齐诗》，《五经异义》作《鲁诗》，"鲁"字讹。谓殷中宗、周成王、宣王庙皆以时毁，是今文于庙制主迭毁之说。《汉书·韦玄成传》所载贡禹庙制议，亦主迭毁之词，而《异义》又引贡禹说，谓："王者宗有德庙不毁，宗而复毁，非尊德之义。"与《古文尚书》同。《异义》云："《古文尚书》说，经称中宗明其庙宗而不毁。"且与刘歆之议转合。案禹治《公羊》，见《异义》中。则所治本今文之学，乃亦用《古文尚书》。此今文家兼通《古文尚书》之证。若今文家之兼通《左氏》者，犹更仆难终。杜邺者，兼治《齐诗》者也，而言鲁为三桓作三军。《杜邺传》云："元寿元年正月朔，上以皇后父孔乡侯傅晏为大司马卫将军，而帝舅阳安侯丁明为大司马骠骑将军，临拜，日食。邺曰：'皇甫虽盛，三桓虽隆，鲁为作三军，无以甚此。'"案鲁作三军，三家分将，其事惟见于《左传》襄十一年。则邺所用者，《左氏》说也。师丹者，亦治《齐诗》者也，而引"天威不违颜咫尺"，《师丹传》云："治诗，事匡衡。"则丹为今文《齐诗》之学。又言丹上书，言"臣闻'天威不违颜咫尺'，愿陛下深思先圣所以建立陛下之义"。案"天威"一语见《左传》僖九年《传》中，则师丹亦明见《春秋左氏传》。翼奉者，亦治《齐诗》者，而言"春秋忌子卯"。《翼奉传》云："北方之情，好也。好行贪狼，申子主之。东方之情，怒也。怒行阴贼，亥卯主之。贪狼必得阴贼而后动，阴贼必待贪狼而后用，二阴并行，是以王者忌子卯也。《礼经》避之，《春秋》讳焉。"案奉治《齐诗》，最信五际六情之说，而子卯为忌日之说，见于《左传》昭九年。翼奉言"春秋讳焉"，则奉所言《春秋》明指《左氏传》也。韦孟者，治《鲁诗》者也，而言"肃肃我祖，国自豕韦"，此即用《左传》刘为尧后之义。龚胜者，亦治《鲁诗》者也，而言《春秋》书叔孙侨如。《汉书·朱博传》云："谏大夫龚胜等十四人以为'《春秋》之义，奸臣事君，常刑不舍，叔孙侨如欲专公室，潜其族兄季孙行父于晋，晋执因行父以乱鲁国，《春秋》重而书也'。"案胜所言之事见于《左传》成公十六年，则胜亦见《春秋左氏传》。又主父偃、杜钦均杂治今文，而主父偃之言曰："天子春蒐秋狝，诸侯春振旅，秋治兵。"即本于《左传》所载臧僖伯语，隐公五年。而兼用《周官经·夏官》之文。杜钦之言曰："传言：'赏疑从予，所以广恩广功也。罚疑从去，所以慎刑，缺难知也。'"见《汉书·冯野王传》。即本于《左传》蔡声子语，《襄公》二十六年与此文略同。而兼用《古文尚书·大禹谟》之文。孰非今文家兼通《左氏春秋》之证乎？且西汉之时，董仲舒、眭弘均治今文《春秋》，号为《公羊》大师，乃《春秋繁露·王道篇》云"恩卫葆",即用《左氏经》"齐人归卫俘"之说。俞氏樾云:"董子固传《公羊》学,而此篇有'恩卫葆'之文,'葆'从'保'声,'保'从'采'省,'采'即古文'孚'也,则'葆'之与'俘'亦得通用,若是'卫宝'不得言恩,其下又言'囹圄之平也',则其为俘因明矣。"又《汉书·五行志》谓:"隐五年秋螟,董仲舒、刘向以为公观渔于棠,《经》作"观鱼",而《左传》作"公将如棠观鱼者","鱼"者即"渔"也,此董、刘用《左氏》说之证,非用《公羊》《穀梁》之义也。"贪利之应"即用臧僖之语。亦用《左氏》之说,而眭弘所上之疏,亦曰"汉为尧后",即用《左氏》古文之义。是《春秋左氏传》治《公羊》者多见之。若刘向之说《左传》,厥证犹多。如昭十九年龙斗郑时门之外、庄十四年外蛇与内蛇斗郑南门中、文十六年蛇出泉宫,如鲁先君之数,《公》《穀》二传均无其文,而刘向均有铨明之语,见《汉书·五行志》。则刘向不废《左氏》之学,且引《左传》说《春秋》。不惟引《左传》以说《春秋》也,向虽治今文之学,然往往舍今文固有之义,而用古文。如《论语》"郑声淫",今文家均以郑为郑国,《异义》云:"今《论语》说郑国之于俗,有溱洧之水,男女聚会,讴歌相感,故曰'郑声淫'也。"古文家以"郑声"为"蹋躐"之音。《异义》云:"《左氏》说,烦手淫声谓之郑声者,言烦手蹋躐之音使淫过矣。"案此说本于《左氏》昭元年。而刘向《五经通义》云:"郑重之音使人淫。""蹋躐"即"郑重"之转音,非刘向舍今文用古文之证乎?又《毛诗》之说不昌于西汉之时,而司马相如《难蜀父老》文云:"且夫王者,未有不始于忧勤而终于佚乐。"即用《毛诗·鱼丽序》之文,足证《毛诗》之《序》成于毛公,非卫弘所作。《周官》之说亦不行于西汉,而娄敬说汉高祖曰:"成王即位,周公之属傅相焉。"案《今文尚书》以司徒、司马、司空为三公,而《古周礼》说以太师、太傅、太保为三公。许君《异义》引周公为傅、召公为保、太公为师之说,以证《古周礼》之说,而娄敬言"周公之属傅相",与许所引说同,是娄敬用古文之证。即用《古周礼》之说,足证《古周礼》行于汉初,非刘歆所伪作。若汉人引《左氏》者,其证尤多,如《左传》哀公十六年,《传》云:"期死非勇也,必生非任也。"而《韩王信传》载上赐信书,谓:"专死不勇,专生不任。"即用《左氏》原文,而以"专"字释"期"字。又僖十五年言"服而舍之",《汉书·卫青传》载武帝语,亦有"服舍"之文。又《武五子传》云:"是以仓颉作书,止戈为武,圣人以武禁暴整乱,止息干戈,非以残而纵之也。"亦节用宣十二年楚庄王语。均汉人用古文之证。若舍古文以言今文,惟西汉末年之博士则然耳,汉人虽陋,不若是之甚也。

七　论宋于庭之说不足信

宋氏于庭，拾《庄》学之绪余，以《公羊》家言相炫，其论今文古文也，大抵扬今文而抑古文。尝作《拟太常博士答刘歆书》，略谓："《尚书》二十八篇，帝王之事已备，孔子虽为百篇之序，或虚存其目，或并合其文，条列明白，子夏之言'书有七观'，莫逾于此。近闻多得十六篇，亦微文碎辞而已。"案此乃宋氏之诬《古文尚书》也。夫汉博士以《尚书》二十八篇为备，宋氏知其说不可通，乃云《尚书》二十八篇，帝王之事已备，并谓佚《书》十六篇，亦微文碎辞。案佚《书》之文，关于帝王之事者，不知凡几。试观"念兹在兹，允出兹在兹"，非《虞书》之佚文乎？而孔子两引其文。《左传》襄公十三年及哀公六年。"惟彼陶唐"一节，非《夏书》之佚文乎？而孔子亟称其语。《左传》哀六年。而尧舜"执中"之训，商王"告天"之词，均《尚书》之佚文也，而载于《论语》。推之《荀子》引《禹谟》，《孟子》引《泰誓》，则二十八篇之外，多为儒家所取，不得谓孔子删书时，以帝王之事具备于二十八篇之中也。宋氏又谓孔子序《书》以存百篇之号，录廿八篇可以明删书之旨，《与王伯申学士书》。此言尤谬。伏生所传之经本系百篇，《史记·儒林传》言："伏生求其书，亡数十篇，独得二十九篇。"则伏生所传之书不以二十八篇为限，彰彰甚明。故扬子《法言》曰："若书之不备者过半矣，而习者不知。"又曰："昔之说《书》者序以百。"均其明征，使伏生所传仅二十八篇，则《大传》何以引《九共篇》佚文？而秦火以后，若娄敬、董仲舒何以又均见《太誓》经文乎？则谓伏生只传《尚书》廿八篇者，妄也。伏生所传尚不只廿八篇，则孔子所删之书亦必不只二十八篇，何得以百篇为孔子虚存其目，佚《书》十六篇为微文碎辞乎？宋氏又以伏生只二十八篇，并《太誓》而无之，则孔子言"六《誓》可以观义"，非有《太誓》而何？安得以六字为五字之误乎？其不足信者一也。其书又云："《礼经》十七篇，五常之道，包括靡遗，不必推《士礼》以致于天子。"案此乃宋氏之诬佚《礼》也。《仪礼·公食礼》曰"设洗如飨"，今《飨礼》不传，则《礼经》篇目不止十七，安得以《仪礼》十七篇为备？且《白虎通》及何休《公羊解诂》均今文家言，而佗引佚《礼》，则今文家固不以逸《礼》为伪，奚得谓《礼经》无佚篇乎？其不足信者二也。其书又云："《春秋》，先师之道，得孔子窃取之义，《左氏》所传，其文则史，乌睹《春秋》之法乎?"此乃宋氏之诬《春秋左氏传》也。推宋氏之意，盖以《公羊》得《春秋》之传，《左氏》则不传《春秋》，其所以定《左氏》不传《春秋》者，则以《左传》之体非《春秋》之成法。然观《墨子》一书，自言见《百国春秋》，书中所引，有《周春秋》《燕春秋》《宋春秋》《齐春秋》之文。《周春秋》所记有杜伯一事，《燕春秋》所记有庄子仪一事，《宋春秋》所记有祐观辜一事，《齐春秋》所记有王里国、中里缴一事，就其文体观之，其记事甚详，既撮大纲，兼条细目，殊于《公》《穀》，同于《左传》，则三传之中，其合古《春秋》成法者，当首推《左传》。又《管子·山数篇》云"《春秋》以记成败"，而记成败最详者，亦莫若《左传》，何得以《左氏》昧于《春秋》成法乎？其不足信者三也。宋氏既作此书，虑其说不足以自伸，乃复作《汉学今文古文考》，首述今古文立学先后，以博士所传为今文家，民间所行为古文家，西京之世，自朝廷以至乡党，文章议论，罔不为今文家说，此固然矣。又谓古文家专明训诂，其谈先王之制、为政之体，非博士所传，不可依也。推宋氏之义，一若古文所言，略于典章制度，不足推经致用，不知汉初之时，所用之制全本于古文家言。《五经异义》云："古《春秋左氏》说，古者先王日祭于祖考，月荐于曾高，时享及二祧，岁祷于坛墠及郊宗石室。"谨案叔孙通宗庙有日祭之礼，知古而然矣。韦昭《国语注》亦曰："'日祭为上食，近汉亦然此'，即《汉书·韦玄成传》所谓'日祭于寝寝，日四上食也'。"此汉代庙享用古文说之证。《异义》又云："《礼》戴说，天子亲迎。《春秋公羊》说，自天子至庶人皆亲迎。《左氏》说，天子至尊，故无亲迎礼，诸侯有故，若疾病，则使上大夫迎，上卿临之。谨案高祖时，皇太子纳妃，叔孙通制礼以为天子无亲迎，从《左氏》义。"郑君引文王亲迎驳之，《礼疏》引《诗》说，谓文王此时尤为诸侯，以驳郑君之说。此汉代婚礼用古文说之证，推之《左氏传》言"邑有先君之庙曰都"，则祖庙分立于国都之外，为古文家之说，此即汉立原庙之制所从出也。《史记》云："孝惠帝为东朝长乐宫，及间往来，数跸烦人，乃作复道，方筑武库南，叔孙生奏事，因请间，曰：'陛下何自筑复道高寝，衣冠月出游高庙？高庙，汉太祖，奈何令后世子孙乘宗庙道上行哉？'孝惠帝大惧，曰：'急坏之'。叔孙通曰：'人主无过举。今已作，百姓皆知之，今坏此，则示有过举。愿陛下为原庙渭北，衣冠月出游之，益广多宗庙，大孝之本也。'上乃诏有司立原庙，原庙起，以复道。"后祖宗庙在郡国者六十七所，至永平四年始罢。盖用贡禹、韦玄成今文之说，以破叔孙通古文之说也。《周官经》有司士朝士之职，正朝仪之位，有南向、东向、西向之分，为古文家之说，此即汉定朝仪之礼所从出也。《史记·叔孙通传》云："会长乐宫成，诸侯群臣皆朝十月，仪：先平明，谒者治礼，引以次入殿门，廷中陈车骑步卒卫官，设兵张旗志。传言趋。殿下郎中夹陛，陛数百人。"案此即《周礼》所谓虎贲诸子之制也。又云："功臣列侯诸将军军吏以次陈西方，东乡；文官丞相以下陈东方，西乡。大行设九宾，胪句传。于是皇帝辇出房，百官执职传警。"案此尤与《周礼》所言"正朝仪之位、辨贵贱之等"相合。由此言之，则叔孙通所定之制悉用古文，而汉代所行之制大抵本于叔孙通，孰谓古文略于典章制度乎？且高祖之时，置祠祀官，设秦晋之巫，非出于古文《左氏传》乎？《汉书·高祖纪》赞云："刘向云战国时，刘氏自秦获于魏。秦灭魏，迁大梁，都于丰，故周市说雍齿云：'丰，故梁徙也。'是以颂高祖云：'汉帝本系，出自唐帝。降及于周，在秦作刘。涉河而东，遂为丰公。'丰公，盖太上皇父。其迁日浅，坟墓在丰。及高祖即位，置祠祀官，则有秦、晋、梁、荆之巫，世祠天地。"案汉初之时，既置秦晋之巫，则古文《左氏传》所言其处者为刘氏，必为汉初诸儒所见，此其确证。成帝之时，封孔子后以奉汤祀，非出于古文《左氏》《世本》乎？《梅福传》云："匡衡议，宜以孔子世为汤后，上以其语弗经，遂见寝。至成帝时，梅福复言宜封孔子后以奉汤祀。绥和元年，立二王后，推迹古文，以《左氏》《穀梁》《世本》《礼记》相明，遂下诏封孔子后为殷绍嘉公。"语见《成纪》。况贾谊治《古文》，而言尊大臣、教世子，贾谊所言"尊大臣"一节，出于《古礼》说，所言"教世子"一节，多本于《春秋左氏传》。张敞治古文，而言讥世卿，《汉书·张敞传》：大将军霍光薨，上封事曰："臣闻公子季友有功于鲁，大夫赵衰有功于晋，大夫田完有功于齐，皆略其官邑，延及子孙，终后田氏篡齐，赵氏分晋，季氏颛鲁。故仲尼作《春秋》迹盛衰，讥世卿最盛。"案"讥世卿"虽为今文《公羊》之说，然《汉书》明云张敞传《左氏》学，而封事所引之事又大抵本于《左传》。盖《左氏》亦讥世卿，特不讥世禄而讥世位耳，见《五经异义》。敞之所言，讥霍氏世位，非讥霍氏世禄也。汉代之于列侯，大抵世禄爵而不世位，即用古文《左氏》义。翟方进治古文，《汉书·翟方进传》：方进虽受教《穀梁》，然好《左氏传》、天文星历。而言尊上公、方进曰："《春秋》之义，'尊上公'谓之宰，海内莫不统也。"此即隐元年宰咺传九年宰孔之确诂。诛无礼。《翟方进传》：方进奏曰："昔季孙行父有言曰：'见有善于君者爱之，如孝子之养父母也。见不善于君者诛之，如鹰鹯之逐鸟雀也。'翅翼虽伤，不避也。"则西汉之时，通古文家言者非不足以致用。又如古文家言圣人有父，郑君谓刘媪为汉太上皇之妻，感赤龙而生高祖，是非有父感生而神者也。说虽荒诞，然亦用古文之言。又如古《春秋左氏》说成风得立为夫人，母以子贵，礼也，与《公羊》同，而汉文之尊薄后即用此礼，亦汉用古文说之证。后儒徒以王莽用古文召乱，遂疑古文不可行，不知汉制用《周官经》者，不下数百十事。见郑君《周礼注》。

谓王莽用古文召乱，是为以成败论人，倘新室传世数百年，则学者又将转易其词，而以古文为足以治国矣。且汉武行平准征输之制，未尝参以古文之说，世何以亦行之而病民？乃宋氏之斥歆、莽也，一则曰邪说傅会，私臆妄行，再则曰文饰经术，以成其奸。夫秦用今文家言，而博士引《公羊》"人臣无将"之说，以助人君之虐焰。及于西汉，而公孙弘以《公羊》致显位，戴圣以今《礼》助贪残，孰非今文家饰经以成奸者乎？又汉武之时，用《今文尚书》"巡狩"之说，遂生封禅之邪谋。汉宣之时，用今文《春秋》"不伐丧"之言，遂至养痈以贻害，孰非今文家言之害于政事者乎？若谓歆、莽饰古文以成其奸，则汉高得天下，用"刘为尧后"之说，已用古文家言以成其奸矣，何以不斥汉高而斥新莽乎？是则今文不必尽可行，古文不必尽可废，若宋氏谓古文专明训诂，浅之乎视古文矣。且宋氏之说自相矛盾，既言古文行于民间，而又言古文但藏秘阁，中多淆乱，岂行于民间者均伪古文乎？既言古文专明训诂，许君引以证六书，郑玄以之正今文之字，又言古文多淆，不若博士所传为可据，博士所传之经，不能增易一字，故可传信，今文既不能增易一字，又何赖古文之明训诂乎？又谓古文惟向、歆父子相继典校，六经古文，向亦不信，《春秋》舍《左氏》而持《穀梁》，义见于《向传》，其他称引，俱是今文。案子政呻吟《左氏》，其说见于桓谭《新论》，若《新序》《说苑》《五行志》诸编，均杂引《左氏传》，又校定《国语》，以中古文校《今文尚书》，而所著之书，其引《尚书》佚文者亦不下数十条，均系《古文尚书》，孰谓刘向不信古文乎？则歆尊古文，系承父志，非固与子政立异也。要而论之，今文之学，俗师之学也，利禄之学也。舍通一经而外别无他长，虑古学之可以夺己帜也，则深文周内以折古学之非，推其义旨，无非欲保一己之利禄耳。故西汉初年，博士未立，今文古文并行不悖；及今文既立，博士则日与古文为仇，彼其心岂真知学术之公哉？况西汉经学之兴废，不必讨论其立说之是非，只以势力之大小区之而已。故汉廷议礼，视丞相所学，苟与之同，虽屈而可申，倘或立异，即优而亦绌。甚至一家之中，分立门户，邀求立学。汉制：凡弟子传先师说，苟其同也，共立其师，倘有同异，则分立弟子。故当日之儒，恒变易其说以求分立，如严、颜之于《公羊》，大小夏侯之于《尚书》，大小戴之于今《礼》是也。禄利所在，民所争趋，此刘歆所由有"微言绝，大义乖"之叹也。夫为学而希利禄，则所学必不克传。西汉之世，今文之学以利禄，古文之学若孤芳，而宋氏转谓微言大义并汉世博士所传，以尊今抑古，则是以势力之优绌定学术之是非，不可不谓之失平也矣。故先即其说而辨之。

八　辨魏氏之说不可从

与宋氏并世而生者，有邵阳魏源，亦治今文学，尝作《两汉经师今古文家法考》，谓："西汉之学胜于东汉，东汉之学兴，而西汉博士之家法亡。"案汉武立五经博士，武帝以降，博士日增，其立于学官者，《易》有施、孟、梁丘、京氏，《书》有欧阳、大小夏侯，《诗》有齐、鲁、韩，《礼》有大小戴、庆氏，《春秋》有《穀梁》及《公羊》严、颜二家，凡十七博士。又据《后汉书·儒林传》谓："光武立五经博士，各以家法教授，《易》有施、孟、梁丘、京氏，《尚书》欧阳、大小夏侯，《诗》齐、鲁、韩，旧本下有"毛"字，系衍文。《礼》大小戴，《春秋》严、颜，凡十四博士。"是东汉所立博士略与西汉相同。考东汉之时，治《易》之儒若范升、吕羌、梁恭、杨政、祁圣元、张兴、张堪、杜晖，皆宗梁丘；刘昆、刘轶、景鸾均宗施氏；夏恭、洼丹、觟阳鸿、袁贞、徐淑、任安、梁𫗧、宗资、虞光，咸宗孟氏；刘辅、戴凭、杨秉、崔瑗、郎𫖮、康檀、樊英、徐穉、第五元，咸宗京房。若《尚书》之学，宗欧阳者有桓荣、彭闳、丁鸿、鲍骏、张皵、陈弇、刘恺、杨震、黄琼、张兴、杜乔、宗资；桓氏、欧阳氏世传其学。宗大夏侯者有牟融、觟阳鸿、宋意、张驯、吴良；宗小夏侯者有赵玄、班伯、冯宾、王良。至三家之《诗》治者亦各不同，传《鲁诗》者有卓茂、许晃、李业、魏应、包咸、刘依、鲁恭、陈重、雷义、陈宣；传《齐诗》者有马援、白奇、景鸾、伏湛、伏恭、陈纪；传《韩诗》者有郅恽、薛汉、杜抚、澹台敬伯、韩伯高、杨仁、张恭祖、侯包。当此之时，治《严氏春秋》者若郅恽、李章、丁恭、楼望、承宫、钟兴、周泽、甄宇，不下数十家；治《颜氏春秋》者若张元、鲁峻、丁直、马萌、吕图、吴盛、夏侯弘，亦不下数十家。推之治大戴之学者有徐良诸人，治小戴之学者有桥仁、杨荣诸人。以上诸儒，或身列公卿，为帝者师，或施教乡里，弟子千百人。其见于荀悦、谢承之书及汉碑者，尤不可缕数。则东汉之时，上之所行，下之所好，均即西汉博士之学也，亦即西汉今文之家法也，何魏氏转以西汉博士家法亡于东汉乎？盖魏氏以古文之学兴于东汉，而博士家法之亡由于古文。不知东汉之时，《古文尚书》《毛诗》

《左传》均未立学官，仅诏高才生受其学，而传其学者又皆身处末僚，未克跻身卿相，古文之于今文，非能势均而力敌也。乃东汉之后，凡两汉博士之家法悉湮没不传，其传者转在古文，其故何哉？盖博士之学，利禄之学也，上者奉之以进身，下者持之以糊口，与后世科举之学略同，故治其学者只期利禄之及身，如桓荣夸稽古之荣是也，岂果有发明经义之心哉？通经致用，不过自欺之词，故其学愈趋而愈陋。若古文之学兴于举世不为之日，治其学者不以显晦易其心，故研精殚思，实事求是。其故一。且汉代说经之儒，心之所希，不过以得立学官而止，今文之书既立，博士治其学者，一若所求已获，遂生自懈之心，故传者愈多，精者愈鲜。若古文之学，自西汉至于东汉，争立博士，未克施行，或甫立而旋废，治其学者希其得立于学官，而争竞之心以起，故其说愈降而愈精。其故二。有此二故，由是而古文之学昌，由是而今文之学衰。今文学派之衰，今文家之罪，夫岂古文家之过哉？若以此诿过于古文，是为不咎己而咎人，魏氏生于数千载之后，顾深文周内，以咎古文，抑可谓之愚惑也矣！《传》曰："桀纣罪人，其亡也忽。"今文已亡，而魏氏欲为之诿过，何其蹈桀纣之辙耶？况今文之衰，博士亦不能辞其咎。《后汉书·徐防传》言："永元十四年，防上疏于帝，谓：'伏见太学博士皆以意说，不守家法，以遵师为非义，意说为得理，诚非诏书实选本义。'"此东汉博士自背家法之证。又《儒林传》言："安帝览政，博士倚席不讲。"又谓太初以后，"章句渐疏，多以浮华相尚，儒者之风盖衰"。又谓党人既诛以后，"有私行金货，定兰台漆书经字，以合其私文者"。则东汉之博士，非惟自背家法也，且将旷官溺职，舞文弄奸，较刘歆之所让者抑又不逮，故西汉博士家法即亡于东汉博士之手，与古文固无与也。特今文既衰，故古文代之而兴，是由圣王之裔，般游安乐，自亡其国，而他主得以代之也，安得如魏氏之说乎？况魏氏立说之误，犹有一端。魏氏之意，大抵以立博士者皆今文博士，家法亡，故今文亡。不知汉代今文之书未尝尽立博士，如《易》有高氏、韩氏二家，高氏之《易》出于丁将军，与施、孟、梁丘同源，其为今文无疑。韩氏《易》出于韩婴，婴传《韩诗》既为今文，则所传之《易》亦为今文，此今文之《易》不尽列学官之证也。《穀梁》之学与《公羊》同为今文，宣帝之时亦立博士，至于东汉，则师法寂然，此今文《春秋》不尽立学官之证也。庆普所传之《礼》出于后苍，与二戴同师，传其学者，前有夏侯敬、庆咸，后有王临、董钧、曹充、曹褒，则庆氏之《礼》亦属今文，何以东汉之时立为私学？此今文之《礼》不尽列学官之证也。由是言之，东汉之学，博士自博士，今文自今文，不得以今文尽为博士所传，故博士家法尚存，而今文之亡者已不可胜数，何得以博士家法该今文之全乎？盖汉人最崇贵显，于有学无位者，其书其说均不复立于学官，故其所排斥者，不仅在于古文，即今文与博士家法不同者，亦屏之不复道。若谓博士家法于今文之学纤悉靡遗，岂其然哉？自魏氏以降，治今文学者均以考博士家法为宗，一若两汉经学惟博士所传为可信。然今文之中所最崇者惟《公羊》，《公羊》之说所最崇者为何休，不知何休之学非博士家法。考《汉书·儒林传》及郑君《六艺论》，于《公羊》之传授言之甚详：由董生传赢公，由赢公传眭弘，由眭弘传严彭祖、颜安乐，由是有严、颜二家，严、颜二家均立博士，溯其起源，则皆董生之嫡传。若何休之学，据《解诂》序文则云"用胡毋生条例"，而《汉书·儒林传》则言："胡毋生治《公羊春秋》，为景帝博士，与董仲舒同业，仲舒著书称其德，年老归教于齐。"又谓："言《春秋》，于齐则胡毋生，于赵则董仲舒"，是胡毋生之学，与董生同业而异派。厥后董生之学因严、颜以传，胡毋生之学则汩没不彰。何休之学，远绍胡毋生，近宗李育。《范书》于育、休二《传》，一则曰"习《公羊春秋》"，一则曰"作《春秋公羊解诂》"，不言育、休所习为何氏之学，则李、何所传之《公羊》，非严、颜二家之学。《范书》于习《公羊》者，均著明某某习严氏，某某习颜氏，如郅恽、李章、丁恭、周泽、钟兴、楼望、程曾、张玄是也。于育、休独不言，足证育、休所习在二家之外。故《解诂》所据之本既与严氏不同，如《石经》是。《石经》据严氏之本，桓二年"无所见异词"二语，何氏本有之。又郑君注三《礼》，所引《公羊》亦与《解诂》本异。足证何所据者系别本。所持之说复与颜氏不同，如颜氏以襄廿一年孔子生，以后即为所见世；又有周王为天囚之说，均与《解诂》殊，其详见惠氏《九经古义》。安得以何休之学为博士之学乎？若戴凭《公羊序》及《后汉书·儒林传》，一以胡毋生为董子师，一以胡毋生为赢公师，均不足信也。何休之学既非博士之学，而治今文者则亦尊之若帝天，如曰何氏之说可尊，则是博士所传以外，未尝无可信之书，奚必以博士所传为限？如曰非博士所传则不可信，则何休之学既非博士所传，亦当在屏遗之列，乃近人昧焉不察，既尊博士家法，复引何休以为重，亦可谓自歧其说者矣。且魏氏既崇博士家法，家法者，即师说也，东汉十四博士，一经有一经之家法，一家有一家之师说，各自成家，不可杂糅。非惟今文与古文不同，即同一今文，亦各成派别，派别由师承而分，此经术所由，同源而异流也。乃魏氏所著书则转昧此旨。魏氏所著之书，以《书古微》《诗古微》为最著，《书古微》者，以马郑之学出于杜林漆书，又疑漆书为伪作，故所立之说均宗《大传》《史记》，以发挥西汉之学，不知《史记》之说迥与《大传》不同，《大传》为今文，《史记》则杂引古文，故《汉书·儒林传》谓："迁书载《尧典》《禹贡》《洪范》《微子》《金縢》诸篇，多古文说。"而西汉治《今文尚书》者均不用古文，如博士以《尚书》二十八篇为备是也。使魏氏果守博士家法，则《史记》之文不应与《大传》相混，既以《史记》与《大传》相混，则是杂古文与今文之中，汉儒无此家法也。况于《大传》《史记》以外，于《洪范》则宗黄道周，于梓材则增入伯禽，另以《佚周书·祭公解》诸篇附入百篇之后，试问汉儒有此家法乎？若《诗古微》一书，其大旨在于恪宗三家，排斥毛氏。夫三家虽同为今文，然说各不同，如《关雎》，齐、鲁异说是也。况《齐诗》言灾异，《韩诗》多杂事，均与《鲁诗》不同。故《齐诗》家多斥《鲁诗》，《鲁诗》家亦轻《韩诗》，乃魏氏于三家之说并举齐观，不复审其同异，以淆三家之家法，汉儒有知，果引为同调否耶？盖魏氏之书，择说至淆，以穿穴擅长，凌杂无序，与汉儒笃信家法、墨守师说者大相背驰。魏氏谓东汉之学兴而西汉博士之家法亡，吾亦谓魏氏之说兴而西汉博士之家法乱。盖魏氏致误之由，由于以时代区学，不以派别区学，一若西汉之学均属相同，东汉所行则皆古文之学，亦可谓轻于立说者矣。盖魏氏之学，长于史而短于经。壮年之时，以经济之学自负，习为纵横捭阖之谈，迨及晚年，其说不售，乃退而治经。然声音训故之学既昧焉不知，于典礼之学又厌其烦难，惟今文之学易于蹈空，且择术至高，又有庄、刘诸儒为之先导，乃颠倒群经，济以博辩，故并今古文之同异，亦晰之未明，乃欲假西汉经学之名，以凌驾戴、王、惠、段，妄谓西汉之学胜于东京，则其说又迥出宋氏之下矣。至魏氏以西汉微言大义堕于东京，盖以古文专详训，故无微言大义之可言，不若今文通经致用，则又拾宋氏之唾余。宋氏之说，既于前篇斥其诬，魏氏之语与宋氏同，故辩之从略，盖此非魏氏特创之说也。

九　论龚氏之说不足信

仁和龚氏自珍，少闻金坛段氏之绪论，粗明小学。继又问故刘逢禄，侈言《公羊》，以趋时俗之所好。尝著《六经正名》，谓："仲尼以前，久有六经，仲尼之生不著一经，以六艺为旧典。"其说出于章实斋。又谓《易》《书》《诗》《礼》《乐》《春秋》，名为六艺，舍此而外，则为传、为记、为群书，均不得为经，可谓探源之论矣。惟于《周官经》《左氏传》《古文尚书》有微词，是不可以不辨。龚氏《六经正名篇》曰："《周官》晚出，刘歆始立，刘向、班固灼知其出于晚周先秦之士掇拾旧章者所为，附之于《礼》，等之于《明堂阴阳》而已。后世称为《经》，是为述刘歆，非述孔氏。"又《六经正名答问五》曰："《周官》五篇，既不行于周，又未尝行于秦汉，文章虽闳侈，志士之空言也，故不以配《礼》。"案此乃龚氏诬《周官》之词也。自东汉何休治《公羊》，虑《周官》之说与之相异也，遂以《周官》为六国阴谋之书。及于宋代，道学之儒以王荆公行《周礼》而流弊也，遂并集矢于《周礼》。至于近代，方苞以《周礼》多刘歆所窜，毛西河亦以《周礼》为周末之书，谓孔子引经，与春秋诸大夫及诸子百家引经，并无一字及此书。顾栋高亦曰："《周礼》，六官所掌，春秋博学多能之彦无一语及其书，孔子亦然。"夫方、毛、顾诸子，均不学之流，故考据空疏，集矢《周官》，固无足怪。若龚氏则不然，少承段氏之绪，段固笃信《周官》，而作《周礼汉读考》者也，继从刘氏问故，刘氏之学出于常州庄氏，庄固信《周官》为太平之迹，而作《周官记》《周官指掌》者也，乃龚氏所言，转与彼殊。龚言"刘向、班固灼知其出于晚周先秦之士所掇拾"，案《汉书·艺文志》多出于刘向，《志》言"《礼古经》五十六卷，《周官经》六篇"。以《周官经》与《礼古经》并言，称之为经，又有《周礼传》四篇，不知撰者名氏，若在武、宣之后，其名氏必传，则此为秦汉先师说《周官》之书矣。又《汉书·河间献王传》云："献王所得书均古文先秦旧书，《周官》《尚书》《礼记》《孟子》《老子》之属。"班列《周官》于《尚书》之前，则班以《周官》为至古之书，此刘、班不以《周官》为晚出之证。龚氏又言："《周官》五篇，既不行于周，又不行于秦。"案《春秋左氏传》多载《周官经》之说，当时贤士大夫侈言礼制，与《周官经》相合者不下三十条，已见旧著《周官左氏相通义》，今不赘引。特就《荀》《孟》二书言之，《孟子》言"卿以下必有圭田"，即《载师》士田之制也。又言"请野九一而助，国中什一"，此即《遂人》《匠人》异制之说也。荀卿亦然，《正论篇》言："曼而馈，代睪而食，雍而彻乎五祀，执荐者百人侍西房。""曼"当作"鼎"，"代睪"当作"伐皋","荐"当作"羞",即《膳夫》所谓"王日一举,鼎十有二,以乐侑食,卒食以乐彻于造,羞用百有二十品"也。又言"庶士坐而夹道",即《夏官·旅贲》《秋官·条狼》之职掌也。又《正名篇》言"远方异俗,则因之以为通",即《大行人》所谓"属象胥谕言语",《外史》所谓"达书名于四方"也。《王制篇》言:"庶人之子孙,积文学,正身行,能属于礼义,则归之卿相士大夫。"即《州长》《党正》所谓兴贤兴能也。《大略篇》"六贰之博则天府也","博"当作"簿",即《小宰》所谓"六典之贰",《当冠〔小司寇〕》所谓"升中于天府"也。且《王霸篇》言"人失要则死",即本于《司约》,《正论篇》"斩断枯磔",即本于《掌戮》,此皆荀子用《周官》之征。夫孟、荀皆为儒家,生战国之时,均引《周官》,则《周官经》不行于周之说不击而自破矣。又《汉书·艺文志》言:"魏文侯好乐,汉文帝时,窦公献魏《乐章》,即《周官·大司乐》。"此亦《周官》出战国前之证。若夫秦代之制,以御史大夫副丞相,即《周官·御史》"赞冢宰"之制也。大郡设监军,即《周官·太宰》所言"设其监"之制也,帝都之地名曰内史,即取《周官·内史》掌八柄之谊,以立此名,下至太仆诸官,均沿《周官》之称,则秦制均有所从来。《周官》一书,未尝不为秦人所采用。况毛公亦生于秦,而《毛传》所用《周官经》不下十余则,并旁及《考工记》,则《周官》不行于秦之说,亦不击而自破矣。至谓《周官经》不行于汉,其说尤讹。汉叔孙通定朝仪,多采"朝士""司士"之礼。西汉之初,张苍为计相,居丞相府,即大府诸官统于"冢宰"之制也。太史令属于太常,博士亦属于太常,即太史诸官统于"宗伯"之制也。此汉代官制采用《周礼》之证。若夫天子之礼仪,如《周礼·小司寇》:"大宾客,前王而辟。"先郑注云:"若今执金吾,下至令尉奉引矣。"余证甚多,见先郑、后郑注中。国家之律令,如《大司寇》"邦成",先郑注云:"若今决事比。"《小司寇》"议亲之辟",先郑注云:"若今时宗室有罪,先请是也。""议贤之辟",先郑注云:"若今时廉吏有罪,先请是也。""议贵之辟",先郑注云:"若今时吏墨绶有罪,先请是也。"余证甚多,不具引。以及理财、如口钱之法,出于《太宰》之九赋,田分上、中、下,出于《载师》分园廛、近郊、远郊之税为三。余证甚多,不具引。用人如汉举考廉、方正、茂才,出于《宰夫》之书贤能,汉吏有复除,出于《乡大夫》之羡卒。之法,无一不出于《周官》。是萧何定律、叔孙通起朝仪,均亲见《周官》,故二郑均以《周官》证汉制,复以汉制解《周官》,诚以汉制上有所承,即周制犹存于后世,岂非《周官》未立博士前已为汉廷所取法乎?又《王制》作于汉文时,而"冢宰制国用"一节悉取于《周礼·天官》，《戴礼》亦成于元成之前，且多孔门弟子所记，而《小戴·杂记篇》已引"赞大行"之文，盖此即《周礼》传之类也。推之《内则》详饮食之说，出于"内饔""庖人"二职，朝事详朝仪之位，出于"大小行人""司仪"诸职。又《说文》引《周礼》"二百四十勧为秉四"语，盖古《周礼》，《说文》，此语又见于《聘礼记》，而许君则称为《周礼》，足证《聘礼记》一书多采《周礼》。是则《周官》一书当河间献王以前，已为学士大夫所称引，孰谓《周官经》不行于汉乎？若以此为志士所空言，则《小戴·燕义篇》言"古天子有庶子官"，"庶子"即"夏官"之"诸子"，其职惟见于《周官》。《大戴·朝事篇》言"古天子有典命官"，"典命"为"春官"所属，其职亦仅见于《周官》。是则《周官》一书，设官分职，均系当时实行之制，何得指为志士之空言，又安得等之于《明堂阴阳》乎？是龚氏之诬《周官经》，其语均不足信也。龚氏又曰："《左氏春秋》宜剔去刘歆所窜益以配《春秋》。"又曰："《国语》《越绝》《战国策》，文章虽古丽，抑古之杂史也，亦不以配《春秋》。"案此乃龚氏诬《左传》《国语》之词也。龚氏之诬《左传》，约有二端：一称为《左氏春秋》，不称为《春秋左氏传》，而于《公羊》一书则称为《春秋公羊传》，盖以《公羊》传《春秋》，《左氏》则不传《春秋》，此本于刘逢禄者也。一以《左传》一书，经刘歆之窜益，非复古本之旧，此亦本于刘逢禄者也。夫《左传》为说《春秋》之书，乃周末诸子所共认，故荀子《谢春申君书》引楚子围齐、崔杼弑君事，均本于《左传》，而称为《春秋》之记。其证一。虞卿引《春秋》"于安思危"，即《左传》襄十一年"居安思危"。其证二。《吕览》一书引用《左氏》之文者不下数十则。其证三。《说苑》载吴起以《春秋》谨始之义告魏文侯，而"谨始"之说又见于贾子《新书·胎教篇》，则起以《左氏》之义即《春秋》之义，又《史记》载吴起"在德不在险"一节，本于昭四年司马侯"修德不务险"之言，此亦起用《左氏》说之证。若曾申之说见于《檀弓》者，亦均与《左氏》之义合。其证四。《韩非子·外储说》引晋侯围原事，又言"孔子闻而记之"，以攻原为信，此事惟详于《左氏》，又《奸劫弑臣篇》引楚子围齐、崔杼弑君事，与荀子《答春申君书》相同，亦称为《春秋》之记。其证五。观此五证，则战国之儒均以《春秋》之义即具于《左传》之中。若西汉之初，叔孙通言"天子不亲迎"，亦本《左传》，而《史记》言《春秋》之中，弑君三十六，亡国五十二"，即据《左氏》全文。若《吴世家》叙吴、虞二国，又称《左传》为《春秋古文》，安得称为《左氏春秋》等于《新语》《吕览》，而以《左氏》为不传《春秋》耶？若谓《左传》多刘歆所窜益，则龚氏所作《杂诗》，言抉发《左氏》伪文数十则，今不可见，大抵与刘申受同。惟所著《乙丙之际塾议》言："汉臣采雅记古仪官书造《周礼》，又颇增益《左氏传》，皆有伐鼓救天之文。"此盖龚氏以《左传》"伐鼓救天"为汉人窜入也。然《夏书》佚文已有"瞽奏鼓"之语，又"伐鼓救日"见于《穀梁》，则此制不独见于古文，即今文家言亦与古文同，安得据此谓《左传》有附益之文乎？若谓"君子曰"以下非《左氏》原文，则《韩非子·外储篇》云："郑伯将以高渠弥为卿，昭公恶之，固谏不听，昭公立，惧其杀己也，辛卯，弑昭公而立公子亹。君子曰：'昭公知所恶矣。'"则"君子以下"之文起于战国之前，必系《左传》原文，安得谓刘歆有窜益《左传》之事乎？且龚氏《古史钩沉论二》言："孔子与左丘明乘以如周，获百二十国宝书，夫然后《春秋》作。"乃又言《左氏》不传《春秋》，非所谓矛盾其词耶？若龚氏以《越绝》《战国策》拟《国语》，尤为拟于不伦。《史记》以《国语》与《春秋》并言，盖《国语》为丘明所作，《史记·太史公自序》云："左丘失明，厥有《国语》。"班固《司马迁传》云："左丘明论辑其本事为传，又纂异同为《国语》。"《艺文志》云："《国语》二十一篇，左丘明作。"又为《春秋外传》，《汉书·律历志》已称《国语》为《春秋外传》，王充《论衡》亦曰："《国语》，《左氏》之外传也。"《左传》之外传为《国语》，犹《班志》言《公羊》《穀梁》均有外传也。若《国语》之文稍与《左传》不同者，则以古人著书，述而不作，皆据古史原文，即有牴牾，亦兼存其说，如同一《史记》而所说互歧，《新序》《说苑》同出于刘向而考古亦有不同。《国语》异于《左传》，与此同例。又贾子《新书·礼容下篇》载单靖公、单襄公事，皆采《国语》。《汉儒林传》言贾生治《春秋左氏传》，今又兼述《国语》，则贾生亦以《国语》为同出《左氏》也。故《小戴·祭法》即采《国语》而成。《汉书·韦玄成传》载王舜、刘歆庙议，引《国语》"日祭、月祀、时享、岁贡、终王"，即称为《春秋外传》，足证《国语》一书可以辅《春秋》。若《越绝》，《国策》，汉儒有引以证《礼》者乎？今乃以《越绝》《国策》拟《国语》，谓《国语》不可配《春秋》，可谓无根之言矣。龚氏又作《说中古文》，谓《班志》言刘向以《中古文尚书》校百两篇，此中古文亦张霸百两之流，或并无此书，谓刘歆所伪托，并历引十二证以证中古文不足信。案此又龚氏诬《古文尚书》之词也。中古文者，即安国所献之《古文尚书》也。《汉书·刘歆传》云："及鲁恭王坏孔子宅，欲以为宫，而得古文于坏壁之中，逸《礼》有三十九，《书》十六篇。天汉之后，孔安国献之，遭巫蛊，仓卒之难，未及施行。"《艺文志》云："《古文尚书》，出孔子壁中，孔安国悉得其书，以考二十九篇，得多十六篇。安国献之，遭巫蛊事，未立于学官。"是安国得《古文尚书》后，曾献其书于汉廷，因藏之秘府，故号中古文，此即《班志》所列《尚书古文经》四十六卷也。又《汉书·儒林传》云："孔氏有《古文尚书》，授都尉朝，而司马迁亦从安国问故，故迁书多古文说。都尉朝授庸生，庸生授清河胡常，常授徐敖，敖授王璜、涂恽，恽授河南桑钦。"又《后汉书·儒林传》云："孔僖，鲁国人，自安国以下，世传《古文尚书》。"盖安国之于《古文尚书》也，以壁书故简献之秘府，即中古文是也。别录副本为二，一以授徒，数传而至涂恽、桑钦，一藏于家，数传而至孔僖。《班志》言刘向以中古文校欧阳、大小夏侯三家经文，此以古文校今文也。《儒林传》言向以中书即中古文。校百两篇，此以真古文证伪古文也。盖安国未献古文以前，中秘无《古文尚书》，即献以后始有《古文尚书》。观刘歆言孔安国献古文，藏于秘府，伏而未发，孝成皇帝乃陈发秘藏，校理秘文，则刘向所见之中古文即安国所献之本，彰彰明矣。明于此，则龚氏所列十二疑不击而自破矣。盖自龚氏不信中古文，而后说《尚书》者遂以《古文尚书》为刘歆伪作，即东汉《古文尚书》，亦以为出于杜林之伪托。今考《后汉书·儒林传》，言林于西州得漆书《古文尚书》一卷，卫弘、徐巡传之，于是古文复显。又郑康成《书赞》，谓《书》初出屋壁，皆周时象形文字，今所谓科斗书。案漆书即科斗文，晋《束皙传》："汲郡得漆书，皆科斗文。"此其证。《尚书》惟孔壁之文用科斗则林之所得即系壁中之书。盖安国以漆书原简献秘府，名曰"中古文"，后承大乱，秘书星散，故林得之于西州，则漆书即中古文。又《贾逵传》言父徽受《古文尚书》于涂恽，逵传父业。《儒林传》又言扶风杜林传《古文尚书》，同郡贾逵作训，马融作传，郑玄注解。是贾逵远承安国之传，又得杜林漆书之本，盖安国献汉之书，安国传徒之说，均为贾逵所传，则东汉《古文尚书》乃合中古文及民间古文为一派者也。若《易》之有中古文，与费氏同，或系鲁壁及河间所得，献之秘府，为《汉书》所缺记，亦不得疑为刘歆伪托。以上所言，均足证龚说之谬。盖龚氏欲以今文学自饰，不得不斥古文为诬，然持之不能有故，即言之不能成理，盖又远出刘、宋下矣。

十 总论

近儒辟古文者，既条辨其说于前。夫近儒之辟古文，必援引今文以为重，以今文为是，故以古文为非。惟就汉代之经术观之，觉经学之中，古文为优，而今文逊于古文，约有四事。一曰晚出。如《春秋三传》，《穀梁》引尸子之言，尸子当秦孝公时，则《穀梁》之成书远在《左氏》之后；《穀梁》引鲁子之言，仅称为子，而《公羊》则称为子鲁子，则《公羊》之成书又远在《穀梁》之后。此《公》《穀》后于《左氏》之证。若三家《诗》之成书，亦后于《毛诗》，故《毛诗序》言作诗之人，而三家《诗序》则以赋诗之人为作，如《关雎》以为毕公作，《大车》以为息夫人作是也。明系补《毛诗》所未言。此今文逊于古文者一也。二曰妄诞。今文家言多杂谶纬，而谶纬之说出于阴阳家，本为儒家所弗道，故近人言汉儒之学与方士合。今观董仲舒祀女娲，李寻信甘忠〈可〉《包元十二经》，及其末流，又变为符命，杂仙术、神术为一谈，合术数、六艺为一轨，非惟惑世诬民，且失经义之本真，岂若古文之通故训、详故事乎？古文之有怪说，均汉儒欲合古文于今文，妄行窜入，非本义也。此今文逊于古文者二也。三曰口授。如《公羊》之经，由高至寿，五世相传，均凭口授，自胡毋生始著竹帛。而伏生之传《尚书》也，亦以年逾耄耋，使其女口传晁错。夫既凭口授，则辗转相传，于经文必有增损，且俗语方言杂糅于经文之内，致正字易为借字，而古义渐沦。若古文之经，则有竹帛可凭，与仅凭口授者不同。古人有言"百闻不如一见"。今文之学得之耳闻，古文之学得之目见。此今文逊于古文者三也。四曰分歧。如古文《左传》，仅一派也；而今文《春秋》则有《公》《穀》二派，《公》《穀》二家立义不同，当汉武、宣之时，互相竞执。古文《毛诗》，仅一派也；而今文之《诗》则有齐、鲁、韩三家，《齐诗》排《鲁》，《鲁诗》殊《齐》，《韩诗》又多引《春秋》杂说。《古文尚书》，仅一派也；而《今文尚书》则析为欧阳、大小夏侯三家，各立博士，以授其徒，而夏侯建复牵引五经，具文饰说。此皆今文分歧之证。既曰纷歧，则说经必杂以己见，与笃守师传者不同。此今文逊于古文者四也。四者以外，则今文之经多汉儒所窜入，已开王肃作伪之先，试略举其证。如《左传》隐元年云："天子七月而葬，诸侯五月，大夫三月，士逾月。"《荀子·礼论篇》之言葬期也，谓"天子七月，诸侯五月，大夫三月"，此指大夫以上之葬期言也。又言"故虽备家，殡久不过七十日，速不逾五十日"，此即士之葬期言也，即申明《左传》"士逾月"之义，言久者不得至三月，速者亦必逾月也。《荀子》传《左氏》，故其言葬期也，均谓士与大夫异礼。又《汉书·韦玄成传》，太保王舜、中垒校尉刘歆议曰："《礼记·王制》及《春秋穀梁传》，天子七庙，诸侯五，大夫三，士二。天子七日而殡，七月而葬。诸侯五日而殡，五月而葬。此丧事尊卑之序也，与庙制相应。"王、刘言庙制与葬期相应，本于《王制》《穀梁》，则士立二庙、葬期亦仅逾月，与大夫立三庙、葬期三月者不同，《王制》所言固与《左传》无异也。乃今本《王制》则曰："大夫、士、庶人，三日而殡，三月而葬。"士、庶人亦三月而葬，则葬期与庙制不相应，盖此非《王制》固有之文也，乃今文家所窜入，以证《左传》与《王制》殊途。否则舜、歆所举，何以与今本《王制》异义乎？盖士三月而葬，今《礼》之说；逾月而葬，古文《左氏》之说。《王制》《穀梁》其谊本与《左氏》同，而后儒复妄改《王制》以合今礼，何、郑二君均不察其伪，由是何以《左氏》为短，郑以士殡葬皆数往月往日，盖深为《王制》伪窜之文所欺矣。《王制》既有伪窜之文，则凡今文之书皆有汉儒伪窜之文，均可援此以类求矣。此则今文不足信之确证也。乃治今文者则昧然不察，转攻古文为伪书，亦独何哉？若今文所言之礼制与古文立异，则许君《五经异义》已条列其非，此固百世之定论。其支词碎义，若行权改制之说，近儒亦多斥其词，此又不足深辨者也。独惜汉代之时，治古文者均笃守家法，不杂今文之说。自贾逵治《左氏》，始以《公羊》之义例援饰《左氏》；而郑君注《经》，则荡尽古文今文之藩，以三家之说笺《毛诗》，以京《易》笺费《易》，而《礼经》《尚书》均杂淆今古二家之说，合为一词，而古文之家法晦矣。故自有刘歆、许君，而古文之大义显。自有郑君，而古文之家法亡。家法既亡，故近儒治经者，只知汉学、宋学之分，而不知今文、古文之分，其有知今文、古文之分者，又抑古文而崇今文，而古文优于今文，遂鲜有知之者矣。故条列古今文之得失，以作《古文学辩诬》。后之览者，或亦知经学自有其真传，而不为邪说謷言所夺乎！

论近世文学之变迁 *
（1907）

宋代以前，"义理""考据"之名未成立，故学士大夫莫不工文。六朝之际，虽文与笔分，然士之不工修词者鲜矣。唐代之时，武夫隶卒，均以文章擅长，或文词徒工，学鲜根柢。若夫于学则优，于文则拙，唐代以前未之闻也。至宋儒立"义理"之名，然后以语录为文，而词多鄙倍。顾亭林《日知录》曰："典谟爻象，此二帝三王之言也。《论语》《孝经》，此夫子之言也。文章在是，性与天道亦在是，故曰：'有德者必有言。'善乎！游定夫之言曰：'不能文章而欲闻性与天道，譬犹筑数仞之墙，而浮埃聚沫以为基，无是理矣！'后之君子于下学之初即谈性道，乃以文章为小技，而不必用力。然则夫子不曰'其旨远，其辞文'乎！不曰'言之无文，行之不远'乎！曾子曰：'出词气，斯远鄙倍矣！'尝见今讲学先生，从语录入门者，多不善于修词，或乃反子贡之言以讥之曰：'夫子之言性与天道，可得而闻，夫子之文章不可得而闻也。'"又引杨用修之言曰："文，道也；诗，言也。语录出，而文与道判矣；诗话出，而诗与言离矣。"又钱竹汀曰："释子之语录始于唐，儒家之语录始于宋，儒其行而释其言，非所以垂教也。君子之出词气必远鄙倍，语录行而儒家有鄙倍之词矣。有德者必有言，语录行则有德而不必有言矣。"至近儒立"考据"之名，然后以注疏为文而文无性灵。夫以语录为文，可宣于口而不可笔之于书，以其多方言俚语也；以注疏为文，可笔于书而不可宣之于口，以其无抗堕抑扬也。综此二派，咸不可目之为文。何则？周代之时，文与语分，故言语、文学区于孔门。降及战国，士工游说，纵横家流列于九家之一，抵掌华屋，擅专对之才，泉涌风发，辩若悬河，虽矢口直陈，自成妙论，及笔之于书，复经史臣之修饰，如《国语》《国策》所载是也；在当时虽谓

---

　　* 原载《国粹学报》第 26 期，1907 年 3 月 4 日，署名刘师培；又刊于 1907 年 6 月 20 日出版的《广益丛报》第 137 号；收入钱玄同等编《刘申叔先生遗书》之《左盦外集》卷十三，民国二十五年宁武南氏排印。

之语，自后世观之，则语而无异于文矣。若六朝之时禅学输入，名贤辩难，间逞机锋，超以象外，不落言诠，善得言外之旨；然此亦属于语言，而语录之文盖出于此。且所言不外日用事物，与辞旨深远者不同。其始也，讲学家口述其词，弟子欲肖其口吻之真，乃以俗语笔之书以示征实。至于明代，凡自著书者，亦以语录之体行之，而书牍序记之文，杂以俚语，观其体制，与近世演说之稿同科，岂得列之为文哉？

若考据之作，则汉魏之笺疏均附经为书，未尝与文学相混。惟两汉议礼之文，博引数说，以己意折衷，近于考据；然修词贵工，无直情径行之语。若石渠、白虎观之议，则又各自为书。唐宋以降，凡考经定史之作咸列为笔记，附于说部之中，诚以言之无文，未可伺于文学之列也。近世以来，乃崇斯体。夫胪列群言，辨析同异，参互考验，末下己意，进退众说，以判是非，所解之书，虽各不同，然篇成万千，文无异轨。观其体制，又略与案牍之文同科，盖行文之法，固不外征引及判断二端也。昔阳湖孙氏分著述与考据为二：以考订经史者为考据，抒写性灵者为著作。立说虽疏，已为焦理堂所驳。然以考据之作与抒写性灵者不同，则固不易之确论，此亦不得谓之文者也。

乃近世以来学派有二：一曰宋学，一曰汉学。治宋学者，从语录入门；治汉学者，从注疏入门。由是以语录为文，以注疏为文，及其编辑文集也，则义理考订之作均列入集部之中，目之为文。学者互相因袭，以为文能如是，是亦已足，不复措意于文词，由是学日进而文日退。古人谓文原于学，汲古既深，摛辞斯美，如杜诗"读书破万卷，下笔如有神"是。所谓读千赋者自善赋也。今则不然，学与文分，义理考证之学，迥与词章殊科，而优于学者，往往拙于为文，文苑、儒林、道学，遂一分而不可复合，此则近世异于古代者也。故近世之学人，其对于词章也，所持之说有二：一曰鄙词章为小道，视为雕虫小技，薄而不为；一曰以考证有妨于词章，为学日益则为文日损。如袁枚之箴孙星衍是。是文学之衰，不仅衰于科举之业也，且由于实学之昌明。证以物理之学，则各物均有不相容性。实学之明以近代为最，故文学之退亦以近代为最，此即物理家所谓不相容。《左传》亦曰："物莫能两大。"此文学均优之士所由不数观也。

然近世之文，亦分数派。明代末年，复社、几社之英，以才华相煽，敷为藻丽之文。如陈卧子、夏考功、吴骏公之流是。顺、康之交，易堂诸子，兢治古文，而藻丽之作，易为纵横。若商丘侯氏，大兴王氏、昆绳。刘氏继庄。所为之文，悉属此派，大抵驰骋其词，以空辩相矜，而言不轨则，其体出于明允、子瞻。或以为得之苏、张、史迁，非其实也。余姚黄氏，亦以文学著名，早学纵横，尤长叙事，然失之于芜，辞多枝叶，且段落区分，牵连钩贯，仍蹈明人陋习，浙东学者多则之。季野、谢山咸属良史，惟斐然成章，不知所裁，然浩瀚明皙，亦近代所罕观也。时江、淮以南，吴、越之间，文人学士应制科之征，大抵涉猎书史，博而不精，谙于目录词章之学，所为之文，以修洁擅长，句栉字梳，尤工小品，然限于篇幅，无奇伟之观，竹垞、次耕其最著者也；钝翁、渔洋、牧仲之文亦属此派。下迨雍、乾，董甫、太鸿犹沿此体，以文词名浙西，东南名士咸则之，流派所衍，固可按也。望溪方氏摹仿欧、曾，明于呼应顿挫之法，以空议相演，又叙事贵简，或本末不具，舍事实而就空文，桐城文士多宗之。海内人士，亦震其名，至谓天下文章，莫大乎桐城。厥后桐城古文，传于阳湖、金陵，又数传而至湘、赣、西粤。然以空疏者为之，则枯木朽荄，索然寡味，仅得其转折波澜。惟姬传之丰韵，子居之峻拔，涤生之博大雄奇，则又近今之绝作也。若治经之儒，或治古文家言，或治今文家言，及其为文，遂各成派别。东原说经，简直高古，逼近《毛传》，辞无虚设，一矫冗长之习，说理记事之作，创意造词，浸以入古，唐、宋以降，罕见其匹，后之治古学者咸宗之。虽诘经考古，远逊东原，然条理秩如，以简明为主，无复枝蔓之词，若高邮王氏、仪征阮氏是也。故朴直无文，不尚藻绘，属辞比事，自饶古拙之趣。及掇拾者为之，则剿袭成语，无条贯之可寻，侈征引之繁，昧行文之法，此其弊也。常州人士，喜治今文家言，杂采谶纬之书，用以解经，即用之入文，故新奇诡异之词足以悦目。且江南之地，词曲尤工，哀怨清遒，近古乐府，故常州之文亦词藻秀出，多哀艳之音，则以由词曲入手之故也。庄氏文词，深美闳约，人所鲜知。其以文词著者，则阳湖张氏、长洲宋氏，均工绵邈之文，其音则哀而多思，其词则丽而能则，盖征材虽博，不外谶纬、词曲二端。若曲阜孔氏，亦工俪词，虽所作出宋氏之上，然旨趣略与宋氏同，则亦治今文之故也。近人谓治《公羊》者必工文，理或然欤！若夫旨乖比兴，徒尚丽词，朝华已谢，色泽空存，此其弊也。近人惟谭仲修略得张、宋之意。数派以外，文派尤多。江都汪氏，熟于史赞，为文别立机杼，上追彦升，虽字酌句斟，间逞姿媚，然修短合度，动中自然，秀气灵襟，超轶尘埃，于六朝之文，得其神理，或以为出于《左传》《国语》，殆誉过其实，厥后荆溪周氏编辑《晋略》，效法汪氏，此一派也。邵阳魏氏、仁和龚氏，亦治今文之学。魏氏之文明畅条达，然刻意求新，故杂奇语，以骇俗流。龚氏之文自矜立异，语羞雷同，文气佶聱，不可卒读，或语求艰深，旨意转晦，此特玉川、彭原之流耳。或以为出于周秦诸子，则拟焉不伦，此又一派也。若夫简斋、稚威、仲瞿之流，以排奥自矜，虽以气远辞，千言立就，然俶乱而无序，泛滥而无归，华而不实，外强中干，或怪诞不经，近于稗官家言，文学之中，斯为伪体，不足以言文也。近代文学之派别大约若此。

然考其变迁之由，则顺、康之文，大抵以纵横文浅陋，制科诸公，博览唐、宋以下之书，故为文稍趋于实。及乾、嘉之际，通儒辈出，多不复措意于文，由是文章日趋于朴拙，不复发于性情，然文章之征实，莫盛于此时。特文以征实为最难，故枵腹之徒，多托于桐城之派，以便其空疏，其富于才藻者则又日流于奇诡。此近世文体变迁之大略也。

近岁已来，作文者多师龚、魏，则以文不中律，便于放言，然袭其貌而遗其神。其墨守桐城文派者，亦囿于义法，未能神明变化。故文学之衰，至近岁而极。文学既衰，故日本文体因之输入于中国。其始也译书撰报，据文直译，以存其真。后生小子厌故喜新，竞相效法。夫东籍之文，冗芜空衍，无文法之可言，乃时势所趋，相习成风。而前贤之文派，无复识其源流，谓非中国文学之厄欤？

近儒学术统系论[*]
（1907）

　　昔周季诸子，源远流分，然咸守一师之言，以自成其学。汉儒说经，最崇家法，宋明讲学，必称先师。近儒治学亦多专门名家，惟授受谨严间逊汉宋。甘泉江藩作《汉学师承记》，又作《宋学渊源记》，以详近儒之学派，然近儒之学或析同为异，或合异为同，江氏均未及备言，则以未明近儒学术之统系也，试举平昔所闻者陈列如左。

　　明清之交，以浙学为最盛。黄宗羲授学蕺山，而象数之学兼宗漳圃，文献之学远溯金华先哲之传，复兼言礼制，以矫空疏。传其学者数十人，以四明二万为最著，而象数之学则传于查慎行。又沈昀、张履祥亦授学蕺山，沈昀与应㧑谦相切磋，均黜王崇朱，刻苦自厉。履祥亦然，而履祥之传较远。其别派则为向璿。吕留良从宗羲、履祥游，所学略与履祥近，排斥余姚，若放淫词。传其学者浙有严鸿逵，湘人有曾静，再传而至张熙，及文狱诞兴而其学遂泯。后台州齐周华犹守吕氏之学。别有沈国模、钱德洪、史孝咸，承海门石梁之绪，以觉悟为宗，略近禅学。宗羲虽力摧其说，然沈氏弟子有韩孔当、邵曾可、劳史，邵氏世传其学，至于廷采，其学不衰。

　　时东林之学有高愈、高世泰、顾培，上承泾阳梁谿之传，讲学锡山。宝应朱泽沄从东林子弟游，兼承乡贤刘静之之学，亦确宗紫阳。王茂竑继之，其学益趋于征实。又吴人朱用纯、张夏、彭珑，歙人施璜、吴慎，亦笃守高、顾之学，顺康以降，其学亦衰。

　　若孙奇逢讲学百泉，持朱陆之平，弟子尤众，以耿介、张沐为最

　　* 原载《国粹学报》第 28 期，1907 年 5 月 2 日出版，署名刘师培；收入钱玄同等编《刘申叔先生遗书》之《左盦外集》卷九，民国二十五年宁武南氏排印。

著。汤斌之学亦出于奇逢，然所志则与奇逢异。李颙讲学关中，指心立教。然关中之士若王山史、李天生，皆敦崇实学。及顾炎武流寓华阴，以躬行礼教之说倡导其民，故授学于颙者。若王尔缉之流，均改宗紫阳。颙曾施教江南，然南人鲜宗其学，故其学亦失传。博野颜元以实学为倡，精研礼乐兵农。蠡县李塨初受学毛大可，继从元说，故所学较元尤博。大兴王源初喜论兵，与魏禧、刘继庄友善，好为纵横之谈，继亦受学于元，故持论尤高。及元游豫省而颜学被于南，塨寓秦中而颜学播于西。即江浙之士亦间宗其学，然一传以后其学骤衰，惟江宁程廷祚私淑颜李，近人德清戴望亦表彰颜李之书。舍是，传其学者鲜矣。自是以外，则太仓陆世仪幼闻几社诸贤之论，颇留心经世之术，继受学马负图，兼好程朱理学。陈言夏亦言经世，与世仪同。世仪讲学苏松间，当时鲜知其学，厥后吴江陆燿、宜兴储大文、武进李兆洛，盖皆闻世仪之风而兴起者，故精熟民生利疾而辞无迂远。

赣省之间，南宋以降学风渐衰。然道原之博闻，陆王之学术，欧曾王氏之古文，犹有存者，故易堂九子均好古文。三魏从王源、刘继庄游，兼喜论兵而文辞亦纵横。惟谢秋水学崇紫阳，与陆王异派。及雍乾之间，李绂起于临川，确宗陆学，兼侈博闻，喜为古文词，盖合赣学三派为一途。粤西谢济世党于李绂，亦崇陆黜朱，然咸植躬严正，不屈于威武。瑞金罗台山早言经世，亦工说经，及伊郁莫伸，乃移治陆王之学，兼信释典，合净土禅宗为一。吴人彭尺木、薛湘文、汪大绅从台山游，即所学亦相近，惟罗学近心斋、卓吾，彭、汪以下多宅心清静。由是吴中学派多合儒佛为一谈。至嘉道之际犹有江沅，实则赣学之支派也。

闽中之学自漳圃以象数施教，李光地袭其唾余，兼通律吕音韵，又说经近宋明，析理宗朱子，卒以致身贵显。光地之弟光坡作《礼记述注》，其子钟伦亦作《周礼训纂》，盖承四明万氏之学。杨名时受学光地，略师其旨以说经，而律吕音韵之奥惟传于王兰生。又闽人蔡世远喜言朱学，亦自谓出于光地。雷铉受业于世远，兼从方苞问礼，然所学稍实，不欲曲学媚世，以直声著闻。自此以外，则湘有王夫之，论学确宗横渠，兼信紫阳，与余姚为敌，亦杂治经史百家。蜀有唐甄，论学确宗陆王，尤喜阳明，论政以便民为本，嫉政教礼制之失平，然均躬自植晦，不以所学授于乡，故当时鲜宗其学。别有刘原渌、姜国霖讲学山左，李闇章、范镐鼎讲学河汾，均以宗朱标其帜，弟子虽众，然不再传，其学亦晦。此皆明末国初诸儒理学之宗传也。

理学而外，则诗文之学在顺康雍乾之间亦各成派别，然雕虫小技，其宗派不足言。其有派别可言者，则宋学之外厥惟汉学。汉学以治经为主。考经学之兴，始于顾炎武、张尔岐，顾、张二公均以壮志未伸，假说经以自遣。毛大可解《易》说《礼》多述仲兄锡龄之言。阎若璩少从词人游，继治地学，与顾祖禹、黄仪，胡渭相切磋。胡渭治《易》多本黄宗羲。张弨与炎武友善，吴玉搢与弨同里，故均通小学。吴江陈启源与朱鹤龄偕隐，并治《毛诗》、三《传》，厥后大可《毛诗》之学传于范家相，鹤龄三《传》之学传于张尚瑗，若璩尚书之学传于冯景。又吴江王锡阐、潘柽章杂治史乘，尤工历数。柽章弟来受数学于锡阐，兼从炎武受经，秀水朱彝尊亦从炎武问故，然所得均浅狭。别有宣城梅文鼎殚精数学，鄂人刘湘奎、闽人陈万策均受业其门。文鼎之孙㲄〔㲄〕成世其家学，泰州陈厚耀亦得梅氏之传，而历数之学渐显。武进臧琳闭门穷经，研覃奥义，根究故训，是为汉学之始。东吴惠周惕作《诗说》《易传》，其子士奇继之作《易说》《春秋传》，栋承祖父之业，始确宗汉诂，所学以掇拾为主，扶植微学，笃信而不疑。厥后掇拾之学传于余萧客，《尚书》之学则江声得其传，故余、江之书言必称师。江藩受业于萧客，作《周易述补》，以续惠栋之书。藩居扬州，由是钟怀、李宗泗、徐复之流均闻风兴起。

先是徽、歙之地有汪绂、江永，上承施璜、吴慎之绪，精研理学，兼尚躬行，然即物穷理，师考亭格物之说，又精于三礼；永学犹博，于声律、音韵、历数之学均深思独造，长于比勘。金榜从永受学，获窥礼堂论赞之绪，学特长于礼。戴震之学亦出于永，然发挥光大，曲证旁通，以小学为基，以典章为辅，而历数、音韵、水地之学，咸实事求是以求其源，于宋学之误民者亦排击防闲不少懈。徽、歙之士或游其门，或私淑其学，各得其性之所近，以实学自鸣。由是治数学者前有汪莱，后有洪梧，治韵学者前有洪榜，后有江有诰，治三礼者则有凌廷堪及三胡。程瑶田亦深三礼，兼通数学，辨物正名，不愧博物之君子。此皆守戴氏之传者也。及戴氏施教燕京，而其学益远被，声音训诂之学传于金坛段玉裁，而高邮王念孙所得尤精。典章制度之学传于兴化任大椿，而李惇、刘台拱、汪中均与念孙同里。台拱治宋学，上探朱王之传，中兼治词章，杂治史籍，及从念孙游，始专意说经。顾凤苞①与大椿同里，

---

① 应为顾九苞，原文误。

备闻其学，以授其子凤毛。焦循少从凤毛游。时凌廷堪亦居扬州，与循友善，继治数学，与汪莱切磋尤深。阮元之学亦得之焦循、凌廷堪，继从戴门弟子游，故所学均宗戴氏，以知新为主，不惑于陈言，然兼治校勘、金石。黄承吉亦友焦循，移焦氏说《易》之词以治小学，故以声为纲之说浸以大昌。时山左经生有孔继涵、孔巽轩，均问学戴震。巽轩于学尤精，兼工俪词。嗣栖霞郝懿行出阮元门，曲阜桂馥亦从元游，故均治小学，懿行治《尔雅》承阮氏之例，明于声转，故远迈邢疏。又大兴二朱、河间纪昀均笃信戴震之说，后膺高位，汲引汉学之士，故戴学愈兴。别有大兴翁方纲与阮元友善，笃嗜金石。河南之儒以武亿为最著，亿从朱门诸客游，兼识方纲，故说经之余亦兼肆金石，而金石之学遂昌。

时江浙之间学者亦争治考证，先是锡山顾栋高从李绂、方苞问故，与任启运、陈亦韩友善，其学均杂糅汉宋，言淆雅俗。而吴人何焯以博览著名，所学与浙西文士近。吴江沈彤承其学，渐以说经。嘉定钱大昕于惠戴之学左右采获，不名一师，所学界精博之间。王鸣盛与钱同里，兼与钱为姻戚。所学略与钱近，惟博而不精。大昕兼治史乘，旁及小学、天算、地舆，其弟大昭传其史学，族子塘、坫，一精天算，一专地舆，坫兼治典章训诂，塘、坫之弟有钱侗、钱绎，兼得大昕小学之传，而钱氏之学萃于一门。继其后者，则有元和李锐，受数学于大昕。武进臧庸传其远祖臧琳之学，元和顾千里略得钱、段之传，均以工于校勘，为阮元所罗致。嗣有长洲陈奂，所学兼出于段、王，朱骏声与奂并时，亦执贽段氏之门，故均通训故。若夫纽树玉、袁廷梼之流，亦确宗钱、段，惟所学未精。

常州之学复别成宗派，自孙星衍、洪亮吉初喜词华，继治掇拾校勘之学，其说经笃信汉说，近于惠栋、王鸣盛，洪氏之子饴孙传其史学。武进张惠言久游徽歙，主金榜家，故兼言礼制，惟说《易》则同惠栋，确信谶纬，兼工文词。庄存与与张同里，喜言《公羊》，侈言微言大义，兄子绶甲传之，复昌言钟鼎古文，绶甲之甥有武进刘逢禄、长州宋翔凤，均治《公羊》，黜两汉古文之说。翔凤复从惠言游，得其文学，而常州学派以成。皖北之学莫盛于桐城，方苞幼治归氏古文，托宋学以自饰，继闻四明万氏之论，亦兼言三礼。惟姚范校核群籍，不惑于空谈，及姚鼐兴，亦挟其古文宋学，与汉学之儒竞名，继慕戴震之学，欲执贽于其门，为震所却，乃饰汉学以自固，然笃信宋学之心不衰。江宁管同、梅曾亮均传其古文。惟里人方东树，作阮元慕宾，略窥汉学门径，乃挟其相传之宋学以与汉学为仇，作《汉学商兑》。故桐城之学自成风气，疏于考古，工于呼应顿挫之文，笃信程朱有如帝天，至于今不衰。惟马宗琏、马瑞辰间宗汉学。

　　浙中之士，初承朱彝尊之风，以诗词博闻相尚，于宋代以前之书籍束而勿观。杭世骏兴，始稍治史学，赵一清、齐召南兴，始兼治地理。惟余姚、四明之间，则士宗黄、万之学，于典章文献探讨尤勤。鄞县全祖望熟于乡邦佚史，继游李绂之门，又从词科诸公游，故所闻尤博。余姚邵景涵初治宋明史乘，所学与祖望近，继游朱珪、钱大昕门，故兼治小学。会稽章学诚亦熟于文献，既乃杂治史例，上追刘子玄、郑樵之传，区别古籍，因流溯源，以穷其派别，虽游朱珪之门，然所学则与戴震立异。及阮元秉钺越省，越人趋其风尚，乃转治金石校勘，树汉学以为帜。临海金鹗尤善言《礼》，湖州之士亦杂治《说文》古韵，此汉学输入浙江之始。厥后仁和龚丽正婿于段玉裁之门，其子自珍少闻段氏六书之学，继从刘申受游，亦喜言《公羊》，而校雠古籍又出于章学诚，矜言钟鼎古文，又略与常州学派近，特所得均浅狭，惟以奇文耸众听。仁和曹籀、谭献均笃信龚学，惟德清戴望受《毛诗》于陈奂，受《公羊》于宋翔凤，又笃嗜颜李之学，而搜辑明季佚事又与全、邵相同，虽以《公羊》说《论语》，然所学不流于披猖。近人俞樾、孙诒〔诒〕让，则又确守王、阮之学，于训诂尤精。定海黄氏父子学糅汉宋，尤工说《礼》，所言亦近阮氏，然迥与龚氏之学异矣。若江北淮南之士，则继焦、黄而起者有江都凌曙。曙问故张惠言，又游洪榜之门，故精于言《礼》，兼治《公羊》，惟以说《礼》为本。时阮元亦乡居，故汉学益昌。先大父受经凌氏，改治《左传》，宝应刘宝楠兼承族父端临之学，专治《论语》，别有薛传均治《说文》，梅植之治《穀梁》。时句容陈立，丹徒汪菼、柳兴宗，旌德姚佩中，泾县包世荣、包慎言均寓扬州。山阳丁晏、海州许桂林亦往来邗水之间，并受学凌氏，专治《公羊》。菼治《毛诗》，兴宗通《穀梁》，佩中治汉《易》，世荣治《礼》，兼以《礼》释《诗》。慎言初治《诗》《礼》，继改治《公羊》，桂林亦治《穀梁》，尤长历数，晏遍说群经，略近惠栋，然均互相观摩，互相讨论，故与株守之学不同。甘泉罗士琳受历数之学于桂林，尤精数学。时魏源、包世臣亦纵游江淮间，士承其风，间言经世，然仍以治经为本。

　　若夫燕京之中，为学士所会萃。先是，大兴徐松治西北地理，寿阳祁颖士兼考外藩史乘，及道光中叶浸成风会，而颖士之子隽藻兼治《说文》，骤膺高位。由是，平定张穆、光泽何秋涛均治地学，以小学为辅，尤熟外藩佚事。魏源、龚自珍亦然。故考域外地理者，必溯源张、何。至王筠、许瀚、苗夔，则专攻六书，咸互相师友。

然斯时宋学亦渐兴。先是，赣省陈用光传姚鼐古文之学派，衍于闽中、粤西，故粤西朱琦、龙翰臣均以古文名，而仁和邵懿辰、山阳潘德舆均治古文、理学，略与桐城学派相近。粤东自阮氏提倡，后曾钊、侯康、林伯桐均治汉学，守阮氏之传，至陈澧遂杂治宋学。朱次琦崛起，汉宋兼采，学蕲有用。曾国藩出，合古文、理学为一，兼治汉学，由是学风骤易。黔中有郑珍、莫友芝倡六书之学，兼治校勘，至于黎庶昌遂兼治桐城古文。闽中，陈寿祺确宗阮氏之学，其子乔枞杂治今文《诗》，至于陈捷南，则亦兼言宋学。湘中，有邓显鹤喜言文献，至于王先谦之流，虽治训故，然亦喜古文。是皆随曾氏学派为转移者也。惟湘中前有魏源，后有王闿运，均言《公羊》，故今文学派亦昌，传于西蜀东粤。此近世学派统系之可考者也。

厥观往古通人名德，百年千里比肩接迹，曾不数数觏。今乃聚于二百年之中，师友讲习，渊源濡染，均可寻按，岂非风尚使然耶？晚近以来风尚顿异，浮云聚沤，千变百态，不可控搏，后生学子屛遗先哲，不独前儒学说湮没不彰，即近儒之书亦显伏不可见，谓非蔑古之渐哉！故论其流别，以考学术之起源，后来承学之士，其亦兴起于斯。

清儒得失论①
（1907）

　　昔扬子《法言》有言，周之人多行，秦之人多病。幼诵其言，辄心仪之。因以证核往轨，盱衡近俗，则明人多行，略与周同，清人多病，略与秦同。何者？明庭虽屈辱臣节，然烈士殉名，匹夫抗愤，砥名励行，略存婞直之风。及考其学术，大抵疏于考古，切于通今，略于观书，勤于讲学，释褐之士，莫不娴习典章，通达国政，展布蕴蓄，不贰后王，或以学植躬，勇于信道，尊义轻利，以圣自期。故上起公卿下迄士庶，非才猷卓越者，即愚无知之士。虽江陵之徒敢悍精敏，专事威断，然保民固圉，功参管、葛。而立朝之臣，其清亮亦多可师法，及秉鞭方面，则又子惠烝黎，称为循吏。下至草泽迁生，犹能敦庞近古，陶物振俗，功在觉民。虽迂滞固执不足就变，然倡是说者莫不自信为有用，若夫不求致用而惟以求是为归，或假借经世之说以钓声名，则固明代所无也。及夫蛮夷猾夏，宗社丘墟，上者陨身湛族百折不回，其次亦笃守苦节洁身远引，荐绅效贞，士女并命，渫血断脰，鼎镬如饴。下逮氓隶，志节皭然，天命虽倾，其所披泄亦足伸浩气于天壤。

　　清代之学迥与明殊。明儒之学用以应事，清儒之学用以保身。明儒直而愚，清儒智而谲。明儒尊而乔，清儒弃而湿。盖士之朴者惟知诵习帖括，以期弋获，才智之士，惮于文网，迫于饥寒，全身畏害之不暇，而用世之念泪于无形。加以廉耻道丧，清议荡然，流俗沉昏，无复崇儒重道，以爵位之尊卑判己身之荣辱。由是儒之名目贱，而所治之学亦异。然亦幸其不求用世，而求是之学渐兴。夫求是与致用，其道固异。

　　① 原载《民报》第 14 号，1907 年 6 月 8 日，署名韦裔；收入钱玄同等编《刘申叔先生遗书》之《左盦外集》卷九，民国二十五年宁武南氏排印。

人生有涯，斯二者固不两立。俗儒不察，辄以内圣外王之学求备于一人，斯不察古今之变矣。

及计清代学术之变迁，则又学同旨异。创始之人学以为己，而继起之士学以殉人。当明清之交，顾、黄、王、颜各抱治平之略，修身践行，词无迂远，民生利病，了若指掌，求道德之统纪。识治乱之条贯，虽各尊所闻，要皆有以自植。唐甄、胡承诺、陈瑚、陆世仪辈，亦能救民以言，明得失之迹，哀刑政之苛，虽行事鲜所表见，然身没而言犹立。若王源、魏禧、刘献廷，术流杂霸，观其披图读史，杯酒论兵，系情民物，穷老而志不衰，有足多者。时讲学之儒有沈昀、应㧑谦、张履祥，抗节不渝，事违尘枉。孙奇逢、傅山以侠入儒，耻为口屈，苦身厉行，顽廉懦立。李颙、吕留良亦耻事二姓，然濡染声气之习未能洁清，盖已蹈明季之风矣。若夫东林子弟，讲学锡山，派衍于吴中，学传于徽歙，道被于淮南，从其说者躬行礼教，行必中虑，虽出处语默，不拘一操，未闻有倾慕显达者。至若刘、姜标帜于齐东，范、李授徒于汾晋，易堂九子标名于南赣，证人学会继迹于越东，虽北人尚躬行，南人腾口说，尊朱崇陆，各异指归，然恂恂善导，义归训俗，信乎特立之士矣。

梨洲之学传于四明，万经、全祖望辱身虏①廷，生平志节犹隐约于意言之表。李塨受学习斋，而操行弗逮。汤斌亦受学夏峰，然靦颜仕虏，官至一品，贻儒学之羞。时陆陇其兴于浙，拾张、吕之唾余，口诵洙泗之言，身事毡裘之主，惟廉介之名与汤相埒。自此以降，而伪学之风昌。前有二魏，后有李光地，为学均宗考亭。嵩介、光地尤工邪佞，鬻道于虏，炫宠弋荣，盖与宋明诸儒异趣。自是虏廷利用其术而以朱学范民，则宰辅之臣均以尊朱者备其位。前有朱轼、张玉书，后有董、何、翁、杜。由康雍以迄道咸，为相臣者以百计，大抵禹步舜趋，貌柔中谲，同乎流俗，合乎污世，易耿介为昌披，以谦挹为躁进，然曲学阿世咸借考亭以自饰。惟孙嘉淦、杨名时、陈鹏年引谊侃侃，不少充诎，庶几虎豹在山，藜藿不采，雷鈜、彭鹏亦位卑言高，矫立风节，白沙在泥，不与俱黑，此之谓矣。若李绂笃信陆学，蹈危陵险，不克捍于强御。谢济世、蔡挺亦敦厉名实，不屈威武，然皆摈抑不伸，或衣褚而关三木者有焉。当是时，学昌于下，虑有二端。吴中之地，前有钱民，后有彭绍升，彭学杂糅儒释，与汪、罗相切磋，盖负聪明博辩之才，宅心

---

① 编者注：钱玄同编《遗书》时以"□"表示缺字，现据《民报》补。下同。

高远，及世无知己，则溺志清虚以抒郁勃，隐居放言，近古狂狷。此一派也。桐城方苞善为归氏古文，明于呼应顿挫之法，又杂治宋学以为名高，然行伪而坚，色厉内荏。姚鼐传之，兼饰经训以自辅。下逮二方，犹奉为圭臬，东树硁硁，尚类弋名，宗诚卑卑，行不副言，然昌言讲学亦举世所难能。此一派也。由前之派则肆而不拘，由后之派则拘而不肆，然肆者恣情而远虑，拘者炫伪以媚时，得失是非亦无以相过矣。

若夫词章之彦，宗派各殊，桑海之交，诗分三类。豹人之流，意有所郁，莫能通其志，不平之唱托之啸傲，郁苍莽之奇响，作变徵之哀音，子房鲁连之志也。翁山之流，词藻秀出，流连哀思而忠厚恻怛，有《下泉》《匪风》之思，《骚经》《九歌》之遗也。若野人卜宅于东淘，贞父潜纵于石臼，择荒寒寂寞之境以自鸣其诗，澹雅之音起轶尘埃，冥鸿在天弋人何篡，靖节、表圣之俦也。若是之流，咸为高士。时龚、王、钱、吴以亡国大夫欲汲引后进，以盖己愆，主持风会，后人小子竞趋其门。王、施、二宋亦风雅好事，主盟坛坫，以游燕饰吏治，篇题觞咏，藻绘山川，文墨交游之士，乐其品题冀增声价，如蚁附膻，沈溺而不知反，虽故老遗民亦或引之为知己。躁进之风开，亡国之念塞，而文章之士多护李陵，著述之家恒称谯叟，名污房籍，曾不少羞，谓非数子作之俑钦！

康熙之初，满酋虑反侧之未安，乃广开制科以收众誉。应其选者，大抵涉猎书史博而不精，谙于词章尤工小品。此数子者非不抱故都之痛，沽肥遁之称，然晚节不终，顿改初度，簪裾拜跪之场，酒色征逐之习，虽才藻足以自泽，然高蹈之踪易为奔竞，撷华弃实，迥异初心。乾隆初年，士应制科之选，兼精记诵，所学尤卑。别有鄙陋之夫，失身权贵，以文词缘其奸，或伺候贵显之门，奔走形势之途，盖季长颂西第，务观记南园，昔为正直所羞，而今世以为恒法。潘耒以下蹈此者多，以钱名世为尤佞。其尤侧媚者，或以赏鉴，或以博闻得侍中用事，颂扬房后，比于赓歌。徐乾学最显贵，而高士奇、何焯、陈梦雷次之。若张照之书翰，齐召南之地舆，亦足应房后之需以备顾问，与宅情词藻之士殊途同归。自赵执信之流以疏狂见摈，落魄江湖，放情诗酒，绮罗丝竹，大昌任达之风。后人慕其风流，竞言通脱，吐言止于轻薄，赋咏不出桑中。及袁枚、赵翼、蒋士铨以文辞欺人，诱感后生伤败风化，故为奇行以耸公卿，既乐其身兼以招权而纳贿，文人无行，是则豺虎所不食矣。杭世骏则较彼等为高。时王昶、沈德潜以达官昌其诗，提倡宗派，互相訾噉。曾燠、卢见曾以文学饰簿书，宾礼华士，粉饰承平。广陵二马物力滋殖，崇尚文雅，酬答篇章。流风所染，作者景从，短轴长篇，以代羔雁。其尤下者若王昙之流，既肆其行，兼纵其文，卮言伪体，外强中干，抑又不足论矣。夫文士自轻既若此，故有识之士多薄文士而不为，乃相率而趋于考证。

始考证之学发原顺治、康熙间，自顾炎武、张尔岐艰贞忧愤，一意孤行，所谓风雨如晦，鸡鸣不已。顾氏身历九边，思以田牧建伟业。张居济阳，亦以兵法勒乡人。及夫大厦既倾，志士伊郁，乃以说经自勉，而其志趋于求是。顾精音韵兼治金石，张注《礼经》句读精审。时皖南之士有梅文鼎，东吴之滨有王锡阐、朱鹤龄、陈启源，长淮之域有张弨、吴玉瑶，皆跧伏乡井，甘守湛冥，然学业无与证，志气亦鲜所发抒，复以时值讳匿，易婴虏忌，由是或穷历数，或研训故、形声，夷然守雌以全孤竹之节。自此以还，苏常之士以学自隐，耻事干谒。武进臧琳树汉学以为帜，陈义渊雅，虽间流迂滞，然抱经以终，近古隐佚。东吴惠氏三世传经，周惕、士奇虽稍稍显贵，然饰躬至肃。栋承家学，守一师之言以授弟子，确宗汉诂，甄明佚训，萧然物外，与世无营，虽一馆卢氏，然钓名市美匪志所存。弟子江声、余萧客均师其行，终身未尝应童子试，亦不通姓名于显宦之门。信乎沉潜之士矣。与顾、张并世者，有阎若璩、胡渭、毛奇龄。阎、胡之生稍晚。阎辩伪书，胡精水地，毛辟紫阳，虽务求词胜，然咸发前人所未言。阎、胡以博学鸣，为清臣徐乾学司编纂。阎行尤卑，至为潜邸食客。毛氏少从义师避仇亡命，及举制科，骤更其操，至以平滇颂虏廷。又梅文鼎之裔有梅毂成，挟文鼎之书佐清治历，而李光地、王兰生又以律吕音韵之奥见重于清，以曲技之才致身公辅。王兰生之职稍卑。而干世乞赏之流，遂以学术为进身之具矣。

乾隆之初有顾栋高、吴鼎、陈亦韩，以乡曲陋儒口耳剿窃，言淆雅俗，冥行索途，转以明经婴征辟，擢官司业，号为大儒，故汉学犹不显于世。及四库馆开，而治汉学者踵相接。先是徽歙之间汪绂、江永均治朴学，永学尤长于经，旁及天文、音律，然刻苦自厉，研经笃行，自淑其躬以化于其乡。戴震继之，彰析名物，以类相求，参互考验，而推历审音确与清廷立异。观其作《声韵考》，力破七音，盖痛心于《康熙字典》之妄者。震经学既为当世冠，第少不自显，亦兼营负贩以济其贫，应试中式，犹以狂生称于京师。会钱大昕荐之，得赏庶吉士，盖出不意，然终身未尝感大昕恩，大昕亦不以此市德也。及震既显，适秦蕙田辑《五礼通考》，纪昀典校秘书，大兴二朱亦臻高位，慨然以振兴儒术自任。游其门者，有邵晋涵、武亿、章学诚、任大椿。章氏达于史例，武氏精于考核，邵氏杂治经史，任氏出戴震门，尤精三礼，然皆淡于荣利或仕宦不达，薄游以终。武官山东，与和珅所遣番役相抗，尤著直声。戴震弟子，别有王念孙、孔广森、段玉裁。广森早达，无仕宦情。念孙尤精小学，然击奸锄恶异于脂韦，当和珅用事时，念孙官给事中，数上书劾其罪，与洪亮吉之徒诛奸谀于既死者异矣。其子引之继之，虽忝窃高位，亦无劣状。惟玉裁作令黔蜀，以贪黩名，此则经生之羞耳。时江永弟子金榜，以巨室之子廷试为第一人，屏遗俗荣，裹足城府。继起之士若陵〔凌〕、程、三胡，亦伺籍闲曹，聊谋禄隐。栖霞郝懿行亦然。而吴越之间有卢文弨、钱大昕、王鸣盛，咸通达经训，壮谢肮仕，殚精雠校，知止不辱。钱氏群从，下逮后昆，均以学自晦，钱坫尝应毕沅聘，与孙星衍、洪亮吉同在幕府，而不污于孙、洪淫荡招权之行。其外，吴人有沈彤、袁廷梼，亦屏华崇实，不以所学自矜，异于逞稽古之荣者矣。厥后毕沅、阮元均以儒生秉节钺，天下之士相与诵述文章，想望丰采。从政之余，兼事掇拾校勘之学，捃摭群籍，网罗放失，或考订异文，证核前□，流布群籍，踵事剞劂。吴越之民争应其求，冀分笔札之资以自润。既为他人撰述，故考核亦不甚精。及阮元督两广，建学海堂，聚治经之士讲习其间。儒生贪其廪饩，渐亦从事实学，此与公孙相汉振兴儒学无异。然阮元能建学，故所得多朴质士，犹愈于浮华者。毕氏之门有汪中、孙星衍、洪亮吉，幼事词藻，兼治校勘金石，以趋贵显之所好。及记诵渊雅，复用以肆经，由是经学与文词糅杂，而经生为世诟病自此始。内苞污行，外饰雅言，身为倡优而欲高谈伏、郑，使向者江、戴诸公见之，必执戈逐之无疑也。亮吉素狂放，肆情声色，后以群小荧惑责难于君，遂被放谪，天下冤之。然不知亮吉之污行盖有过于其君者。星衍卓荦不羁，嗜利若渴，一行作吏，民嫉其贪，中行尤薄，肆毒室人，兼工刀笔，尝以构讼攫千金。斯三子者，皆以绵邈之文传食公卿。子云有言，今之学者，"非独为之华藻，又从而绣其鞶帨"。其斯之谓乎？

常州自孙、洪以降，士工绮丽之文，尤精词曲，又虑择术不高，乃杂治西汉今文学，杂采谶纬以助新奇。始庄存与治《公羊》，行义犹伤，张惠言治《虞氏易》，亦粗足自守。庄氏之甥有刘逢禄、宋翔凤，均治今文，自谓理炎汉之堕业，复博士之绪论。然宋氏以下，其说凌杂无绪，学失统纪，遂成支离，惟俪词韵语则刻意求新，合文章经训为一途，以虚声相煽，故刘工慕势，宋亦奢淫。旁逮沈钦韩之流，均以菲食恶衣为耻。常州二董亦屈志于虏臣。趋炎之技，沉湎之情，士节之衰，于斯而极。若江北学者，自汪中外多得江、戴之传。焦循、黄承吉或发古经奥义，或穷文字之源，黄兼工诗，以格律声情相尚，甘泉江藩则确宗惠氏。此数子者，焦、黄均居乡寡行，江稍疏放，然慕世之心未衰。惟凌曙、刘台拱修身励行，上拟汉儒。别有包世荣、包慎言、姚配中、俞正燮，迹托皖南；汪日〔曰〕祯、臧寿恭、徐养原、姚谌，奋迹苕溪；薛传均、柳兴宗、汪士铎，潜踪江表；朱骏声、陈奂、毛岳生、张履，绍业东吴；左右采获，不名一师，志行简澹，闭门雒诵。或学成出游，践更府主，默守蛰晦，如家居时。不惑流俗，乃见斯人。若夫丁晏劬身于桑梓，汪、喜荀。刘、宝楠。施惠于下邑，可谓矫立名节卓尔不群者矣。惟学者猥众，精疏殊会，华实异途，笃行之儒恒潜伏不见用。即向之挟考证词章之学者，虽以媚俗为旨，然簪笔佣书，优倡同蓄，士生其间乃饰巧驰辩，以经济之学相旌。先是，宜兴储大文、吴江陆耀侈言匡时之术，后武进李兆洛作吏有声，精熟民生利弊，然刻意而行不肆，牵物而志不流。又张琦、周济工古文辞，好矫时慢物，兼喜论兵，自谓孙吴蔑以加，琦书尤诡，济曾助理盐法，以精干称。时泾县包世臣娴明律令，备闻民间疾苦，于盐、漕、河诸大政尤洞悉弊端，略近永嘉先哲，而屡以己说干公卿，复挟书翰词章以自炫，由是王公倒屣，守令迎门。邵阳魏源亦侈言经世，精密迥出世臣下，然权门显宦请谒繁兴，才通情侈，以高论骇俗。

夫考证词章之学，挟以依人，仅身伺倡优之列，一言经济则位列宾师，世之饰巧智以逐浮利者，孰不乐从魏、包之后乎？然辗转稗贩，心愈巧而术愈疏。惟冯桂芬为差善。而治今文之学者，若刘逢禄、陈立，又议礼断狱，比传经谊，上炫达僚，旁招众誉，然此特巧宦之捷途，其枉道依合，信乎贾、董之罪人矣。

若夫朴僿塞冗，文采不足以自表，则旁治天算、地舆，以自诩实用。自寿阳祁颖士娴习外藩佚事，大兴徐松精研西北地理。松官学士，颖士之子隽藻粗习小学，亦备位尚书，与汤金钊、林则徐以得士相竞，由是治域外地理者则有张穆、何秋涛，治数学者则有许桂林、罗士琳，治《说文》者则有王筠、许瀚。所治之学随达官趋向为转移，列籍弟子视为至荣，外示寂寞之名，中蹈揣摩之习，然拙钝不足以炫俗，故钓利之术亦迥逊包、魏。虽然，由惠、戴之术可以备师儒而不足以备王佐，由魏、包之术可以作王佐而不足以作圣贤，及盗名之术愈工，则圣贤王佐师儒之学并举齐观，同条共贯，多方拒敌，以自立于不败。

道光中叶，清室之臣有倭仁、吴竹如，以程朱之学，文其浅陋。别有山阳潘德舆、顺德罗惇衍、桂林朱琦、仁和邵懿辰，以古文理学驰声京师，其学略与方、姚近。曾国藩从倭仁游，与吴、潘、邵、朱友善，又虑祁门诸客学出己上，乃杂治汉学，嗣为清廷建伟勋。后起之士竞从其学，而桐城之文亦骤昌行于湘赣粤西诸域。时曾氏幕中有遵义黎庶昌，上承郑珍、莫友芝六书之学。无锡薛福成，达于趣时。均兼治古文，以承曾氏之绪论。惟南汇张文虎、德清戴望则恪守汉学，与时乖牾而不辞。浙学自阮氏提倡后，定海黄式三亦学兼汉宋，其子以周继之，然实事求是，不侈空言。广东学者惟侯康为最深醇，其次有南海朱次琦、番禺陈澧。次琦笃信宋学，而汉学特摭捃及之。澧学钩通汉宋，掇引类似之言，曲相附和。黄氏蛰晦，不以所学目①标。朱、陈稍近名，各以其学授乡里，然束身自好，不愧一乡之善士。惟学术既近于模棱，故从其学者大抵以执中为媚世。自清廷赐澧京卿衔，而其学益日显。

常州今文学自龚、魏煽其流，而丹徒庄棫、仁和谭献、湘潭王闿运均笃信《公羊》，以词华饰经训。棫兼言经世，作纵横捭阖之谈。献工俪词，间逞姿媚。闿运少居肃顺幕，又随湘军诸将游，毫而黩货，然风声所树，学者号为大儒。适潘祖荫、翁同龢、李文田皆通显，乐今文说瑰奇，士之趋赴时宜者，负策抵掌，或曲词以张其义，而闿运弟子廖平，遂用此以颠倒五经矣。又潘、翁之学，涉猎书目，以博览相高；文田则兼治西北地理。由是逞博之士、说地之书，递出而不穷。

浙有俞樾、孙诒让，深于训故之学，疏理群籍，恪宗戴、王。樾作《古书疑义举例》，足祛千古之惑；诒让作《经迻》《札迻》，略与樾之《平议》相类，而审谛过之，其《周礼正义》盖仿佛金榜、胡培翚间。又东粤简朝亮承次琦之绪，以己意说经，进退众说。徽州汪宗沂遍治群经，不立家法，尤善治平之略，精研礼乐兵农，以备世用。义乌朱一新黜汉崇宋，尤斥今文。此数子者，朝亮蛰居雒诵，以降志为羞；宗沂依隐玩世，敢为骇俗之言；一新尚气而竞名；樾名尤高，湘淮诸将隆礼有

---

① "目"疑应为"自"。

加；诒让不陨先业，间为乡闾兴利。今文之学昌于南方，而桐城古文复以张裕钊、吴汝纶之传，流播于北。此近世学术变迁之大略也。

要而论之，清儒之学与明儒殊。明儒之学以致用为宗，而武断之风盛。清儒之学以求是为宗，而卑者或沦于稗贩。其言词章、经世、理学者，则往往多污行，惟笃守汉学者，好学慕古，甘以不才自全。而其下或治校勘金石，以事公卿。然慧者则辅以书翰词章，黠者则侈言经世，其进而益上，则躬居理学之名。盖汉学之词举世视为无用，舍闭关却扫外，其学仅足以授徒。若校勘金石，足以备公卿之役，而不足以博公卿之欢。词章书翰，足以博公卿之欢，而不足以耸公卿之听。经世之学，可以耸公卿之听，而不足以得帝王之尊。欲得帝王之尊，必先伪托宋学以自固。故治宋学者，上之可以备公辅，下之可以得崇衔。包、魏言经世，则足以陵轹达官；孙、洪事词章，则足以驰名招贿；臧、洪、臧康、洪颐煊。顾、纽顾千里、纽树玉。仅治校勘金石，亦足免桥项之忧。惟臧、惠、余、江之流，食贫守约，以恬泊自甘。然亦直道既废，身显则誉兴，身晦则谤集，士无进身之术，则芸夫牧竖得以议其后。故近世以来，士民所尊，莫若汤、陆，则以伪行宋学配享仲尼也。其次则为方、姚，又次则为龚、魏。盖方、姚之徒，纳理学古文为一轨，而龚、魏二子，则合词章经世为一途。自是以降，袁枚、赵翼亦享大名，则以通脱之词便于肆情纵欲，为盲夫俗子所乐从。若校勘金石之流，赏鉴之家，尚或珍其述作。至于汉学之儒，则仅垂声称，遗书不显。世之好恶，何其谬乎！

若衡其学行，则其身弥伸，其品弥贱，其名愈广，其实愈虚。盖帖括之家稍习宋明语录，束书不观，均得自居于理学。经世之谈，仅恃才辩，词章之学，仅恃华藻，而校勘金石必施征实之功。若疏理群经，讲明条贯，则非好学深思不能理众说之纷，以归一是。故惟经学为难能。甘为所难，所志必殊于流俗，故汉学之儒均学穷典奥，全身远害，以晦其明。即焦、黄以暴行施于乡，段氏以贪声著于世，然志骄而不卑，行横而不鄙，以之为民蠹则有余，以之败世风则不足。而朱次琦、朱一新之徒，或以汉学为趋声气。抑亦思近世之趋声气者，果醇为汉学之儒乎，抑亦以金石、校勘、词章济之者乎？夫必以金石、校勘、词章相济，则知趋声气者固在彼不在此。朱世〔次〕琦在清世得赏京卿，其先顾栋高、陈亦韩辈亦尝受清征辟，见重远在惠、戴上，彼糅杂汉、宋以雠欺，而卒得其所好，汉学之儒有如是趋声气者乎？

要之，纯汉学者率多高隐，金石校勘之流虽已趋奔竞，然立身行己犹不至荡检逾闲。及工于词章者，则外饰倨傲之行，中怀鄙佞之实，酒赏会同，惟利是逐。况经世之学假高名以营利，义理之学借道德以沽名，卑者视为利禄之途，高者用为利权之饵，外逞匡时化俗之谈，然实不副名，反躬自思，亦必哑然失笑。惟包世臣稍近有用。是则托"兼爱"名而博"为我"之实益，故考其所学，亦彪外而不弸中。荀卿有言，"小人之学，以为禽犊"。墨子有言，"今之学者，得一善言，务以悦人"。《新序》引。近人顾炎武亦曰，"今之疑众者，行伪而脆"。其词章、经世、理学之流乎？若夫阮元、王引之以纯汉学而居高位，然皆由按职升迁，渐臻高位，于其学固无与也。盖处清廷之下，其学愈实，其遇愈乖，此明之人多行所由异于清之人多病也。比较以观，则士节之盛衰，学风之进退，均可深思而得其故矣。

无政府主义之平等观 *

（1907）

现今倡无政府说者，一为个人无政府主义，一为共产无政府主义，一为社会无政府主义。而吾等则以无政府主义，当以平等为归，试述其理论如下：

一、总论　吾人确信人类有三大权：一曰平等权，二曰独立权，三曰自由权。平等者，权利义务无复差别之谓也；独立者，不役他人不倚他人之谓也；自由者，不受制于人不受役于人之谓也。此三权者，吾人均认为天赋。独立自由二权，以个人为本位，而平等之权必合人类全体而后见，故为人类全体谋幸福，当以平等之权为尤重。独立权者，所以维持平等权者也。惟过用其自由之权，则与他人自由生冲突，与人类平等之旨，或相背驰，故欲维持人类平等权，宁限制个人之自由权。此吾人立说之本旨也。

二、人类平等之确证　人类平等之说，非无征之说也。试证之历史，验之物理，其所得之证，厥有三端：

甲、人类一源说　基督教徒谓人类均由亚当诸噎娃而生。近世进化学发明，于造世之说，虽证其妄，以证人类为兽类所演。然据希腊古史，亦谓撒邾娄之子，分居三区，为黄黑白三族之始。近世欧洲人种学大家，援历史，以证欧亚非三民族，同发源于高加索山。又考中国古史，多人种西来之说。而美洲诸民族，近世人种学家，亦多谓其与黄种同源，由卑令海峡东渡。此皆人类一源之证。人类既出于一源，则今日世界之民，虽有智愚强弱之殊，然在原人之初，则固同出于一族，乃确然处于平等之地位者也。

---

*　原载《天义》第 4、5、7 卷，1907 年 7 月 25 日至 9 月 15 日出版，署名申叔。

乙、原人平等说　原人之初，人人肆意为生，无所谓邦国，无所谓法律，人人均独立，人人均不为人所制，故人人俱平等，此即原人平等之说也。当西历一千五六百年，欧西学者，有哥路志哈比布番，多谓人生之法，全溯源于天性，人之权利，全出于造化之赋与。卢梭天赋人权之说，即由是而生。卢氏作《民约论》，谓人之初生，皆趣舍由己，不仰人处分，是之谓自由之民；又谓古无阶级，亦无压制，故民无失德。近世持进化学者，虽痛排卢氏之说，然于原人无邦国、无法律，则固无一语相排。如最近社会学，多因进化学发明，然考西哲社会家诸书，于原人之初，均确定其无组织，则卢氏原人为平等、独立之民者，固为学术上不易之公理矣。盖人类不平等之制，由于后起，非人类之天性然也。

丙、同类相似说　昔罗马乌尔比安谓："世界有自然之法，此法律不独属于人类，凡一切动植物，皆受此法律之支配。"近世哲学家以此法为天则，谓天于事物，均依自然定规之活动力，即变形变化之际，亦各有一定不易之定规。吾援此例以证之科学，凡二物含同量之原质者，其所现作用，亦必相同。譬如甲乙二人，共制一炮，其所用之原料同，其轻重大小及机关又无不相同，及演放之际，配以同量之火药，置以同式之炮丸，则炮力所及，亦必达于同样之距离。其有两炮相同，而炮力所达之距离不同，则必火药不同之故，否则炮丸不同式之故也。人类亦然，自佛经言人之身中，各具四大，是人身虽殊，其所含原质则同。又据近世生理学所发明，亦谓人身之中，合诸种之原质而成，无论若何之人类，其所含原质均同。所含之原质既同，则所发之能力，亦宜相同。若今日世界之人类，因进化有迟速之殊，遂有强弱智愚之分别，其故何哉？则以所居之地，有气候地势及生产物之不同。其有进化较速者，则以外界所感之物，足以促其进化；若进化较迟，则又以外界所感之物，足以阻其进化，不得援此为人类不平等之证也。譬如有烛二枝，其轻重大小相同，及燃烛之时，一置烈日之中，一置暗室之际，则置于日中者，受日力之熏蒸，融化至速，而其置于暗室者，则融化较迟。此岂烛之有异同哉，其融化有迟速之分者，则以外界所感之殊耳。人类之进化，有迟速之不同，大抵与此例相符。故人种有优劣之分，谓其受外界所感不同则可，若据此以证古初人类之不同，夫岂然哉！故古代哲学家，多倡人类平等之说，中国孟轲之言曰：凡同类者，举相似也，何独至于人而疑之。释迦兴于印度，亦倡众生平等之说。岂非同类相似之说，不独可证之于科学，即前人所明之哲理，亦早有言之者也。

即此三证观之，则人类平等之说，非无稽之词。故人类平等者，出于天性者也，起于原人之初者也；人类不平等者，出于人为者也，且出于后起者也。则试将人类不同等之原因胪列于下。

三、人类不平等之原因　自希腊阿理斯多得谓人类不相等，或为人上，或为奴隶，皆天之所命。而荷兰亘鲁士、莫人遏必，均援其说，以为人民应属帝王。然卢梭《民约论》，已痛斥其非。近世科学家，或以蜂蚁之有王为拟，谓阶级之区分，虽在物类，罔不或同。不知蜂蚁之王，其体质之伟大，较之蜂蚁，有数倍之增，且蜂群之中，惟蜂王为女类，一群之生育，悉属于蜂王，则其所以为群蜂之长者，以其外观及能力均异于群蜂也。若人类则不然，虽身为君主，其外观及能力曷尝有异于齐民，不得不据蜂蚁以为证也。况证之历史，则原人平等之说，历历可证，其由平等易为不平等者厥有数因：

甲、阶级不同之原因　人类之初生，固众人平等者也，无尊卑上下之分。且既为人类，必不甘服从于人类之下。然信教为上古人类之一端，上古人民，莫不信教，虽犷顽至愚之俗，亦鲜无教之民。梯落路曰，言民有无教者，由其解说宗教过狭小矣。载路云格以人种学说无无教之民。西尼究尔亦云，虽在犷顽至愚之民，而其征怂于神也，如珪璋埻笆取摧矣。故西哲所著社会学书，均确定信教为原人之本性。夫原人之信教，均以人世之外，别有神祇，其识迥超乎人类，而操人世统治之权，其所以降心服从者，则以神非人类，可以降福而弭灾。人民之最黠者，亦假神术以愚民，人民见其假神术以愚民，遂并疑其亦非人类。观英人甄克斯有言：图腾社会，有巫无酋。巫也者，即以神术惑民之人也。民因信神之故，遂于以神术惑民之人，亦信其凡民所可及，而尊奉之心生。既为人民所尊奉，则必以为天神之化身，或确认为天神之代表，不复视为人类，故确定其居已身之上，与以统治之权，而己身甘于服从，此即酋长之始也。故上古之历史，均为神话史。如希腊之女神，中国之盘古是也。而各邦之酋长，又均以教主自居。始也有巫无酋，继也以巫无〔为〕酋，君主之制，出于酋长，而酋长即上古之巫，此又社会进化之公例也。由是言之，则世界之民，所以承认君主者，以其身为教主也；所以承认君权者，以其既握神权也。罗马帝加利互拉之言曰：人主神也，人民禽兽也。中国《说文》亦曰：圣人感天而生，天佑而子之，故曰天子。足证君主即天神之说，为欧亚所同。故君主亦利此名，称天为治，操一国之政权，以肆行专制。然必以方士辅政，如中国黄帝相风后鬼容区，以及日本之天孙，印度之婆罗门，犹太之体金牛是也。以僧正治民，如中国遗义和四子于四方，巴比伦于各地设大僧正是也。而一切道德法律，均由宗教而生。至于今日，人民于各国君主，犹默认其为天所立，如中国称君主曰天子，日本称君主曰天皇，俄、土二国以君为宗教长，即西欧各国宪法均有君主神圣不可侵犯一条，此其证也。岂非确认君主非人类之证乎。惟其信君主非人类，故守其法律，从其命令，畏其权力，而王族、贵族、官吏、资本家，又依附君主之权力，以居于齐民之上。此自古及今之社会，所由成为阶级社会也。今西哲斯宾塞耳诸人，既倡无神之论，并神且无，则昔日君主之缘饰神权者，均为诬民之说，而君主即天神之说破矣。君主既非天神，则君主亦人类之一，君主既为人类之一，则君主不可居民上。非惟君主不可居民上也，凡一切王族、贵族、官吏、资本家，其依附君主而起者，均当削夺其特权，而使人类复归于平等。

乙、职业不同之原因　上古之初，人人自食其力，未尝仰给于人，亦未尝受役于人，虽所治之业，至为简单，然分业而治，则固上古所未有也。至生口日滋，地方养人者日蹙，天然之生物不足以给其所求，不得不出于相争，而相争必分胜负。其有胜负之由，或由多数攻少数，或兵器有利纯〔钝〕，或地势有利有不利，原因甚多，不得援此谓人类强弱不平等也。战胜之民，对于战败之民族，始也逞屠戮之威，继也虏获其人，夺其自由，使之躬操贱役，以从事于生财。亘鲁氏之言曰："战胜虏敌得杀而无宥，于是就虏者弃其自权而求活。"卢骚驳之，谓："彼对于所虏之人，必曰徒杀之无益，不如夺其自由权之为愈，非有爱于虏也，直自利耳。"近世社会学诸书亦曰："蛮夷以食少而出于战，战而人相食者有之，及生事稍疏，无所取于相食，而斯时力役为最亟，则系儇其人，以为奴隶。"此均责俘囚以服役之证也。由是战胜之族，舍工作而弗务，以服农服工之役，责之昔日之俘囚。如中国昔日之为农者，均系苗民；印度昔日之为农工操苦役者，均为首陀罗；而希腊、罗马均以平民服农工之业。胜者居于督制统系，而败者居于供给统系，此即以职业役人之始也。然多数之俘囚，属于一族之下，与牛马同。人人治共同之业，则不可专精，惟人各一业，则其业易专，而生财之数，亦必倍蓰。由是俘囚之中，亦分业而治，此即人类异业之始也。厥后昔日之俘囚，稍得自由，遂各出其技，以为谋食之资。然无论何国，农工之级，均不与贵族及官吏相齐，岂非贵族及官吏，于农工之民，犹确认其为受治之人乎。习俗相沿，则此为治人之人，彼为养人之人；此为乐佚之民，彼为勤苦之民；此为倚于他人之人，彼为役于他人之人。此则人类苦乐不能适均之由也。谬者不察，妄谓人类不齐，当有劳力劳心之别，不知所谓劳心者，外托狂傲之名，而阴以遂其懈惰之性。役使众民，仰其供给，世界安能容此惰民耶？惟明于人类之异业由于役使俘囚，则凡人生日用之物，可以不劳而获者，均为役人而自养，则苦乐不均之制非矣。

丙、男女不平等之原因　　上古之初，行共夫共妻之制，未尝有女下于男之说也，亦未尝以女子为私有也。厥后两部相争，战胜之民，对于战败之族，系累女子，定为己身之私有。观希腊、犹太、波斯、罗马古史，于战胜他部，必言掠妇女若干人。又中国蒋济万论引黄帝言，谓："主失其国，其臣再嫁。"又蒙古之初兴，其攻克一国，必尽俘其女子，以分给己部之民，此即沿蛮族战胜他族之遗制者也。惟其掠女于他部，故遇之如奴隶，使其受制于男，又虑其乘间私佚也，故防范之法，日益加严，而视女子为至贱。于女则禁其多夫，于男则许其多妻，习俗相沿，遂以为自然之天则，如东洋之学术礼法是也。故女子属于男，出于劫迫。若亚洲波斯诸国，以及欧洲北境诸民，当中古以前，卖买妇女之权，均操于男子，盖其视女子也，以为卤获品之一端，故卖买妇女，均可自由。可耶教诸国，虽行一夫一妻之制，然服官之权、议政之权、近日女子间有获此权者。服兵之权，均为女子所无，与以平等之空名，而不复与以实权。又既嫁之后，均改以夫姓自标，岂非确认女子为附属物耶，岂非夺其实权而使之永为男子所制耶。又西人初婚之后，必夫妇旅行，社会学家以为古代劫女必谋遁避，今之旅行，即沿此俗。此亦女子为男子所劫之一证也。故今日之世界，仍为男子之世界，今日之社会，仍为男子之社会，安得谓之男女平等乎？惟明于男女不平等由于古代以女子为俘囚，则知男女不平等由于强迫使然，不得谓之合公理矣。

以上三事，均足证人类不平等，由于后起，并足证人类不平等，均沿古昔陋恶之风，安能不矫之使平乎。

四、人类有恢复平等之天性　　今科学诸家，所发明之公例有三：一曰两性失调和，则冲突以生；二曰气体之物，偶受压力，改其体积或形状，仍具欲复原形之性；近日物理家称为跃力中之凸力，如取皮球夹之使扁，一释手即复原形是也。三曰液体之物，压力偶加，即生激力。足证物不得其平及受压力者，虽在无机之物，犹有抵力之发生。又观物类之中，有转避障碍之天性。譬如树木甲坼之初，其根为瓦石所障，不克萌生，则必转向瓦石之隙，以遂其茁生之性。人类亦然。如蛮民逐水草迁徙，向此方而行，若遇大川大山之障蔽，则必改向他方。足证人物有避障碍之天性。既以避障碍为天性，则凡阶级制度，足以障遏人民者，均背于民生之天性。若夫人民嫉阶级社会，与之分离，则又遂其本性之自然，不得谓之拂于人性也。况即世人之心理观之，人类之心，约分三种：一为自利心，二为嫉忌心，三为良善心。嫉忌之心，由对待而起，一由欲奋己身，冀与人弃；一由欲抑他人，使与己平。欲奋己身与人齐，如贱者欲贵贫者欲富愚者欲智是也。欲抑他人与己平，如孺子于他童所有之物必潜行破坏；又乡野之民，得一宝物，互相竞执，甘碎其器是也。其意以为我所不能有之物，亦不令彼有。由前之说，则由羡心而生自利心；由后之说，则由愤心而生破坏心。蔽以一言，则嫉忌心者，所以愤己之不能与人平等也。自利心者，又由嫉忌心引起者也。自利之心，虽非一端，然皆因他人获此利，然后己身步其后尘，自利之心由不足而生。不足者，因他人能足，己身不能足，比较而生者也。纯乎由比较及争竞而生者也。若夫良善心则不然。如不义之人，思遂人之念，欲行顿止，又如一人向隅，满堂为之不乐，孺子入井，乍见者皆思援救。是则良善之心，由自然而生。中国儒家谓之仁，欧人康德谓之博爱，若〔苦〕鲁巴金则谓之互相扶助之感情，其名虽殊，均执此良善之心言。人类所以发此心者，所以悯人之不与己平等也。由是言之，则己身不能与人平等，久为人类所共愤，他人不能与己平等，又为人类所共悯，在己则欲其与人平，在人则欲其与己平，岂人民之天性，均以人类平等为心乎。使人人充其嫉忌之心，扩其良善之心，则凡不平之社会，必扫除廓清。及人人苦乐适均，归于完全之平等，则嫉忌之心不生，嫉忌之心不生，则无由引起其自利之心，而互相扶助之感情，愈以发达，其道德之进步，必非今日能跻，此则按之人性而莫之或爽者也。不然，恶声相加，何以必反唇相诟，两仇相阋，何以不反兵而争，则人类维持平等权之故耳。又观于欧美平民之革命，或排异族、或诛王室、或抗富民，此非尽出于自利之心也，大抵由不平之心而生，岂非人类之中，有恢复平等之天性乎？岂非今日之人类，有趋于平等之现象乎？盖人类希望平等，乃人民共具之心也。

五、世界人类不平等之现象　人类至于今日，失平等之权者，实占社会之多数。贵之于贱，富之于贫，强之于弱，无一日而非相凌，无一日而非相役，以致受凌受役之人，日受无穷之压抑。试将世界不平等之现象，分列如下：

甲、政府之于人民　野蛮之国人民之自由权尚克维持，文明之国人民决无自由权。试观之中国，由两汉以迄于今，虽为专制政体，然去国都稍远者，均为政府干涉力所弗及。欧洲中世纪，国家之权利亦未克扩张，故人民自由联合之团体，有村落同盟、有都市同盟、有商业结社。至于十六世纪，则强暴之帝王，以强迫之命令，削夺自由结社之权，而中央权力日张。至于今日，虽人民与政府抗争，获组织社会之权利，然解散之权，悉操于政府。加以交通机关，日益发达，而杀人之器，日益发明，偶有反抗，则草薙禽□。又巡警侦探，分布于都市，名曰保全社会之安宁，然关于公众之利害，漠不关情，惟注意于捍卫政府，故巴黎、伦敦、纽约诸都市，杀人窃盗之事，日有所闻，而在下者之举动，则增无形之束缚，并失自由之权于无形，则所谓保全社会之安宁者，实则仅保全在上者数人之安宁耳。况复残民以逞，凶暴横加，枯鲁巴特金曰：昔之神今之国家也。又曰：监狱者犯罪之大学也；裁判所者凶恶之小学校也。裁判官者，施残忍之法者也，侦探者，作法庭之猎犬者也，狱吏者，罗刹之化身也。如俄国近岁以来，残杀志士，几至万人，复捕缚国士犯，流谪荒野，幽闭牢狱，其横死于狱吏之手者，又不可胜记，今且捕获代议士，以立政府之威。日本亦然，一罢工而捕者千百人，一倡社会主义，则遏其言论，禁之监狱。虽以法美民主之制，犹且以暴力削平民党，以焚如之刑，加及刺杀统领之人，近则北美政府，且禁言论之自由，此非所谓强凌弱之制耶。又立宪诸国，一国之政权，或操于政党，然彼所谓政党者，以虚伪之演说，萦惑众听，一党得志，则扩张党员之权力，以遏抑他党，安得谓之为国民全体谋幸福耶。即改君主为民主，然既有政府，既有统治机关，权〔机〕关者，权力之所集也，既有机关，必有掌握机关之人，而掌握机关之人，必有特权，彼握特权，而人民听其指挥，是不啻以千百万之民，而为数人之奴隶也。即使统治之人，出于普通选举，然选举之时，均以投票之多数决胜负，譬如一国之中，有人千万，及投票选举之期，其被选之人，共得九百万票，不可谓之非多数矣，然失意者仍有百万人。又如议院之议政，亦凭多数决从违，譬如议院之中，有议员千人，及议政之时，有九百人同操一议，不可谓之非多数矣，然失意者仍有百人。故议院之制，民主之政，彼以一言，即众者暴寡之制也。以众暴寡，安得谓之平。况所谓议员者，均营求入选，所费之金，无虑巨万，即美法二国，亦复政以贿成，近美国桑港市长且以索贿著闻。此虽议员官吏之咎，然政府实总其纲维。是知今日之政府，均残民之政府，亦即舞弊之政府也。故吾等谓既设政府，即不啻授以杀人之具，与以贪财之机，安得谓政府非万恶之源也。

乙、资本家之于佣工　世界自古及今，舍阶级社会而外，无只享权利不尽义务之人，而只享权利不尽义务者，厥惟资本家；亦无只尽义务不享权利之人，而只尽义务不享权利者，厥惟佣工。是则资本家者，兼有昔日贵族、官吏、教士之特权者也，佣工者兼有昔日平民、奴隶之苦况者也。夫今日之资本家，为人民中最富之人，然彼等之富，岂果由勤勉及节俭而得乎？试溯地主之起源。彼拥富饶之土地非一己之力所开拓也，亦非以巨金购之他人也。其在欧洲各国，则由昔日战服他族，各占其土地为私有，或因有功君主，锡以多数之土田。其在美澳各洲，又由殖民之初，斥逐蛮民，各占其土田为私产。则今日所谓土地私有者，均强者对弱者之掠夺耳。试更溯富商之起源。大抵无赖黠徒，观时变以射利，利用时机籴贱贩贵，而所获之利，或相倍蓰，或相什百，或相千万，故今日之经商致富者，均用欺谲之政策者也。积此二因，而资本家之势成，欧洲社会党有恒言：彼等之富，均不法掠夺之结果也。布鲁东亦曰：彼等所为，直盗贼耳。足证欧人贱视资本家之心矣。资本家既拥有土地资财，地多则以生财，财多则以购地。然财非己力所能生也，必役使他人以为己用，此佣工所由日多也。然彼所谓佣工者，其始均独立之民也。及富者挟其资产以竞利，均较贫民占优胜，故垄断市利，无往弗宜，致小民之营业者，鲜克支持，不得不为资本家所兼并。加以机械盛行，非贫民所能备，资本家利用其机，遂独占生产之机关。而土地家屋机械，悉入于少数资本家之手，人民之失业者，不得不为资本家司工作，而最大多数之平民，悉为彼等所役使。名曰佣工之制胜于奴隶，然今日所谓佣工，实劳力卖买之奴隶制度耳。及所役之人日多，则所生之利愈广，所生之利愈广，则兴利之术日繁，而所役之人亦愈众，故彼等之富，均工人血汗之所易也。佣工忍非常之苦痛，以劳动于工场，迫于衣食，卖其劳力，而所制物品，其利益悉为富民所吸收。于己身所制之物，转欲购之于市场，而所得赁金，或不足以购所制之物品。加以工场所制之物，或非民生日用所必需，故欧美各国，于物之关于众民生活者，若谷、若布。恒苦缺乏，而贵重之货，无益之物，充满市场，以致民生日用之物，价值日昂，使佣工日迫于贫。佣工既贫，所得不足以糊口，不得不争赁金，欲争赁金，不得不出于同盟罢工。资本家对于此举，或将所役佣工，尽行解雇，使数万失业之民，迫于死亡之惨；或借用国家之威力，镇以重兵，肆行虐杀。试即近数岁之事言之，如法都巴黎，枉杀劳动者三万人；而美国资本家，则对于同盟罢工，私设军队。以彼民主之国，其虐遇佣工犹若此，则他国富民之不法，更可类推。呜呼！富民之财悉出于佣工之所赐，使无佣工之劳力，则富民无由殖其财，今乃忘彼大德，妄肆暴威，既夺其财，兼役其身，非为夺其财产权也，并且夺其生命之权，此非不道德之极端耶。故资本家之道德，最为腐败，进网市利，退拥良畴，不耕而食，坐收其税，以奢淫相尚，以纵乐为生。加以财产既盈，国家欲从事争战，不得不索之富民，致国会议院，均以有财产者充其选。而财产愈丰者，其行贿之金亦最巨，故一国贵显之职，咸属于小数之富民。名曰普通选举，实则多数之贫民，屈于地主一人之下，贫民衣食，系于土田，而土田与夺之权，操于地主，及选举届期，贫民欲保其土田，势必曲意逢迎，咸以地主应其举。故富豪不啻世袭之职员，而多数之贫民，虽有选举之名，实则失选举自由之柄。岂非天地间之一大隐痛耶！故贫富不平等，至今日而达于极端。蔽以一言，则今日之世界均富民之世界也。役使贫民，等于异族，残民以逞，甚于暴君，非惟为社会之大蠹，亦且为贫民之大敌。盖此乃世界未有之奇变也。中国数十年后，使非实行无政府主义，亦必陷于此境。

丙、强族之于弱族　近世以来，欧美各国侈言帝国主义，挟其兵财，雄视世界。推其原因，一由国权力之扩张，欲逞国威于境外，一由资本家欲扩充商业，吸收他境之财源，盗为己有，积此二因，遂成戕杀之世界。故强族对于弱族，立于绝对之不平等。始也施之于南洋群岛，继也施之于美洲，继也施之于非洲，近且施之于东亚。对于榛狉之民族，则横肆强暴，锄戮其民，占其土地为己有，其遗民仅存者，则役之若牛马，或麋之山谷之中，使彼族归于消灭。对于稍开化之国，则始假通好之名，吸其利源，贿其政府，以扩张己国之实权，及权力日张，则又代之施政，驻以重兵，以灭人国于无形。致昔日之邻封，易为属土，则施其贫民弱民愚民之策，征重税以绝其富，禁藏甲以绝其强，废实学以塞其智，禁其团结，遏其交通，或刲割如牺畜，不复待以人道，或施行伪道德伪托宽大之名，然其不平等则一也。夫昔日罗马待遇藩属，均与以自治之权，即蒙古回民，征服他国，惨酷无人理，然未尝尽遏其生机，未有如白人之失德者。试观加拿大、澳洲，名为自治，实则其权全属于白人，与土人无与。杜兰斯哇以力战而获自治，菲律宾群岛以抵抗而得选举权，印度虽有助英之功，犹不得自治，若马来群岛及非洲更无论矣。是则欧美各国，兼弱攻昧，取乱侮亡，肆彼凶残之毒，虐使无告之民，视白人为至尊，而赤黑诸族不以等夷相视。据印度人所自言，则英人虐遇印人较往日蒙古为尤甚，学者不得讲政治法律，仕者不得居尊官。又据安南人所言，则法人之于安南，设税目数十种，人民鬻妻卖子，犹不足偿，数人以上，不得相聚，而人民私往他国者，治以重刑，联及家族。又据西人书报所记载，则俄于波兰，虐杀义士，禁止集会，并废灭波兰文字；其遇犹太人民，尤为惨虐，其无罪而见杀者，不知凡几，甚至阖村遭屠。美人号称平等，然于赤种之民，无复权利之可言，及黑奴解放，名曰有参政之权，然伽得社会之进化有言："美人于黑种，虽以平等叫号于市朝，名曰预选举参政权，其事乃绝相反，徒以容貌之黑，遂沦落于社会之下层，其间有材质贤明财产众多者，犹不得与白人同伍。所定区划，黑人逾之，则放逐于规外，斩杀惟命，而白人逾之则无罪，虽乞儿无赖愚不知学者，一切视之同等。凡关于政治之事，则曰此吾白人所为也，有于白人之主配权而不赞成者，不曰卖国奴，则曰国事犯罪者矣。"观于以上数事，则白人之恶，不减于禽兽，舍白种而外，则权利尽失，并奴隶而弗如，可谓良心尽泯者矣。此不独欧美政府持此谬说也，其国民亦然。即有一二言社会主义者，犹曰其利只当及于白人。故索宾霍耳有言：欧罗巴之伦理，直论陀罗印度屠者之称。与蔑庋车印度多须野人之称。之伦理耳。即杜尔伯特诸人，亦深嫉白人无道德，可谓探源之说矣。乃行此主义者，犹假二说以自饰，一曰强权，二曰爱国心。于至恶之事而以善自居，是何异佛经所称之罗刹女耶。试观白种之人，非惟虐遇属地之民也，即他国之民居彼土者，亦待之如奴虏，如南非之待开矿华工，美人之待华民均肆行非礼，近且以虐待华人之法，施之于日人。推其原因，则由人人自私其国，于己国人民以外，不复以人类相视，故横行强权，不复视为非理，致近日之世界，易为强凌弱之世界，可不惧哉。

要而论之，以上凌下，政府之弊也。以富制贫，资本私有之弊也。以强凌弱，国家之弊也。惟其有政府，故仅利政府，不遑利及人民；惟其资本私有，故仅利一人，而不遑利及公众；惟其有国家，故仅利一国，而不遑利及世界。虽然，保护资本家者政府也，代表国家者亦政府也，故政府尤为万恶所归。人类生于今日，安能不筹及改造世界之策哉。

六、改造世界之理想　今之欲改造世界者约有二派：一为社会主义，一为无政府主义。试溯社会主义之起源，自希腊柏拉图倡共产之说，厥后基督教会，亦冀实行此制。及欧洲中古之际，则村落之组织，都市之同盟，亦或与社会主义相合。至于近世，学者嫉富民之压制，竞倡社会主义，或依宗教，或依哲理，或依科学，然推其立说之旨，大抵谓生产机关，均宜易私有为公有，依共同之劳动，蓄积共同之资本，即以此资本为社会共同之产业，以分配全部之民。近数十年，欧洲之地，有共产党宣言，有万国社会党大会，而各国社会党，或抗争选举权，或运动同盟罢工。夫依此策而行固足以颠覆资本家，然观近日社会党之所为，其欲离现今之国家而别图组织者，虽有其人，然其余硬软二派，或欲运动政府，或欲扩张本党权力于国家，宗旨虽殊，其承认权力集于中心则一也。认国家之组织，以归此支配力于中心，而公众之民，悉服从其支配之下，虽政体悉改为民主，然掌握分配机关之人，必有特权，岂非多数劳动之民，昔日为个人奴隶者今且易为国家奴隶乎。向使强暴之国家，利用此策，托集产之名吸收一国之利源，又托支配之名，以妄施干涉如中国汉武、王莽之所为，夫汉武、王莽之所为，曷尝非国家社会主义，乃既行以后，转以病民。虽曰今日之社会主义，主动之力，在于平民，与中国主动之力发于君主者不同，然支配之权，仍操于上，则人人失其平等之权，一切之资财，悉受国家之支配，则人人又失其自由权。盖仅能颠覆资本家之权，而不能消灭国家之权也，且将扩张国家之权。蔽以一言，则承认权力集于中心之故耳。故不废支配之机关，此社会主义所由劣于无政府主义也。无政府主义虽为吾等所确认，然于个人无政府主义不同，于共产、社会二主义，均有所采。惟彼等所言无政府，在于恢复人类完全之自由；而吾之言无政府，则兼重实行人类完全之平等。盖人人均平等，则人人均自由。固于社会主义之仅重财产平等者不同，亦与纵乐学派之主张个人自由者不同也。

七、实行无政府之方法　吾人观于今日之世界，凡赤十字社、平和会、社会党以及电报邮政之属均万国联合，确信人类有破除国界之一日。又观于近今欧美国民，虽处共和政体之下，犹复暗杀大统领、狙击职官，而人民暴动之事，亦日以增加，确信人类有废灭政府之一日。故吾人所持之说，在于实行人类天然的平等，消灭人为的不平等，颠覆一切统治之机关，破除一切阶级社会及分业社会，合全世界之民为一大群，以谋人类完全之幸福。

今试将其最要之纲领胪列于下：

甲、废灭国家，不设政府；

乙、破除国界、种界；

丙、不论男女，及若何之年，即服若何之工役，递次而迁，实行人类均力之说，以齐人类之苦乐；

丁、实行男女上绝对之平等。

以上四端，均吾人之目的也。然欲达此目的，必有实行之方法，试述之如下：

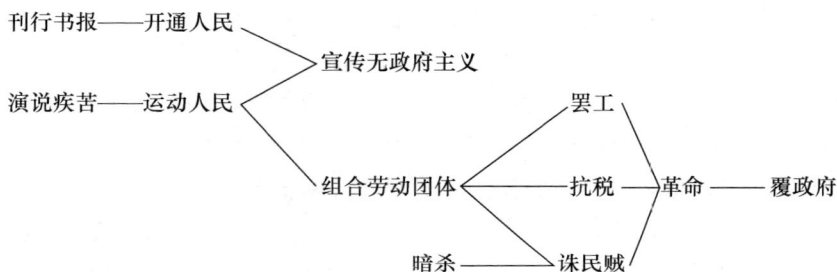

```
刊行书报——开通人民
                      宣传无政府主义
演说疾苦——运动人民
                                        罢工
                      组合劳动团体——抗税——革命——覆政府
                      暗杀——诛民贼
```

依斯而行庶平等之目的可达，无政府之主义亦可达，所谓人类完全之幸福者，其在斯乎！

八、结论　无政府主义非无稽之说也，蔽以一言，则无中心，无畛域已耳。无中心故可无政府，无畛域故可无国家。欲诠明其理，非片言所能罄，故此篇仅主平等立论，以证特权制度之非。至于废政府废国家之学理，另于下册详之，兹不赘述。

近代汉学变迁论*
（1907）

　　古无汉学之名，汉学之名始于近代，或以笃信好古该汉学之范围。然治汉学者未必尽用汉儒之说，即用汉儒之说，亦未必用以治汉儒所治之书。是则所谓汉学者，不过用汉儒之训故以说经，及用汉儒注书之条以治群书耳。故所学即以汉学标名。然二百余年之中，其学术之变迁可分为四期，试述如左。

　　一为怀疑派。顺康之交，治经之士，若顾氏之于音韵，张氏之于礼经，臧氏之于故训，均有创始之功。说者以此为汉学之萌芽，不知汉学初兴，其征实之功，悉由怀疑而入，如阎百诗之于古文《尚书》始也，疑其为伪作，继也，遂穷其作伪之源。胡渭、黄宗炎之于《易图》，始也，斥其为曲说，继也，遂探其致误之由。于民间相承之说，不复视为可从。其卓识为何如哉！且《书》《易》而外，所辨尤多。有陈启源《毛诗稽古编》，而后宋儒说《诗》之书失其根据。有毛奇龄《四书改错》，而后宋儒释《论》《孟》之书失其依傍。有万斯大《学礼质疑》，而后宋儒说《礼》之书不复宗为定论。盖宋学之行，已历数百年之久，非惟不敢斥抑，且不敢疑。至胡、毛诸儒之书出，而无稽之说扫除廓清。始也，疑其不可信，因疑而参互考验，因参互考验而所得之实证日益多，虽穿凿之谈、叫嚣之语时见于经说之中，然不为俗说所迷，归于自得，不得以采掇未纯而斥之也。是为汉学变迁第一期。

　　次为征实派。康雍之间为士者虽崇实学，然多逞空辩，与实事求是者不同。及江、戴之学兴于徽歙，所学长于比勘，博征其材，约守其

　　* 原载《国粹学报》第 31 期，1907 年 7 月 29 日，署名刘师培；又见《广益丛报》第 170 号，1908 年 5 月 29 日；收入钱玄同等编《刘申叔先生遗书》之《左盦外集》卷九，民国二十五年宁武南氏排印。

例，悉以心得为凭。且观其治学之次第，莫不先立科条，使纲举目张，同条共贯，可谓无征不信者矣。即嘉定三钱于地舆、天算，各擅专长，博极群书，于一言一事必求其征。而段、王之学，溯源戴君，尤长训故，于史书、诸子转相证明，或触类而长，所到冰释。即凌、陈、三胡，或条列典章，或诠释物类，亦复根据分明，条理融贯，耻于轻信而笃于深求。征实之学，盖至是而达于极端矣。即惠氏之治《易》，江氏之治《尚书》，虽信古过深，曲为之原，谓传、注之言，坚确不易，然融会全经，各申义指，异乎补苴掇拾者之所为，律以江、戴之书，则彼此二派均以征实为指归。是为汉学变迁第二期。

次为丛缀派。自征实之学既昌，疏证群经，阐发无余。继其后者，虽取精用弘，然精华既竭，好学之士，欲树汉学之帜，不得不出于丛缀之一途，寻究古说，掇拾旧闻。此风既开，转相仿效，而拾骨襞积之学兴。一曰据守。笃信古训，踽踽狭隘，不求于心，拘墟旧说，守古人之言而失古人之心。二曰校雠。鸠集众本，互相纠核，或不求其端，任情删易，以失本真。三曰掇拾。书有佚编，旁搜博采，碎襞断圭，补苴成卷。然功力至繁，取资甚便，或不知鉴别，以赝为真。四曰涉猎。择其新奇，随时择录，或博览广稽以俟心获，甚至考订一字辨证一言，不顾全文，信此屈彼。此四派者，非不绝浮游之空论，溯古学之真传，然所得至微，未能深造而有得。或学为人役，以供贵显有力者之求。是为汉学变迁第三期。

次为虚诬派。嘉道之际，丛缀之学多出于文士，继则大江以南工文之士以小慧自矜，乃杂治西汉今文学，旁采谶纬，以为名高。故常州之儒莫不理先汉之绝学，复博士之绪论。前有二庄，后有刘、宋，南方学者闻风兴起。及考其所学，大抵以空言相演，继以博辩，其说颇返于怀疑，然运之于虚而不能证之以实，或言之成理而不能持之有故，于学术合于今文者，莫不穿凿其词，曲说附会，于学术异乎今文者，莫不巧加诋毁，以诬前儒，甚至颠倒群经，以伸己见。其择术则至高，而成书则至易，外托致用之名，中蹈揣摩之习，经术支离以兹为甚。是为汉学变迁第四期。

要而论之，怀疑学派由思而学。征实学派则好学继以深思，及其末流，学有余而思不足。故丛缀学派已学而不思。若虚诬学派，则又思而不学。四派虽殊，然穷其得失，大抵前二派属于进，后二派则流于退。丛缀学派为征实派之变相，而虚诬之学则又矫丛缀而入于怀疑，然前此之怀疑与征实相辅，此则与征实相违，不可谓非古今人不相及矣。譬之治国，怀疑学派在于除旧布新，旧国既亡而新邦普建，故科条未备而锐气方新。若征实学派是犹守成之主，百废俱兴，综核名实，威令严明。而丛缀学派又如郅治既隆，舍大纲而营末节，其经营创设不过繁文褥礼之微。虚诬学派则犹国力既虚强自支厉，欲假富强之虚声以荧黎庶，然根本既倾，则危亡之祸兆。此道、咸以还汉学所由不振也。悲夫！

论新政为病民之根[*]
（1907）

中国自古迄今，凡朝廷之变法，恒与民变表里。王莽变法而新亡，荆公变法而宋弱。盖举行新政，名曰图富强，实则利于上而不利于下。若今日中国之新政，则尤为病民之根。盖中国自秦汉以降，悉为放任政治，舍暴君重敛严刑外，多数人民，鲜罹其苦。加以贵农贱商，国鲜贵族，律以西人之治，殆远过之。自变法之说既昌，以为非推行新政，不能强国，始也其说倡于野，继也其说倡于朝，大抵以立宪为归，以崇拜西说为主。此无论其有名无实也，即使实力奉行，亦徒为病民之政而已。何则？近日之人心，大抵趋于功利，而功利之说则便于少数之人，固按之各国而皆然者也。故西人物质文明，虽多可采，然用之无政府之世，足以利民，用之有政府之世，适以病民。试观新政既行之后，受其益者，惟新党资本家，舍是以外，则多数人民愈趋于贫苦。故矫今之弊，惟有实行无政府。若于政府尚存之日，则维新不如守旧，立宪不如专制。试即其说详言之。

一曰征之于学堂。夫学堂之善于科举，夫人而知，然按其实际，则学堂之制，便于绅士富民，贫民鲜蒙其益，远不若科举之公。科举之世，虽有抢替通关之弊，为富民者，用以杜贫民进身之阶，然制举之文，至为浅陋，虽贫亦可自修，学费丰绌，非所计也，及侥幸获选，则贫民与富民同升，未尝有阶级制度寓其间也。若学堂既兴，无论其为公立为私立，入校肆业，莫不索费，购书阅报，所费滋多。彼乡野贫民，仰事俯蓄，尚虞缺乏，子弟虽有求学之心，亦以无资而中止。是则享学校出身之荣者，均富民子弟。多数贫民，因失学之苦，致绝进身之望。

---

* 原载《天义》第8、9、10卷合册，1907年10月30日，署名申叔。

无阶级制度之名，具阶级制度之实。若官立学校，虽免纳费，然舍达官荐达外，鲜克入校，白屋之民，望学校若阶天。岂非科举之弊，作弊者仅数人，学校之弊，则所在皆然，较科举为尤甚！其因有以为利者，则牧令援之以超升，绅耆因之以敛费，少数新党恃为糊口之资，富室子弟恃为进身之路，不独使昔日之儒生失业已也，即在之民，亦以兴学之故，增加赋役，既吸其财，并妨其学。由是而降，贫民永沦于奴隶，富者益智，贫者益愚，因智而贵，因愚而贱，可逆睹也。昔日之贫民有习农工而兼习举业者，故起于寒微者甚众。又义学之制随在而有，赤贫之家其子弟均可入学，且可免费，所成就者甚多。今则非得学校卒业文凭，不克进身，而赤贫之民，永无得学校文凭之望矣。如谓学校可以造人才，则中国自汉以降，凡功令所崇之学，学人恃为利禄之阶梯，鲜有专之业。如东汉博士之经学、唐之应举诗赋、宋之策论、明清之八股，均鲜克传其能。自成一家学者，则功令不崇之学也。故当科举未废之前，民间习科学外国语者，尚不乏专精之士，以今日学堂出身者与之相较，其退步远甚。盖为利禄所趋而后学者，均非豪杰之士，故知中国学堂决不足以造人才。试思今之习政法、警察、师范者，所挟仅讲义数编，此与时之习制举者，其浅陋正复相等。而恃以进身者，则均出中人以上之家。试观今之留学生得官费者，均由运动。既有运动之力，其非白屋之民可知。其私费者必出于有余之家，否则亲戚交游之中必有富人。舍是三者，则鲜有游学之财力。故游学之制，最不便于多数之贫民。无益于治，而转以病民，其此之谓乎！

二曰征之于代议政体。今中国议院虽未设立，然倡立宪之论者，均谓国会与地方自治相表里，复以地方自治为代议政体之基，一若此制苟行，则民权骤伸。此实大谬不然之说也。夫代议制度，较之官吏之专制，其害尤深。何则？中国自近世以来，贪官污吏，所在多有，纳贿敛财，视为惯技。然官吏既非土著之人，即幕客门丁，亦来之千里之外，民之情伪，安克周知，舞弊之方，亦非谙悉。凡狱讼征科诸巨事，其有舞文典法者，必绅耆为之通关节，书吏为之作爪牙。其有悉索贿赂致小民荡产倾家，或虐遇无告之民，严刑以逼，则出于隶役所为。夫绅耆书吏隶役，均土著之民也，而贻害于民至于此极。是则为小民者，罹官吏之害尚浅，罹土著之害尤深，而官吏之害民，又必假土民之手。此固证之各省而皆然者也。若地方自治之说昌，操其柄者，非退休之官吏，即殷实之富民，为之役者，则又一物不知之新党。虽曰土著之民必卫桑梓，然昔日之为民病害者既为土民，今又假治事之名，以行武断把持之实，适实成一豪民之政治而已。况昔日土民之害，出于间接，今则以直接之法害民；昔日小民之受制，仅官吏数人，今则以官吏压制外，更增豪民之压制。始也假振兴公益之名，以敛民财，至其实际，则绅民之权日伸，平民之权日削，邑民之权日伸，乡民之权日削。此则少数人民之利，岂多数人民之利哉！若夫国会之制，其弊尤增。试观君主立宪之国，为议员者，半属贵族，民主立宪之国，为议员者，尽属资本家。其有欲博多数选举者，必以资财运动，及被举以后，则又纳贿招权。如日本今岁议员无不受贿是。况中国政以贿成，匪伊朝夕，其有不蹈此弊者几希。且即近日各省之情观之，各省省垣，咸有学会，大邑通都，咸有商会，即路矿诸政，亦有设立总局者，其总理之员，均由省民公举。然为之总理者，或以阀阅，或以官阶，或以资产，舍是三者，别无被选之人。即任分会会长评议员者，亦必视其资格之若何，方克入选。援是以推，即他日议员制度成立，各省所举之议员，即系今日之总理，此固无待蓍龟者也。平民之利权果安在耶！不过受绅民之迫责，以增纳租税而已！中国贫民甚多，若选举之权限以财产，则贫民均无选举权。即使普通选举，然绅民既握实业之权，平民恃以为食，亦不得不以之应选，有不期其然而自然者，富民专制，民何以堪！至于立法一端，则操其权者既属绅民，所立之法必便于贵显殷实之家，而使贫民罹其酷，日本之制，可为殷鉴，安得谓平民与闻国政乎！故代议政体为世界万恶之原，谓为平民之敌，非虚语也。

三曰征之于实业。昔日中国之贫民，多自由营业，以自食其力，男耕女织，持以易食。为工人者有作息自由之权，为小商者，赁屋市□，以售其货，均无困乏之虞。今也实业渐兴，工厂日增，给使贫民，以供己役。始也乡野农民，惑于赁金，弃农弗务，舍野业而营市业。故近岁江淮农民，远客他乡，计数十万，而上海汉口诸埠，则人口增加，达于百万，其中商人新党不过万人，余均应其役而供其求者也。以致人日增而谷不益。一逢饥馑，道殣相望，粮谷之值，倍增于前，货值叠腾，贫民艰于得食。盖中国食物以谷为本位，谷贵则一切物值不得不贵，物值既贵，则贫民之况愈苦矣。此固明证显然者矣。况实业既兴，佐以资者，均悉富民，凡民生日用之物，其生产机关，握于少数富民之手，垄断市利，致小民自营之业，不克支持。加以器械诸端，又非富民莫克备，而工场所制之物，复材美工巧，为市民所乐购，自营之业，咸为所妨，渐成无形之兼并。由是自由营业之民，因失业之故，不得不为富民司工役，以就赁银之制度，使一国之中，只有资本家与工农二级。此东西各国已呈之象也。今中国政府既奖励资本家，至不惜封以崇爵，不出数年，舍资本家而外，殆无一而非劳动之民。终岁勤动，劳力辱身，而所制物品，其利咸属于富民，以视工商之自由营业者，果孰利而孰害耶？加以实业既兴，则平民为富民所制，豪商奸贾，权势日伸，因富而贵，如选议员必为富民是也。因贵而骄，如今日上海之张謇、曾少卿诸人是也。左右人民之权，遂操于其手，其不胥中国而为上海者几希。即铁路矿山诸业，虽足以利民，然商办之业，有迫人民索股金者，如浙江铁路公司，对于昌化、孝丰、於潜诸县，假手于保正，按户索金五元，虽赤贫之家，鲜有免者，以致民有怨言。夫以汤寿潜办事，在庸众之中，尚属差善，其害民犹若此。有役人民致死者。如萍乡矿工是。若夫操其权而享其利，各省之中，不出百人，铁路虽曰利民，然贫民无不索车费，且所乘之车最劣，利民者何在？则亦少数人民之利耳！至于农业一端，虽宜力求进步，以足民食，然今日推行太西农学，则中国小作农无改良之资本，农业必较地主为逊，不出数年，小作之农必以田质之地主，而为佃仆，此亦必然之势也。于平民果何益哉？

三端以外，则新政之足以病民者，一为以法治国之说。法律愈密，干涉愈严，人民无形之自由，悉为政府所夺，此固自然之趋势矣。其尤不平等者，则为律师之制。夫中国各州县，均有掌刑名之幕，然咸受俸于官，奸黠之民，亦私为讼师，然为民间所轻视，即索财于民，亦属私贿。若律师之职，则仅便于富民，于财产之微，所延律师，或至数人，贫民虽罹冤抑，欲延律师，亦苦乏财，而法吏之判曲直，咸以律师之善辩为凭。傥兴讼之民，一富一贫，其不枉贫民者几何哉？试观上海一埠，欧美律师，竞趋其地，巨商竞利，罔不相延。而捕房西狱之中，所捕罪囚，靡日蔑有，曾闻有律师为之辩护者乎！傥此制推行于域内，适以滋贵族豪民之势，而助之锄抑平民耳！扶强锄弱，此之谓矣。一为保卫地方之说。夫暴政不行，民无失所，则封域之内，可以永保乂安。今则不然，惑于西国警察之制，渐次准行，增平民之税，以养平民之敌，侦伺民隐，束缚其身，此其保卫地方之安宁哉？仅保护在上者之安宁，而使在下者失其安宁耳！如曰保卫平民，则各国之中，富室宅居之地，警兵相望，或为司守门之役，若平民萃居之乡，则鲜有警兵之迹，如日本东京麴町芝区，日本桥区，多贵族资本家所居，则警察甚多；若小石川区诸地，居者鲜富贵之家，则警察甚鲜，盗贼横行，曾不一顾。又如救火之时，若富民与贫相邻，则警兵之救火者，率先富而后贫。上海亦然。以是知警察仅富民之役矣，而贫民亦抽警捐，可谓不公之甚矣。盗贼滋行，莫之或诘，可谓失平之尤者矣。如曰防御盗贼，则处富民政治之下，必多失业之民，民日穷则盗贼日众，趋民为盗，而治之以律，非罔民而何？此皆新政之弊也。况复举行新政，必增民税，则苛政日生，如辽东现今之制，无论何业，莫不有捐，一灯之费，月必五元，而警局收费尤巨。然问其利民者何在，则诬良民为马贼，获以领赏而已。由今而降，恐各省均为辽东之续。百物因之以滋贵，饥寒之民，数必倍益。及民财既竭，势必假款外邦，授以各省利权，近日借英款已以江浙铁路作抵，异日政府敛财不足，必更假外款。使各省人民，昔受制于本国资本家者，更受制于他国资本家，埃及之祸，殆将复见。此又举行新政之结果也。若即社会之近况言之，则科举废而士人失业，汽车行而担夫嗟生，轮舟行而舟人失所，加以迷信既破，而术数之业，不克恃以谋身，电信既通，而邮驿之夫不克恃以谋食，平民疾苦，为往昔所未闻。且近日商埠之地，恃御车为业者从数万计，均属昔日之农民，今上海之地，改试电车，则御车者又失业，援是以推，则所谓新政者，果为利民之具耶？抑为害民之具耶？毋亦所利者在于少数人民，而所害则在于多数人民乎？近日之制，又有确成阶级之制度者，如南京警察于车之不顺轨而驰者，必加干涉，然仅对于人民则然，若官吏之车虽不顺轨，亦鲜有过而问者。此贵贱不平等之证。又如中日往来商船，当夏秋之间，必行检疫之制，然行经日本商埠时，医士登舟验病，对于上级客舱之客，稍视即去，对下级客舱之客，则凌虐百端。此贫富不平等之证。今之世界，大率皆然，则中国行新政之结果亦不过使贵者富者逍遥法外而已。故知新政为病民之根也。夫欧美日本现行之制，大抵承封建之后，为封建之变相，且其所以互相效则者，则以人民处封建之世，罹虐甚深，故颁行宪政，虽曰干涉，然较之往昔所罹之虐，已属稍善。盖去往昔阶级制度，而以新阶级制度代之者也。然至于今日平民仍困厄百端。若中国去封建时代已数千年，为之民者，习于放任政治，以保无形之自由，贵族之制既除，富民之威未振，舍君主官吏专制外，贵贱贫富，治以同一之法律，其制本属差公。若仿行欧美日本之制，不独易放任为干涉已也，且增阶级制度于无形，被以一言，则豪族富民之政治而已，夫何益之有哉！盖人民之幸福，在于家给人足，而不在于伪文明。今之震于西法者，炫欧美日本之文明，而忘其多数平民之苦，可不谓之大惑乎！故今日欲为人民谋幸福，舍实行无政府制度外，别无改造世界之方。中国亦然。至于无政府之制，行于新政未行之日，较之欧美日本，尤属易行。俟政府既无，人民共产，无统治被治之分，然后物质文明，力求进步，以利民众，斯为善制。若处政府擅权之国，而欲变法维新，举国宪政，曾不若专制之为良。盖维新之害，固较守旧为尤甚也。惜流俗昏迷，鲜明此理，故推其说著于篇。

又按今日平民之苦，非惟中国惟然也，欧美日本，世人徒震其外观之文明，然按其实际，则平民之苦，有远甚中国者。日本"女学世界"所记，有"伦敦之贫民窟"一则，其言曰：伦敦市街东端有贫民窟，周围数十方里，数家聚居一室，冬夏均赤体相对，有一衣服，则辗转易用；出以攫财，父诏其子，兄勉其弟，莫非盗财御人之术，实伦敦市犯罪养成所也。又日本社会党发行之"光"，有记美利坚人自杀与他杀一则，其言曰：千九百〇五年，美利坚统计表，计国人中自杀者，八千五百九十七人，他杀者，多为盗杀。八千九百七十八人，其中十分之七，均因生计不足问题。又据日本田添氏"经济进化论"载有欧美七国贫民统计表，谓北美当一千八百九十年，贫民三百万人；英国当一千八百九十四年，贫民一百〇一万一千五百四十人；法国当一千八百八十八年，贫民一百六十四万七千七百二十人；德国当一千八百八十五年，贫民一百五十九万二千三百八十六人；义国当一千八百八十年，贫民二百万人；澳国当一千八百九十一年，贫民三十一万〇六百四十五人；比国当一千八百九十二年，贫民三万五千六十四人。合七国贫民统计之，共九百二十八万六千八百五十五人，世人呼为贫民军，或呼为饿鬼之行列。又谓依最近报告，即彼成书之年。日本全国有乞食之民六万人。夫此孰非文明之国哉，而贫民之多若是，足证欧美日本之政治，行之己国，已无往不足以病民。昔英女主维多利亚行祝典，爱尔兰社会党首领柯氏，率党万余人，揭黑旗九面，大书爱尔兰困苦之状：一为贫苦之民移海外之数；一为无食饿死者；一为极寒无衣痛死者；一为凶荒之岁英富民刻削农民事。故今日文明之国，其民仅分二级，非乐死即饿死耳！若中国贫民之数，已不可胜穷，傥再以新政厉民，即使所行政治，与欧美日本无异，亦仅趋多数贫民于死境而已。故观于欧美日本贫民之况，即知文明政治，无一非病民之具。欧美之况，固闻而后知者也；欲穷文明国之实际，则曷向日本东京本所区，一观日本贫民之况乎！

农民疾苦调查会章程*
（1907）

中国幅员广大，以农民为最众，亦以农民为最苦。惜困厄之状，鲜有宣于口、笔于书者。近今所出各报纸，于各省政治、实业，虽多记载，然于民事则弗详。民事之中，又以农事为最略。嗟我农人，诚古代所谓无告之民矣。仆等有鉴于此，爰设农民疾苦调查会，举官吏、富民之虐，据事直陈，以筹农民救济之方，兼为申儆平民之助。海内志士如有热心平民主义者，均乞代任调查，或各举所知，通函本会，则多数农民之幸也。今将调查简章列于后：

一、赵充国有言，百闻不如一见。农民疾苦有此省与彼省不同者，有此府与他府不同者，即一府一县之中，所罹之苦，亦或殊异。惟以本境之人，述本境人民之况，斯与传闻之说不同。故担任调查诸君，无论留学日本及身居祖国，所陈之事均乞以本邑为限，或以他乡所目睹之事为凭。

一、农事之宜调查者：一为田亩实数，一为农人实数，一为每亩产谷之平均数，一为粮谷输出之数，或将近岁之数与前数岁不同者，互相比较。此关于全国之民食者也。若夫农民疾苦，其调查者有四端：一为官吏横征及胥吏苛扰之事，一为田主虐待及私税所纳之额，一为凶荒饥馑之况，一为耕芸刈获之苦。此关于农民之困厄者也。调查诸君关于农事者，或列为表；关于农民疾苦者，或绘为图。至于陈述之法，不拘一例，惟以征实详明为主。

一、凡担任调查诸君，每月通信不拘定数，或数月通函一次，各从其便。

一、凡所寄调查之稿，在海外者，乞寄日本东京小石川区久坚町二十七番地本会通信所。在国内者，或暂寄上海四马路国粹学报社代收。

一、凡通函一次者均以《天义》报半年（十二册）为酬，按期奉寄。

一、凡各境调查之稿，每经半岁，则本会同人汇编其稿为一册，以付刊印，并寄赠调查诸君。

＊ 原载《天义》第8、9、10卷合册，1907年10月30日。

鲍生学术发微[*]

（1907）

中国舍老、庄而外，学者鲜言废人治。至于魏、晋之际，学士大夫多治老、庄家言，而废灭人治之昌，然实以鲍生为嚆矢。葛洪《抱朴子·诘鲍篇》曰："鲍生敬言，好老、庄之书，治剧辨之言，以为古者无君，胜于今世。"复载其所著之论。是鲍生名敬言，为西晋人，所著之论，盖即以无君论标题。今将《抱朴子》所载者，录之如左，以发其微。

"儒者曰：天生烝民而树之君，岂其皇天谆谆言，亦将欲之者为辞哉！"

案：此所以破君权神授之说也。君权既非神授，则君即民众中之一人，不必尊矣。

"夫强者凌弱，则弱者服之矣；智者诈愚，则愚者事之矣。服之，故君臣之道起焉；事之，故力寡之民制焉。然则隶属役御，由乎争强弱而校愚智，彼苍天果无事也。"

案：此节言君主制度由于黠者以智力服民，乃极不平等之制度也。

"夫混茫以无名为贵，群生以得意为欢，故剥桂刻漆，非木之愿；拔鹬裂翠，非鸟所欲；促辔衔镳，非马之性；荷轭运重，非牛之乐。诈巧之萌，任力违真。伐生根以饰无用，捕飞禽以供华玩，穿本完之鼻，绊天放之脚，盖非万物并生之意。"

案：此节言人以率性为贵，若饰以人治，禁其自由，纳民人于范围之中，是为逆人之性，与强制同；必非人性之所欲也，且背于平等

---

* 原载《天义》第 8、9、10 卷合册，1907 年 10 月 30 日，署名申叔；收入钱玄同等编《刘申叔先生遗书》之《左盦外集》卷九，民国二十五年宁武南氏排印。

之谊。

"夫役彼黎烝，养此在官，贵者禄厚而民亦困矣。"

案：此言所以破主治、被治之级也。以为在下者之困，皆由在上者役民自养，故深斥役使下民者之非。

"夫死而得生，欣喜无量，则不如向无死也；让爵辞禄，以钓虚名，则不如本无让也。天下逆乱焉而忠义显矣，六亲不知焉而孝慈彰矣。"

案：此节所以深斥伪道德也，以为伪道德盛行之世，即生民大不幸之世，不若道德未起以前之自由。

"曩古之世，无君无臣。穿井而饮，耕田而食。日出而作，日入而息。泛然不系，恢尔自得。不竞不营，无荣无辱。山无蹊径，泽无舟梁。川谷不通，则不相并兼；士众不聚，则不相攻伐。是高巢不探，深渊不漉。凤鸾栖息于庭宇，龙鳞群游于园池。饥虎可履，虺蛇可执。涉泽而鸥鸟不飞，入林而狐兔不惊。势利不萌，祸乱不作。干戈不用，城池不设。万物玄同，相忘于道。疫疠不流，民获考终。纯白在胸，机心不生。含餔而嬉，鼓腹而游。其言不华，其行不饰。安得聚敛以夺民财？安得严刑以为坑阱？"

案：此节大旨，在于诠明太古时代本无君主，人民享完全自由之乐，无争竞之心，亦无祸福利害荣辱之说，使常此不改，则重敛、严刑、战争之苦均无由起。"高巢不探"以下，系形容物我相忘之境，以斯时民无争心，不必泥其词。又"泛然不系"数语，系形容自由之乐。"山无蹊径"数语，与《老子》"太古之民，老死不相往来"同。

"降及杪季，智用巧生。道德既衰，尊卑有序。繁升降损益之礼，饰绂冕玄黄之服。起土木于凌霄，构丹绿于梦橑。倾峻搜宝，泳渊采珠。聚玉如林，不足以极其变；积金成山，不足以赡其费。澶漫于淫荒之域，而叛其大始之本。去宗日远，背朴弥增。"

案：此节言阶级制度，悉由诈伪而生，典章文物，均系病民之具，惟导在上者于奢侈耳。上愈奢侈，民生弥苦，故典章文物进步之世，去人治未兴之世远甚。

"尚贤则民争名，贵货则盗贼起，见可欲则真正之心乱，势利陈则劫夺途开。"

案：此乃诠明人民趋名利之由也，以为爵位废则众不趋名，财货废则众不趋利。

"造剡锐之器，长侵割之患。弩恐不劲，甲恐不坚，矛恐不利，盾恐不厚。若无凌暴，此皆可弃也。"

案：此即非军备主义也，故以兵备为君主凌暴罪民之具。

"故曰：白玉不毁，孰为珪璋？道德不废，安取仁义？"

案：此言伪道德即系不道德。

"使失桀纣之徒，得燔人辜谏者，脯诸侯，菹方伯，剖人心，破人胫，穷骄淫之恶，用炮烙之虐；若令斯人并为匹夫，性虽凶奢，安得施之？使彼肆酷恣欲，屠割天下，由于为君，故得纵意也。"

案：此言君主暴虐，由于居君位；使废君位，则虐政不复生。

"君臣既立，众慝日滋。"

案：此言世界万恶，均由于立君，均由于设阶级制度。

"而欲攘臂乎桎梏之间，愁劳于涂炭之中。人主忧栗于庙堂之上，百姓煎扰于困苦之中。"

案：此言处法治之世，人人失其乐，人人处于愁苦中，为上下所同然。

"闲之以礼度，整之以刑罚，是犹辟滔天之源，激不测之流，塞之以撮壤，障之以指掌也。"

案：此言处阶级制度之世，虽有道德法律，决不足以使之治。

此皆鲍生之词也。中国政由君出，既言无君，即系废灭人治，与无政府之说同。至于废道德而弃法制，非军备而贱财货，尤属清源之论。盖彼意欲使众民平等，共享完全之自由，故其立说，较老庄为尤显。至欲反世风于太古，虽稍差谬，然明原人平等，亦系不刊之言。葛洪斥之，何足道哉！故即其说表章之。

非六子论[*]
（1907）

　　近世巨儒，首推顾、黄、王、颜、江、戴。昔读其书，辄心仪其说，以为救民以言，莫六子若。由今观之，则乱政、败俗、蠹民，亦莫若六子。此非立说互歧也，试略举其征，以昭曩昔失言之咎。

　　亭林之学，略近水心，虽辨学一宗考亭，而不废致用。其齐家诸说，兼取君实，观其推论世风，尚有耻而崇重厚，民生利病，纤悉必谙。以轻赋散财为治本，说虽近阔，尚近便民。至其兼采秦法，首尚明察，以综核为达政，以齐肃为法规，复欲取封建之制，寓之于郡县之中；而乡官之制，则上法周汉，以为郡吏当用土民，佐史弗宜部选，百里之宰，各分天子之权，一乡之中，首尚里胥之治，然复天下之政，若网在纲。故鄙都之治，乡亭之吏，旁及表道置邮之法，莫不援古证今，垂立后王之法，以为王道之起，必本于治乡。然行其说者，只足为豪族凌民之助，则顾氏之失也。

　　黎洲之学，粗率略符于同甫，而抗言高论，则东林、复社之遗。其废财、均田，立说亦稍可采。至于妄言国政，以为君主当为民施政，人臣当守道正君，立法必作万民之规，置相必分人君之责；又谓一国之治，必首有治法，后有治人，国政是非，不必定议于朝廷，首尚公权于学校，故学官弟子，得操纠绳守令之权，每郡之中，复岁举一人，以备询事考言之选，而量才授职，畀以崇阶。然行其说者，只足为策士进身之助，则黄氏之失也。

　　船山之学，多出横渠，然杂采尹洙之说。以为扶植中区，屏斥夷貊，必设险守国，以重方镇之权，意欲宰制天下，分割河山，以兵政为

　　* 原载《天义》第 8、9、10 卷合册，1907 年 10 月 30 日，署名申叔。

区划，隩区岩邑，各置重兵，施治之柄，操于将臣，朝廷不能制其威，牧令不能抗其制；复重敛民财，以足军食，财赋之区，征财尤巨，一若奠宁中夏，非是莫由，至于民生休戚，则坐视不一言。故行其说者，只足为大吏擅权之助。此王氏之失也。

习斋之学，蔑视宋、明诸巨儒。以为虞廷六府，周官三物，孔门四教，无往而非事，舍事则道与事俱废。又以利用厚生谓之事，礼、乐、射、御、书、数谓之物。不见诸事，是为蠹民；不征诸物，是为空言。故讲学幽冀，兼崇武备艺能，贱心得而尚习行，重诵数而遗思索，文武并崇，道艺兼习。至于推论国政，尤以强兵兴利为先，以服兵为民职，以生聚为国本，以克敌为自雄。盖旁采杂霸之术，而缘饰儒书。然行其说者，仅足助政府逞强之用。此颜氏之失也。

慎修之学，长于考核，尤详历数。因推见考工制物之精、以为备物利用，圣王所不废。继又笃执周官，深取九职生财之法。谓圣王之治，必趋闲民于生财。度支有方，则财不匮；长财善物，则财自生。又以商农既分，兵赋出于农，则货贿必取于商。故经国常法，不得不设关市之征，即贾师诸官，设有专职，亦所以衡其平。重商之论，萌芽于斯。故行其说者，亦仅为言利者所取资。此江氏之失也。

东原之学，欲以己说代程、朱，以为宋儒之说，以意见为理，以蔽为欲，舍是非而论名分，致以空理祸斯民，钳制民心，刻深惨酷，而断私克欲，又近逆民。故力矫其说，饰孟子以自崇。以为理生于欲，情得其平，是为循理。理者，即情欲之不爽失者也，故人人可各遂其私。又谓血气心知，斯之为性，斯即人心同然之理。惟推己好恶，与人相衡，则推私为公，人己均沾其益。其说似较前人为善，然行其说者，亦仅为纵欲恣情之便。此则戴氏之失也。

夫前人立说，语及经世，恒不计民生利弊，以便一己之私。顾为东吴望族。明代之制，绅衿乡居，恒足凌民。顾氏囿于所习，至沉仆于江，以施暴行，则其欺凌编户，又习于性成。其乡里自治之说，适足为望族虐民之助耳。故汪、包之伦，于顾氏之书，师其吏治而已，于治乡之法则弗言。至冯桂芬惑其说，俞正燮采其言，斯论遂炽。今则浅识之徒，鉴于西国分权之制，以为市町村自治，其法甚良。不知豪猾劣绅，素为一方巨害，武断乡曲，鱼肉其民。昔也镇以官威，尚足自憼，然贪墨之吏，亦恃斯辈作爪牙。民疾其恶，众怨毕归。若假以地方自治之权，岂非为虎傅翼乎！至于假公益以剥民财，操治权以临白屋，利之所及，不越巨族豪民，数多齐氓，转罹屠毒。此皆顾说作之俑也，于民生利病奚得谓之谙悉乎！至于政尚严明，法崇划一，则又纳民于桎梏之中，使之慎遵职事，无或越逾，其拂逆民性，其斯而极。行之而善，不过步独逸病民之辙而已，岂足法哉！

黄氏则于〔不〕然，鉴于娄江二张之弋美，意欲伪持清议，树朋党以竞政权。然东林末流之猥鄙，固为黄氏所审知，犹欲袭彼陋风，以长浮嚣之习，不过为己党弋名竞利之资耳。彼于举世奉行之法，斥为滋弊之端，欲创新法以代之。说非不美，然雍、乾以降，挟策干时之士，未尝不拾其绪余，以为取士用人，不必尽绳以法。然新法未立，旧法亦成具文，所呈现象，转在奉法不奉法之间。上之于下，爱之则援破格之词，恶之则以成法相诘。高下在心，致转启弄法舞文之渐。公平之制，转逊曩时。即使代以新法，君臣上下悉受制法律之中，亦仅蹈泰西“法治国”之弊而已。重相权之说，亦不过仅成责任内阁，不足论矣。至于议政之说，尤属邪说。当光绪初年，词臣文士，宦游京邑，恒以清流自标。然托敢言之名，怀躁进之实，党论沸腾，或恃为利薮。及变法说昌，巨绅新党，咸植党援以自助，相时而动，以竞利权；对于国政得失，则又饰忠愤之词，率丑类以昌横议。下震愚氓，上胁政府，欲使一国政柄，握于己党。即敦朴之民，一入学校，稍闻政论，亦复掇拾浮词，妄陈治平之术，以博异日议员之选。由是议政为入官捷径，痛哭流涕为营求私利之阶。志鄙夫之志，沽志士之称。车载杜、房，斗量管、葛，岂非可嗤之甚哉！即使行之诚善，不过法都之治重现于东方，否则国论喧呶，各竞其私，致为波兰之续，孰非黄氏之贻毒乎？

王氏论政，鲜创辟之言词，惟欲重方镇之权，则病民莫甚。夫明代末年，左兵横行，四镇云扰，民罹其酷，岂王氏所未闻？显以委贽粤西，历入将臣之幕，迨及晚年，犹陈此謇说以徇其私，与近人黎、薛之见相同。民生疾苦，匪所计也。厥后湘中人士，潜师其说，自魏源出，游以富强之术，上干大吏，舍兵制食货而外，视民事为至轻。适海疆多故，继以洪、杨之役而湘军以兴。湘军诸帅，素服膺王氏之书，及秉节钺于东南，挟其积威，潜操重柄，而方镇之势渐成。夫道、咸以前，视民命为至重，以吏治定其黜陟。自嗣以降，则生杀之权操于大吏，而无辜之民遂多枉死。郡邑之吏视大吏之意为从违，吏治不举，苛民若至，而小民之困愈增。加以既重养兵，乃筹巨饷，厘金之暴普及于东南。至于近日各省省垣，局所林立，非为兵备所资，即为理财而设，其关于民事则缺如。是则咸、同以降，所行之策，多出王氏所言，然人民罹害，一至于斯，足证方镇分权之治，最不利于民生。况近今东南各省，渐行征兵，兵备日充，大吏之权益固，则骄兵悍将，倚势凌民，或成唐代藩镇之骄，或蹈罗马末年之失。斯皆王氏为之罪首也。

颜氏少习游侠，长于骑射击刺之术，盖阴抱非常之志者。及由侠入儒，乃昌尚武之说，而辅以实用。顾其学弗显。咸、同以降，习者渐众。近世以来，中土士庶惕于强权，并震于泰西科学，以为颜氏施教，旁及水火工虞，略近西学之致用；而贵兵之论，又足矫怯弱之风。乃尊崇其术，以为可见施行。然用之教育，则舍普通知识外，鲜事穷理，术存而学亡。惟以体育、智育之名相竞于众，实则承其学者，莫不殚精于实际，以自锢其心，障其灵府，汩其天才，无复自然之乐。其去程、朱之主敬几何？若用其术以驭民，则与教育陆军之法约略相符。辅之以训练，梏之以繁文，使之不识不知，处浑混之中。顺上之则，罔敢或迷。惟健其身躯，娴于小技，多能鄙事，以备在上有力者之需。势必灵智愈塞，鄙劣性成，习于服从，囿于浅狭。即使民业日进，然民性亦益趋顽钝矣。颜说若行，必至尽人而为上海之印捕。今清国政府，其期于人民者，不越于兹策。然工业盛则政府仰其供，民力强则政府趋之战。使为之民者，处于非智非愚之一境，以仰其指挥。是则颜氏之说，乃政府之便于利用者也。即使行之果善，亦不过使举国人民蹈独逸、日本人民之苦，以逞帝国之光荣。否则外强中干，势等非洲之突厥土耳其。颜说之善，果安在耶？

江氏生徽、歙之间。徽地多瘠，其民恒弃农业商，故徽州贾人半天下，恒以商起其家。江氏囿于土风，故托生财之说，隐斥古昔贱商之论。然言利之萌，自此始矣。且近今治术，往往托词于《周官》遗法，而特重理财。又以理财之源，在于生利，如江氏谓备物利用，圣人不废。彼重制器，特以助逞奇考古之资。今则造一器，制一物，必畀以专利之年。名为利民用，实则自利而已。江氏又谓经国常法，不得不征商。然征商愈重之国，商权愈尊。今政府操敛财之术，求贿商贾，乃以名器相假，商人得之，益以自肆。对于氓庶，以财力相君，挟其赀财，进与公卿竞礼，退为乡里巨绅。蓄财愈众，权势日充。则征商之策，实与抑商之策相违。江氏复谓圣王之治，必趋闲民于生财，而近今之嚣论，亦曰兴工艺以赡游民，与江说合。然所生之财，恒归于商。豪商既富，垄断市利，以妨平民之业。民失业日闲，民闲则为巨商司工作。彼则身佚而财丰，此则身劳而财绌。名曰赡闲民，实则迫民于闲，且迫闲民于苦耳。即使行之果善，亦不过蹈北美之辙，以成资本家之政治而已。曾亦思及北美贫民之苦乎！古人所谓无易由言，其江氏之谓矣！近今资本家之制，固未尝引江氏说，然江说之已行者，其效不过如此耳。

戴氏自居于圣贤，敢为骇俗之论。然名为骇俗，实则败俗。盖中国人民富于自营之念，特囿于前修学术，故以利己为讳言。及戴氏之说昌，以为理寓欲中，不必讳言自利，而焦、阮诸氏又竟和其说，治汉学者咸便之。今则边沁、弥儿之言，渐由西方输入，均以乐利标其宗，而功利学派之书，复以非利物不能利己，且谓人类只有利己心，利他则为变相。此说一昌，民竞趋利。蓄于心者为功利，对于外者为强权。又以戴氏之书，亦以营利为美德，足破前儒义利之辨，而民德之肆，乃不可胜言矣！虽戴氏之说主于以己度人，使人己交利，然今之营利者，亦假俱利之名以自饰，托兼爱之名，行利己之实。杨、墨之学，集于一身，而竞利之方亦愈巧。其下也者，则又攘夺公行，丧耻鲜廉，相习不以为非，以退让为恶德，以机巧为豪贤。此虽侯官严复之罪，然亦戴氏之说有以坚其信也。或谓戴氏之书在于抵制专制，足遂民性之自由，不知昔日之制，不过少数之人权力以凌其下，今则多数之人，各于利权相竞，弱肉强食，为害益深。而中级社会之子，上竞利权，下陵贫弱，戴氏谓宋儒以意见为理，长悖厉恣睢之风；吾则谓戴氏说行，悖厉恣睢，较习宋学者为尤甚。英都巨重于戴东，则戴氏道民于恶，其罪安可逭耶！前举戴氏学术而称之者，以其辟三纲也；今举戴说而斥之者，以其提倡功利也。非立言互歧！

嗟乎！处今之世，非有非常之源，以斩绝人治之根，决不足以跻民于巨乐。故凡旧说之涉及人治者，稍加采择，无一不足以殃民。而近世学士所交称者，则为六子之书。故明著其弊，以醒群迷，使无识之流，不得托前人之说以自饰。即他说之近于六子者，亦可援此证彼，以阐其非。夫岂好辩哉！盖既为众民疾苦计，固有欲曲说而不能者也。

又案：近儒学术有唐甄《潜书》、陆绍仪《思辨录》、胡承诺《绎志》。陆、胡之学，出入亭林、船山间，其语均无可采。唐氏之学，贵简易而戒苛徒，斥扰抑而崇自由，盖以放任为旨者也。故于民生之疾苦亦多谙悉，虽所举不足尽其意，然与顾氏等崇尚人治者，固殊途矣。若夫李二曲、孙夏峰，亦鲜言政治。李承心斋之说，注意平民教育，诱导贱民，其功甚普，殊非黎洲所可及。若夏峰调和朱、陆，启近今中立学术之阶，不足尚也。至于汤斌、陆陇其，说虽迂执，然娴于吏治，子惠爱民，较方苞辈之伪饰躬行者，亦彼善于此。考夫、晚村，说均近陆，惟未克见之施行耳。继之起者李绂、谢济世，均尚荆溪之学。然颇与黎洲相似，故以树党著闻。然其抗议国政，仍似出之于至忱，较今之弋名钓誉因以为利者，亦属稍善。若罗台山、彭尺木，均深于佛学。罗氏无所恐怖，与世相忤而不辞；彭氏清虚自守，视荣利为蔑如。盖均持个人无政府主义者也，较六子殆远过之。乃近今之人，于以上各学派，以为持之而行，不便于急功近利，乃遗弃其说，屏不一及。岂不深可叹哉！盖持衡学派之得失，当视其涉及人治与否，一涉人治，则虽有良法美意，决不足以利多数人民，其害较宗教为尤甚。于此而嚣然以济民自标，将谁欺哉！

作者附识

中国现势论*
（1907）

　　今中国人士所倡之瞽说，大抵望国家力图自强，保存本国之利权，以抵制外人。其有持平和论者，又谓各国势力日向中国扩张，若民党革命，必召外人之干涉，以促瓜分；持激烈主义者反对之，谓民党革命当要求各国政府之赞成。此均大谬不然之说也。中国人民欲泯强权侵凌之祸，非与各国同行无政府，此祸终不克泯。或谓世界各国欲同时无政府，非旦夕所可跻，则莫若中国先行无政府。杜尔斯特致中国人书曰："支那人民倘固守其真正之自由，则凡官吏所施之残虐，外人所施之劫掠均可脱离，即政府所启之祸端，亦不能加责任于汝等。"又曰："今欧人以强暴残虐加于支那人民，皆因有人民所自认之政府故。若支那现无政府，欧人虽暴，亦不能借国际关系之名逞其凶焰。"其立言大旨，盖谓中国人民苟无政府，则外人不能施以强权。今就中国往事观之，凡割地失权，均由政府自订之条约，即杜氏所谓政府所启之祸端也。既无政府，则外人不能假条约之名横肆强权于中国，此固正本清源之论。或谓既无政府，则他国对于无主权之地可以任意侵凌，不知人民自卫之力较之政府自卫之力尤为强盛。征之西欧，则以法皇拿破仑第三不能胜德，而法民卒保巴黎；征之中国，则鸦片之役合闽粤江浙诸省兵力卒为英败，惟三元里人民克挫英师。则抵御外侮，本不必赖有政府，彰彰甚明。况无政府党之势力遍于各国，而各国政府对于彼党犹不能持镇压之策，况于实行无政府之人民！法爱尔威氏之言曰："以今日之德皇不能制服较纯之德民，安能侵略法地而制服其尤为不纯之民？"执此语以为

---

　　* 原载《天义》第 11、12 卷合册，1907 年 11 月 30 日，系《亚洲现势论》后所附之文，署名申叔。

例，则欧美各国虽有政府之强力，决不能施于无政府后之中国国民，又较然可知。或谓处现今之中国，欲此制见之施行，恐实力未充。则各国民党亦可要其协助，至于各国政府则为此主义之公敌，奚有转望其赞成之理哉。

若于此制未实行之前，而欲保全现今之权利，权吾民所操之策，亦有二端：一曰消灭徒饰外观之新政；二曰联络各国民党为外援。试言其故。中国自咸同以降，渐行地方分权之制，各省大吏惟注重兵财二端，民生吏治均视为至轻。其对于民也，舍镇压诛求二策外，别无施治之方，以致民人日困。今也因举行新政，偿还外债之故，租税日增，物值日贵，中人之家恒仰屋嗟生，而一二政客复惑于欧美日本伪文明，欲推行其制于中国，达官大吏亦渐从其议。然举行一新政，即增一至巨之费，而中国人民自古及今久视纳税为苛政，欲其筹集巨款必酿成巨变。中国在上之人亦深知其故，故欲筹兴办新政之费，必出于借外债之一途。既借外债，势不得不以利权相抵，此路矿实业之权所由失也。试观现今奉天省举行新政，颇具外观，而利权丧失亦最巨；其次则为湖北，其外债之额亦巨。援此而推，则以今日最奢之大吏举行至费之新政，伪文明所及之地即外债所输入之地，外债所输入之地即利权所丧失之地。加以兴办实业，国民所集之款恒难盈额，势必与外人合资，积时既久，遂反客为主。是则中国政艺两界欲图改革，均为丧失权利之阶梯。使长此不改，势必伪文明日进，而国力日虚，全国人民于无形之中易为外国资本家之制度，其不蹈埃及覆辙者几希！现今政府欲括民财，以为直接取之必生阻力，不若先借外资，彼等人民知利权之将丧失，必合力而为政府偿还，此政府近日间接敛财之秘策也。顾新政无穷，需款亦无穷，则所借外债额亦将靡所底止，所抵利权即使争还于一时，难保不断送于异日。故今之各政客对于争利权一事虽伪□热心，然彼固日日提倡新政，不知新政与外债有密接之关系，故吾谓今日抵制外债之人不啻即引进外债之人，虽曰设会抵制，何益之有？故新政为外债之媒，外债为亡国之本。非推翻一切粉饰外观之新政，决不能保未失之利权，此人民所应知者一也。又中国利权之丧失，由于外国资本家欲扩充利权于东方，盖彼等之于本国也，夺掠民财，垄断市利，致劳民社会苦无天日，复以残刻之技施于异种，如福公司、凯约翰公司以及日清、芦汉、沪宁各铁路公司是也。由是而降，必举中国全部变为满洲、山东、云南。又路矿权所及之地，即外人工商业所施之地，势必举中国多数之农民易为工场奴隶，而中国人民自营之业均为所妨，以致日邻穷乏，故外资排斥亦当今之要务。惟中国人民排斥外资，仅恃绅商阀之集会及要求政府，此均下策。现各国社会党无政府党均为万国之联合，以抗世界之政府资本家，资本阶级如有掠夺本国人民者，固竭力反对，即有夺掠他国人民者，亦加以攻击，以为世界人类之公敌。若中国人民于外人夺掠中国之况，据实直陈报告彼党，与之互相联络，则凡外国资本阶级有欲施夺掠于中国者，彼党必力与反对以掣其势力，即中国平民抵制外权，彼亦深表同情，虽路矿罢工暗杀外国资本家，彼亦力为赞助。观于德民助波助俄反抗政府可以知其例矣。如此而行，庶彼国资本家对于中国不能再施掠夺，而中国之利权亦可保卫于无形。此人民所应知者又一也。故就近日中国之现势言之，虽苏杭甬江西西潼之路权，山西皖南之矿产，以及黄河航权，西江警政，均将断送于外人，然果能行此二策，亦庶几有补。否则开会集议，函电相争，适成绅商阀弋名攫权之助耳。于此而犹曰"保全中国"，将谁欺乎！

苦鲁巴特金学术述略 *
（1907）

　　苦鲁巴特金之学说于共产无政府主义最为圆满，现今学者多知之，故刺取其学术之大者列于此篇。

　　苦氏者，俄人也。生于一千八百四十二年。为俄国贵族，其爵为大公。幼时肄学圣彼得堡，长为西伯利亚军官，以波兰之役去职。乃从事科学，更为地理学会书记。千八百七十二年，游瑞士、德意志，遂入万国劳动会。返国以后，专以鼓吹革命为事。千八百七十四年，为俄政府所捕。后逃于英，复由英往瑞士，作革命报。又为瑞士所逐，乃去而之法。嗣以里昂暗杀案株连，入监五年。后居英国。此苦氏事迹之大略也。苦氏自奉至为刻苦。

　　苦氏所著书，鄙人所见者仅《诉青年》《无政府之哲学》《互助》《自由合意》《赁银制度》乃《面包掠夺》一二章。而已。于苦氏之学，未窥全豹，然就所见之书观之，则其学术悉以科学为根据，盖彼固地学、博物学之专家也。试先即其所持之理论言之，一为互相扶助说，一为无中心说。彼一切之学术均由此二说而生，今略述之如下：

　　一、互相扶助说。苦氏所著《互助》，〈认〉为人类有互相扶助之天性。何以知人类有互相扶助之天性？以物类有互相扶助之天性证之也。彼所著《互助》一篇，首言动物之互助，次言野蛮人与半开化人之互助，终言今人之互助。略谓"物类互助之说始于达尔文。达氏虽以生存竞存为物类进化之公例，然达氏所著《种源》已言生存竞争之意，不宜于扁小一方面观之，当从宽大处解释。生存竞争，即众生之互相关系。

　　* 原载《天义》第 11、12 卷合册和第 13、14 卷合册，1907 年 11 月 30 日、12 月 30 日发行，署名申叔。

又所著《物种由来》，亦谓动物进化，当代竞争以协合。及竞争易为结合，斯其种益迁于良。所谓良种，非必赖其强与巧也。其所尚惟在扶持结合。故凡公共团体，凡彼此相遇愈殷击者，其团体亦愈发达。"达氏之言如此。而赫胥黎误解其义，以为动物之中，惟强狡者乃生存。人类亦然。弱愚必处于劣败，强狡遂居于优胜，故舍斗争则无以生存。近人多守此伪义。实则赫氏所言，与物象之本状未能确合。如吾辈行于荒野山林，研察动物，相争夺者固不乏，而互相扶助者则尤众。故竞争为物象之公例，互助亦为物象之公例。然竞争、互助虽同为物象之公例，若就宜于群类言，则尤以互助为适宜。盖物类之发达而恒久，非互助莫由。以上节录苦氏《互助说》。盖苦氏承认互助为物象公例之一，兼承认互助为物类适宜之具也。其所引之证如下：

俄国圣彼德堡大学教授开思力曰：凡人之研究物类及人类也，恒汲汲于言竞争之例，而互助之例转忽。不知互助之例为尤要，凡物类组织愈固，其类愈良盛。故互助之益于进化，较竞争为甚。

俄国博物学会会员徐卫叟夫曰：鹰属之有善争掠者，其类已衰。鸭类机体组织最为幼稚，因互相辅助，其类遂布于全球。

博物家阿特赖尔曾试验蚁虫，谓尝以两种之蚁置一囊，迄无争斗。夫两种蚁虫之相遇，亦不尽交争，况蚁国恒合多数之蚁穴而成，每穴略得三十万之蚁，则蚁国者，乃由十兆百兆之蚁结合而成者也。

南美博物学家于特孙见蜻蜓合多异种，群渡南美之野，蝗虫亦结群而生。

博物学家巴特于南美阿马孙大河之滨，见黄蝶与杏蝶合抱而飞渡。

博物学家伏伯云：曾见四雄虫与一雌虫，同运埋一小鼠。事毕，二偶虫享之，余虫去。又曾见两粪虫共为一粪球，一虫运行，一虫佐之，以登斜路。人以此二虫为对偶，球为产子之区，及经考验，球间无卵。乃知此两虫非对偶，乃同类之互助者也。

以上均苦氏所举之证，以证互助之例，不独高等动物为然，即初等动物亦然。动物既然，则人类智识优于动物者，其互相扶助之感情，亦必视动物为尤富。苦氏所持之说此其一。

二、无中心说。苦氏无中心说亦由自然科学证明，彼著《无政府主义之哲学》，以证发此理，所举之证，其最要者有三：

一为天文学。谓古代学者以地球为宇宙之中心，日月星辰，皆依地球回转。及十六世纪，人民渐开化，始知地球实太阳系中行星之一，非宇宙之中心。地球而外，仍有无量之行星，由是昔之以地球为宇宙中心者，易为以太阳为宇宙之中心。及于十九世纪之际，天文学者对于太阳有支配行星之力，渐肆怀疑。至最近之科学，则谓无量星辰散布太空之间，浑然调和，循自然之秩序，太阳亦其一耳，非行星归其支配也。故上古之人以地球为宇宙中心，中古以降，以太阳为宇宙中心，今则宇宙无中心之说渐次发明。此可证之天文学者也。

二为物理学。谓昔之物理学，均以电气、磁气之本质在物体以外，电气、磁气之发动，均由为外界一种之感力所加，故呈此现象。实则不然，电气、磁气均物体及周围物质所构成，其中所含，均极小分子，其运动至为活泼，由运动而生冲突，则电气、磁气及光及热均由是而生。岂另有他物可以促之使动乎？此可证之物理学者也。

三为生理学。谓凡物皆由极小分子构成。如一人一物，人只见其为一个之全体耳，不知此均无量极小分子之集合体也。故个人由于各机关调合而成（如消化机关、感能机关是也），各机关由于各细胞调合而成，各细胞又由极小原子调合而成。各细胞者，均分离独立，互相结合调和。此近今生理学之定例也。昔日之人，误以灵魂为中心，以为各体均归其支配。今则舍灵魂而言实体，故人身舍实体而外，决无支配各体之灵魂。此可证之生理学者也。

由以上所举各实例观之，则知现今科学之趋势，其发明之例，在于证明各物之作用均由各体调合而成，决不受中心及外界之支配。物体若此，则人类之组织亦然。苦氏所持之说此其二。

以上二说，均援引科学，而其重要之旨，则在于证明人类之自然结合。故所著《无政府主义之哲学》既引科学证明，至其要归，复谓各体彼此调和，则成自然之秩序，彼此失调和，则冲突以生。以此例证人类：则彼此调和成自然秩序，即彼之所谓人类互相扶助而成共产无政府之社会也；彼此失调和则生冲突，即彼之所谓处不平等之世界，当用革命之暴力也。

苦氏此等学术，非惟为无政府主义之确证也，且足破现今学术之根据。盖现今世界之大恶，由于行强权而崇人治。强权盛行之原因，则由赫氏等误解达氏之旨，以优胜劣败为公例，故强种欺凌弱种，惨虐频仍，视为分所应然。即一国之中，在上之人亦挟其权位以凌贫弱，转目彼等为劣败。扰乱平和，蔑视公理，均赫胥黎诸氏“惟争乃存”一语有以误之也。“惟争乃存”，故以能竞争为强，若明于苦氏互助之说，则竞争者恒劣败，互助者始生存，而强权可以渐弭矣。至于崇尚人治，则由伯伦知理诸人盛倡国家之学，以国家为有机体，以政府为国家机关，由是政府为国家中心，全国人民均受其支配。在上者利用其说，由是以干涉之名，行专制之实，人民权利，剥夺殆尽，则承认政府为中心之故也。若明于苦氏无中心之说，则政府机关可废，而人人可逃于人治之外矣。故现今世界之谬论，苦氏之说足以破之而有余。然苦氏之目的，不仅在于倡空理也，意欲发达人类互助之感情，实行无中心之制，结合群力，以改造现今之社会。然欲改造新社会，必自破坏旧社会始，试述苦氏之主义如下：

彼谓人群之公例，即人道进化是。何谓进化？即由人生不幸乐进而至于较为幸乐。盖世间一切事物，未有不改变者。世界之中，无论若何建作，凡不利于进步者，皆当力为更革，以求适于民生。故为社会图进步，即为全数人民造较多幸福之谓也。而现今社会诸制度，腐败几达极点，阻碍生饥，非加以猛进之改革，必不能拯人类于泥涂，故惟革命为最要。盖实行革命，破坏现今之组织，即所以促人类于进化也。

现今之组织其有必当破坏者，就苦氏所言观之，其最要者有二端：

一、法律。苦氏之论法律也，首以法权为人道进化之阻力，以为古代以来，制人民者，不外奉公守法之一术。每增一律，则托为补救治安。不知法律本不足敬守，不过集录社会之习惯而成。当法律未兴之世，彼此以习惯相维持，互相亲睦，及社会分为贫富二级，富者制服贫民，乃取习惯之中有便于己者，作为法律，兼以刑法骇众民。故法律之取意，在于便于少数人民，于众民则无益有损。且一切法律，其大别不过三门：（一）保护产业。保护产业之律，非保护个人对于社会应得之权利也，（一切社会中事，皆工人作成，而工人不得享受之。如织者仍寒，耕者仍耕〔饥〕是。）乃保护资本家之产业，而助之劫掠细民，其不平莫甚焉。（二）保护政府。无论若何政府，所行法律，均不外维持在上者之私利，如贵族、宗教家之属是也，实则无一适宜者者。（三）保护人民。保护人民之律，不曰惩罚，则曰警众，所以施罚于害民之人也。然害人或因报复，或因困穷，兹则不计其原因，而惟案律以惩之，奚有益哉！

法律之有害无益既若此，故人道进化，必由有法律之时代进而至于无法律之时代。观现今各国，暴动之事日众，此均人民之不欲敬守法律者也。故知无法律之时期将至。

附注：苦氏《无政府主义之哲学》，亦痛斥法律，谓巡查、侦探日众，则杀人窃盗之事多，故裁判官实残忍之尤，侦探乃多数之警犬。监狱者，犯罪之大学也；裁判所者，凶暴之小学校也。又谓今日之社会，不外权力之支配及强力之制裁，实则堕落人类之美善，而诱之于罪恶。其嫉视法律有若此。

二、财产。苦氏之论资本私有制度也，以为生产之机关，悉为资本家所占，一致〔般〕多数之民，陷于劳力买卖之奴隶制度，此与布鲁东、马尔克斯无异者也。然彼于马氏之社会主义，亦痛加排斥。所论赁银制度，略今之主张集产主义者，亦宣言废止私有财产，然所定赁银之制，或依各人之功劳而定，或依劳动之时间而定，均未为尽善。又作《无政府主义之哲学》，亦痛斥集产制度，以为集产制度既行，不过以国家代个人握经济之权，多数劳动者昔为个人奴隶者，今一易而为国家之奴隶，其监督之严，或增一层之惨酷，故凡认国家之组织而归此支配力于中心者，均吾人所反对。而吾人所主张，则否认国家之组织，而图自由联合之社会生活也，苦氏之言如此。故于布氏集产论而外，发明共产说。其重要之旨，则谓欲行此制，必全废资本私有制度，解放劳动者，易为共同生产之组织。凡生产之物，均为一般社会之自由使用。又谓生产之物，非一人所有，乃全体所有，故物为众人之物，当以相扶相助之精神，互相供给，而众人之使用，又当共同一致。被以一言，则凡物为众之所有是也。故与集产之论不同。

此即所谓无政府及共产之说也。而其所持之理论，则悉以无中心之说为根据。约而言之，则破坏现今社会后，凡人类之中，悉以互相扶助之感情，为共同生产之组织，以成自由结合之社会而已。然苦氏之创为此论，非仅以臆见测之也。彼既以物类之互助证明此说，又征引历史及现今之事实以为证。

一、征引历史。《无政府主义之哲学》曰：人类之初，实由社会生活而来，而国家之组织，则远在其后。今人徒知国家之组织，岂知国家未组织之前，人类之中，已经数千年社会之生活乎？试观希腊、罗马，当马其顿帝国未建之前，已有社会，即近世欧洲诸国家，素以中央集权著闻，然皆十六世纪之初所建设，其先则自治社会也。自治社会，兴于欧洲中世纪，自九世纪始，迄十五世纪而终，今自由都市之组织，法兰西书中，犹有详言其制者。至于村落同盟、都市同盟，当时亦盛行其制。至近世之国家发生，以帝王之权力与教会之权力相联合，破坏自治社会，没收其共有之土地，由是自治社会遂绝灭。是人类自由结合，中古以前固不乏其事实也。

附注：苦氏于此二说外，兼言废宗教之道德，此谊知之者众，故不复征引，惟引此二说。

二、征引现今之事实。《无政府主义之哲学》曰：今西欧人民，渐获自由结社之权利。近三四十年中，此风通行于列国。凡学术、教育、产业、商业、美术、文学等事，均各结团体，为共通之联络。今且越其国境，扩为万国之联合。是知自治社会，已潜蓄扩张之势力，使再为进步，必以此制代现今之国家。又发《自由合意》说曰（此篇多以现今之社会以证明无政府之现象）：今欧洲铁道，共二十万楷罗米突，遍达四方，停留乘换，至为便利，各线互相联结，货物互相运转，此乃合数百会社之布设而成者也。然此数百会社之联合，均以自由合意为基，以书信交换提案，乃契约而非法律也。援此而推，则万事均由契约而成。又数百会社，何以得占有铁道？则以多数劳动者认此为共通利益之事，合意而成此役。由此而推，则凡社会之事，可依劳动者之团体共同营业，不必赖有政府也。

苦氏所持之说如是，故欲以自由集合之团体代现今之国家政府，以共产之制代现今财产私有之制。至其学术，则直以无政府主义为名，以为无政府乃无强权，非扰乱之谓。又谓无政府之名谊，乃反对今世之劣秩序，而求人生最完美之幸福。合而观之，可以知苦氏之说，与空谈之说不同矣。

要而论之，苦氏自由集合之说，以物类互相扶助为根据，固属至精之理。试即中国之制言之，各省之会党以及乡僻所行各宗教，均隐寓共产制度，惟有首领及教主之阶级耳。若去此阶级，则苦氏希望之制度，固未尝不可施行。惟苦氏所言结社之制，或易为中流社会所利用，如今日商界、学界、军界、实业界，其实权所在，仍属于绅士、富民。而彼恒以团体之空名，攫取利权，以欺贫弱。若以苦氏之说自饰，则其弊不堪言喻矣。故苦氏之说，乃改造社会后所行之制，或设立此制为破坏社会之预备。若于现今社会，不知行破坏之方，徒以自由结合之名，为结党营私之助，则苦氏所不取也。故特辨之于此。

现今反对苦氏之说者，或取杜尔斯特消极说，或取斯撤纳尔个人说。盖苦氏主文明进步，异于杜氏之消极；苦氏言无政府归于自由结合，异于斯氏个人无政府之说也。以鄙意观之，则处现今有政府之世，阶级社会，利用物质之文明，以掠夺平民之权利，则文明适为害民之具，不若用杜氏之说。然政府及阶级社会果能废灭，则文明当力求其进步。盖物质文明日进，则人民愈便利。民性惟便利是趋，未有舍积极而至消极者。故杜氏之说，用之有政府之世，足以利民；苦氏之说，则用之无政府之世，足以便民。若斯氏之说，则较苦氏为尤高，然近今之人民决无此程度。盖近今之民，决不能舍群而独立，故无政府之后，惟苦氏自由结合之说最为适宜，异日物质文明倍为进步，或一切事物可以自为自用，则斯氏之说，或有实行之一日。是斯氏所理想之世界，乃较苦氏所理想之社会尤为进步者也。必先行苦氏之说，然后斯氏所理想者乃得渐次而呈，不得以斯氏之说斥苦氏之说也。鄙见若此，故因论苦氏学术并及之。

论说部与文学之关系[*]
（1907）

唐、宋以前，治学术者，大抵多专门之学，与涉猎之学不同，故丛残璅屑之书鲜。唐、宋以降，治学术者，大抵皆涉猎之学耳，故说部之书，盛于唐、宋，今之见于著录者，不下数千百种。试详考之，约分三类：一曰考古之书，于经学则考其片言，于小学或详其一字，下至子史，皆有诠明，旁及诗文，咸有纪录，此一类也。一曰记事之书，或类辑一朝之政，或详述一方之闻，或杂记一人之书，然草野载笔，黑白杂淆，优者足补史册之遗，下者转昧是非之实，此又一类也。一曰稗官之书，巷议街谈，辗转相传，或陈福善祸淫之迹，或以敬天明鬼为宗，甚至记坛宇而陈仪迹，因祠庙而述鬼神，是谓齐东之谈，堪续《虞初》之著，此又一类也。

要而论之，此三类者，均由学士大夫，好佚恶劳，惮著书之苦，复欲博著书之名，故单辞只义，轶书遗闻，咸笔之于书，以冀流传久远，非如经史子集，各有专门名家，师承授受，可以永久勿堕也。而其所以能传者，则有赖汇刻之力。顾千里《古今说海》序曰："汇而刻之，则各书之势，常居于聚，其于散也较难，储藏之家，但费收一书之劳，即有累若干书之获，其搜求也较便。各书各用，而用乎此者亦不割弃乎彼，牵连倚毗，其流布也较易。故自左禹圭以下，汇刻一途，日增月辟，完好具存。而唐、宋说部书之传，不在汇刻中者，固已屈指寥寥矣。"其说固当，然唐、宋说部，亦真伪杂伺：如梅尧臣《碧云骓》，非尧臣所撰；孔平仲《野史》，王禹偁《建隆遗事》，张师正《括异志》

---
* 原载《国粹学报》第36期，1907年12月24日，署名刘师培；收入钱玄同等编《刘申叔先生遗书》之《左盦外集》卷十三，民国二十五年宁武南氏排印。

《倦游录》《志怪录》，皆非平仲、禹偁、师正所述；《涑水记闻》虽出司马光，而多所增益；陈师道《谈丛》，多所误盩：均见于李方性《典故辨疑自序》。则说部之作，其书尚在真伪之间，安遑论其立说之得失哉？

然考说部之失，亦有数端：汉、魏以下，私门著述，党同伐异，彼此各一是非，好恶相攻，传之书策，后人以其时代之相近也，乃据为信史，其失一也。轻薄之徒，喜记啁谑小辨，祖述名士风流，破坏先贤礼法，斯风一扇，束发之士，竞为放诞之行，浮华之习既开，谑浪之风遂盛，其失二也。猥鄙细儒，见闻素狭，抄辑芜陋，言无可采，甚至挂漏讹舛，不能自正，亦有取材渊博，摭拾丛残，踳〔踳〕驳不精，言多枝叶，其失三也。有此三失，此唐、宋说部之书，所由不能与汉、魏子书竞长也。元、明以来，更无论矣。

《国粹学报》三周年祝辞[*]
（1908）

　　戊申孟春，为《国粹学报》成立之第四年，同人拟举行三周年祝典，乃系之以辞曰：昔虞卿弃相，穷愁著书；子云草《玄》，寂寞自守，不以学术为适时之具，斯能自成一家言。盖舍禄言学，其业斯精；以学殉时，于道乃绌。惑者不察，妄援仕学，互训邺书之粹言，官师联职，周庭之成法。是则学古为入官之阶梯，变通乃趣时之捷径。道衰学敝，恒必由之间尝。盱衡今古，博征载籍。凡功令所崇，学官所肄，虽成风尚，鲜克昭垂。昔西汉初业，贱视儒生，世承焚经之遗，律设挟书之禁，然《诗》训炳于毛公，《书》编藏于伏胜，隐居求志，经训乃光。自汉武御宇，董生献言，罢斥百家，折衷六艺，今文既主学官，博士惟通家法，由是掇彼片词，竞言致用。《洪范》测灾，启小臣之言事；《春秋》折狱，诏酷吏以舞文。甚至纬学杂陈，訾言朋起，师语其弟，取青紫必自明经；臣蛊其君，逞车服以矜稽古，而经学遂至此而衰矣。迨夫典午以还，士崇文藻，庄老告退，山水方滋。然挚虞所编，昭明所录，藻绩虽极，性真未漓。自世尚词科，人娴小技，壮夫竞事雕虫，举子空矜走马。词涉揄扬，便谓和声以鸣盛；音流淫靡，犹矜谲谏以主文。虽许身何愚，或比踪于稷、契；然立言不朽，实远逊于班、扬。甚至河东献赋，惟恃吹嘘；冀北空群，不辞荐剡，而文学亦至此而丧矣！及夫陈、穆修图，周、张论学，洛、闽为道学之宗，陆、王亦间时之杰，立说虽偏于执一，施教乃出于至诚。厥后学尚践虚，人矜作圣，考亭之书，既著令甲；余姚之学，遍及齐氓。心传必溯虞廷，性道惟宗孔氏，斥读书为玩物，齐主敬于致知。或饰圣言以庇眚，或昌谠论以竞名。又

---

　　[*] 原载《国粹学报》第38期，1908年2月21日，署名刘师培；收入钱玄同等编《刘申叔先生遗书》之《左盦外集》卷十七，民国二十五年宁武南氏排印。

或貌饰躬行，中藏谲诡，公孙曲学，胡广中庸。儒以诗礼发蒙，伪德彰闻；士以乡愿为归，清流屏迹，而理学亦自此而亡矣！由是而言，学术甫萌之世，士以励己为归，学风丕振之时，说以徇人为美。励己则甘守湛冥，学祈自得；徇人则中怀躁进，说涉模棱。故思来述往，皆圣贤失志所为；而执古御今，乃策士纵横之习。若夫诵诗闻政，读史论兵，以《雅》《颂》致升平，以经术饰吏治，名为用世之良规，实则干时之捷径，虽金人所乐道，亦君子所羞称。试观周秦诸子，道家独尚无为；炎汉经生，高密不循师法。然一为九流之冠冕，一为六籍之大师。是则困轮之材，羞合栋梁之用；闳达之彦，耻为媚俗之书。稽之在昔，有不爽者。今也夏声湮堕，故训式微，易雅乐为侏僎，饰奇技以淫巧。自诩识时之杰，渎陈济世之谟，由是土苴礼乐，糟粕诗书，说经则羞言服、郑，论文则俯视柳、韩。道异庄生，侈谈六合；学非邹衍，竞说九州。颓风所被，利禄所趋，举世率循，莫之或挽。或谓中邦之籍，学与用分；西土之书，学与用合。惟贵实而贱虚，故用夷以变夏，不知罗甸遗文，法郎歌曲，或为绝域之佚言，或为文人之戏笔，犹复钦为绝学，被之序庠；而六书故谊，四始遗音，均为考古所资，转等弁髦之弃，用学合一，果安在耶？盖惟今之人，不尚有旧，复介于大国，惟强是从，是以校理旧文，亦必比勘西籍。义与彼合，学虽绌而亦优；道与彼歧，谊虽长而亦短。故理财策进，始崇管子之书；格物说兴，乃尚墨家之学。甚至竺乾秘编，耻穷源于身毒；良知俗说，转问学于扶桑。饰殊途同归之词，作弋誉梯荣之助，学术衰替，职此之由。加以吏矜竭泽，民痛屯膏，世崇歆莽之谋臣，献孔桑之策。既举世之混浊，复民生之多艰。饥来趋我，低徊北门之章；旅食依人，托命东陵之上。世网既婴，倡优同蓄，欲泯仰屋之嗟，致辍析疑之乐。盖汲古之念虽殷，而说学之心莫副。人文衰歇，亦其一端。是则由今之道，无变今俗。浅夫舍旧而谋新，学士因贫而辍业，势必典籍日湮，丛残莫掇，侈言保学，安可得哉！然而鲁蒙弦歌，不以干戈而辍；商歌金石，不因环堵而更。值风雨之如晦，与日月兮争光。凡此孤标，允宜取则。况复式于古训，尚有典型；即曰法贰后王，讵为不雅？所冀有志之士，共秉此忧，通塞有时，服习无改。卑之无甚高，讵必侈言经世；确乎不可拔，惟期毋贰尔心。虽晦明艰贞，守雌甘符于老氏；然离世特立，兴起不待夫文王。国学不堕，其在斯乎！此则师培区区之志，而欲与诸君交勉者也。故推论其说，以著于篇。

《共产党宣言》序*
（1908）

　　《共产党宣言》，马尔克斯、因格尔斯所合著，欧美各国译本众多，具见于因氏叙中。日本堺利彦君，曾据英文本直译，而民鸣君复译以华文，逐写既成，乃书其端曰：

　　共产主义同盟（Communist League）创于千八百三十六年。先是德人维特林替（Weitling）以共产主义标其学，为德都青年所慕，嗣多亡命巴黎，乃潜结秘密会社，奉维氏学术为依归。及千八百三十九年，巴黎变起，德人多罹放逐，乃改赴伦敦。时会员渐众，德人、英人、丹马人、波兰人、匈牙利人、瑞典人多与加盟。及千八百四十七年，乃以共产主义同盟之名公揭于众。由春徂冬，开大会二次。时马氏及因氏均为社会主义大师，因氏著《英国劳动阶级状态》（*The Condition of the Working Class in England*），马氏亦著《困贫之哲学》（*Philosophie de Mlisere*）。嗣同居伦敦，适同盟成立，以宣言起草相委。次年二月初旬，遂以宣言公于世。自斯以降，欧洲政府威令日严，即此同盟，亦于〈千〉八百五十二年解散。然千八百六十四年，万国劳民同盟（International Workingmen's Association）复兴于伦敦。现今万国社会党大会即权舆于兹。其宣言始由义人马志尼撰述，嗣为劳民所斥，仍由马氏起草，是为《万国劳民同盟宣言》，与《共产党宣言》不同。

　　夫马氏暮年宗旨虽与巴枯宁离析，致现今社会民主党利用国会政策陷身卑猥。然当其壮年，则所持之旨固在共产，观此宣言所叙述，于欧洲社会变迁纤悉靡遗，而其要归，则在万国劳民团结，以行阶级斗争，

---

　　* 原载《天义》第 16、17、18、19 卷合册，1908 年 3 月，署名申叔，是为民鸣译《共产党宣言》前言和第一部分《绅氏与平民》（今译《资产者与无产者》）所作的序言。

固不易之说也。惟彼之所谓共产者，系民主制之共产，非无政府制之共产也。故共产主义渐融于集产主义中，则以既认国家之组织，致财产支配不得不归之中心也。由是共产之良法美意亦渐失其真，此马氏学说之弊也。若此宣言，则中所征引，罔不足以备参考。欲明欧洲资本制之发达，不可不研究斯编；复以古今社会变更均由阶级之相竞，则对于史学发明之功甚巨，讨论史编，亦不得不奉为圭臬。此则民鸣君译斯编之旨也。用书数语，以志简端。申叔识。

《ESPERANTO 词例通释》总序 *
（1908）

　　有习惯之文字，有人为之文字。习惯之文字，犹法律家所谓不成文法典也；人为之文字，犹法律家所谓成文法典也。现今世界诸邦，文字各殊，均由古代之时，交通未启，人民不相往来。众族之民，各本其习惯之语言，创为文字，故其用仅适于一族。及用之他族，则不复适宜。惟人为之文字，则适于各族人民之用。故欲期世界之统一，不得不统一言文；欲期言文之统一，又不得不创人为之文字。所谓人为之文字者，即 Esperanto 是也。

　　自古迄今，世界争端，其因有二：一由生计而生，一由感情而起。由于生计者，即财产不平均是也；由于感情者，即语言不统一是也。故欲泯世界之争端，所操之术有二：一为平均财产，一为统一语言。欲平均财产，必推行共产制度；欲统一语言，必采用 Esperanto 之文。

　　试观于中国滨山之地，若皖省之徽、歙，若浙省之温、台、处，以及黔、粤交界之区，均居万山之中，数十里间，语言各别，以致械斗之祸，岁有所闻，则语言阂隔之故也。又如浙省、皖省，每一郡邑，恒有土民、客民之殊，然互相仇视，客民亦联合团体，以某邦自标异，以抗土人。而天津、上海、汉口各大埠，各省商民杂处其间，虽各私其乡人，然争斗之事则较鲜，其故维何？则以皖、浙客民均操土音，与土民语言暌异；津沪各埠则地势交通，居民均易其乡音也。是则一切之争端，均由言语不同而起。语言统一，则竞争自息。此非惟一国为然，即推至世界，又何独弗然也？

　　* 原载《天义》第 16、17、18、19 卷合册，1908 年 3 月，署名申叔；又刊于《神州日报》1908 年 9 月 8、9、10、12 日。此文系由复旦大学历史学系张仲民老师提供，谨此致谢。

　　今中国人士亦竞习外国语言文字矣！下者或仅习日本文，其稍上者则习英、法、德、俄之文，或兼习数国语言文字。而英法之文，习者尤众。然自予等之意观之，则欲习各国之文者，莫若习 Esperanto 之文。又试言其故？例如中国僻邑之民，所操者均土语，一旦欲从事于远游，其仅习邻邑之言乎？抑习汉口、上海之言乎？抑习普通之官话乎？盖仅习邻邑之言，对于邻邑人士虽克晤谈，然至于他省，则语言之阂隔自若。习汉口、上海之语，则谙悉者众，推行之地亦较广，然舍汉口、上海附近地而外，与之操汉口、上海土音，则谙者已鲜。且上海语言，汉口人民未必尽解，惟习普通之官话，则无论行至何省，均无语言瞜隔之虞，此固人民共喻之理也。然今之学习外国语者，亦可执此例以推。仅习日本语，是犹僻邑人民仅习邻邑之语也，英法语言推行最广，然亦仅同于汉口、上海之言耳！故英法语言，举世不能尽解，是犹汉口、上海之言，不能全国均解也。又法语之不适于英，亦犹上海语之不适于汉口也！惟 Esperanto，则为世界普行之语，其作用与中国官话同，故中国人民，苟知欲谙习本国语言，必首习官话，即知欲肆习外国语言，必首习 Esperanto。此 Esperanto 之作用，所由较仅习一二国语文字者为善也。

　　Esperanto 文字，中国人民习者虽鲜，然嗣今而降，必为世界普行之语，则确然无疑。试观英法之文，其推行之广，均由国家之强力。若 Esperanto，则创造于平民，且为俄政府所禁遏，然自石门氏发表以来，以迄于今，不过念年。依昨年六月所统计，则协会及团体计六百三十九所，所刊杂志计三十九种，杂志附设 Esperanto 栏者，计十有九名。所设领事馆计一百七十所。领事馆者，即为人通信及翻译语言者也。各学会、团体采用 Esperanto 语者，计六十一所。至于今岁，其数倍加。又去岁，万国 Esperanto 第三次大会开于英国，各国代表计二千人。近则法国学校议用为普通教科，虽军人巡卒，亦均肆悉。又瑞西议会亦采用此言。其推行之速有若此，援是而推，则数十年以后，Esperanto 之文必可普行于世界。盖 Esperanto 之推行，较之往昔基督教，其推行尤为迅速也。

　　夫 Esperanto，其所以推行迅速者，非无因也：一由音符之有定，一有名称之划一，一由文法之简明。无论何字，其音符恒在末尾第二位，此音符之有定也。名词、动词、形容词、副词，以及单数、复数、主格、目的格，均于语尾示区别。且一字、一义、一物、一名，无一字数义、一物数名之弊，亦无数字一义、数物一名之失，记忆最易，尤便检寻，此名称之画一也。文法定则仅十六七条，分析明确，无淆杂之失，此文法之简明也。加以石门氏创造时，曾研究各国语言，以定其音，致各国人民读之，均宜适口。以此之故，故二十年间推行几遍于世界。盖采用 Esperanto，由于人民之公心，均视此文为必要。昔苦鲁巴金以欧洲铁路、航路说明自由合意之例，吾于 Esperanto 亦云。就以上所言，观之于 Esperanto，既确定其必为世界采用矣！然此等言文，果适宜于中国人民乎？则吾等将以明确之言断之曰：Esperanto 乃适宜于中国人民者也。盖此文构造法，恒与中国之文字相符。一为语尾转换法，如名词语尾为 o，易为动词则为 1，易为形容词则为 a，如言人人有自由权，此"自由"为名词，则为 Libereco；若言我身体甚为自由，此"自由"为形容词，则为 Libera。又如言我为劳动者，此"劳动"为名词，则为 Laboristo；若言我往工场劳动，此"劳动"为动词，则为 Laborl。而中国文字，凡由名词易为动词、形容词者，恒变其音读，如春风风人，上字为名词，则读平声；下字为动词，则读上声。夏雨雨人，上字为名词，则读上声；下字为动词，则读去声。又专扇之"扇"为名词，则读去声；春风扇微和之"扇"为动词，则读平声。好坏之"好"为形容词，静词、状词本可合一。则读上声；好人之所恶之"好"为动词，则读去声。又如德行之"行"为名词，行动之"行"为动词，行行如也之"行"为形容词，其音读亦各别。近世读者或加圈识于字端，以示字义及读音之区别，此与 Esperanto 语尾转换法相似者也。一为单语组合法，如中国盛茶之器，即以茶与杯二字合呼，称为茶杯。Esperanto 亦然，如 Fero 为铁，Vojo 为路，若言铁路则为 Fervojo，即铁与路二字相合也；Vaporo 为汽，Sipe 为船，若言汽船则为 Vaporsipo，即汽与船二字相合也。又中国之言价值昂贵也，恒以高与价二字相合，称曰高价。Esperanto 亦然，如 Multe 义为增多，Kosto 义为价值；若言高价，则为 Multekosto，此亦二字合成者也。他语均仿此。

又如中国古代称祖为王，父母之父则为外王父，恒言复称母之父为外祖。Esperanto 亦然。如 Avo 为祖父，Boavo 则为外祖。Bo 者，所以示亲戚[①]之关系也，与中国外王父之例同。又如中国入字，系由内而行之义。若 Esperanto，则入字之义即由内 En 与行 Iri 二字相合而成，其字为 Eniri，与中国俗语所谓"向里面去者"，语气相合，此与 Esperan-

---

① 原文为"戚"，今据文义改。

to 单语组合法相似者也。一为接头接尾语添加法，中国文字于名词之上，恒加此字，或兹字、斯字、是字。俗语则为这，古语则更加"惟"字。而 Esperanto 于名词之前，恒用确定冠词，其字为 La，即此字之义也。中国正名词与反名词，虽各造一字，然往往于正名词之前增一不字，以示反对之意。Esperanto 亦然。如 Bona 为善，Malqona 即为不善；Eorta 为强，Malforta 即为不强，Mal 者即否义也。或于语前加 Ne，如 Estas 为是，Neestas 则为非是，此即不字非字之义也，与中国不善、不强、非是诸词构造法默相符合。又中国文字往往合副词与名词之义，成为一字，如薄寒为凉，大暖为热，微笑为哂，是然亦有直言薄寒、大暖、微笑者。Esperanto 亦然。如 Malvarma 为寒，Malvarmeta 则为凉；Varma 为暖，Varmega 则为热。Ridi 为笑，Rideti 则为哂，是犹中国文字于寒、暖、笑增副词，则为凉、热、哂之义也，余例尚多，均可类求。此与 Esperanto 语头语尾词增加法相似者也。至于语句构造法，亦多与中国文字相似。此言"此小儿是革命家"，在 Esperanto 之文亦作"La"，即此字之义乃惟定冠词也。Infano，即小儿。Estas，即是字之义。Revoluciulo。即革命家。又如言"彼人有十八岁"，在 Esperanto 之文，亦作"Li"，彼人之意。Hanas，有字之现在格。Dek，十字之义。Ok，八字之义。Jarojn。岁字之复数格。由以上所言观之，则中国人民肄习 Esperanto，至为便易，故中国人民不欲习外国语言文字则已，如欲习外国语言文字，则必以 Esperanto 为权舆。

今中国人民肄习外国语言文字，其最下者，不过作西人奴隶及外交官之奴隶耳，此固卑劣不足道。其稍具高尚之志者，其目的有二：一则读西文书报，以期学识之扩张；一则留学欧美各洲，以期见闻之进步。然欲达此目的，必先习 Esperanto 之文，盖欧美各国团体林立，每一团体必有 Esperanto 文所刊之报，虽下至速记、写真各业，莫不皆然。至于新译各书，则哲学、如康德诸人之著述。文学、荷士比、杜而斯德及波兰 Prus、法国 Vallienne 之书。科学、以医学为尤众。历史之属以及诗歌韵文，凡欧美人士称为名著者，均有刊行之本。近则新刊各书，岁增数培〔倍〕，是学成以后，不患无可阅之书报也。至于以留学及游历为目的，则欧洲各国，凡商店、旅馆，其招待之员均通 Esperanto，入其国境，即未悉其本国语言，若谙悉 Esperanto，其所应用与通其本国语言者相同。日本人之游历欧洲者，或仅通英、德之文，不谙法语，然身至法国即改操 Esperanto 语，与社会交际至为利便。又数年以后，此语推行愈广，则谙悉之人，其听收之效亦愈巨，较之仅通一二国语言文字者，其便利为何如哉？

要而论之，英、法、俄、德各文字，均习惯之文也。其音符名称及文法，均有杂淆之弊。其所发之音，复与他国语言不相符合。故中国人士肄习西文，必须历数年之久方克粗通，且所通者仅一国，此非所谓事倍功半乎？若肄习 Esperanto，则记悉语言数千则，明晰文法十余条，于会话、译书、通信、作文，均可从事，计所费之时，不过一年而已。若仅为谙习文法计，则于三月之内，将文法十余则深加研究，辅以字典，亦可译普通之书、作普通之函，此非所谓事半功倍乎？故吾等之意，以为中国人士肄习 Esperanto，其便利略与肄习日本语相同，而所收之益，则较通欧美数国文字者为尤巨。

吾等之意以为，由今而降，或 Esperanto 竟为世界人民普通之语，亦在意计之中。然当今之世，骤废绝中国语言文字，代以 Esperanto，亦属甚难。惟现今各学校、普通中学，均习英法；专门学堂必兼习外国语，而高等小学，亦间有课以英文者。今为事半功倍计，则学校各课程，其教授外国文者，均易用 Esperanto，定为必修之科，凡属校生，均需肄习一年。若欲兼习他国文字，则于 Esperanto 粗通以后，自由肄习。盖 Esperanto 与欧文同出一源，故通悉欧洲一国文字者，肄习 Esperanto 至为便利；反是以思，则通习 Esperanto 者，肄习欧洲他国文字亦必易于入门，盖舍英、法、德、俄之文，以肄习 Esperanto，不啻舍难而就易；以 Esperanto 为基，以通他国语言文字，又不啻举一而知三。深望中国人士采用此说，以收事半功倍之效也。中国今日所缺乏者，一为 Esperanto 教师，一为 Esperanto 书籍。吾等对此问题计有二策：一则开设传习所于东京，延日人为讲师，并由上海同志开班教授，以为养成教师之豫备；一则编辑字典、文法书及读本，字典一书系用汉、Es、英三本合璧式；读本一书系按学级编定，已由同志编辑，不日告成；而文法之书，名曰《Esperanto 词例通释》，则由鄙人编纂，以备中国人士之研究。盖吾党之意，对于 Esperanto，以竭力传布为天职，一息尚存，此志不容稍懈，深望有志者赞成斯言也。申叔识。

《衡报》发刊词 *
（1908）

大道之行，天下为公。庄诠齐物，翟阐尚同。芸芸众生，禀性惟均。孰判其等，卑高以陈？恢恢大圜，群萌并育，孰划其藩？辨物类族，古亦有言。藏富于民，孰颛其利？蹛财役贫，往古来今，三弊同然。爰匡其非，泯私戒偏。民蠹有三，曰兵刑财。上挟其利，民婴其灾。懿惟军人，赋质凶残。锯牙钩爪，艾民若菅，欺弱攻昧，上将凯还。戎马所经，千里朱殷。师或无功，鼓衰旗折。寄身锋镝，暴骨沙砾。鲸鲵既封，鸢鸟饱食。招魂不归，山河黯色。古有至训，佳兵勿祥。谨告征夫，永矢勿忘。刑章之设，防民为首。乱若丝棼，苛察缠纠。天网协张，有若罟筌。縶躬桔体，民陷徽缠，桓桓司虣，吮血磨牙。毁室破柱，万口咨磋。屠伯狞狰，众鬼森厉。画地为牢，地天晦翳。法为民害，四海毒痛。弁髦典宪，责在吾徒。聚敛之术，盗臣是操。竭泽而渔，吸髓屯膏。哀我农人，立锥无土。贷耕豪民，见十税五。亦有黠商，财力相君。龙断既登，至身青云。给役万人，牛驹同贱。短褐不完，民用嗟怨。爰荡其制，化私为公。共财之法，利与民同。凡此三端，施行孔迩。爰发群蒙，以伸厥旨。磋乎，运会循环，有如转毂。无陂不平，无往不复。祝诅式兴，崇高必覆。物屈则伸，龙蛇起陆。自今以往，玄黄战血。群黎驿骚，土崩瓦裂。师徒倒戈，农工辍业。斩艾人治，无俾萌蘖。污俗既涤，改弦更辙。货力不私，等威荡灭。无有远迩，大同为臬。是曰郅治，群情洽浃，《衡报》刊行，意在于兹。涤残蠲暴，拭目俟之。今将宗旨列于后：

———————————

* 原载《衡报》第 1 号，1908 年 4 月 28 日，署名申叔（Son Soh）；收入钱玄同等编《刘申叔先生遗书》之《左盦外集》卷十四时，个别文字有改动并稍有删节。

一、颠覆人治，实行共产。

二、提倡非军备主义及总同盟罢工。

三、记录民生疾苦。

四、联络世界劳动团体及直接行动派之民党。

议会之弊（Parliamentary Abuse）[*]
（1908）

今中国新党醉心日本宪政，一若日本代议政体推行中国，则中国立强。此无论中国不宜行宪政也，即观于日本今岁之国会，而知代议政体贻害日民已非浅鲜。试略举数证：

日本前期议会既非增税、非募债之方针，当众宣布。至于今岁，日本内阁竟强行增税，然此犹曰内阁之罪也。至于食盐专卖案，当第二十议会时，由政府提议，众议院斥为苛虐。及第二十一议会，值日露战争需财孔急，众议院于食盐专卖事，遂应政府之请。然此制病民实甚。至于前期议会众议院应人民之请，提议专卖废止案，至于本岁，忽更易方针，以媚当局，托言盐业专卖废止，当代以适当之财源，遂否决此案。其食言不信，一至于此。则所谓众议院者，果助人民以抗政府耶，抑助当局以病民耶？盖始则献媚人民以博多数之投票，继则欺抑平民以媚政府，安得谓议院为国民代表乎？

试更即其贵族院言之。如东京市政，依昔所制，定其自治之权属于人民，而今岁贵族院复提出都制案，意欲夺人民自治权以复官制之旧。则所谓贵族院者，果为人民之利乎，抑为人民之害乎？议院既为人民之害，故华族用以扩特权，政府用以科重税。今也，贵族院之权已远出众议院之右，而预算之额又达九亿元以上，均经国会之协赞。则日本人民之苦，均国会有以致之耳。

故观于日本国会之病民，则知日本所行宪政推行中国，亦无一不足以病民。且非惟日本国会之病民也，即各国国会亦均病民之根。近俄国苦鲁巴特金（Kropotkine）作《代议政体》一书，历举各国议会之弊，

---

* 原载《衡报》第 1 号，1908 年 4 月 28 日，署名 Sun Soh（申叔）。

又英国某报记者述德议会讨论军国主义事，附论国会之价值，以为非辅以直接行动不克收效。即日本大阪《朝日新闻》，亦言代议政体，仅议员之利，又仅首领一人之利，并历举各国失选举权之人数，以为佐证。由是而言，则代议政体久为他国所唾弃。中国新党颇欲取他国病民之制推行己国，亦可谓之大惑矣！故吾人运动惟取直接行动策，于议会政策，则定为万恶之源。

共和之病（Republical Abuse）*

（1908）

何谓共和？共和政体者，专制政体之变相也。吾尝读美国（United States）宣告独立之文矣，距今百余年耳，而无政府镇压策即发端于美国。近日哥尔多们女史（Emma Goldman）拟于美国开会，美国政府禁其赁演说场，近且禁其入境矣。此非所谓尊自由之国家乎？而倒行逆施竟若此！

法国（France）大革命光荣久著于世界，今何如乎？爱尔威氏（Herve）以非军备下狱，《社会战争》之杂志亦罚金停刊。近法国《人道报》作《共和之耻辱》篇，谓法政府于安南境内驱逐中国民党，举动反复，殊背人道。呜呼！法政府之背人道，岂仅此一端也哉！

如曰共和国人民均享幸福，则试观于纽约工民，其困乏若何，巴黎之乞儿及解雇之工，其贫困又若何？是则共和、专制，其名虽异，而人民受害则同。昔法爱尔威氏在公庭陈述之辞曰："自革命以来，富绅在上，作法定税，自厚而薄工人。工人受制于富民，贫民求学而无力，以是选举之权，恒操于富贵之手。工人罢工，临以压力，即结会出版自由权，亦皆名不副实。"由是而言，可以知共和政府之弊矣。使此制而果行于中国，吾人亦视为大敌。

---

* 原载《衡报》第 1 号，1908 年 4 月 28 日，署名 Sun Soh（即申叔）。

论共产制易行于中国[*]
（1908）

　　近读苦鲁巴特金《面包掠取》，其第三章中详述无政府共产主义，最精之语则谓由无政府而生共产制，由共产制而至无政府。复谓古代之制，虽农民各勤耕织，然道路桥梁以及湿地之排水，牧场之树垣，均同力合作，是为村落自治制度。又近今工业界，均由劳民互相依倚，由共同劳动所生之效果，必为共同享受。又谓现今社会之趋势，已渐以共产主义为倾向，惟保存古代共产制，于近今民生日用各事物，悉依共产主义建立，则此制实行非远矣。试以苦氏之说证之现今之中国，则共产之制行之至易。何则？共产制度于中国古史确然有征。《礼记·祭法篇》言："黄帝明民共财。""共财"二字，其指井田与否，虽未可知，然足证太古以前确为共财之制。至于三代，有宗族共产制。考《礼记·大传篇》："由敬宗、收族推而至于庶民，安财用足。"顾炎武《日知录》释之曰："夫惟收族法行，岁时有合食之风，吉凶有通财之义，而鳏寡孤独废疾有所养矣。"又《白虎通》曰："古者所以必有宗者，所以长和睦也，通其有无，以能理族。"足证古代一族之财为一族所共有，合于裒〔哀〕多益寡之义。一曰乡里共产制。孟子之言井田制也，谓"死徙无出乡，乡田同井"。《汉书·食货志》亦言："井方一里，是为九夫，八家共之，力役生产，可得而平。"盖八家虽各受私田百亩，然同力合作，计亩均收，于均财之中寓共财之义。此皆古代制度之近于共产者。故《礼记·礼运篇》云："老有所终，壮有所用，幼有所长，鳏寡孤独废疾者皆有所养。"又曰："货恶其弃于地也，不必藏于己；力恶其不出于身也，不必为己。"此即共产之确据。盖上古之制，确为共产，故孔丘据

---

　　[*] 原载《衡报》第 2 号，1908 年 5 月 8 日。

以告子游，非尽属于理想之谈也。自此以降，则东汉之时，张鲁据汉中，诸祭酒各起义舍于路间之亭传，悬置米肉以给行旅，食者量腹取足，此亦共产制之行于一方者，与近今无政府党所谓"汝所欲，任汝取"者，密相符合。又古语有云：行百里者不裹粮。而《唐书》陈开元之盛，亦有此言。足证当此之时，凡行旅所经，莫不遂其欲而给其求，人民视食物为共有，未尝私为一己之供也。由是而言，则共产制度，中国古代诚见施行，中古以还，仍存遗制。至于近代，共产之制犹有存者。试举其证于左：

　　近今城市之民虽多同族异财者，然乡镇之地以及岩邑退陬，则同族之民恒环村而居，多者千余户，少者数百户，于各户私有财产而外，均有公产为一族所共有，如古代义庄义田之制。阖族之民，无论亲疏贵贱，凡婚嫁丧祭之费均取给于兹，而鳏寡孤独亦分此财以为养；下逮应试之费、入塾之费亦均取财于公。皖南徽州此风最盛，闽、赣、黔、粤之间亦间存此制。此同族之共产者也。滇、黔、湘、粤之边，会党股众，然既入彼党，语言衣服均别于齐民，无论行经何地，凡与同党之民相遇，饮食居处惟所欲，不复取丝毫之值。他省会党亦有行此制者。又江苏泰州，当咸、同时有李晴峰者，承阳明、心斋之绪余，别立教宗，至为隐秘。近则江海之滨党羽蔓延，均确守共财之旨，互通有无以赡不足。此党人之共财者也。中国僧徒，凡既受戒律者，必有度牒；既得此牒，无论行经何省，凡寺宇所在之地，腹饥则食，躯倦则休，或一宿而即行，或数旬而始去，虽身经万里，而无饥寒之虞。此僧侣之共财者也。蒙古种族，其居塞外之地者，虽各区部落，然此部之民行经他部者，饥则索餐，渴则索饮，入夕则入庐投宿，不必通姓名，而室主亦不求施报。魏源《圣武记》诸书多记此事，至今犹然。即直隶、山西各汉人行经蒙境，若谙悉其语言，则饮食居处亦克自由。此共产制之存于域外者也，足征未进化之民族其共产制度犹存上古之风。又闻山西某山为会党所居，不下千百人，每逢进食，则同席而餐，所得财帛亦为共有，惟人民鲜悉其情。

　　试以中国社会之状态与欧美社会相较，则欧美法律重视个人财产权，虽父母兄弟莫不异财。中国人民则以异财分居为薄俗，同族之中有身跻贵显者，则宗族均沾其惠；若乡里贫民对于同姓之殷室，岁时伏腊均可索财自给，而舆论不以为非。又乡僻各村落，一家有急，则阖村之民互相周恤。淮北诸地，遇有凶荒，则无食之民于殷户之有积蓄者，群集其门，向之索食，至食尽而止。贵州亦有此风。北方数省行旅之民若资费不给，亦有供以食饮而不复取值者。以观欧美之风俗，实有过之，盖共产制度未尽脱离，而财产私有制度亦未尽发达也。故中国欲实行共产制与欧美稍殊。

欧美各国共同劳动之团体日以发达，故由共同之劳动进而为共同之享受，对于资本家实行收用政策，则共产制可见之实行。中国欲行此制，必先行之于一乡一邑中，将田主所有之田，官吏所存之产，如仓库。官商所蓄之财，每乡富民均有蓄藏，又典当各业多为富民所开设。均取为共有，以为共产之滥觞。若各境之民互相效法，则此制可立见施行。此制既行，复改良物质，图生产力之发达，使民生日用之物足供全社会人民之使用，则争端不起，而共产制度亦可永远保存。上古共产制所以不克保存者，以人民生产力薄，所生之物不足供全社会之求，不得不与他部相争，既出于相争，由是奴隶制度兴而共产之制失。此则万民之幸福矣。中国平民有言：你的就是我的，我的就是你的。观此二语，则共产主义久具于民心，使人人实行此二语，则自私之心何由而生？即共产制度又奚难实践哉！惟近今欺骗之流用此言以攫他人之财为一己之私有，则背于公理莫甚。

无政府革命与农民革命[*]
（1908）

　　无政府革命欲使之施行于中国，可循者果何法乎？此诚今日最大之问题也，试由此问题而解释之曰：中国农民果革命，则无政府革命成矣，故欲行无政府革命，必自农民革命始。所谓农民革命，即以抗税诸法反对政府及田主是也。试述之如下：

　　甲、中国大资本家仍以田主占多数，田主之制覆，则资本阶级之大半亦因之而覆，故抵抗田主即系抵抗多数资本家。

　　乙、中国人民仍以农民占多数，农民革命者即全国大多数人民之革命也。以多数抵抗少数，收效至速。

　　丙、中国政府之财政仍以地租为大宗，农民对政府抗税，则政府于岁入之财政失其大宗，必呈不克维持之象，而颠覆政府易于奏功。

　　丁、财产共有制必以土地共有为始基，而土地则以田亩为大宗，惟农民实行土地共有，斯一切财产均可易为共产制。

　　以上所举数端，按之事实，易于明了，固不俟烦言而解者也。惟反对此说者，以为中国农民无团结之性，无抵抗之力，至于共产无政府主义又非农民所克知，安有斯等革命之资格哉！然此实影响之谈也，试验其说如下：

　　一、农民者有团结之性者也。中国上级之结合，均形式之结合也，惟农民之结合，则由于自然。试观于各省农村之中，所居之户多者千百，少者数十，而出入相友，守望相助，犹有古风。如一家有急，则阖村之人悉集其门；一室有不平之事，则同村之民悉出而助之筹画。又浚塘、修道诸役，恒以共力经营，不期而自集。至于延师课子，演剧酬神，亦均集会于公共之区，如庙宇。以众议决行。若一室有盗警，则鸣锣示警，使各室趋而相救；或有抵拒差役之事，亦互相应援，莫或稍后。即数村相距甚迩者，数村之民亦互相结合，或结为共同之团体，如保甲之属是。此均由共同利害所生之观念也。试观都市之民，于邻曲之人或鲜识其面，农村之民则居于一境者，其亲睦之忱溢露于无形，则知中国各阶级，其富于团结性者以农民为最优。

二、农民者含有无政府主义者也。中国农民无信从政府之心者也，以人治为可废者也。古谚有云："日出而作，日入而息，凿井而饮，耕田而食，帝力于我何有哉！"此足以表历代农民之思想矣。嗣陶潜作《桃花源记》，于人治以外之农村，悬想其人民之乐。而柳宗元《郭橐驼种树传》，亦以干涉农民为戒。此均农民恶干涉之确证。又现今农民之俗语曰："好百姓不见官的面。"又曰："不怕官，只怕管。"是则脱身人治之外，不与国家生关系，乃农民同一之理想也。贵州农民之谚曰："差人进门，鸡犬不宁。"淮南农民则曰："差人下了乡，百姓遇见王。"差役者，为政厅作爪牙者也。既恶差役，即系不欲为政府所制。试观各州县中，田亩一端鲜有实数，致无粮之田甚众，此即不缚于人治之农民也。又北方各省农村，未著版籍者不知凡几，而皖省寿州、凤台之东，亦有农村数区，永不纳粮，官吏差役亦莫敢入其境。此则实行无政府之农村也。故国家主义政治思想以农民为最薄，无政府主义不啻农民之第二天性，乃由习惯而成者也。

三、农民者保存共产制者也。农民虽以土地为私有，然土地而外，所存之制恒有与共产相近者。吾尝观于淮南各农村，合众力以浚陂塘，而陂塘为共有；合众资以作水车，而水车亦为共有。自斯以外，有数户共有一牛者。推之各省，大抵皆然。且农村之中，有老疾而无子嗣者，则村民共同周恤。北方各农村，若有旅人投宿事，亦恒供以食饮，不复取值。又北方及西南各省，若值凶年，则无食之民分食殷户所储之谷。即淮南里下河一带，当往昔之时，各农村之民，亦鲜陷于乞丐，则以贫者均由众供给也。岂非共产之古制犹存于农村之中乎？若夫皖南、闽、湘各区，有全村力农之民均系一姓而行血族共产制者，亦农村实行共产制之征。

四、农民者有抵抗之能力者也。试观之中国历史，则陈涉起于佣耕，刘秀起于力农，而唐初之时，刘黑闼起于漳南，其所率均农民，此固彰彰可考者也。自此以外，则西晋之时，流民扰乱亦均无食之农民。

明代之时，则邓茂七以佃民之微，起兵闽省，明末之乱，亦以无食农民占多数。近世捻匪之众蔓延北方各省，然观曾国藩诸人所奏疏，均谓聚则为匪，散则为农，则革命党出于农民益有征矣。况近今北方各农民，其强悍者必兼为盗贼，川、黔、湘、浙、粤西各省，则会党之民多事力农。且各省殴官各巨案，鲜出于市民，而农村之间则行者至众，反对差役之事更无论矣。岂非农民抵抗之力远出市民之上哉！观近岁以来，有镇江之闹漕，有桐乡万顷湖之暴动，近则湖北之后湖、安徽之八都湖农民均生抗力，则农民革命为期匪远矣。

就以上所言观之，可以知中国农民之情态矣。况近日农民之苦远浮往昔，可参考本号《田主罪恶论》及本报各省农民疾苦调查诸篇。若一旦实行革命，势必由小团结进为大团结，由小抵抗进为大抵抗，由固有之无政府共产制进为高级之无政府共产制。盖观于农民之富于团结，则知小团结之力必可扩大为大团结；观于农民之敢于抵抗，则知小抵抗之力必可扩大为大抵抗；观于无政府共产制存于农村，则知无政府共产制度最适宜于农民。此农民革命所由为无政府革命之权舆也。试将农民革命方法胪列如下：

一、抗税。由各境农民互相结合，誓不纳税。在佃民则自有其田，不复认为田主所私有；于田主索税，亦拒绝其请。若讼之官署，则当差役捕人之际，合群力以与相敌。在自有其田者，亦自誓永不纳租。若差役至门相索，则加以殴击；保正、庄头若有为官效力者，亦驱之出境。如有一户不守此约而潜行纳税者，则杀其人，毁其室，以为众民之戒。

二、劫谷。各村大地主所积之谷甚众，恒待凶岁出售，以博厚利。农民当此之际，宜破毁其仓，以分其谷。富民所开各典质，昔以重利剥农民，亦加以劫掠，分其货物。而昔日各债主有因贷财取息，迫农民以田作抵者，亦可以强力相加，收为己有。

依此法而行，则官吏必以兵威相镇，然亦无足虑也。何则？工人之势聚，农民之势散。工人者，居于一都市及一工场者也，而都市之地又为兵力所汇集，故工人罢工，则在上之人易于集合兵力以相镇压。若农人则散处各村，恒非兵力集中之地，官兵前往，计期甚迟，且叛乱之地不仅一区，致兵力不得分；即使叛乱者仅数县之农民，然数县之间，大小各农村亦不下数百，即使所率之兵数千，然计村分配，每村不及十人；况城中各官署、局、所及富民，均需分兵保卫，则与农民为敌者亦仅微薄之兵力耳。且其不足畏之证犹有数端：

一、军人之所恃者粮也，而粮均出于农民。若农民不以谷出售，则农民足于食而兵士苦饥，饥则自溃。

二、行军之所恃者财也，而财半出于地租。若农民不纳税，则军费无所出，虽欲募众兵而不能。

三、今日之军人多由农民应募，或与农民有乡闾之谊，焉肯自相残贼？

依此证而观，则农民必可得胜。即使官军亦竭力与战，然北方各农村大抵均有土垣，且于土垣之外，恒掘水为壕，足以阻官军之入。且每户之间均蓄兵械，或保甲团练之制相沿未革，则斯等武器均可用之以相敌。又南方各农村均环之以水，而操船者均农民，若农民藏其舟楫，则官军不克渡，或伪以舟楫相渡，而溺之于水。若官军萃集于一村，则各村之民袭其后；或乘城邑之不备，率众侵入，使官军疲于奔命，则官军必出于败北，彰彰甚明。况复抗粮一端为农民所最喜，一境如斯，则他境必响应，势必蔓延于全国。农民既起，则市民必乘机纷扰，举凡所谓官吏资本家者，均可颠覆于一朝，彼政府又安有不灭之理哉！故农民革命之结果，其势必达无政府之一境。至于革命既成之后，则关于农民之问题复有二端：

一、土地共有。当革命初起之时，佃民脱田主之羁绊，而自有其田者，亦脱国家之束缚，此完全之个人私有制也。若革命既成之后，则扩充其固有之共产制，使人人不自有其田，推为共有，以公同之劳力从事于公同之生产而均享其利。苦鲁巴金《面包掠夺》言此法甚详，可采用也。

二、改良农业。中国农业其耕作之法最劳，惟采用科学耕作法，节省劳力，以尽地利，庶几有利于人民。此等方法，亦具见苦氏《面包掠夺》中。其所著《田野制造所及工场》一书，叙述尤详，可采用也。现今改良农业，利归资本家，异日改良农业，则利归平民。

以上所言，均吾党所期于中国农民者也，多数农民可以兴矣。

"Sow seed but let no tyrant."（"我们播种，但不许暴君收获!"——拜伦诗。）

论中土文字有益于世界 *
（1908）

　　察来之用，首贵藏往；舍睹往轨，奚知来辙。中土史编，记事述制，明晰便章。惟群治之进，礼俗之源，探颐索隐，鲜有专家。斯学之兴，肇端皙种。英人称为 Sociology，移以汉字，则为社会学，与 humanism 之为群学者，所述略符。大抵集人世之现象，求事物之总归，以静观而得其真，由统计而征其实。凡治化进退之由来，民体合离之端委，均执一以验百，援始以验终，使治其学者，克推记古今迁变，穷会通之理，以证宇宙所同然。斯学既昌，而载籍所诠列，均克推见其隐，一制一物，并穷其源，即墨守故俗之风，气数循环之说，亦失其依据，不复为学者所遵，可谓精微之学矣。皙种治斯术者书籍浩博，以予所见，则斯宾塞尔氏，因格尔斯氏之书为最精。然斯学成立之源，其故有二：一以交通日启，狉榛之族，均克穷其礼俗，知皇古之制，亦与斯同；一以掘地术精，克致古初之遗物，因古器以穷古制。因斯二故，斯学日精。然穿凿之迹，附会之谈，虽著作大家莫或克免。今欲斯学之得所折衷，必以中土文字为根据。予旧作《小学发微》，以为文字繁简，足窥治化之浅深，而中土之文，以形为纲，察其偏旁，而往古民群之状况，昭然毕呈。故治小学者，必与社会学相证明。今试举其证于此：

　　人群之始，货、力不私，共财于群，民无私畜，农牧利兴，斯制渐失。此社会学家所公认之说也。今观中土文字，玄田为畜。许书以田畜释之。又畜、蓄义同，义为蓄聚。且积、私二字，文均从禾。则民私其

---

　　* 原载《国粹学报》第 46 期，1908 年 10 月 14 日，署名刘师培；收入钱玄同等编《刘申叔先生遗书》之《左盦外集》卷六，民国二十五年宁武南氏排印。

财，始于农牧起兴之后。此可考者一也。

草昧之初，婚礼未兴，男女之防未严，夫妇之名未立，故血胤相续，咸以女而不以男，母统之兴，先于父统。此社会学家所公认之说也。今观中土文字，女生为姓，得姓之字，均从女形。姚、姬、姜、嬴，斯其最著。则古为女统，益以有征。此可考者二也。

太古之时，类聚群分，咸以图腾示离合，及游牧制兴，种类不同，以旗区别，标帜既符，遂成部属，此亦社会学家所公认之说也。今观中土文字，族训矢锋，从矢从㫃，为旌旗之游，则古人以旗表民，民属一旗，即为同族。近今满、蒙犹存此制。故引伸其义，即为氏姓之称。此可考者三也。

宗法之始，由族制扩为部族，酋长之制即由家长而成，父即家君，君即国父。此亦社会学家所公认之说也。今观中土文字，君字从尹，而古籍恒以尹代君。尹字从又，象持杖形。父为家长率教者之称，文亦从又，以表持杖之形。则国家起源，基于家族。此可考者四也。

自是而外，若酋长之酋，由绎酒引伸，则古代以酒食饷民者，人民即推为元首。师族之师，从帀从𠂤，训为众意，则古代兵民二字，混合未区。若此之流，未易悉数。又如物字从牛，牛为大物，则牛为易中之品。则字从贝，贝为物货，则刑以罚锾为先。即器物变迁，政教代嬗，执斯为例，均可类求。

故欲社会学之昌明，必以中土之文为左验。然欲治斯学，厥有数例：察文字所从之形，一也；穷文字得训之始，二也；一字数义，求其引伸之故，三也。三例既明，而中土文字，古谊毕呈，用以证明社会学，则言皆有物，迥异蹈虚。此则中土学术之有益于世者也。

今人不察，于中土文字，欲妄造音母，以冀行远。不知中土文字之贵惟在字形，至于字音一端，则有音无字者几占其半。及西籍输入，每于人名地号，逐写汉名，则所译之音，扞格不相合，恒在疑似之间。又数字一音，数见不鲜，恒赖汉字形为区别。若舍形存音，则数字一音之字，均昧其所指，较之日人创罗马音者，其识尤谬。知中国字音之不克行远，则知中国文字之足以行远者，惟恃字形。而字形足以行远之由，则以顾形思义，可以穷原始社会之形，足备社会学家所撷摘，非东方所克私。惜隶楷体行，寖失其真。今欲扩中土文字之用，莫若取《说文》一书译以 Esperanto 即中国人所谓世界语。之文。其译述之例，则首列篆文之形，或并列古文籀文二体，切以 Esperanto 相当之音，拟以 Esperanto 相当之义，并用彼之文详加解释，使世界人民均克援中土篆籀之文，穷其造字之形义，以考社会之起源，此亦世界学术进步之一端也。世有抱阐发国光之志者，尚其从事于兹乎！

劝告中国人士宜速习世界新语[*]
（1908）

教科者，随时势为转移者也。其所贵有二：一曰简易，二曰适时。简易则易于竣业，适时则利于推行，非惟各科学为然也，即语言文字亦然，此中国现今各学校于外国文一科，所由当采用世界新语也。

世界新语，西人称为爱斯濮兰特（ESPEARNTO）。其词旨出于希望，先是欧洲巨儒虑各邦语言不同，易生争端，欲创造国际语以统一人类语言，然所造者均澌灭。嗣俄人石门[①]和夫氏，生于波兰比霭洛斯城，该城人种复杂，日启纷争。氏以博爱为宗旨，欲制人类共通之言，以化畛域，乃参考各国文字，创造世界新语，于西历千八百八十七年发表。然历时未久，各国均设立协会，竞相肄习，用以译书刊报，上自政府官吏，下迄人民，莫不从事于提倡。各团体间所开会议，亦恒采用此语。去岁六月已六百三十九所。虽南美之秘鲁、巴西，亚洲之印度、日本，亦均立协会，于国中刊印书报，以导国人。又欧洲热心此语者，设总会于法京，岁开大会一次，会员之数，日以加增。是则世界新语，其发表甫及廿年，而推行几偏于世界。自古迄今，凡一切宗教学术，流行之速未有若斯之易者，则由今而降，必为世界人民所采用，此固灼然无疑

* 原载《时报》1908 年 11 月 26、27、28 日，未署作者；又刊在《中外日报》1908 年 11 月 27、28、29 日，作者署为"仪征刘氏"；还刊在《神州日报》1908 年 11 月 26、27 日。《中外日报》上该文之作者署为"仪征刘氏"，结合文中作者自谓"鄙人前署《词例通释·序》谓"，而《词例通释·序》曾刊于《神州日报》1908 年 9 月 8、9、10、12 日，文尾有"申叔识"。《词例通释·序》还刊于《天义》报第 16～19 卷合册，标题为《Esperanto 词例通释总序》，亦题为申叔。《词例通释·序》之作者为刘师培，当无疑义。由此推知，《劝告中国人士宜速习世界新语》亦应系刘师培所作。此文被复旦大学历史学系张仲民老师发现后，首先在《史林》2007 年第 3 期披露。这次承蒙张仲民老师提供文稿，谨此致谢。

① 此处之"门"，《中外日报》版本作"衙"，《神州日报》版本作"门"，结合后文，"衙"显系手民误植。

者也。

夫世界新语其推行迅速之由，一由音符之有定，一由名称之画一，一由文法之简明。鄙人于所作新语《词例通释·序》，既略陈其梗概矣。惟其若此，故发达至速。由于人民之公心，而不假国力，英法之文，其推行之远，均由于国力。岂中国人民独能逆时势之所趋乎？

今中国人民所以未谙习此语者，一由寡所见闻，一由疑此语为无用，妄意学成以后，其用未宏，此实不谙时势之故也。试将谙习新语之利益胪列如左：

一曰学识上之利益。居今之世，欲扩充学识，必广阅西文书报，此有识者所共知也。欲阅西文书报，必首通西文。然近今之习英文、法文者，若非入专门学校，虽习之二年，鲜克阅书，此指各普通学堂之学生告。则以文法复杂之故也。惟世界新语，则文法至为简明，若仅为肄习文法，计不出数月，即克检字典、阅书。见下文。而世界各国用此语以刊印书报者，岁以千计。舍普通书籍外，若哲学、科学、美术、音乐、实业诸书，凡为欧美名家所著，无论其属何国文字，均用此语译成。文学之书，所译尤众，诗歌戏曲，莫不毕具。凡莎士比、杜尔斯德、伊布沁诸集均有译本。专门字典计类尤多。有医学、理科各种。至于新闻杂志，依去年六月所统计，已不下八十余种，其附列新语栏者，计数亦达二十。今岁又增益数十种。欧美各国，凡政治、学术、实业各团体，下逮写真之家、速记之术，均有新语所刊之报。以上各书报，鄙人于日本东京设传习所时，所储略半，又乞欧美各出板所寄赠，不日即至沪上。则学成以后，无论治若何学术，均可广阅欧美书报以扩见闻。今中国所译西书至少，日本所译其名著亦无几，且多删节增益，致失本真，译音又多歧异。是肄习新语，所费之时远较肄习英法文字者为省，而所收阅报、观书之益，则较仅通泰西一国之文字为尤巨。其利一也。

二曰交通上之利益。居今之世，欲扩见闻，不得不资于游历。然语言不通，则应对酬酢至为捍格。即使所通者仅一国，然游历各邦，不能尽人而解。况各国语音均有习惯，其用仅适于一族，以他国之民学之，至为生涩。故中国年逾二十者学外国语至难，又日本人所操兵语，其发音多不合。惟世界新语则音符、名称均画一，记忆最易。无一字数义者，亦无数字一义者。且义近之字，均用接头接尾语添加法，所有语言甚众，练习非难。又石门和夫氏创造之时，曾研究各国语言以定其音，俄近东方，故所发之音，亚人亦易于适口。无论何国人民，用以会话，均易于精谙。故现今欧洲各国，若俄、若法，商店、旅馆均以娴此语者司应对。大酒楼、饭馆亦然。而法国各境咸分设翻译局，助民译语、通函。各国协会，而均设立事务所，招待旅人，周切备至。即官厅、邮局，互有谙悉此语之人。数年以降，其用必较今尤广，使操此语以适欧洲，无论行经何国，即未谙其本国言语，亦至为便利。是所习仅一种语言，而其用则与通数国语言者相等。日本文学博士黑板胜美，未谙法文，而于新语则至精。现居法国，与彼国人士游，均操新语。此其确证也。若以之通函，则无论寄至何国，均按期而达。中国旅居各西人，均商人、教士，而学者则甚鲜，故未能尽谙此语。然上海各西人中，谙此语者亦不乏。其利二也。

三曰外交上之利益。世界新语，其创造之目的即在于用之国际，以融各国之感情。近岁以来，各国民党其有开国际大会者，固有采用此语之议。然各政府所开会议，亦恒采此语。依去岁六月所统计，则国际会议采用新语者，已十有一所。中国多未遣使。又去岁西历八月，万国平和大会开于海牙，中国曾遣驻荷钱公使赴会。其议案之中有采用新语一则。需另译。又瑞士国会近已定为普通语言，各国银行恒制造国际货币，标以新国之文，瑞士已盛行，其图见日本协会所刊之报。以冀推行世界。且今岁新语大会开于德国萨尔逊，各国王公卿相均列会席，日本政府亦敕德国留学生赴会。此均列强采用此语之证也。由今而降，国际会议日以增加，不出数年，必悉采用新语。中国值此之时，势不得不遣使赴会。然举国之中，无一谙悉新语之人，以充其选，岂非并秘鲁、巴西之不若乎？斯则外交之大耻矣！倘及今提倡，使肄习新语之人渐次增益，以备他日外交之选，非唯学术之进步，亦且国家之光荣矣！其利三也。

自此以外，其利尤多。如商埠货物，多来自异邦，而富商巨贾，不克直接定货，则以语言殊异，致乏感情，若习此语，自无此弊。此利于商业者也。中国人民富于排外观念，易启衅邻封，致酿巨祸，若习此语，则各教科书及读本，均含博爱和亲之旨，彼野蛮排外之祸，不期而自消，此利于弭乱者也。由是而言，则新语之有益于中国，讵有涯乎？

况中国人民，肄习新语至为便易，鄙人前署《词例通释·序》谓：新语名称、构造及语句构造法，多与汉文相符，已举数例。又作文通信，即仿用汉文文法，亦无往弗宜，以中国文翻新语，无论何句，均可直译。此又肄习最易之一端也。近今东西各国，其有识之士，均冀新语推行于中国。去岁伦敦刊行之《大不列颠新语团体报》（第四十二号），内载新语及中国语一篇，系西楷沃氏所撰，其结论之词曰：吾就中国之方面观之，深信中国幼童及一般人民，均可取新语为教科。又谓：嗣后，中国人民当无有不习此语者，必创建学校，或用此以代中国语。又上岁巴黎刊行之《万国社会评论报》（第七号），内记中国人设立新语传习所事，谓中国人民知肄习此语，足证人民学识进步，知采用世界文明。由此而观，则新语必行于中国，久为西人所稔知。又日本新语协会评议员大杉荣，于日本东京曾为华人新语传习所教师，其开班演说词曰："凡肄习此语者，若默记语言数千则、文法定例十余则，即可粗通。至于肄习之期，凡未习英文及稍习英文者，六月可阅普通小说、可作短函，至于一岁，则可阅一切特别之书。已习英文者，则肄习三月，即可阅小说、作短函，至于六月，特别书报均可观觉矣。"大杉君之言如此，故鄙人前作《词例通释·序》即采其说，谓肄习新说，若记悉语言数千则，明晰文法十余条，则会话、释书、通信、作文，均可从事，计所费之时，不过一年。若仅为谙习文法计，则于三月之内，将文法十余则深加研究，辅以字典，亦可译普通之书、作普通之函。然大杉君所谓肄习六月可阅小说、作短函，一岁可阅特别书。鄙人所谓费时一年，即可以从事于会话、译书、作文、通信者，均指专门肄习者言也。若每日仅习一二小时，则所费之期当增倍。大杉君所谓已习英文，肄习三月，可阅小说、作短函，六月可阅特别书报者，此仍指西文未专精者言也。若英法之文深造其极，则三月即可大成矣。至鄙人所谓三月可译书、作函者，系指专习文法者而言。若今之所希望于中国人士者，则大抵望其兼习耳。试将肄习新语之程度，区为二级，仅习文法者为小成，兼习会话者为大成。而竣业之迟速又区为三级，专精西文者为一级，曾习西文者为一级，未习西文者为一级。试详述之如左：

一专精西文者，若仅为谙习文法计，每日肄习二时，则练习发音一星期，肄习文法三星期，即可阅书、作函。若兼习会话，再历二月亦可有成矣。三月后仍尚习练。是专精西文者，一月可以小成，三月可以大成。

一曾习西文者，若仅为谙习文法计，每日肄习二时，则时历三月可以检寻字典、阅书、作函。再习三月，则普通名称亦可记忆，皆兼习会话，再习半载，亦可操此语以应对矣。是曾习西文者，三月可以小成，一年可以大成。

一未习西文者，仅为谙习文法计，使汉文精通，又逐日专门研习，则三月之内即可阅书、作函。若每日仅兼习二时，则必历半年之久。至于兼习会话，聪明者需再习一年，愚钝者或再延半载。是未习西文者，六月可以小成，而年半可以大成。或二年。

由以上所言观之，则知新语实西文之捷径。仅习此语，亦可广阅欧美各书报，兼为游历欧洲之助。若于学成以后，再肄英法俄日之文，则新语与欧文同说，均由罗马文而出，名词近于英德，文法则悉本德文。故通悉欧洲一国文字者，肄习新语，至为便利。反是以思，则于通习新语后，益肄欧洲他国文字，亦必易于入门。故不习欧洲他国文字者，不可不习新语；愿习欧洲他国文字者，亦不可不先习新语。鄙人前著《词例通释·序》曰：盖舍英法德俄之文，以肄习新语，不啻舍难而就易，以新语为基，以通他国语言文字，又不啻闻一而知三。古人言事半功倍，其世界新语之谓乎？

居今日之中国，欲求教育之发达，则所学必求其竣业，不复半途中辍，故各学校中不可不采用新语。一曰高头〔等〕小学也。依中国学章所定，高等小学，四年毕业，其教科无西文。然民之仅入高等小学、无力入中学者，至为众多，使并西文而不习，则见闻终于固陋。宜略授新语，自第三年起，依前文所言未习西文例，习之二年，必可竣功。若入中学，则以此语为基，兼习英法之文；即不入中学，则一种文字已竣业，亦可阅西书以扩见闻矣。二曰优级师范也。依中国学章所定，优级师范三年毕业，其教科有英文。然今之入优级师范者，均系昔日之儒生，已习西文者甚鲜，以至短之时期，每星期授英文时间甚少。欲其谙是英文，岂可得乎？若改授新语，自第二年起，依前文言未习西文例，习之二年，亦可竣业，而他国文字亦可免习矣。三曰师范传习所也。今中国所设师范传习所，大抵半年或十月毕业，然教科恒授日文，不知日文所译西书，较之用新语所译之西书，十不逮一。若改授新语，依前文所言未习西文例，仅习文法，半年竣业，辅以字典，亦可阅普通两相矣。此外则中国中学，学年至为不齐，其有年逾二十者，肄习英文至难，或亦酌授以新语。如是而行，则中国之学术，庶有发达之望乎？然以上所言，系指新语发达以后言之也，欲达此目的，必先养成教师。今为养成教师计，则中国现今专精此语者已有数人，若设立传习所三区，择精通英文、法文者，每所三十人，使之肄习三月，每日二小时。则可得教师九十人。此九十人者，于学成以后，分驻各省，设立传习所，依前文所言区级法，区专精西文、曾习西文、未习西文者为三级，而三级之中，又区为小成、大成二级，若每级得十人，则一人于二年之内所授者六十人。合九十人所授者计算之，可得五千四百人。若分驻各府厅州县，则凡属于高等小学、优级师范、师范传习所者，均可得教师一人，深者为高等小学、优级师范教师，浅者为师范传习所教师。而前文所言之目的，不难骤达矣！

在反对此议者，或虑其有碍于国学，此实愚瞽之论也。据中国学章所定，舍小学、初级师范外，无人不习西文，则西文一科势必尽人皆习。然于各西文之中所习者，仅英文。英文者，习惯之文也。其音符、名称及文法均有杂淆之弊；其所发之音，复与他国言语不相符合。故中国学校各学生肄习英文，必历时数载方克粗通。惟其学之甚难，故学校学生或偏重此科，以荒国学，又或畏其难而辍业，致国学、欧学均无一成，此今日学者之通弊也。若酌用新语，则习之既易，易于竣业，既植研究欧学之基，且不致坐荒国学，非惟为输入欧学之捷径，亦且保存国学之一助矣！较之仅习英文，半途中辍、废时玩日、荒弃国学者，果孰得而孰失乎？

今之为中国虑者，犹有一端，日本新语协会之章程，日以新语音及于全国，进而及于清、韩两国为目的。

是日本学者欲等中国于朝鲜，以为新语输入中国，必待日本人，以冀握教授新语之权，今中国人士若弗及时提倡，日人之中必有越俎代谋者。坐丧教育之权，以启外人侵入之基，岂非可耻之甚乎？此亦鄙人欲忠告中国人士之一端也。鄙人对于此语，以竭力传布为天职，既于东京设立传习所，并拟编辑书籍，广致书报，以为设立协会之基，力所能及，一息不敢自懈。世有明达之士，尚乞勉采刍荛之言，以襄此举，慎勿以高远难行而忽之也。

转注说[*]

（1909）

转注之说，解者纷如，戴、段以互训解之，此不易之说。惟以《尔雅·释诂》为证则泛滥而失所厥归。古代字各有训，有可以互训者，有不可互训者。《释诂》"始也""君也"各节，大抵萃别名之字，该以洪名，即以一洪名释众别名，如初哉首基，初为裁衣之始，哉为草木之始，即才。首为人体之始，基为墙始是也。又如君训足以该公侯，公侯之训不足该君，则不克互训明矣。《说文》所诠之诂，或如本字之谊仅得其一体，如马字训武训怒，牛字训事理，此亦不克互训者也。若斯之属咸与互训之例别，《说文序》言"建类一首，同意相受"；《周礼·保氏》《正义》引作"建类一首，文意相受，左右相注"。左右相注即彼此互释，则转注当指互训言，非以转注该一切训释也。其曰建类一首者，则许书所谓转注指同部互训言，不该异部互训言也。江氏以建类一首为同在一部之字，是也；谓同部之字从部首得义均为转注，其说则非。孙氏以同部互训为转注，是也；以祥、祉，福也，福，祐也，为例立说，又非。若王氏《释例》以异部互训亦为转注，失与段同；魏朱及曾说均未合。故惟考老为正例，晋卫恒曰，转注，考老是也，以老为寿考也。盖以老字之谊与寿考之考相同，故互相训释。此深得许君之旨者也，恒为晋人去汉未远，故所释未讹。考老而外，若草部薐芰互训，许君说之曰：薐，楚谓之芰，秦谓之藦苢。由许说观之，盖互训之起由于义不一字，物不一名，其所以一义数字，一物数名者，则以方俗语殊，各本所称以造字。许君于芰薐二字既明标其例，则草部茅菅互训，又茢字下云，萝茢，蕅属，萝字下云，茢也。疑当作茢，萝也，蕅属。亦互训。言部谏證互训，木部柟梅互训，极栋互训，楷棣互训，穀楮互训，栈棚互训，穴部窍空互训，人部何儋互训，页部颡额互训，火部爇烧互训，心部憨愚互训，鱼部鳝鮔互训，系部缠绕互

* 原载《国粹学报》第 60 期，1909 年 12 月 2 日，署名刘师培；收入钱玄同等编《刘申叔先生遗书》之《左盦集》卷四，民国二十五年宁武南氏排印。

训。或本《尔雅》，或本《方言》，盖均方俗异称致义有二字，物有二名者也。且许书二字互训恒系音近之字，如草部菲芴互训，言部謹譁互训，支部改更互训，鸟部鹄鸿互训，许以䧹为鸿雁之鸿，入部入内互训，木部槛栊互训，禾部稻稌互训，页部颠顶互训，欠部歔欷互训，虫部强蚚互训，均双声也。草部盖苦互训、苗蓨互训，走部趁趩互训，口部吒嘖互训，言部譸詶互训，讽誦互训，刀部刑到互训，火部炙灼互训，金部鏁鐷互训，均叠韵也。若草部萏萏互训，茱莉互训，则又音义均同，仅以省形不省形而区者也，即口部噓吹互训，木部柱楹互训，柱盈音近，与荣读若朱同例。杆楔互训，古谈部之字多转入脂部。柧棱互训，橐部囊橐互训，金部锭鐙互训，自部障隔互训，亦均古音相近，此转注之正例也。正例而外，变列孔多。如山部嵪，嵪嵘也，嵘，嵪嵘也；手部搢，搯搢也，〈搯〉搯搢也。此转注之变例一也。草部芽，萌芽也，芽字疑衍，萌，草芽也，荛，草薪也，薪，荛也。木部荣，桐木也，桐，荣也；枯，槀也，槀，木枯也。又枓，勺也，杓，枓柄也，亦此例。勺也，当作杓也。贝部贽，以物质钱，质，以物相贽。马部惊马，骇也，骇，惊也。辵部述，迻也，或从彳，即徙字。迻，迁徙也。月部胫，胻也，胻，胫端也。土部垣，墙也，墙，垣蔽也。自部陬，陬隅也，隅，陬也。此转注之变例二也。木部根，木株也，株，木根也；标，木杪末也，杪，木标末也；桥，水梁也，梁，水桥也。巾部常，下帬也，帬，下常。丝部纠，马缋也，缋，马纠。此转注之变例三也。阜部隈，水隈崖也，隈，水曲隩也。亦近此例。草部蒋，苽也，苽，雕苽，或作菰，误。名蒋。食部饟，周人谓饷曰饟，饷，饟也。自部陂，阪也，阪，陂者曰阪。此转注之变例四也。又玉部珥，瑱也，瑱，以玉充耳也，亦属转注变例。然变例转注之字音亦恒近，如萌、芽、枯、橐、惊、骇、蒋、苽、陂、阪、珥、瑱，均属于双声，嵪、嵘、辀、帬、胫、胻、陬、隅、标、杪、纠、缋、饟、饷均属于叠韵，述、迻、贽、质之属亦复古音相近，故许君作序特举考老叠韵互训字以为例也。特许书转注虽仅指同部互训言，然扩而充之则一义数字，一物数名，均近转注，如及逮邦国之属互相训释，虽字非同部，其为转注则同。又《方言》一书均系互训，以数字音同为尤众，则以音近之字古仅一词，语言迁变，矢口音殊，本音造字遂有数文，故形异义同音恒相近，《方言》卷一大字条标例至详。即《尔雅》《小尔雅》诸书所载其有音近可互相训释者，亦均转注之广例，特不可援以释许书耳。

六经残于秦火考[*]
（1909）

《韩非子·和氏篇》云商君教孝公燔诗书而行法令，是秦代禁学始于商君而成于始皇。《史记·秦始皇本纪》云，三十四年，丞相臣斯昧死言：臣请史官非秦纪皆烧之。非博士官所职，天下敢有藏诗书百家语者，悉诣守尉杂烧之。令下三十日不烧，黥为城旦。所不去者，医药、卜筮、种树之书。若欲有学法令，以吏为师。制曰可。《李斯传》略同，并谓始皇可其议，收去诗书百家之论，以愚百姓，使天下无以古非今。

据《史记》所言，则民间未焚之书仅医药、卜筮、种树之属，舍此三类仅为博士所藏。故《史记·儒林传》云：秦焚诗书，六艺从此缺焉。又曰秦焚诗书，书散亡亦多。《六国表》云，《诗》《书》所以复见者，多藏人家。夫六艺既从秦而缺，此《尚书》《礼经》所由有佚篇也。《书》既从秦而散亡，此《太誓》所由得于河内也。《书》或藏于民家，此孔壁所由有古经也。贾生《过秦论》有云于是：废先王之道，焚百家之言，以愚黔首。足与《史记》之说互明。且《史记·儒林传》云孝文时欲求能治《尚书》者，天下无有。又云秦焚书，伏生壁藏之。汉定，伏生求其书，亡数十篇，独得二十九篇。此《尚书》至秦而缺之证。又曰《礼》固自孔子时而其经不具，及至秦时书散亡益多，于今独有《士礼》，高堂生能言之。此《礼经》至秦而缺之证。《六国表》云：秦既得意，烧天下诗书、诸侯史记尤甚，为其有所刺讥也。《春秋》亦诸侯史记之一，此《春秋》至秦而晦之证。

或谓六经不亡于秦。所持之说，一为秦代多儒生，一为书籍收于萧

---

* 原载《左盦集》卷三，收入钱玄同等编《刘申叔先生遗书》，民国二十五年宁武南氏排印。按《左盦集》编定于 1909 年，集中所收之文当皆不晚于此年。

何。夫张苍、叔孙通均于秦代为职官。秦代诗书藏博士，禁民私阅，未尝禁职官之习也。若陈余、刘交、申公、伏生、郦食其、陆贾之徒克通儒学，或系在秦火以前。至《史记·儒林传》言，至于始皇，儒术既绌，齐鲁之间学者独不废。高帝围鲁，鲁儒尚讲诵习礼乐，弦歌之音不绝。此指儒术言，匪指儒学。学与术不同，学载于书，术寓于器。古代治学，惟读书凭典册，读书而外礼贵讲习。诗乐皆尚弦歌，一则身体力行，一则口耳相传，均不必凭诸典册。见汪中《讲学释义》。鲁中诸儒所讲诵，讲指习礼言，诵指弦歌言。故下文又曰汉兴以后，诸儒乃得讲习大射、乡饮礼。《孔子世家》云鲁世世相传以岁时奉祠孔子冢，而诸儒亦讲礼、乡饮、大射于其所。则讲习确指习礼言。秦代所焚者，书也。未焚者，器也。书焚，故儒学亦亡。器存，故儒术亦存。观孔甲抱礼器归陈涉，《史记》言汉兴，徐生善为容，则鲁中诸儒所习，不过用礼器而习容仪耳。不得据此为秦不焚书之证。至于萧何收书籍，其说亦非。考《史记·萧何传》云，沛公至咸阳，诸将争走金帛财物之所，何独收秦丞相御史律令图书藏之。夫萧何所藏之图书，即《张苍传》"明习天下图书计籍"之图书也。图犹《周礼·职方》所掌之图，书犹《周礼·小行人》所献之书。萧传以律令与图书并言，张传以计籍与图书并言，则图书即秦代版籍。故汉高得之，因知天下阨塞、户口多少、强弱之处。若以图书即六艺，则何以刀笔起家，高祖以儒服儒冠为禁，又言居马上得天下，安用诗书。六艺虽藏秦宫，必不为汉军所取。

窃疑汉兵入关，博士所藏之经，犹存而未泯，厥后乃亡于项羽之火。《史记》曰，项羽引兵西屠咸阳，烧秦宫，室火三月不灭，收其货宝妇女而东。又曰项羽见秦宫室皆已烧残破。夫宫室既焚，则六经亦烬，是民间所存之经亡于秦火，而博士所藏又亡于项羽之火也。《史记·儒林传》又云：于是汉兴，萧何次律令，韩信申军法，张苍为章程，叔孙通定朝仪，则文学彬彬，进诗书往往间出矣。是诗书之出，后于萧何次律令，使六艺果献于何，则汉廷应见六艺全文。何以说《书》犹欲征伏生，问《礼》犹欲征申公乎？由是而言，则六经残于秦火明矣。

古今文考[*]
（1909）

汉儒经学有今古文之殊。盖独体曰文，合体曰字，凡《班志》所谓古今文，均指文字言。今文者，经之用汉代通行文字者也。古文者，经之用古代文字者也。

就《班志》观之，则立博士者，皆今文，以便民间诵习。如《易》有施、孟、梁邱、京氏，学《书》有夏侯、欧阳，学《诗》有齐、鲁、韩三家。礼有《礼经》《礼记》及后苍、二戴之学。《春秋》有公穀二家。《班志》皆言立学官，故均为今文。若古文有二：一为秘府所藏之本，一为民间私行之本。《班志》言刘向以中古文《易经》校施、孟、梁邱经，或脱去"无咎悔亡"，惟费氏经与古文同。古文《尚书》出孔子壁中，武帝末，鲁共王坏孔子宅，欲以广其宫，而得古文《尚书》及《礼记》《论语》《孝经》凡数十篇，皆古字也。孔安国得《书》以考二十九篇，得多六十篇，安国献之，未立学官。刘向以中古文校欧阳、大小夏侯三家，脱简甚多。文字异者七百余，脱字数十。又谓《礼》古经出鲁淹中，《孝经》经文皆同，惟孔子壁中古文为异。又志中所载有《尚书》古文经四十六卷，《礼》古经五十六卷，《春秋》古经十二卷，《论语》古二十一篇，《孝经》古孔氏一篇。其所谓古均指文字言。又《说文·序》云：其称《易》费旧作孟，误。氏、《书》孔氏、《诗》毛氏、《礼》、《周官》、《春秋》左氏、《论语》、《孝经》皆古文也。夫古文犹言古本，乃经之书以古字者，即鲁共所得，张苍所献之书。若《五经异义》于博士之经，冠以今字以别古文，故有今《易》京孟说，有今

---

　　* 原载《左盒集》卷三，收入钱玄同等编《刘申叔先生遗书》，民国二十五年宁武南氏排印。按《左盒集》编定于 1909 年，集中所收之文当皆不晚于此年。

《尚书》夏侯欧阳说，有今《诗》鲁齐韩说，有今《春秋》公羊、穀梁说，有今戴《礼》说，有今《孝经》、今《论语》说。今学而外，有古《周礼》说，古《尚书》说，古《毛诗》、古《左氏》、古《孝经》说。所言今说古说，犹言今文说、古文说耳。不言文者，省辞也。盖今文古文为汉儒恒言。

《说文序》言孔子书六经皆以古文，则秦代以前六经均古文，汉代古文经乃经之未易秦文者也。考《史记·秦本纪》云同一文字。《说文序》云，秦并天下，罢其不与秦文合者。《史记·太史公自序》云秦拨去古文。盖秦代书尚同文，古文之字殊于秦，即所谓不与秦文合也，故为秦廷所罢。既去古文，则博士所藏之经必易古文为秦文，而汉代之文即沿秦文之旧。《艺文志》云：《苍颉》七章者，秦丞相李斯所作也；《爰历》六章者，车府令赵高所作也；《博学》七章者，太史令胡毋敬所作也。文字多取《史籀篇》，而篆体复颇异所谓秦篆者也。是时始建隶书矣，起于官狱多事，苟趋省易，施之于徒隶也。汉兴，闾里书师合《苍颉》《爰历》《博学》三篇，断十六字以为一章，凡五十五章，并为《苍颉篇》。武帝时司马相如作《凡将篇》，无复字。元帝时黄门令史游作《急就篇》，成帝时将作大匠李长元《尚篇》皆《苍颉》中正字也，《凡将》则颇有出矣。至元始中，征天下通小学者以百数，各令记字于庭。中杨雄取其有用者以作《训纂篇》，顺续《苍颉》，又易《苍颉》中重复之字，凡八十九章。审观此文，则汉字普行民间者即袭秦书。故汉初经生若伏生、辕、韩之流，均书经文为汉字，以便诵习。厥后复得古文，乃以民间诵习之经称为今文，与古文区异，以表文字之殊。故刘向以古文校今文以证讹文脱简，犹今人据宋元旧椠以证坊本之讹耳。《史记》言总之不离于古文者近是。《说文序》言合以古籀，则以古文系周代故书，足证今书之误。后儒因所见之文不同，援文生训，致所解之义歧然。

考《五经异义》所载，则今文古文之学持说恒同。《韩诗》爵制之说同于《周礼》，一也。古文《尚书》毁庙说同于《公羊》，贡禹说。二也。左氏尊二代之说同于《鲁诗》、韦元成说。施氏《易》，三也。公羊妾以子贵说同于左氏，四也。雨不克葬说亦然，五也。左氏赴卒称名说同于《士虞礼》，六也。左氏既殁，称字说同于穀梁，七也。古文《尚书》说五脏同于《月令》，八也。左氏说麟同于《礼运》，九也。由是而言，则今文古文之旨不尽互歧。近人廖平乃以今古文同出孔子，有从周改制之区，岂不惑哉。

孔子作《春秋》说*
（1909）

　　《孟子·滕文公篇》云："孔子惧，作《春秋》。"后儒据之，遂谓《春秋》皆孔子所作。然"作"兼二义：或训为"始"，或训为"为"。训"始"见《说文》，即"创作"之"作"，乃《乐记》所谓"作者之谓圣也"。训"为"，见《尔雅》，与"创作"之"作"不同。《书》言"汝作司徒"，言以契为司徒，非司徒之官始于契。《论语》言"始"作"翕"，如《左传》言"金奏作于下"，则"奏乐"亦言"作乐"，与"作乐崇德"之"作"殊。《左传》言召穆纠合宗族于成周，而作诗曰："棠棣之华，鄂不韡韡。"则"歌诗"亦言"作诗"，与"寺人孟子，作为此诗"之"作"殊。

　　盖"创作"谓之"作"，因前人之意而为亦谓之"作"。如耕稼既作于神农，而《世本》又言咎陶作耒耜。车始于舜，而《世本》复言奚仲作车。皮弁起于古，而《世本》又言鲁昭公作皮弁。虽作器与作书不同，然足证因前人之意而为亦谓之作。《孟子》言孔子作《春秋》，即言孔子因古史以为《春秋》也。《史记·孔子世家》曰："因史记作《春秋》。"故又言"其事则齐桓晋文，其文则史"。至于《诗》亡，然后《春秋》作，则"作"为始义，与"作春秋"之"作"殊，言《春秋》所记之事始于东周也。况《春秋》为鲁史旧文，非惟《左传》著其说也。《公羊》庄八年以未修之《春秋》证已修之《春秋》。又昭十二年"伯于阳传"云："伯于阳者何？公子阳生也。子曰'我乃知之矣。'在侧者曰：'子苟知之，何以不革？'曰：'如尔所不知何？'"《穀梁》"梁亡传"引孔子曰："我无加损焉，正名而已矣。"则《春秋》说有所因，三传并持此说。乃汉儒不信三传，专信纬

　　* 原载《左盦集》卷二，收入钱玄同等编《刘申叔先生遗书》，民国二十五年宁武南氏排印。按《左盦集》编定于 1909 年，集中所收之文当皆不晚于此年。

书，《春秋握诚图》言"孔子作《春秋》"，《春秋元命苞》及《演孔图》言"丘作《春秋》"，汉儒用以说经。如董仲舒言孔子作《春秋》，先正王而系万事。《盐铁论》云："孔子退而修王道，作《春秋》。"《说苑》曰："于是退作《春秋》，明素王之道"。《论衡》云："至周之时，人民久薄，故孔子作《春秋》。汉儒立说，大抵若此。遂谓孔子称王制法之义均见《春秋》。不知《春秋》一书，实无制法称王之谊。《史记·太史公自序》云：仲尼悼礼废乐崩，追修经术，以达王道。匡乱世，反之于正，见其文辞。为天下制仪法，垂六艺之统纪于后世。又云："孔子之时，上无明君，下不得任用，故作《春秋》，垂空文以断礼义，当一王之法。"所谓"为天下制仪法""当一王之法"者，即《孟子》"有王者起必来取法"之义也。贾谊《新书·道德说》云：《春秋》者，守往事之合德之理之与不有缺文。合而纪其成败，以为来世师法。则《史记》"为天下制仪法"二节，即贾生所谓"为来世师法"，非董子以《春秋》当新王之说也。又《十二诸侯年表·序》记孔子次《春秋》也，谓"约其文辞，去其烦重，以制义法，王道备，人事浃。七十子之徒口受其传指，为有所刺讥褒讳挹损之文辞不可以书见也"。夫所谓"义法"者，即"刺讽褒讳挹损之文"，亦即《公羊传》所谓"窃取之辞'，亦即《自序》所谓"贬天子，退诸侯，讨大夫，以达王事也"。观孔子言"吾因行事而加吾王心"，《孟子》言"《春秋》，天子之事"，《庄子》言"《春秋》，经世先王之志"，王即天子，皆指先王，言谓《春秋》一书援古制以匡今失，能得先王制法之心也。惟所言皆先王之制，故所举之事均用史册旧文而加以褒贬。若谓《春秋》有改周受命之制，则《庄子》言《春秋》"道名分"，《礼记》以"属词比事"为《春秋》之教，《史记》论"孔子作《春秋》"，又谓"欲载空言，不如见之行事之深切著明"，是《春秋》一书所道者名分而所重者事也。今也舍事而言义言制，则是孔子托空言而犯名分矣，岂不诬哉？若《淮南子》言殷变夏，周变殷，春秋变周，三代之礼不同，何古之从？此"春秋"指东周之世，非指孔子所编之书。言春秋之时各国多更周制耳。《说苑》引孔子"夏道不亡，商德不作；商德不亡，周德不作；周德不亡，春秋不作"。虽与《淮南》不同，亦以"春秋"为书，然特谓《春秋》所记始东周耳。况《淮南·氾论〈训〉》之言"《诗》《春秋》也，谓儒者循之以教导于世"，则《春秋》上有所循，《淮南》亦有明文也。彼据纬书为说者，奚得谓持之有故乎？

　　孔子订六经，述而不作，具见于《史记·孔子世家》。《世家》记孔子编《书》，谓"上纪唐虞之际，下至秦穆，编次其事"，则孔子于《书》仅施编次之功。其记孔子删《诗》正《乐》也，谓孔子言"吾自卫反鲁，然后《乐》正，《雅》《颂》各得其所"，"古者《诗》三千余篇，及至孔子，去其重，取可施于礼义……三百五篇孔子皆弦歌之，以求合《韶》《武》《雅》《颂》之音。"是孔子于《诗》有取舍而无增益。其记孔子订《礼》也，谓"观殷夏所损益，曰：'后虽百世可知也，其一文一质。周监二代，郁郁乎文哉。吾从周。'"是孔子所从为周礼，而旁溯夏殷。其记孔子赞《易》也，谓"孔子晚而喜《易》，序《彖》《系》《象》《说卦》《文言》。读《易》，韦编三绝。"是"十翼"虽孔子所作，亦系诠释古《易》之词。其记孔子修《春秋》也，谓"因史记作《春秋》"。而《十二诸侯年表》又言"论史记旧文"，则《春秋》实援古史而成。均孔子不作六经之证也，又记。

左氏不传《春秋》辨 *
（1909）

自汉博士谓左氏不传《春秋》，近世治《春秋》者重燃其焰。今考周季之书，所述《春秋》均指左氏。《韩诗外传》载"荀子谢春申君书"，引"子围崔杼弑君"事，称为《春秋》之记。《国策》十七作《春秋》戒之曰。《韩非子·奸劫弑臣篇》述此二事，亦称为《春秋》之记。一也。《国策》二十四记魏说赵王，引"晋人伐虢取虞"事，又言《春秋》书之以罪虞公，即本左氏罪虞之谊。二也。《国策》十七记虞卿谓春申君曰：《春秋》于安思危。即本《左传》"居安思危"语。三也。《吕氏春秋·求人篇》曰："观于《春秋》，自鲁隐公以至哀公十有二世，其所以得之，所以失之，其术一也。"又曰："虞用宫之奇，吴用伍子胥之言，此二国者，虽至于今存可也。"案：子胥谏吴王，其语惟详于左氏。四也。是则战国儒生均以《左传》即《春秋》。斯时《公》《穀》未兴，《春秋》之名仅该左氏。汉臣不察，转以左氏不传《春秋》，不亦惑欤！近人刘申受之俦均以《左传》书法凡例及"君子曰"以下增于刘歆。今观《国策》言罪虞，则书法凡例均《左传》旧文。又《韩非子·外储说》述高渠弥弑君事，语同《左传》。复言"君子曰：'昭公知所恶'"，则"君子曰"以下非歆所益。此均刘氏等所未考也。

---

* 原载《左盦集》卷二，收入钱玄同等编《刘申叔先生遗书》，民国二十五年宁武南氏排印。按《左盦集》编定于 1909 年，集中所收之文当皆不晚于此年。

古《春秋》记事成法考[*]

（1909）

古代史官所记其书均以《春秋》名。《墨子》佚文言"吾见百国《春秋》"，《隋书·李德林传》引。《管子·山数篇》言"《春秋》记成败"，《国语·楚语》言"教以《春秋》"，《晋语》言"羊舌肸明于《春秋》"，《国策·周策》言"《春秋》记臣弑君以百数"，均其征也。故韩宣观书，鲁太史见《鲁春秋》。古《春秋》记事成法今不可考，惟《墨子·明鬼篇》所述有周、燕、齐、宋各《春秋》，于杜伯、庄子仪诸事，爰始要终，本末悉昭，则记事以详为尚矣。孔子所修鲁史以《春秋》名，则记事之法必符史官所记。故以经教授虽资口述，然经文而外恒有附记之文。丘明作传，即本于斯。如"晋侯围原示信"事，见于《左传》僖二十五年。《韩非子·外储说左篇》甄引其文，谓"孔子闻而记之"。则丘明所述，本于孔子所记。故记事贵详，上符古《春秋》成法。近世之儒转以其文则史疑《左传》，殆昧于《春秋》之例矣。

---

* 原载《左盦集》卷二，收入钱玄同等编《刘申叔先生遗书》，民国二十五年宁武南氏排印。按《左盦集》编定于 1909 年，集中所收之文当皆不晚于此年。

《诗》分四家说[*]
（1909）

　　《诗》分四家，始于西汉。综观《序》说，谊似互歧。然古人于《诗》，自作者为作，讽咏前人之诗亦为作。故《左传》召穆公纠合宗族而作诗，"作"义同"赓"，与"寺人孟子，作为此诗"之"作"不同也。自作者为赋，讽咏前人之诗亦为赋。故《左传》记郑七子赋诗，"赋"亦同"赓"，与"郑人为之赋《清人》"之"赋"不同也。四家《诗序》记载互殊，盖一指作诗之人以溯其源，一指赓诗之人以明其用。如《关雎》美后妃之德，作于文王时，毛与齐、韩同。齐义见匡衡《疏》，韩义见《外传》。而《鲁诗》复言"毕公作"，盖诗为文王之时所成，而毕公复诵其辞耳。《商颂》为正考父作，见于《毛诗》《国语》，而《韩诗》复以《那》为美襄公。盖诗本考父所作，而襄之臣复诵其辞耳。凡四家《诗序》互殊，均同斯例。若夫说《诗》不同，则《左传》云："赋诗断章"，《孟子》言"说《诗》不以文害辞，不以辞害志"，足证古人说《诗》恒假古诗寓已意，不必滞本诗之文，亦不必拘墟本诗之旨。故说《诗》之语各区。孔子以《诗》施教，大抵作诗之人与赓诗之人并举。惟竹帛所著，仅限经文，致立说易区派别。然合观四家之序，若韩以《常棣》为燕兄弟之诗，《伐木》为文王敬故之诗，《宾之初筵》为卫武悔过之诗，《抑》为卫武刺王室以自戒之诗，《云汉》为宣王遭乱之诗，均与毛合。《齐诗》说《伐檀》，谓刺贤者不遇明王。见张揖《文选》注，揖习《齐诗》。《鲁诗》述《载驰》，以为许穆夫人作，亦与毛符。则四家同出一源。蔡邕治《鲁诗》，而《独断》所引《周颂·序》均同于毛，亦其证也。

---

　　* 原载《左盦集》卷一，收入钱玄同等编《刘申叔先生遗书》，民国二十五年宁武南氏排印。按《左盦集》编定于 1909 年，集中所收之文当皆不晚于此年。

窃疑子夏传《诗》，所闻最博，所传之说亦最多，凡作诗之人、赓诗之事，兼收并采。观《毛诗大序》为子夏所作，而《唐书》亦载《韩诗》卜商序，则《大序》为四家所同。子夏之时，四家之说实同列一书。观荀卿于《毛诗》、《鲁诗》为先师兼通《韩诗》之说，则荀卿之世，四家之《诗》仍未分立。嗣由荀卿弟子所记各偏〔篇〕，各本所记相教授，由是《诗》谊由合而分，非孔子删《诗》时即区四派也。

文献解*
（1909）

　　《论语·八佾》篇云："子曰：夏礼吾能言之，杞不足征也；殷礼吾能言之，宋不足征也，文献不足故也。"郑注：献，贤也。又云以此二国之君，文章贤才不足故也。其说似非。仪、献古通，故《虞书》仪献，汉碑作黎仪；《周书》民献，《大传》作民仪，是文献即文仪也。书之所载谓之文，即古人所谓典章制度也。身之所习谓之仪，即古人所谓动作威仪之则也。仪字古文作义，《周礼·肆师》故书治其礼仪典命，掌诸侯之五义，均即仪也。《礼记·中庸》礼仪三百、威仪三千，《周礼·司徒》故书以仪辨等，以及威仪二字见《周书》《周诗》者亦即文仪之仪。《左传》襄公三十一年备载北宫文子论威仪，又谓有仪而可象谓之仪，是仪字之谊与容止同。礼之揖让周旋，进退屈伸，乐之有舞，诗之有颂，均该于仪。不惟今文《礼》十七篇为周代之仪也，即《礼记》"文王世子""内则"所记，凡属于学礼学乐舞者，亦即周代之仪。《史记》言孔子适宋，与弟子习礼大树下。习礼者即习仪也，一代有一代之礼，即有一代之仪。身之所习、躬之所行莫非仪也。若夫有条目可稽、有定例可循则谓之文。如象魏所悬、太史所掌、内史所柄是也。仪之于文，对文则异，散文则通。《周语》义，文之制也。《礼记·礼器》篇义，理礼之文也。义即仪字，以文该仪，所谓散文则通也。《乐记》所谓礼乐之文，文亦该仪而言。《论语》文献并言，则见于典册者为文，见于习行者为仪，所谓对文则异也。《诗·大雅·荡篇》云"虽无老成人，

　　* 原载《国粹学报》第 35 期，1907 年 11 月 25 日，为《义士释》之附录，署名刘师培；后收入钱玄同等编《刘申叔先生遗书》之《左盦集》卷三，文字有改动，民国二十五年宁武南氏排印。按《左盦集》编定于 1909 年，集中所收之文当皆不晚于此年，本文依据《左盦集》之定稿整理，故排列于此。

尚有典刑"。典即《论语》之文，刑即《论语》之献。孔子言夏殷文献不足，谓夏殷简册不备，而夏殷之礼又鲜有习行之人也。《史记》鲁诸儒讲礼、乡饮、大射于孔子冢，又言汉兴徐生善为容，是秦汉学者仍习行周代礼仪。则周代之时杞宋二国亦必习行夏殷之礼仪，惟礼仪不备，故孔子惜其不足征。若郑注训献为贤才，则因三代礼不下庶人，习礼之人必系故族。古以知礼不知礼判贤愚，故以知礼者为贤，实仅献字引伸之谊。后世以降，凡书之详列乡邦人物者均曰献征，若兼载诗文人物，则曰文献录。不惟昧于献字之本谊，即古代之文章亦兼该典制，言非仅指文词，盖误承郑氏之说者也。而马端临作《通考》亦以文献为名，以臣僚奏章诸儒评论为献，则又歧中之歧矣。

成均释 *
（1909）

古崇声教，《书·禹贡》言"声教讫于四海"是也。故五帝之学名成均，案：郑君《礼注》云：董仲舒说谓，五帝名大学曰成均；孔颖达曰：虞庠为舜学，则成均为五帝学。盖成均为五帝之学，有虞之学袭用其名，非舜学只名虞庠不名成均也。均即韵字古文。古代教民，口耳相传，而以声感人莫善于乐。观舜使后夔典乐，复命后夔教胄子。则乐官即师。《虞书》所谓"诗言志，歌永言，声依永，律和声"，皆古代施教之成法也。周代乐官名太师，或即因是得名。又商代大学曰"瞽宗"，周以瞽宗祀乐祖。盖瞽以诵诗，《左传》襄十四年。诗以入乐，故瞽矇皆列乐官。则学名"瞽宗"，亦以乐教民之确证。周名大学为"辟雍"，"雍"训为"和"郑君说。隐寓和声之义，而和声必用乐章。观《周礼》大司乐掌成均之法以教合国之子弟，并以乐德、乐舞、乐语教国子，而春诵夏弦诏于太师，《文王世子篇》。四术、四教掌于乐正，《王制篇》。则周代立学亦以乐官施教。又案：《文王世子篇》云：春夏教干戈，秋冬教羽籥，皆于东序。则三代之学，乐歌与乐舞并崇，又《内则》所言：十有三年，学乐、诵诗、舞勺，成童舞象，亦其证也。盖六艺之中，乐教特崇矣。

---

* 原载《左盦集》卷一，收入钱玄同等编《刘申叔先生遗书》，民国二十五年宁武南氏排印。按《左盦集》编定于 1909 年，集中所收之文当皆不晚于此年。

格物解[*]
（1909）

《礼记·大学篇》：致知在格物。郑注云：格，来也；物犹事也。其知于善深则来善物，其知于恶深则来恶物。言事缘人所好来也。孔疏云：格，来也。言若能学习招致所知，已有所知则能在于来物。若知善深则来善物，知恶深则来恶物。案：郑说近确，惟孔疏所申语焉弗详。夫格字训来见于《尔雅·释言》，格物之物兼一切事物言。盖知识之充由于以身接物，《大学》此言不过言扩充知识在于引致事物日与相接耳。《易经·系辞上》曰：寂然不动，感而遂通天下之故。又曰：无有远近幽深遂知来物。盖寂然不动指未感事物之时言。感即感物之感，通天下之故即致知也，遂知来物。来物即格物之确诂，犹言引致事物也。又《礼记·乐记篇》云：人生而静，天之性也；感于物而动，性之欲也。物至自知，然后好恶形焉。又云：物之感人无穷而人之好恶无节，则是物至而人化物也。盖知物之能人所共具，然非事物至于前则知不呈。人生而静与《易》之寂然不动同，物至自知亦致知在格物之确诂，至即来也。又心既知物即能辨区善恶，知善则心有所好，知恶则心有所憎，故曰好恶以形。此即郑注知善知恶所由本也。若夫物至而人化于物，由于知格物而忘诚意，致为外物所诱。《大学》一篇屡言慎好恶，所以正其失也。又《荀子·正名篇》云：心有征知。征知则缘耳而知声可也，缘目以知形可也。然而征知必将天官之当簿其类而后可也。杨注云：征，召也，言心能召万物而知之。案：簿当作薄，引伸则为迫近之义；当训

* 原载《国粹学报》第 35 期，1907 年 11 月 25 日，署名刘师培；收入钱玄同等编《刘申叔先生遗书》之《左盦外集》卷二，民国二十五年宁武南氏排印；又见《刘申叔先生遗书》之《左盦集》卷一，两者文字有出入，《左盦集》所收者系原文简化而来。本篇采用的即是《左盦集》所收者。按《左盦集》编定于 1909 年，集中所收之文当皆不晚于此年。

为对，当簿之义与以身接物同。征知即来物知声知形，亦系致知之一端。又《荀子》有《解蔽篇》，于观物之法诠说甚详，而终归之于物至而应，均《大学》古谊之仅存者也。惟郑注谓知善则来善物，知恶则来恶物，系倒解《大学》之文。《大学》此言先格物而后致知，言物至而后心有所知也。若如郑说则是先致知而后格物矣。至宋氏翔凤以《礼运》感召物祥为解，然感召物祥系治平以后事，非致知以前事也。李翱《复性书》曰：物者万物也，格者来至也。物至之时其心昭昭焉而不应于物者，是致知也，是知之致也。说亦近是，惟不应于物为不词。若朱子以物为事物之理，训格为至，谓穷至事物之理欲其极处无弗到。然格可训至，不可假至为致以引伸为穷理，至于后世遂以即物穷理为格致，以迄于今相沿未革，此名之亟宜首正者也。

释　儒[*]
（1909）

　　儒字之名始于《周官》。《说文》：儒，柔也。术士之称说，鲜谙其
义。今考《说文》训术字云：邑中道也。邑中犹言国中，意三代授学之
区必于都邑。故治学之士必萃邑中，即小戴《王制篇》所谓升于司徒、
升于国学之士也。儒为术士之称，示与野人相区异。古代术士之学盖明习六
艺以俟进用。《王制篇》言乐正顺先王，诗书乐礼以造士。《文王世子
篇》言春诵，夏弦，秋学礼，冬读书。《王制篇》又言司马辨论官材，
论进士，贤者以告，王论定然后官论，官然后爵位定，然后禄，均其征
也。降及孔子以六艺施教，俾为学者进身之资，其学遂以儒家名。考
《左传》哀公十七年载齐人责稽首因歌，惟其儒书。夫稽首之制著于《礼
经》，是周代以礼为儒书也。《孟子·滕文公篇》引夷子曰，儒者之道，
古之人若保赤子。若保赤子言本《周书》，是周代以《书》为儒道也。
儒学既该于六艺，故孔子即以诠明六艺，绍古代术士之传。《史记》言
孔子弟子身通六艺者七十二人。既曰身通六艺，则所学与古术士同，故
《韩诗外传》云儒之谓言无也，不易之术也，千变万化，其道不穷，六
经是也。《孔丛子·儒服篇》载子高对平原君问儒名，曰：取包众术、
兼六艺，动静不失中道。《淮南子·氾论训》云：《诗》《春秋》，学之美
者也。又曰：儒者，循之以教导于世。《汉书·董仲舒传》曰：臣愚以
为凡不在六艺之科、孔子之术者，皆绝其道。《史记·孔子世家》赞曰：
言六艺者折衷于夫子。《太史公自序》曰：夫儒以六艺为法。《论衡·问
孔篇》曰：使世无孔子，则七十子之徒今之儒生。又曰儒生持经。又曰

---

　　* 原载《左盦集》卷三，收入钱玄同等编《刘申叔先生遗书》，民国二十五年宁武南氏排
印。按《左盦集》编定于 1909 年，集中所收之文当皆不晚于此年。

五经之儒，抱道隐匿。郑君《周礼注》云儒有六艺以教民者，均儒学不外六经之证。又《法言》言通天地人为儒。《风俗通》言儒者，区也，言区别古今。《论衡》言能博学道古谓之上儒，亦儒贵学古之征。六经皆古制也。故战国秦汉之儒家均通经训。如孟子尤长于《诗》《书》。荀卿深于《礼》，而刘向《战国策·序》曰：孟子、荀卿儒术之士。又即《班志》观之，若陆贾、虞卿、贾谊之书均列儒家，并为通经之士。而《史记》于传经之人别立《儒林传》，诚以孔子奉六经为学，学者遵之，不与古术士之学相背也。古代惟术士以学进身，《荀子·王伯篇》云论德使能而官，施之者圣王之道也。儒之所谨守也，与《王制》辨论官材之说合。《荀子·儒效篇》曰大儒者，天子三公也；小儒者，诸侯大夫、士也。则儒以进用为术。故孔子以不仕无义责丈人，子张之徒且言干禄，盖默契仕学互训之旨者也。又《大戴·入官篇》云枉而直之，使自得之；优而柔之，使自求之；揆而度之，使自索之。《盐铁论》亦曰所以贵儒术者，贵其处谦退让，以礼下人。郑君《三礼目录》曰儒之言优也，柔也，其与人交接常能优柔。盖儒者以柔让为德，以待用为怀，故字从需声。许君以柔释儒，即《小戴·儒行篇》所谓待聘、待问、待举、待取也。要之，儒为术士，惟通经致用始被此称。孔子治经，故以儒家标说。《史记·老子列传》云：世之学老子者则绌儒学；儒学亦绌老子。《淮南子·齐俗训》曰：鲁国服儒者之服，行孔子之术。又《韩非子》言儒之所至者，孔丘也。《论衡》言儒之所宗孔子也。《墨子·非儒篇》亦以儒礼与墨礼并言，均世以儒名属孔门之证。儒家以通经为本，故以孔子为宗，然均古代术士之遗教也。考之《王制》，凡修礼明教诸端，以及率俊选论秀士均属司徒。《班志》以儒家者流出于司徒之官。以《班志》证许说而谊以互明。由斯而言，则儒家之学上有所承，舍穷经之彦，孰克伺儒林之列哉。

释　理[*]
（1909）

　　《说文》云：理，治也。段氏训理为剖析，又援戴氏《孟子字义疏证》说以阐其谊。今考《礼记》《乐记》郑注云：理，分也。盖理与厘同，其义取于离析。故事物可以离析者谓之理，人心所以离析事物者亦谓之理。凡古籍所谓分理、条理、文理、鰓理、腠理者，均指事物之昭然易别言也。《礼记·礼运篇》以义理为礼文。《乐记》言理发诸外，民莫不承顺，亦指秩然可别言，均为在物之理。若《周诗·蒸民篇》"有物有则"，则即在心之理。《孟子》曰心之所同然者，何也？谓理也，义也。又曰是非之心，智之端也，均指此言乃人心恃以离析事物者也。由是而言，物由心别者，理也；心能别物者，亦理也。宋儒以理为浑全之物，昧于训理为分之旨。戴氏诠理，又以理为专属事物。然物由心知，知物即在心之理。嗣凌、阮诸氏以礼该理，盖较戴氏为尤偏矣。

---

　　* 原载《左盦集》卷三，收入钱玄同等编《刘申叔先生遗书》，民国二十五年宁武南氏排印。按《左盦集》编定于 1909 年，集中所收之文当皆不晚于此年。

释　谊[*]

（1909）

古仁义之字均作谊，与礼义之义别。义混于仪，始更谊为义。《说文》云谊，宜也。《礼记·中庸篇》云义者，宜也。《祭义》云，义者，宜此者也。义训为宜，所该虽博，然《春秋繁露·仁义法篇》曰《春秋》之道，以义正我。故义之谓言我也，义之法在正我不在正人。又曰义者，宜在我者也，且在我而后可称义也。则义字之训专属正身，古人训义为宜，即董子所谓宜在我也。宜在我者，犹言勿为所不当为也。《论语》言君子义以为质，《易·文言传》曰义以方外，方外与砥砺廉隅同，即《乐记》所谓义以正之也。《礼记·表记》曰，义者天下之制也，制即裁制之制，与正身之义互明。故孔子、孟子及《繁露》均义利并言。盖律己而无损于人，是之谓义，不知律己而损人，是之谓利，其意亦由正我而推。后世混义为仁，乃有义民义侠之称，有利于人亦标为义，失古人仁义并列之旨矣。

---

* 原载《左盦集》卷三，收入钱玄同等编《刘申叔先生遗书》，民国二十五年宁武南氏排印。按《左盦集》编定于 1909 年，集中所收之文当皆不晚于此年。

释　　数[*]

（1909）

　　定海黄氏《元同文钞》有记用指分数法一篇，引《公羊传》子以其指为证，因思先民志数均以指记，盖以左手撮右手之指，指止于五，故数亦止于五。《说文》弌古文一，弍古文二，弎古文三。𢆶古文四如此，𠄡古文五如此。自五以上均有古文，自六以下均无古文，则古代以五为止数，故声味色彩均以五计。古代金文六七八九或以丁丌丌丌代之，如莽布是。元人算草犹沿其法，即一二二四惟四为籀文倒形。之纵形，仍古代数止于五之遗则也。《说文》爻字下云：交也，象易六爻头交也。予谓爻从两乂，即古五字，乃《易·系辞》五位相得，各有合之义也，故爻义训交与五训阴阳交午义合，疑爻字之象取于两乂相乘，盖两数相乘，即生交互旁通之法，此《周易》所由有爻词之名也。

---

　　* 原载《左盦集》卷四，收入钱玄同等编《刘申叔先生遗书》，民国二十五年宁武南氏排印。按《左盦集》编定于 1909 年，集中所收之文当皆不晚于此年。

古籍多虚数说 *
（1909）

一

汪氏《述学·释三九篇》云，实数可指，虚数不可执。今考《楚词·九歌》篇计十一而以九数标目，则数之不止于九者亦可以九为数。盖九训为究，又为极数，故数指其极均得称九；凡古籍所谓九攻九守九变者，亦可以斯例求。三数亦然。《礼记·曲礼篇》"医不三世"，犹言不数世也。《孟子·万章篇》"汤三使往聘之"，犹言数聘之也。《后汉书·袁绍传》"结恨三泉"注云："三者数之小终"。则三亦虚数，均可援汪氏说而推矣。

二

古人于数之繁者约之以百，如百工百物百货百谷是。《虞书·尧典》"平章百姓"，《荀子·正论篇》"古者天子千官，诸侯百官"，不必泥千百之数也。百不能尽则推至千百亿兆。《国语·楚语》云"百姓千品，万民亿丑，兆民经入姟数以奉之"，《郑语》云"先王合千数以训百体，出千品具万方，计亿事材兆物，收入行姟极"，是均虚拟之词。自是以外则以三数形众多，于数之尤繁者则拟以三百三千以见其尤多。《诗·曹风》"三百赤芾"，《左传》僖二十八年"乘轩三百人"，特极言职官之

---

* 原载《左盦集》卷八，收入钱玄同等编《刘申叔先生遗书》，民国二十五年宁武南氏排印。按《左盦集》编定于 1909 年，集中所收之文当皆不晚于此年。

众耳。《史记》言孔子弟子三千，古诗三千，孟尝、平原、春申之客三千，东方朔用三千奏牍，褚先生补。白居易《长恨歌》言后宫佳丽三千人，亦属表多之词，非必限于三千之数，亦未必足于三千之数也。故《周书》《孝经》言五刑之属三千，《吕氏春秋》引《商书》则言刑三百，举斯以推，则《礼记·礼器》篇"经礼三百，曲礼三千。"《中庸篇》"礼仪三百，威仪三千"，犹言数百数千耳。不必以三为限，亦不必诂以《周礼》礼仪也。又古人于浩繁之数不能确指其目，则所举之数或曰三十六，或曰七十二。三十六天之例与九天同，三十六宫之例与千门万户同，不必泥定数以求。又《史记·封禅书》载管子对桓公语，谓古之封禅者七十有二家，夷吾所记者十有二，夫其详既不可得闻，则七十二家亦系虚拟。《庄子》载孔子语谓以六艺干七十二君，夫孔子所经之国不过十余，则七十二君亦虚词，不必确求其数矣。《诗·召旻》。辟国百里，蹙国百里，亦不可指实事求。若夫古籍属词恒沿故语，所举之数互相因袭，官名日益犹举百官，邦国日泯仍标万国，是则沿用故言因成虚数。衡以前例，盖稍别矣。

三

古人记数或出以悬拟之词，不与实符，亦非大与实违。如《书序》《孟子》皆言武王伐殷，车三百两，而《佚周书·伐殷解》则言周车三百五十乘，盖一为实数一为悬拟之词。又《孟子》言由周而来七百有余岁，此不足七百者也。赵注溯太王王季开基求合孟子之言，近儒江永、焦循又强辟刘歆三统历，均非也。《史记》言孟子卒后至于今五百年，此不足五百者也。《滑稽传》言优孟后二百余年秦有优旃，此不仅二百余年者也。《刺客传》言专诸刺吴王后七十余年晋有豫让事，实六十二年。豫让刺赵襄后四十余年轵有聂政事，实五十七年。聂政刺侠累后二百二十年秦有荆轲事，徐广曰仅百七十年。所记均与实违，此则古人属文多出以想象之词，不必尽符实数。凡古史纪年互歧者均可缘此例以解矣。又孟子言君子小人之泽五世而斩，亦悬拟之词。

四

古籍记数恒据成数言。《礼记·明堂位》言有虞氏官五十，夏后氏官百，殷二百，周三百。案郑君注《礼记》"王制""昏义"均以三公九卿二十七大夫八十一元士为夏制，是夏代职官百有二十，百举成数言。殷代下士倍上士，则为二百一人，周以下士参上士，《繁露》所谓三百六十三人也，二百三百均系约举之词。郑以为舍冬官言，故曰三百，非也。又《周礼·天官·小宰》于天官以下均言其属六十，实则六官之属六十之数或赢或亏，则六十亦约词，与《论语》诗三百、诵诗三百同例。盖古代书籍主于便记诵，故记数之词恒举成数，若强为之解，徒见其截趾适履耳。孔子弟子七十二人，孟子言七十子，亦此例也。

五

古人属词记事恒视立言之旨为转移，语大则更少为多，语小则易多为少。如《孟子·滕文公篇》云，汤以七十里，文王以百里。又《史记·平原君传》毛遂曰："遂闻汤以七十里之地王天下，文王以百里之地臣诸侯。"《荀子·仲尼篇》曰："文王载百里地而天下一。"《韩诗外传》载客说春申君亦曰："汤以七十里，文王以百里。"顾炎武《日知录》曰，孟子为此言以证王之不待大，其实文王之国不止百里。今考孟子言文王之囿已云方七十里，则百里七十里不过援封国古制以形其小，犹后世所谓弹丸黑子耳。乃焦氏《孟子正义》援文王由方百里起之文，遂谓文王初兴其地不过百里，殆古人所谓刻舟求剑者欤。又《晏子春秋·内篇·杂下》云，炙三弋五卵苔菜耳矣，此不过形容其俭耳，非必弋限以三卵限于五也，若强附古制，则所失将与焦氏同矣。

六

古籍记事，恒记后先之次，若饰词附会，律以一定之时期，则拘固鲜通。如《史记》言舜所居一年成聚，二年成邑，三年成都，此特叙成聚成邑成都之后先耳，不必胶执其年也。又孙真人《千金方》述徐之材养胎法，谓妇人受孕一月名始胚，《原病论》作始形。二月名始膏，三月名始胞，《原病论》作胎。四月成血脉，五月成气，六月成筋，七月成骨，八月成肤革，九月成皮毛，十月五脏俱备，此特叙血气、筋骨、肤革、皮毛、脏腑生成之次耳。若胶以一定之期，则为支词。夫世人固有七月生子者，若如徐氏之说，则肤革、皮毛、脏腑未备矣。

先府君行略[*]

（1909）

府君姓刘氏，讳贵曾，字良甫，号少崖，别号抱甕居士。先世自溧水迁扬州，世为仪征人。曾祖锡瑜，国学生。祖文淇，优贡生，候选训导。父毓崧，优贡生，荐选八旗官学教习。自训导公以下，学行均载《国史·儒林传》。教习公生四子，长寿曾，副贡生，同知衔候选知县。府君，其仲也。

府君幼承庭诰，开敏颖达，山阳丁先生晏亟称之。年十二，粤匪再陷扬州，为贼所掠，随徙江南北，牧马斯薪，历十有二旬。卒以奇策脱，从间道涉江，且挟一儿跳免。清河吴先生昆田以李安溪脱困相拟。同知公述其事，为著《余生纪略》。时举家避乱，一再迁徙，从南清河达东台，重以饥谨。府君自伤屯邅，淬历奋发。昼劬粪扫，夕篝镫勤读，兼训诸弟，佐父兄为文事。同治丙寅以经解词赋，受知督学和州鲍公源深，入县学，旋补增广生员。从教习公居江宁，肄业钟山、惜阴两书院，间幕游南昌、六安；岁丁卯，教习公捐馆舍，食指日繁，处益困。同知公客两江书局，府君请谢家事，而自携家返扬州。岁壬午，同知公即世，众务胜积。府君侵晨而兴，以厘家政，米盐筐篚凌杂之事，力司其劬。出为桑梓筹利弊，躬亲宾祭庆吊，日昃始返。返则函牍累寸，宾朋弟子列席而俟。夕裁书牍兼事雠校，漏三下乃休，历十五年如一日。尝训不孝曰："古语有言，流水不腐，户枢不蠹。养身之要是在勤矣。"

凡一再中光绪丙子、己丑省试副贡生，注选直隶州州判，弃不就。

---

[*] 原载《左盦集》卷六，收入钱玄同等编《刘申叔先生遗书》，民国二十五年宁武南氏排印。按《左盦集》编定于 1909 年，集中所收之文当皆不晚于此年。

谓仕以济物，然束身令甲不若乡居易措施也。由是殚精公务，遇地方利害，陈言守令，侃侃无所诎。或就搢绅先生谋，悉中窾要。故团练、濬河诸役，官必咨询而行。又领郡城嫠妇赈恤事，待赈者千百人，府君按户给发，不假手仆从。子行衢巷，祁寒酷暑不稍间，虽疾弗休。戊子季冬，官靳赈款，府君慨然曰："此贫妇卒岁之资所从出也。吾司其事，奚忍睹其乏。"乃贷资富室，趣官出款以偿。若绅议搏节此款，辄正色以争。时育婴、施药、施粥诸局渐次施设，官延府君董其事，府君以多疾辞，乃举所知自代。然经营规划，一出于府君，乡人感其诚。下逮典商市贾，以情上达，亦重倚府君。岁甲午，典商以官税骤增，议益民息，府君持不可，乃止。然征商逾额，亦白官抒其困，惟不以私干。非义之财，尤纤芥不苟取。故家无余财，仅置薄田百亩。又御佃以宽，岁凶则杀其税。每值岁暮，醵金市米券察贫户，无食者躬造其室，量口为施，间佐以白银。虽自隐姓名不令受者知，然府君之卒，贫妇多相哭失声，佣夫乞徒亦或堕泪，其厚德及人有如此。

府君事亲以孝，尤笃兄弟之伦。同知公遗二女一子，子名师苍，方九龄，府君躬自督教，爱逾己子。食必同席，出必与偕，乡里播为美谈。与人交，规过劝善，委婉周挚，就谋者必忠告。以事相属，虽至艰巨，必要其成。师友戚族婺贫无依，则自举责相伙助。暇与雅儒耆德相过从，结社会文，久而克敬。盖谆谨诚悫，天性然也。

平生于学靡不通，尤邃于历。问业宝应成先生蓉镜，尽通三统四分之术。先是训导公治《春秋左氏传》，作旧注疏证，成仅一卷。同知公赓之，府君为助，遂通两汉古文家法。谓刘歆为左氏先师，以三统说传，因采其术，于经传二百五十七年中，推其日躔月离、分至启闭及岁星所在，撰《左传历谱》，归安杨先生岘为作序，惟昭公二年以下属草未竣。其撰著大旨以为晋灼注《汉书》，谓歆用周正说《左传》，不知《春秋》用周正，歆以夏正三统说之。观襄公十四年、廿三年二月日食，歆均云前年十二月，与经差二月，其明证也。又服氏作《解谊》，用太极上元三统历，后秦姜岌讥为以汉历说《春秋》。不知三统历术本僖五年至朔同日为准，故《汉志》于文元年，襄廿七年、廿八年、三十一年，昭十八年、廿年、三十二年，并云距辛亥若干岁。时岁差之理未明，歆据《春秋》日躔定汉历，于汉历虽稍疏，于《春秋》则至密。服用太极上元，不为无讥，非三统历不可说《春秋》也。复谓嘉定钱氏作《三统术》衍以三统，亦名春秋历。然《世经》既言春秋历，复两言三统上元，则春秋历非三统，惟所步冬至日辰，恒与三统同耳。更推其术治《尚书》，以成先生《尚书历谱》历草未具，成《尚书历谱补演》一卷。其旁订金石文字也，于虢盘正月丁亥以三统术推之，定为三日；于汉《刘平国碑》"永寿四年八月甲戌朔"，以四分术推之，知延熹四年八月朔确为甲戌。瑞安孙先生诒让叹为精审逾钱氏云。

推历之余，精熟唐人义疏。先是训导公作《〈左传〉旧疏考证》，以冲远疏经，勤袭旧疏，致词义弗属。教习公承之作《〈周易〉〈尚书〉旧疏考证》，惟《礼记》孔疏未遑从事。府君思竟其志，谓《曲礼》"五官致贡"疏，既以后以下之官为五官，又以司徒五官当之，则前后各为一说，今乃削前说姓氏改为己说，更以己说驳之。又《曲礼》"妇人之挚"节，《檀弓》"丝屦""组缨"及"遇诸市朝"句疏均前后异词，且唐疏例不破注，而《曲礼》"大飨不问卜"疏议及郑注"生曰父"节，以郑说与他说并存，是均六朝旧疏为孔乾没者也。因条列其说，成《〈礼记〉旧疏考证》一卷。又以钟氏《诗品》前儒鲜加诠释，乃广征善本互相勘校，惟作注未成。

同知公之殁也，方纂《江都县续志》，府君踵成之，得以刊布。又佐纂《扬州府续志》，校刊《仪征县志》，以存乡邦文献。初嗜沉博绝丽之文，壮岁以后以考经订史为宗。诗法六朝，间事倚声。著《抱甕居士文集》二卷，《外集》二卷，诗词各一卷。其有随时记录者，则别为笔记二卷。

惟学耻为名，恒语人曰：平生治学，汨于俗冗，能校理先著行世，于志已足。然年逾五十，偶得异书，犹点勘不稍辍，精力亦自是少惫矣。府君早岁强实，长罹多故，遂患湿疾，恒数日不纳谷食。岁甲午疾剧，复愈。及戊戌正月旧疾复作，二月中旬疾势已解。而病去体羸，日益顿委，至三月三日寅时就枕而逝。呜乎，痛哉！距生于道光乙巳年二月六日，年仅五十有四。配李宜人，生子一，即不孝师培；女一，适江都附生梅兆祎。谨卜于十二月十日奉柩葬于城西郝家宝塔之原，附先茔之次。不孝生晚，于府君学行不获窥见万一。然不敢以无实之词诬我先人，伏惟当代硕儒，哀而赐之传铭，则世世子孙感且不朽。谨状。

中古文考[*]
（1909）

　　仁和龚氏定安作《说中古文》，谓《班志》所言中古文《尚书》亦百两之流，或并无此书，为刘歆所伪。并历引十二证，以证中古文不足信。其说不然。中古文者，即安国所献《古文尚书》也。《汉书·刘歆传》云："及鲁恭王坏孔子宅，欲以为宫，而得古文于坏壁之中，《逸礼》有三十九，《书》十六篇。天汉之后，孔安国献之，遭巫蛊仓卒之难，未及施行。"《艺文志》云："《古文尚书》出孔子壁中。……孔安国悉得其书，以考二十九篇，得多十六篇。安国献之。遭巫蛊事，未立于学官。"是安国得《古文尚书》后，曾献汉廷，书藏秘府，故号中古文。此即《班志》所列《尚书》古文经四十六卷也。又《汉书·儒林传》云：孔氏有《古文尚书》，授都尉朝，而司马迁亦从安国问故，故迁书多古文说。都尉朝授庸生，庸生授清河胡常，常授徐敖，敖授王璜、涂恽，恽授河南桑钦。《后汉书·儒林传》云：孔僖，鲁国人。自安国以下，世传《古文尚书》。盖安国于《古文尚书》，既以壁书故简献秘府，壁书故简即中古文。复录副本为二：一以授徒，数传而至涂恽、桑钦；一藏于家，数传而至孔僖。《班志》言刘向以中古文校欧阳、大小夏侯三家经文，此以古文校今文也。《儒林传》言向以中书即中古文。校百两篇，此以真古文证伪古文也。盖安国未献古文前，中秘无《古文尚书》，既献以后始有之。观刘歆言"安国献古文"，又言"藏于秘府，伏而未

---

　　* 原载《左盦集》卷一，收入钱玄同等编《刘申叔先生遗书》，民国二十五年宁武南氏排印。按《左盦集》编定于 1909 年，集中所收之文当皆不晚于此年。另，此文又刊于 1916 年 5 月的《中国学报》复刊第 5 册上，署名仪征刘师培；亦见于 1923 年创刊的《华国》第 1 年第 12 期，所刊文字稍有调整，并加按语若干，被收入《刘申叔先生遗书》之《左盦外集》卷一。本书所采为收入《左盦集》之原稿，故系于此。

发。成帝乃陈发秘藏，校理秘文"，则刘向所见之中古文即安国所献之
本。彼龚氏所列十二疑，不击而自破矣。盖自龚氏不信中古文，其后说
《尚书》者，始以《古文尚书》为刘歆所伪，即东汉《古文尚书》亦以
为出于杜林伪托。今考《后汉书·儒林传》言林于西州得漆书《古文尚
书》一卷，卫弘、徐巡传之，于是古文复显。又郑康成书《赞》，谓书
初出屋壁，皆周时象形文字，今所谓科斗书。案：漆书即科斗文。《晋·
束晳传》：汲郡得漆书，皆科斗文，此其证。《尚书》惟孔壁之文用科斗，则
林之所得即系壁中之书。盖安国以漆书原简献秘府，名中古文，后承大
乱，秘书星散，故杜林得之西州，非漆书出伪托也。又《贾逵传》言父
徽受《古文尚书》于涂恽，逵传父业。《儒林传》又言扶风杜林传《古
文尚书》，同郡贾逵作训，马融作传，郑玄注解。是贾逵承父徽之传，
又得杜林漆书之本。盖安国献汉之书、涂恽传徽之说，均为贾逵所传。
则东汉《古文尚书》乃合中古文及民间古文为一者也。若《易》有中古
文与费氏同，或系鲁壁及河间所得，献之秘府，为《汉书》所缺记，亦
非刘歆所伪也。

《汉书·艺文志》书后[*]
（1909）

　　《班志》叙诗赋为五种，赋析四类。区析之故，班无明文，校雠之家亦鲜讨论。今观主客赋十二家皆为总集，萃众作为一编，故姓氏未标。余均别集，其区为三类者，盖屈平以下二十家均缘情托兴之作也，体兼比兴，情为里而物为表；陆贾以下二十一家均骋词之作也，聚事征材，旨诡而词肆；荀卿以下二十五家均指物类情之作也，侔色揣称，品物毕图，舍文而从质。此古赋区类之大略也。《班志》所析盖本二刘。自《昭明文选》析赋、骚为二体，所选之赋缘题标类，迥非孟坚之旨也。

---

　　* 原载《左盦集》卷八，收入钱玄同等编《刘申叔先生遗书》，民国二十五年宁武南氏排印。按《左盦集》编定于 1909 年，集中所收之文当皆不晚于此年。

广阮氏文言说 *
（1909）

　　阮氏《研经室集》列《文言说》，以俪词韵语为文言，又征引六朝文笔之分，以成其说。今考《说文》云："文，逪画也，象交文。"又云："彣，馻也。"《广雅·释诂二》云："文，饰也。"《释名·释言语》云："文者，会集众采，以成锦绣；会集众字，以成词谊，如文绣也。"是"文"以"藻缋成章"为本训。《说文》"馻"字下云："有彣彰也。"盖"彣彰"即"文章"别体，犹"而"与"耏"同，"丹"与"彤"同也。厥后始区二字，"彣"训为"馻"，与"文"训"错画"，共义互明。观青与赤谓之文，经纬天地亦曰文，则训"饰"训"错"，义实相兼。故三代之时，凡可观可象，秩然有章者，咸谓之文。就事物言，则典籍为文，礼法为文，文字亦为文；就物象言，则光融者为文，华丽者亦为文；就应对言，则直言为言，论难为语，修词者始为文。文也者，别乎鄙词俚语者也。《左传》曰："言之无文，行之不远。"又曰："非文辞不为功。"言语既然，则笔之于书，亦必象取错交，功施藻饰，始克被以文称。故魏、晋、六朝，悉以有韵偶行者为文，而《昭明文选》，亦以沉思翰藻为文也。两汉之世，虽或以笔为文，然均指典册及文字言，非言文体。如《史记·太史公自序》"《春秋》文成数万，论次其文"，《论衡·超奇篇》"文以万计"是也。不得据是以非阮说。惟阮于许、张、刘诸故训，推阐弗详，故略伸其说，以证文章之必以彣彰为主焉。

---

　　* 原载《左盦集》卷八，收入钱玄同等编《刘申叔先生遗书》，民国二十五年宁武南氏排印。按《左盦集》编定于 1909 年，集中所收之文当皆不晚于此年。又刊于 1916 年 4 月的《中国学报》复刊第 4 册上，署名仪征刘师培。

君政复古论
（1916）

上

　　夫国无强弱，视乎其政；政无良窳，视乎其人，是故千里之胜决于庙堂，万化之原基于用舍。至于创制天下，宾属四海，至大之统，非至辨者莫之能分；至重之业，非至强者莫之能任。伊古膺期赞世之主，必有显懿翼天之德。德象天地谓之帝，仁义所在谓之王，斯必竹帛以载之，金石以昭之，立天下之美号，制天下之大礼，表功明德。故立名正度，继天治物，故以爵事天，缅寻谟典，历听风声，损益虽殊，其揆一也。是以天生烝民，无主则乱，事弗稽古，无以承天。

　　往者清承明祚，天地版荡，斗机绝纲，摄提无纪，黄炎之后，踣弊不振，被发之痛，甚于伊川，左衽之悲，兴于微管。迄夫季末失驭，帝命陨越。内外混淆，庶官失职，国政迭移于亲贵，强邻窥伺夫衽席。缀旒之喻，未足为方。守府之灵，于期亦泯。上失其道，民背如崩，用是雄桀扬声，雷动电发。偕亡之叹，兆生于革夏；云集之众，事浮于张楚，斯实金火相革之交，抑亦天命去就之会也。天祚有圣，纂作民主。悬三光于既坠，扬清风于上列。万姓廓然，蒙庆更生。诚宜踵迹灵区，扶长中夏。显章国家竺古之制，以拒间气殊类之灾。绍胤汉勋，俾知族

　　＊ 此文的上、中两部分原载1916年1月和2月出版的《中国学报》复刊第1册和第2册，署名仪征刘师培；该刊封面作"洪宪元年一月"和"洪宪元年二月"。随着袁世凯称帝失败，《中国学报》从第3册起又改为民国纪年，《君政复古论》之下亦不再刊出。《君政复古论》（上、中）收入钱玄同等编《刘申叔先生遗书》之《左盦外集》卷十五，民国二十五年宁武南氏排印。

类。保宥生人，使得苏息。其在《诗》曰"民亦劳止，汔可小康"，厚下安宅，靡切于斯。顾复虚建极之尊，遵与能之典。宸位旷而不居，皇统替而弗续，是盖继变化之后，示拨乱之法，深惟厉揭随时之义，以慰远方瞻望之观，非谓王政乏致治之图，世及非经国之术也。惟是舍澄鉴沫，未为善鉴，扬汤弭沸，计劣抽薪，故道术之要，百世不移，行权反经，《春秋》所疾。今也以一朝之计，违万世之规，委成功之基，造难就之业，道乖于经始，义昧于慎终。卒之巨猾窃灵，下陵上替，侵弱之衅，棉历岁年，凌夷之祸，曾不终日，虽曰天命，岂非人事？得失之故，可略而言。夫民生有欲，假物斯争，好恶无节，致乱之源。然峻城十仞，楼季弗逾，铄金百镒，盗跖不搏。盖必争之情，民所恒具，无冀之利，众所弗干。先王因民之情以为之节，名以定分，分以止争，爰峻其坊，俾无或溃。譬之户必有塘，器必有范，襄陵之浸，制以金堤，戛驾之马，驱以衔策，所以重齿路之防，定逐鹿之分，成长久之计，定永年之功也。是以大宝之位，必属大德之君；斗筲之器，不经栋梁之任；薮泽之夫，弗希云龙之轨。下无觊觎之望，上无偏谬之授，人心专一，风化以淳。观化上机，于是乎在，抚民定业，恒必由兹。遭时垝绝，诸夏无君，元后之尊，下侪匹竖，九服之广，民无定主。火泽易位，数见换易，荡涤等威，隳损威重，改玉改行，习为固常，用是徒步之人，绳枢之子，曾无体睿之明，合元之德，十室之资，百乘之赋，拔于陪隶之中，俯越什伯之际，挟负舟之力，忘折足之凶，功逊强晋，不载请隧之图，地劣荆楚，思假九鼎之问，则是神器可以力征，而天钧可由窃执，是必分威共德，祸成于耦国；比知同力，衅兆于土崩，虽无下人伐上之痾，必有炕阳动众之应，湘赣之难，自是而生，沪宁之师，势有必至，至于党争之弊，则又可得而说矣。夫丑言异计，见耻前志，阿党比周，先圣所诫。自古善言庸违之众，必生滔天泯夏之凶，以党举官，适滋奸倖。往者邦朋枋政，列士养交，一哄之市，不胜异意，频频之党，甚于鹭斯。倾动辅颊之间，反覆齿唇之内。下以受誉，上以得非。阴行取名，则伐技以凭上。取予自己，亦肆意而陈欲。及夫私议成俗，名器双假。授位乖越，署用非次。诋讦之民，密通要契。赇纳之政，更共饬匿。出入逾侈，犯太上之节。溪壑靡厌，峻大半之赋。民萌之命，危于累卵。刑屋之凶，生于喜怒。民神痛怨，亿兆悼心，葡墨覆车，其迹弗远。今者约法更新，颇易前敝，垂石室之制，颁金匮之法。斯盖应时耦变之具，屈伸济用之术，杯水之益，其与几何？释根务枝，孰云有济？

至於存名漏迹，损敝袭新，张歙失序，既昧彝宪，真伪相贸，尤爽昔谈，非所以昭示国典，垂无穷之制也。是以群才大小，咸斟酌所同，稽之典经，假之筹策，静惟屯剥，延首王风，亦犹群流之归巨壑，众星之拱北辰。夫积力所举，无弗胜之业，众智所为，无或殚之功，邦命维新，属当今会。世之论者，则以昭功之本，莫尚于宁民，怀远之经，莫先于体信。若复法禁屡易，位号数革，信不可知，义无所立，转易之间，虑滋民惑。知弗然者，昏明相递，晷景恒度，豹变之义，大易所著。流之浊者澄其源，景之枉者正其表，是盖自然之物理，抑亦前世之明鉴也。方今百姓盛歌元首之德，股肱贞良，庶事宁康，吏各修职，复于旧典。虽复屯沴屡起，金革驱动，幸蒙威灵，遂振国命，毕歼群丑，载廓氛浸，《采芑》之什弗足譬其功，《戕斧》①之歌未足喻其捷，葛其戎谋，民服如化，此寔天下乂安，刑措之时也。顾复邦国殄瘁，惠康未协，野泽有兼并之民，江介有不释之备，赋发充于常调，生人转于沟壑，上贻日昃之忧，下重倒悬之厄，失不在人而在于制，是可知矣。夫临政愿治，莫如更化，创制改物，古以显庸。追观季末倾覆之戒，宜有蠲法改宪之道，缅维逐兔分定之义，深慰瞻乌知止之情，外植国维，内酬人望，正受始之大统，乘握乾之灵运，用协大中之法，俾抑祸患之端，则磐石之安，易于反掌，休泰之祚，洪于来业矣！

中

昔清运告终，雄猾窃命，剑佩之士星驰，游谈之徒川骛，虽受命方面逾越侪类，然权钧力齐，无与相率，或毁誉虚纳，或罪诛多拥，无怵惕之忧，有骄溢之败，是盖创造伊始，未遑定制，临时济用，妄假利器。迄夫南朔混一，禅让造成，惩清之失，以新旧邦，植民政之型，沛共和之号，以为法美之业，指掌可指，唐虞之业，郁乎可远。家崇许子之谈，户习鲍生之论，惟皇虚极，四载于斯。

夫五帝异道，三王殊事，苟同于事，不必循旧，苟利于民，不必反古，是以新故相反，前后相谬，虽移瑟柱，莫不中音，然必法与时变，礼与俗易。王教之本，迪俗为先。国典之源，适民为首。至于含生之属，负气之伦，化与心成，中道若性。性蓄于中，物来有应。情伪相

---

① 《戕斧》，当为《破斧》之误。《诗·豳风》有《破斧篇》。

感，事符则洽。清浊之应，若风过箫。习所凤无，感弗自作。是以同归之物，非视听所均，积习生常，岂明暗所别，其在《易》曰："同声相应"，谓万物各从其类也，又曰："方以类聚，物以群分"，谓物有同异，顺其所同则吉，乖其所趣则凶也。先王通神明之德，类万物之情，悟任物之易因，审违性之寡洽，旁薄众宜，同其利贯，化裁以通其变，制用以洽其宜。虽复受命之君，每必创制，中兴之主，亦匡时失，功业不等，鲜有尽美。及其总形推类，因物成务，当于世事，合于人理，应人和义，其极一焉。夫然，故有生不失其宜，而万物无不得其所，是以百姓敬之如神祇，从之如归市，近同其化，远悦其风，感而应之，乐而归之，譬之向明纳照，乘风载响，气同则从，声比则应，势有必然，非致之也，故曰大化隆洽，非一隅之制，九服殊贯，有弗齐之俗，顺之则存，逆之则亡，礼详问俗之经，诗裨观风之采，盖此助也。中夏成俗，以天统君，肇有生民，乃树司牧，一人治之，兆民由之，历代因循，斯风靡替，华夷代袭，咸由此则。铨度众寡，则意旨同受，会途已一，故径施不拂，其在传曰：民非后，无能胥以宁。《春秋》之义，以贵理贱，君薨书子，以明继体，言君位之不可一日无也，是知五政所加，七赋所养，趣舍不异，其迹有真。至于安上治民，莫善于礼，亲亲之法，贵贵之典，以仪辨等，以度教节，陈之艺极，皆有等衰。是亦四隩所攸同，百世所弗易，缙绅之士，则揉习有常，讽诵之儒，亦服膺勿失，是以伦饬于内而行彰于外，教训正俗可得而成，天下国家可得而正。措之邦国，则有覆盂之安，施之四海，则有运掌之捷。若弃其所习，逆其所顺，强其所劣，捐其所能，众心难违，不可卒改，是必无折枝之易，步超海之难，谋而不从，唱而不和。象魏悬书，有不喻之政，州闾读法，有不宣之化，撢人不能导其和，训方不能布其训，虽复木铎之禁，佐以輶轩，旌节之使，达于邦国，民弗晓信，终弗谕说。远惟孟氏戕贼之喻，近览漆园逆生之叹，民怨伤伤，可为寒心。或谓郑伯好勇，国人暴虎，齐襄狩猎，诗咏从豜，下之从上，若金在镕，适道在权，宁辞变俗，斯亦径庭之论矣。必若所云，则是江南之橘，可使逾淮，章甫之冠，便于适越，东野有必释之辩，南郢无寡和之歌也。夫断木为棋，梡革为鞠，欲施工巧，贵法自然。至于铄铁为舟，斫木为釜，虽有巧治，不成方圆，则是变俗未足多，而民性未容拂也。

世之论者，又谓见不远者不可以语大，智不闳者不可与论至，乾元用九，治化上经，于治为优，宁论夷夏？知弗然者，周文殷质，时有等夷，据乱升平，未容凌缅。天有常度，国有常经，各因其运，而天下随时，未有凌迈超越运叙失次者也，是以礼文因革，准于百世，州国渐进，通以七等，治有广狭，则取舍多途，迹有差降，故浅深互别，所以明合辙之义，示循轨之常也。即使神器之重，允归公选，三占从二，必假人谋，然亦道不虚行，因时显用，是惟小国寡民之俗，辽绝异党之域，易从斯制，足泯畸偏。至若瀛陆异宜，华戎殊寓，邦殊用隔，既不有符，比而同之，只更生乱。夫王教之兴，施不凌节，衡石司陈，患尤差忒，率履悗越，畔援易滋，深谷为陵，既伤悬节，桃李冬华，宁非错沴。至于大道为公，孔云未逮，群龙无首，曷云能吉？往者清德不纲，政务赇纳，准牧之选，罔择吉人，总录之重，寄于邦姓，慄慄之氓，厝趾罔识，皇皇之宪，毁劣无闻，用是黎民咸贰，而九州幅裂，衅成于仇纪，迹揆于恬荆，是盖《虞书》别生之谊，而非《周易》损上之旨也。借使受终之主，遵克逊之运，正始之君，假昭登之绩，敦率前猷，周咨故实，修其礼乐，明其分义，居三代之传器，持千载之信法，假位号以正人伦，训品物以济太清，应古合旧，以齐人道。迄夫民乐其生，吏奉其法，羡余之赋，溢于水衡，传烽之警，寝于塞垠，及时闲暇，以明政刑，制太府之宪，辟明堂之室，弘兼听以纳下，明众善以厉否，庶尹尽规于上，四民毕力于下，虽宏规远略，未洽上烈，抑其化民理物之具，兴国济治之术，亦足以长世永年，奠造区夏，未有旦夕之忧，倒悬之厄也。顾乃陋域中之智，背冠带之望，狭三王之迫隘，甄重译之殊俗，论谈六合之表，摅意宇宙之外，阅其一孔，而弊其两端，欲以天下重器，而匹夫横议，末强于本，指大于臂，国无定臣，民无定志，颠跋之鉴，浮于拨本，衽左之忧，深于变夏，则是内外若一，而贵贱同号，故其始也，行远舍迩，此子长所谓无其德用其事也，及其继也，去顺效逆，又长卿所谓敝所恃事无用也。至于损上下之义，行是古之戮，替三极之弘训，革曲台之达说，毛里之谊，有若路人，尊帛之严，视同土梗，曾无行列之治，礼义之教，百世累之，一朝毁之，政教一倾，百年不复，有识所惜，乡校叹闻，其于变世易俗，未合天下之议，亦非观民设教随时之义也。今者诋俗之民，伺国衰盛，闾里之雄，吞剥民物，黎仪瘁伤，戎车时警，威力强济，既难急治，荒流之表，祸福尤甚，创基冰泮之余，厝火积薪之上，外长仇仇，内示国弱，海内切齿，思相屠裂，虽有尧舜，犹不能保于萧墙之内也；况为政所先，贵喻名实，今之民政，宪章西极，虽循名曲中，实检迹知非，是则凝土为鸡，乏司晨之用，削木为犬，无守夜之警，踌躇二境，既复差池，仍踵覆舟，义将安取？是以列士扼腕，察天心之复，群才戮力，规未萌之祸，惧名称之不立，虑横流之及己，推往揆来，思熙帝载，凡厥人氓，固怀延伫，搢绅凡百，靡不喁喁。夫于安思危，《春秋》之虑，极于参伍，上圣之法。今虽世异时变，人道不殊，俗操土风，未能悬绝，若因袭昔名，改移今号，如枨傅革，易响而移，昭榘彟之所同，成天下之大顺。缘名责形，有析符之合；慎终与始，有金城之完，则动静之效备，而隐显之功著矣！

文学辨体*
（1917）

　　此篇以阮氏《文笔对》为主，特所引群书，以类相从，各附案词，以明文轨。

　　　　《晋书·蔡谟传》：文笔论议，有集行于世。

　　　　《宋书·傅亮传》：高祖登庸之始，文笔皆是记室参军滕演，北征广固，悉委长史王诞。

　　　　《北史·魏高祖纪》：有大文笔，马上口授。

　　　　《魏书·温子升传》：台中文笔，皆子升为之。

　　　　《北史·温子升传》：张皋写子升文笔，传于江外。

　　　　《北齐书·李广传》：毕义云集其文笔十卷。

　　　　《陈书·陆琰传》：其所制文笔多不存本。

　　　　《陈书·刘师知传》：工文笔。

　　　　《陈书·徐伯阳传》：年十五以文笔称。

　　据上九证，知古云文笔，犹今人所云诗文、诗词，确为二体。

　　　　《南史·颜延之传》：宋文帝问延之诸子才能。延之曰："竣得臣笔，测得臣文。"

　　据上一证，知文之与笔，弗必两工，犹今工文者，弗必工诗也。

　　　　梁元帝《金楼子·立言篇》云：夫子门徒，转相师受，通圣人之经者谓之儒。屈原、宋玉、枚乘、长卿之徒，止于辞赋，则谓之

---

　　* 此文系《中国中古文学史讲义》第二课，由北京大学 1917 年出版，1920 年、1923 年、1926 年、1934 年北京大学出版部又先后再版；收入钱玄同等编《刘申叔先生遗书》，民国二十五年宁武南氏排印。

文。今之儒，博穷子史，但能识其事，不能通其理者，谓之学。至如不便为诗如阎纂，善为章奏如伯松，若此之流，泛谓之笔；吟咏风谣，流连哀思者谓之文。

又云：笔，退则非谓成篇，进则不云取义，神其巧惠，（案：惠、慧古通。）笔端而已。至如文者，惟须绮縠纷披，宫徵靡曼，唇吻遒会，情灵摇荡。而古之文笔，今之文笔，其源又异。

刘勰《文心雕龙·总术篇》云：今之常言，有文有笔，以为无韵者笔也，有韵者文也。

据上三证，是偶语韵词谓之文，凡非偶语韵词概谓之笔。凡盖文以韵词为主，无韵而偶，亦得称文。《金楼》所诠，至为昭晰。

《汉书·楼护传》：长安号曰"谷子云笔札"。

《梁书·任昉传》：尤长载笔。

《南史·沈约传》：彦升工于笔。

《陈书·徐陵传》：国家有大手笔，皆陵草之。

《陈书·陆琼传》：讨周迪、陈宝应等，都官符及诸大手笔，并敕付琼。

《唐书·蒋偕传》：三世踵修国史，世称良笔。

据上六证，是官牍史册之文，古概称笔。盖笔从"聿"声，古名"不聿"，"聿""述"谊同。故其为体，惟以直质为工，据事直书，弗尚藻彩。《礼·曲礼篇》曰："史载笔。"孔修《春秋》，亦曰："笔则笔，削则削。"后世以降，凡体之涉及传状者，均笔类也。陆机《文赋》，诠述诗赋十体，弗及传记，亦其明征。

《南史·孔珪传》：与江淹对掌辞笔。

《陈书·岑之敬传》：雅有辞笔。

据上二证，均辞笔并言："辞"字作"词"，"词"与"文"同。《说文》云："词，意内而言外也。"《周易·乾文言》曰："修辞立其诚。"又《系辞上》曰："系辞焉以尽其言。"修饰互文，系缀同情，是词之为体，迥异直言。屈宋之作，汉标《楚辞》，亦其证也。是知六朝之辞，亦以偶语韵文为限。

《梁书·刘潜传》：字孝仪，秘书监孝绰弟也。绰常曰"三笔六诗"，三即孝仪，六孝威也。

《梁书·庾肩吾传》载简文《与湘东王论文》曰：诗既若此，笔又如之。

《北史·萧圆肃传》：撰时人诗笔为《文海》四十卷。

《杜甫集·寄贾司马严使君诗》：贾笔论孤愤，严诗赋几篇。

赵璘《因话录》：韩文公与孟东野友善。韩公文至高，孟长于五言，时号"孟诗韩笔"。

据上五证，均诗、笔并言。盖诗有藻韵，其类亦可称文；笔无藻韵，唐人散体概属此类。故昌黎之作，在唐称笔；后世文家，奉为正宗；是均误笔为文者也。

《南齐书·晋安王子懋传》：文章诗笔，乃是佳事。

据上一证，是笔与诗、文并殊。

刘禹锡《中山集·祭韩侍郎文》：子长在笔，予长在论。

据上一证，是笔与论殊。盖笔主直书，论则兼尚植指，故《文赋》隶论于文，于记事之体则否。

合前列各证观之，知散行之体，概与文殊。唐宋以降，此谊弗明，散体之作，亦入文集。若从孔子正名之谊，则言无藻韵，弗得名文，以笔冒文，误孰甚焉。又文苑列传，前史佥同。唐宋以降，文学陵迟，仅工散体，恒立专传，名实弗昭，万民丧察，因并辨之。

论汉魏之际文学变迁 *
（1917）

　　建安文学，革易前型，迁蜕之由，可得而说：两汉之世，户习七经，虽及子家，必缘经术。魏武治国，颇杂刑名，文体因之，渐趋清峻。一也。建武以还，士民秉礼，迨及建安，渐尚通侻，侻则侈陈哀乐，通则渐藻玄思。二也。献帝之初，诸方棋峙，乘时之士，颇慕纵横，聘词之风，肇端于此。三也。又汉之灵帝，颇好徘词，见杨赐《蔡邕传》。下习其风，益尚华靡，虽迄魏初，其风未革。四也。今摘史乘群书之文，涉及文学变迁者，条列如下：

　　《文心雕龙·时序篇》：自哀平陵替，光武中兴，深怀图谶，颇略文华。然杜笃献诔以免刑，班彪参奏以补令，虽非旁求，亦不遐弃。及明帝叠耀，崇爱儒术，肆礼璧堂，讲文虎观，孟坚珥笔于国史，贾逵给札于瑞颂；东平擅其懿文，沛王振其通论，帝则藩仪，辉光相照矣。自安、和已下，迄到顺、桓，则有班、傅、三崔、王、马、张、蔡，磊落鸿儒，才不时乏，而文章之选，存而不论。然中兴之后，群才稍改前辙，华实所附，斟酌经辞，盖历政讲聚，故渐靡儒风者也。降及灵帝，时好辞制，选羲皇之书，开鸿都之赋，而乐松之徒，招集浅陋，故杨赐号为驩兜，蔡邕比之徘优，其余风遗文，盖蔑如也。自献帝播迁，文学蓬转。建安之末，区宇方辑。魏武以相王之尊，雅爱诗章；文帝以副君之重，妙善辞赋；陈思以公子之豪，下笔琳琅：并体貌英逸，故俊才云蒸。仲宣委质于

　　* 此文系《中国中古文学史讲义》第三课，由北京大学 1917 年出版，1920 年、1923 年、1926 年、1934 年北京大学出版部又先后再版；收入钱玄同等编《刘申叔先生遗书》，民国二十五年宁武南氏排印。

汉南，孔璋归命于河北，伟长从宦于青土，公干狥质于海隅，德琏综其斐然之思，元瑜展其翩翩之乐，文蔚、休伯之俦，于叔（邯郸淳字，元作子俶）、德祖（杨修字）之侣，傲雅觞豆之前，雍容衽席之上，洒笔以成酣歌，和墨以借谈笑。观其时文，雅好慷慨，良由世积乱离，风衰俗怨，并志深而笔长，故梗概而多气也。至明帝纂戎，制诗度曲，征篇章之士，置崇文之观，何（晏）刘（劭）群才，迭相照耀。少主相仍，唯高贵英雅，顾盼合章，动言成论。于时正始余风，篇体轻澹，而嵇、阮、应、缪，并驰文路矣。

案：此篇略述东汉三国文学变迁，至为明晰，诚学者所当参考也。

《魏志·王粲传》：粲字仲宣，山阳高平人也。献帝西迁，粲徙长安。左中郎将蔡邕见而奇之。时邕才学显著，贵重朝廷，常车骑填巷，宾客盈坐，闻粲在门，倒屣迎之。粲至，年既幼弱，容状短小，一坐尽惊。邕曰："此王公孙也。有异才，吾不如也。吾家书籍文章，尽当与之。"年十七，司徒辟，诏除黄门侍郎，以西京扰乱，皆不就，乃之荆州依刘表。表以粲貌寝而体弱通悦，不甚重也。表卒，粲劝表子琮令归太祖，太祖辟为丞相掾，赐爵关内侯，后迁军谋祭酒。魏国既建，拜侍中。博物多识，问无不对。时旧仪废弛，兴造制度，粲恒典之。初，粲与人共行，读道边碑，人问曰："卿能闇诵乎?"曰"能"。因使背而诵之，不失一字。观人围棋，局坏，粲为复之，棋者不信，以帊盖局，使更以他局为之，用相比较，不误一道。其强记默识如此。性善算，作《算术》，略尽其理。善属文，举笔便成，无所改定，时人常以为宿构，然正复精意覃思，亦不能加也。著诗赋论议垂六十篇。建安二十一年，从征吴。二十二年春，道病，卒，时年四十一。始文帝为五官将，及平原侯植，皆好文学。粲与北海徐干字伟长、广陵陈琳字孔璋、陈留阮瑀字元瑜、汝南应玚字德琏、东平刘桢字公干，并见友善。干为司空军谋祭酒掾属，五官将文学。琳前为何进主簿。进欲诛诸宦官，太后不听，进乃召四方猛将，并使引兵向京城，欲以劫恐太后，竟以取祸。琳避难冀州，袁绍使典文章。袁氏败，琳归太祖。瑀少受学于蔡邕，建安中，都护曹洪欲使掌书记，瑀终不为屈。太祖并以琳、瑀为司空军谋祭酒，管记室，军国书檄，多琳、瑀所作也。琳徙门下督，瑀为仓曹掾属。玚、桢各被太祖辟为丞相掾属。玚转为平原侯庶子，后为五官将文学。桢以不敬被刑，刑竟署吏。

咸著文赋数十篇。瑀以十七年卒，干、琳、玚、桢二十二年卒。文帝书与元城令吴质曰："昔年疾疫，亲故多离其灾：徐、陈、应、刘，一时俱逝。观古今文人，类不护细行，鲜能以名节自立。而伟长独怀文抱质，恬淡寡欲，有箕山之志，可谓彬彬君子矣；著《中论》二十余篇，辞义典雅，足传于后。德琏常斐然有述作意，其才学足以著书，美志不遂，良可痛惜。孔璋章表殊健，微为繁富。公干有逸气，但未遒耳。元瑜书记翩翩，致足乐也。仲宣独自善于辞赋，惜其体弱，不起其文，至于所善，古人无以远过也。昔伯牙绝弦于钟期，仲尼覆醢于子路，痛知音之难遇，伤门人之莫逮也。诸子但为未及古人，自一时之隽也。"自颖川邯郸淳、繁钦、陈留路粹、沛国丁仪、丁廙、弘农杨修、河内荀纬等，亦有文采，而不在此七人之例。玚弟璩，璩子贞，咸以文章显。璩官至侍中，贞咸熙中参相国军事。瑀子籍，才藻艳逸，而倜傥放荡，行己寡欲，以庄周为模则，官至步兵校尉。时又有谯君稽康，文辞壮丽，好言老庄，而尚奇任侠，至景元中坐事诛。景初中，上邽桓威，出自孤微，年十八而著《浑舆经》，依道以见意，从齐国门下书佐司徒署吏，后为安成令。吴质，济阴人，以文才为文帝所善，官至振威将军，假节都督河北诸军事，封列侯。（摘录）

《卫觊传》：觊字伯儒。少夙成，以才学称，受诏典著作，又为《魏官仪》，凡所撰述数十篇。建安末，河南潘勖，黄初时，河内王象，亦与觊并以文章显。

《刘廙传》：廙字恭嗣。著书数十篇，及与丁仪共论刑礼，并传于世。

《刘劭传》：劭字孔才。凡所撰述《法论》《人物志》之类百余篇。同时东海缪袭，亦有才学，多所述叙。袭友人山阳仲长统，汉末作《昌言》。陈留苏林、京兆韦诞、谯国夏侯惠、任城孙该、河东杜挚等，亦著文赋，颇传于世。

《陈思王植传》：撰录植前后所著赋、颂、诗、铭、《新论》，凡百余篇。

《中山恭王衮传》：能属文，凡所著文章二万余言。才不及陈思王，而好与之侔。

《王朗传》：朗著《易》《春秋》《孝经》《周官》传，奏议、论、记咸传于世。

《刘放传》：善为书檄，三祖诏命，有所招喻，多放所为。

《蜀志·郤正传》：凡所著述，诗、论、赋之属垂百篇。

《吴志·韦曜、华覈传》：曜、覈所论事章疏，咸传于世也。

据以上诸传，可审三国人文之大略。

《魏志·文帝纪评》：文帝天资文藻，下笔成章，博闻强识，才艺兼该。

《陈思王植传评》：陈思文才富艳，足以自通后叶。

《王粲等传评》：昔文帝、陈王以公子之尊，博好文采。同声相应，才士并出。惟粲等六人，最见名目。

又云：卫觊亦以多识典故，相时王之式。刘劭该览学籍，文质周洽。刘廙以清鉴著。

《蜀志·秦宓传评》：文藻壮美。

《郤正传评》：文辞粲烂，有张、蔡之风。

《吴志·王蕃、楼玄、贺邵、韦曜、华覈传评》：薛莹称蕃弘博多通，玄才理条畅，邵机理清要，曜笃学好古，有记述之才。胡冲以为玄、贺、蕃一时清妙，略无优劣；必不得已，玄宜在先，邵当次之，华覈文赋之才，有过于曜，而典诰不及也。（节录）

据以上诸评，可审三国文体之大略。

魏文帝《典论》：文人相轻，自古而然。傅毅之于班固，伯仲之间耳，而固小之，与弟超书曰："武仲以能属文为兰台令史，下笔不能自休。"夫人善于自见，而文非一体，鲜能备善，是以各以所长，相轻所短。里语曰："家有弊帚，享之千金。"斯不自见之患也。今之文人，鲁国孔融文举、广陵陈琳孔璋、山阳王粲仲宣、北海徐干伟长、陈留阮瑀元瑜、汝南应玚德琏、东平刘桢公干，斯七子者，于学无所遗，于辞无所假，咸以自骋骥騄于千里，仰齐足而并驰，以此相服，亦良难矣。盖君子审己以度人，故能免于斯累，而作论文。王粲长于辞斌，徐干时有奇气，然粲之匹也。如粲之《初征》《登楼》《槐赋》《征思》，干之《玄猿》《漏卮》《圆扇》《橘赋》，虽张、蔡不过也。然于他文，未能称是。琳、瑀之章、表、书记，今之隽也。应玚和而不壮，刘桢壮而不密。孔融体气高妙，有过人者，然不能持论，理不胜词，以至乎杂以嘲戏，及其所善，扬、班俦也。常人贵远贱近，向声背实，又患闇于自见，谓己为贤。夫文本同而末异，盖奏议宜雅，书论宜理，铭诔尚实，诗赋欲丽：此四科不同，故能之者偏也，唯通才能备其体。文以气为主，气之清浊有体，不可力强而致。譬诸音乐，曲度虽均，节奏同检，至于引气不齐，巧拙有素，虽在父兄，不能以移子弟。盖文章经国之大业，不朽之盛事，年寿有时而尽，荣乐止乎其身，二者必至之常期，未若文章之无穷。是以古之作者，寄身于翰墨，见意于篇籍，不假良史之辞，不托飞驰之势，而声名自传于后。故西伯幽而演《易》，周旦显而制礼，不以隐约而弗务，不以康乐而加思。夫然，则古人贱尺璧而重寸阴，惧乎时之过已。而人多不能强力，贫贱则慑于饥寒，富贵则流于逸乐，遂营目前之务，而遗千载之功，日月逝于上，体貌衰于下，忽然与万物迁化，斯志士之大痛也。融等之已逝，唯干著论，成一家言。

案：此篇推论建安文学优劣，深切著明。文气之论，亦基于此。

魏文帝《与吴质书》：昔年疾疫，亲故多离其灾，徐、陈、应、刘，一时俱逝，痛可言耶！昔日游处，行则连舆，止则接席，何曾须臾相失？每至觞酌流行，丝竹并奏，酒酣耳热，仰而赋诗，当此之时，忽然不自知乐也，谓百年已分，可长共相保，何图数年之间，零落略尽，言之伤心！顷撰其遗文，都为一集，观其姓名，已为鬼录，追思昔游，犹在心目，而此诸子，化为粪壤，可复道哉！观古今文人，类不护细行，鲜能以名节自立，而伟长独怀文抱质，恬淡寡欲，有箕山之志，可谓彬彬君子者矣；著《中论》二十余篇，成一家之言，辞义典雅，足传于后，此子为不朽矣。德琏常斐然有述作之意，其才学足以著书，美志不遂，良可痛惜。间者历览诸子之文，对之抆泪，既痛逝者，行自念也。孔璋章表殊健，微为繁富。公干有逸气，但未遒耳；其五言诗之善者，妙绝时人。元瑜书记翩翩，致足乐也。仲宣独自善于辞赋，惜其体弱，不足起其文；至于所善，古人无以远过。昔伯牙绝弦于钟期，仲尼覆醢于子路，痛知音之难遇，伤门人之莫逮。诸子但为未及古人，自一时之隽也。今之存者，已不逮矣；后生可畏，来者难诬，然恐吾与足下不及见也。年行已长大，所怀万端，时有所虑，至通夜不瞑，志意何时复类昔日？已成老翁，但未白头耳。光武言："年三十余，在兵中十岁，所更非一。"吾德不及之，年与之齐矣。以犬羊之质，服虎豹之文，无众星之明，假日月之光，动见瞻观，何时易乎？恐永不复得为昔日游也！少壮真当努力，年一过往，何可攀援？古人思秉烛夜游，良有以也。（此篇据《文选》录）

曹子建《与杨德祖书》：仆少小好为文章，迄至于今，二十有五年矣。然今世作者，可略而言也。昔仲宣独步于汉南，孔璋鹰扬于河朔，伟长擅名于青土，公干振藻于海隅，德琏发迹于北魏，足下高视于上京。当此之时，人人自谓握灵蛇之珠，家家自谓抱荆山之玉。吾王于是设天网以该之，顿八纮以掩之，今悉集兹国矣。然此数子，犹复不能飞轩绝迹，一举千里。以孔璋之才，不闲于辞赋，而多自谓能与司马长卿同风，譬画虎不成，反为狗也。前书嘲之，反作论盛道仆赞其文。夫钟期不失德，于今称之，吾亦不能妄叹者，畏后世之嗤余也。世人之著述，不能无病。仆尝好人讥弹其文，有不善者，应时改定。昔丁敬礼常作小文，使仆润饰之，仆自以才不过若人，辞不为也。敬礼谓仆：“卿何所疑难？文之佳恶，吾自得之。后世谁相知定吾文者耶？”吾尝叹此达言，以为美谈。昔尼父之文辞，与人通流，至于制《春秋》，游、夏之徒，乃不能措一辞。过此而言不病者，吾未之见也。盖有南威之容，乃可以论于淑媛；有龙泉之利，乃可以议其断割。刘季绪才不能逮于作者，而好诋诃文章，掎摭利病。昔田巴毁五帝，罪三王，呰五霸于稷下，一日而服千人，鲁连一说，使终身杜口。刘生之辩，未若田氏，今之仲连，求之不难，可无息乎？人各有好尚：兰茝荪蕙之芳，众人所同好，而海畔有逐臭之夫；《咸池》《六茎》之发，众人所共乐，而墨翟有非之之论，岂可同哉？今往仆少小所著辞赋一通相与，夫街谈巷说，必有可采，击辕之歌，有应风雅，匹夫之思，未易轻弃也。辞赋小道，固未足以揄扬大义，彰示来世也。昔扬子云，先朝执戟之臣耳，犹称壮夫不为也。吾虽德薄，位为蕃侯，犹庶几戮力上国，流惠下民，建永世之业，留金石之功，岂徒以翰墨为勋绩，辞赋为君子哉！

又德祖答书亦云：若仲宣之擅江表，陈氏之跨冀城，徐、刘之显青、豫，应生之发魏国，斯皆然矣。至于修者，听采风声，仰德不暇，自周章于省览，何遑高视哉！

案：以上数书，于建安诸子文学得失，足审大凡。

《文心雕龙·才略篇》：孔融气盛于为笔，祢衡思锐于为文，有偏美焉。潘勖凭经以聘才，故绝群于锡命；王朗发愤以托志，亦致美于序铭。然自卿、渊已前，多俊才而不课学；雄、向已后，颇引书以助文：此取与之大际，其分不可乱者也。魏文之才，洋洋清绮，旧谈抑之，谓去植千里，然子建思捷而才俊，诗丽而表逸，子桓虑详而力缓，故不竞于先鸣，而乐府清越，《典论》辩要，迭用短长，亦无懵焉。但俗情抑扬，雷同一响，遂令文帝以位尊减才，思王以势窘益价，未为笃论也。仲宣溢才，捷而能密，文多兼善，辞少暇累，摘其诗赋，则七子之冠冕乎！琳、瑀以符檄擅声，徐干以赋论标美，刘桢情高以会采，应场学优以得文，路粹、杨修颇怀笔记之工，丁仪、邯郸亦含论述之美，有足算焉。刘劭《赵都》，能攀于前修；何晏《景福》，克光于后进；休琏（应璩）风情，则《百壹》标其志；吉甫（璩子应贞字）文理，则《临丹》成其采。

《文心雕龙·体性篇》：仲宣躁锐，故颖出而才果，公干气褊，故言壮而情骇。

《文心雕龙·风骨篇》：故魏文称文以气为主，气之清浊有体，不可力强而致。故其论孔融则云体气高妙，论徐干则云时有齐气，论刘桢则云时有逸气。公干亦云孔氏卓卓，信含异气，笔墨之性，殆不可胜。并重气之旨也。

案：彦和所论三则，于建安文学得失，品评綦当。

《宋书·谢灵运传论》：若夫平子艳发，文以情变，绝唱高踪，久无嗣响。至于建安，曹氏基命，三祖陈王，咸蓄盛藻，甫乃以情纬文，以文被质。自汉至魏，四百余年，辞人才子，文体三变：相如工为形似之言，二班长于情理之说，子建、仲宣以气质为体，并标能擅美，独映当时。是以一世之士，各相慕习。源其飙流所始，莫不同祖《风》《骚》，徒以赏好异情，故意制相诡。

案：此节独标气质为说，与彦和所论文气合。

《文心雕龙·明诗篇》：又古诗佳丽，或称枚叔，其《孤竹》一篇，则傅毅之词，比采而推，两汉之作乎。观其结体散文，直而不野，婉转附物，怊怅切情，实五言之冠冕也。至于张衡《怨篇》，清曲可味，《仙诗》《缓歌》，雅有新声。暨建安之初，五言腾踊。文帝、陈思，纵辔以聘节；王、徐、应、刘，望路而争驱。并怜风月，狎池苑，述恩荣，叙酣宴，慷慨以任气，磊落以使才，造怀指事，不求纤密之巧，驱词逐貌，惟取昭晰之能，此其所同也。

案：此节明建安诗体殊于东汉中叶之作。

《文心雕龙·乐府篇》：至宣帝雅颂，诗效《鹿鸣》，迩及元、成，稍广淫乐，正音乖俗，其难也如此。暨后郊庙，惟杂雅章，辞虽典文，而律非夔、旷。至于魏之三祖，气爽才丽，宰割辞调，音靡节平。观其"北上"众引，"秋风"列篇，或述酣宴，或伤羁戍，志不出于淫荡，辞不离于哀思，虽三调之正声，实《韶》《夏》之郑曲也。

案：此节明建安乐府变旧作之体。

《文心雕龙·铨赋篇》：及仲宣靡密，登端必逴；伟长博通，时逢壮采。

《文心雕龙·颂赞篇》：魏晋辨颂，鲜有出辙。

《文心雕龙·诔碑篇》：至如崔骃诔赵，刘陶诔黄，并得宪章，工在简要。陈思叨名，而体实烦缓，《文皇诔》末，旨言自陈，其乖甚矣。

又云：自后汉以来，碑碣云起，才锋所断，莫高蔡邕。孔融所创，有慕伯喈，张、陈两文，辨给足采，亦其亚也。

《文心雕龙·哀吊篇》：建安哀辞，惟伟长差善，《行女》一篇，时有恻怛。

《文心雕龙·谐隐篇》：至魏文因徘说以著《笑书》，薛综凭宴会而发嘲调，虽抃推（疑"雅"字）席而无益时用矣。

又云：荀卿《蚕赋》，已兆其体。至魏文、陈思，约而密之。高贵乡公博举品物，虽有小巧，用乖远大。

《文心雕龙·论说篇》：魏之初霸，术兼名法。傅嘏、王粲，校练名理。

《文心雕龙·诏策篇》：建安之末，文理代兴。潘勖《九锡》，典雅逸群。卫觊《禅诰》（疑有脱字），符命炳耀，弗可加矣。

《文心雕龙·章表篇》：昔晋文受册，三辞从命，是以汉末让表，以三为断。曹公称为表不必三让，又勿得浮华。所以魏初表章，指事造实，求其靡丽，则未足美矣。

又云：文举之荐祢衡，气扬采飞；孔明之辞后主，志尽文畅，虽华实异旨，并表之英也。琳、瑀章表，有誉当时，孔璋称健，则其标也。陈思之表，独冠群才，观其体赡而律调，辞清而志显，应物掣巧，随变生趣，执辔有余，故能缓急应节矣。

《文心雕龙·奏启篇》：魏代名臣，文理迭兴，若高堂《天文》，黄观（即王观）《教学》，王朗《节省》，甄毅《考课》，亦尽节而知治矣。

《文心雕龙·书记篇》：公干笺记，丽而规益。子桓弗论，故世所共遗，若略名取实，则有美于为诗矣。

案：以上各条，于建安文章各体之得失，以及与两汉异同之故，均能深切著明，故摘录之。魏人所作文集，具详《隋·经籍志》，兹不赘述。

又案：建安文学，实由文帝、陈王提倡于上。观文帝《典论·选篇》云："所著书、论、诗、赋，凡六十篇。"《御览》九十三引。

又《与王朗书》曰："惟立德扬名，可以不朽，其次莫如著篇籍。故论撰所著《典论》、诗、赋，盖百余篇，集诸儒于肃城门内，讲论大义，侃侃无倦。"《魏志·文帝纪注》。又作《叙诗》云："为太子时，北园及东阁讲堂并赋诗，命王粲、刘桢、阮瑀、应场称同作。"《初学记》十引。此均文帝自述之词也。卞兰《赞述太子赋》序，亦谓"沉思泉涌，发藻云浮"。

又案：陈思王《前录序》曰："故君子之作也，俨乎若高山，勃乎若浮云，质素也如秋蓬，摛藻也如春葩，氾乎洋洋，光乎皓皓，与《雅》《颂》争流可也。余少而好赋，其所尚也，雅好慷慨；所著繁多，虽触类而作，然芜秽者众，故删定别撰，为《前录》七十八篇。"《艺文类聚》五十五篇。此为思王自述之词。故明帝《追录陈思王遗文诏》亦曰："自少至终，篇籍不离于手。"又曰："撰录植前后所著赋、颂、诗、铭、著论，凡百余篇，副藏内外。"《魏志·植传》。是思王之文，久为当世所传，故一时文人兴起者众。至于明帝，虽文采渐衰，然亦笃好艺文，观其《以所作平原公主诔手诏陈王植》曰："吾既薄才，至于赋、诔特不闲。从儿陵上还，哀怀未散，作儿诔，为田公家语耳。"《御览》五百九十六引。案此诔不传。陈王答表则言："文义相扶，章章殊兴，句句感切。"《御览》五百九十六引。此为明帝工文之证。又高贵乡公《原和逌等作诗稽留诏》云："吾以暗昧，爱好文雅，广延诗赋，以知得失。"《魏志·本纪》。此又少王提倡文学之证也。故有魏一朝，文学独冠于吴、蜀。

又案：魏代名贤，于当时文学之士，亦多评品之词。如吴质《答魏太子笺》曰："陈、徐、应、刘，才学所著，于雍容侍从，实其人也。"《文选》。《答东阿王书》亦曰："众贤所述，亦各有志。"《文选》。均即七子之文言也。

又案：陈思王《王仲宣诔》曰："文若春华，思若涌泉，发言可咏，下笔成篇。"《文选》。王粲《阮文瑜诔》曰："简书如雨，强力敏成。"《艺文类聚》引。鱼豢《魏略·武诸王传论》曰："植之华采，思若有神。"《魏志·任城王等传》裴注引。亦均文章定论。自此以外，若陈思王《与吴季重书》云："后所来讯，文采委曲，晔若春华，浏若清风。"《文选》。殷褒《荐朱俭表》曰："飞辞抗论，骆驿奇逸。"《艺文类聚》五十三引。明帝诏何桢云："扬州别驾何桢，有文章才。"《御览》五百八十七引。亦足补史传之缺。至若吴质论元瑜、孔璋，以为不能持论。吴质《答魏太子笺》谓："东方朔、枚皋之徒，不能持论，即阮、陈之俦也。"鱼豢论王、繁诸子，仅云"光泽足观"。《魏志·王粲传》注引鱼豢《魏略·王、繁、阮、陈、路传论》曰："寻省往者，鲁连、邹阳之徒，援譬引类，以解缔结，诚彼时文辨之隽也。今览王、繁、阮、陈、路诸人，前后文旨，亦何昔不若哉！其所以不论者，时世异耳。"又曰："譬之朱漆，虽无桢干，其为光泽，亦壮观也。"虽为一时之言，亦千古之定说也。

又案：文章各体，至东汉而大备。汉魏之际，文家承其体式，故辨别文体，其说不淆。如魏文《答卞兰教》云："赋者，言事类之所附也。颂者，美盛德之形容。"《魏志·卞后传》注引。又陈思王《上卞太后诔表》曰："臣闻铭以述德，诔以述哀。"《艺文类聚》十五。均其证也。惟东汉以来，赞颂铭诔之文，渐事虚辞，颇背立诚之旨。故桓范《世要论·赞象篇》曰："夫赞象所作，所以昭述勋德，思咏政惠；此盖诗颂之末流，宜由上而兴，非专下而作也。若言不足纪，事不足述，虚而为盈，亡而为有，此圣人之所疾，庶人之所耻。"又《铭诔篇》曰："夫渝世富贵，乘时要世，爵以赂至，官以贿成。而门生故吏，合集财货，刊石纪功，称述勋德；高邈伊、周，下陵管、晏，远追豹、产，近逾黄、邵；势重者称美，财富者文丽，欺耀当时，疑误后世。"以上二篇均见《群书治要》。于当时文弊，诠论至详。其《铭诔篇》又谓诔谥乃人主权柄，而汉世不禁，使私称与王命争流，臣子与君上俱用。盖谓诔文乃君上所锡，不当私作，其说亦与古合。盖文而无实，始于斯时。非惟韵文为然也，即作论著书，亦蹈此失。故《世要论·序作篇》曰："世俗之人，不解作体，而务汎溢之言，不存有益之义。"《群书治要》。文胜之弊，即此可睹。故援引其说，以见当时文学之得失，亦以见文章各体，由质趋华，非一朝一夕之故，其所由来者渐矣。汉人惟为己书作序，未有为他书作序者。有之，自三国始。

文笔之区别[*]
（1917）

《南史·范晔传》：晔《与诸甥侄书》曰：常谓情志所托，故当以义为主，以文传意。以意为主，则其旨必见；以文传意，则其词不流。然后抽其芬芳，振其金石耳。观古今文人，多不全了此处。年少中谢庄最有其分，手笔差易，于文不拘韵故也。吾思乃无定方，但多公家之言，少于事外远致，以此为恨，亦由无意于文名故也。

《南史·颜延之传》：帝尝问以诸子才能，延之曰："竣得臣笔，测得臣文，（𬤝）得臣义"。（又曰："长子竣为孝武造书檄。元凶劭召延之，示以檄文，问曰：'此笔谁造？'延之曰：'竣之笔也。'又问：'何以知之？'曰：'竣笔体，臣不容不识。'"）

梁元帝《金楼子·立言篇》云：夫子门徒，转相师受，通圣人之经者谓之儒。屈原、宋玉、枚乘、长卿之徒，止于辞赋，则谓之文。今之儒，博穷子史，但能识其事，不能通其理者，谓之学。至如不便为诗如阎纂，善为章奏如伯松，若此之流，泛谓之笔；吟咏风谣，流连哀思者谓之文。

又云：退则非谓成篇，进则不云取义，神其巧惠，（案：惠、慧古通。）笔端而已。至如文者，惟须绮縠纷披，宫徵靡曼，脉吻道会，情灵摇荡。而古之文笔，今之文笔，其源又异。

《文心雕龙·序志篇》：若乃论文取笔，则囿别区分。

---

* 此文系《中国中古文学史讲义》第五课之一部分，由北京大学 1917 年出版，1920 年、1923 年、1926 年、1934 年北京大学出版部又先后再版；收入钱玄同等编《刘申叔先生遗书》，民国二十五年宁武南氏排印。

案：《雕龙》他篇区别文笔者，如《时序篇》云："庾以笔才逾亲，温以文思益厚。"《才略篇》云："孔融气盛于为笔，祢衡思锐于为文。"并文笔分言之证。又《风骨篇》云："若风骨乏采，则鸷集翰林；采乏风骨，则雉窜文囿。惟藻耀之高翔，固文笔之鸣凤也。"《章句篇》云："是以搜句忌于颠倒，裁章贵于顺序，斯固情趣之指归，文笔之同致也。"亦文笔并词之证。

《文心雕龙·总术篇》：今之常言，有文有笔，以为无韵者笔也，有韵者文也。夫文以足言，理兼诗书，别目两名，自近代耳。颜延年以为：笔之为体，言之文也；经典则言而非笔，传记则笔而非言。请夺彼矛，还攻其盾矣。何者？《易》之《文言》，岂非言文？若笔不言文，不得云经典非笔矣。将以立论，未见其论立也。予以为发口为言，属笔曰翰，常道曰经，述经曰传。经传之体，出言入笔，笔为言使，可强可弱。分经以典奥为不刊，非以言笔为优劣也。（又本篇赞曰："文场笔苑，有术有门。"亦分言文笔。）

案：自《晋书》张翰、曹毗、成公绥各传，均以文笔并词，或云诗赋杂笔。自是以降，如《宋书·沈怀文传》："弟怀远，颇闲文笔。"《齐书·晋安王子懋传》："世祖敕子懋曰：'文章诗笔，乃是佳事。'"又《竟陵王传》："所著内外文笔数十卷，虽无文采，多是劝戒。"《梁书·鲍泉传》："兼有文笔。"《陈书·陆琰传》："所制文笔多不存。"《陈书·姚察传》："每制文笔，后主敕便索本。后主所制文笔甚多，别写一本付察。"《虞寄传》："所制文笔，遭乱多散失。"《刘师知传》："工文笔。"《江德藻传》："著文笔十五卷。"《许亨传》："所制文笔六卷。"均文笔分言之证。其有诗笔分言者，如《南史·刘孝绰传》："弟孝仪、孝威，工属文诗。孝绰尝云：'三笔六诗。'三即孝仪，六谓孝威。"《沈约传》谓："谢玄晖善为诗，任彦升工于笔，约兼而有之，然不能过。"《任昉传》谓："时人云：'任笔沈诗'。昉闻，甚以为病。"又《庾肩吾传》："简文《与湘东王书》云：'诗既若此，笔亦如之。'"又云："谢朓、沈约之诗，任昉、陆倕之笔，斯文章之冠冕，述作之楷模。"并其证也。亦或析言词笔，如《陈书·岑之敬传》"雅有辞笔"是也。《谢朓传》亦云："孔颙粗有才笔。"至文笔区别，盖汉、魏以来，均以有藻韵者为文，无藻韵者为笔。东晋以还，说乃稍别。据梁元《金楼子》，惟以吟咏风谣、流连哀思者为文；据范晔《与甥侄书》及《雕龙》所引时论，则又有韵为文，无韵为笔。今以宋、齐、梁、陈各史传证之。据《宋书·傅亮传》谓："武帝登庸之始，文笔皆是参军腾演。北征广固，悉委长史王诞。自此之后，至于受命，表册文诰，皆亮词也。"又据《齐书·孔珪传》云："为齐高帝骠骑记室，与江淹对掌辞笔。"又据《齐书·谢朓传》谓："明帝辅政，掌霸府文笔，又掌中书诏诰。"《梁书·任昉传》谓："武帝克建邺，以为骠骑记室，专主文翰。每制书草，沈约辄求同署。尝被急召，昉出而约在，是后文笔，约参制焉。"又《任昉传》："昉尤长载笔，当时王公表奏，莫不请焉。梁台建，禅让文诰，多昉所具。"《南史·萧子范传》谓："南平王府中，文笔皆令具草。"《陈书·姚察传》亦云："又敕专知优册谥议等文笔。"其文笔、辞笔并言，并与沈怀文各传相合。自是以外，或云手笔，史传所载，有仅言手笔者，如《齐书·邱灵鞠传》："敕知东宫手笔。"《王俭传》："手笔典裁，为当时所重。"《陈书·姚察传》："后主称姚察手笔，典裁精当。"是也。有云大手笔者，《南史·陆琼传》谓："陈文帝讨周迪等，都官符及诸大手笔，并中敕付琼。"《徐陵传》"国家有大手笔，必令陵草之"是也。或云笔翰。《南史·任孝恭传》："专掌公冢笔翰。"《丘巨源传》："有笔翰。太祖使于中书省撰符檄。巨源与袁粲书谓：'朝廷洪笔，何故假手凡贱？又有羽檄之难，必须笔杰。'"等说，是其证。合以颜延之各传，知当时所谓笔者，非徒全任质素，亦非偶语为文，单语为笔也。盖当时世俗之文，有质直序事，悉无浮藻者，如今本《文选》任昉《弹刘整文》所引刘寅妻范氏诣台诉词是也，亦有以语为文，无复偶词者，如齐世祖《敕晋安王子懋》诸文是也。如刘瓛《与张融王思远书》，亦质直不华。齐、梁之文类此者，正复弗乏。然史传诸云"文笔"、"词笔"，以及所云"长于载笔"、"工于为笔"者，笔之为体，统该符、檄、笺、奏、表、启、书、札诸作言，其弹事议对之属，亦属于史笔，册亦然。凡文之偶而弗韵者，皆晋、宋以来所谓笔类也。故当时人士于尺牍、书记之属，词有专工；今以史传考之，所云尺牍，如《宋书·刘穆之传》："与朱龄石并便尺牍。"《臧质传》："尺牍便敏。"《梁书·徐勉传》："既闲尺牍。"《邵陵王纶传》："尤工尺牍。"《陈书·蔡景历传》："善尺牍。"是也。所云书记，如《陈书·陈详传》："善书记。"《庾持传》："尤善书记，以才艺闻。"是也。自是以外，或云书疏，如《陈书·陆山才传》："周文育出镇南豫州，不知书疏，乃以山才为长史。"是也。或云书翰，如《齐书·王晏传》："齐高帝时，军旅书翰皆见委。"《陈书·孙玚传》："尤便书翰。"是也。而刀笔、刀笔之名见于史传者，如《南史·虞玩之传》："少闲刀笔。"《王球传》谓："彭城王义康，专以政事为本，刀笔干练者多被意遇。"《吴喜传》："齐明帝以喜刀笔吏，不当为将。"是也。斯时所云刀笔，盖官府文书成于吏手者。笔札、笔札之名见于史传者，如《南史·宗人〔夬〕传》："齐郁林为南郡王，使管书记，以笔札贞正见许。"又《沈庆之传》云："庆之谓颜竣曰：'君但当知笔札之事。'"皆其证也。笔记、如《齐书·邱巨源传》："巨源与袁粲书：'笔记贱伎，非杀活所待。'"是也。又《文心雕龙·才略篇》云："路粹、杨修，颇怀笔记之工。"又云："温太真之笔记，循理而清通。"亦笔记之名见于齐、梁著作者。笔奏《雕龙·才略篇》："长虞笔奏，世执刚中。"之名，或详于史册，或杂见群书。又王僧孺、徐勉、孔奂诸人，其弹事之文，各与集别，《南史·王僧孺传》："文集三十卷，两台弹事不入集，别为五卷。"又《徐勉传》云："左丞弹事五卷，所著前后二集五十卷，又为人章表集十卷。"《孔奂传》云："有集十五卷，弹文集。"此均弹文别于文集之证。又《南史·孔休源传》云："凡奏议弹文，勒成十五卷。"亦其证也。又案：《南史·刘瑀传》云："刘瑀为御史中丞，弹萧惠开、王僧达，朝士莫不畏其笔端。"此亦弹事之体，南朝称笔之证也。均足为文、笔区分之证。更即《雕龙》篇次言之，由第六迄于第十五，以《明诗》《乐府》《诠赋》《颂赞》《祝盟》《铭箴》《诔碑》《哀吊》《杂文》《谐隐》诸篇相次，是均有韵之文也；由第十六迄于第二十五，以《史传》《诸子》《论说》《诏策》《檄移》《封禅》篇中所举扬雄《剧秦美新》，为无韵之文。相如《封禅文》惟颂有韵。班氏《典引》，亦不尽叶韵。又东汉《封禅仪记》，则记事之体也。《章表》《奏启》《议对》《书记》诸篇相次，是均无韵之笔也；此非《雕龙》隐区文笔二体之验乎？《雕龙·章表篇》，以左雄奏议，胡广章奏，并当时之笔杰。又《才略篇》云："庾元规之表奏，靡密而闲畅，温太真之笔记，循理而清通，亦笔端之良工也。"又《史传篇》云："秉笔荷担，莫此之劳。"《论说篇》云："不专缓颊，亦在刀笔。"《书记篇》云："然才冠鸿笔，多疏尺牍。"《事类篇》云："事美而制于刀笔。"据上诸证，是古今无韵之文，彦和并目为笔。盖晋、宋以降，惟以有韵为文，较之士衡《文赋》，并列表及论说者又复不同。故当时无韵之文，亦矜尚藻采，迄于唐代不衰。或者曰：彦和既区文笔为二体，何所著之书，总以《文心》为名？不知当时世论，虽区分文笔，然笔不该文，文可该笔，故对言则笔与文别，散言则笔亦称文。据《陈书·虞寄传》载衡阳王出阁，文帝敕寄兼掌书记，谓"屈卿游藩，非止以文翰相烦，乃令以师表相事"。又《梁书·裴子野传》谓子野为《移魏文》，武帝称曰："其文甚壮。"是奏记檄移之属，当时亦得称文。故史书所记，于无韵之作，亦或统称"文章"。观于王俭《七志》，于集部总称"文翰"。阮孝绪《七录》，则称"文集"。而昭明《文选》其所选录，不限有韵之词。此均文可该笔之证也。

又案：昭明《文选》，惟以沉思翰藻为宗，故赞论序述之属，亦兼采辑。然所收之文，虽不以有韵为限，实以有藻采者为范围，盖以无藻韵者不得称文也。

梁昭明太子《文选序》：自姬、汉以来，眇焉悠邈，时更七代，数逾千祀。词人才子，则名溢于缥囊；飞文染翰，则卷盈乎湘帙。自非略其芜秽，集其清英，盖欲兼功，太半难矣。若夫姬公之籍，孔父之书，与日月俱悬，鬼神争奥，孝敬之准式，人伦之师友，岂可重以芟夷，加之剪截？老、庄之作，管、孟之流，盖以立意为宗，不以能文为本，今之所撰，又以略诸。若贤人之美辞，忠臣之抗直，谋夫之话，辨士之端，冰释泉涌，金相玉振。所谓坐狙丘，议稷下，仲连之却秦军，食其之下齐国，留侯之发八难，曲逆之吐六奇，盖乃事美一时，语流千载，概见坟籍，旁出子史。若斯之流，又亦繁博，虽传之简牍，而事异篇章，今之所集，亦所不取。至于记事之史，系年之书，所以褒贬是非，纪别异同，方之篇翰，亦已不同。若其赞论之综辑辞采，序述之错比文华，事出于沉思，义归乎翰藻，故与夫篇什，杂而集之。远自周室，迄于圣代，都为三十卷，名曰《文选》云耳。

案：昭明此序，别篇章于经、史、子书而外，所以明文学别为一部，乃后世选文家之准的也。要而论之，一代之文，必有宗尚。故历代文人所作，各有专长。试即宋、齐、梁、陈四代言之：自晋末裴松之奏禁立碑，《宋书·松之传》云："义熙初，松之以世立私碑，有乖事实，上表陈之，以为诸欲立碑者，宜悉令言上。为朝议所许，然后听之，庶可以防遏无征，显章茂实。由是普断。"而志铭之文代之而起，《文选注》及封演《闻见记》引齐王俭议谓："墓志起于宋元嘉中，颜延之为王球石志。素族无铭策，故以纪行。"又谓："储妃既有哀策，不烦石志。"然宋、齐以降，巨僚并有墓志，或由太子诸王撰立。据《南史·裴子野传》谓："湘东王为之墓志铭，陈于藏内。邵陵王又立墓志，埋于羡道。羡道列志自此始。"是当时志铭不止一石也。然敕立、奏立之碑，时仍弗乏，当时奏立之碑有二：一为墓碑，如梁刘贤等陈徐勉行状请刊石纪德，降诏立碑于墓是也；一为碑颂、碑记，如寿阳百姓为刘勔立碑记，南豫州人请为夏侯亶立碑是也。寺塔碑铭作者尤众。又晋、宋而降，颇事虚文，让表谢笺，必资名笔；朝野文人，尤精树论，驳诘之词既盛，辨答之说益繁，如《夷夏论》《神灭论》及张融《问律》诸文，驳者既众，答者益繁，故篇章充积。故数体之文，亦以南朝为盛。自斯而外，若箴、铭、颂、赞、哀、诔、骚、七、设论、连珠各体，虽稍有通变，然鲜有出辙。其有文体舛讹，异于前作者，亦肇始齐、梁之世，如行状易为偶文，如《文选》所载任昉

《齐竟陵王行状》是。祭文不为韵语，齐、梁以前，祭文均为韵语，此正体也。若王僧孺《祭禹庙文》、任孝恭《祭杂坟文》均偶而弗韵，北朝则魏文《祭恒岳文》、薛道衡《祭江文》《祭淮文》并承其体，非祭文之正式也。嗣则志铭之作，无异诔文，铭以述德，诔以表哀，体本稍别。陈代志铭，词多哀艳，如后主等所撰是也。赋体益恢，杂以四六，此则文体之变也。

蒐集文章志材料方法（自秦汉迄隋）[*]
（1919）

　　文学史者，所以考历代文学之变迁也。古代之书，莫备于晋之挚虞。虞之所作，一曰《文章志》，一曰《文章流别》。志者，以人为纲者也；流别者，以文体为纲者也。今挚氏之书久亡，而文学史又无完善课本，似宜仿挚氏之例，编纂《文章志》《文章流别》二书，以为全国文学史课本，兼为通史文学传之资。惟斯事体大，必以蒐集材料为主，今将蒐集文章志材料方法略述于左：

　　一　就现存之书分别采择也。正史文苑传，固为搜集材料之大宗，然正史或无文苑传，或文士别立专传，如《后汉书》班固、张衡、崔骃、马融、蔡邕不列文苑是。则全史之文，均应按卷披阅，其涉及文学者，单句只词，均宜摘采。正史以外，如袁宏《汉纪》、常璩《华阳国志》、宜搜川刻足本。崔鸿《十六国春秋》虽系明人辑刻，然均本古籍所引，与伪书不同。以及《世说新语》刘注亦宜并采。《水经注》之属，均宜博采。《汉书注》《后汉书注》《三国志注》亦然。其散见子书者，如《法言》《论衡》《潜夫论》《风俗通义》二书，亦间有可采。《抱朴子内外篇》《颜氏家训》《金楼子》鲍刻本。诸书，亦宜采择，《刘氏新论》之属，亦间有可采。汇而集之，或每书各为长篇，或一人分任数部，不出数月，宛然成册矣。

　　一　就既亡各书钩沉摭逸也。逸书之中，其首应搜辑者，为晋人、宋人、齐梁人所撰各文章志。考《隋书·经籍志》有挚虞《文章志》四卷，《唐志》卷同。《后汉书》李注、《三国志》裴注、《世说新语》刘注，均引其文。其书体例虽不可考，据《三国志·陈思王传》注所引，有"刘修著诗

---

　　* 原载《国故》第 3 期，1919 年 5 月 20 日，署名刘师培；收入钱玄同等编《刘申叔先生遗书》之《左盦外集》卷十三，民国二十五年宁武南氏排印。

赋颂六篇"各语，《后汉书·桓彬传》注所引有"桓麟文见在者十八篇，碑九首，诔七首，说一首"各语，似虞书体例，人各为传，详载所著文若干篇，及现存文若干篇。又有傅亮《续文章志》二卷，《唐志》卷同。宋明帝《晋江左文章志》三卷，《唐志》作二卷。沈约《宋世文章志》二卷，《唐志》卷同，《梁书》约传作三十卷。舍沈书而外，《世说新语》刘注、《文选》李注以及《北堂书钞》各书，并多甄引。《隋志》又有《文章志》，不著撰名，《世说》刘注亦多采录。自是以外，《隋志》所载有荀勖《杂撰文章家集叙》十卷，《唐志》"杂"作"新"，十卷作五卷。张隐《文士传》五十卷，《唐志》作《文林传》。荀书今鲜可征，张书则至宋犹存，《玉海》引《中兴书目》："《文士传》五卷，载六国文人，起楚芊原，终魏阮瑀。"又引《崇文书目》："《文士传》十卷，终谢灵运。"盖北宋乃存晋、宋五卷，南宋则仅存汉、魏以上也。《新唐书》张隐作张隲，系一人。《后汉书注》《文选注》以及《太平御览》，并多引录。别有顾恺之《晋文章纪》，邱渊之《文章录》，虽书名不见《隋志》，然《世说注》各书所引，并有明文。邱书刘注所引，或作《文章叙》，或作《新集叙》，或作《文章叙录》，均系一书。此均古代文学史之专书也。今宜检阅各书，刺取所引逸文，以备编辑。然逸书之应采择者，不仅此类，凡汉、魏、六朝逸史，以及既佚子书，均宜博采，其已有辑本者，如汪文台所辑诸家《后汉书》，严可均《全两汉三国六朝文》所辑各子书，黄奭《汉学堂丛书》所辑《子史钩沉》，所辑诸书，《晋书》最为完备。似宜首先检阅，《太平御览》文部，可采尤多。以省日力。惟单文只句，偶与文学史相关，必应另册摘录耳。

一　古代论诗评文各书必宜详录也。刘氏《文心雕龙》集论文之大成，钟氏《诗品》集论诗之大成，此二书所论，凡涉及历代文章得失及个人诗文得失者，均宜分类摘录。自是以外，刘氏《史通》所论，虽以史书为主，其涉及文章者，亦宜略采。又唐人评论古代文学，虽精密不逮六朝，然可采之词，亦自不乏，似宜检阅《全唐文》一过，凡各文之中，有涉及评论前人文学者，另编抄录，以备择采。唐人杂史及笔记各书，亦宜略事检阅。

一　文集存佚及现存篇目必宜详考也。自《汉志》本刘氏《七略》列诗赋为四类，诸家所作，均以篇计。《后汉书》各传亦云凡著文若干篇，是两汉并无集名也。集名始于魏、晋。厥后齐王俭作《七志》有《文翰志》，此书佚文多为《文选》所引，于文学史多有关系，亦宜辑录。梁阮孝绪作《七录》有《文集录》，《隋志》称"梁有今亡"者，皆据此书。今皆不传。其足考古代文集卷目者，实以《隋·经籍志》为大宗。《隋志》

以下，则《唐志》为大宗。嗣则宋《崇文书目》、嘉定钱氏有辑校本，广东所刻。《南宋中兴书目》、见王氏《玉海》中。晁氏《郡斋读书志》、以湖南刻本为完备。陈氏《直斋书录解题》、武英殿本。马氏《文献通考·经籍考》、《通志·艺文略》多抄撮史志及《崇文书目》而成，不足据。明《文渊阁书目》、《读书斋丛书》本。焦氏《国史经籍志》、清《四库全书提要》，均宜检阅。明、清私家藏书目录，如范氏天一阁、毛氏汲古阁、黄氏千顷堂各书目，宜就校中所有者，分别检阅，次及其余。凡汉、魏、六朝各专集，存于今者，卷数异同，均宜详录；其有今无专集者，宜就梅氏、严氏所辑各诗文，注明今存若干篇，以符挚氏《文章志》旧式，古诗辑本，以梅氏《古诗纪》为大宗，文章辑本，以严氏《全秦汉三国六朝文》为大宗。梅氏所辑，略得十分之六，所阙甚多。近杨氏守敬精心补辑，其目录不下十厚册，均梅氏所未采，惜杨氏书无刻本，其稿本亦难借阅。至严氏所辑，实较梅氏为备。略得百分之九十五，其遗漏未采者，一为道光后续出之古书，为严氏所未见，如《玉烛宝典》之属是也；一为单词只句，见于古籍所引，而严氏偶漏者，如《文心雕龙·风骨篇》引刘祯文"孔氏卓卓，信含异气"四语，严辑桢文，偶未列入是也。又严氏之例，于前人所作，有目无文者，亦附列其目，然所漏甚多，如据魏文《典论》知王粲有《征思赋》、徐干有《玄猿》《漏卮》各赋，又据《文心雕龙》各篇，知崔骃有《赵□诔》、刘陶有《黄□谏》、孔融有《陈□碑》、徐干有《哀行女文》，严均未列其目是也。其他谬误，亦随在而有。如误以蔡邕《封事》第六事，误列张衡文是也。然其大体，则详博可据。今欲记古人诗文现存篇目，似宜注明梅氏辑诗若干首，严氏辑文若干篇，以见大略。以补富顺陈氏《历代文章志》之未备，今辑文章志，宜以陈书之例为主，以广其未备。所谓广其未备者，其例有三：一、每代之文宜有总序；二、唐文以下存目，亦宜兼引，不得仅据《隋志》；三、宜兼详现存篇目。三例而外，谨守陈书之式可也。此则征实之学也。

刘师培年谱简编

凡例

一、谱主生平，概以每年之月、日系之；因事不详，无法系以月日者，则置于该年之末。

二、谱主所作诗、文，凡有撰著时日可稽，或经推敲大体可以确定撰著时日者，概以撰著时日系之；如撰著时日不详，则以发表日期系之；无法系以月、日者，系于全年之末。

光绪十年（1884）1岁

6月24日（农历闰五月初二），刘师培出生于扬州城青溪旧屋（今东圈门14号及14—1号）。名师培，乳名闰郎，字申叔，一字鲁源，号左盦，曾改名光汉，化名金少甫，笔名光汉子、光汉人、世培、激烈派第一人、申、韦裔、豕常之裔、无畏等。按，师培、申叔，有师事于西汉经师申公培之意。

刘师培曾祖刘文淇、祖父刘毓崧、伯父刘寿曾都以治《春秋左氏传》而闻名，其家门前署联"红豆三传，儒林趾美；青藜四照，宝树联芳"，可见其家风。

光绪十七年（1891）8岁

学《易》，已通《周易》的变卦法，能"日变一卦"。

光绪二十年（1894）11岁

初习诗赋，先为试帖诗，又作《水仙花赋》。秋日，在其姐戏命下，曾在半日内作成咏凤仙花之绝句60余首，次日补足百首，被亲友誉为神童。

光绪二十一年（1895）12 岁

勤奋于学，已读毕四书、五经。

光绪二十三年（1897）14 岁

开始治《晏子春秋》。

光绪二十四年（1898）15 岁

3 月 24 日（农历三月三日），父刘贵曾病故，终年 54 岁。

父亲去世后，虽家道日落，但仍一心向学，随母学《毛诗》郑笺、《尔雅》、《说文解字》诸书，并不时向堂兄刘师苍问学。

光绪二十六年（1900）17 岁

先后参加童生之县、府试。府试后，词学家冒广生（字鹤亭）恰在扬州佐阅试卷，取其为第一名。

光绪二十七年（1901）18 岁

参加童生之院试，被取录为生员（俗称秀才），入县学。

光绪二十八年（1902）19 岁

9 月 4 日（农历八月初三），与堂兄师慎赴南京乡试，堂兄师苍送考。夜乘船过江，师苍不幸溺水身亡，年仅 29 岁。

此次乡试，是光绪壬寅补行庚子、辛丑恩正并科，亦是中国历史上首次废试八股文，考试内容改为第一场试中国政治史事论五篇，第二场试各国政治艺学策五道，第三场试四书义二篇、五经义一篇。刘师培此番科场顺遂，连战皆捷，最后得中第十三名文魁（举人）。

光绪二十九年（1903）20 岁

3 月 10、11 日，发表《仪征刘君师培留别扬州人士书》，刊于《苏报》上。这是其公开发表的第一篇文章。

4 月 5 日至 13 日，癸卯补行辛丑、壬寅恩正并科会试在河南开封举行（因北京贡院已被八国联军焚毁），是首次废试八股文的会试，考试方式与范围同于上一年的乡试。刘师培在开封参加了这次考试，虽全力以赴，最终却落了第。自此绝意科场。

5月初，从开封回扬州途中滞留上海，结识章太炎等力主反满革命之士，遂赞成革命，并加入中国教育会，投身于革命潮流中。

6月30日，"苏报案"发生。上海租界当局迫于清政府压力，将在《苏报》上发表《驳康有为论革命书》等文以倡反满革命的章太炎逮捕。此前，刘师培已回到家乡扬州。

7月11日，在扬州撰《黄帝纪年论》。该文是国内报刊最早倡黄帝纪年说者，而且成为民元前革命党人主要的纪年方法，影响颇大。

夏，再度来到上海。与章士钊、陈独秀、谢无量等人往还，思想愈趋激烈，并与林獬携手共撰《中国民约精义》。钱玄同称其"主张攘除清廷，光复汉族，遂更名'光汉'。用'光汉'之时期，约有五年，为前九年癸卯夏至前四年戊申秋也"。

11月，所撰之《中国民族志》由中国青年会出版。

12月15日，蔡元培等人创办日报《俄事警闻》。同时，蔡元培联合刘师培以及陈竞全、叶瀚、陈去病、林獬等人发起成立"对俄同志会"，签名入会者几二百人。

光绪三十年（1904）21岁

1月12日，"对俄同志会"决议将《俄事警闻》定为该会机关报，并扩大篇幅，改名为《警钟日报》，正式改版则在2月26日，篇幅增加一倍，蔡元培负责编辑。不久汪允宗接任编辑，夏秋间又由刘师培与林獬接办，直到1905年3月被清政府查禁为止。刘在《警钟日报》上发表大量诗文，主笔政时"尤能针砭时政，阐扬革命，深博社会称许"。

本月，撰成《攘书》，随即出版。该书目录释题曰："攘，《说文》云，推也，段注以为即退让之义。吾谓攘字从襄得声，辟土怀远为襄，故攘字即为攘夷之攘，今《攘书》之义取此。"

2月28日，致信时任湖北巡抚、署湖广总督的端方，纵谈华夷之防、满清暴政，明言"汉族光复，此其时矣"，劝端方"舍逆从顺"。

5、6月间，回扬州探亲，携未婚妻何班（字志剑）返上海，何班进爱国女校就读，改名震（也作"振"）。两人6月结婚。

何震亦是仪征人，生于1887年，其父何承霖曾中过举人，任常州武进县学教谕。刘何两家一向有交情，何承霖的长子何家辂曾娶刘师培之叔刘富曾的女儿为妻。

11月19日，与林獬、万福华谋刺有亲俄言行的前广西巡抚王之春。

行刺前,刘师培将张继所赠之手枪借给万福华。万在上海金谷香西菜馆动手行刺。因万不精于射击,刺杀未成,反而被捕。随后黄兴、张继、苏鹏、陈天华等十余人被牵连入狱。刘则与林獬、蔡元培、杨笃生等在外奔走营救。不久除万福华外,余人全数开释,万以扰乱租界治安罪监禁十年。

11月21日至12月3日,在《警钟日报》上连载《论小学与社会学之关系》。

秋冬之际,先后参加军国民教育会、暗杀团、光复会。

本年,编定诗词集《匪风集》。

光绪三十一年（1905）22岁

年初,加入邓实、黄节等发起成立的"国学保存会"。

国学保存会的宗旨为"研究国学,保存国粹",它设有对外开放的藏书楼,开办了国学讲习会;还发行《国粹丛书》《国学教科书》,并设立神州国光社,出版《神州国光集》等。加入该会的除上述几人外,还有陈去病、马叙伦、高天梅、马君武、柳亚子、黄质（宾虹）等人,章太炎则是该会成员的精神领袖。从此,"国粹派"崛起于历史舞台。刘师培在其中发挥了主要作用,出任国学讲习会正讲师。

2月23日,国学保存会的机关刊物《国粹学报》创刊发行。

《国粹学报》为月刊,由邓实主编,以"发明国学,保存国粹"为宗旨,所设栏目有社说、政篇、史篇、学篇、文篇、丛谈、撰录等,是当时革命派创办的唯一的学术性刊物,前后共出版82期。撰稿者百余人之多,其中著名者有邓实、黄节、陈去病、刘师培、马叙伦、章太炎、黄侃、王国维、罗振玉、王闿运、廖平、李详、柳亚子、郑孝胥等。刘师培是《国粹学报》的主要撰稿人,在《国粹学报》上先后连载其著作33种。该刊82期,除两期外,都有他的诗文。据统计,在《国粹学报》刊登的全部2 164篇文章中,他的文章为377篇,占总数的17.4%。

从本日出版的《国粹学报》第1期开始,连载刘师培《读左札记》《国学发微》《周末学术史序》《论文杂记》等著作并发表其一系列诗文。

3月25日,《警钟日报》被查封。

因《警钟日报》发表文章揭露德国人经营山东之密谋,驻上海德国领事致函申辩，报纸又登文反驳，德领事遂勾通清廷与租界工部局，由租界会审公堂封禁《警钟日报》，拘捕报馆成员，通缉作为主笔的刘师培。刘只好逃至浙江嘉兴，匿居于平湖大侠敖嘉熊家，前后约半年之久。

本日，在《国粹学报》第 2 期上发表《南北学派不同论》《论古代人民以尚武立国》《重刊洪氏元史西北地附录释地序》等文以及随笔、诗词、题跋等。

4 月 3 日，因"苏报案"而系狱的邹容病逝狱中。刘师培闻讯后，作诗以哭。

5 月 23 日，在《国粹学报》第 4 期上发表《古政原始论》《天宝宫词序》《函谷关铭》和若干诗、随笔、跋文。

6 月 2 日，在《广益丛报》第 72 号上发表《中国文字改良论》。

6 月 23 日，在《国粹学报》第 5 期上发表《小学发微补》《东原学案序》等文和若干随笔、跋文。

7 月 22 日，在《国粹学报》第 6 期上发表《汉宋学术异同论》《谶纬论》等文和若干随笔、跋文。

9 月 18 日，在《国粹学报》第 8 期上发表《理学字义通释》《古学起原论》《雁荡金石志序》《六儒颂》等文。

9、10 月间，应陈独秀之邀经镇江赴安徽芜湖，在安徽公学、皖江中学任教，化名"金少甫"。

安徽公学由李光炯等人创办，在校教师有陈独秀、谢无量、陶成章、柏文蔚等人，是安徽革命运动的策源地。皖江中学则由革命党人张通典所主持。刘师培在课堂上宣传反清革命，并以当地光复会负责人的身份在学生中发展新会员，还组织名为"黄氏学校"的秘密团体，介绍李光炯、柏文蔚等人加入，专门从事暗杀活动。

11 月 16 日，在《国粹学报》第 10 期上发表《两汉学术发微论》《王艮传》等文和若干诗、随笔等。

12 月 16 日，在《国粹学报》第 11 期上发表《群经大义相通论》《文说》《全祖望传》《梁于涑传》等文和若干随笔。

冬，曾来往于芜湖、上海，时任同盟会执行部庶务的黄兴和同盟会上海分会会长的蔡元培动员其加入同盟会。

光绪三十二年（1906）23 岁

2 月 13 日，在《国粹学报》第 13 期上发表《典礼为一切政治学术之总称考》《戴震传》《节孝君陈母传》等文和诗《谒冶山顾亭林先生祠》。

3月14日，在《国粹学报》第14期上发表《老子韵表》《古学出于官守论》《戴望传》等文。

4月13日，在《国粹学报》第15期上发表《刘永澄传》《凌晓楼先生遗像赞》等文和若干随笔。

5月13日，在《国粹学报》第16期上发表《中国哲学起原考》《朱止泉传》。

6月11日，在《国粹学报》第17期上发表《孔学真论》《补古学出于史官论》。

6月29日，章太炎出狱，蔡元培等人将其接出，孙中山亦派人来上海迎接。当晚章即前往日本，抵日后，主《民报》笔政。

夏，邀苏曼殊来芜湖皖江中学任教。苏旋即在暑假时与陈独秀东游日本，8月下旬回皖江中学，开学后教授英文。

7月6日，在《政艺通报》丙午第11号上发表《周代官制发微》和《汉代法制发微》。

11月6日，在《国粹学报》第22期上发表《正名隅论》《春秋时代地方行政考》《书曝书亭集后》《书汪小谷先生遗书后》《汪绂传》和若干随笔。

12月5日，在《国粹学报》第23期上发表《论孔子无改制之事》《徐石麒传》《王玉藻传》《邗故拾遗》和若干首诗。

本年，所编之《伦理教科书》《经学教科书》《中国历史教科书》《中国地理教科书》全部完成，由上海国学保存会出版。

光绪三十三年 （1907） 24 岁

1月，所编之《江苏乡土历史教科书》、《江苏乡土地理教科书》、《安徽乡土地理教科书》、《江宁乡土历史教科书》、《江宁乡土地理教科书》第一册由上海国学保存会出版。原拟编历史各4册、地理各5册，但因其在各书第一册出版后即赴日本，故未及续编以下诸册。

2月13日，携妻何震及姻亲汪公权与苏曼殊启程东渡日本。

此时端方正声言要捉拿刘师培和马君武等人，刘在国内很难立足；加之章太炎已不满足于与刘之间仅是"神交"，遂向其发出东渡邀请。行前，黄节、马君武等人为之送行，黄节赋诗一首《除夕有怀广州故人兼送刘申叔元日东渡》。刘到东京后，与章太炎、苏曼殊同住在牛込区新小川町《民报》社，得以朝夕晤谈。

2 月 25 日，面见孙中山，随即正式加入同盟会，成为《民报》撰稿人。

3 月 4 日，在《国粹学报》第 26 期上发表《王学释疑》《物名溯源》《古今画学变迁论》《论近世文学之变迁》等文。

3 月 20 日，宋教仁来访，将明人云友公之诗集《腹笥草》交其代寄至国粹学报社。时国粹学报社正搜求明人遗籍以刊刻之。

3 月 27 日，与何震、张继、章太炎拜访了日本社会党"硬派"代表幸德秋水。

4 月 2 日，在《国粹学报》第 27 期上发表《论历代中央官制之变迁》《法言补释》《古代镂金学发微》《中国古用石器考》等文。

4 月 22 日，在章太炎处与钱玄同相识并订交。

4 月 25 日，在《民报》临时增刊《天讨》上发表《普告汉人》。

本月，参与发起"亚洲和亲会"。

5 月 2 日，在《国粹学报》第 28 期上发表《近儒学术统系论》《释矩》《物名溯源续补》等文。

5 月 5 日，在《民报》第 13 号上发表《利害平等论》。

5 月 31 日，在《国粹学报》第 29 期上发表《儒学法学分歧论》《氏姓学发微》《舞法起于祀神考》《尔雅虫名今释》和跋文一篇。

6 月 8 日，在《民报》第 14 号上发表《清儒得失论》和《辨满人非中国之臣民》。

6 月 10 日，通过何震创办《天义报》，作为"女子复权会"的机关报（后来实际成为"社会主义讲习会"的机关报）。本日，《天义报》第 1 号出版发行，该报"以破坏固有之社会，实行人类之平等为宗旨，于提倡女界革命外，兼提倡种族政治经济诸革命"。

在创办《天义报》的同时，与张继发起组织"社会主义讲习会"。时日本社会党"硬派"（直接行动派）办"金曜讲习会"，逢星期五由幸德秋水、堺利彦、山川均、大杉荣等"硬派"代表讲演，宣扬无政府主义，刘师培、张继深受其影响，故仿之创社会主义讲习会。

《天义报》出刊不久，偕何震与苏曼殊自民报社迁出，搬入东京小石川区久坚町天义报社。何震拜苏曼殊为师，学习绘画。

6 月 30 日，在《国粹学报》第 30 期上发表《政治名词起原考》

《古代要服荒服建国考》《中国美术学变迁论》等文。

7月5日，在《民报》第15号上发表《悲佃篇》。

7月10日，在《天义》第3卷（本期起，《天义报》改为《天义》，"号"改为"卷"）发表《人类均力说》。

7月25日，在《天义》第4卷发表《无政府主义之平等观》和《西汉社会主义学发达考》。

7月29日，在《国粹学报》第31期上发表《荀子词例举要》《近代汉学变迁论》《春秋时代官制考》《论前儒误解物类之原因》《论美术援地而区》等文。

8月28日，在《国粹学报》第32期上发表《荀子名学发微》《书法分方圆二派考》等文。

8月31日，参加社会主义讲习会第一次会议，宣讲开会宗旨，会员到者90余人。

9月1日，在《天义》第6卷上发表《论种族革命与无政府革命之得失》《欧洲社会主义与无政府主义异同考》《梵文典序》等文。

9月15日，参加社会主义讲习会第二次会议，演说中国民生问题和"宪政之病民"。

9月22日，参加社会主义讲习会第三次会议，演说中国财产制度之变迁。

9月27日，在《国粹学报》第33期上发表《骈词无定字释例》《儒家出于司徒之官说》《论美术与征实之学不同》等文。

10月6日，参加社会主义讲习会第四次会议，以"农民疾苦调查"为主旨进行演讲。

10月26日，在《国粹学报》第34期发表《古书疑义举例补》《王会篇补释》《崔述传》等文。

10月30日，在《天义》第8、9、10卷合册上发表《论新政为病民之根》《中国民生问题：野业与市业》《非六子论》《鲍生学术发微》《总同盟罢工论序》《穷民俗谚录征材启》《活地狱（即鬼哭神愁）序》等文。

11月17日，参加留学界全体大会并演说，主旨为维护沪杭甬路权。

11月25日，在《国粹学报》第35期上发表《晏子春秋补释》《格物解》《论考古学莫备于金石》《文例举隅》《蔡廷治传》《广陵三奇士传》《义士释》等文。

11 月 30 日，在《天义》第 11、12 卷合册上发表《亚洲现势论附中国现势论》《苦鲁巴特金学术述略》《读书杂记》等文。

12 月 24 日，在《国粹学报》第 36 期上发表《王制篇集证》《论说部与文学之关系》等文。

12 月 30 日，在《天义》第 13、14 卷合册上发表《从军苦歌》《滇民逃荒行》《快愉之劳动》《社会主义与国会政策》等诗文。

本月，由日本归国，回到上海。

在上海，与杨笃生、邓实、黄节、柳亚子、陈去病、高天梅、朱少屏、沈道非等相聚数天，摄影留念。他们相约结社，即酝酿成立"南社"。

此时，章太炎因和孙中山矛盾日深，对同盟会也日益不满，准备去印度出家为僧，但缺乏路费，遂通过何震、刘师培与清两江总督端方联系谋款，为此先后五次致书二人。端方则以要章去福州鼓山或普陀等地出家为条件赠款，欲把章控制在国内，章坚拒之，事遂不成。而刘却由此落入端方圈套，加之对革命失望，对孙中山与同盟会不满，反而向端自首，作《与端方书》，提出十条"弭乱之策"以镇压革命党人。

本年，在从事政治活动之余，不时与章太炎论学，"学乃益进"，故时人"有二叔之目"（章太炎字枚叔，刘师培字申叔）。两人除讨论过《新方言》外，还共同审定在日本发现的佚书《南疆逸史》。另外，与章士钊也时而进行学术辩难。同时，对世界语也开始涉猎。

光绪三十四年（1908）25 岁

2 月 21 日，在《国粹学报》第 38 期上发表《国粹学报三周年祝辞》和《读书随笔》。

本月，与何震回到日本东京。

3 月 22 日，在《国粹学报》第 39 期上发表《田宝臣传》《司马迁述周易义》等文。

本月，在《天义》最后一期第 16、17、18、19 卷合册上发表《〈共产党宣言〉序》《面包略夺》《〈俄国第二议会提议之土地本法案及施行法案〉序》《区田考序》《选举罪恶史》《工女怨二章》《希望诗二章》《ESPERANTO 词例通释总序》等诗文。

本月，迁居至东京鞠町区饭田町。苏曼殊、章太炎亦同住。

4月12日，参加齐民社（社会主义讲习会之改称）的集会，演说国家之害。

4月20日，在《国粹学报》第40期上发表《辽史地理考》《松陵文集序》《与邓秋枚书》等文。

4月28日，创刊《衡报》。此前，为避免日本政府注意，将《天义》停刊，本日改出此《衡报》，托名由澳门平民社编辑发行，实仍为宣传无政府主义的刊物。

在《衡报》第1号上，发表了《衡报发刊词》《论国家之利与人民之利成一相反之比例》《议会之弊》《共和之病》等文。

本月，章太炎与刘师培、何震、汪公权之间因事吵翻，章从刘宅搬回民报社居住。一说章刘二人"以谗人离间，竟致失和，其时二君友好有作调人者，卒以形格势禁而失败"。不久，此事又波及苏曼殊。

5月8日，在《衡报》第2号上发表《地方选举之流弊》《论中国搜刮民财之现象》《论共产制易行于中国》等文。

5月10日，参加齐民社集会，演说"结合之必要"。

5月18日，在《衡报》第3号上发表《论中国排斥日货事》和《社会主义革命与排满》。

6月8日，在《衡报》第5号上发表《论中国宜组织劳民协会》《论中国资本阶级之发达》《非军备主义盛行》等文。

6月26日，去东京监狱探望因6月22日"赤旗事件"而被捕的日本社会党硬派大杉荣等人。按"赤旗事件"是指日社会党两派联合大会后，硬派举红旗游行，被警察捕去多人的事件。

6月28日，在《衡报》第7号（农民号）上发表《无政府革命与农民革命》《论中国田主之罪恶》《农民讨官吏檄》《论农业与工业联合制可行于中国》等文。

7月8日，在《衡报》第8号上发表《论水灾即系共产无政府之现象》《论水灾为实行共产之机会》《论官绅放赈之弊》等文。

9月15日，《衡报》第11号改为第1号重新发行。因《衡报》第10号发行后，发行地（刘师培居所）暴露，按照当时日本《新闻纸法》规定，需缴纳保证金并办理正式发行手续，于是将发行所迁至东京市外的竹内善朔家（市外保证金便宜），由竹内善朔任发行人。办好手续后，《衡报》第11号便作为第1号重新发行。

同日，在《国粹学报》第45期发表《荀子补释》《文例释要》

等文。

10月10日，日本政府以《衡报》违反新闻条令为由而禁止其发行。接着《民报》也以同样理由被日本政府查禁。

10月14日，在《国粹学报》第46期发表《论中土文字有益于世界》《读全唐诗发微》等文。

10月15日，去清留日学生监督田吴焜处，抗议日本政府对《衡报》的封禁，质问："介绍欧美社会主义于中国，唤起国人知识，于日本治安何妨？"

11月，与何震从日本回到上海。

此时他们因与章太炎关系破裂，与陶成章也不睦，愈益受到东京中国革命党人的冷落，加之《衡报》被封，遂决定返国。到上海后，他们一方面印发许多声明书，声明由于"受到日本政府之迫害"，不得不将《衡报》和《天义报》迁至上海，实际上《衡报》和《天义报》从此再未出版发行。另一方面他们给黄兴等人写信，揭露章太炎要他们向端方等人谋款的经过，并附上章氏为谋款所写五函的影印件，以在革命党人内部制造混乱。黄兴当时"一笑置之"，后来却由这五封信引起轩然大波，造成很坏影响。另外，这时在上海，他们又遇苏曼殊，双方释去前嫌，"仍同游宴"。

12月，江浙革命党人谋划武装起事，刘师培将此计划密报端方，端方派侦探抓去参与其事的张恭。此前陶成章亦被追捕，也与刘的变节相关。陶曾回忆："光汉平日欲运动成章，使为己用，以高其名。成章鄙其行为不之礼，光汉恨之。会其妻何震及汪公权日夜恿恐光汉入官场，光汉外恨党人，内惧艳妻，渐动其心。适又以事与章炳麟有冲突，不胜，名誉大损，光汉乃归上海，始真为侦探矣。清帝、后死，光汉意成章归国，日与两江督标中军官米占元往各船坞查成章行踪。久之不得，无以复端方之命，而以张恭报告于端方，张恭遂被拿问。王金发怒，挟枪见光汉，将杀之。光汉惧，许以必保全张恭，恭因得不死。光汉由是亦不敢再至上海。汪公权以为无虑，仍至上海侦探党人举动，卒为王金发所枪毙焉。"

宣统元年（1909）26岁

1月2日，与何震回家乡扬州省亲。回来后已无颜在上海立足，遂去南京公开投靠端方，出任两江督辕文案兼三江师范学堂教习，住在大行宫，为端方考释金石。不久，又上书端方，力言"学术不正，下之则为人心之蠹，上之则贻宗社之忧。欲祛其弊，必自振兴国学始"。建议在南京朝天宫设两江存古学堂，招生 80 人，以培训国学教员，起到"正人心，息邪说"的作用。

6 月 8 日，在端方府得晤法国东方学家伯希和，缪荃孙等国内学者同席。时伯希和已从敦煌考查归来，带来大量敦煌文书。

6 月 20 日，宴游时得晤陈三立。另，在此前后，与缪荃孙交往颇多。

7 月 7 日，在《国粹学报》第 55 期上发表《论中国古代财政国有之弊》。

8 月，以随员身份与出任直隶总督的端方一同北上。到天津后，出任直隶督辕文案、学部谘议。

10 月 15 日，在晚宴上晤见拜访端方的严复，是为两人结识之始。

11 月 2 日，在《国粹学报》第 59 期上发表《金史地理志书后》。

本月，端方被革职。时"孝钦皇后梓宫奉安，端方舆从横冲神路……坐违制免"。

12 月 2 日，在《国粹学报》第 60 期上发表《邶鄘卫考》《吕氏春秋斠补自序》《转注说》《汪仲伊先生传》等文。

本年编定个人文集《左盦集》八卷。

宣统二年（1910）27 岁

3 月，何震生女刘颖。

6 月 26 日，在《国粹学报》第 67 期上发表《元太祖征西域年月考》。

8 月 11 日，女刘颖因病夭折。作《女颖圹铭》和诗《伤女颖》以悼之。

本月，撰成《白虎通义斠补》（二卷）。

9 月 18 日，编定诗集《左盦诗》，收诗 62 首。

9 月 23 日，在《国粹学报》第 70 期上发表《刘向撰五经通义五经要义五经杂义辨》。

11 月 8 日，在端方府游宴时得晤罗振玉。

12 月 21 日，在《国粹学报》第 73 期上发表《周代吉金年月考》。

年底，旅居北京白云观，借阅观中所藏《道藏》阅读，作《读道藏记》。

本年，仍留已被革职的端方幕中，考订金石外，利用端方府多藏善本的便利条件，治学不辍。并向同幕徐绍桢学历法，收益甚大。

宣统三年（1911）28 岁

1月2日，撰成《春秋左氏传时月日古例考》。发表于《国粹学报》第76、77、78期，标题中"考"作"诠微"，出版时间为1911年3月20日至5月18日。

本月，完成《敦煌新出唐写本提要》。发表于《国粹学报》第75至82期，出版时间为1911年2月18日至9月12日。

2月，完成《楚辞考异》。发表于《中国学报》复刊第2至第5册，出版时间为1916年2月至5月。

3月20日，在《国粹学报》第76期上发表《周书略说》。

5月，作《群书治要引贾子新书校文》和《晏子春秋斠补跋》。

7月，完成《周书补正》六卷。

9月，随端方南下。

时端方已被起用为川汉、粤汉铁路督办大臣，四川保路运动兴起，拟由湖北率新军一标前去镇压。行前，刘师培派人护送其母回扬州老家。途经武汉时，何震留在此地。经夔州（今四川奉节）时，作《悲秋词》。

11月28日，端方在四川资州（今资中县）被哗变的湖北新军杀死，刘师培亦被四川军政府资州军政分府拘留。

民国元年（1912）29 岁

年初，一些报刊不断刊出与刘师培有关的消息。

章太炎、蔡元培在不知其下落的情况下，联名在1月11日的《大共和日报》上刊登《求刘申叔通信》，称："刘申叔学问渊深，通知今古，前为宵人所误，陷入范笼。今者，民国维新，所望国学深湛之士提倡素风，任持绝学。而申叔消息杳然，死生难测。如身在地方，尚望先一通信于国粹学报馆，以慰同人眷念。"此后，在报端连载多天。《民立报》则称："刘光汉在资州被拘，该处军政分府电大总统，请示办法。"《临时政府公报》第1号载总统府和教育部要求释放刘的电文。《临时政府公报》第2号载陈独秀、李光炯等人致临时大总统孙中山电，希望对刘能"矜全曲为宽宥","延读书种子之传,俾光汉得以课生著书赎罪。"

1月13日,在成都谢无量处晤见吴虞。

按刘师培此时已被释,但未去南京,而是来成都投奔老友谢无量。谢无量时任四川国学院院长,他聘请刘在四川国学院任教。不久,刘又出任国学院副院长。在国学院期间,与经学大师廖平共事。

5月2日,完成《庄子斠补》。本年即有刻本问世(与《古历经徵》合刻)。

6月,上书四川都督尹昌衡。

时西藏上层集团在英国唆使下叛乱,妄图使西藏"独立",四川军政当局准备出兵平定。刘师培上书即为此事,书中分析利弊,认为应该仿效旧制,布恩感化以臻统一。

夏,作《古本字考》。发表于1913年1月20日出版的《四川国学杂志》第5号;又见1913年创刊的《国故钩沉》第1期。

9月20日,《四川国学杂志》创刊,四川国学会亦在此时成立。

在《四川国学杂志》创刊号上发表《四川国学会序》《春秋繁露爵国篇校补》《致吴伯朅书二首》《蜀中金石见闻录》等诗文。

10月,章太炎、马良、梁启超等发起"函夏考文苑",拟仿效法国成立研究院,下设研究所,以"作新旧学""奖励著作"。章推荐刘师培主持群经专门科。此事由于所需经费太多而作罢。

11月20日,在《四川国学杂志》第3号上发表《春秋左氏传古例考序略》和《与人论文书》。

12月22日,堂兄刘贞吉(原名师慎)因精神失常,服毒自尽,年仅33岁。为之作《仲兄许仲先生行状》。

本年,何震由武汉赴北京,生活无着,只好请刘师培在日时结交的朋友南桂馨救助,南遂请她去了太原,暂住南家,先在女子师范任教,后又转任阎锡山的家庭教师。

民国二年 (1913) 30岁

2月20日,在《四川国学杂志》第6号上发表《西汉周官师说考》和《国学学校论文五则》。

3月,完成《白虎通义定本》(存三卷)。发表于1913年4月20日、6月20日出版的《四川国学杂志》第8、10号。

4 月 20 日，在《四川国学杂志》第 8 号上发表《校雠通义箴言》。

6 月 20 日，在《四川国学杂志》第 10 号上发表《定命论》《非虚名篇》《月令论》《周明堂考》《古重文考》《驳何衡阳报应问》《匡谬正俗校证序》《晏子春秋逸文》《书春秋繁露止雨篇后》《法言李注非故本考》《古籍示期互譌考》《周书少昊考》等。

上半年，在四川国学院仍任副院长，除正常授课外，还应彭作桢、谢子夷等五人之请，为他们在课外单授《说文》。

6 月 29 日，偕由太原前来的何震离成都赴上海。行前，作《与成都国学院同人书》。

到上海后，与章太炎得以会面，恢复了交谊，还与马叙伦、陈去病等旧友各有往还，并有诗赠正在上海游历的谢无量。

7 月 20 日，在《四川国学杂志》第 11 号上发表《春秋原名》《国学学校同学录序》《荀子佚文辑补》等文。

8 月 20 日，在《四川国学杂志》第 12 号上发表《春秋左氏传传例解略》《王畿田制考》《方伯考》《休思赋》《旷情赋》等。

秋，偕何震由上海赴太原。从离川起，夏秋间两次远行，颇多感慨，遂作长诗《癸丑纪行六百八十八韵》，连载于《国学荟编》1914 年第 10 期和 1915 年第 4、7、9 期，出版时间从 1914 年 10 月至 1915 年 9 月。

在太原，出任阎锡山都督府顾问，创办《国故钩沉》杂志，并与学者郭象升等往还。

本年，编成并刊刻《左盦文集》。

民国三年（1914）31 岁

春，离太原赴北京，因阎锡山推荐，得袁世凯任为公府谘议。

此前山西都督府改为将军府，编制缩小，顾问裁撤，刘师培生活无着，南桂馨遂与阎锡山密议以专电保其入京，请袁世凯任用，以结纳于袁。加之袁的亲信秘书闵尔昌又是其亲属，也向袁举荐，袁遂招其入京。其被聘为公府谘议后，曾向袁世凯"上折谢恩"。

4 月，在《国学荟编》1914 年第 4 期上发表《廖氏学案序》，是为廖平弟子辑师说而成之《廖氏学案》一书所作的序。

7 月，在《国学荟编》1914 年第 7 期上发表《与廖季平论天人书》。

11 月 12 日，与傅增湘等人一同拜访缪荃孙，表明其和端方幕府旧同僚仍有来往。

本月，作《刑礼论》。发表于1916年1月出版的《中国学报》复刊第1册。

民国四年（1915）32岁

3月，杨度作《君宪救国论》，为袁世凯复辟帝制造舆论。刘师培随之作《国情论》和《告同盟会诸同志》。

8月14日，与杨度、孙毓筠、严复、李燮和、胡瑛发起"筹安会"，公布筹安会宣言书，名列杨、孙、严之后。

8月18日，黄节来书，对其参与筹安会，发表宣言鼓吹帝制表示愤懑，指出"斯议一出，动摇国本，召致祸败"。

8月20日，筹安会发出启事，通告正式成立，杨度任理事长，孙毓筠为副理事长，刘师培与严复、李燮和、胡瑛为理事。随后上述六人发出通电，请各省派代表来京，加入讨论变更国体问题。

9月1日，筹安会为各省请愿团代草请愿书，进呈参政院，刘师培列名江苏请愿团中。

10月15日，筹安会改组为"宪政协进会"，确定"此后本会方针，应注重立宪问题"。

10月23日，出任参政院参政。

11月，被袁世凯封为上大夫。

本年，还出任教育部编审。另，曾与杨度等迎衍圣公孔令贻入京。

民国五年（1916）33岁

1月，与康宝忠等重组《中国学报》，为《中国学报》撰稿。在本月出版的《中国学报》复刊第1册中发表《春秋左氏传例略》《君政复古论》《立庙论》等。

2月，在《中国学报》复刊第2册上发表《连山归藏考》《老子斠补》《涪州蔺市镇里社碑》《故民吴骏卿义行碑》《清故四川即补道苏君墓碑》《答梁公约赠诗》等诗文。

3月22日，在全国鼎沸中，袁世凯被迫宣布取消帝制，仍称大总统。

3月，在《中国学报》复刊第3册上发表《联邦驳议》《战国策书后》《荀子斠补》《贞孝唐大姑诔》《哀王郁仁》等诗文。

4 月，在《中国学报》复刊第 4 册上发表《古周礼公卿说》《广阮氏文言说》《故山西知县汪征典神祠铭》《清故云南试用巡检方寅亮神祠铭》《清故三等侍卫杨君阙铭》《清故内阁中书韩君阙铭》《送诸贞壮》等诗文。

5 月，在《中国学报》复刊第 5 册上发表《中古文考》《致方勇书论太誓答问》等文。

6 月 6 日，袁世凯死。

7 月 14 日，黎元洪发布惩办帝制祸首令，所列名单中，筹安会六人独缺严复和刘师培，因为李经羲为二人讲了情，"请政府爱惜人才"，故二人从祸首名单中被剔出。

此后移居天津，生计维艰，肺病日深一日。其间曾作诗《书扬雄传后》，表露帝制失败后的心境。

民国六年（1917）34 岁

上半年，被聘为北京大学教授，从天津回到北京。

此时蔡元培出长北京大学，陈独秀任北大文科学长，陈向蔡推荐刘师培，蔡表同意。刘与陈独秀虽在很多方面见解不同，但"两人感情极笃，背后也互相尊重，绝无间言"。

刘在北大出任中国文学门教授，到校不久又兼任北京女子高等师范学校讲师。在北大他为中国文学门一年级学生开"中国文学"课，每周三小时；为二年级学生开"中国文学"和"中国古代文学史"课，每周各三小时。同时做国文研究所"文"与"文学史"两个方向的指导教师。蔡元培说："君是时病瘵已深，不能高声讲演，然所编讲义，元元本本，甚为学生所欢迎。"

6 月 26 日，教育部将由国史馆改制而成的国史编纂处归并北京大学，校长蔡元培兼任处长。不久刘师培被聘为国史纂辑员。

12 月 5 日，参加国史编纂处会议，讨论纂辑员屠寄提出的通史编纂条例商榷案，蔡元培、周作人等与会。

12 月 13 日和 27 日，分别与国文研究所"文学史"和"文"两方向的研究人员会面，进行一个小时的研讨。此后每月一次分别进行类似的研讨。

本年，授课之讲义《中国中古文学史讲义》由北京大学出版。此书颇受方家好评，如鲁迅曾说过，中国文学史一类"我看过已刊的书，无一册好。只有刘申叔的《中古文学史》，倒要算好的，可惜错字多"。
《中古文学史》"对于我们的研究有很大的帮助"。

民国七年（1918）35 岁

4 月 30 日，在编就的《国立北京大学廿周年纪念册》上登载《题词》。

6 月 20 日，参加国史编纂处会议，屠寄、沈兼士等与会。

会上各纂辑员报告稿本编成情况，刘师培的报告为：一、文明史风俗类，预定长编六册（三代一册、秦汉一册、三国南北朝一册、唐五代一册、宋辽金元一册、明清一册），已编纂长编三册（三代一册经传已采毕，子书采辑过半；秦汉一册正史别史已采毕，子书采辑过半；三国南北朝一册正史采毕，余尚未采）。二、政治史志（三国南北朝），预定长编十二册，已编长编四册（历律一册缺周隋，兵一册采至齐梁，舆服一册采至齐梁，职官一册晋以下未采，凡已见正史各志均未采）。

本年，为二年级学生开必修课"中古文学史"，每周两课时；为三年级学生开选修课"文"（中国文学），每周六课时。听课学生有罗常培、杨振声、俞平伯、傅斯年、许德珩、郑天挺、罗庸、杨亮功等。另外，还在国文研究所担任四个方向的研究科目：经学、史传、中世文学史、诸子。在国文教员中除黄侃担任三个方向的研究科目外，其余都只承担一科，担任四科者仅其一人。

民国八年（1919）36 岁

1 月 26 日，与黄侃出任国故月刊社总编辑。

本日，国故月刊社"在刘申叔先生宅内开成立大会，教员到者六人，同学数十人。通过简章，并议定于阳历三月起，每月二十号出版。当即推定职员，并由教员介绍续请编辑教员若干人"。除总编辑外，所请特别编辑为陈汉章、马叙伦、吴梅、康宝忠、黄节等人。

3 月 18 日，《公言报》上发表《请看北京学界思潮变迁之近状》，认为北大以陈独秀、胡适等为首的主张新文学之人为"新派"，《新潮》杂志是该派学生所办；"顾同时与之对峙者，有旧文学一派。旧派中以刘师培氏为之首。其他如黄侃、马叙伦等，则与刘氏结合，互为声援者也。""顷者刘、黄诸氏，以陈、胡等与学生结合，有种种印刷物发行也，乃亦组织一种杂志，曰《国故》。组织之名义出于学生，而主笔政之健将，教员实居其多数。盖学生中固亦分旧新两派，而各主其师说者也。二派杂志，旗鼓相当，互相争辩"。《神州日报》也在 3 月 21 日发表《北京大学新旧两派之争衡》，报道了类似消息。

3 月 20 日，《国故》月刊第 1 期出版，在《本社记事录》中标明"本月刊以昌明中国固有之学术为宗旨"；在《发起始末》中又说，创办刊物是出于"慨然于国学沦夷，欲发起学报，以图挽救"。

在本期《国故》上发表《毛诗词例举要》（略本）、《礼经旧说考略》、《蜀学祀文翁议》、《屈君别碑》。

3 月 22 日和 27 日，分别召集国文研究所研究人员开会研讨经学和诸子。此后不时有类似活动。

3 月 24 日，《北京大学日刊》发表《刘师培致公言报函》，全文如下："《公言报》主笔大鉴：读十八日贵报《北京学界思潮变迁》一则，多与事实不符。鄙人虽主大学讲席，然抱疾岁余，闭关谢客，于校中教员素鲜接洽，安有结合之事？又《国故》月刊由文科学员发起，虽以保存国粹为宗旨，亦非与《新潮》诸杂志互相争辩也。祈即查照更正，是为至荷！"同时《国故》月刊社也有一函致《公言报》，表达了相似的意思。

5 月 20 日，在《国故》月刊第 3 期上发表《蒐集文章志材料方法》《名原序》《音论序赞》等文。

初夏，收黄侃为徒。

黄侃是刘师培的老朋友，但自觉经学不及刘，于是改朋友为师徒，北面从之。章太炎事后曾问黄："季刚小学文辞，殆过申叔，何遽改从北面？"黄答曰："余于经学，得之刘先生者为多。"黄还曾自谓："夙好文字，经术诚疏，自值夫子，始辨津涂。"

9 月 20 日，在《国故》月刊第 4 期上发表《中庸说》《象尽意论》《王弼易略例明象篇补释自序》《籀廎述林序》《隐士秦君墓志铭》《清故刑部尚书史公墓碑》《吕玄屏江左卧游图序》等文。

11 月 20 日（农历九月二十八日），因病去世，享年 36 岁。

12 月 3 日，在妙光阁出殡、公祭。陈独秀出资代为料理后事，并于 1920 年 3 月派刘文典等人送灵柩回扬州，葬于开家坂（今扬州市郊西湖乡境内）。

刘师培死后年余，其母李汝谖悲伤过度，倏然下世。何震因受刺激精神失常，后来削发为尼，法名小器，不知所终。

中国近代思想家文库

图书在版编目（CIP）数据

中国近代思想家文库. 刘师培卷/李帆编. —北京：中国人民大学出版社，2015.1
ISBN 978-7-300-20638-7

Ⅰ.①中… Ⅱ.①李… Ⅲ.①思想史-研究-中国-近代②刘师培（1884～1919）-思想评论 Ⅳ.①B250.5

中国版本图书馆 CIP 数据核字（2015）第 015861 号

中国近代思想家文库

刘师培卷

李帆 编

Liu Shipei Juan

出版发行	中国人民大学出版社				
社　　址	北京中关村大街 31 号		**邮政编码**	100080	
电　　话	010－62511242（总编室）		010－62511770（质管部）		
	010－82501766（邮购部）		010－62514148（门市部）		
	010－62515195（发行公司）		010－62515275（盗版举报）		
网　　址	http：//www.crup.com.cn				
经　　销	新华书店				
印　　刷	涿州市星河印刷有限公司				
开　　本	720 mm×1000 mm　1/16		**版　　次**	2015 年 5 月第 1 版	
印　　张	33 插页 1		**印　　次**	2025 年 1 月第 2 次印刷	
字　　数	532 000		**定　　价**	116.00 元	